U0814142

新
思
THINKR

有思想和智识的生活

企鹅欧洲史

罗马帝国的遗产 400—1000

[英] 克里斯 · 威克姆（Chris Wickham）_著
余 乐_译

THE INHERITANCE OF ROME

A HISTORY OF EUROPE FROM 400 TO 1000

中信出版集团 | 北京

图书在版编目（CIP）数据

罗马帝国的遗产：400—1000 /（英）克里斯·威克姆著；余乐译 . -- 北京：中信出版社，2019.5（2025.12 重印）

（企鹅欧洲史）

书名原文：The Inheritance of Rome: A History of Europe from 400 to 1000

ISBN 978-7-5217-0405-1

Ⅰ . ①罗… Ⅱ . ①克… ②余… Ⅲ . ①欧洲—历史—400-1000 Ⅳ . ① K503

中国版本图书馆 CIP 数据核字（2019）第 069648 号

The Inheritance of Rome: A History of Europe from 400 to 1000
Copyright © Chris Wickham, 2009
Simplified Chinese translation copyright © 2019 by CITIC Press Corporation
Penguin（企鹅）and the Penguin logo are trademarks of Penguin Books Ltd.
First published 2009
First published in Great Britain in the English language by Penguin Books Ltd.
All rights reserved.

本书仅限中国大陆地区发行销售

罗马帝国的遗产：400—1000

著　　者：[英] 克里斯·威克姆
译　　者：余　乐
出版发行：中信出版集团股份有限公司
（北京市朝阳区东三环北路 27 号嘉铭中心　邮编　100020 ）
承 印 者：河北鹏润印刷有限公司

开　　本：880mm × 1230mm　1/32　　印　　张：27.5　　插　　页：8　　字　　数：700 千字
版　　次：2019 年 5 月第 1 版　　印　　次：2025 年 12 月第 14 次印刷
京权图字：01-2015-8279
书　　号：ISBN 978-7-5217-0405-1
定　　价：138.00 元

版权所有·侵权必究
如有印刷、装订问题，本公司负责调换。
服务热线：400-600-8099
投稿邮箱：author@citicpub.com

目　录

第三部分　东方诸帝国，550—1100　339

第四部分　加洛林和后加洛林时代的西方，750—1000　507

附　　录　773

“企鹅欧洲史”系列中文版总序

文明的更新、重组和不断前进
——为什么我们应该阅读“企鹅欧洲史”系列

彭小瑜

21世纪还剩有80多年，当今的主要发达国家，也就是欧洲国家以及在制度和文化上与之关系极其紧密的北美洲和大洋洲国家，在发展上的明显优势目前无疑还存在。那么到了21世纪末，情况又会如何？“企鹅欧洲史”系列包含的9部著作覆盖了欧洲文明近4 000年的历史。如果我们精细地阅读这几本书，我们就能够观察到欧洲文明在历史上经历过的多次繁荣、危机和复兴，进而能够认识到欧洲文明保持更新和不断前进的真正力量是什么。

相对于世界其他地方的古老文明，欧洲文明天然具有优越性吗？从19世纪在中国沿海地区贩卖鸦片的英国人身上，我们看不到什么值得欣赏和效仿的品德和价值观。西方近代的“船坚炮利”及其背后的科学技术固然值得研究和学习，但是学会了“船坚炮利”的本事不是为了欺负和攻打别人。另外，西方文明的优点，欧洲在近代国力强大的原因，绝不局限于自然科学和先进技术。我们了解和研究欧洲历史，借鉴欧洲和整个西方的历史文化和经验，肯定也不能局限于救亡图存这一有限目的。我们采取和保持一个面向世界的开放态度，是为了建设一个美好的生活环境，也是为了对世界和平和全人类的福利做出我们的贡献。因此，我们对欧洲史和整个西方文明需要有一个认真和耐心研究的态度，努力学习其优点，尽量避免其不足，以期完成我们中华民族在21世纪追求的远大目标。为了这样一个宏大的事业，我们需要精细阅读“企鹅欧洲史”系列。这是我们了解和学习外部世界过程中迈出的小小一步，却可能会让我们拥有以前不曾体验过的惊奇、思索和感悟。

整套丛书由古希腊罗马远古的历史开始，讲述了直到21世纪的欧洲历史。尽管各位作者的资历和背景不尽相同，他们基本的历史观却高度相似。在对西方文明进行坦率批评的同时，他们以明确的乐观态度肯定了这一独特文化、政治和经济体制的自我更新能力。普莱斯和索恩曼在描写古代雅典城邦时（见《古典欧洲的诞生：从特洛伊到奥古斯丁》），注意到了雅典民众拥有在古代世界独一无二的政治参与权，不过该城邦“同时也是对妇女压制最为严重的城邦之一”，因为唯有男性拥有公民权的情况让没有公民权的自由民妇女地位变得十分糟糕。依靠元老院、人民和行政长官三者之间沟通和平衡的古罗马，建立和维持着一个似乎比雅典更加稳定的共和国。后来，贫民的土地问题以及意大利和其他地方民众获取公民权的问题，引发了“罗马在350年里的第一次政治杀戮”。之后不断加剧的社会矛盾导致了血腥的持续的内战，并颠覆了共和制度，但是罗马人在内战废墟上建立了君主制帝国，同时让各地城市保持了强有力的自治传统，在地中海周边的辽阔地区又维持了数百年的安定和繁荣。

乔丹在《中世纪盛期的欧洲》里面写到了14世纪的黑死病，“在1347—1351年的瘟疫中有多达2 500万人殒命”，之后瘟疫还连续暴发了好多次，而此前欧洲的总人口只有大约8 000万。这个世纪同时也是战争和内乱频仍的年代，是教会内部思想混乱和不断发生纷争的年代。面对如此可怕的巨大灾祸，面对16世纪宗教改革带来的政治和思想的严重分裂，西方人在生产、贸易和金融等领域仍然取得长足进步，并开始探索世界地理，航行到非洲、亚洲和美洲，倡导用实验来把握有用的知识，学会用科学的方法来仰望星空，认知宇宙的秘密。与此同时，自私的欲望逐渐泛滥，开始有文化人鼓吹“最自然的人权就是自利”，鼓吹“自然状态是一个相互竞争的丛林”（见《基督教欧洲的巨变：1517—1648》）。

当资本主义的贪婪和帝国主义的强权给世界上落后国家带来压榨和屈辱的时候，欧洲内部的社会矛盾也变得十分尖锐。在19世纪中叶，英国每天要用掉大约2.5亿根火柴，在位于伦敦的工厂：“用于制造可燃火柴的白磷产生的气体开始给工人身体造成严重损害。工厂工人几乎是清一色的女工和童工，工人需要先准备好磷溶液，然后把火柴杆放在里面浸沾。他们的牙龈开始溃烂，牙齿脱落，颌骨慢慢腐烂，流出散发臭味的脓水，有时从鼻子里往外流脓，人称‘磷毒性颌骨坏死’。1906年在伯尔尼签署的一项国际公约禁止使用白磷，两年后，英国议会批准了该公约。”（见《竞逐权力：1815—1914》）

历史故事的细节从来都具有一种思想冲击力。“企鹅欧洲史”系列的各个分册里面充满了大量的细节和故事。看了白磷火柴女工的故事，认真的读者都会好奇，当时的欧洲会往何处去。埃文斯描写了第一次世界大战前的欧洲社会和改革运动。他提到，德国的铁血宰相俾斯麦曾经声称，国家必须“通过立法和行政手段满足工人阶级的合理愿望”。在叙述现代历史的各个分册里，我们都能看到，欧洲统治阶级坚持文化和制度的渐进改良，不单单是“出于发自内心的社会良知”，也是因为他们面临来自社会主义思想和运动的压力，希望通过对话达成社会各阶层的和解。社会各阶层重视沟通和妥协不仅是现代西方社会的一个突出特点，应该也可以追溯到遥远的雅典城邦和罗马共和国传统。沟通和妥协的能力，确实是欧洲文明保持活力和持续进步的一个重要原因。

第一次世界大战结束后不久，梁启超先生到欧洲考察，遇见一位美国记者，后者觉得“西洋文明已经破产了”，不赞成梁启超将之“带些回去”的打算。梁启超问：“你回到美国却干什么？”该记者叹气说：“我回去就关起大门老等，等你们把中国文明输入进来救拔我们。”梁启超在《欧游心影录》里面记载了这个故事，但是他提醒读者，欧洲不会完。他解释说，18 世纪以后的欧洲文明不再是贵族的文明，而是“群众的文明”，各种观念和立场有顺畅交流，思想文化依然活跃。所以他断言，欧洲仍然能够“打开一个新局面”。饮冰室主人在 1929 年去世，没有机会看到此后的欧洲历史轨迹。我们是幸运的，看到了更多的世界风云变幻。我们是幸运的，能够阅读“企鹅欧洲史”系列这样有趣和深刻的历史读物。我们借此不仅能够更清楚地看到欧洲的过去，也可能能够看到一点欧洲和世界以及我们自己的未来。

第 1 章

引言

中世纪早期的欧洲始终在被误解，并成为两种宏大叙事的牺牲品。在过去的两个世纪里，这两种宏大叙事——民族主义和现代性——对历史和历史写作影响巨大，导致人们对中世纪早期形成了错误的印象。在采取其他的叙事方式之前，我们有必要对民族主义和现代性做一简短的批判分析，检视这两者的错误分别在哪里。对于本书大多数尚未对中世纪早期有所研究的读者来说，那两种宏大叙事可能已经对他们的认知造成了误导。

很多欧洲民族国家的起源都可追溯到中世纪早期，这种起源有些是真实的，有些则是虚构的。民族主义在 19 世纪早期甚至更早些的时候成为政治舞台上的重要图景。自那之后的历代历史学家在论及欧洲民族国家的兴起时，都会把中世纪早期描述为神秘而重要的影响因素。他们撰写了诸如《法国的诞生》(*The Birth of France*)或更为宏观的《欧洲的成长》(*The Growth of Europe*)等书，以寻找后世某个民族或整个欧洲的身份认同的萌芽。按照这些书中的观点，只要你仔细研究，就会发现法国、德国、英格兰、丹麦、波兰、俄罗斯以及其他一系列国家的历史都可追溯到公元1000年之前。由此，对中世纪早期的历史研究开始为一种历史目的论服务：通过研读历史及其（可能是无法避免的）对后世的影响，来回答“为什么我们是最好的”。这个“我们”可以是英国人、法国人，也可以是欧洲（西欧）人——或者，对于那些自我满足感没有那么强的社群来说，至少也要找到“我们与众不同的原因”。因此，整个中世纪早期的英格兰历史都被看成民族国家的起源史，对整个中世纪早期低地国家（Low Countries）史的研究都在寻找未来的比利时和荷兰所拥有的商业活力的根源。由于中世纪早期的历史证据缺失，这类民族主义的观点十分普遍，即便今天也是如此。这些观点无一例外是错误的，包括那些人们从经验出发会认为是正确的观点。（公元1000年时，英国人确实有一个单一制的国家，后来成为比利时的地方也确实存在着活跃的生产和交换活动。）它们误导了我们对过去的理解。这不是历史的正确形态，历史不应该为这类目的论服务。

欧洲在中世纪早期还没有诞生。公元1000年的时候，并没有一种共同的身份认同[1]能把西班牙和俄罗斯，或是爱尔兰和拜占庭帝国（现在变为巴尔干诸国、希腊和土耳其）联系在一起，只有基督教政治体之间存在着极为微弱的共同体意识。那时没有共同的欧洲文化，也肯定没有覆盖整个欧洲的经济体。没有任何迹象表明欧洲会在相当遥远的未来在经济上和军事上取得发展，直至有能力统治世界。如果你问一个生活在公元1000年的人，世界上的什么地方未来能实现工业化，那么他会把赌注压在埃及的经济体上，而不是莱茵兰（Rhineland）或者低地国家，兰开夏郡（Lancashire）更像是个笑话。从政治和军事的角度看，欧洲大陆当时的统治力量是东南角的拜占庭和西南角的安达卢斯（al-Andalus，穆斯林统治的西班牙），而西欧的加洛林王朝（Carolingian）实验（详见下文，第16、17章）则在称霸该地区400年的法兰克王国（Francia）解体后终结。公元1000年时西欧整体性最强的地区是南英格兰，但其面积很小。事实上，直到中世纪早期结束的时候，统治欧洲大陆上绝大部分地区的只是弱势的政治系统，中世纪后期出现的活跃而富于侵略性的政治系统当时还难觅踪影。

当代学术界往往将民族主义和现代性联系在一起。即使你否认这种联系，在公元1000年时，欧洲也没有广泛存在的显著的民族认同。我们必须承认，当时确实存在一些民族认同。英格兰就是一个很好的例子（11世纪早期，英格兰被丹麦人征服，这段黑暗的岁月催生了一批显现出某种民族主义端倪的文献）。意大利也存在共同的认同感，但这种认同感基本无法达到罗马以南的地区（当然，现在也大致如此），也没有让人们产生建立政治统一体的愿望。以上两地的民族认同都是在英吉利海峡和阿尔卑斯山这样的地理屏障的帮助下形成的。爱尔兰人的情况也是如此。无论在政治上多么分裂，那里的人们还是形成了爱尔兰社群的观念。与之对应的例子则是拜占庭。这个国家能给予其居民认同感的只是其完整的政治系统，这一系统比当时欧洲的任何其他政治系统都要大很多。历史学家很少考虑拜占庭帝国的“民族认同”问题，因为这个帝国不是任何一个现代民族国家的祖先，但实际上，在我们所讨论的中世纪早期结束时，拜占庭可能恰恰是欧洲认同感最强的国家。与上述例子形成对照的是，法国、德国和西班牙（包括基督徒和穆斯林统治的地区）的土地上并不存在任何民族认同。丹麦人或许有，但是在整个斯堪的纳维亚地区，只有冰岛出现了民族认同存在的明显证据。斯拉夫地区还不够成熟，发展不出不与统治王朝的命运联系在一起的身份认同。此外，通用的语言对于促成任何形式的文化或政治的统一都几乎毫无作用，这一点本书还将反复强调。因此，有关中世纪早期“欧洲的诞生”以及未来一大堆欧洲民族国家的“诞生”的说法不仅属于历史目的论，而且近乎天方夜谭。10世纪时的很多政治体都和后世出现的国家存在亲缘关系，这是一个有趣的事实，但对于我们理解中世纪早期并无帮助。

有些更早的说法把中世纪早期置于多种形式的现代性宏大叙事之中，但这比民族主义更加无助于理解中世纪早期。现代性的叙事把整个中世纪的历史都降格为“中间时期”，在它之前，是罗马帝国（或者说古典文化的巅峰时期）在政治和法制上的显著成就，在它之后，则是文艺复兴时期所谓对罗马帝国的重新发现。这种图景是文艺复兴时期的学者们自己创造出来的。自那之后，故事线又发生了两种类型的重要变化。首先，后世的人——17世纪晚期的科学家，18世纪的启蒙思想家和革命者，19、20世纪的工业家和社会主义者——都声称只有自己才代表“真正的”现代性，并互相争夺公元1500年前后这个现代性原点。与之相对，在20世纪的科学史中，中世纪研究者们一直在试图至少将中晚期的中世纪从“不是真正的历史”的窘境中拯救出来，并试图在1050—1200年这个时期中寻找欧洲共同长期历史进程的起源，他们诉诸当时的教皇改革、“12世纪的文艺复兴”、大学的起源，以及英格兰的亨利二世（Henry II）和法国的腓力二世（Philip II）等早期君主的国家建构。

以上两条线索的发展所带来的结果是，从11世纪晚期至今的千年欧洲史被视为一波又一波的海浪，在进步的沙滩上不断冲向更远之处。但是，在这样的图景之下，人们对一千年之前的那个时代的陈旧看法仍然没有改变。在很多人看来，中世纪早期仿佛野蛮的黑暗之海，古代世界的种种成就则是海那边的一束微光，而“罗马帝国在5世纪的陨落”（该帝国在东方的长期延续被无视）是一次根本性的失败，扭转这一失败需要经历漫长而艰苦的过程，但他们也承认，构成现代社会的各方面要素的基础正是在这一过程中建立的。这些要素包括理性主义、生产力、全球市场、知识、民主、平等、世界和平，以及免于被剥削的自由。

我个人对于欧洲历史最终的这些成就大多是认同的，但身为历史学家，我还是认为这种故事线太荒谬。这是因为每个历史时期都有自己的特征和合法性，不应该用后来者的眼光去审视。从400年到1000年的这一漫长时期作为一个研究领域是有其自身价值的，这价值并不由之前或之后所发生的事决定。试图把后世的历史发展归因于该时期的行为（或者该时期的部分时段，例如有些人提出“加洛林文艺复兴”的概念，将9世纪乃至10世纪纳入“真正”历史的宏大叙事，而6世纪到8世纪大概就被抛弃了）是毫无价值的。而且，身为研究中世纪早期的历史学家，我认为把这一时期“他者化”也完全没有意义。近来对中世纪早期的大量研究已经揭露了这种历史观念的错误，而如果读者感到本书对这种历史观做了任何形式的支持，本书就失败了。

这是因为，我们现在已经有条件用一种非常不同的方式去书写中世纪早期的历史。20世纪70年代之前的学者因为证据不足而无法这样做，而基于罗马帝国失败这条故事线的说教式历史观则把400/500—1000年视为一个低劣的时代。无论人们如何解释西罗马在5世纪的陨落（内忧、外患或二者交加），这个历史事件看起来都是明显的“坏事”，欧洲和地中海地区的各个社群用了几个世纪的时间才从这件坏事中恢复。这个恢复的过程一直到查理曼（Charlemagne，768—814 年在位）时期，甚至到 11 世纪的经济扩张和教会改革运动出现后才结束。东罗马即拜占庭帝国的延续则很少被历史学家强调。在民族主义者眼中，几乎整个中世纪早期都是为各个民族的起源神话服务的。事实上，这种观点存在的时间比将中世纪早期视为一场失败的观点更长。

好在上述情况在今天已经有大部分得到改变。中世纪早期再也不是“灰姑娘”时代了。首先，专注于该时期的研究者开始增多。20 世纪 70 年代，英国有牛津大学的彼得·布朗（Peter Brown）和迈克尔·华莱士-哈德里尔（Michael Wallace-Hadrill），以及剑桥大学的沃尔特·厄尔曼（Walter Ullmann）。他们带出了一大批专注于中世纪早期（以及古典时代晚期）历史的研究生。这些学生毕业后到英国各地的学校任职（恰好赶在 1980 年英国高校因政府预算削减而减少聘任教师人数之前），然后又在各地带出了自己的学生。这样，历史研究人员的训练工作就不再被牛津和剑桥垄断，新一代的学者呼之欲出。拜占庭研究同样进展飞快。也是在这一时期，中世纪早期考古学不再把研究对象局限于墓葬和金属工具，而是解放思维，转向以空间关系以及经济和物质文化体系为研究对象的“新考古学”。此类研究的影响范围更广，和文献历史学形成了更有内容的辩证关系——当然，前提是参与研究的人愿意进行辩证的思考。在英国以外，类似的历史研究团体也不再执迷于研究中世纪早期的政治和文化“衰落”，以及立法机构和教会的历史。在中世纪早期研究者的数量方面，只有几个国家的增长速度能和英国相比，美国是很突出的一个（德国和意大利始终保持增长趋势），但是在过去 30 年间，所有国家的历史研究手段都得到了极大的丰富。实际上，在同一时期内，欧洲大陆的大部分地区可以说发展出了中世纪早期考古学。1970 年的时候，这门学科只存在于少数几个国家（英国、东德、西德、荷兰、丹麦和波兰），而现在，欧盟内几乎所有国家都有一整套先进的中世纪早期考古研究体系。

研究也越来越国际化。欧洲科学基金会（ESF）于 1993—1998 年开展了名为“罗马世界的转型”（Transformation of the Roman World）的研究活动。[2] 几乎每一个欧洲国家都有十几名或几十名代表参加活动，会议场所则包括从斯德哥尔摩到伊斯坦布尔的各家酒店。每一次会议，他们都会用一周的时间来商讨通用的研究方法。这项活动并没有创造出“欧洲通用”的撰史方法，原因好坏参半（民族性的假想和偏见往往过于根深蒂固，而过于国际化的研究方式又有失之平庸的风险）。但是，这些研究人员确实对彼此有了更深入的理解，个人的友谊也得以国际化。这次活动之后的十年里，类似的研究项目层出不穷，围绕共同研究主题的国际合作成为常态，合作关系也比以往更加密切。总的来说，历史学家们近期最有创造性的研究工作往往集中在文化史领域，尤其是对高级政治以及政治和社会精英的研究。考古学通常关注的经济方面的研究有时会被文献历史学家忽视，但社会经济史的研究也取得了不少重要成果。中世纪早期研究也是最早接受语言学转向影响的学科之一。所谓“语言学转向”，是指人们发现所有对过去事件的书面记载都受制于当时惯用的叙事方法，而历史学家必须先正确理解这些叙事方法，才能将书面记载用于研究之中。因此，在过去 20 年间，几乎所有中世纪早期的史料都被依据其叙事策略进行了重新评估。中世纪早期研究的业态也变得更国际化、更具批判性，研究范围也比以往更广。

当然，这些积极的变化之下也隐藏着一些漏洞。其中之一是，虽然研究人员的群体扩大了，但他们至今还不愿意为我们理解那个时代提供新的范式。在我最近出版的一本书《构建中世纪早期》(*Framing the Early Middle Ages*，牛津大学出版社，2005年)中，我在社会经济史的语境中对此现象提出了批评，并提供了在这一领域可能会有用的几种参量。在文化和政治史的领域里，一种新的范式可能已经出现，但其表述方式还不够清晰。这种范式认为，古典时代晚期(这一时期的价值也被彻底重估了：现在，人们通常把罗马帝国晚期视为罗马时代的巅峰，而此前的观点认为该时期只是2世纪“罗马治世”的极权主义翻版，且比原版低劣)的很多方面都没有中断地直接延续到了中世纪早期。更具体地说就是：蛮族入侵者给帝国带来的混乱只是一种文学比喻；后罗马(post-Roman)时代的社会和文化之中，几乎没有什么东西不是从罗马时代传承下来的；7世纪是西方中世纪历史中遗物较少的时段，但这个世纪留存至今的文献却比除4世纪和6世纪之外的任何一个罗马世纪都要多，这说明书写文化在某些地区绝对没有消失。简而言之，研究者可以沿用研究晚期罗马的方式，继续研究早期中世纪，东方或西方均可。这种观点在最近出版的很多关于5世纪蛮族入侵的著作中得到了明确体现，而且较为间接地影响了对直至9世纪的其后数个世纪的研究。很多历史学家在论及查理曼的时候都暗示其统治实质上是建立在罗马帝国晚期的政治文化体系之上的，但是几乎没有人会直接写出来。这是一个问题。无论人们是否相信查理曼是在这样一种体系中维持统治的，只要这个论点没有被公开地提出来，人们就很难真正对其提出质疑和争论。此外，总体上说，历史学家已经越来越清楚地认识到“浩劫”(catastrophe)的概念在中世纪早期的研究中恐怕被用得太滥了，却往往忽略了“接纳”（accomodation）——也就是上文所说的“延续”——概念其实也是如此。

第二个问题是，历史学家们离“延续”（或“转型”）的概念越近，离“剧变”的概念越远，其与考古学家的分歧就越大。考古学家们发现，在5—7世纪之间（具体年代在不同地区有所不同）的后罗马时代，物质文化出现了非常明显的“简化”。在不列颠和巴尔干等地区，这种“简化”的程度堪称剧烈。在罗马帝国的疆域上，只有叙利亚、巴勒斯坦和埃及等少数几个行省没有出现这种情况。布赖恩·沃德-珀金斯（Bryan Ward-Perkins）出版了一部篇幅不长但很有用的著作，驳斥文化史的“延续论”者。[3] 在这部名为《罗马的陨落与文明的终结》（*The Fall of Rome and the End of Civilization*）的书中，他强调了考古学界发现的“简化”现象的重要性。我希望这本书能够带来一些争论，并能够在这两种传统之间找到一些共识。截至我写作本书的时候，下结论还为时过早，但我们确实需要研究出一些历史学的解释，以弥合文献和考古两方面证据之间的裂痕。一方面，我们发现了高度罗马化的书面文本，如塞维利亚的伊西多尔（Isidore of Seville，636年去世）所著的《语源学》（*Etymologies*）；另一方面，考古发现又显示出后罗马时代的人类居所要比罗马时代简陋得多，人口也减少了，最近几十年，考古学家在从塔拉戈纳、米兰到图尔的很多城市遗址中都发现了这一现象。这两方面的发现都是历史的证据，哪一方面都不应该被忽视。我们把两方面的证据放到一起时，会发现罗马帝国的分裂确实呈现出了“剧变”的态势，这种情况在西罗马地区尤其明显。我们在之后的章节中可以看到，无论罗马时代的价值观和政治实践有多少延续到了中世纪早期——这种延续当然是存在的——政治活动家所能利用的资源确实大幅度减少，他们所倚仗的政治架构也简化了，而且往往是极度简化。因此，中世纪早期的政治、社会和经济面貌看起来和罗马时代有了极大的不同。要研究这个时代，就必须承认其与罗马时代的不同，这和承认罗马时代在它身上的延续是同等重要的。

由于近期历史研究的进展没有得到明确阐述，我们很少看到将中世纪早期作为一个整体来研究的著作。[4] 最近的一部以公元 1000 年为界、将此时期作为一个整体来研究的英文著作是由罗杰·柯林斯（Roger Collins）撰写的，该书写于 1991 年，而且其研究对象主要在政治领域。法国的蕾吉娜·勒让（Régine Le Jan）、让-皮埃尔·德沃罗伊（Jean-Pierre Devroey）和菲利普·德普勒（Philippe Depreux）等人近期做出了高质量的社会历史学研究，但他们研究的范围只到公元 900 年为止，且不包括拜占庭和阿拉伯世界。朱莉娅·史密斯（Julia Smith）的重要文化综述《罗马之后的欧洲》（*Europe after Rome*）比其他著作都更接近于在其研究领域内提供新的范式，但和其他著作类似，她也仅将研究范围局限于拉丁欧洲（Latin Europe）。马修·英尼斯（Matthew Innes）最近出版的《中世纪早期西欧引论，300—900 年》（*Introduction to Early Medieval Western Europe, 300–900*）也是如此。（在上述所有著作中，最后这一本的研究方法可能是最接近本书的，但它 2007 年夏天才出版，当时本书的初稿已经完成，我也没有将该书中的洞见整合到本书中。）当然，研究时间跨度较短的著作还是很多的。某些时代得到了非常充分的研究，其中又以 5 世纪（尤其是西方）或加洛林世纪（Carolingian century）为最。还有很多地区或国别综述，其中一些的研究范围覆盖了整个中世纪早期。但是，我们还是有空间去做一项新的研究，将公元400—1000年作为一个整体，去探讨其社会—政治、社会—经济和政治—文化的发展。我们所研究的时代是统一的罗马帝国的终结期，也是一系列规模不等的小型政治体的成形期，其地域范围包括整个欧洲和地中海地区、前罗马帝国领地和罗马以北的非罗马帝国领地。这就是本书的写作意图。

在《构建中世纪早期》那本书里，我论述了如何用地区间比较的方法去理解社会和经济的变化，例如拿英格兰和丹麦或法兰克比较，法兰克和意大利或埃及比较，意大利和西班牙或叙利亚比较，等等。这些论述有着鲜明的特点。显然，这些观点将在本书的某些章节中得到复述，尤其是在第9章和第15章。本书的其他大部分内容也是建立在这些观点的基础上的。但是，我在本书中复述这些观点的目的和上一本书有所不同。首先，在近年来文化史方面进步的推动下，该时期政治方面的线索已经尽可能完整清晰地展现出来，而本书的所有章节都会将人们在其中做出政治选择的社会和文化环境作为重点。中世纪早期的历史中没有多少妇孺皆知的人物，也几乎没有什么事件是家喻户晓的，而我希望本书能让对这一时代一无所知的人也能读懂。然而，我并不会因此仅仅停留在介绍查理曼、英格兰的埃塞尔雷德二世（Æthelred II）、西班牙的辛达斯文托（Chindasuinth）、法兰克的奥斯特拉西亚的布伦希尔德（Brunhild）、拜占庭皇帝尼基弗鲁斯二世·福卡斯（Nikephoros II Phokas）或哈里发马蒙（al-Ma’mun）的层面上，而是会进一步揭示这些人物统治下的政治和文化世界。当然，这种趋向反映了近年来的历史编纂学趋势。这也意味着本书中关于占人口多数的农民的内容会比较少，尽管农民在这一历史时期中并不缺少存在感。我将试图在经济的语境下进行上述分析，这也正是我的第二个目的。这些经济方面的内容既来自考古发现，也来自文字史料。某些统治者比其他统治者更富裕，或者某些贵族比其他贵族更富裕，诸如此类的信息对于理解历史人物的政治决策是至关重要的。这样，我们就有可能构建更复杂的政治系统。一些传统的政治史著作把爱尔兰国王、英格兰国王、法兰克国王、拜占庭皇帝、哈里发和罗马皇帝通通放在一个层面上，但他们并不在同一个层次上。这些人之间的关系实际上是一种以财富多少为标准的等级体系，位于顶层和底层的人不但拥有的资源悬殊，其国家制度的复杂性也同样悬殊。即使是在西哥特人对犹太人的迫害、反圣像争论，以及 9 世纪法兰克王国的知识分子所扮演的角色等再清晰不过的文化政治问题中，经济上的差异也在背后发挥着作用。

我的第三个目的就是在研究公元 400—1000 年的漫长历史以及其中的各个时期的时候，把注意力放在这些历史时期本身之上，而不去过多考虑它们和之前、之后各个历史时期之间的关系，以免重复上文已批评过的“宏大叙事”的错误。我们会首先介绍仍然处于繁盛期的罗马帝国，但目的只是为讲述后罗马时代的政治体打下基础，因为这些政治体都不可避免地要在罗马帝国的基础上去营造它们自己的环境：我们不会哀叹失败，不会把某个政治体当作其继承者未能成功效法的典型来介绍。我在讨论任何社会的时候，都会尽力不用后世的眼光去评判当时的政治抉择，在这里也一样。有些政治人物确实做出过非常糟糕的决策［例如 439 年，埃提乌斯（Aetius）放任汪达尔人夺走迦太基，又如 11 世纪的第二个十年里，曼苏尔（al-Mansur）在西班牙的继承者发动内战，再如虔诚者路易（Louis the Pious）在 830 年和自己的儿子们反目成仇。上述事件分别详见第 4、14、16 章］，给他们自己制定的政治战略造成了极为严重的后果。但是在这些事件中，每一个人的决策都受到了其各自所处的社会文化系统的影响。我的目的就是在分析这些事件的时候，在我力所能及的范围内还原这些影响政治决策的环境因素，至少是给出一个大概的描述。

最重要的是，我将尽力避免用目的论的方式去解读历史。只在5世纪罗马帝国的历史中寻找其之后走向分裂的原因，只在墨洛温（Merovingian）时期的法兰克历史中寻找查理曼权力和野心的来源，只在10世纪的教皇活动中寻找催生"格列高利改革"（Gregorian Reform）的因素，只在阿拉伯世界的经济活力中寻找其之后（据说）先被意大利、后被欧洲北部的商人和制造商超过的原因，这类的历史解读方式是错误的。我们只要依照每个时代自己所处的社会现实去解读其历史，就可以避免陷入目的论的陷阱。

***

在上述原则的基础上，我在本书中先后审视了罗马帝国及其西方部分的衰落（第一部分），后罗马时代之初出现在高卢、西班牙、意大利、不列颠和爱尔兰的各个政治体（第二部分），7世纪东罗马危机之后的拜占庭历史、阿拉伯哈里发国及其10世纪的继承者们，包括安达卢斯，也就是穆斯林统治下的西班牙（第三部分），然后再回到属于拉丁人的西方，审视加洛林王朝及其继承者们，以及该王朝的头号模仿者英格兰，还有从俄罗斯到苏格兰的一大串北方政治体，包括它们的贵族和农民，这些政治体正是在我们所研究的时代的最后一个世纪最终定型的（第四部分）。我们对上述每一个研究对象都使用了比较的研究方法，看与它们拥有相同或类似条件的社会里发生了什么，但最重要的仍然是它们自己的社会现实，这也是我们所有研究工作的起始点。中世纪早期的史料远不如后期那么丰富，有时甚至贫乏到让我们完全无法重构某个社会（苏格兰就是其中之一）。造成这种现象的原因本身就是一个有趣的研究课题。不过，在大多数情况下，我们在对史料的出处进行谨慎的考据之后，还是可以做出相当多的分析，然后再做一简要总结的。

中世纪早期的文字史料稀缺是历史学家心中永远的痛，他们把有限的史料翻了一遍又一遍，想把里面蕴藏的点滴信息都提炼出来。正因如此，关于这一时期的历史研究中没有多少是受到普遍认可且没有争论的（也没有多少人对此有兴趣）。相比于其他一些时期，历史学家对这一时期的重建是显而易见的。我也在篇幅允许的情况下在文后对参与重建的历史学家们表示了尊重。为了不破坏正文的连贯性，本书没有脚注，但在最后以尾注的方式列出了所有的参考资料。不过，出于编辑体例的要求，这些参考资料大多数是英文的，非英文的资料只有在绝对无法避免的情况下才会被引用。同样，只要参考资料有英文译名，本书中就都采用译名。在本领域的历史著述中，英语的地位比 20 世纪 70 年代时显赫，但还完全没有达到一统天下的地步。参考书目的列表中仍有不少非英语的书目名称。

然而，由于上文所述的原因，解读这一时期的史料完全不是简简单单不费力就能达成的。我在每一章的开头都加入了一小段话，用以介绍该章所要讨论的社会的大致情况，同时也会告知读者该章内容中由史料造成的问题。不过，我们首先要意识到，无论是哪种史料，过于相信其字面上的意思都是不明智的。最明显的例子或许是史书、信件、圣徒生平和法庭证词中对历史事件的记叙。这些文字都出自个别作者之手，而且带有明确的写作目的和一系列作者希望明确传达给读者的道德偏见。图尔主教格雷戈里（Gregory, bishop of Tours，594 年去世）是中世纪早期的历史编纂者中最多产的一位。他撰写的史书篇幅很长，主要内容是法兰克高卢在他生活的那个世纪的历史。此外，他还撰写了大量的圣徒生平。格雷戈里始终积极投身政治活动，对与他同时代的欧洲王室成员们爱憎分明（见后文，第 5 章）。同时，他还是一位势力很大的高层贵族。身为一名主教——也就是职业卫道士——他有责任用鼓励、诱哄、威胁等手段劝阻同时代的人，免得他们堕入罪恶之中。在阅读格雷戈里的任何作品时，我们都要把上述背景铭记在心——和大多数历史学家不同，他并没有试图掩饰这些背景。然而，最近的研究也强调，格雷戈里对历史事件的记述本来是浅显直白的，但他对作品的文学化处理使有些记述变得晦涩难解。这项研究还分析了格雷戈里的另外一个局限，而这个局限是人们以前较少意识到的，那就是格雷戈里选择的体裁限制了他所能写的内容和描述事物的能力。还有，格雷戈里告诉我们的绝大部分事件并不是他亲眼看见的，因此我们需要根据他的讲述方式以及消息来源的可靠性来猜测这些记载是否真实。格雷戈里作品中所有能抽取出的“事实”都需要放在上述一系列背景之中去考量。[5]

读了上面的一段话，有些人可能会认为我们压根儿就不能相信格雷戈里说的任何一句话。实际上，此类观点是无法证伪的，在格雷戈里的问题上尤其如此。有关 6 世纪高卢的史料奇缺，格雷戈里对这一时代的大量记述根本无处对证。即便如此，我们还是要承认，就算格雷戈里的所有记述都是出于教化目的而虚构的，他也还是按照现实主义的架构方式去写作的。换一个角度想，如果他想让自己的教化在听众身上起作用（甚至是未来的听众，因为格雷戈里的主要作品《法兰克人史》在他生前并未发行），那么他越想针对自己所处的社会说教，就越需要把这些说教落在真实可信的经历之上。所以，他所记述的国王和王后可能并不是按他说的那种新奇的方式处死敌人的，某位主教也确实不是靠贿赂来获得职位，然后又恐吓其手下的神职人员的，但是这些都是当时社会中的人认为统治者或主教们完全有可能做出来的事情。因此，本书对于格雷戈里的所有记述，以及从爱尔兰到伊拉克的所有类似史料，都将采取这样一种态度，即认为这些人记述的事件反映了当时“可以”发生的事情，至少从这些作者的世界观来看是如此。在本书后面的章节中，我们经常会省略上述解释。如果在书中对每一个史料的真伪都进行一番考证，那么这本书就没法看了。但是，读者在阅读书中的每一处历史记载时都应该明白其真实性可能存疑。此外，这也意味着英雄史诗那种标明为虚构的作品也可以为我们所用。例如，盎格鲁-撒克逊人的诗作《贝奥武甫》（*Beowulf*）就是我们研究英格兰贵族价值观的最好的参考资料之一。采用这类作品的问题和采用图尔的格雷戈里的作品的问题并没有本质上的不同，而且使用这些作品的历史学家还经常发现，前者的虚构属性更不容易被忽视。

法律条文也存在类似的问题。法律规定并不能反映人们的真实行为，这似乎是显而易见的（想想关于超速行驶的法律吧），但是研究中世纪早期的学者们却必须面对史学界所谓“法律能反映现实”的思维定式。现代的史书写作有将法律和历史相关联的传统，尤其是在进入 20 世纪以后，人们在撰写社会史的时候往往假定人们会大致遵守法律的规定。但是，如果即使在司法系统拥有各种强制手段的当代社会，这个假定都不符合事实，那么我们对中世纪早期的法律又能有什么期望呢？那个时代的国家力量要比当代国家弱得多（实际上大多非常之弱），大多数地方的老百姓恐怕根本不知道统治者颁发了哪些法令。即使立法者只是想通过法令把当时的风俗习惯确立下来——有人认为这种情况存在于6世纪或7世纪的西方（但是在之后的时代有所减少，在拜占庭和阿拉伯世界就更少了）——他也会发现各地的风俗习惯实在相差太多。即使是在当时西班牙的首都托莱多和北意大利的首都帕维亚，国王对其所生活的地方之外的世界也一无所知，甚至在其生活的地方之内也只了解某一块区域的情况。实际上，我们最好是把法律条文看成立法者思想的映射，就像图尔的格雷戈里所记述的东西首先反映的是他自己的思想一样。法律条文和格雷戈里的历史著作一样，与现实互动，从现实中吸取养分。这并不意味着我们不能使用这些法律条文，而是说，法律条文并不能不偏不倚地反映真实的社会行为。

中世纪早期其他类型的文本也大多可以按照上述方法分析鉴别，不过有一种文本不在此列，那就是法律文书——最常见的是土地的赠予、买卖和租赁文书，还有就是正式纠纷的登记簿，这些纠纷通常也是与土地相关的。这类文书大多以合同的形式出现，具有法律效力。当时的法律文本很多都已佚失，那些遗留下来的法庭判例就成了我们研究当时法律条文的重要工具。如果我们可以认为这类文书是真实的（并不是每一份文书都是真实的，因为现存的文本往往不是原件，而是收录在后人编纂的典籍之中，其中很多是伪书），那么我们就可以认定这类文本比其他类型的文本更能反映真实的历史。不过，这个推断也不是一点问题都没有。一份法律文书即使是真实的，也是一种高度形式化的文本，是用抽象的语言组织起来的。当代的法律文书也仍然是这副样子。这种文体限制了作者所能在其中表达的内容。即使当事人想要准确描述他们的行为（并不是所有人都如此，例如在有些土地“买卖”中，土地实际上只是秘密贷款的抵押物，而这在合同中是没有体现的），他们的描述也会受到公证员惯用的那些法律术语的束缚，也可能受到当地复杂的社会实践的些微影响。不过我们至少可以假定（后世的法庭也会如此假定），“甲”村有一块地，有明确的边界，佃农“乙”在这块地上耕种，这块地由“丙”卖给了“丁”，价格是“戊”银第纳尔（denarii）。

这类文本的真实性是中世纪早期史料中所罕见的，我会审慎地加以采用，但问题在于怎么用。孤证不立，而许多份文本综合在一起，就可以组成有效的信息，告诉我们“甲”村有多少人拥有土地，有多少个“丙”（或者“丙”所依附的人）遇到了资金短缺的困难，买主“丁”又拥有多大规模的土地，地理范围在哪里，甚至“甲”村、“己”村、“庚”村和“辛”村在社会组织结构和土地价格方面有什么不同。只要我们能找到足够多的资料（即使是在中世纪早期的研究中，我们有时候也能达到这个目标），这些案例就都是有价值的研究对象。当然，这些文本也只能反映事物的某一个方面。我们必须经过严谨的论证，才能推定“甲”村或买主“丁”确实代表了当时当地的典型情况。此外，中世纪早期的法律文书几乎都是关于土地的（13世纪才有所改变）。只有埃及因为干燥的沙漠气候而有更多种类的文书留存下来。其他地区的人们都认为只有关于土地的文书才有长期的重要性，因而具有保存价值（除非有意外情况出现）。我们对土地交易之外的社会活动依然知之甚少。再者，在埃及以外的地区，只有教堂和修道院这样稳定的机构能将大量的中世纪早期历史档案保存到现代（这里说的现代大致指1650年以后），也就是历史学家开始有兴趣出版这些档案的时候。也就是说，我们从这些文本中只能知道教会获得的土地的情况，这些土地有的是立约当时就交割的，有的是后来为证明财产权而连同地契一起赠予教会的。这种障碍不同于作者记述方式造成的那种障碍，但无论如何它都是障碍，我们必须对此有所察觉。我们将在第9章详细讲述如何处理这种类型的局限。

考古的发现和物证至少不存在受限于记述方式的问题。考古学家有时确实会忽视文字史料的价值（自20世纪80年代起，这成了一种趋势）。他们认为文字只能反映作家和少数精英的观点，考古发掘和调查才能发现真正的生活，尤其是在文字史料中隐身的农民们的生活。然而，考古发掘在某种程度上和文本考证是一样的：你可以说这些文物真实可靠地反映了个人的生活，但是你必须发掘很多遗址，才能从中总结出典型性、规律和共性。考古学也有自己的盲点：你可以从考古发掘中发现人们住在什么样的房子里、吃什么样的东西、掌握了什么技术、空间是如何分布的、货物是从多远的地方运过来的，但是你无法从中得知土地归谁所有，或者地租的金额是多少。不过，这种缺陷至少使文字史料和考古发现之间形成了某种平衡。总之，考古告诉我们的大多是映射关系（functional relationships），而历史告诉我们的大多是因果关系（causation），我们最好是两种关系都能了解。而且，在同时采用二者的时候，我们必须记住，物质文化也表现着意义。葬礼是一种公共行为，而一个人选择什么样的陪葬品也会对其他人产生影响。与之类似的是，城市规划、建筑和外墙涂料、金属制品和陶器的设计等都有其含义，而且通常是有意为之。对于这些物品，我们也要像研究图尔的格雷戈里的作品那样，谨慎地进行解读和评估。考古学（就像艺术史一样）不存在受记述方式限制的问题，但仍会受到交流方式的限制。我们会在第10章讨论这个问题。

对于欧洲的不同地区和不同时代，我们所能获得的证据种类不尽相同，这给我们对各个时代和地区的研究造成了更大的限制。关于7世纪的英格兰，我们拥有非常完整的教会历史记录，法律条文和土地文书则较少，我们还有丰富的墓地考古发现，而聚落考古发现则要少得多。由此导致的结果是：我们对这一时期英格兰的教会思想、政治动态、技术发展和社会阶层了解得很多，而对贵族思想和政治架构的了解就很少。8世纪30年代之后，英格兰的历史记录和法律条文突然中断了100多年，同时期的墓地考古也收获甚少，而土地文书和聚落考古的发现则大大增多。这样，我们对国家和范围更大的经济关系的了解大大增多，而对国王如何成功或不成功地操纵政治以增加权力的了解则大大减少。因此，很多重要的历史问题至今没有确切的答案。比如，统治英格兰中南部达百年之久的麦西亚王国（Mercia）在9世纪20年代之后是如何衰败的，就是一个未解之谜。总的来说，在整个中世纪早期，各地教士记录历史的形式虽有不同，但基本都维持了稳定的记录，这样我们就能了解当时神职人员（尤其是严格主义者）的思想。相比之下，只有某些时期和某些地方的世俗贵族参与了历史写作，例如晚期的罗马帝国、加洛林时期的法兰克、10世纪的拜占庭以及9—10世纪的伊拉克。因此，我们能直接了解的，只有这些特定时代、特定地区世俗政治精英的思维模式。即使是关于同一个政治实体的史料，也会出现类型不一致的情况。10世纪晚期奥托家族（Ottonian）的皇帝们有两个权力中心：萨克森和意大利北部。前者的史料几乎都是历史记录，后者的史料则几乎都是土地文书。因此，我们对前者的了解主要集中于贵族之间的钩心斗角和政治仪式，对后者的了解则集中于贵族的财富规模及其与皇室庇护之间的关系。这两地的奥托家族成员们肯定既要和政治仪式发生关系，也要和庇护者打交道，但是史料类型的不完整使我们无法看到全貌。

上述局限不仅是中世纪早期研究避不开的问题，也是整个古代世界研究的问题。在未来的几十年内，我们恐怕很难发现新的历史文本，只能通过考古发掘去获取新的证据。这样，天平就会越发倾向于物质记录的这一边。我们的所知总是有限的，即使是对文字史料相对充分的精英阶层也是如此，就更别提那些占人口大多数的农民了，他们的观点几乎没有留下任何记录（我们所知道的一点儿情况收录于第 9 章和第 22 章）。因此，本书覆盖 6 个世纪，而不像“企鹅欧洲史”系列的后面几卷一样，只讲一两个世纪的历史。不过即便如此，我也还是需要对材料进行筛选，甚至对一些内容忍痛割爱。本书所介绍的只是我们所了解的中世纪早期的一小部分，但它至少包括了我认为有必要了解的内容。

第一部分

罗马帝国及其分裂，400—550

第 2 章

帝国的分量

> 人们把那个有罪的小偷带来，让他经受他应得的拷问。人们折磨他，殴打他，他的胸部受伤了，然后又被吊起来……人们用棍子打他，用鞭子抽他，把各种酷刑手法都用了个遍，可他还是不认罪。他将为此受到惩罚，被送上刑场。另一个人也被带上来了。他是无辜的。他有庞大的支持者网络。能言善辩的人为他说话。这个人运气不错：他被无罪释放。

这段引文来自一本希腊–拉丁语的读物[1]，大约出自 14 世纪早期。这段简单的文字体现了我们对罗马帝国晚期的一些未受质疑的推断。当时，司法暴力是正常的，而且是理所应当的（实际上，即使是证人也经常会被严刑拷问，除非他们来自精英阶层）。同时，富人可以逃脱刑罚。罗马帝国的世界中有许多暴力和非正义的事。受基督教的影响，帝国早期的角斗士表演于 326 年被君士坦丁（Constantine）下令废止，但它在西罗马一直延续到 4 世纪末。380 年，一个叫阿利比乌斯（Alypius）的人——此人后来在阿非利加成为一名禁欲的主教——来到了罗马的大竞技场。他本不想看角斗士表演，是很不情愿地被朋友们带来的。于是，他就一直闭眼不看。有一位角斗士受伤了，引来了观众们的大声吼叫。阿利比乌斯因此睁开了眼睛，然后立刻被这血腥的场面吸引得欲罢不能。他的朋友、大神学家希波的奥古斯丁（Augustine of Hippo，430 年去世）不无同情地评论道："他跟其他观众没什么两样。"[2] 奥古斯丁是一个强硬的人物，但也不是不通情理。他认为，虽然嗜血在基督徒的眼里是罪恶的，但也是人之常情。实际上，后罗马时代的所有社会，不管是多神教徒、基督徒还是穆斯林社会，全都一样地对暴力习以为常，尤其是强权者的暴力。不过，在罗马帝国时期，暴力具有公开的合法性，它是人们每周都要观看的盛会中必不可少的因素。这种对暴力的迷恋甚至超过了 18 世纪的欧洲人对公开处决的嗜好。它成了罗马强权的核心元素。5 世纪初角斗士表演被废止后，在公开场合屠杀野兽的表演又延续了 100 多年。

至于说有钱人可以无视法律，无论从什么意义上来说，这都不是自然而然的。368—371 年间那些被控"行巫术"而在公开审判中受刑[3] 的元老院成员们对此肯定深有感触。但是，掌权者确实拥有强大的庇护体系，而且常常滥用它们。森涅修斯（Synesios）于 411—413 年担任昔兰尼加（Cyrenaica，现利比亚东部地区）托勒密（Ptolemais）城的主教。当时那里的总督安德罗尼科斯（Andronikos）就是一个非常残暴的人。森涅修斯在信件中抱怨道，安德罗尼科斯对当地的市议员们尤其喜欢使用暴力，曾因其中一人的税务问题而把那人打死。森涅修斯使安德罗尼科斯被罢免了职务。[4] 这说明，只有像他这样与君士坦丁堡的统治者关系密切且意志坚定的主教，才有能力妥善地控制权力滥用的问题。如果没有这样的人物存在，那么地方官员无论是好人还是坏人，都有可能死于其政治对手的袭击，这些政治对手可以动用的力量包括教会势力和中央政府的庇护体系。而庇护体系是至关重要的，在我们所能看到的罗马帝国晚期的史料中（实际上早期也是一样），大部分作者突出强调了这一点。一个人如果没有人庇护，就不可能成功。罗马帝国的腐败问题和暴力问题一样严重。我们认为是腐败的现象在罗马人（尤其是精英阶层）的眼里未必是腐败。当时的世界有一套自己的规则、理由和行为规范。但是，腐败和其他类似现象确实使特权阶层拥有了特权。史料作者们至少含蓄地使用了各种修辞手法以描述权力滥用的现象。

我在本章的开头写下上述评论，只是为了让我们的眼光离罗马的政治权力远一点。罗马人的国家并不比其他国家"文明开化"，但也并不是在公元 400 年前后就明显注定走向解体。罗马帝国的暴力（无论是公开的还是私下的）、腐败和不公正等问题都是其国家体系的一部分，而这个体系非常稳定，已经延续了多个世纪，几乎没有明显的漏洞。该帝国的一半，也就是西罗马，确实在 5 世纪时解体了，但这是因为人们遇到了一些意外事件，而且没有把这些事件处理好。东罗马则轻松地存续下去，有人认为其在 6 世纪早期达到了巅峰。这个具体过程我们放到第 4 章去说，那一章讲述了 400—550 年间发生的事情。在本章，我们要讨论的是这套稳定的国家体系在西罗马解体之前是如何运作的。下一章，我们则要把目光投向罗马帝国晚期的宗教和文化形态。这两章都会采用来自 4 世纪的史料，针对西罗马，我们还会使用 5 世纪早期的史料，那个时期还算相对稳定；关于东罗马的史料在时间跨度上会延续到 6 世纪，因为这个国家在公元 600 年之前都没有太大变化。

罗马帝国是一个以地中海为中心的国家。罗马人把地中海称为“我们的海”，历史上，只有他们将地中海的所有沿岸地带都纳入势力范围。帝国的体系也是建立在这个内海的基础上的，因为海上运输既方便又相对便宜，将沿岸各行省联系在了一起，森涅修斯因此可以在昔兰尼加和君士坦丁堡之间往来自如，阿利比乌斯也可以在塔加斯特［Thagaste，今苏格艾赫拉斯（Souk Ahras），在阿尔及利亚东部］和罗马之间轻松往返。到公元 300 年时，人们已经发现很难靠单一的中心来统治好这个国家，于是，公元 324 年以后，帝国有了两个常设首都，一个是罗马，一个是由君士坦丁新建的城市君士坦丁堡。从那时起，罗马帝国在绝大部分时间内都由两个部分组成，一个是东罗马（大部分人说希腊语），另一个是西罗马（大部分人说拉丁语）。两部分各有自己的皇帝和政府，但仍然保持十分紧密的联系。直到 6 世纪，拉丁语还是东罗马的官方法律和军方用语。

罗马是一个巨大的城市，其人口在帝国早期曾达到 100 万。到了公元 400 年，虽然罗马已不再是罗马帝国西部的行政首都（4 世纪时西罗马的行政首都是高卢北部的特里尔，公元 402 年后迁至意大利北部的拉文纳），但其人口仍有 50 万之多。君士坦丁堡建城时人口要比罗马少得多，但增长十分迅速，到 5 世纪晚期时估计已经达到 50 万，超过了当时的罗马。在古代和中世纪，这种规模的城市都是由政府刻意维持的。出于意识形态的原因，政府希望在自己的政治中心或帝国心脏能有一座巨大的城市。罗马和君士坦丁堡都有城市贫民，靠国家时常发放的谷物和橄榄油维持生活。在西罗马，这类食品是从北阿非利加（现在的突尼斯）运来的，而在东罗马，这类食品则来自埃及，也有部分可能来自叙利亚。阿非利加和埃及是整个帝国的主要粮食出口地。这些免费发放的食品（拉丁语中称作 annona）在帝国的税务系统中是一笔很大的开支，占全部预算的四分之一甚至更多。对国家来说，刻意维持这些巨大城市的规模，让城市中的居民感到快乐，一定是非常重要的。[5] 实现快乐靠的是所谓的“面包和马戏”——不过马戏表演（包括罗马露天竞技场里的各种竞技活动）通常是由私人财富供养的。[6] 在第 4 章里我们会讲到，410 年，西哥特人洗劫了罗马，整个帝国都受到了巨大冲击。大城市的象征意义可见一斑。

罗马人钟情于城市生活，对首都的维护只是其中最明显的一个方面。整个罗马世界的文化都是和“城市性”（civilitas）密不可分的。从这个词又衍生出了“文明的”（civilized）和“文明”（civilization）等词，它准确地反映了罗马人的城市生活。从某种意义上来说，罗马帝国就是其所有（数千座）城市的联盟。每个城市都有自己的议会（拉丁文中是 curia，希腊文中是 boulē），传统上都是自治的。每个城市都有一套宏伟的建筑，各个城市的标准相当统一：一个广场，周围有一些市政建筑和神庙，还有一个剧场、一个露天竞技场（只存在于西罗马），以及大浴池。从 4 世纪起，主教座堂和其他教堂取代了神庙。在帝国的某些地区，城市还建有城墙。这些都是“城市性”的标志物，没有它们的地方就不能算城市。城市和建筑的形象就像银线一样贯穿了罗马文化的各个层面。高卢诗人奥索尼乌斯（Ausonius，约 395 年去世）在 4 世纪 50 年代创作了一组名为《伟大城市的排名》（*Order of Noble Cities*）的诗作。[7] 诗作中列举了 19 座城市，排名第一的是罗马，排名最后的则是他的家乡波尔多［他把罗马和波尔多都称作“故土”（patria）］。他历数各个城市中的建筑，在这个过程中，他实际上也描绘出了整个帝国的风貌。

政治社会的重心也在城市里。在帝国早期，由于城市都有自治传统，市议员（拉丁文中是 curialis，希腊文中是 bouleutēs）就是当地的最高掌权者。4 世纪的时候，帝国政府加强了中央集权，市议员们发现很多事情的决策权被帝国政府拿走了。随着元老院和中央政府的扩张，那些最富有、最成功的市民开始有机会凌驾于地方的官僚层级之上，而市议会则退居第二位。市议员的首要任务变成了征税和提供税务担保。这项工作有油水也有风险。市议会的正式组织结构从 5 世纪开始渐渐弱化。到了 6 世纪，就连征税的工作都被中央政府的官员拿走了。这个过程往往被视为罗马帝国走向灭亡的标志，因为从帝国的法令条文中可以明显看出，市议员们对征税的负担颇有怨言，有些人（毫无疑问是那些比较穷的）开始想办法逃避责任，而皇帝则将这种逃避确定为非法行为。与此同时，西罗马的精英开始在他们的文字中流露出向往田园生活的情绪，考古学家也通过对西罗马城市遗址的发掘发现，这些城市的物质遗存在公元 400 年以后出现了大幅的简化。市议员身上沉重的征税负担看来是导致城市衰颓的原因之一，当然，这也可能与帝国的整体衰落有关。[8]

然而，这种解释太过消极了。首先，这个解释不适用于东罗马。在那里，市议员们确实被边缘化了，而且从大约 450 年起就在文献记录中出现得越来越少（违逆帝国法律的次数倒是越来越多），但政治精英们的活动仍然稳固在城市之中。实际情况是，市政府变得越来越不正式，与此同时，有钱人形成了一个团体，但是并没有组织起专门的机构。居住在地方的元老院成员、地方主教以及那些最富有的市议员逐渐形成了一个精英群体，通常被称为“领导人”（prōteuontes）。

这些人是城市教会的庇护者，有权对建筑维修和举办节日等事宜做出决定。必要时，他们还能组织地方防务，而不需要一个正式的名号。并没有哪个城市因此衰败。在东罗马的很多城市里，最雄伟的建筑都是在5世纪和6世纪建造的。议会的力量衰落之后，东罗马的城市依旧维持着稳定的状态。看到了这一点，我们不难发现，西罗马也存在类似的稳定性。希多尼乌斯·阿波黎纳里斯（Sidonius Apollinaris，约430—485年）来自高卢的克莱蒙，出自当地最富有的家庭。他的父亲和祖父都是执政官，他本人还是皇帝阿维图斯（Eparchius Avitus，455—456年在位）的女婿。[9]此人有大量诗歌和信件传世。他并不需要成为议员，其仕途的大部分时间用于谋求在中央政府发展。不过，最后他当上了克莱蒙的主教。在这一时期的信件中，他大力支持“忠诚于本地”的思想，包括对城市聚落的维护。他的姻亲（阿维图斯的儿子）伊克迪修斯（Ecdicius）则用私人军队守卫克莱蒙。他们在城市政治中的积极活动并不需要依靠传统的市议会体系。实际上，只要罗马的价值观还存在，这种城市形态就一直存在着。各地的情况不同，但即使是在罗马帝国本身覆灭之后，其城市形态仍在许多地方存在了很长时间。“城市性”靠它自己的力量演变成形了。在西罗马，城市精英们也拥有乡间别墅和豪华的避暑宅邸［东罗马这样的乡间住宅区不多，即便是有也多集中于城市周边，例如达芙妮（Daphne）就在安条克城旁边气候凉爽的山上］，但城市仍然是商业、政治、庇护体系和文化的重心所在。没有哪个有影响力的人物敢于冒险远离城市。而且，富人们去哪儿，其他人也就跟到哪儿。跟随富人的既有仆人和随从，也有想赚富人钱的商人和工匠，还有等着富人大发慈悲的穷人。总之，还是组成城市生活的那些人。

把城市网络视为罗马社会的首要元素是可行的，它甚至比帝国中央政府还要重要。实际上，按照现代的标准来看，帝国的管辖力度是很小的。中央政府的公务人员最多的时候也只有约3万人，而且都集中在帝国首都和行省的首府（以上所说的公务人员不包括低等级的政府雇员，如卫兵、会计、信使、赶牛人等等，这些人的数量可以达到前述公务人员的10倍）。[10]我们还有很多证据能说明罗马政府的效率很低，文件保管也很差，而且帝国疆域广大，从首都到一些偏远省份要花很长时间（从罗马到高卢北部最少也要3个星期，行军的话时间会更长[11]）。考虑到以上种种问题，我们可能会很奇怪罗马世界是怎么保持统一的，但是它确实做到了。一套叠床架屋的层级结构和一系列条件组成了一个自洽的政治体系。让我们挨个看看组成这套体系的元素：行政机构、元老院、法律系统、军队，当然，还有供养上述所有机构的税务系统。我们会在第3章讨论罗马政治精英们所共有的价值观和政治规则，以及另一套逐渐壮大的政治体系，那就是教会势力。

东西罗马都是由皇帝统治的。理论上，皇帝是一个拥有无限权力的独裁政府的核心人物。而且，有些皇帝也确实热衷于干预政治：最明显的例子就是4世纪的君士坦丁（306—337年在位）和瓦伦提尼安一世（Valentinian I，西罗马，364—375年在位），此外还应该算上尤利安（Julian，360—363年在位），他试图扭转君士坦丁启动的基督化进程，一度搞得轰轰烈烈，虽然最终失败，但他的故事一直吸引着后世的历史学家。5世纪的皇帝没有4世纪那么耀眼，但6世纪的查士丁尼（Justinian，东罗马，527—565年在位）却有着不输于任何前人的统治力。我们会在第4章详细介绍他。但是，并不是所有的皇帝都这么喜欢治国理政，有些人的工作只是在公开的仪式上摆摆样子而已，5世纪上半叶的皇帝就是如此。即使皇帝积极介入政治，有能臣辅佐，他们也很可能会受制于信息的闭塞和复杂的层级规则，因而未必真能有多大影响（那些干政最积极的皇帝大多有军方背景，而没有直接在文官政府中从政的经验）。帝国的重臣很多都不是全职官僚，那些最勤勉的官员也只是时而办公时而不办公。从这个意义上说，整个帝国是由一群业余人士统治的。不过，这些业余人士至少有一致的价值观，也往往有相似的家庭背景。这种情况在西罗马更为普遍，那里有很多古老而富有的元老院成员家族。这些家族在4世纪和5世纪经常十分活跃，其下属是真正的职业官僚，终其一生都从事行政工作。正是这些官员们结成的网络，以及行政机构本身的稳定性，使政府的统治能够长久持续。帝国的四个近卫军长官辖区（以及其属下的省一级行政官体系）、中央政府的六大部门，以及罗马和君士坦丁堡的市区政府，全都有各自的传统和效忠者，其中一些可追溯到数个世纪之前。约翰·吕多斯（John Lydos）在550年曾写道，他所效力的东方近卫军长官辖区政府的传统可以一直上溯到创造罗马的罗慕路斯（Romulus）那里（这是不可能的）。而且，尽管他所在的部门能力不足，协调性也不够，他还是非常忠于这个部门。他把整个罗马帝国的历史都视为其所在部门的沉浮史。要想扭转这种根深蒂固的官僚习气和规则，必须付出很大努力，而实际上付出过努力的人寥寥无几［其中一位是查士丁尼的心腹重臣——近卫军长官卡帕多西亚的约翰（John the Cappadocian，531—541年在位），鉴于他的行动，约翰·吕多斯很可能会视其为眼中钉］。[12]

佩特罗尼乌斯·马克西穆斯（Petronius Maximus，396—455）是

职业政治家的突出代表。[13] 他出自显赫的元老院成员家族——佩特罗尼家族，约 411 年进入罗马元老院，担任行政长官的仪式性职务，负责管理各种奢华的娱乐项目。他在 415 年时是护民官，并于 416—419 年担任西罗马的圣库官（comes sacrarum largitionum），这是帝国最重要的财务官职之一，而他上任时只有 20 岁，对于这么重要的官职来说非常年轻。420—421 年，他的职务是罗马的城市执政官。此后的几十年里，他又有好几次出任这个职务（具体的时间段只能靠估计）。439—441 年，他是意大利的近卫军长官，这可能是他第二次担任这个职务。他还两次出任执政官，这是一个地位很高的荣誉头衔，但没有实际职能。至晚到 445 年时，他又被授予令许多人垂涎不已的“贵族”（patricius）称号。不过，和大多数职业官僚不同，马克西穆斯在 455 年还当过皇帝，不过仅在位两个月就被人杀死了。希多尼乌斯在大约 10 年后的一封信中写道，他估计马克西穆斯肯定相当后悔自己当了皇帝，因为皇帝被各种有严格时间要求的仪式和繁重的任务束缚，远不如元老院成员们那么清闲（otium）。[14] 这乍看起来出人意料，但实际上“清闲”的说法是有依据的，无非是如何表达的问题：马克西穆斯长时间担任重要的政治领袖，拥有大规模的庇护体系（希多尼乌斯自己也这样说），也有当皇帝的野心，但是我们必须承认，马克西穆斯在他 40 多年的政治生涯中，担任正式官职的时间似乎只有 10 年左右，所以他确实拥有大量的“清闲”时间。当时的作家也常常在著作中将“清闲”列为元老院精英生活的特征之一。

元老院有它自己的身份认同，而且在某种程度上是和帝国的官僚体系相分离的。事实上，在西罗马，二者不仅“神离”，连“貌”也不“合”，因为政府驻地已经不在罗马。理论上，元老院仍然是帝国的统治中枢，就像4个世纪前的罗马共和国一样。而且，虽然元老院早已名存实亡，但它仍然是所有公民向往的至高之所。一个人若想挤进元老院的圈子并参与其中的活动，就需要付出很多的金钱，因为大量的娱乐项目和仪式都需要元老院成员资助。但是，一旦这个人成为元老院成员，就可以得到许多财务和政治上的特权。元老院成员在政府中没有什么正式的职能，但政府高级官员进入元老院是理所当然的事。而且，5世纪早期时，只有三个最高等级的元老院成员才被视为拥有完整的元老院成员资格。这些人被称为“光荣者”（illustres），只有政府官员和由皇帝直接庇护的人（protégés）才有资格获此殊荣。元老院和政府紧密地联系在了一起，并在4世纪随着行政机构的扩张而扩张。但是，元老院无论如何还是独立的，有它自己的规矩和尊卑排序。元老院代表着贵族的财富、特权和优越性。成员的资格虽然不是严格世袭的，但实际上总是由某些家族垄断，至少在4—5世纪的罗马是如此。光荣者的男性后裔至少也能获得最低等级的元老院成员称号，即“杰出者”（clarissimi）。即使是在元老院成员资格的范围缩小之后，杰出者也多多少少能享有一些特权。而且，按照罗马帝国后期的称谓，各个等级的元老院成员都算“显贵”（nobilis）。元老院这种与政府之间紧密而又彼此独立的关系，有些类似于现代的英国上议院，无论是在其1999年改革之前还是之后都是如此。

这种行之有效的贵族世袭体制是帝国的关键特征。这并不是因为它控制了政府——大部分高级官僚不是元老院成员出身，只有一些人在成为官僚后又成为元老院成员（从这个角度讲，马克西穆斯的仕途显得有些另类）——而是因为它主导了政府的风气。在古代和中世纪的历史中，罗马帝国是一个异数：它的统治阶级不（或不仅仅）由军人或名人组成，而是由文人组成。只有中国的文官系统与罗马有相似之处。元老院成员们自视甚高，按照演说家叙马库斯（Symmachus，402 年去世）的名言，他们自认为是“人类中的精华”。[15] 他们这种良好的自我感觉并非源于军事或体格上的强势，而是源自出身、财富，以及他们所共有的文化。出身很重要［希多尼乌斯可能会看不起他的劲敌、高卢近卫军长官帕奥纽斯（Paeonius）[16]，因为后者出身市议员家庭，而不是元老院成员家庭］，但也不是家族历史越悠久就越有势力。即使是 4—5 世纪最显赫的安尼修斯（Anicii）家族，其历史也只能上溯到 2 世纪晚期。财富的作用无须多言：在罗马世界里，没有财富就不可能有政治影响力（几个德高望重的主教除外）。一个人不管在文官政府中担任什么职务，都需要花很多钱，一部分钱用来贿赂以取得官职，一部分钱用来维护自己的庇护网络。但是，人一旦获得重要的官职，就可以攫取巨额的利益，其中有合法的，也有非法的。军人的情况也大致如此，不过军功的重要性会更大一些，所有战功卓越的将军最后都能成为富人。罗马的安尼修斯、佩特罗尼、凯奥尼（Caeonii）以及其他 6 个独立而富裕的元老院家族所拥有的财产遍布意大利南部、西西里、北非和其他地区。历史学家阿米阿努斯·马尔切利努斯（Ammianus Marcellinus）曾写道，4 世纪 70 年代最显赫的政治家佩特罗尼乌斯·普罗布斯（Petronius Probus）的家产“散布于罗马世界的几乎每一个角落”。[17] 这些家族可能是从古至今最富有的地主。405 年，罗马的两名贵族美拉尼亚（Melania）和皮尼亚努斯（Pinianus）因宗教信仰而卖掉了所有的土地。根据美拉尼亚的圣徒生平 [18] 的记载，这些土地仅一年的租金就有 12 万苏勒德斯（solidi，相当于约 400 公斤黄金），这巨量的供给使土地市场受到了毁灭性的冲击。不过，这种超级富豪型的元老院成员只存在于罗马。在君士坦丁堡，元老院的成员是来自东罗马各省的精英，其权力范围也小于罗马的元老院成员。整个东罗马都有这种省一级的精英，他们有成员资格，也在等待进入中央政府任职的机会。这些人在当地都很有权势，但没法和安尼修斯家族相比。希多尼乌斯就是这种省级精英。事实上，高卢的精英们似乎是一个特别团结的集团。

罗马元老院贵族和省级贵族之间最大的相同点也许是文化，因为文化是建立在文学教育的基础上的。每一个西罗马的贵族都必须会背诵维吉尔（Virgil）的诗以及其他许多拉丁作家的经典作品，还要会写诗，会把诗化的句子还原为普通的语言。东罗马贵族的情况也差不多，只不过他们要背诵的是荷马（Homer）的史诗。这两地的文学教育分别是用拉丁语和希腊语进行的，当时并没有对彼此产生多少影响，但是两地的文学教育传统都非常深厚，文学造诣高的人也会得到丰厚的回报。当时，文化程度高的人会鄙视文化程度低的人。阿米阿努斯曾用轻蔑的语气写道，人们以为罗马的元老院成员们都是“人中龙凤”，可这些人竟然只读粗鄙而愤世的诗人尤维纳利斯（Juvenal）的作品。[19]言外之意就是，罗马元老院成员们并不读那些难度较大的作品。这个说法无论是否属实，都是对罗马元老院成员们大大的不恭。文学专家们则可以仅凭其作品就迅速崛起，得到皇帝的庇护和高级的官位。西罗马的奥索尼乌斯和东罗马的里巴尼乌斯（Libanios，约 393 年去世）就是典型的例子。里巴尼乌斯的崛起速度太快，以至于有人控告他使用了巫术。[20]不过，这两个人在靠文学成名之前就已经是地主并至少算是中等富人了。尤利安在试图逆转基督化进程的时候曾经命令基督教知识分子只教授《圣经》，不教授异教经典，这样他们就无法接触到最好的文字了。这项措施失败了，但它背后的思路清晰显示出传统文化和社会地位之间的紧密关系。[21]一些强硬派基督徒以拒绝维吉尔的作品来回应尤利安，但他们也失败了：到了5世纪，贵族们既知道维吉尔（或荷马），也懂得《圣经》，可能还读过一些新的基督教神学家的作品，例如西罗马的奥古斯丁[22]和东罗马的凯撒利亚的巴西流（Basil of Caesarea），这两个人的文笔都非常出色。

正是这种文化，使罗马帝国晚期的历史（至少是其精英们的生活）能够为现代人所了解，因为这一时期的很多贵族文本流传到了今天。这些文本绝大部分是措辞精致的信件和演说稿，也有一些诗歌和神学作品。5世纪的元老院成员帕拉狄乌斯（Palladius）撰写的财产管理手册[23]也流传至今。罗马的文学文化一度被视为文明的巅峰。这种观点从文艺复兴时期肇始，19世纪晚期至20世纪早期在英国的公学教育中达到顶峰。当时，一个英国人即便只是想在印度政府中任职，也必须有熟读维吉尔（以及尤维纳利斯，他的作品已不再被视为粗浅了）的基础，更别说想当学者需要读多少罗马作品了。这种观点现在已经不那么流行，（在意大利之外）没有几个学者的拉丁语水平能达到读懂维吉尔的程度，有此水平的政治家就更少了。因此，现代人更倾向于把罗马的文学文化视为权力的象征，而不是个人的美德。罗马的政客和后世的政客一样自私而贪婪，在统治上也看不出有超出后人之处。但是，我们要承认这种文学文化的普及程度，这是非常重要的。在罗马帝国的所有城市里，即便是地方官员也或多或少受过这样的教育。这种教育使各地的官员拥有共同的知识结构和价值观，这是帝国能保持统一的原因之一，而且实际上使帝国各地表现出高度的一致。这种一致不仅体现在文学上，也体现在现存的建筑遗迹和物质文化上。最后，我们必须指出：罗马世界给中世纪早期的继承者们留下了丰厚的制度和思想遗产，但文学教育并不在此列。它只在日益独立的教会职位体系中保留了一些影响。后罗马时期的贵族文化由文学转向了军事，建立在刀剑和马术之上，因此，我们对这种文化的了解就少得多了。

罗马法是另一个在理论上全国统一的知识体系，它发挥着团结各地的作用。[24] 罗马法包括两部分，一是帝国法律，其在 4—6 世纪之间的内容非常详尽，二是早期罗马法学家们的一系列作品，其中既有判例法方面的判决先例，也有法理方面的研究成果。一个人要想精通这些法典，就必须在罗马、贝鲁特或者（公元 425 年后）君士坦丁堡的法学院里接受专门的训练。当然，任何一种教育都会包含修辞学方面的内容，这对法庭辩护有着重要意义。阿利比乌斯于 4 世纪 80 年代初期在罗马的法学院接受训练，然后随奥古斯丁到米兰工作（他们两人在这里转变成了彻底的基督徒，并将职业路径转向了教会）。[25] 奥古斯丁只接受过修辞学训练，他在自己的作品中明确表示自己不是法律专家，因为他没有受过专门的教育。事实上，在狄奥多西二世（Theodosius II）在 429—438 年将帝国的法律汇编成《狄奥多西法典》（*Theodosian Code*）之前，法律是很难学的。查士丁尼在 528—534 年对《狄奥多西法典》进行了修订和（两次）扩充，还在 530—533 年将 2—3 世纪的法学文献整理并摘录成了《学说汇纂》（*Digest*）。西罗马覆灭后，在其原先土地上成立的各个王国都制定了不同的法律，但仍会参考《狄奥多西法典》。查士丁尼的法典则作为拜占庭帝国的法律延续下来，且于 12 世纪时独立地在西罗马的土地上复兴。不过，我们必须谨慎地思考罗马帝国对法律的重视到底说明了什么。由于法律体系过于复杂，每一个法庭都需要法律专家（iurisconsulti），甚至有时候连起草法律文书这样的工作都只有专家才能胜任。但是，法律专家并不是随时随地可供调遣，也不一定完全可靠。即使法律协助方面没有问题，法庭的判决也未必公正。富人往往利用司法腐败和庇护制度获得对自己有利的判决，这种情况得到了多种文献的佐证，包括本章开始时所引用的那个案例。在埃及，记录在莎草纸上的 4—6 世纪的民事纠纷解决记录显示，由于上法庭打官司花费很高，又有风险，人们往往根本不通过法庭，而是直接用私人仲裁来解决纠纷。[26]

罗马法中有很多酷刑，因而人们往往只关注其刑罚上的内容，进而认为整个法律体系都只不过是国家维持强力高压统治的工具。人们认为，这种统治建立在恐怖基础之上，因为政府没有足够的办事人员去管理日常生活的各个方面。上述看法大体上是正确的，但法律本身无论如何都是非常重要的。埃及的仲裁官可能会避免让当事人上法庭，但他们在做出裁决的时候往往会参照法律条文和术语。奥古斯丁不是法律专家，但他会设法了解法律的规定，例如在做出判决前写信征询法律专家俄斯托齐乌斯（Eustochius）的意见。[27] 阿非利加有一封大约写于公元 400 年的书信保存至今，这封信的内容很有意思。信是一个不知姓名的地主写的，收信人则是他的邻居和旧友萨尔维乌斯（Salvius）。[28] 地主在信中斥责萨尔维乌斯欺负地主的佃户："难道现在律师的法律和原来律师的法律不是同一套？或者罗马的法律和马特尔的法律不是同一套？"萨尔维乌斯是一位（我们推测）来自马特尔的律师，他可能确实抱有地主所说的那种想法，并且认为他的违法行为是正常的。可是，这位写信的地主以前也是律师，萨尔维乌斯曾经教过他关于佃户的法律。于是，地主就在信中详细罗列了萨尔维乌斯教他的法律，以及关于继承和所有权方面的法律，然后在信尾提出了一个解决纠纷的办法。法律和它的形象在整个帝国内无处不在，而且我们确实可以说，那些谴责司法腐败的文章至少说明人们对法律抱有很高的期望。

罗马的军队要比文官政府的规模大得多，也一直是帝国财政花钱最多的地方。公元 400 年时，帝国军队大约有 50 万人，上下误差不会超过 10 万。这些部队大多布置在北部的莱茵河和多瑙河边疆地区，以及与波斯接壤的东部边疆地区（南部边境线虽然很长，但面对的是撒哈拉沙漠，没有太大的危险），但在每个省也都有分布，充当守备军和维持治安。当然，使各省精英得以保持文官身份的正是这些军队的存在。私人军队在帝国解体之前是极为罕见的。反过来说，军队有能力将自己支持的人选推上皇帝宝座。由于大部分武器都在他们的手里，做到这一点相当容易。这种情况在 3 世纪相当普遍，到了 4 世纪则大为减少。5 世纪，西罗马灭亡前的数年，那里又出现了军队干预帝位的情况，但东罗马直到 602 年之前都没有过成功的军事政变。然而，即便不发动政变，军事领袖在政治上也相当重要。几个较为弱势的皇帝［例如 395—423 年在位的西罗马皇帝霍诺留（Honorius）］在位期间，实权都掌握在军界强人手里，这些强人还会为争权夺利而诉诸武力。在这种情况下，皇帝的行政班子更像是军队指挥部而不是文官政府，皇帝本人与军队的关系也比与文官们更近。和讲究血统的高级文官相比，将军们很多都出身非精英阶层，这在边疆地区尤其明显。在莱茵河和巴尔干这两个边疆地区，社会呈现出高度军事化的特征，罗马帝国的人民和边境那边的“蛮族”在社会特征上也更为接近。我们会在本章后面的部分介绍这方面的情况。以上这些并不会让军事领袖们看起来和文官精英们有多大不同，因为他们都是成功者，都可以在元老院谋得席位，组织自己的庇护体系，让自己的子女接受文学教育。但是，军事领袖们对精美建筑和娱乐活动的兴趣不如文官，元老院成员们也经常鄙视他们没有文化。此外，军官在各地之间的调动也比文官频繁。历史学家阿米阿努斯（约395年去世）说希腊语，但在写作时使用军队的语言——拉丁语。他曾是一名军人，在波斯和莱茵边疆区都服役过，也在罗马驻防了很久。

军队规模庞大、无处不在，而且需要大量的给养和武器，这成了整个罗马帝国最为头疼的问题。帝国有一套发达的边疆要塞体系，也有自己的食物补给线：多瑙河下游地区的双耳油瓶（oil amphorae）的分布说明，此地驻军的给养都是从爱琴海地区运来的，直到6世纪晚期都是如此。[29]《百官志》（*Notitia Dignitatum*）记载了罗马帝国直至4世纪末的军事组织架构情况。根据这本书的记载，罗马帝国各地有35座登记在册、专门生产武器装备的工厂。[30]整个罗马帝国的财政预算可能有一半用来购买军粮和发放军饷，军需的运输则成为将帝国各个行省联系在一起的最重要的因素。另一个重要因素则是帝国首都对食物的长期需求。

要支持和供养如此庞大的军队，罗马帝国只能依靠其税务系统。最重要的税种是以亩为单位计算的土地税，此外还有对商人和工匠征收的少量税费、帝国土地的收入和各种小额收费项目。[31]过去，人们认为晚期的罗马帝国是一个“苛政国家”，它的税负过重，导致许多土地被荒废，经济则走向崩溃。近年来，历史学家们开始对这一观点进行修正。修正是对的，但是我认为有些过头了。总的来说，税负确实一度非常沉重：6世纪的少量文献（其中大部分来自埃及）显示，土地出产的四分之一都要作为土地税上交，有些时候还要在此基础之上额外征税（superindictiones）。在生产技术尚不发达的前资本主义农业社会里，这样的税率是非常高的。但是，帝国又需要维持这么高的税率，才能给军人、官僚和信使们发工资，给首都的市民提供食物，资助大型公共建筑的建设，充实国库。同时，在国家调动的货船把谷物从阿非利加、西西里和埃及运向北方，把橄榄油从阿非利加、爱琴海和叙利亚运向其他地方的过程中（船主为国家运输这些货物，以此履行他们的部分纳税义务），税收把帝国的各个组成部分连接在了一起。这些运输基本都是在地中海上进行的，因为大宗货物通过水路运输要比陆路运输容易得多，也便宜得多。高卢、莱茵兰和不列颠自成一个小型的贸易体系，远离海岸和边疆的西班牙内陆地区则似乎被其他地区忽略了。帝国的核心还是地中海地区，因财政原因而起的海上运输则将帝国的两个部分统一在一起。

如果没有准确的评估和系统的征收工作，土地税制就无法有效执行，特别是在税率如此之高的情况下，而要做好这些工作是需要付出努力的。国家需要掌握最新的土地所有人记录，而要系统性地获得这些记录并非易事（要整理这些记录以方便查找同样很难）。这些工作需要投入大量的人力，还需要用强硬的措施来执行信息收集工作。为此，在罗马帝国晚期，土地买卖必须公开登记。登记记录偶尔可以在罗马帝国晚期流传下来的私人文献中找到，尤其是在埃及的莎草纸文献中，其他地方也有少量记录遗存。此外，最为重要的是，政府从4世纪开始以法律的形式把农民拴在他们的籍贯地，因为农民是真正的纳税人，如果他们离开家乡四处漂泊，就会给征税工作带来很大的麻烦。[32] 这项法令和其他一系列法令一起，保证了那些对帝国有作用的人能忠于职守，祖祖辈辈不离其岗位。我们已经看到了元老院成员家族是如何世代居于官位的，与之类似的还有军人、国有工厂里的工人、船主，还有罗马的面包师和屠夫——面包师和屠夫对首都的食物供给至关重要。我们并不确定这些法律是否在大体上得到了遵守，但无论如何，它们都在帝国法律条文中占据了很大一部分，而且是由帝国维持其税收系统稳定的需求催生的。此外，实际的征税过程可能充斥着紧张情绪和暴力行为，而且一定是由武装人员执行的。帝国财政系统的影响是持久的，无孔不入，对整个帝国中的任何一个人来说都有可能是强制性的。

征税过程中的非法行为使其对老百姓的侵扰加剧。有钱人可以通过贿赂的方式来免交税款，评税官和征税官自然就可以通过收受贿赂来致富，而倒霉的几乎总是穷人。他们只好背井离乡（因此后来有法律禁止他们离开故土），或是改为向权势人物交“保护费”而不再向国家纳税。帝国的法律禁止这种类型的庇护，但我们已经看到，这种庇护是罗马政治体系中相当稳定的组成部分。当然，大部分税款还是能够按时、依法缴纳给国家的。来自 6 世纪的埃及莎草纸文献就颇让人意外地显示，希腊东部极富有的家族——主宰俄克喜林库斯市［Oxyrhynchos，今名拜赫奈萨（Bahnasa）］的阿皮翁（Apion）家族[33]——总是非常及时地缴纳税金。不过，考虑到税收的庞大规模，以及罗马政治体系中无处不在的歪风邪气，征税过程中的腐败现象肯定是相当严重的。随着罗马帝国的基督教化，以及一些极端道德家的影响日盛，社会上对财政压迫问题的抨击越发频繁，其遭受攻击的猛烈程度仅有司法腐败和性行为可以相比。这种现象一直持续到帝国灭亡。

可以说，税收本身就是维系帝国统一的支柱。在帝国内能对绝大部分居民产生影响的事物中，税收应该是最突出的一个。它和军队供给系统、行政系统、司法系统和遍布地中海内外的货运系统一起，将一片巨大的土地连接在一起。如果税收体制崩溃，帝国必然会解体。当然，帝国实际上是因为其他原因解体的，我们会在第 4 章再讨论。帝国解体之后，税收制度在西罗马不复存在，但在东罗马保留了下来。这个差异的重要性不可低估，它是本书剩余章节所涉许多事件的背景要素之一。不过，在公元 400 年时，人们还看不到财政系统崩溃的迹象，有些地方一直到 500 年也是如此。400 年时的帝国系统相当稳定，地方差异较小，没有人认为它有解体的风险。

***

到目前为止，我们关注的主要是国家和帝国政治体系的总体情况，对地方差异则有所忽视。而且，我们的视角也是自上而下的，是官员和富人的视角。下面我们就来看看罗马帝国晚期的其他人群是什么状况，以及各地的差异存在于哪些方面。

首先需要指出的是，罗马帝国的人口绝大多数是农民。他们世代在自己拥有或租用的土地上耕种，靠自己种的食物过活，把剩余的食物交给地主和国家，以充地租和税款。这些人中很多是奴隶（servi），没有自由，也没有法律权利。西罗马的某些地区奴隶特别多，但帝国早期意大利和希腊地区的农奴制到帝国晚期已基本消失，有自由的农民和没有自由的农民所过的生活相差无几。（因此，本书中不会把那些没有自由的农民称为“奴隶”，因为这样会产生误导。本书中的“奴隶”仅指那些没有自由的家庭仆人，这些人和以前的农奴一样，都是由主人供养的。）[34] 中世纪早期，农民占总人口的 90% 以上。这个比例在罗马帝国晚期肯定没有这么高，因为当时的城市人口比较多——尤其是在埃及，城市人口占总人口的比例最高可达三分之一[35]——但是应该也有 80%。这仍然是一个相当高的比例。

绝大部分农民可能是地主的佃户。立法者肯定是这么认为的，因为他们在将农民和土地联系在一起的法律中都使用了 coloni 这个词，这是拉丁语中对佃户的标准称谓。[36] 罗马皇帝和元老院成员们拥有大量的土地，行省和市议员阶层的精英们的土地加在一起则更多。巨量的土地意味着有数以百万计的佃农，他们依附于土地所有者，向他们交地租。这个过程通常是由中间人（conductores）完成的，他们从大地主那里租下整块土地，再分租给农民。也有一些大地主亲自打理土地生意，例如 6 世纪埃及的阿皮翁家族和 5 世纪意大利的那位管理手册撰写者帕拉狄乌斯。[37] 不过，我们缺乏有力的证据来说明农民拥有自己土地的情况是否常见，以及这种情况出现在什么地方。埃及的莎草纸记录显示，有些城市的领土完全在大地主的控制之下，但在其他一些城市中，也有不少农民拥有自己的土地，有更多的自由。阿富罗底［Aphrodito，今名考姆伊什高（Kom Ishqaw）］就是一个很好的例子。这个规模较大的村子有大量 6 世纪的文献遗存至今，我们稍后就会讨论这个村子的情况。叙利亚[38] 和地中海东部其他地区有一些保存至今的古罗马村落［例如在叙利亚北部的石灰岩山丘（Limestone Massif）地区，详见第 10 章］，这里的证据再好不过地显示了居民们在建筑上的追求以及房屋类型的趋同，而这些都是依附于地主的佃农无力实现的。特别值得注意的是，这些村落基本没有明显的建筑中心，因此人们通常认为这些村落的居民绝大部分是自由的土地所有者。

总的来说，东罗马拥有自己土地的农民看起来要多于西罗马，这也和已知的东罗马超级富人较少的现象吻合。西罗马的情况则正相反，特别是在意大利和阿非利加的大部分地区以及高卢的部分地区，土地可能完全是由地主拥有的，已知的大面积地产也比东罗马要多。美拉尼亚和皮尼亚努斯在阿非利加的一块地就“比城市还要大”，这里所说的城市是离该地产最近的城市塔加斯特。[39]（在阿非利加，不是所有的教区都以村镇为中心，有些规模较大的私人地产有自己的主教。）但是，无论是在东方还是西方，再大的私人地产也往往是零七八碎、分布散乱的。很多地产都是由数百乃至数千个分散的小块土地组成，在这些分散的地产之间，有很多土地属于农民土地所有者和乡绅。有些佃户自己也有土地，法律条文也明确区别了有土地的佃户和没有土地的佃户（佃农，coloni adscripticii），前者直接缴税给征税官，后者则通过自己的地主缴税。后者对地主的依附程度远大于前者，更接近于无自由的农奴（这些人根本不缴税，而是直接由主人代缴）。因此，查士丁尼在自己颁发的一项法律中也提出了一个问题：佃农和农奴的真正区别在哪里？[40]这个问题在不同的地区有不同的答案：在埃及，土地的租赁关系比较灵活，租期较短，拥有自己土地的农民较多，因此，埃及领工资的劳动力比较多，没有自由的农奴很少见；[41]相比之下，意大利大片大片的土地上只有无自由的农奴，农村社会的人身依附关系可能也要比埃及普遍得多。

东方和西方之间的一大差异是，农民住在农村的比例在东罗马比西罗马高出很多。正像我们刚才看到的那样，东罗马的一些村庄遗址一直保存到现在，至少是在那些后来成为牧区或沙漠的边缘地带。而文献和考古发现均显示，村庄（被称为 komai 或 chōria）在几乎整个希腊语世界中都是很常见的。这些村庄的组织可能会很紧密，有自己的头人，埃及的村庄尤其如此。在这些村庄里，地主和佃户比邻而居，农民社会也因此相对团结，自治程度更高（我们已经看到，东罗马那些拥有土地的贵族一般住在城里），恐怕也更焦虑，因为村民们常会拉帮结伙地争夺牧场和水源，每个村庄都存在的尊卑次序也较易引发矛盾。我们对埃及村庄阿富罗底的情况了解得特别多，因为这里有大量的莎草纸文献遗存至今。文献的主人是狄奥斯库若（Dioskoros，约 520—585 年在世），他的父亲叫阿波罗（Apollos）。[42] 狄奥斯库若是村里一个颇有声望的领袖，有时候也像父亲以前那样担任村民的头人。他受过文学和法律教育，受教育的地点可能是亚历山大。学成返乡后，他成了村里的公证人。不过，和其他公证人不同，狄奥斯库若还是一位诗人，为当地的贵族和官员们写颂诗。这个人有好几个地方都很有意思。他是整个罗马帝国晚期社会中留下文献资料最多的乡村居民，他的个性特征也体现在这些资料里。这个人肯定属于乡村里的精英群体，却感觉自己受到了来自各个方面的威胁：距离最近的城市安泰奥波利斯（Antaiopolis）的执政者对阿富罗底的自治很是嫉妒，村子里的邻居、佃户、牧人和债主也都对狄奥斯库若构成了威胁。他留下的文献里有一些记录了他跟别人打的官司，而他的诗作也往往以请求他人的帮助告终。这些都是需要在他那广阔的庇护关系网中处理的事情。阿富罗底并不是一个平静的乡村，我们甚至在文献里发现了对一桩有两名受害者的谋杀案的调查记录。主持调查的是一名高级军官，嫌疑人则是元老院成员、贵族萨拉帕蒙（Sarapammon）和他的同伙、军人梅纳斯（Menas）。这两人为自己辩护，并指控村民们才是凶案的罪魁祸首。无论怎样，显然没有哪个人能够在这件事里控制局面，缓解紧张气氛。阿富罗底只有在面临其他村子或者安泰奥波利斯的威胁时才能团结一致。这种充满戾气的社会环境在东罗马比比皆是。

西罗马的情况有所不同，除了一些山区之外，这里的乡村很少。考古发现显示，城市以外的地区零散分布着的是孤立的农场、乡间别墅或者地主们的地产中心。很多地方甚至没有村属土地的概念，每块土地都有其主人，绝大多数地产有自己的名字。西罗马的文献资料没有埃及那么丰富，所以我们很难了解当地的乡村社会是如何运作的，但看起来这里的乡村居民之间没有东部那样紧密的关系，因为没有那么多能把他们联系在一起的因素。也许，同一块地产上的佃户们有些共同语言，那就是给某位地主或征税官交租的经历。这种关系达不到东部乡村的那种紧密程度，却有可能使紧张气氛加剧。事实上，西罗马乡村里有权有势的人和穷人之间的差距总体上来说要比东罗马更大，我们有时可以看到这种差距所造成的结果。

有一个例子来自奥古斯丁所在的阿非利加。在5世纪的第二个十年里，奥古斯丁以希波主教的身份任命他手下的教士安东尼（Antoninus）为其属下福萨拉（Fussala）教区的主教。[43]福萨拉位于今天阿尔及利亚东部的山区，是当时阿非利加为数不多的乡村之一。安东尼在任上的表现说明他是一个坏人——他年纪轻轻，出身贫寒，又晋升太快——他在村子里实行高压统治，到处搜刮钱财、衣物、制品和建筑材料，还有人指控他有性侵行为。奥古斯丁把他从这个位置撤了下来，但并没有降他的职，而是想把他调到附近名为托贡诺顿（Thogonoetum）的庄园去。可是，这座庄园的佃户们却对奥古斯丁和他们的地主说，只要安东尼来，他们就走。安东尼没完没了地制造麻烦，甚至惊动了罗马教皇（以上情节都出自奥古斯丁于422—423年写下的两封关于安东尼的信，这两封信遗存至今）。奥古斯丁感到非常尴尬，他也确实理应如此（“我都不敢和福萨拉人对视”）。但是，最值得注意的是村民们表现出的恐惧：他们虽然做出了各种愤怒和仇恨的证词，但即便是在安东尼被撤职之后，仍没有一个证人敢留下名字。福萨拉的居民里有佃户（为了减轻他们的压力，这些人受询问的时候并没有征税官在场），但这些人应该不都是无自由的。值得注意的是，托贡诺顿的那些佃农抵抗安东尼的决心倒是比福萨拉的村民们更大，甚至做好了采取非法抵抗手段的准备，因为他们与土地之间的依附关系是由法律规定的。无论怎样，农民们对暴政的反抗总体来说还是消极的，混杂着仇恨、恐惧和抵触的情绪。在阿非利加的这个地区，农民和地主之间的隔阂更深，以至于彼此之间的敌意更重。这里没有狄奥斯库若这样的人在农民和当局之间调停。因此，我们也就不难理解为什么奥古斯丁最担心的是农民们集体抛弃天主教会，转而追随多纳徒派（Donatism，见第 3 章）。

各地之间的另一大区别是商品交换和手工业生产的模式。直到 20 世纪 70 年代，人们都认为罗马帝国晚期的商业对经济的贡献不值一提，但最近 30 年的考古发现大大改变了我们的看法。根据考古遗址中发现的双耳瓶（用来装葡萄酒、油、鱼酱等食物制品）和精美陶器（可体现织物、金属制品等其他的大型手工产品的情况）的数量，我们可以判断出帝国的哪些地区是主要出口地，哪些是主要进口地。地中海地区的罗马帝国晚期遗址内几乎都可以找到用北非赤陶（North African Red Slip）制成的餐具，而来自土耳其爱琴海海岸城市福西亚（Phocaea）和塞浦路斯的餐具在地中海东部地区也是随处可见。这些陶器显然是通过海路运输的，但在意大利、叙利亚和巴勒斯坦的一些离海岸很远的内陆地区也能找到。在高卢北部、不列颠和西班牙内陆，来自地中海的陶器数量极少，但本地生产的陶器数量很多。[44] 我们由此可以得出结论：这些地区虽然生产很活跃，却是与帝国在地中海地区的主要经济网络相隔绝的。衣物自古以来就是很重要的手工产品，考古遗址中保存较好的衣物不多，但是文献资料［包括 301 年颁布的《限价令》（Price Edict）中所列出的商品详单］显示，意大利、高卢、埃及和叙利亚都是主要的衣物出口地。双耳瓶则告诉我们阿非利加、叙利亚和爱琴海出口油，而意大利南部、巴勒斯坦和爱琴海出口葡萄酒。这些产品都有着庞大的分配网络，且产量都非常大。实际上，阿非利加（主要是突尼斯）和叙利亚—巴勒斯坦沿海地区的经济体可能主要就是靠出口来实现繁荣的。同时，意大利南部、爱琴海地区、埃及和巴勒斯坦等经济体内部的结构也相当复杂，显示出这些地方可能存在城市间和城乡间的密集交易网络。

我们已经看到，帝国的某些地区通过纳税的形式将剩余产品输送到其他地方。这些地区包括阿非利加、埃及，还有在这方面稍逊一筹的叙利亚、巴勒斯坦和爱琴海地区。从农业的角度讲，这些省份是整个帝国中最富有的（除了没有全球变暖，当时的气候特征和现在差不多），它们在商业网络中也是最重要的。我们不能认为考古遗址中发现的商品分配规律只与税务网络有关，因为如果是这样的话，那么这些商品就不该出现在那么多毫无重要性的地方，如意大利中部的小村庄、巴勒斯坦东部等。但是，我们大致可以认为，商品交换是以税务网络为基础进行的。阿非利加每年秋天都有船队开往意大利，把准备上交给国家的粮和油带到罗马。政府再把这些食品免费发放给城市居民。毫无疑问，这些船队也会运输商业物资，例如陶器和作为商品的油。这些产品的运输成本是由政府承担的，这样，当它们在地中海那边的罗马或其他港口出售时，在价格上就更有竞争力。我们对埃及的出口商品所知不多，但其中大概主要是衣物和莎草纸，这些出口的莎草纸就和后世的考古学家无缘了。（帝国晚期，埃及的葡萄酒产量很大，但品质较低，而且只在埃及境内自产自销。[45]）税务网络为商业提供了便利，也为某些地区的商业繁荣做出了贡献。439 年，汪达尔人占领了北非的心脏地带，破坏了西罗马在财政上的大一统局面，切断了迦太基和罗马之间的税务中轴线。地中海西部地区的商业由此开始了两个世纪的持续倒退，而东罗马在政治上和财政上仍然保持强势，地中海东部地区的商业活动到 600 年时仍和 400 年时一样活跃。

罗马帝国晚期的世界总是呈现出两种面貌，一种在帝国，一种在地方。帝国境内使用的语言远不止拉丁语和希腊语，不列颠有古威尔士语，西班牙部分地区有巴斯克语，阿非利加有柏柏尔语，埃及有科普特语，黎凡特有希伯来语、阿拉伯语和阿拉姆 / 叙利亚语，安纳托利亚有伊苏里亚语和亚美尼亚语。当然，肯定还有另一些语言。科普特语、希伯来语、叙利亚语和亚美尼亚语都有其自己的文学作品。在从威尔士群山到埃及沙漠之间的广阔疆域之中，各个地方社群之间的差异至少不比现在这些地方之间的差异小，其中既有人类为适应不同生态环境而做出的必要调整，也有人类自身行为所造成的不同，我们在刚才的几页中已经探讨了这些差异。另一方面，罗马世界不仅将这些千差万别的区域联结成一个整体，更是随着时间的流逝而逐渐塑造出了这些区域之间的很多共性。基督教席卷全国，取代了很多地方性的宗教传统。我们会在下一章介绍这方面的情况。帝国各个地方的城市在外观上呈现出高度的一致性，这主要体现在公共建筑和城市格局方面。各地的行政机构和军队都在同一套高层机构的统御之下，税务系统则几乎影响着每一个人。一些文化上的差异逐渐缩小了，例如，高卢的地方语言高卢语大概在5世纪时失传。埃及社会在公元1—2世纪时还与其他地方很不相同，但差异到了4—5世纪时就已经大幅消失。埃及人不再使用自己的巨型神庙，也放弃了法老时期的建筑风格，甚至改掉了喝啤酒的传统，改喝葡萄酒。人们认为自己是一个统一的罗马世界的一分子。[46]这种想法不仅存在于城市精英的头脑里，也存在于乡野村夫的意识之中。例如，福萨拉的安东尼就曾经请求罗马教皇帮助他对抗奥古斯丁，而阿富罗底的村民们也曾经直接向狄奥多拉（Theodora）皇后[47]请愿，希望她支持他们反抗安泰奥波利斯的统治者。

我们的史料一次又一次证明，罗马帝国的居民们对这个大社群的归属感与庇护体系[48]有很大的关系。许多社会都有庇护关系链（例如中世纪中期的领主—封臣关系），但是罗马文化特别重视庇护关系。一些极端的道德家或受害者会将庇护关系蔑称为腐败，但绝大部分人对此习以为常。实际上，很多官方的工作都是依靠庇护关系网来实现的，例如常见的个人或集体向皇帝请愿的情况，再例如中下层官员在收税或主持法庭审理时收取当事人的礼金（sportulae），这种收入源源不断，而且合法。这种庇护体制的关键之处在于，它最后会将所有人都纳入其中，每一个人都或多或少地感到自己在社会体系中有一席之地。对于一个普通的农民或者类似的人来说，庇护体系并不能经常给他们带来利益，但他们仍然认为自己总归能从庇护者的保护中得到好处，不是这次，就是下次。除了皇帝和他手下最有权势的大臣之外，所有人都需要一个庇护者，有时候还不止一个。他们也经常夸耀庇护体系的好处。例如，政府见习生约翰·吕多斯在其同省老乡、近卫军长官佐提科斯（Zotikos）的提拔下很快就得到了正式的官职，甚至没有花钱，这让他得意不已。[49]从狄奥斯库若这样的乡绅往上，稍微有点权势的人都有自己的庇护对象。4世纪40年代有一个驻防在埃及南部的中级军官叫阿比奈奥斯（Abinnaios），他有不少文献保存至今。[50]这些文献里有很多都是请求他帮忙的书信，求助的人有他的部下，也有朋友和被庇护者。这些被庇护者包括市议员、神父、工匠和农民，他们求助的事则包括仲裁纠纷、抓捕强盗等。这些事情几乎都不在他的官方职责范围内，但这种情况是很常见的。4世纪90年代，安条克的智者里巴尼乌斯的佃户们为不交地租而寻求一位军官的庇护，这令他暴怒不已。[51]他宣称佃户的主要庇护人应该是他们的地主，但当时的人肯定都知道情况并非如此。中世纪那些受过良好教育的精英给我们留下不少典雅的书信，其中许多含有介绍庇护对象或者请求帮助的内容。我们之前谈到的狄奥斯库若的诗作也有类似内容。这种庞大的庇护网络非但不是罗马帝国的薄弱环节之一（腐败），反而是维持帝国有效运转的主要因素之一。庇护体系在哪里不起作用，哪里就会出现问题。当埃及的农民们认为无法得到天主教会的庇护时，他们就会转而追随多纳徒派。年景不好的时候，埃及的农民会通过庇护者来减轻一些税务负担，如果他们认为这招失灵了，就会远走他乡。我们在第12章还会看到，阿拉伯新政府在公元640年后不让乡村庇护者影响政治，结果招来了这些庇护者的叛乱。最麻烦的或许是，5世纪的西罗马地方精英们不再相信中央和省级政府的传统庇护者能够帮助他们之后，就转而投靠新兴的“蛮族”部落中的军事领袖，由此造成了重大的政权更替。我们会在第 4 章详细讨论这次事件的前因后果。

***

罗马帝国的四周全是“异族”，罗马人对这些族群有着不同程度的蔑视，也多多少少对他们缺乏了解，但这些异族却以多种形式和罗马人进行着互动。在东边，有地处亚欧大陆中西部的波斯帝国[52]，从 3 世纪 20 年代到 7 世纪 40 年代，波斯处于萨珊王朝的统治之下。它对东罗马始终是一个威胁，但双方的冲突并不多。尤利安于 363 年入侵现在属于伊拉克的波斯领土（当时是波斯的经济和政治中心），遭遇惨败。此后的 250 年间，两国间的战火只局限于边境地区，最远也只波及叙利亚。614—628 年，波斯入侵东罗马，于 626 年包围了君士坦丁堡。波斯的国土几乎和罗马帝国一样大，向东延伸到中亚现在属于阿富汗的地方。这个国家保存下来的文献资料远不如罗马帝国那么多，但我们知道它也是靠一套复杂的税务系统来维持大一统格局的。和罗马不同的是，波斯还有一个强有力的军事贵族阶层。波斯的尚武文化向西输出到了亚美尼亚。两个帝国反复争夺这块土地，但它仍在一定程度上维持着独立状态，文化上也独树一帜。亚美尼亚人于 4 世纪改信基督教，与大部分人信仰琐罗亚斯德教的波斯（也有为数不少的犹太人和基督徒，此外还有一些人信奉各种地方传统信仰）渐行渐远。在罗马人看来，琐罗亚斯德教无疑使波斯人显得更加“怪异”。举个例子，尽管琐罗亚斯德教和基督教一样喜欢抽象的神学理论和公开仪式，但是该教的祭司在希腊语里的称谓 magoi 和拉丁语中的称谓

magi 却在这两种语言中都成了“魔法 / 巫术”（magic）一词的词源。不过，说起波斯和罗马在文化上最大的不同之处，恐怕还是波斯的军事文化和对世家传统的极大尊崇。罗马人在庇护体系中的亲缘关系可以包括很远的堂表亲或者姻亲，但即使是那些历史最久的“世家”也很少能维持一两百年的辉煌。7 世纪，阿拉伯人横扫从迦太基到撒马尔罕的广袤土地，驱除波斯和罗马传统。而相较于罗马传统，波斯的世家文化使它的传统得到了更好的延续。

罗马帝国的其他邻居远没有波斯那样高的政治组织程度，它们被罗马人统称为“蛮族”（barbari）。这是一个定义模糊但使用方便的概念，因此我会在本书中沿用（但会一直打引号）。罗马人南边的邻居是一些游牧和半游牧部落，他们居住在撒哈拉沙漠和其他荒漠地区，绝大部分说柏柏尔语族的语言。[53] 这些部落逐渐在社会和军事方面形成了聚合力，这在很大程度上是受罗马文化的影响。根据昔兰尼加的森涅修斯和其他一些人的记载，一个叫作拉瓜坦（Laguatan）的部落联盟在 5 世纪初经常袭扰罗马帝国的南部边疆。之后，阿非利加的汪达尔人也和柏柏尔人发生了冲突。居住在不列颠以北和以西地区的皮克特人和爱尔兰人也是潜在的威胁，不过他们所威胁的仅仅是不列颠的边境地区，而且这一地区的军事化程度很高，特别是在哈德良长城（Hadrian's Wall）沿线（367—368 年，皮克特人和爱尔兰人曾大举侵入不列颠）。在狭长的莱茵河和多瑙河边疆地区，罗马帝国面对的是一批大多说日耳曼语族语言的部落。从 1 世纪的历史学家塔西陀（Tacitus）开始，人们将这些部落统称为“日耳曼人”（Germani），不过并没有证据表明这些人认为彼此之间有什么共同的纽带。截至 4 世纪，这一地区的主要部族有莱茵河下游的法兰克人、莱茵河中上游的阿勒曼尼人，以及居住在多瑙河下游及其东北方，即现在的乌克兰草原上的哥特人。在近一些的地方，还有现在荷兰领土上的弗里斯兰人、现在德国北部地区的萨克森人，以及在他们东边的汪达尔人和伦巴第人。除了以上这些主要部族，还有数十个小部族，其中值得一提的可能是现在斯洛伐克和匈牙利境内的夸迪人（Quadi）。[54] 这个部族曾于374—375 年和瓦伦提尼安一世打过一场规模不大的战争。战后，夸迪人面见皇帝本人，辩称他们对罗马的攻击是正义的，大体上是对罗马侵略的自卫反击（事实上，他们说的是对的）。瓦伦提尼安认为这是对他的大不敬，气得中风而死。你可能会因此对夸迪人心生同情，但他们随后很快就消失在了历史长河之中。这个部族想必被纳入了 5 世纪早期出现在同一片土地上的匈人帝国，夸迪人在 5 世纪的后代可能被称为苏维汇人（Suevi）或鲁吉人（Rugi）。

夸迪人的兴起和消失代表了所有这些部族社群的一个关键特征：它们常常变化。首先，没有任何一个部族是一个统一的民族群体，所有的部族都由许多更小的部落组成，而且这些部落都有自己的首领（哥特人是日耳曼人中组织程度最好的部族之一，但他们内部也有半打独立的族群）。有些历史学家甚至认为一些日耳曼部族根本就没有常设的领导人，只是在打仗的时候才有将军指挥决策。不过这个说法不大可能成立（除非他们三天两头打仗），更有可能符合实际情况的说法是：战争促使小型部落联合起来组成联盟，这些部落都有各自的常设领导人，但是他们还需要为联盟挑选出一个领袖。这种理论至少符合阿米阿努斯所记载的阿勒曼尼人在 4 世纪 50—70 年代间的历史。[55] 357 年，阿勒曼尼人的七位国王（reges）在芝诺多马琉斯（Chnodomar）和他的侄子塞拉皮奥（Serapio）的率领下联合对抗尤利安。但是，同时与尤利安作战的还有“来自各个国家（nationes）”的十个“小王”（regales）和其他贵族。那么，这些国家的人会认为自己都是“阿勒曼尼人”吗？还是说，“阿勒曼尼人”就像“日耳曼人”一样，只是罗马人用来统称一些尚未发展出身份认同的部落的词？我们不知道确切的答案。但是，如果后一种说法属实，那么它至少能解释为什么罗马人对那些主要部族的称呼总是变来变去。当然，问题在于，我们现有的文字史料基本出自罗马人笔下［唯一确定由哥特人留下的史料[56]是由乌尔菲拉（Ulfilas）翻译的哥特语《新约》。还有一本名叫《萨瓦受难记》（*Passion of Saba*）的书也有可能是哥特人写的，这本书讲述的是哥特地区一个早期基督教殉道者的故事，他死于 372 年］。罗马人的民族志向来不可靠，说教的成分很重，“蛮族”在他们笔下是天生的劣等民族，但其作为野蛮人又有“高贵”之处，像镜子一样照出罗马人自身的缺陷。尽管阿米阿努斯 357 年时确实在莱茵河地区，但他对阿勒曼尼人的社会和行为基本不可能有一手资料，其他罗马作者关于阿勒曼尼人的说法就更是道听途说了。

不过，对于“蛮族”的情况，我们并非全然无法确知，这既有文字史料的贡献，也有考古发掘的功劳。[57]罗马帝国北方和南方的邻居都属于农牧混合的农业社会（撒哈拉地区的游牧部族除外），绝大部分人住在农村，精英和平民比邻而居，他们身处稳定的定居社会，一般不会迁徙。在 4 世纪的时候，这些部族的组织程度似乎全都高于帝国早期。考古发掘显示，各个地区之间的物质文化逐渐出现了差异化的发展（可惜我们不知道这些差异是否就是法兰克人、阿勒曼尼人、哥特人等部族之间的差异，在我看来，恐怕并非如此）。更重要的是，这些地区逐渐出现了财富集中化的趋势：日耳曼世界和柏柏尔世界的富人变得越来越富，可见权力的分配越来越稳固。这种趋势在很大程度上是和罗马帝国接触的结果。这个国家比任何“蛮族”群体都更富有、更强大。考古学家们发现，在4世纪时罗马帝国边境以外远至丹麦[58]的广大地区，富人墓葬中的陪葬品有很大一部分是罗马人制造的。罗马人和境外的部族有贸易往来，他们还会请“蛮族”当“雇佣兵”，这种事情每个世纪都有。随着组织程度的提高，“蛮族”的威胁也越来越大，罗马帝国不得不越发小心地提防他们。由此，罗马帝国漫长的北方边疆地区演化出了武装到牙齿的社会。[59]与其他边境地区相比，军事化在北方影响到了更多的社会阶层。这些边疆地区中最大的是高卢北部和巴尔干，但其他地方也有小一些的类似区域。“蛮族”经常受雇于帝国军队，定居在帝国境内。与此同时，边境以外的地区在罗马的影响下逐渐发展出了阶级社会。于是，边境两侧的社会形态越来越趋同：瓦伦提尼安本人和现在匈牙利境内的潘诺尼亚人，以及要了他命的夸迪人领袖之间，在某些层面上可能差别并不大。

近期的一些历史学家根据上述情况提出，“蛮族”在5世纪侵入罗马帝国并用自己建立的王国取代西罗马之后，那里的社会形态并没有发生什么真正的变化。罗马皇帝长期以来大多出自边疆地区的军事家族，蛮族国王们的情况也类似，只不过他们来自边境以外。这个理论比传统的理论要好一些。传统理论认为：一拨拨拥入的日耳曼移民潮最终压垮了（因蛮族化而）衰弱的罗马军队和国家政权。不过，新的理论又矫枉过正了。边境两侧的社会**在政治上**有一个非常重要的不同之处：边境的一侧是由罗马人统治的，另一侧不是由罗马人统治的。尤利安和瓦伦提尼安之所以能够准确地识别出阿勒曼尼人和夸迪人，然后去攻击他们，就是因为他们不在罗马人的统治之下，而且认为自己和罗马人有着本质上的不同。在他们入侵罗马境内后，这一点也没有变化。至于那些出身“蛮族”的罗马士兵，他们大多会失去自己的身份意识。我们以希尔瓦努斯（Silvanus）为例。[60] 根据阿米阿努斯的记载，这个人出身法兰克部族，于4世纪50年代在罗马军队中任将军，他的父亲也担任过同样的职务。在355年发生于莱茵河边境城市科隆的一次宫廷斗争之中，希尔瓦努斯被人诬告以叛国罪。他不知道该如何应对：应该逃到离他不远的同胞法兰克人那里吗？最后，由于担心法兰克人会杀了他或出卖他，希尔瓦努斯自己否定了这个想法，转而起兵称帝。这种做法在过去的军队领袖中很常见。但是，希尔瓦努斯的叛乱没能成功，兵败被杀。阿米阿努斯在这个过程中还起了一定的作用。阿米阿努斯大可以在记录中把希尔瓦努斯描绘成一个言而无信甚至野蛮残暴的异族之人［他也确实这样描述过一些人，例如罗马化的柏柏尔贵族菲尔穆斯（Firmus），阿米阿努斯称他在373年叛变时变成了“野蛮人”］，但是他没有这样做，反而对希尔瓦努斯的处境表示同情，只把他描述为一个罗马军人，在政治上和文化上都和莱茵河边境以外的法兰克人无关，而希尔瓦努斯的这个特点是他接受的军事训练所塑造的。4世纪后期有一些重要的军事政治家出自“蛮族”，例如两个曾经实际掌控过帝国大权的人：法兰克人阿波加斯特（Arbogast，394年去世），以及拥有一半汪达尔血统的斯提里科（Stilicho，408年去世）。这些人有相似的经历：他们都是职业军人，在纯粹的罗马帝国的政治环境中活动。这在4世纪的政治史中很常见。5世纪的政治状况往往有所不同，一些“蛮族”的军事领袖率领同族人组成的大军，为罗马帝国而战，可这些人并不认为自己是罗马人，而是自称哥特人或法兰克人。

4世纪70年代，匈人出现在东方边境上，这是一个从中亚迁徙过来的游牧部族。[61] 阿米阿努斯在描述这些人的时候充满敌意，极尽妖魔化之能事。在他笔下，这些人简直不能被称为人类：他们吃生肉，从来不住房子，而是住在马背上，没有统治者，属于典型的未开化的“异类”。不过，他们的战斗力很强。匈人在4世纪70年代时可能并没有一个统一的政治组织［但是，在阿提拉（Attila）的领导下，他们于430—454年形成了一个统一的政治体］，但他们在375年或之前就已经摧毁了至少一个哥特部族的统治，那就是厄尔曼纳里克（Ermenric）领导下的格鲁森尼人（Greuthungi）。其他哥特部落也受到了匈人的极大威胁。对于这个游牧民族，哥特人和罗马人一样陌生。结果，另一个哥特部族特温基（Tervingi）的大部分族人于376年请求进入罗马帝国境内，其他哥特部族纷纷效仿。但是，剩下的一些特温基人仍然留在多瑙河以北，并慢慢接受了匈人的霸权。在此前的两个世纪，“蛮族”已经武力“进入”过罗马帝国很多次。他们通常会入侵两个军事化的地区之一，即巴尔干和高卢北部，然后被罗马帝国击败，成为罗马人的奴隶，最后被同化或赶回老家，像特温基人这种乞求进入的情况倒是很少见。罗马帝国上下，包括东罗马皇帝、瓦伦提尼安的弟弟瓦伦斯（Valens，364—378年在位）在内，全都不知道该如何应对。他们接受了哥特人的请求，允许他们移居巴尔干东部。这些哥特人在其后的几十年间全都成了阿里乌派基督徒。最早给哥特人传教的乌尔菲拉就属于这个教派，瓦伦斯自己也是，只不过没有那么虔诚。即便如此，罗马人仍然对哥特人怀有戒心。哥特人的食物供给被罗马人抢走，于是他们很快就在菲列迪根（Fritigern）的率领下起兵造反。瓦伦斯犯了轻敌的错误，于378年在阿德里安堡（今土耳其欧洲部分的埃迪尔内）兵败被杀。然而，哥特人数量太少，而且在战略上处于弱势，因而没能继续扩大战果，于382年与罗马议和。到394年时，哥特人已经成了东罗马军队中的战士，他们奔赴西部去镇压阿波加斯特的叛乱。但是，哥特人并没有成为“罗马人”，他们仍然作为一个独立的民族存在。这也是罗马帝国境内第一个没有被同化的民族。

此后，这种外族的渗透越发普遍，尤其是在405—406年大批“蛮族”部族侵入罗马帝国之后，这可能是匈人势力稳步扩张的结果。外族的涌入从任何角度来说都并不必然威胁到罗马的权力结构，而且在东罗马也确实没有形成威胁。但是，瓦伦斯及其死后的统治者们在处理“蛮族”事务时犯下了一系列政治上的错误，导致问题越来越棘手。我们在第4章会看到，在政治形势逐渐发生变化时，当权者采取的策略是多么拙劣，以至于加速了帝国西半部的覆灭。但是，本章讨论的稳定态势并非幻觉，我们描述的很多政治和社会形态一直到中世纪早期还持续存在。

第 3 章

基督教罗马世界的文化和信仰

希多尼乌斯在给一个朋友的信中写道，5 世纪 60 年代后期，里昂和欧坦两城的主教们需要为索恩河畔沙隆镇选择并任命一位新的主教。[1]候选人有三位，姓名不详。其中一人认为自己理应当选主教，因为他的家族历史悠久，第二个人曾给市民提供食物，因此获得了支持，第三个人则把教堂的土地许诺给支持者。然而，主教们最后选择了另外一个人，那就是神父约翰，这个人是从基层教堂职务开始一步步升上来的。此举使当地的各派势力备感困惑。那时，希多尼乌斯还没有成为克莱蒙的主教。上任之后，他的首批任务之一就是于 470 年在布尔日主持一场类似的选拔。这次候选人仍然不少，在市民中人气最高的是一个叫作辛普利修（Simplicius）的人。他来自元老院成员家族，是当地的显要人物。希多尼乌斯一开始对选谁当主教举棋不定，后来也偏向了辛普利修，并在对市民的演讲中阐述了自己的理由（以下文字为大幅精简后的演讲记录）："如果我选一个修士，你们会说他太不食人间烟火；选一个神父，很多人会认为我选人只是论资排辈（在索恩河畔的沙隆，主教就是这么选出来的）；选一个世俗的官员，你们又会说我选了一个跟自己差不多的人。但是，我总归还是需要选一个人出来。你们中的很多人可能都是神职人员，有资格当主教，但是我不可能让每一个人都当主教。所以，我选择了辛普利修。他虽然只是一个平信徒，但他的家族中既出过很多主教，也出过很多官员——他妻子的家族也是如此——而且曾经在罗马皇帝和‘蛮族’首领的面前捍卫过城市的利益。”于是，希多尼乌斯在这第二次选举中真的选择了一个和自己差不多的人：一个世俗且已婚的本地贵族。在高卢，主教的职位渐渐成了城市显贵们在世俗官员生涯中的一个标准选择，和异教时代的情况没什么两样。罗马世界有效地把新兴的基督教权力结构纳入了自己的传统官僚体系之中，不过并不总是如此。在索恩河畔沙隆，希多尼乌斯曾不顾当地显贵反对，坚定支持约翰出任主教，这说明在人们选择神职人员时，除了财富和出身以外，有时也会采用其他的标准。基督教在很大程度上融入了传统的罗马价值观，但二者从来没有完全合为一体。

同样是上述问题，接下来的一个例子火药味稍浓一些。411 年，有人向亚历山大的宗主教提阿非罗（Theophilos）推荐昔兰尼加的森涅修斯[2]出任邻近城市托勒密的主教。和希多尼乌斯、辛普利修一样，森涅修斯也是世俗贵族。他在君士坦丁堡成功地为昔兰尼加省争取到了税务减免，并组织当地的防务以抵抗柏柏尔人。这种作用突出的人物在主教的位子上也一样会很有价值。我们在第 2 章已经看到，虽然森涅修斯上任两年后就去世了，但他在这两年内的表现十分活跃。然而，森涅修斯是一个颇有造诣的新柏拉图主义哲学家，著作等身，对古典哲学传统十分痴迷，人们不禁怀疑他到底是不是基督徒（事实上他肯定是）。此外，森涅修斯的信件显示，他曾受教于著名的异教[3]数学家兼新柏拉图主义哲学家、亚历山大的希帕提娅，还是她的密友。提阿非罗颇为强硬，曾于391年下令摧毁亚历山大城最著名的异教神庙塞拉潘（Sarapaion），他的继任者区利罗（Cyril）则于415年指示手下的暴徒私刑处死了希帕提亚。但是，森涅修斯还是在就职主教之前用一封精妙绝伦的公开信阐述了自己的哲学思想和道德观念。他表示自己成为主教后不会休妻，而且还会继续和她同床共枕，以谋求子嗣。"至于大众所相信的基督复活，我认为这是一个神圣而神秘的概念。我对这个问题的看法和主流观点完全不同。"他也不像基督徒那样认为世界会迎来末日。在他出任神职之后，不管在公开场合怎么说，他在私下里仍会坚持自己的哲学观点，而提阿非罗肯定知道这一点。这件事可不是发生在文化上的偏远地区高卢，而是发生在宗教辩论最激烈、最强硬的中心地带。即便如此，提阿非罗还是给森涅修斯授了职。可见，只要候选人对地方的贡献足够大，民众的支持足够多，这些因素在亚历山大所起的作用就丝毫不逊于高卢中部。

无论从什么角度来说，罗马帝国在公元400年时都还不是一个纯粹的基督教国家。异教贵族到450年时可能已经在罗马绝迹，但在400年时还是有的，而在君士坦丁堡，这样的贵族到一个世纪之后还有。雅典和亚历山大直到6世纪还有异教教师（查士丁尼于529年关闭了雅典的学校）。一些较小城市的居民可能仍以异教徒为主，其中值得一提的有叙利亚的巴勒贝克和哈兰。在乡村地区，几乎所有地方的人口都以异教徒为主，只有叙利亚、巴勒斯坦、埃及和阿非利加除外，但这几个行省的异教徒也为数不少。[4]这种情况又持续了一段时间。我们在这方面的资料有以弗所的约翰（John of Ephesos）于6世纪中叶记载的自己在安纳托利亚地区传教的情况。在巴勒斯坦的加利利和撒马利亚，在叙利亚、幼发拉底河谷、安纳托利亚西部、西班牙东北部、亚历山大和罗马等地，还有众多犹太社群[5]，帝国的其他城市也基本都有少量分布。这些社群在政治上属于边缘群体，官方那时对他们的迫害还没有后来那么严重。但是，从324年的君士坦丁开始（他312年就改信了基督教，但直到324年才统治整个帝国），除了在位仅3年的尤利安外，其他罗马帝国的皇帝全是基督徒。异教在4世纪逐渐从公共生活中消失。391—392年，狄奥多西一世下令禁止传统异教的主要活动，包括公开献祭和私下的偶像崇拜。这项强制性的法令在5世纪又得到了加强，完成最后一步的是查士丁尼。他禁止各种异端邪说，加强了基督教的洗礼制度，拒绝受洗者会被没收财物，有些时候甚至会被处死。就像针对基督教异端的法令一样（见后文），禁止异教的法令一直收效不大，直到5世纪后期，异教节日仍然在举行，甚至在像埃德萨这样的基督教主要中心也是如此，但是，罗马帝国的官方世界到此时已经将异教彻底清除。[6]

公元400年时，基督教的语言、意象和公开行为已经在帝国的政治生活中占据统治地位，这种统治的强度此后有增无减。在城市这个政治活动的主要舞台中，基督徒的数量也在绝大多数地区占有优势。但是，我们必须要问，当时的基督教是一种什么形态，有什么实际内容：它吸收了多少传统的罗马价值观（甚至宗教实践），对这些价值观进行了多少改造？它内部的诸多意见分歧都是什么？本章的第一部分会讨论上述问题，尤其是有关宗教信仰和活动的问题；第二部分则会在此基础上扩大讨论范围，看看公开场合所举行的其他仪式，以及更深层次的价值观，包括对性别角色的预设。

公元400年时，基督教从某种层面上说就是对《新约》的信仰。

如果一个人相信圣父、圣子和圣灵的三位一体，相信公元33年前后被钉死在十字架上的耶稣基督就是圣子，而且除此之外再无别神，那么这个人就是基督徒。这些信仰一般来说还伴随着对贫穷的赞美（因此基督徒应该把自己的一切施予穷人）。人们还认为，现世只是一次短暂的测试，测试结果要么是天堂的永恒喜乐，要么是地狱的永恒折磨，这就意味着现世的欢愉是危险的，而禁欲乃至苦行则越来越被视为美德。但是，大多数基督徒从来没有像遵守其他教义那样把苦行生活当回事，这就给我们制造了问题。在我们研究当时或稍后时代的基督教形态时，我们会立即面临原始资料的出处问题。公元350年之后，基督徒留下了大量文字史料，其数量远远超过了罗马帝国晚期世俗精英们的作品（不过精英们在4—6世纪的作品有很多都保存到了今天），但基督徒的作品几乎都出自那些严守教义的人之手。这些人对教义的严格程度不一，有奥古斯丁这样相对意义上的实用主义者，也有立场更加强硬的耶柔米（Jerome）和萨尔维安（Salvian）等，还有像圣安当（Antony）和柱头修士西面（Simeon the Stylite）这样的极端纯粹主义者。根据最后这些苦行者的圣徒生平，他们过着不食人间烟火的生活，普通人根本无法效仿。无论是上述哪一种人，他们都对身边那些不那么严格遵守教义的基督徒持强烈批评态度。他们写作的目的与其说是准确记录真实的情况，倒不如说是通过批评来改变基督教的面貌。所以，我们很难搞清楚这些人所批评的那些行为是否真的发生过，更别说这些行为的普遍性如何了，甚至连这些行为对行为人的意义是什么都不知道。一方面，在希多尼乌斯这样怀有世俗之心的贵族的推动下，传统的阶级观念和价值观顺畅地融入了基督教；另一方面，也有一批数量不多但决心很大的作者——不过并不总是受欢迎或有影响——奋起捍卫更加严格的教义。两者之间还有极大的中间地带，所有不处于两个极端的人都在这个地带里，各自进行着不同形态的宗教活动。对于这些人的想法，我们只能通过那些对他们持有敌意的作品来揣测。

我们以宗教节日为例。传统的希腊-罗马宗教有各种各样的大型宗教节日，而基督徒对此持本能的反对态度。元旦[7]就是一个长达3天的重要节日。与元旦相关的传统献祭仪式被禁止举行了，但这样一来这个节日就没有宗教属性了吗？就变成一个只象征着欢愉和民众的团结，而且同样适合基督徒的节日了吗？大多数人明显是这么认为的，但是有一批基督教作者，包括那些公开布道词的撰写人，对此持强烈的反对态度。这不仅是因为新年和圣诞节形成了竞争［讽刺的是，圣诞节本身就是直接从异教节日“冬至”（Winter Solstice）改头换面而来的］，还因为这个节日在他们的脑海深处已经被染上了抹不掉的异教色彩。元旦作为一个节日一直存留到8世纪或更晚一些的时候，但我们已经无从知晓当时的普通人把它当作基督教节日、世俗节日还是异教节日，以及这些观念的形成时间和强烈程度。基督教主教们对付这种节日的主要办法就是庆祝他们自己的节日，于是创造出了基督教的宗教年历，把重点放在圣诞节、大斋节（Lent）、复活节和五旬节（Pentecost）上。这些节日集中在12月到5日，剩下的月份则用各地的圣徒纪念日填充进去。基督教的年历最终赢得了和世俗年历之间的战争：基督教历法取代了异教历法。星期日[8]作为强制安息日的地位被格外强调，违反者会遭天谴［根据图尔的格雷戈里（594年去世）的记载，星期日还干农活的人会变成跛子，而夫妻星期日交欢所生下的孩子天生就是跛子）］，这也标志着时间观念的基督教化。但是，人们的态度仍然“不端正”。奥古斯丁在描述一个当地殉道者的纪念日时抱怨道，人们在庆祝基督教节日时还是酗酒享乐，和以前庆祝异教节日的那一套没什么区别。[9] 在我们所拥有的史料中，大部分作者认为，在基督教节日里公开享乐而不去教堂唱赞美诗的行为本质上还是异教的。可是那些如此过节的人却肯定认为自己的行为完全符合基督教的要求。两种截然相反的观点还会并存很长一段时间。

地理空间上的基督教化进程也大致相同。罗马帝国的疆域上到处点缀着异教圣地，这里一眼圣泉，那里一座山顶神庙，每个圣地供的神都不一样。实际上，帝国大地上的任何一个地方都有成为圣地的可能。随着这些场所逐渐被封禁和摧毁，人们建起了新的基督教圣地，首选位置是殉道者或当地圣徒的墓地周围。然而，基督教圣地弄不好就会和传统信仰搅杂在一起。例如，高卢中部的乡间有一处重要的圣地，纪念的是布里尤德的圣于连（Saint-Julien at Brioude）。这个地方自然是殉道者的墓地，但也曾经是供奉玛尔斯（Mars）和墨丘利（Mercury）的重要神庙。两者的更替大约发生在5世纪中叶。可是，人们在殉道者的墓地前照样还是喝得酩酊大醉，谁也不知道他们究竟是在纪念殉道者，还是在供奉传统的异教偶像。[10] 也许曾有一些仪式甚至节日本身发生了巨大的变化，使信徒们意识到自己经常去的圣地已经改天换地了。例如，教皇大格列高利（Gregory the Great）曾于601年向准备前往盎格鲁–撒克逊人的英格兰的传教士们提议，让他们接管那里的异教神庙，而且还要让那些带了牲畜准备献祭的朝拜者自己把那些牲畜吃掉。但是，这种情况并不一定会发生。基督教圣地在地理特征上是有可能疑似异教圣地的。[11]

但是，在这个问题上，改变无论如何都是可能的。首先，在异教徒的眼里，一草一木都可能有神性，基督徒则认为神圣性只存在于特定的宗教场所之中，而这些场所之外就是世俗世界。所谓特定的宗教场所在当时或稍后的时代专指教堂，所以教堂的建筑都是非常显眼的。直接建立在神庙之上或之内的教堂极少，而这些极少数几乎都在城市里。实际上，城市里基督教场所和异教场所的分布总体来说大为不同。传统宗教场所一般是分布于市中心广场周围的纪念建筑，而基督徒的教堂往往建在城市边缘或郊外的墓地里。于是，城市中的宗教活动变得更加分散。在帝国的某些地区（尤其是在高卢），城市空间因此被割裂开来，市民们分散聚居在各个教堂周围，而每个聚居区的规模都很小。有些城市的传统中心干脆遭到废弃，这有时是因为市中心的异教色彩或世俗色彩太浓了。罗马[12]虽然成了重要的基督教中心，但是在 526 年之前，其广场周围的广阔区域内一座教堂都没有。这也和人们对于何为神圣、何为玷污的观念发生了本质变化有关。传统的希腊-罗马信仰认为死人是危险的污染源，任何成年人都不能埋葬在城墙之内或有人居住的地方，墓地都在居住区之外。[13]然而，基督徒对殉道者和其他圣徒的看法有所不同：他们认为这些人非但不是污染源，还是配受崇敬的（实际上，在有些情况下，基督徒尊崇这些圣徒的方式就好像他们没有真正死去一样）。最早从 4 世纪开始，圣徒的遗骸就开始和主要的教堂联系在一起，这些教堂也越来越多地出现在城市边界之内。随着人们越来越多地认为圣徒的遗体拥有积极的力量，他们也越来越希望自己可以埋葬在这些人周围。5 世纪晚期到 6 世纪早期，罗马帝国的大多数地区已经出现埋葬在城市以内的非圣徒，首先是主教和地方贵族，之后是普通市民。到了 7 世纪，市内墓地越发普遍。人们仍然对死人心存敬畏——现在的人也如是——但那种害怕死人污染力量的本能恐惧已经消失。

看不见的世界也发生了变化。对于异教徒来说，空气中到处都是力量强大的灵，即希腊语中的“daimones”。这些灵界存在有时对人类有益，有时无益，有时可以用巫术加以控制，但总的来说对人类的影响不好不坏。对于很多基督徒（当然包括我们所拥有史料的作者们，但是也有那些在圣徒生平故事中出现的普通人）来说，这个看不见的世界里只有两种截然不同的存在：善良的天使和邪恶的恶魔（也就是daimones，这个词被基督徒沿用）。[14] 基督教这种二元论的观念是从犹太教那里得来的，而犹太教可能又受过琐罗亚斯德教中相关信念的影响。我们所听到的故事大多是关于恶魔的，因为恶魔对日常生活的干预更多。因此，在基督化的过程中，人们逐渐产生了一种观念，即认为看不见的世界比以前要凶险得多［这个观念也影响了人们对死后世界的看法，基督教地狱中的罪人远多于异教的塔尔塔洛斯（Tartarus）和犹太教的欣嫩子谷（Gehenna）］。基督徒认为，恶魔会带来疾病、厄运和各种各样的恶行，精神失常也多被视为恶魔附身的结果。恶魔居住在异教的神庙或神像之中，在沙漠等不可耕作的地方，也在陵墓之中（最后这一点多少继承了传统信仰中对死人污染的看法）。基督教的神职人员可以驱逐恶魔，而很多禁欲的基督徒都以强大的赶鬼能力闻名。雪根的狄奥多尔（Theodore of Sykeon，613 年去世）是一个特别活跃的驱魔师，他在整个安纳托利亚中部地区到处活动，驱赶那些破坏乡村和谐生活或者附身于病弱之人的恶魔。[15] 这些人之所以被恶魔附身，有些是因为被人下咒，还有些则是因为在寻宝之类的活动中惊扰了墓中之人。基督教创造了一些宗教上的说法，用以支持人类更多地干预超自然世界的事务，而干预者必须拥有教职或者格外高尚。这些男人和女人声称自己只是传达来自上帝和圣徒的属灵能力，但很多并不那么出众的基督徒认为这些能力完全来自驱魔者自己，是他们人格魅力的产物。

很多人认为异教和基督教的宗教活动是在不同的层面上进行的，异教更注重公开仪式（如献祭），基督教更注重信仰。我们对这个说法不能做绝对化的解读，否则就是言过其实了，因为两种宗教群体都既有公开仪式，也有精神信仰。但是，上述的观点确实在一定程度上反映了现实情况。基督徒也比较注重在属灵世界中设立边界——神圣和世俗的边界，或好鬼和恶鬼的边界——这些边界对异教徒来说并不那么明显（或者说比较模糊）。此外，基督教一开始确实较少关注公开仪式和集体活动（不过这一点很快就发生了变化）。基督徒和异教徒之间的上述差异，多少让人想起16世纪宗教改革时期新教对天主教的挑战（新教徒有意识地试图利用这种相似性），也有些类似于米歇尔·福柯（Michel Foucault）笔下19世纪“现代主义者”对公共世界旧制度（ancien régime）的批判。[16]存在着一种紧张关系，一方面是推动集体仪式，以谋求社会和道德上的团结，另一方面则是试图改变人们的思想。这种张力在人类社会中存在已久，在某些社会中其中一方占上风，而在其他社会中则是另外一方占上风。至于罗马帝国晚期的情况，最好的说法可能是这种张力不仅存在于异教徒和基督徒之间，也存在于基督教内部。这是因为基督教对公开仪式的态度确实发生了快速的转变，人们在节日、朝圣乃至教堂礼拜中表现出了宗教热忱。严守教义者认为人必须通过神的恩典和属灵操练求得救赎，而那种宗教热忱无论从什么角度来说都不符合他们的观念。同时身为主教的基督徒作者们需要处理二者之间的关系，他们对此深有体会。一些史料的有趣之处就在于作者对这种张力的描述。

然而，改变人的思想要比推动公开仪式更难，而且基督徒在日常道德和价值观上的改变要远远小于其宗教观念的改变。举个例子，基督教明确地表达了平等主义的思想，但是除了尼撒的格列高利（Gregory of Nyssa，约 395 年去世）[17] 等严守教义者偶尔会对奴隶制度做出批评以外，绝大多数基督徒对合法限制人身自由的现象安之若素。古典时代晚期和中世纪早期的奴隶主往往在死前释放奴隶，以示虔诚，但这种做法毫无疑问是从异教那里继承过来的。至于对社会以财富多少划分阶层或司法酷刑等现象的反对，则完全是异教徒的运动推进的。每一个基督徒作者都批评过性方面的不当行为［有些人甚至反对任何性行为，提倡为保持贞洁而放弃婚姻，耶柔米（419 年去世）[18] 就是其中的代表］，但是我们不知道这些口诛笔伐究竟有没有影响到人们的日常生活。不过，基督徒反对离婚，离婚的法律难度也越来越大，到了中世纪早期的稍晚些时候，离婚已经至少在西罗马成了不可能的事情。[19] 法律能够约束到的行为发生变化的可能性更大一些，例如角斗活动就被废止了。相比之下，性别角色等家庭层面的事务就没有发生多大变化，我们会在本章后文具体讨论。罗马社会公共生活中的公民价值观也变化不大，但是有一个很重要的例外，那就是对穷人的施舍。早在基督徒还属于被迫害的少数群体的时候，慈善活动就已经成为基督教社群的主流。到了罗马帝国晚期，慈善仍是善良的基督徒的主要责任，且比以前异教徒在这方面的责任要大得多。教会（以及每个城市主教区的主教们）也在其中扮演了重要的角色，因为教会的财富越来越多，也需要给这些财富一些正当性，毕竟基督教福音是非常重视贫穷问题的。这种对慈善的强调后来也为伊斯兰教所继承。

在上述宗教行为和文化方面的变迁发生的同时，基督徒还为罗马世界带来了三项重要的革新：教会制度、正确的信仰在政治上的重要性，以及严守教义者和禁欲主义者的社会空间。让我们来依次看看这三项革新。

异教信仰并不依赖于复杂的制度化体系，所有城市中的异教活动都是当地人自己组织的。拉比犹太教也是如此，组织非常分散（犹太教在约公元 425 年以前倒是设有一个公会会长[20]，但现在还不知道这个职务的权力有多大）。而基督教则有一套复杂的权职体系，在某些方面可以和帝国的官僚体系相媲美。基督教到公元 400 年时设有四位宗主教，分别驻在罗马、君士坦丁堡（自 381 年起）、安条克和亚历山大（451 年时又在耶路撒冷设立了第五个宗主教），负责监管各个城市的主教。罗马的宗主教当时就获得了“papa”（也就是后来的“教皇”一词）的尊称，这个称呼直到 8 世纪后才专指罗马教皇。主教也很快分成了两个级别。都主教［metropolitan bishop，在后来的数个世纪中被称为“大主教”（archbishop）］级别较高，负责监管和任命各个世俗省份内的主教。主教的教区通常就是他们所在城市的世俗领地。他们在教区内负责管理其他公共教堂的神职人员（私人资助的教堂和修道院往往是自治的，这种自治状态在下一个千年之中带来了无穷无尽的纷争和敌对）。4—5 世纪，教会发展成了一个复杂的系统，不同职级的神职人员可能多达 10 万人，比行政系统里的官员数量还多，教会的财富也因为信徒的馈赠而稳步增长。教会并不是国家的一部分，但是其巨大的财富和覆盖全国的制度化体系使得它不可避免地成为皇帝的和执政官们的合作伙伴，同时也成为城市中一股非正式却有影响力的强大势力。到公元 500 年时，主座教堂在很多地方都是最大的土地拥有者（因而也是最大的庇护者），而且其财富的稳定性要比属于私人的家庭财富高得多——主教没有权力出让教会的财产。教区主教之所以能在 5 世纪的高卢成为精英阶层职业体系的一部分，就是因为教会的财富和主教的社会地位。[21] 这一进程稍后出现在意大利和东罗马的一些省份，到了 550 年，就在各地都非常普遍了。即使在教会内部，主教们通常也会首先以所属教区来标明自己的身份，然后才会提及上级的宗教机构，但是他们总归是和这些上级机构联系在一起的：都主教可以召见、命令这些主教，也可以解除他们的职务。同样有此权力的还有越发常见的主教会议。这些会议既有全国性的［大公会议（ecumenical council）］，也有地区性的，如在西班牙、高卢和阿非利加召开的会议。基督教的机构体系并不依附于帝国的行政系统，更关键的是其经费也完全靠自筹，这种独立性使它在罗马帝国 5 世纪的分裂解体过程中幸免于难，并且事实上成为存续到中世纪早期的各种罗马机构中变化最小的那一个。当时，地区间教会的联系有所减弱，但教会体系的其他部分仍紧密地联系在一起。自基督教政治体出现之后，作为一个机构的教会与世俗政治权力之间的关系就始终是一个问题，且经常引起大规模的冲突。这种冲突在 5 世纪已经发生，后来在 11 世纪、宗教改革期间以及 19—20 世纪的那些发生过启蒙运动的国家里还会反复出现。

异教徒的政治活动也追求宗教上的一致性，但在信仰的不同流派之间并没有严重的对立。基督教则大不相同。基督徒们从该教诞生之初就不停地争论神学问题，还视彼此为背叛信仰的“异端”。到了 4 世纪，这种派系之争上升到了国家层面。君士坦丁在改信基督教的过程中最感惊讶的事情，可能就是他所选择的宗教竟然有这么激烈的内部斗争，而且信徒们都把毫不妥协地赢得斗争看得极为重要。君士坦丁非常努力地希望促成基督教世界的统一，但没有成功（这可能也令他大感惊讶）。到了君士坦丁的继承者们那里，用正确的观念统一所有基督徒越发重要，这也关系到整个帝国的福祉。到4世纪末的时候，宗教异端已经有了政治风险，法律也要求铲除这些异端。对付异教徒的法律首先用在了基督教异端——也就是那些神学大辩论中的输家——的身上，而且法律在这些人身上的应用总是比在异教徒身上的应用要系统得多。所以，罗马帝国晚期基督教的异端变得越来越危险，也越来越普遍。异端在后面的数个世纪里也一直被认为是一个问题（尤其是在13世纪的西方），但是公元300—600年间宗教争端的激烈程度只有宗教改革时期可以相提并论。

君士坦丁面临的第一场纷争发生在阿非利加的多纳徒派和开其良努派（Caecilianists）之间。[22] 双方争论的焦点在于：如果某些主教在之前基督教受逼迫期间曾对自己的信仰有所违背，那么他们是否有资格继续担任主教？这个问题在君士坦丁时代之前就经常引起争论，但这一次的情况最为严重。多纳徒派认为，当地都主教——迦太基的开其良努（Caecilian of Carthage）——的圣职是由一个背教者授予的，因此开其良努不能担任主教或任命其他主教。君士坦丁于313年驳回了多纳徒派的要求，但他们没有妥协。从理论上讲，这场争论只是基督教内部的派别之争，而不是正教与异端之争，因为双方的分歧并不是信仰上的差异。但是，由于多纳徒派在阿非利加拒绝接受开其良努任命的主教，且创造了自己的一套圣职体系，这场争论很快就升级为影响整个教会系统的严重冲突。截至335年，多纳徒派的主教已经达到270人，虽然势力范围仅限于阿非利加，但他们在此坚持了一个世纪之久。在此期间，双方的暴力冲突和口诛笔伐（奥古斯丁撰写了其中一些檄文）连绵不绝。411年，双方在迦太基举行了一场正式的辩论，多纳徒派遭到重创（见第4章），随后受到系统性逼迫。

在帝国晚期的西罗马，多纳徒派是唯一一个诞生于当地且对基督教产生严重影响的派别。多纳徒派的问题也凸显出了一个困扰拉丁语教会多于希腊语教会的问题：那些授予别人圣职的人，以及那些主持圣餐会和大型礼拜仪式的人自身的圣洁性问题。西罗马继多纳徒派之后的又一个异端——伯拉纠派（Pelagianism）[23]——也和这个问题有关。伯拉纠（Pelagius）认为，虔诚的基督徒可以通过上帝赋予的自由意志来避开罪恶，而奥古斯丁认为这是不可能的。在奥古斯丁和阿利比乌斯的压力下，罗马皇帝霍诺留和西罗马宗主教罗马的佐息末（Pope Zosimus of Rome，此人并不情愿宣布伯拉纠派为异端）在418年相继宣布伯拉纠派为异端。然而，伯拉纠派的人数一直很少，其最深远的影响也不过是促使奥古斯丁将他自己的预定论（predestination）发展为人类可以通过上帝的恩典来得到救赎。奥古斯丁的这一观点仍然存在争议（且受到误解，尤其是在高卢和意大利），但并没有再催生出新的异端。在这里我们可能有必要提一下，神职人员圣洁性的问题在西罗马一直很重要。教会记录显示，西罗马最早从400年起就禁止了所有神职人员的性行为（而东罗马直到451年才禁止性行为，而且仅限于主教）。诚然，西罗马的神职人员并不总是严守规定，在西罗马的很多地区，直到11世纪仍有神职人员合法结婚的情况，但是，西罗马的神职人员确实比东罗马的同僚们更早地树立起了这样一种观念，即神职人员自身的圣洁性应该明显高于会众。[24]

在东罗马，基督教内部最具争议性的问题和西罗马完全不同，这个问题就是基督的性质。[25]君士坦丁注意到，宗主教亚历山大的亚历山大（Alexander of Alexandria）和他手下的教士阿里乌（Arios）之间出现了意见分歧，双方争论的问题是：在三位中，圣子与圣父是不是同为一体或者说平等的。亚历山大认为是，而阿里乌认为不是。君士坦丁自己并不认为这个问题有什么大不了的，但他还是于325年在尼西亚召开了一次主教会议，这也是第一次大公会议。这次会议颇有成效（也是唯一一次有此成效的大公会议），争论双方最后达成了一致，即《尼西亚信经》，其实质上支持了亚历山大的观点，阿里乌也在信经上签了字。然而，亚历山大派的一批极端人士不依不饶，拒绝与阿里乌和解，随后双方再次发生了争论。这批人以亚历山大的继任者亚他那修（Athanasios，373年去世）为代表，他把对方称为"阿里乌派"。在东罗马的很多地区，与阿里乌派相似的观点很是流行，在君士坦丁堡更是如此。[26]4世纪中期的两位皇帝君士坦提乌斯二世（Constantius II）和瓦伦斯也是这一派的信徒。当时，"三位一体中的三位是平等的"这一认识还根本不是基督徒的普遍观念。亚他那修自己也因其过激的行事风格而很不受欢迎，只是在西罗马赢得了广泛的支持。不过，到了4世纪70年代，新一代《尼西亚信经》的支持者逐渐得势，其中贡献最大的是安纳托利亚的凯撒利亚（Caesarea in Anatolia）的主教巴西流（379年去世）和他的助手们。瓦伦斯378年在阿德里安堡去世后，巴西流在西罗马的盟友狄奥多西一世当上了东罗马皇帝。狄奥多西一世于381年在君士坦丁堡召开大公会议，最终宣布《尼西亚信经》为正统。意外的是（但在异端的历史中并不是孤例），这反倒促使阿里乌派厘清了思想，首次成为一个完整清晰的信仰系统。不过，阿里乌派还是失去了皇帝的庇护和广泛的支持［该派在君士坦丁堡仍有大量支持者，直到398—404年，担任宗主教的约翰·屈梭多模（John Chrysostom）凭借有力的布道，吸引很多人放弃了阿里乌派信仰］。支持阿里乌派的只剩下哥特人，以及北方的其他“蛮族”部落。

《尼西亚信经》的胜利意味着，基督虽然是人，也要承受苦难，但他从此也被视为完全的神。问题是，人性和神性是怎么结合在一起的？5世纪的宗教辩论正是围绕这个问题展开的。这个时期的宗教辩论从很多方面来说是权力斗争。辩论的双方是亚历山大和安条克，而君士坦丁堡总体上站在安条克一边。宗主教亚历山大的区利罗（Cyril of Alexandria，412—444年在位）认为，基督的人性和神性是不能分割的；安条克派则认为二者是彼此分开的，君士坦丁堡宗主教聂斯托利（Nestorios，428—431年在位）就是这一派的代表。区利罗的观点被称为“一性论”（Monophysite），其危险在于可能让人以为基督不具人性，聂斯托利派的危险之处则在于将基督视为具有两个位格。这两种隐患都还没有变为现实，但双方都认为对方的隐患已经成为现实。431年，第三次大公会议在以弗所召开。区利罗肆无忌惮地控制了这次会议，使其谴责并罢黜了聂斯托利。这次会议还认定童贞女马利亚（Virgin Mary）为“神之母”（Theotokos），也就是“圣母”。聂斯托利对这个封号格外反对，但“圣母”称号从此在绝大多数基督教会中流行开来。可见，历届大公会议并不是只探讨基督论的。但是，亚历山大派对安条克派的人穷追猛打，一个都不放过［其中值得一提的是居鲁斯（Cyrrhus）的主教狄奥多勒（Theodoret），他在449年被免职了一小段时间］，最终玩火自焚。亚历山大派的主要反对力量来自西罗马，在教皇利奥一世（Leo I，440—461年在位）的行动和著作中体现得尤为明显。此外，亚历山大派与其在以弗所的支持者普尔喀丽娅（Pulcheria）之间的关系也开始疏远。451 年，第四次大公会议在卡尔西顿（Chalcedon，一译“迦克墩”）举行。会议否决了亚历山大派的“一性论”（对聂斯托利派的否认也没有取消），并裁定基督有“二性”，既有神性，也有人性，但只有一个位格。

这次决议奠定了此后西罗马和拜占庭腹地的正统教义的基础，但是争论并没有结束。一性论在草根阶层中仍有大量支持者，这是之前被判定为异端的种种学派所没有的。埃及大部分地区有为数众多的支持者，叙利亚、巴勒斯坦的支持者也不断增多，亚美尼亚也有人表示支持。罗马皇帝们有时也会在个人感情上同情一性论者［例如阿纳斯塔修斯（Anastasius），以及查士丁尼那强势的妻子狄奥多拉皇后］，认为卡尔西顿派和一性论者的分歧与其是说神学问题，倒不如说是政治问题。这些皇帝好几次试图推行两种立场之间的理论，例如芝诺（Zeno）在 482 年提出的《联合敕令》（Henotikon），查士丁尼在 553 年于君士坦丁堡举行的第五次大公会议上试图调和两派纷争的努力，以及希拉克略（Heraclius）于 638 年在《续论》（Ekthesis）中提出的“基督一志论”（Monothelete）等。以上几次调和都没有成功，因为争论双方的共同点越来越少（尽管争论的问题越来越玄奥）。实际上，到了 6 世纪后期，支持一性论的省份已经建立起了一套完全独立的教职体系[27]，以对抗卡尔西顿派。皇帝们则夹在中间，被两派竞相唾弃，同时还与坚定信仰卡尔西顿派的西罗马教会产生了分歧（554 年，罗马教皇们被迫接受了君士坦丁堡大公会议的决议，但西罗马大部对该决议持反对意见，这就是所谓“三章争论”，直到 150 年后才平复下来）。阿里乌派仍是“蛮族”群体认可的基督信仰，这些群体以哥特人和汪达尔人为代表，到了7世纪，伦巴第人也加了进来。聂斯托利派也没有消亡，而且发展出了聂斯托利本人都没有提出过的极端理论，但是这个派别的支持者主要在帝国的疆域之外，包括波斯等地区，最远到达中国。不过，在罗马帝国基督徒中引发最根本、最彻底分裂的还是一性论，这次分裂至今没有愈合。

这些宗教纠纷很难用几句话说清楚，因为其中涉及的神学理论实在太过复杂，需要对很多概念进行严密的定义，并以柏拉图主义哲学的方式阐发这些概念，这些内容需要很多页纸才能用英语讲清楚（而且，辩论本身只有用希腊语才能最有效地进行，而利奥一世是最后一个能理解并对辩论做出贡献的讲拉丁语者）。在本书中，我们无法做出这种详尽的阐述，但我们有必要强调一点，那就是这些争论的影响是巨大的。基督教之外的人士认为这些辩论非常荒谬甚至疯狂，而且辩论的过程也极其难看，但是对于300—550年之间的基督教世界来说，对上帝的准确定义达成共识还是很重要的，而且越来越重要，其中最重要的原因是主教们的政治权力越来越大。辩论对东罗马的影响更大一些，因为这里的知识界早已习惯了纯粹的哲学辩论，但是，随着“蛮族”的征服行动，关于基督论的问题也被带到了西罗马，而且这里的阿里乌派和天主教会之间的斗争比东罗马更加激烈。不管怎样，西罗马争议最大的神学问题仍然是奥古斯丁关于预定论和神圣恩典的理论，而且其复杂程度一点都不输给基督论问题，尽管它回避了基督论的问题。大城市的公民经常接受强势思想者的布道，他们在神学问题上的修养不可低估，但是我们也很难说到底有多少人能准确理解像卡尔西顿问题这样的争论点。真正能搞明白的可能也就是几百人。然而，罗马世界晚期离那个皇帝都被认为是神的时代还并不久远（实际上，当时有些人仍然这么认为），而且神和人之间的分野至少在5世纪时也还不像后世那样清晰。曾被钉死在十字架上的基督作为“人神”的真正神性究竟应该如何定义，这个问题成为争论的焦点至少在当时是可以理解的。

这些争论之所以重要，还因为它们可以动员大量的人口。在5世纪的时候，基督教已经是一个大众宗教，其农民信徒越来越多。信徒们对主教和其他地方宗教领袖非常忠诚，也可以为支持这些领袖而组织起来，参加城市间和行省间的对抗。政治派别间的斗争也可以体现出宗教层面上的分歧，而世俗领袖在其政治生涯之内始终被教会间的纷争裹挟。在城市中，宗教领袖可以动用暴民来解决问题。亚历山大城长期以来有暴动传统，而宗主教区利罗一向以善于操纵暴徒著称。多纳徒派有一支被称为“围剿者”（Circumcellions）的武装力量，其成员为农民苦行者和季节性的短工。[28] 乡村地区的修士也经常被当作突击队使用，通常都属于“一性论”这边的队伍。耶路撒冷也是一个危险的地方，其四周的很多修道院都可以在短时间内完成军事动员。452年，耶路撒冷宗主教尤维纳尔（Juvenal）[29] 因为接受了卡尔西顿会议的决议而被修士们驱逐了整整一年，直到军队出动才帮其复位。修士们不一定有什么文化，但他们的热情绝对高涨。这帮人粗暴的政治作风破坏了罗马精英阶层的礼教规范，也让一些文雅之士为之蹙额，甚至连一些现代的历史学家都对他们持批评态度。这些修士看起来太原教旨主义了，太狂热了，而且也确实如此，但是他们的存在至少说明基督教已经渗透到了乡村地区，且教会的分裂也波及了更多的人，而不是局限在少数精英群体内部。

以上种种最终带来了基督教的革新，同时也是社会行为空间的一次新的拓展。总的来说，虔诚的基督徒在个人生活方面也应遵循圣洁的方式，这种生活方式对大多数信徒来说要比那些神学争论更为重要。但是，严守教义者的行为可能远远超过“虔诚”的范围，他们也确实这样做了。从基督教诞生之初起，断食、苦行、自残和遁世就被一些人视为有助于亲近上帝的行为。[30] 这些苦行的生活方式被亚他那修的著作《安当传》(*Life of Antony*)发扬光大。安当是生活在埃及沙漠中的一名隐士，这本影响巨大的著作是在他于 357 年去世后出版的。该书出版后，几乎立刻就被从希腊文翻译成了拉丁文。“沙漠”这个词的意义也从安当所生活的自然环境演变成了所有苦行生活的象征，任何男女都可以通过自我封闭或其他方式创造出自己的“沙漠”，例如，柱头修士西面长老（459 年去世）及其追随者站在高柱之上，一站就是几十年，几乎完全与世隔绝（梯子是仅有的通道），但普通人还是看得到他们，并因此对他们产生了兴趣。有一位颇具影响力的柱头修士叫但以理（Daniel，493 年去世），他把自己的柱子放在君士坦丁堡以东、博斯普鲁斯海峡一处繁忙的渡口旁边。[31] 他毫无疑问处于公众视野之内（甚至有人问他的排泄怎么样，他答道：很干，像羊一样）；西面其实也是一样，他的柱子立在叙利亚北部盛产橄榄油的富饶山区。据居鲁斯的狄奥多勒回忆，那里的人们会看着西面一次又一次地用头触碰自己的脚趾，有一次竟一直数到了 1 244 次。狄奥多勒对叙利亚的圣徒们那惊人的（在狄奥多勒看来往往也是愚蠢的）苦修行为进行了系统的记述，并且在文中强调这些圣徒对身为主教的狄奥多勒自己是多么尊重。在标准的教职体系之中，苦行者有时会招人仇恨，因为他们的属灵能力（准确的建议、特别有效的祈祷、时而出现的奇迹）是他们自身努力的结果，而不是来自主教的授予。但是，大多数苦行者还是得到了教会的支持和庇护，其中一些人（例如雪根的狄奥多尔）自己也成了主教。

这些苦行者的影响力破坏了罗马的所有社会规则：苦行者中没有什么贵族，他们也没受过什么教育，但是人们总是向他们寻求建议。我们拥有的史料包括两位年长隐士的问答录。这两人分别叫作巴尔萨努非奥斯（Barsanouphios）和约翰，生活在6世纪早期的加沙城外。问答录中有大约850个问题，提问的有平信徒，也有教士和修士。问答的内容则五花八门，堪称6世纪的“知心信箱”。如果我想把粮食和酒施舍给穷人，我需要把那些质量最好的给他们吗？（不用。）既然我们不能杀人，那么我可以为了让一个凶手逃脱死刑而撒谎吗？（也许可以，只要你在其他情况下也准备撒谎就行。）我可以在市场上买异教徒的东西吗？（可以。）我可以和异教徒一起吃饭吗？（不可以。）如果这个异教徒是个很重要的人呢？（那也不行，我告诉你一个礼貌回绝他的借口。）我真的要把所有衣服都施舍给乞丐，然后自己赤身裸体吗？（不用。）下面这个问题可能是最无聊的：我下不了决心，怎么办？（回答也比较讨嫌：向上帝祈祷吧，或者再来问我们。）显然，无论这些苦行者的受教育程度如何，人们都相信他们知道问题的答案，因为他们可以获知属灵的真理。[32]

目前，基督教的修道圣徒群体已经在现代历史著作中稳稳地占据了一席之地。重要的是，我们不能因狄奥多勒和其他人的误导而认为修道者遍地都是。就像彼得·布朗最近所写的那样，修道者“在罗马社会晚期的公共空间里所占的位置微不足道”[33]，即使在东罗马也是如此，而在西罗马，这类人更是从未大批出现。但是，这些人创造出了禁欲主义者的特有形象，可供后世那些想成为圣徒的人系统地模仿。这个形象中还包括一套由刚毛衬衣、紧束进肉里的皮带、铁链以及其他东西组成的行头。修道者一些不那么极端的行为可以被任何人效仿，例如虔诚的罗马女贵族保拉（Paula）和美拉尼亚。这两个人在4世纪的罗马帝国境内长途跋涉，衣衫褴褛，不洗澡，浑身都是难闻的气味，耶柔米用令人脸红的谄媚语言赞颂了她们的这种行为。这些修道实践也被普遍看作标准的修道生活。[34] 大多数修士不会践行全方位的极端禁欲理念，但是在安当的影响下，独身主义者和循世者（隐居在“沙漠”里）的群体首先在埃及形成了较大规模。实际上，修道者们最后不是抱团组成了一个修道社群，就是有意去寻找这样一个社群。[35] 修道院的修道者每天都按照固定的时间表作息，而且要绝对服从修道院长颁布的守则。这些守则是从很早开始就以书面形式流传下来的，其制定者包括4世纪时埃及的帕科缪（Pachomios）、安纳托利亚的巴西流、5世纪时埃及的谢努特（Shenoute）和高卢的约翰·卡西安（John Cassian），以及6世纪时意大利努尔西亚［今诺尔恰（Norcia）］的本笃（Benedict）[36]。本笃制定的守则最后成为西罗马的黄金标准，巴西流的守则成了东罗马的黄金标准。本笃的守则比其他很多人的守则都更人性化，其中最引人注目的内容包括坚持要求平等对待不同社会地位的修士，以及相对温和的修道标准（只能吃素，但生病的时候除外；只能穿薄衣服，但冬天除外）。在古典时代晚期那等级森严的社会里，平等主义和自我禁欲一样，都是难以实现的。各个修道院之间也远远谈不上平等，很多修道院就像贵族男女们举行乡间休闲聚会的场所。但是，修道院的守则从本质上来说是追求平等（平等地顺服）的。从这个意义上来说，即使平等并不真的存在于晚期罗马社会，它在理论上仍是可以实现的，而且实现平等的场所也已经被创造出来了。

以上进程带来的一个直接结果，就是基督教作者对构成人口大多数的农民群体的关注超过了以往任何时代的异教作者。在基督教作者看来，特别优秀的农民可以成为圣徒，因此他们用文字记载了那些农民圣徒的伟大事迹。这些事迹发生在远离城市精英的地方，这些圣徒的传记也使我们有机会一窥乡村社会的风貌，这在之前的著作中是难觅踪影的。毕竟，穷人上天堂和富人一样容易（按照基督教的理论，甚至比富人上天堂还要容易），而且即便是最贵族化和最势利的主教——例如6世纪高卢的主教图尔的格雷戈里——也经常向穷人布道，有时还会听他们说话。最近几十年，历史学家放弃了之前对那些圣徒神迹故事过于审慎的态度。这样做是对的，因为这些故事给我们提供了很多非贵族社会的信息，体现了这些阶层的文化和宗教观念，而如此大量的信息是我们从其他渠道都难以获得的。这些故事不能直接反映农村社会的情况，因为没有哪一篇是直接描写农村社会的，而且也大多不是由农民自己写的（有一两篇确实出自农民之手，比如雪根的狄奥多尔的传记），但是它们确实是我们所拥有的最有价值的参考。而且，尽管学者们已经对这些文字进行了详尽的研究，但其中仍有很多信息等待我们去发掘。

***

苦行者之所以在罗马的公共空间里微不足道，部分原因是这个空间实在是太热闹了。即使不从宗教的特殊视角观察，我们也必须承认，罗马人的政治生活有很大一部分是在公共空间中进行的。城市中，各种公众游行集会把一年的日历塞得满满当当，连城市规划都受到了影响。罗马城市的街道都又宽又直，没有障碍物，东罗马的街道还配有柱廊，这一切都是为了方便游行集会的举行（东罗马被阿拉伯人占领后，随着游行活动的停止，街道也迅速被挤占而变得狭窄，详见第10章[37]）。那些最为正式的游行还承担着建构政治权力的功能。欢迎皇帝驾临的入城式（adventus）[38]就是其中之一，只有文艺复兴时期最盛大的入城仪式才能与之相比。君士坦提乌斯二世357年在罗马举行的入城式相当著名。根据阿米阿努斯的记载，当时皇帝坐在一辆镶嵌着珠宝的车里，在庞大护驾军队的簇拥下前进。君士坦提乌斯在入城式的全过程中一直巍然昂首、目不转睛，一根手指都没动过，连口水都没吐一次，直到队伍抵达中心广场。这是一次庆祝胜利的入城式（阿米阿努斯不喜欢君士坦提乌斯，按照他的想法，皇帝根本就不配搞这次仪式），这种入城式在此前就有悠久的传统，此后又延续了很多年，至少是在东罗马地区，因为君士坦丁堡城内东西向的主街上经常举行这样的仪式，直到本书所讨论的时代结束乃至更晚的时候。君士坦丁七世（Constantine VII，913—959年在位）于10世纪编纂的《典仪论》（*Book of Ceremonies*）对这类仪式的每个环节都进行了非常细致的描述（见第13章），此类的书还有不少。所有政治和宗教的重大时刻都是通过城市中的游行集会体现的。基督教赞赏这种形式，主教们组织起了在教堂之间行进的正式游行，以展示他们在当地的权势。这类游行往往以赎罪或庇护为名义。在城市遭到围攻的时候，主教经常会带着圣物或宗教标志在城墙上游行，以保护城市不受侵犯。525年克莱蒙被围[39]和626年君士坦丁堡被围时都出现过这样的游行（我们的资料来源是圣徒传记，根据他们的说法，这些游行全都成功了）。还有一种在公共场合举行的正式游行是朝拜当地圣徒的墓。[40] 这类活动至少在纪念某位圣徒的重大节日期间是很常见的，通常由主教们组织。例如，图尔的格雷戈里就组织过对圣马丁（St Martin）墓的朝拜。

公共空间里不是只有游行。君士坦提乌斯在 357 年进入罗马城后举办了运动会，东哥特的狄奥多里克（Theoderic the Ostrogoth）在 500 年正式造访罗马时也照此办理。罗马最大的战车赛场——马克西穆斯竞技场（Circus Maximus）——就在皇宫所在的帕拉蒂诺山的山脚之下，皇帝站在山上就能观看比赛。君士坦丁堡的情况也是如此，大赛马场（Hippodrome）就在皇宫旁边，皇帝可以从后门直接进入自己的包厢。竞技场成了可供皇帝和人民对话的场所（尤其是在君士坦丁堡，因为皇帝们确实住在那里）。一般来说，场面是由皇帝控制的，但它至少给了大众一个向皇帝做出反馈的机会。这种反馈是由竞技场上的两个主要“派别”（按照比赛队伍的颜色分为“蓝党”和“绿党”）的领导者实现的，其形式可以是口头对话，也可以是暴力活动。[41] 事态偶尔会超出皇帝的掌控。例如，君士坦丁堡532年发生的“尼卡”（Nika）暴动将城市洗劫一空，还差点推翻查士丁尼。但是，发生在大城市竞技场里的暴乱通常还是会起到“安全阀”的作用，偶尔能够让皇帝察觉到人民的不满，更多的时候则纯粹是让人民有个找乐的机会。

公共空间也在相当大的程度上影响着政治决策。公共场合经常会出现辩论（尤其是关于宗教或哲学问题的辩论）的情景，中心广场经常有人发表演说，希多尼乌斯挑选布尔日主教的时候，也有很多人聚在一起听他的宣言。当然，政治圈是属于精英的，罗马的政治程序没有一星半点民主的成分，但政治决策的结果通常都会很快地在公共场所向人们口头传达，至少在城市是如此。帝国的法律也要在公共场所颁布。498 年，阿纳斯塔修斯废除了饱受诟病的商人税和工匠税，同年，这项法令在埃德萨——一个重要的商业转运口岸，但是离伊斯坦布尔很远——宣读，立刻引发了市民的热烈庆祝。[42]

皇帝和公共世界的关系有些模糊。罗马帝国发展到后期，皇帝的礼仪越来越烦琐。这样做的部分目的是拉开皇帝和其他人之间的距离，按照希多尼乌斯的话说，就是“把皇帝囚禁在皇宫里”[43]。皇宫内的繁文缛节一点都不比宫外少。例如，和皇帝共同进餐是一项巨大的荣誉，而整个宴席的过程是被精心控制的。希多尼乌斯记录了他于 461 年在阿尔勒和马约里安（Majorian）皇帝进餐的经过。他写道，皇帝挨个和在座的七位客人谈话，希望每个人都能在谈话中有出彩的表现，并为做到这一点的人喝彩（罗马人总认为波斯人很怪异，其中一个方面就是波斯人的宗教礼仪禁止他们在吃饭时说话[44]）。不过，在繁文缛节不断增多的同时，皇帝在理论上仍然是比较容易接近的，这就形成了一种平衡。在罗马世界里，向皇帝求助或申冤的行为有悠久的历史。[45] 实际上，皇帝颁布的法令往往就是对民众请愿的答复。请愿者很少能直接见到皇帝，实际处理这些请求的也肯定是官僚机构，而不是皇帝本人。但是，皇帝对请愿直接做出答复的原则还是保留了下来。柱头修士但以理曾于 475 年从高柱上下来一小段时间，以抗议皇帝巴西利斯库斯（Basiliscus）对一性论的支持。他写信批评巴西利斯库斯，最后迫使皇帝本人在君士坦丁堡的大教堂里公开收回成命。[46] 在但以理的圣徒生平之中，这段与皇帝对话的故事肯定是一个加分项，即使其中的细节有杜撰成分也无妨。这类事件确实能给圣徒的形象增光添彩，应该也无碍于皇帝的威严。449 年，罗马使节在面见匈人领袖阿提拉时大大地冒犯了对方，称阿提拉是人，而狄奥多西二世是神。[47]毫无疑问，这些使节绝大多数是基督徒，但在罗马人看来，他们所说的话不过是描述了一个显而易见的事实。也就是说，崇拜众神的时代虽然已经过去，但皇帝的地位并未改变，“神圣的”(divinus)这个词仍然等同于“皇帝的”。皇帝的地位越来越显要，因为人们认为罗马帝国本来就是战无不胜的。即使是在5世纪的各种灾难之中，这种信念也没有动摇过。帝国的基督化则强化了这种信念：很多人都认为如果帝国灭亡，世界末日就会到来。罗马人如果失去了自信，就什么都不是。

罗马人把公共空间和私人空间分得很清楚。人们认为，私人住所[48]是和公共活动绝缘的，正式的政治活动应该在私人住所以外的地方进行。几乎任何人都可以进入元老院的会场，很多政治交易都是在那里进行的。但是，元老院中也精心设计了一些只对某一群人开放且更具私密性的空间，以接待被庇护者或潜在的被庇护者。此外，除了一些极端的犯罪之外，家庭成员在住所内部的行为是由家长(paterfamilias)，也就是男主人负责的，不受公共法律的制约。家庭是基本的社会单元，拉丁文中称为domus或familia，前者更强调家庭的住所，后者更强调家庭中的成员。家庭的核心成员是丈夫、妻子和孩子们，其他人则通常血缘关系较远，政治同盟意味更重。当然，如果家长的父母还健在，他们也会有较大的影响力。奴隶也是家庭的成员，其身份是没有人身自由的家仆。蓄奴现象非常普遍，经济稍微宽裕一些的家庭都有奴隶。家庭中的尊卑等级十分严格，家长打奴隶和孩子是天经地义的。在这方面，奥古斯丁的自传《忏悔录》(*Confessions*)中对其父伯特撒乌斯(Patricius)的记述是非常重要的第一手资料。[49]伯特撒乌斯脾气暴戾，他认为丈夫打妻子也是很正常的事情，不过，这种观念似乎只存在于说拉丁语的西罗马，东罗马人对打老婆的行为则要鄙视得多。埃及地区有一些离婚请愿书[50]留存到现在，其中很少提及暴力问题。按照法律来讲，家长的权威并不能延伸到妻子身上，因为妻子仍然从属于她们自己的父亲（如果健在的话），不过在实际生活中，妻子显然是受丈夫统治的。奥古斯丁写道，他的母亲莫妮卡（Monica，她试图统治自己的儿子，并不为此感到不安）说过，她在塔加斯特的一些女邻居向她抱怨各自的丈夫，说她们的婚契“强迫她们伺候丈夫”。这种说法并不夸张。埃及的婚契系统性地规定了丈夫如何保护妻子，妻子如何服从丈夫。奥古斯丁批评过一个叫伊克狄西亚（Ecdicia）的女人。这个人在她丈夫还活着的时候就奉行独身，穿着寡妇的装束，还把自己的财产分给穷人，而这一切都没有经过丈夫的许可。由于不服从丈夫，她的这些善行全都枉费了，无法换来她所追求的东西。国家的权力也许止步于私宅的墙外，但罗马价值观并没有止步，而且等级制度在二者之中都是存在的。基督教在这方面并没有带来什么变化。

罗马社会晚期的家庭生活充满了紧张气氛，几乎无感情可言，这样的观点是有根据的，毕竟婚姻几乎都由父母包办，且目的是保卫并获取更多的财产。丈夫一般比妻子大 10 岁左右。家奴可能会在家庭成员中搬弄是非，从而破坏家庭的稳定，而且家奴通常都被认为对自己的主人怀有深深的敌意（这种看法也许是正确的）。[51] 5 世纪前期的戏剧《抱怨者》（*Querolus*）中，有一句奴隶的台词就是：“所有的主人都是坏人，所有人都同意这一点，而且这也是明摆着的。”在罗马时代晚期的文献记录中，孩子一般被认为对家长的约束怀有厌恶和抵触的情绪（特别是那些希望保持贞洁，却被父母和丈夫强迫结婚生子的女孩）。奥古斯丁肯定不喜欢自己的父亲，而对母亲，他虽然心存敬畏，但还是在 28 岁的时候用欺骗的手段逃离她的掌控，从迦太基去了罗马。[52] 罗马社会晚期和其他时代一样，幸福的家庭无法给作家们提供太多素材。罗马的贵族异教徒夫妇普莱泰克斯塔图斯（Praetextatus，384 年去世）和保利娜（Paulina）[53] 据称互相给对方写诗，普莱泰克斯塔图斯死后，这些诗刻在了石碑上。诗中体现出的琴瑟和鸣式的爱情或许并不完全是陈词滥调，也不完全是标新立异："我快乐，因为我现在是你的，过去是你的，而且很快——在我死后——还会是你的。"在这种"友好而优雅的结合"之中，夫妻地位一般都是不平等的，但不平等不一定会导致婚姻失败。

女人在法律上从属于父亲，实际上从属于丈夫。[54] 不过，她们和自己的兄弟一样，对父亲和母亲的财产有完整的继承权，而且从法律上来说，她们在婚后也有权支配自己的财产。人们一般认为，丈夫需要代替妻子处理法庭官司之类的公共事务，但如果妻子愿意自己处理，她也享有完整的法律权利。寡妇直到 4 世纪晚期都不能成为儿童的合法监护人，她们的权力也受到限制，但是在实际生活中，寡妇经常承担起监护人的角色（伯特撒乌斯于 372 年去世后，奥古斯丁已经接近成年，但他的钱袋子显然掌握在母亲莫妮卡的手里[55]）。女性不被视为公共空间的成员，也不能出任公职。不过，我们知道至少有一位女性当过城市执政官，她就是 553 年任埃及安泰奥波利斯执政官的帕特里基娅（Patrikia）[56]。此外，希帕提娅[57] 是亚历山大城重要的知识分子，她在公共仪式之中也有正式的角色，官员们会对她进行仪式性的拜访。实际上，罗马帝国晚期出现了不少权倾朝野的皇后（尤其是在 5—6 世纪的东罗马，详见第 4 章），而且，尽管政治对手和一些极端的基督徒竭力诋毁，人们似乎也没有因为她们的权力而憎恨这些皇后。罗马帝国晚期，人们普遍认为女性的活动空间就是她们自己的家，她们是家庭经济的经营者。但是，这种定位并未影响女性参与外部的经济活动。来自埃及的证据显示，寡妇至少可以在没有男人许可或干预的情况下买卖地产（公元4世纪时，埃及的土地大约有17%~25%是由女人所有的，这个比例可不低），可以出租地产、借钱，也可以成为独立的工匠或店主。[58]女性（除妓女和舞女外）着装要朴素，但是在平常的生活中不用戴面纱。她们可以穿昂贵的服装，以此显示身份，似乎也没有被要求和男性隔离。性行为上的双重标准非常普遍，而且受法律的认可（男人经常纳妾，但女子结婚前应保持贞洁，女子通奸则是不可饶恕的行为）。狄奥多拉皇后可能当过演员[59]，这样的身份在法律上和妓女差不多——尽管普罗柯比（Prokopios）对她的风流艳史的描述肯定有夸张成分——不过这并没有影响到她成为皇后之后的权威。人们认为女性弱小且愚昧，但是除了希帕提娅之外，还有很多证据能够说明女性的文化水平和文学活动，贵族妇女尤为突出，但其他女性也未被排除在外。

上述一系列性别问题上的矛盾现象该如何解释？在现有文献资料的基础上，我们无法总结出当时的社会在这些方面的普遍情况是什么样的，也不清楚女性到底是受约束的还是独立自主的。毫无疑问，就像很多其他的社会一样，罗马社会中也有少数成功的女性。她们独立自主，在公共场合的曝光率比男人还高，而这些女性也承受着道德上的谴责，尤其是在她们的丈夫还活着的情况下。同时，无论自愿（像莫妮卡那样）与否，大多数女性还是臣属并服从于男人的。这就是当时性别问题的总体情况。我们从埃及得到的史料有时也会涉及农民和工匠，根据这些史料，上述总体描述在各个社会阶层都是适用的。此外，由于基督教社会给了苦修者一定的生存空间，也有一些女性得以彻底摆脱家庭的束缚。苦行的女性[60]不多，但显然是存在的。她们拥有自由的前提是必须保持独身并按照戒律行事，最好是待在室内，集体修行。不过，这类权利和束缚之间的矛盾现象确实比很多社会都要多：中世纪早期的西罗马对女性行为的法律和社会束缚往往更为严格。我们会在第 8 章详细讨论。[61]罗马帝国晚期的女性如果希望塑造自己的社会人格，并且有一定的运气，她们是可以在各种矛盾中找到一片空间的。但是，她们所处的社会充斥着蔑视女性的性别观念，这些观念在世俗的公共空间和教会之间传播，将男性特征和男性的美德奉为标准（拉丁文的“美德”一词 virtus 本身就是“男子气概”的意思，英文“virtue”也是一样），女性则被认为是弱小[62]甚至危险的，尤其是对男性苦行者而言。可以理解，女性的特征是对这些人最大的威胁之一。

男人在他们所在的世界里也面临互相矛盾的信号。晚期的罗马社会等级森严，各阶层之间的流动虽然较为普遍，但是在很多情况下都受到法律的制约。类似于种姓制度的不平等现象和“新人”的出现总是会制造紧张气氛。如果暴发户或外来者做出不合礼法的事情，罗马的男人会毫不犹豫地攻击对方。他们非常容易发火，也有使用暴力的倾向。[63]里耶的主教福斯图斯（Faustus，约 490 年去世）[64]曾经在布道时恶狠狠地说，如果一个有权势的男人伤害我们，愤怒地辱骂我们，我们要默默忍受，以避免更大的伤害，但如果一个下等人谩骂我们，我们就应该生气，然后自己施以报复。罗马帝国晚期政治和司法活动中的暴力现象意味着这样的威胁可能会形成真正的危险。但是，受过教育的精英阶层也学习过礼貌而谦恭的行为举止。事实上，这是精英教育的组成部分，其内容还包括一个人不能失去对自己情绪的控制，而且要通过言辞技巧说服或羞辱别人，而不能采用威胁的手段。一个人怎么能又暴力又礼貌？显然不能。罗马时代晚期受过教育的男人非常不能容忍那些缺乏自我控制和滥用暴力的人，这些人包括修道院自己组织的武装力量、亚历山大的暴民，或是像瓦伦提尼安一世[65]这样有着军方背景的强人。希多尼乌斯有一次和马约里安皇帝共进晚餐，希多尼乌斯的仇敌帕奥纽斯也在座。席间，帕奥纽斯在皇帝面前对一个小小的轻慢之举表现出了不悦，这是很不合礼数的行为。对此，皇帝报以得体但戏谑的微笑，这已经足够让希多尼乌斯感到欢欣鼓舞，因为他认为这是皇帝对帕奥纽斯的“报复”。但是，由于大家都认为男人是容易冲动的，所以能够保持得体的举止还是很重要的。有时，人们会出于政治目的而故意表现出超越得体限度的愤怒，这是为了表明自己的立场或显示自己的严肃性。这种手段能够奏效，恰恰是因为“正常”的政治行为有很多礼仪规范。西罗马覆灭后，其所在地区的政治活动不再有那么多规矩，但是为达到政治目的而表现出的愤怒仍是君王的有力武器。

***

本章和上一章所呈现的晚期罗马社会是稳定的，但无论如何都不是一成不变（这个时代最重要的标志就是显著的宗教革新），也不是毫无冲突，但也没有显露出必然解体的迹象。我们在下一章就会讨论，西罗马的政治权力为什么在这种内部稳定的状态下仍然会于5世纪瓦解。不过，我们现在仍然有必要提出一个疑问，那就是在我们已经描述过的政治、社会和文化特征之中，有哪些会作为罗马帝国的遗产而继续存在数个世纪。在本章中，我们能说的是，这些特征绝大多数延续了下来。在西罗马崩溃的过程中，教会系统是变化最小的制度，教会的政治势力只在地中海东南部和南部因穆斯林 7 世纪的征服行动而被严重削弱。我们在后面的章节中会看到，正统信仰的重要性在拜占庭和西罗马的部分地区得以保存。宗教苦行主义和宗教观念对世俗社会的批判在此后的数个世纪中一直保持强大的力量，它们也会在后面的章节中反复出现，这是基督化的罗马社会留给后世的遗产。罗马帝国的公共机构也被继承下来，成为拜占庭和阿拉伯哈里发国的基本政治模板，而且这个模板的运行仍然依赖于罗马式的土地税制度。西罗马故地的情况则不同，帝国覆灭之后，税收制度逐渐瓦解，政治机构被大幅度精简。尽管如此，由于罗马帝国的制度框架非常复杂，这些精简后的版本依然能体现出罗马式治理系统的基本要素。施行这类制度的是那些“罗马-日耳曼”王国，其中最为突出的是高卢的法兰克王国、西班牙的西哥特王国和意大利的伦巴第王国，它们是公元 550 年之后两个世纪内该地区最强大的政治体。这类政治制度还包括公共权力的概念，以及政治活动所需要的公共空间，这二者也基本上是从罗马继承而来的。公共政治在西罗马故地一直存在到加洛林王朝灭亡之后，最早到 10 世纪才消失，在很多地方的消失时间还要更晚。公共政治的消失在其发生地（尤其是在法国）都是非常重大的事件。实际上，它至少在西罗马标志着本书所讨论的时代——中世纪早期——的结束。

中世纪早期开始的时候，有很多事情确实发生了变化。宗教和文化的延续无法掩盖政权结构的重大崩塌。交换经济在东罗马和西罗马都变得更加本地化，技术上也更加简单，至少在西罗马是如此。贵族社会变得更加军事化，世俗文化教育的重要性大大降低，尤其是在西罗马。因此，我们在东罗马和西罗马所能得到的文字史料中，宗教文献所占的比例大大提高。西罗马在 5 世纪、东罗马在 7 世纪发生政治变迁后，贵族阶层的特征在各地发生了变化。绝大多数地方的贵族财富缩水，罗马的元老院精英巨富阶层彻底消失。不过，我们对这种财富缩水的影响不应过分高估，因为那些祖先就是罗马贵族的世家子弟仍然有很大的势力。但是，由于刚才讲到的文化变迁，他们的罗马贵族血统远远不及以前那么显著。同时，随着各地贵族土地的减少，以及西罗马国家权力的衰弱，农民们拥有了更大的自治权。相比之下，很多人都认为妇女面临的束缚比以往更多了。此外，最关键的是，罗马帝国的每一个地区自那之后都走上了独立的政治、社会、经济和文化发展道路。本书在讲述公元 550 年之前的历史时会把东西罗马当作一个整体来看待，但 550 年之后就必须区别对待。法兰克人的土地、西班牙、意大利、不列颠、拜占庭和阿拉伯世界，以及罗马帝国未曾染指的北方土地也都要分开讨论。这种地方化以及整体上的简单化，就是中世纪早期最显著的特点。不过，本书后续章节所要讨论的所有政治系统，至少是除去极北地区之外的所有系统，都是建立在罗马传统的基础上的。这些传统因素虽然已经不再以整体的形态出现，但还是在每一个后罗马社会中都成为支撑起政治、社会和文化活动的基石。

第 4 章

危机与延续，400—550

484 年 2 月 25 日，汪达尔人和阿兰人的国王、原罗马帝国北非行省的统治者胡内里克（Huneric）[1] 下令打击国内罗马人中的“同实体派”*（Homoousian，也就是我们所说的天主教徒），视其为异端。汪达尔人信奉基督教阿里乌派，他们认为占人口多数的罗马人的信仰是错误的，必须铲除错误观念。因此，胡内里克借鉴了罗马皇帝霍诺留于 412 年颁布的法令。那项法令是用来对付阿非利加的多纳徒派的，是奥古斯丁时代天主教徒用来打压其他教派的重要武器，这次却被用在了天主教徒自己的身上。胡内里克对此解释如下：

> 众所周知，把恶谋反施于谋划者，是皇家权威与力量的体现……不同时代帝王们推行的那套法令把他们引上了歧途。现在，把这些法令中的内容用到他们自己身上，既是必须的，也是非常正当的。

---

* 阿里乌派认为圣子和圣父只是“实体相似”（homoiousios），《尼西亚信经》则提出二者是“同一实体”（homoousios）。——译者注

胡内里克在这条命令及其带来的迫害运动（在他于同年 12 月去世之后逐渐平息）中体现出了一贯的戏谑性：这些手段都是你们自己用过的，所以反过来用在你们身上没什么不可以。实际上，他的整个准备过程都是在有意识地模仿霍诺留在 5 世纪第二个十年里的做法。霍诺留在 410 年召集多纳徒派和天主教主教，举行正式辩论会（conlatio）。会议于 411 年 6 月在迦太基召开，会议记录大多保留了下来。从这些资料看，会议充斥着令人吃惊的政治高压攻势、人身攻击和争吵。会议最后做出了不利于多纳徒派的决定，迫害行动则于一年之后展开。483 年 5 月，胡内里克也召集天主教的主教们，宣布要在次年 2 月举行一场类似的辩论会。主教们当然知道这意味着什么，他们和 411 年的多纳徒派一样，试图用一份声明来先发制人。我们的史料来自胡内里克的强烈反对者维塔的维克托（Victor of Vita），他认为胡内里克早在会前就已经准备好了他的法令，并因此在面对天主教的声明时决定缩短辩论时间。如果我们相信他的记述是真实的，那么这就是胡内里克唯一没有模仿霍诺留的地方。胡内里克很享受像罗马皇帝那样一步一步地施行宗教迫害，而天主教徒对他的这些步骤亦非常熟悉。

汪达尔人[2]在阿非利加的所作所为体现了一个悖论，而维塔的维克托对此次事件的记载正好呈现出了这个悖论。现代人提起汪达尔人的时候没有什么好听的评价，可见这群人的名声之恶劣，而这恶名正发源于维克托记述汪达尔人野蛮迫害天主教徒的行为时所使用的激烈语言。事实上，绝大多数同时代的历史著作对汪达尔人的描述都是负面的，从汪达尔人在 429 年抵达阿非利加时，波西迪乌斯（Possidius）对其引发的暴力冲突的记载，一直到罗马人于 533—534 年重新征服北非时，东罗马历史学家普罗柯比对汪达尔人奢靡的生活方式的批评。胡内里克的父亲盖萨里克（Geiseric，428—477 年在位）是汪达尔人最成功的国王，他带领汪达尔人从西班牙迁徙到努米底亚，再于 439 年来到阿非利加的粮食主产区迦太基。汪达尔人乘船（显然是曾经用来运粮的船）侵入了西西里，征服了撒丁岛，于 455 年洗劫了罗马。胡内里克并不是唯一一个迫害天主教徒的国王，色雷萨蒙德（Thrasamund，496—523 年在位）在 6 世纪第二个十年里也做过同样的事情。然而，与此相矛盾的是，有证据表明汪达尔人认为自己是非常正宗的罗马人。据我们了解，汪达尔人全都说拉丁语，胡内里克娶了霍诺留外甥的女儿，并且在意大利生活了一段时间。汪达尔人的政府非常近似于罗马人的阿非利加行省机关，政府的工作人员也是阿非利加人（这些人最多也不过是接受了汪达尔人的服饰要求）。汪达尔人的钱币是在罗马钱币的基础上经过创新制成的。国王像罗马人那样对国民征税，汪达尔人的精英阶层积累起大量财富。文字史料和考古发现均证明，他们挥霍财富的方式也和罗马人一样，那就是大兴土木，修建奢华的别墅和教堂。实际上，考古发现告诉我们，在汪达尔人主宰阿非利加的一个世纪里，阿非利加的物质文化在绝大多数方面几乎毫无变化。当然，他们的宗教迫害运动也是纯粹罗马式的。其他侵入罗马帝国的日耳曼部族也属于阿里乌派，例如我们提到过的哥特人，但他们只是把信仰看作区分他们与罗马人的身份标识，而罗马人仍然可以信仰天主教。只有汪达尔人认为他们信的那种基督教应该一统天下，而其他派别均应被铲除，这种观点倒是和罗马人自己的不谋而合。这也就是当时的历史著作全都对汪达尔人持负面评价的原因，因为这些著作的作者全都是天主教徒。

因此，我们可以说汪达尔人是罗马人自己的翻版。可以认为，这些人是一伙事实上的流氓武装势力，他们攫取了一个罗马行省的权力，然后按照罗马的方式去实行统治。汪达尔人从来没有加入过罗马帝国的联合部队，但是他们和对方非常相似，其政治和社会生活中几乎没有哪个方面不根植于罗马的传统之中。但是，如果我们认为盖萨里克入主迦太基后并没有带来任何变化，那就错了。这里确实有两个明显的变化。首先，汪达尔是以一个拥有土地的军事贵族集团的形式来统治阿非利加的，他们仍然视自己为一个不同于罗马人的民族。5世纪之前，罗马军人掌权后都会满足于拥立一个皇帝，然后带着大笔犒赏回归军营，但是汪达尔人形成了一个政治精英阶层，取代和废除了基本形同虚设的元老院贵族阶层（其中也包括一些生活在阿非利加的罗马地主，但这群人中的大多数还是躲过了一劫）。其次，汪达尔人破坏了罗马帝国晚期地中海地区的基础设施，他们占领了西罗马主要的粮食和食用油出口省份，也就基本控制了罗马城的食品供应。以前，这些食品基本上是以税收的形式免费征收来的，但汪达尔人搞了独立王国，让阿非利加生产的食物只供应给自己——虽然他们拿来这些食物也是准备卖掉的。这样，从迦太基到罗马的税务链就此断开。5 世纪中叶之后，罗马城的人口开始大幅减少，到 6 世纪时已经减少了逾 80%。[3] 西罗马那战战兢兢保持着平衡的财政系统中也出现了无法填平的亏空。罗马人面临财政危机的挑战，而这时他们恰恰需要投入更多的钱去供养军队。罗马帝国于 435 年与盖萨里克缔结过一个条约，但没有想到他会在此后夺取迦太基，很多人都认为这是帝国政府在 5 世纪的最大战略失误，因为这个事件使得西罗马第一次显露出真正的解体可能。罗马人随后开始组织反击，虽然为时已晚，但攻势还是相当密集。他们在441年、460年和468年三次进攻北非，最后一次的动员规模尤其大。但是，尽管汪达尔人的军事实力看起来并没有多么可怕，但罗马人的攻势还是全部以惨败告终。罗马人最终于533—534年较为轻易地收复了北非，但此时西罗马已经不复存在。不管汪达尔人有多么罗马化，他们还是促使罗马帝国发生了巨大的变化。

这就是5世纪历史事件所共有的关键特征，至少在西罗马是如此。“蛮族”军队不断蚕食罗马的各个行省，然后又以罗马人的方式实行统治，所以什么都没有变，但又什么都变了。在公元400年的时候，西罗马和东罗马是一对孪生国家，由一对亲兄弟分别统治［霍诺留和阿卡迪乌斯（Arcadius）都是狄奥多西一世的儿子，两人分别于395—423年和395—408年在位］。两个罗马的制度结构几乎没有差别，而且我们在第2章已经看到，两者内部都没有什么根本性的缺陷。可到了公元500年，东罗马依然故我（实际上，东罗马当时正处于一个经济繁荣期），而西罗马却被分割成6大板块：汪达尔人的阿非利加、西哥特人的西班牙和西南高卢、勃艮第人的东南高卢、法兰克人的北方高卢、东哥特人的意大利（包括阿尔卑斯地区），此外还有一系列小型的自治政体散布在不列颠和其他更边缘的地区。那些较大的政治体都是按照罗马的传统方式实行统治的，但是军事化程度更强，财政体系则较弱。这些板块之间的经济联系不如以前那么紧密，板块内部的经济模式也比以往更加简单。就这样，虽然并没有人刻意去改变什么，但重大的改变已经发生了。本章的目的就是探讨这种改变是如何发生的——但不是用事后诸葛亮的视角去探讨。5世纪发生的历史事件不是不可避免的，当时的人也不会这么认为。那个时代并没有人认为西罗马正在“衰亡”。第一个提出西罗马具体灭亡时间（476 年）的作者是君士坦丁堡的编年史学家马尔切利努斯·科梅斯（Marcellinus Comes），但他提出此观点时已是 518 年。[4] 我们将把这个时期的历史划分成四个阶段，即 400—425 年、425—455 年、455—500 年和 500—550 年，然后探讨每个阶段之中发生了哪些变化，又有哪些东西保持稳定。最后，我们再去探讨这些变化的意义。

霍诺留、阿卡迪乌斯以及继承他们皇位的那些人都不是什么真正的实权人物，皇帝重新掌握大权是公元 470 年之后的事情，而在此之前一直都有其他人代替皇帝实行统治。5 世纪初，西罗马的政治强人是斯提里科，他从 394 年开始担任西罗马军队的总司令（magister militum praesentalis）。此人极有权势，这也是他这个位置所需要的。在他掌权期间，哥特国王阿拉里克（Alaric，391—410 年在位）始终是一个威胁。阿拉里克的目标是给自己的人民建立一块稳定的根据地。我们在第 2 章已经说过，哥特人最早于 376 年进入罗马帝国疆域内，378 年在阿德里安堡战役中获胜后，他们在整个 4 世纪 80 年代一直居住在伊利里亚和色雷斯，也就是现在的巴尔干地区。394 年，阿拉里克加入狄奥多西的罗马军队，成为第一个可以带自己的士兵加入罗马军队的哥特领袖。然而到了 396 年，这项军事安排又被撤销了，于是阿拉里克的哥特人（为了避免和其他哥特部落混淆，我们称他们为“西哥特人”，但他们自己并不这么称呼自己）又花了 20 年时间，用武力追索帝国对他们地位的承认。他们先是攻击希腊，然后向北，于 401 年进入意大利北部地区。斯提里科于 402 年击败了西哥特人，把他们赶回了伊利里亚，但 408 年他们又卷土重来。这个时候，他们已经不是帝国境内唯一的“蛮族”了。就在这些年间，匈人势力不断发展，其他一些部族可能是趁着西哥特人制造的混乱而越过边境，进入了罗马。405 年，另一支大部分由哥特人组成的武装在拉达盖苏斯（Radagaisus）的率领下越过阿尔卑斯山，从北方进入意大利。斯提里科于 406 年在佛罗伦萨打败并消灭了这支部队。为了对付这些部队，也为了让伊利里亚落入西罗马而不是东罗马的手中，斯提里科需要扩大意大利的军队规模，于是他把部队从莱茵前线撤了回来。这可能是一步错棋，因为罗马的军队刚走，汪达尔人率领的中欧诸部落就于 406 年的新年夜（指 12 月 31 日——译注）越过了莱茵地区，侵入高卢西部，然后（409 年）又进入西班牙，几乎未遭到抵抗。此外，高卢在 407 年还遭到了另一支武装的侵略。领导这支军队的是一个篡位者，即罗马帝国在不列颠的军队指挥官君士坦丁三世（Constantine III，406—411 年在位）。在重重危机之下，帝国内部开始有人针对斯提里科造谣生事。408 年，斯提里科在一场兵变中被处死。

导致斯提里科倒台的那些危机并不完全是他自己造成的。他被处死后，继任的西罗马领导人还是在不断犯错。斯提里科有一半的汪达尔血统，有人认为这使他非常容易对“蛮族”心慈手软。他在意大利的部队不是被屠杀，就是投奔了阿拉里克。阿拉里克在 408—410 年间统治意大利，且三次包围罗马城，但是罗马人始终不肯讲和。最后，阿拉里克在 410 年洗劫了罗马。这一影响巨大的灾难性事件对整个罗马世界的震动，就像 2001 年的“9 · 11”事件对美国的震动一样，重重地打击了罗马人的自信。不过，这起事件并没有给罗马带来更多的连锁反应，西哥特人则继续踏上寻找家园的漫漫征程。他们本来想南下进入阿非利加，却在新任领袖阿陶尔夫（Athaulf，410—415 年在位）的率领下改道向北进入高卢。在那里，他们卷入了一场更大的混乱：411 年，西罗马最多时有四位皇帝同时在位，每一位都是由不同的“蛮族”部落扶持的。正统的罗马军队逐渐在新任总司令君士坦提乌斯的率领下重新集结，把那几个争位者逐个击败，并迫使他们背后的“蛮族”部落接受和平条约。阿陶尔夫率领的西哥特人和罗马军队一样，都依赖地中海地区出产的粮食，而罗马人又在 414—417 年之间封锁了西哥特人。最终，西哥特人向罗马人投降，并在 417—418 年替罗马人攻打西班牙的汪达尔人，给后者以重创。418 年，西哥特人终于在图卢兹附近定居下来，君士坦提乌斯又娶了阿陶尔夫的遗孀、霍诺留的妹妹加拉·普拉西提阿（Galla Placidia）。421 年，君士坦提乌斯成为共治皇帝，但没过多久就死了。军事敌对力量仍然存在，但危机算是暂时缓解了。425 年，霍诺留去世，继位问题发生争议。最后，霍诺留的外甥、君士坦提乌斯和普拉西提阿的小儿子瓦伦提尼安三世（Valentinian III，425—455 年在位）登基，其母普拉西提阿成为摄政皇太后。[5]

在这段时间里，东罗马的日子相对太平很多。巴尔干是一个战事频仍的地区，一直是东罗马遭到外族入侵最严重的省份。哥特人来了，又走了，匈人也在此期间发起了多次攻势。不过，位于巴尔干地区边缘的君士坦丁堡一直固若金汤，且东罗马最富裕的地区黎凡特和埃及都远离北方边境。更重要的是，罗马在东方的传统劲敌——波斯的萨珊王朝——在几乎整个 5 世纪都与罗马帝国相安无事。可能是因为萨珊王朝自己也面临着来自其他方向的威胁，东罗马的战略安全得到了很大保证。东罗马的政治经常一团糟，有时候还会发生暴力事件。400 年，在反对“蛮族”的热潮中，军队总司令盖纳斯（Gainas）[6] 被杀，而他的政敌弗拉维塔（Fravitta）也很快步其后尘，提前上演了西罗马的斯提里科在下一个十年里所经历的那一幕。在那之后，东罗马的政治领袖就绝少军人，而大多数都是文官了。在皇帝阿卡迪乌斯和他那同样不像样的儿子狄奥多西二世（408—450年在位）统治期间，文官把持了朝政大权。君士坦丁堡的皇后往往格外强势，在这一时期较为突出的有活跃于400—404年的阿卡迪乌斯的妻子欧多克西亚（Eudoxia），以及活跃于5世纪第二和第三个十年的狄奥多西二世的姐姐普尔喀丽娅。在不断的政治斗争中，有两位两位雄心勃勃且不肯退让的君士坦丁堡宗主教成了牺牲品，他们就是404年的约翰·屈梭多模以及431年的聂斯托利。这表明东罗马已经发展出了一种与西罗马不同的政治模式：381年才设立的君士坦丁堡宗主教已经成为世俗政治中的主要角色，而罗马教皇在一个世纪以后才做到这一点。西罗马的首都在拉文纳，不在罗马，这就意味着罗马城离政治中心有一定的距离。教会的会议和教义的辩论可能促进团结，也可能引起分裂，这两者在东罗马的重要性也要高于西罗马，它们在总体上使主教们有了更大的政治发言权。东罗马国家和教会的关系在未来也会一直比西罗马更紧密，但西罗马的加洛林时代除外。我们会在第17章讨论那个时期的情况。

425年时，东罗马处于稳定状态，而且已经开始了经济复苏。这一漫长的经济繁荣时期一直延续到6世纪晚期或7世纪早期。然而，西罗马在经历了10年乱局之后，也大体上安定了下来。绝大多数前线地区有罗马军队驻防。帝国境内确实也还有定居的“蛮族”部落，而且不在罗马军队的编制之内。西哥特人生活在波尔多和图卢兹之间，汪达尔同盟的残余势力则分布于西班牙西部，其中包括北方的苏维汇人和南方的哈斯丁汪达尔人，但是这些部落都被罗马打败了，而且至少西哥特人还和罗马结成了正式的联邦同盟。[7]西罗马还存在不稳定因素的只剩下了北方卢瓦尔河以北的一些省份。高卢最北部边界地区的法兰克人越来越多，且已经推进到莱茵河边。在西北地区，自称“巴高达”（Bagaudae）[8]的农民起义军经常起事。他们自5世纪第二个十年的混乱中起兵，一直活动到5世纪40年代，其起义的原因可能是对帝国军事失利时仍持续征税而感到不满。不过，这些地区对于西罗马来说可谓无关痛痒，比巴尔干地区对东罗马的影响还要小。基督教护教士奥罗修斯（Orosius）[9]417年在西班牙写作时就已经用上了后来被反复使用的说法：“蛮族铸剑为犁，爱罗马人如同爱自己的同志和朋友。”而接下来10年中的情况似乎说明他所言非虚。同一时期，准确地说是413—425年，奥古斯丁写下了他的名著《上帝之城》（*City of God*）。这本书起初是为罗马被西哥特人洗劫这一历史事件所著，但它既不是基督教罗马的胜利宣言（如奥罗修斯所写），也不是为了声讨罗马人那使他们面临危险的罪恶。实际上，奥古斯丁小心翼翼地避免了过分强调罗马帝国这场人类伟大实验的重要性，也没有研讨帝国的寿命会有多长，因为天上之城和尘世的政治制度是彼此分离的。尽管如此，他还是在书中显露出了对帝国未来的充分自信。世界会迎来末日，而且奥古斯丁认为末日很快就会来临，但没有任何人预言过帝国的灭亡，也没有人表达过对此的恐惧。

事情在下一个阶段，也就是425—455年间起了变化。东罗马的政局依然稳定，只是巴尔干地区依旧面临匈人的不断进攻。这一阶段最重要的事件是一项汇编帝国所有现行法律的庞大工程。这项工程于438年完成，其成果被命名为《狄奥多西法典》[10]，其中既有西罗马的法律，也有东罗马的法律（很多内容似乎是在阿非利加收集到的），但汇编工作是在君士坦丁堡完成的，且最后的成品标上了东罗马皇帝的大名。此外，值得关注的事件还有两次标志性的教会大公会议，也就是431年的以弗所会议和451年的卡尔西顿会议。我们在第3章已经说过，这两次会议虽然对教义问题做出了裁定，但其代价是疏远了黎凡特和埃及的规模庞大的基督徒社群，因为这些被定性为“一性论异端”的人感到自己受到了侮辱。这两次大公会议，普尔喀丽娅都在幕后起了相当大的作用。在这两次会议之间，尤其是5世纪40年代，普尔喀丽娅在宫中的权势相对较小。但是，狄奥多西二世去世之后，她扶持马尔西安（Marcian，450—457年在位）继位，与之结婚，从而再度掌握了大权，直到她于453年去世。卡尔西顿会议是一次矛盾格外激烈的大会，但是我们应该注意到，东罗马的政治不是靠战争，而是靠这些大规模的神学集会推动的。

西罗马的麻烦更多一些。武将们为了争夺对小皇帝瓦伦提尼安的控制权而大打出手，来自高卢的埃提乌斯[11]于433年成为最终的赢家。他以总司令的身份主宰西罗马直到454年，但他最感兴趣的始终还是高卢地区。汪达尔人占据迦太基，责任在他，因为他虽然做出了反应，但毫无效果，且为时已晚。埃提乌斯最担心的是西哥特人，他于439年暂时平息了与西哥特人的战事。高卢的其他“蛮族”部落也纷纷经劝说接受了罗马的军事霸权，其中的阿兰人和勃艮第人于442—443年间在埃提乌斯的亲自安排下分别定居卢瓦尔河河谷下游和罗讷河上游地区。不可否认，到埃提乌斯去世的时候，定居在高卢的自治部族要多于以往，但至少在他的照看之下，罗马在这一地区保持了稳定的霸权。西罗马的核心地区意大利在这一时期受到的侵略也少于该世纪初期的那些年。但是，西罗马丢掉了阿非利加，还有西班牙。汪达尔人

429 年离开后，西班牙基本上处于苏维汇人的统治之下，直到 5 世纪 40 年代。不过我们已经说过，丢掉西班牙对罗马帝国来说不算伤筋动骨。5 世纪 40 年代，西罗马的法令中第一次提到标准的税收已经无法维持帝国军队，暗示增税即将来临。[12] 巴高达起义重新出现在高卢北部，并扩散到西班牙东北部，而这里是伊比利亚半岛上唯一还在罗马掌控之中的地区。马赛的萨尔维安（Salvian of Marseille）在 5 世纪 40 年代写过布道词《论上帝的统治》（*On the Governance of God*）。[13] 这篇布道词很长，主要宣讲的是“地狱之火”。在文中，他把罗马败于（显然低等的）“蛮族”归因于罗马人自身的罪恶。他罗列出的罪恶主要有不正当且过重的税收、公共娱乐、淫乱等等。这些说辞对于极端的基督教布道者来说属于老生常谈，其中的一些细节不能太当真。例如，我们不能根据他的说法就认为西罗马各行省确实是被过重的税负摧毁的，只能说我们通过他的记录了解到财政系统一直在发挥作用。但是，萨尔维安把西罗马境内的“蛮族”视为可以替代罗马实行统治的稳定政治群体，这是绝对没错的。巴高达起义军也是如此（不过这批人在现实中的稳定性较差，而且从 450 年起就从史料中消失了，埃提乌斯和他的“蛮族”盟友联合击败了他们）。萨尔维安认为，罗马人经常会为了逃避罗马政府的非正义行为而选择接受“蛮族”的统治。这种情况在 5 世纪 40 年代恐怕并不多见，但是这个观念得到了其他人的印证。东罗马的历史学家普利斯库斯（Priskos）在讨论匈人 [14] 的问题时也提出了同样的说法。

埃提乌斯讨伐西哥特人和其他部族的战斗在很大程度上依赖匈人的军事支持。后者最迟在 5 世纪 20 年代时已经在多瑙河平原的中部，也就是现在的匈牙利东部定居，紧挨着罗马帝国的边界。如果想要进攻巴尔干和西罗马，这里是一个很好的战略据点。不过，匈人一开始还算不上是一个巨大的威胁，直到阿提拉（435—453 年在位）和他的弟弟布列达（Bleda）完成了内部统一，并巩固了匈人在各个“蛮族”中的霸权。其中尤其值得一提的是格皮德人和我们称为东哥特人的那群人，他们都是在 440 年左右被匈人征服的。5 世纪 40 年代，匈人全线出击，最后于 451 年和 452 年分别大举侵入高卢和意大利。不过，匈人在高卢吃了败仗（埃提乌斯这次用西哥特人对付匈人，就像他以前用匈人对付哥特人一样），然后又从意大利撤退，原因至今不明。453 年，阿提拉暴毙，他的儿子们和大臣们于 454—455 年展开混战，导致匈人的霸权迅速解体。匈人的形象之所以恐怖，主要是因为其他人对他们不熟悉，纯粹从军事角度来说，他们不过是昙花一现。阿提拉确实一度让罗马帝国的政治焦点从首都移走，这在当时看来很了不起，但是也只持续了 15 年多一点。我们也有理由说匈人帮了罗马人一把，不仅是因为他们替埃提乌斯打仗，还因为他们维护了边境以外地区的稳定（人口迁移较少）。但是，这种情形同样没能延续到公元 454 年以后。

匈人的帝国解体了，但埃提乌斯没能活着看到这一天。他在 454 年被瓦伦提尼安三世亲手暗杀，这场谋杀导致凶手本人也在一年后被杀死。埃提乌斯被很多后世的人看作（用马尔切利努斯·科梅斯的话说）“西罗马的大救星”，这主要是因为他是相当长一段时间内最后一位让军队展现出强大能量的司令官，但他犯的那些错误，尤其是丢掉阿非利加领土的失误，和他的功绩一样影响重大。不过，西罗马在 5 世纪 50 年代仍然保持着一定程度的稳定。这段时间里，西罗马境内有 6 个“蛮族”政权，每一个都需要罗马领袖去对付，但是罗马仍然在某些方面占有优势：这些政权都是按照罗马的方式运作的，都很关心帝国的动态，也都试图在皇帝人选的问题上施加影响。这一点在瓦伦提尼安死后、盖萨里克攻入罗马城时的危机中体现了出来。西哥特的狄奥多里克二世（Theoderic II，453—466 年在位）扶持当时罗马帝国驻西哥特的使节阿维图斯称帝。[15] 此人是来自高卢中部奥弗涅地区的元老院成员，也曾是埃提乌斯帐下的将军。不过，阿维图斯并不是个无所作为的傀儡。他在位的时间不长，但仍然以西罗马统治者的身份做了不少事情，至少维持住了埃提乌斯的霸权，甚至有可能重现君士坦提乌斯的辉煌，可惜他在东部未能得到有力的后勤保障（时灵时不灵），运气也稍微差了一点。

然而，罗马帝国的运气似乎用到了头。之后的 20 年，在之后那代人的时间里，西罗马终于被肢解。[16] 出身高卢的皇帝阿维图斯被马约里安和里西梅尔（Ricimer）率领的意大利军队击败，马约里安自己坐上了皇位（457—461 年在位）。他解决了两件麻烦事，一件是争取东罗马的承认，另一件是对付那些拥戴阿维图斯的高卢人。此外，他还颁布了一些具有改革倾向的法令。但是，马约里安即便是个勤勉的皇帝，也肯定不是个幸运的皇帝。他的军队总司令里西梅尔发动政变推翻了他，然后要了他的命。里西梅尔之后独掌大权，接连扶持了好几位傀儡皇帝，直到他于 472 年去世。不过，其中一位叫安特米乌斯（Anthemius，467—472 年在位）的皇帝是来自东罗马的军方人物，他拥有一定的存在感和自主权，直到 472 年和里西梅尔闹翻。安特米乌斯和东罗马将军巴西利斯库斯［东罗马皇帝利奥一世（Leo I）的小舅子］一起于 468 年对汪达尔人发起了声势浩大的攻击，结果不但兵败而回，还损失了巨额的钱财。此后，里西梅尔就把力量收缩到意大利境内，有效地守住了这片领土，任由帝国的其他部分自生自灭。不过，他还是通过自己的外甥贡多巴德与高卢东南部保持着联系。贡多巴德（Gundobad）是勃艮第的王子，他在里西梅尔死后曾短暂继承帝国大权，但很快就离开了意大利，成为勃艮第国王（474—516 年在位）。里西梅尔是个很难评价的人物，因为我们现有的史料都很粗略，而且对此人均怀有敌意。不过，没有证据表明他对意大利之外的世界有过任何政治上的兴趣或野心，这清楚说明当时的帝国已日薄西山。又是两次短命的政变之后，意大利的下一位军事强人奥多亚塞（Odovacer，476—493 年在位）出现了。他没有扶持任何人登上西罗马的皇位，而是通过罗马元老院向东罗马皇帝芝诺表示，帝国现在只要一位皇帝就可以。奥多亚塞随后便以芝诺的名义统治意大利。[17] 他的正式头衔是"护国公"（patricius），这个封号之前曾属于埃提乌斯和里西梅尔，不过他在意大利境内自称"国王"（rex）。

人们传统上认为西罗马灭亡于 476 年 [18]，因为其末代皇帝罗慕路斯·奥古斯都路斯（Romulus Augustulus）就是在这一年被推翻的。也有人认为西罗马的灭亡时间是 480 年，罗慕路斯的前任皇帝尤利乌斯·尼波斯（Julius Nepos）被废黜后一直被囚禁在达尔马提亚，直到这一年被处死。不过，意大利是 5 世纪 70 年代里整个西罗马变化最小的地区。奥多亚塞用里西美尔的方法统治，掌管着一支常备军。意大利一直未被外族侵略或征服，直到 489—493 年阿马立王朝的狄奥多里克（Theoderic the Amal）和他率领的东哥特人到来为止。狄奥多里克（489—526 年在位）也尽可能地维持了罗马式的统治方式。对帝国覆灭感受最直接的恐怕是高卢人。西哥特国王尤里克（Euric，466—484 年在位）[19] 是高卢地区的主要"蛮族"政权中第一位完全不受罗马传统影响而自主进行政治活动的统治者，在整个西罗马范围内也仅晚于盖萨里克。在471—476年之间，他将自己的势力范围扩张至东达罗讷河（然后越过罗讷河，进入普罗旺斯）、北抵卢瓦尔河、南到西班牙的广阔区域。哥特人从5世纪50年代后期开始就一直在西班牙战斗（最开始是替皇帝阿维图斯作战），但是尤里克仍然组织了一次全面攻势。这次行动史料记载不详，但似乎是在尤里克死前达到了目的（只剩下苏维汇人在西北部的一块根据地未被征服）。对于尤里克的南征北战，史料中记载最详细的是他在471—475年间对奥弗涅的征服。[20]这场战争并不是最重要的，其之所以能被详细记录下来，是因为该地区中心城市克莱蒙的主教正是罗马元老院成员希多尼乌斯。他是阿维图斯的女婿，在马约里安和安特米乌斯在位时也是重要的世俗官员。他的整个政治生涯都没离开自己的家乡，所以我们可以借助他的文字了解到这里从5世纪50年代到5世纪70年代的所有政治变迁。希多尼乌斯在5世纪50年代曾支持罗马与西哥特的同盟，5世纪60年代后期，他开始逐渐发现罗马和西哥特的关系中所蕴藏的危险，同时也对继续和西哥特人打交道的罗马官员产生了敌意。到了5世纪70年代，他已经对克莱蒙孤立无援的处境感到绝望，并对意大利使节牺牲奥弗涅以保全普罗旺斯的行为嗤之以鼻。按照他的记载，到480年左右，“旧的官僚层级已经作废……从今以后，高贵身份的标志就只剩下知识水平了”。也就是说，罗马的官僚体系已经消失，只有传统文化留存了下来。

如果说希多尼乌是在给西罗马写墓志铭，那么上述说法似乎太含蓄了。事实上，我们根本不知道希多尼乌斯当时是否认为罗马已经彻底灭亡了。他说传统的官僚体系作废，也是一种夸张的说法。但是无论怎样，高卢确实发生了很多变化。[21]继尤里克之后，勃艮第人也在贡多巴德的率领下来到了罗讷河谷。普罗旺斯成了他们和西哥特人的战场。公元490年后的数十年间，勃艮第人又在这里和东哥特人不断交手。北方仍有一些军队的将领对罗马表示效忠，如苏瓦松附近的埃吉迪乌斯（Aegidius）、特里尔附近的阿波加斯特，以及卢瓦尔河地区的不列颠军阀里奥瑟莫斯（Riothamus）。不过，埃吉迪乌斯自马约里安之后就再也没有承认过任何一位罗马皇帝，而且这些人所率领的军团也可以被视为事实上的独立政权。他们保留的罗马传统可能比哥特人和勃艮第人还少。北方的法兰克诸国王和上述政权打打和和，其中最成功的是图尔奈的克洛维（Clovis of Tournai）。他吞并了几个敌对的法兰克王国，还占领了其他一些罗马军阀的地盘。

北方长期以来一直是整个高卢军事化程度最高的地区，军队控制了这里的贸易、社会形态和土地所有制度。[22]这个特点在5世纪得到了进一步加强。例如，这里的乡间别墅文化在450年左右终结，正在快速“去罗马化”的不列颠也是如此，而西罗马其他所有地方的最富有的人在乡间修建的住宅都一直维持到了6世纪中期。这意味着公民精英文化的这一大标志性特征率先在高卢北部走到了尽头。希多尼乌斯认识高卢所有显赫的公民贵族，但他很少给卢瓦尔河以北的人写信。（也有例外，如特里尔的阿波加斯特，希多尼乌斯写信称赞此人维护了罗马的文化传统——他显然知道这在北方是很难做到的。）除了这些之外，我们对北方的了解就只剩下一些特定的政治程序了，如圣女日南斐法（Genovefa）在5世纪70年代奔走四方为巴黎百姓筹粮，以及5世纪80年代那些直接与克洛维来往的主教们的情况。相对来说，高卢南部的组织程度要好上很多。西哥特人和勃艮第人的国王颁布法令、征税、四处运粮、任用罗马文官，并创建了罗马人和“蛮族人”混编的军队，其中也有一些将领是罗马人。不过，无论是北方还是南方，5 世纪的最后 20 年都属于帝国灭亡后的混乱时期。也就是说，6 位统治者直面彼此，没有人在中间调停，也没有人指望建立在遥远的罗马和拉文纳的霸权势力。高卢是西罗马 5 世纪晚期史料最丰富的地区，因此我们可以在这里看到最清晰的图像，即使这里可能也是变化最剧烈的地区：肯定比意大利剧烈，更比阿非利加剧烈。阿非利加在汪达尔人的统治之下，不管这个政权是否受欢迎，它都保持了稳定，也保留了较多的罗马传统。无论如何，所有这些地区都已进入了“后罗马”时代：500 年时，帝国所带来的统一和身份认同就已经是只属于东罗马的专利了。

在讨论这些后罗马王国时，我们必须认识到，政府形态的转化往往并不是有组织、有计划地进行的，也不像攻城略地那么快。欧吉庇乌斯（Eugippius）撰写的塞维利努斯（Severinus）传记就为我们提供了这么一个例子。塞维利努斯是 5 世纪 70 年代诺里库姆（Noricum，今奥地利）的一个圣徒。[23] 那个时候，多瑙河边疆地区已经呈现土崩瓦解之势，但附近的主要“蛮族”鲁吉人依然稳稳地盘踞在河对岸，也很少过河劫掠或与罗马做物品交易。塞维利努斯赢得了鲁吉国王斐勒奇乌斯（Feletheus）的尊重，好几次在罗马人和鲁吉人之间做调停工作。根据欧吉庇乌斯的描述，诺里库姆的人民生活显然是悲惨的，而且气候也很冷。（欧吉庇乌斯在书中反复强调冬天的寒冷。他和塞维利努斯是同时代的人，比后者年轻。他离开诺里库姆去了意大利，13 年后才在那不勒斯开始写作，那里比诺里库姆靠南得多。）在那个省，罗马人聚居在城市和堡垒里，而“蛮族”则散居在乡野。罗马的军队仍然存在，但政治领袖已经没有了，至少在欧吉庇乌斯看来是如此。只有塞维利努斯能起一点调停作用。这种“有地无主”的情况可能在其他一些区域也出现了，包括高卢北部、西班牙中部的某些地区，以及不列颠的大部分地区。相对于那些迅速被异族征服的地区，上述地区虽然可能暴力情形较少，但社会的瓦解程度却要厉害得多。即便如此，西罗马的大部分故土都处于更稳定（更罗马化）的政权的统治之下，例如哥特人、勃艮第人和汪达尔人的王国。

5世纪后期，东罗马的局势已不像狄奥多西和普尔喀丽娅统治时期那么平静。首先，帝国的连续几位统治者都是军队出身。阿斯帕（Aspar）在457—471年间担任总司令，这位军事强人一直操纵着皇帝利奥一世（457—474年在位），直到利奥一世把他杀死。随后，接任总司令的芝诺又自己坐上了皇位（474—491年）。其次，芝诺树敌不少，经常惹出麻烦。东罗马的军队主要还是驻扎在巴尔干，可是在匈人的霸权结束后，以哥特人为主的“蛮族”部落又开始渗入帝国境内，巴尔干地区变得越来越不稳定。哥特人中的两位领袖——狄奥多里克·斯特拉波（Theoderic Strabo）和阿马立王朝的狄奥多里克——都曾在罗马军队中服役。二人在利奥一世和芝诺在位期间一直试图获取君士坦丁堡的权力，并在巴尔干地区为自己的族人抢到中意的地盘。芝诺自己出自伊苏里亚，这是一个偏远的山区，位于现在的土耳其南部。伊苏里亚历来盛产士兵（以及强盗），在某种程度上可以说和巴尔干构成了竞争关系。芝诺在自己的家乡也不乏仇敌，他登上皇帝宝座后，与这些人的关系就更加紧张了。实际上，芝诺曾经被将军巴西利斯库斯驱逐出皇宫，在外长达一年（475—476年），之后还遇到过几次叛乱。直到死前不久，也就是5世纪80年代后期，芝诺才终于扫平了各家仇敌，并说服了未被消灭的阿马立王朝的狄奥多里克，让他率领哥特部队离开东罗马。后者于489年转而攻占了意大利。麻烦不断的芝诺根本无暇顾及西罗马，再加上468年远征汪达尔人惨败，东罗马就更无力拯救自己的同胞兄弟了。不过，东罗马还是在阿纳斯塔修斯一世（Anastasius I，491—518年在位）的统治下迎来了一段相当稳定的时期。阿纳斯塔修斯一世虽然年龄很大，却是一位颇有能力的职业官僚。这个人一直活到了88岁，这就使他有时间平息伊苏里亚的叛乱，并让帝国完全摆脱财政赤字的困扰。这位没有军界背景的皇帝能做到这些，说明东罗马的政治体系依然保持着顺畅的运转。[24]

现在我们来看公元500年。东罗马虽然在芝诺时代遇到了一些问题，但不失为一个稳定的国家。西罗马经历了巨变，但也仍然有一些稳定的因素。狄奥多里克在西罗马的故都拉文纳统治意大利，使用的也是传统的罗马行政体系，即城市领袖组成的元老院，再加上职业官僚。他（以及奥多亚塞）对罗马元老院十分尊重，于500年对罗马进行了仪式性的拜访。他正式参观了圣彼得大教堂、元老院，然后又去了帕拉蒂诺山上的皇宫。他在这里像罗马皇帝一样主持了竞技活动。狄奥多里克的整套做派基本上和罗马皇帝没什么两样，许多评论家也认为他是帝国传统的复兴者。元老院成员卡西奥多罗斯（Cassiodorus，约485—580年）显然也是这么认为的。他从507年起担任狄奥多里克手下的行政人员，给狄奥多里克及其继承者们写过大量的工作信件。他将这些书信汇编成册，称为《信札》（*Variae*）。他信中有意称赞狄奥多里克是罗马价值观的捍卫者，不过这么说并不勉强。罗马的行政和财政系统基本没变，掌控政界的还是以前那些传统的地主，再加上新的（但是部分罗马化了的）哥特或东哥特军事精英。

狄奥多里克的眼界不局限于意大利。[25] 他统治着达尔马提亚和多瑙河边疆区，同时也很清楚自己和西罗马故地上的第二大罗马-日耳曼政权之间存在着文化关联。这个政权就是在高卢南部和西班牙、由阿拉里克二世（484—507 年在位）领导的西哥特王国。奥罗修斯写到西哥特人阿陶尔夫在 414 年说，他考虑过把罗马尼亚（Romania）改名为“哥特亚”（Gothia），不过后来又打消了这个念头，因为当时的哥特人实在太“蛮族”了，根本不懂得遵守法律。[26] 不管这个故事是真是假（看起来不像真的），它所描述的现象到该世纪末时已经出现了反转。意大利的狄奥多里克，以及高卢的尤里克和阿拉里克全都为自己的哥特和罗马臣民们立了法。的确，哥特人的社会阶层是军事化的，和罗马的元老院阶层有所区别，而且他们信奉阿里乌派，而不是天主教，但是在其他方面，他们都快速接受了罗马的价值观。在这方面，哥特人又被汪达尔人和勃艮第人所效仿。哥特人的王国较大，到公元 500 年左右已经对这两个部族有了相当大的影响。从这个角度来讲，“罗马尼亚”确实已经变成了“哥特亚”，但哥特人主要是通过模仿罗马人做到这一点的。罗马的政治文化在地中海西部地区，或者说在卢瓦尔河和阿尔卑斯山以南的全部西罗马故地上都保留了下来。

但是，世界正在变化。政治统一局面的终结是一场巨变，其结果是整个政治结构都改变了。各行省的统治阶级还是（绝大多数）由罗马人组成，但呈现出快速多元化的趋势。东罗马也日益远离西罗马，其官方文化中的希腊语比重越来越高就是这一进程最先显现出来的标志。到了一个世纪以后，查士丁尼（527—565 年在位）大概就是将拉丁语作为第一语言的最后一位皇帝了。不过在 5 世纪晚期的西罗马，我们看到的最重要趋势还是各行省的地方化，这既是中央政府崩溃的结果，也是它的原因。奥古斯丁看问题都是从整个帝国的角度出发的，萨尔维安对社会道德的描述至少也还包括了整个西罗马（虽然他实际上只知道高卢的情况），但到了希多尼乌斯这里，他所关心的就只有高卢了。此时，高卢的精英阶层已经很少到意大利去了。希多尼乌斯468年曾担任罗马的执政官，他大概是公元414年之后第一个也是最后一个任此官职的高卢人。希多尼乌斯的同僚们更是只关心高卢政治，例如他的朋友阿尔万多斯（Arvandus）和仇敌塞罗纳图斯（Seronatus），前者于464—468年担任高卢的近卫军长官，后者则从469年起在高卢中部担任行政官员。[27]这两个人在政治上都把赌注压在尤里克身上，也都从尤里克的成功之中获得了回报。罗马将军维克多利乌斯（Victorius）和文森提乌斯（Vincentius）也是同类型的人，但是大概比前两个人更成功。他们的想法很简单，即认为在西哥特朝廷里的升迁要比远在拉文纳的传统官场职级重要得多。这一政治上的变化对地方政客们来说很有意义，对仍未从帝国中分裂出去的其他地区来说则是致命的。希多尼乌斯自己在469或470年成为主教后，就退出了帝国官阶序列。高卢贵族中越来越多的人希望将主教作为自己政治生涯的下一站（见第3章），这一趋势也清楚地体现了政治重心逐渐地方化的现象。利摩日的卢利修斯（Ruricius，510年去世）和维也纳的阿维图斯（Avitus of Vienne，518年去世）分别是西哥特和勃艮第王国的主教。这两个人都留下了大量书信，其中绝大多数是写给本国人的［也有例外，比如希多尼乌斯的儿子、克莱蒙的阿波黎纳里斯（Apollinaris in Clermont），他和这两个人都有亲戚关系］。

地方化的趋势不只出现在高卢。沙维什的海达丢斯[28]（Hydatius of Chaves，约470年去世）写了一本编年史，覆盖范围包括几乎整个西班牙，尤其是他所在的西北部地区。维塔的维克托生活在胡内里克时期的阿非利加，他对汪达尔人的描写完全是从阿非利加的视角出发的。“罗马帝国”这个字眼在他的文字里一次都没出现过，甚至“罗马的”（romani）这个词也只是在一些高度泛指的情况下才会被用到。前罗马的各个地区或行省都继承了共同的政治文化，但是这种文化的参照物在各地都越发本土化，其形态也很快就开始走上不同的演进道路。4 世纪晚期，《圣经》学者耶柔米从达尔马提亚到特里尔，再到安条克、君士坦丁堡、罗马，最终抵达巴勒斯坦，在那里与他遍布地中海各地的苦行主义追随者们通信长达 30 年。[29] 他能做这些事，是因为当时帝国有稳定的统一局面，而现在这种局面已经一去不复返。我会在本章稍后的部分用更加概括的语言重新讨论这个问题。

哥特人在地中海西部的统治大约在 500 年达到顶峰，随后就被两个人摧毁，一个是法兰克国王克洛维，另一个是东罗马皇帝查士丁尼。[30] 让我们来依次讨论这两个人。克洛维在其统治期间重新统一了高卢北部，还将一些原本不属于罗马帝国的土地也纳入囊中。507 年，他向西哥特人发起攻势，在武伊勒（Vouillé）战役中击败并杀死了阿拉里克二世，几乎将西哥特人赶出了高卢（西哥特人只剩下地中海岸边的朗格多克这个据点）。勃艮第王国坚持了一段时间，但在 6 世纪 20 年代也遭到了克洛维的儿子们的进攻，最终于 534 年灭国。狄奥多里克对法兰克人攻势的反应是出兵占领了西哥特人控制的西班牙，并以阿拉里克的儿子阿马拉里克（Amalaric，511—531 年在位）的名义进行统治，但西班牙政治体系的危机持续了两代人的时间。除了暂时加固地中海沿岸的防御以抵挡法兰克人的威胁之外，我们看不出狄奥多里克在西班牙的扩张还有什么意义。到 511 年，哥特人在西罗马故地上的霸权已经基本被摧毁，只剩下意大利这一块领土。克洛维建立的墨洛温王朝从此成为西罗马故地上的政治主宰者，其霸权延续到了之后的两个世纪。我们会在下一章讨论这个王朝的历史。现在，我们只需要指出一点，那就是克洛维的成功在地缘政治方面造成了重要影响：高卢北部长期以来一直是军事化的边疆地区，除了 4 世纪特里尔成为西罗马首都的那段时间外，一直是罗马世界里可有可无的一部分；而现在，这里成了政治心脏地区，也是大量土地财富和政治权力的焦点。最开始，高卢北部还只是高卢地区的焦点，但在后来的数个世纪内，它逐步成为整个西欧的焦点之一。

查士丁尼是阿纳斯塔修斯后两任的继承者，他利用阿纳斯塔修斯留下的巨额财政盈余，在近 40 年的统治期间，把时间基本用在了复兴帝国的荣光上。在他 527 年登基之后，东罗马自尤利安之后一直衰颓的国势终于得到扭转。我们在第 2 章已经讲过，查士丁尼从 528 年起开始，用一年的时间对狄奥多西二世的法令进行了修订。到 533 年，他已将罗马历届法官的论文汇编成《学说汇纂》。这本书直到现在都是罗马法的权威著作。除此之外，查士丁尼在 6 世纪 30 年代还颁布了一系列新的法令（《新律》），以整肃帝国的行政机关。他还通过法令加强了对淫乱行为和异端邪说的惩罚力度。犹太教异端也在惩罚之列，导致巴勒斯坦北部的撒马利亚人于 529 年和 555 年组织了两次起义，结果都被查士丁尼残酷地镇压了。查士丁尼不是自由主义者，从他的统治时期开始，东罗马对宗教差异越来越缺乏宽容和幽默感。但是，查士丁尼是一个不折不扣的革新者。在他统治期间，有些传统主义者批评他的政府任用没文化的激进主义者，这倒是能说明他在组织机构上的革新是有成效的。查士丁尼也是一个建设者。在罗马传统的“政绩工程”之中，查士丁尼时期的建筑从来都是非常重要的一部分。本章中提到的建筑爱好者不止他一个，芝诺、阿纳斯塔修斯，或许还有东哥特人狄奥多里克都非常积极，但是查士丁尼的建筑工程超过了其他所有人。他在君士坦丁堡（例如第10章将要提到的圣索菲亚大教堂）、以弗所和耶路撒冷都建造了许多巨大的教堂。普罗柯比在他歌功颂德的著作《论建筑》（*On Buildings*）中对这些建筑的修建过程做了详细的记述。[31] 因此，当代的考古学家总是倾向于把罗马帝国晚期所有重要建筑的修建时间都估算在525年到550年之间。当然，还要仔细地推算日期，以发现在查士丁尼之前和之后的其他建筑赞助人，毕竟在建筑这个事情上，金钱和承诺缺一不可。

查士丁尼的上述举动充分显示了他的自信，这样自信的人显然也喜欢打仗。在527—532年和540—545年，他两次面对波斯的挑战。这也是一个多世纪以来罗马与波斯之间第一次发生严重冲突。双方断断续续地一直打到562年。波斯一直是东罗马边境上最具威胁的邻居（巴尔干地区在查士丁尼统治期间也遭到了攻击，但这已经是家常便饭了，而且人们认为威胁并不那么致命）。开战需要调动大量资源，战后重建也代价高昂，很多皇帝为了防御波斯根本无暇顾及其他。但是，查士丁尼在532—540年东线战事的间歇期内还抽空进攻了西方边境上的敌人。他的手下大将贝利萨留（Belisarios）在533—534年迅速占领了汪达尔人控制的阿非利加，然后直接进兵东哥特人控制的意大利。到540年的时候，贝利萨留几乎完成了对意大利的征服。狄奥多里克在其执政的晚期也经常和传统主义者发生矛盾，他还在526年以暗自勾结东罗马为罪名，处决了包括贵族哲学家波爱修斯（Boethius）在内的一批人。狄奥多里克于526年逝世后，其后人为王位展开了长达 10 年的内斗，造成贵族精英阶层严重分裂，其中很多人投奔了君士坦丁堡。虽然贝利萨留在阿非利加的征服行动大体上取得了成功，但他在意大利的行动没能最终获胜。意大利人中的非哥特人对查士丁尼的部队并无好感，最多也只能说是保持中立，而且公元 540 年之后，罗马军队因波斯前线吃紧而撤出半岛，哥特人趁机在托提拉（Totila，541—542 年在位）的领导下卷土重来。意大利在整个 6 世纪 40 年代饱受战争的摧残，罗马军队和哥特军队在半岛上展开拉锯，一些地区反复易主。战事到 554 年大体平息，此时罗马的财政系统已被战争再次拖垮，经济四分五裂，贵族阶层也分崩离析。查士丁尼在这件事情上没有处理好，但无论怎样，他还是将地中海中部重新纳入了帝国版图。他的军队在 552 年占领了西班牙海岸的一部分，几乎整个地中海又一次变成了罗马的内海。

查士丁尼从当时到现在一直是个充满争议的人物。恨他的人不少，尤其是那些与他在宗教事务上有分歧、遭到他迫害的人。他在位越久，这类人就越多。他越发敌视一性论者，尤其是在他的妻子狄奥多拉（她自己就是一性论者）于 548 年去世后。而在 553 年于君士坦丁堡举行的第五次基督教大公会议上，查士丁尼又试图在教义上对一性论者做出让步，这一举动同样饱受争议，而且使西罗马的大部分地区开始疏远东罗马。相比之下，普罗柯比对查士丁尼的攻击没那么严重（但是对现代学者的影响却大得多）。他在代表作《秘史》（*Secret History*）[32] 中用高度感情化和色情化的语言将查士丁尼和狄奥多拉描述成一对邪恶的天才，查士丁尼更是被写成了一个恶魔。不过，今天的学者们诟病最多的还是查士丁尼将帝国的国库挥霍一空，并认为这主要是他在西罗马不合时宜地连年征战所造成的。人们普遍认为，东罗马在查士丁尼 565 年去世后已经虚弱不堪，经济和军事实力均大为削弱，最终导致了公元 610 年之后的几年里发生的政治灾难。我们会在第 11 章再讨论 7 世纪的这场危机，不过我并不认为它和查士丁尼有多大关系。同样，我也不认为西线的战事不合时宜，因为即使是在帝国已经不复存在的西罗马，罗马帝国仍然是一个有意义的概念，何况查士丁尼也没有为打这些仗花太多钱。他不费吹灰之力就拿下了阿非利加，让这片土地在罗马帝国的版图内又存在了一个多世纪。至于意大利，如果查士丁尼能再多花点儿（而不是少花点儿）钱的话，结果也不会那么糟糕。在东线，查士丁尼的后继者们像他一样有效抵挡住了主要敌人波斯的进攻，其中表现尤为突出的是提比略二世（Tiberius II，578—582 年在位）和莫里斯[33]（Maurice，582—602 年在位）。他们还抵挡住了多瑙河中游的新兴“蛮族”霸主阿瓦尔人。这个主要说斯拉夫语（也说土耳其语和日耳曼语）的族群在 6 世纪 60 年代成为巴尔干地区最新的入侵者，对罗马帝国构成了自匈人之后最强大的军事威胁。查士丁尼的后继者们把意大利的大部分地区让给了一个新的族群，就是伦巴第人，不过在当时意大利的那种形势下，放弃意大利并不一定是战略上的失败。此外，6 世纪 70 年代在位的提比略以挥金如土著称（但莫里斯不是），这说明国库此时又充盈了起来。由此看来，查士丁尼的统治并不像是帝国走向衰落的转折点。不过，关于他的诸多争议至少说明了他的地位：他在整整一代人中和整个地中海地区都打上了自己的烙印，而且与其他统治者不同，他在位时期发生的事件看起来都是他自己的选择。有一种观点认为，西罗马在 5 世纪的解体说明罗马帝国的模式已经失效，但查士丁尼的统治证明这种观点是错误的。

***

上述文字只是对150年间发生的历史事件做一归纳，现在我们必须来思考这些历史事件意味着什么。我会把目光更多地集中于西罗马，因为这里发生的变化最为剧烈。当然，东罗马的稳定和繁荣也一直在提醒我们，罗马帝国从任何意义上来说都不是注定要解体的。我们在第2章已经说过，最近几十年来，认为罗马帝国注定灭亡的观点在历史学界甚嚣尘上，这意味着我们在分析本时期时必须把重点放在西罗马各行省所遭受的侵略和占领之上。但是，最近几十年来，我们也摆脱了“命定论者”对“蛮族”问题的观点。这种观点最清楚的表述出现在安德烈·皮加尼奥尔（André Piganiol）关于帝国晚期的著作中。这本书写于第二次世界大战刚刚结束时（这个时间点很重要），书的结尾有这样一段话：“罗马文明不是自然死亡的，它是被暗杀的。”[34] 事实上，最近的研究用非常罗马化的概念描述了这些新出现的族群，我完全接受这种研究视角，并且会在稍后展开论述。但是，这并不能改变一个简单的事实，那就是西罗马被一群独立王国取代了，而且这些王国都没有宣称自己继承了罗马帝国的正统。我们不免要问：为什么这些王国之中没有一个选择复制罗马的国家形态、保持国家结构的连续性，从而使其在理论上有可能与东罗马重新统一（例如被查士丁尼兼并）？事实上，绝大多数国家没有选择沿着罗马的道路走下去。我们之前已经提到，考古学家发现了一个非常明确的事实，那就是西罗马的大部分地区出现了经济大幅简化的现象，这种现象可见于5世纪早期卢瓦尔河以北的地区，以及6世纪的地中海北部地区。建筑的宏伟程度大大退化，手工艺品的精细程度不如以往，贸易则更加本地化。财政系统、司法系统乃至整个罗马行政体系的活动也开始出现简化的趋势。这些变化都是真实发生了的，不能因为有人认为“‘蛮族’只是填上了罗马留下的空白”（虽然这种观点也是合理的）就被忽视。伴随这些变化的还有图像、价值观和文化形态上的变化，这使得西罗马故地 7 世纪时的景象与 4 世纪甚至 5 世纪时大不相同：这时，我们就走出了罗马世界晚期，而进入了中世纪早期。那么，在大多数新族群都没有做出什么革新的情况下，这种巨大的变化又是怎么发生的呢？我们接下来就要解答这个问题。

首先，5 世纪时西罗马（和东罗马）的掌权者和“蛮族”诸国王有明显的共同属性。5 世纪西罗马的皇帝绝大多数是军方强人控制下的傀儡，这些强人包括斯提里科、君士坦提乌斯、埃提乌斯、里西梅尔、阿斯帕、芝诺、贡多巴德和欧瑞斯特（Orestes，罗慕路斯·奥古斯都路斯的父亲）等。值得注意的是，这些强人中没有一个试图篡夺皇位，而军人篡位在 3 世纪时是屡见不鲜的。只有两位强人（君士坦提乌斯和芝诺）最终登上皇位，但他们都是以常规方式继位，而非用武力强夺。对此现象，大多数人认可的一个解释是，这些强人都是“蛮族”出身，没有资格当罗马人的皇帝。问题是，这些人都多多少少带有一些罗马血统，且没有什么同时期的证据能说明这样的人就不能当皇帝。曾在东罗马当过一年（475—476 年）皇帝的巴西利斯库斯可能是奥多亚塞的叔叔，也就是说，他是一个斯基里人。[35] 斯基里是被阿提拉的匈人奴役的民族。355 年篡位失败的希尔瓦努斯则肯定是法兰克人。军事强人们之所以不愿意夺取皇位，更有可能的原因恐怕是当时的人倾向于认为皇帝的正统性来自血缘，这一观点可追溯至 4 世纪中叶的君士坦丁家族。因此，操纵一个皇帝（或者像里西梅尔那样操纵连续几任皇帝）可能比自己篡位更安全。可能的确如此，这些强人掌权的时间要大大长于3世纪的大多数皇帝。在晚期罗马帝国，姻亲是获取皇室血缘正统地位的重要手段，因此所有这些强人都和皇室家族成员通婚，希望自己的儿子能名正言顺地当皇帝。君士坦提乌斯和芝诺都实现了这个目标。（芝诺虽然最后还是独自登上了皇位，但他是以自己那短命儿子的继承人的身份登基的。）而上述情况也同样适用于“蛮族”的王室家族。这些家族与罗马皇室之间都有或即将有姻亲关系，其目的显然和罗马的军事强人们是一样的。这一庞大的血缘网络使“文化差异”无从谈起，至少在皇室和王室的层面上是这样。还有一个事实，就是在公元450年之后的一个多世纪里，几乎所有东罗马皇帝（只有芝诺一人除外）都来自新族群不断涌现的巴尔干“民族大熔炉”[36]，军事强人和“蛮族”领袖也有很大一部分来自这一地区。此外，还有一些人在罗马帝国和“蛮族”王国之间“跨界”：勃艮第人贡多巴德和东哥特人狄奥多里克都曾经在帝国朝廷或其他机构中任职，然后才跑到前罗马行省中，担任独立王国的国王。

姻亲成为获得皇室正统的重要手段[37]，这使皇室的女性成为重要的政治力量。[38]我们已经介绍过，普拉西提阿和普尔喀丽娅（尤其是后者）都曾在5世纪早期权倾朝野，并且都使自己的丈夫拥有了皇室正统。利奥一世的女儿阿利雅得尼（Ariadne）也是如此，她先后嫁给了芝诺和阿纳斯塔修斯。利奥的妻子韦里娜（Verina）则是巴西利斯库斯的姐姐。狄奥多拉既是查士丁尼的妻子，也是很有权势的政治家。她似乎也提拔了不少自己家族的亲戚，但是她早早地就在查士丁尼之前过世了，到了查士丁尼自己去世的时候，狄奥多拉家族的成员已经没有一个有资格继承皇位。查士丁二世（Justin II，565—578年在位）的继承人提比略二世显然是由查士丁二世的遗孀索菲亚（Sophia）指定的，她还可能指定了莫里斯。女性有空间参与政治活动，也确实有很多女性进入了这个空间。安尼西娅·尤丽安娜[39]（Anicia Juliana，527 或 528 年去世）是君士坦丁堡的富有女公民，她的祖先中包括瓦伦提尼安三世和多位皇后（她的丈夫则是阿斯帕的后代），她自己在 507 年之前也拥有"女贵族"（patricia）的封号。这样一位身世显赫的女性能对查士丁尼造成影响，并不令人意外：525 年左右，她在君士坦丁堡市中心修建了圣波利乌科托斯教堂（Hagios Polyeuktos）。它在当时是城中最大的教堂，但在十年后被查士丁尼建造的圣索菲亚教堂超过。查士丁尼建造圣索菲亚，部分原因可能是要对安尼西娅做出回应。这种女性的权力空间无论多么摇摆不定（它总是在摇摆），都是东罗马而非西罗马的政治特征。西罗马的军事危机使得男性军事领袖更受欢迎。此后，西罗马也出现过女性主宰军事化政权的情况，例如公元 590 年后的伦巴第王国和公元 575 年后的法兰克墨洛温王朝，不过她们的上位另有原因。

让我们回到"蛮族"领袖和人民的话题上：这些非罗马人的日耳曼"蛮族"究竟是何许人也？这个问题现在有很多争论，各种观点和立场层出不穷。即使是在接受了"新的族群都在尽可能按罗马人的规矩行事"这个观点的人群中，也有很多分歧：有些人认为，每一个入侵或定居的族群都通过自己的统治将非罗马的价值观和传统带入了罗马，其影响延续了数个世纪；也有人认为，所谓的日耳曼民族特征不过是把罗马士兵的军事特征换了个说法而已，而且这些族群压根儿就没有什么传统可言。后一种观点中至少有一部分是我们必须承认的，那就是 5 世纪出现在罗马世界里的新"蛮族"族群，大多数曾受雇于罗马军队。像西哥特人这种最为成功的“蛮族”战士，已经看不出和罗马军人有什么区别了（“蛮族”军队一般带着家眷一起行军，这在理论上是非法的，但我们也不能因此就推断罗马军队不会这样做）。然而，我们可以根据现在的史料分辨出，当时有两种性质完全不同的军队。一种是罗马的正规军，无论士兵是罗马人还是出自“蛮族”（我们在第2章说过，边疆地区的士兵无论来自哪里，都没有什么区别），这些正规军都是罗马标准的军队层级体系和军官职级体系的一部分。另外一种则是某国王或某领袖的私人军队，这些人只效忠于领袖，通常有自己独有的族群名称，并以独立军团的形式加入罗马军队。例如，意大利的前后两任统治者奥多亚塞和狄奥多里克，恰好分别是上述两种军队的领袖。奥多亚塞自己至少有一半的斯基里血统，但是他成长于罗马的军队体系，从未被称为斯基里或意大利其他族群[40]的领袖。后来，他当上了国王，正式独立于罗马之外，但他仍然承认芝诺的帝位，其王国也很容易重新成为罗马帝国的一部分。与奥多亚塞不同，狄奥多里克是哥特人的国王，无论他再戴几顶皇帝帽子，哥特人都是他最初的支持者。狄奥多里克的臣民和奥多亚塞的支持者一样，民族成分复杂，里面包括鲁吉人（狄奥多里克征服意大利后，这个族群因坚持不与外族通婚而继续存在了50年）、格皮德人、匈人，当然还有罗马人的后裔。狄奥多里克征服意大利后，奥多亚塞的绝大多数支持者也融入了他的臣民群体。但是，这个臣民群体是和其领袖的身份联系在一起的，而且有一个统一的名称“哥特人”，按照我们的术语来说则是东哥特人。这个名字所指的是狄奥多里克王国内的所有臣民，无论他们来自哪个族群。接管西罗马各个行省的，就是此类虽族源不同却被某一位领袖连接在一起（这是最关键的因素）的人群。

在这个过程中，这些行省的名称也被改写了：法兰克王国（regnum Francorum）取代或并行于高卢，汪达尔王国（regnum Vandalorum）取代或并行于阿非利加。如果这些人在新的领地上待的时间够长——法兰克人和西哥特人就是如此，而汪达尔人和东哥特人则不够长——他们就可能会忘记各自迥异的原始身份，而全都变成“法兰克人”或“哥特人”，而且不是罗马人，后一点尤为重要。

赫维希·沃尔弗拉姆（Herwig Wolfram）和他的学派把这个过程称为“民族起源”（ethnogenesis）。[41] 这一派的观点认为：民族的身份认同是有弹性的、可塑的、“由环境建构的”。例如，6 世纪意大利境内的同一个“蛮族”族群一开始是鲁吉人，后来被称为东哥特人，最后甚至（在东罗马收复意大利的行动之后）成了罗马人。这样的族群会随着时间的变化而接受不同的身份认同（或者在同一时期内有多种不同的认同），接受不同的行为模式和效忠对象，最后甚至会接受不同的民族记忆。就像沃尔特·波尔（Walter Pohl）最近的论述所示，东哥特或西哥特人的民族身份认同中最重要的部分——“核心传统”——可能是由一系列互相矛盾且可以变化的信念组成的。各个族群在越过边界进入罗马境内、间歇性地为罗马军队效力，以及在罗马行省内定居的过程中，未必拥有过完整而稳定的民族传统。截至 650 年，所有“蛮族”王国都有了确定的民族传统，有些被追溯到数百年前。这些传统肯定构成了这些民族起源神话中的核心要素。不过，起源神话不但可以不真实，还可以不古老。每一个“罗马-日耳曼”王国都有一套七拼八凑、来源非常复杂的信仰和身份认同体系。而且，我们再说一次：这些体系都是可变的，每一代人都可以对其重新定义，以适应新的需求。关于法兰克人的起源有不同的神话，[42] 一种说克洛维的曾祖父是被称为“五角牛”（quinotaur）的海怪，另一种则说法兰克人是特洛伊人的后代。历史学家更喜欢前者，因为其看起来更像“正宗”的神话传说，而后者则更像是文学加工的产物。但是，这两种说法其实都是在7世纪才第一次见诸史料的，且来自同一个出处，因而很难说哪一种说法的历史更悠久，相信的人更多。

根据上面所述种种情况，我们可以得出结论，即“后罗马时期”的民族认同是一种复杂的混合物，有很多不同的来源，比如罗马的、“蛮族”的、宗教的，既有口头流传，也有文字记载。这些民族认同的主要功能不是追溯某个族群的过往，而是将他们与邻近的族群区别开。也就是说，如果有人问这些新的族群中有哪些元素是非罗马的、“蛮族”的，那就是问错了问题。例如，阿里乌派是一个非常“罗马”的宗教异端，但在500年的时候，人们大多把它当成哥特人或汪达尔人的族群特征。当时，哥特语已经在很大程度上变成了礼拜专用语，因此与之联系在一起的是曾属罗马传统的阿里乌派，而不是民族意义上的“哥特传统”。许多哥特人只会说拉丁语，而这对他们的哥特人身份既无正面也无负面影响。实际上，就我们目前所知，语言在中世纪早期的任何地区都不是一个明显的民族标识，这和20世纪以及21世纪的情况完全不同。600年时仍有很多法兰克人说法兰克语（我们现在把当时通行的法兰克语称为“古高地德语”），但很可能不是所有人都会说，而且肯定有相当多的人会讲两种语言。图尔的格雷戈里是6世纪高卢地区最多产的作者。他只用拉丁语，但从来没有在著作中表示过他和其他法兰克王国的居民有交流障碍。实际上，一直到9世纪，都没有任何人说过主要说拉丁语的人和主要说法兰克语的人之间有交流障碍。[43] 这种交流障碍肯定曾经存在过，但是它无碍于法兰克人保持一致的民族认同。

以上结论并不意味着“蛮族”完全没有把他们早先的文化带入罗马帝国。有一系列历史研究专门讨论中世纪早期社会生活中的“日耳曼因素”，例如靠血缘关系组织起来的大型群体、世仇、对个人的效忠、肉食习惯、某些关于财产的观念、某种胸针或皮带扣的造型等等。但是，如果认为这些因素是植根于日耳曼人血脉之中的民族特征，就好像700年时的法兰克人和350年时的法兰克人完全相同似的，那就错了。而且，有一些所谓的日耳曼因素也并不符合实际情况：中世纪早期的绝大多数财产法是从罗马的法典之中完整继承下来的，至少也是大量参考了罗马的相关法典，而一些“日耳曼”的金属制品也有罗马的先例可循。即使某些因素找不到先例，也不代表这些因素就是日耳曼人的民族特征。但是，完全忽视这些日耳曼因素，只把新出现的族群视为罗马社会的变种，这种观点对我们的研究也一样起不到帮助作用。例如，贵族的肉食习惯看起来确实是法兰克人自己的发明（之一）。罗马人的饮食文化不是这样的，他们的贵族是通过成分复杂而价格昂贵的食物原料来体现自己地位的。虽然如此，让法兰克贵族吃肉的建议却是由一位叫安提姆斯（Anthimus）的希腊裔医生率先提出来的。他把这个观点写在了呈交给法兰克国王提乌德里克一世（Theuderic I，511—533年在位）的饮食建议上。法兰克人吃肉的习惯延续了整个中世纪。

法兰克人的创新之中有一项尤其重要，那就是公共集会。[44] 这是由政治社群内的成年男性成员参加的正式会议，其功能是协商并决定政治行动和战争行为。随着时间的推移，它还更多地承担了立法和裁决纠纷的功能。我们在第3章已经说过，罗马人有很多大规模的公共仪式，但是后罗马时代诸王国的公共集会有着更广泛意义上的重要性。它象征着这样一个原则：法兰克、伦巴第或勃艮第的国王与其统辖下的所有自由民都有直接交流的渠道。这种价值观发端于帝国时代的部落社群，保留到了与帝国时代截然不同的后罗马世界。从这个角度我们可以发现，法兰克人和伦巴第人的政治行为与罗马人不同，却和中世纪早期生活在北方的那些罗马化程度较低或没有罗马化的部族之间有共通之处。法兰克人和伦巴第人的大会（placitum）和勃艮第人的大会（conventus）在北方诸民族内都能找到对应物，如盎格鲁-撒克逊人的 gemot、斯堪的纳维亚人的 thing、爱尔兰人的 óenach 等。[45] 这些集会并不真的是那种理想化传说中由一个小国家的全体自由民参加的大会，但参加会议的人确实可以非常多，而且正是因为参会人数众多，这些会议中所做出的政治和司法决定才有权威性。在公元 500 年到 1000 年以及之后的某些时代里，西方公共政治的根基就来自男性自由民对政治的广泛参与。与之相伴的理念是自由民负有军事义务，这种理念很大程度上是后罗马时代的政治环境的产物，我们会在后面详细讨论。但是，军事义务和集会政治之间的联系想必在 5 世纪的那些部族军队中就已经建立起来了。我们之所以如此推断，是因为当时公民大会这种形式已经普遍存在于在所有的罗马-日耳曼王国中（包括罗马化程度很高的西哥特国家）。

虽然有这些新的特征，但是 5 世纪的“蛮族”领袖们还是逐渐融入罗马世界，罗马的地方精英们也为新的政治环境做出了调整。这些精英在文字作品中对新统治者的描述极为罗马化。几乎每一个新的统治族群都有“御用文人”，其作用就是用地道的罗马式语言来描述“蛮族”国王。希多尼乌斯为西哥特国王狄奥多里克二世[46] 撰写的歌颂型散文就是一个著名的例子。他在颂词里强调狄奥多里克二世是一个严肃的人，经常接见来访的使节或请愿的公民（还爱下棋），从而淡化了他的阿里乌派身份。每一个行省的“蛮族”入侵者数量都不算多。虽然原始数据都是估算出来的，但历史学家普遍认为，像东哥特人和汪达尔人这样的主要统治族群的人数应在10万左右，其中可以参军的成年男性大约在2万到2.5万人之间。但是，他们所侵入的那些行省的原始居民却数以百万计。现在总结一下刚才讲到的几点：我们所讨论的时代有太多族群，而这些族群的身份认同弹性很大；文字史料中对蛮族领袖的描述相当罗马化；入侵者的人口数量少得可怜，大概只有原始居民的1/10、1/20或1/50。把这几个因素放到一起，我们很容易觉得，所有行省的入侵族群都没有对当地的社会活动造成任何影响。但是，如果我们太执着于这种想法，就无法解释变化是从何而来的，而变化的的确确在5世纪发生了。

不过，变化的主因并非文化差异。我们前面讲过，诺里库姆地区曾经战事频仍、社会动荡，这样的地区即使完全没有“蛮族”定居，也照样会发生根本性的社会变迁。但是，西罗马的大部分省份是被“蛮族”征服了的，这些省份的变化基本源自各个“蛮族”社群在社会结构中所处的位置。我们已经讲过，在之前的几个世纪，占领罗马行省的“蛮族”军队和为将军夺取权力服务的罗马军队有不同的目标。“蛮族”军队希望和自己的祖先一样，在连年行军和征伐的间歇享受几天好日子。“蛮族”的领袖们，以及哥特人、汪达尔人和法兰克人之中相当数量的中间阶层，都希望进入统治阶级，就像他们所占领的行省中那些富有的罗马贵族那样。这个目标本身就很罗马化。为了实现这个目标，他们需要房产地业，而征服者的身份使他们能够较为容易地攫取地产。对于各个“蛮族”社群占有土地的细节，没有准确的记载，而历史学家们在这个问题上也有很大的争议，但是可以肯定的是，到公元500年左右，哥特人和其他“蛮族”贵族已经拥有大量的地产，而且希望获取更多的地产。卡西奥多罗斯在《信札》记录了几个东哥特人滥用政治权力和军事权威以剥夺他人土地的例子。从5世纪开始，军队的经费来源逐渐由公共税务收入转向私人土地的租金收入，这显然是征服者的精英集团对土地的渴望造成的。[47] 根据普罗柯比的记载，在476年时，意大利的罗马军队也要求被授予土地，并通过支持奥多亚塞达到了这个目的。普罗柯比的说法也许有些夸张，因为直到6世纪早期，意大利的东哥特国家仍然有至少一部分军费是从税收里面支取的，他们的军费中，税收所占的比例可能是所有后罗马政权中最大的。不过，从总体的长期趋势而言，军费来源还是由税收变成了土地。从东哥特人在意大利的统治结束开始，没有资料能够说明西罗马故地上的各支军队除了军营给养之外是否还有其他酬劳。阿拉伯人于8世纪中期将雇佣兵制度[48] 带回西班牙，而在其他西方王国里，拿工资的雇佣军只是偶尔出现而已。这种状况一直维持到本书所讨论的时代结束很久之后。“蛮族”攫取的土地中，有些是归国家财政所有的，也就是公共地产，由国王负责分配；有些是根据常规的土地解决方案获得的，根据这些方案，罗马的土地所有者把固定比例的土地割让给“蛮族”，可能以此来抵税；还有一些土地（例如在汪达尔人在阿非利加的土地）干脆就是强取豪夺来的。无论用何种方式，“蛮族”军队都一步步演变成拥有土地的军队，再演变成拥有土地的政权。也正因如此，地主阶级的族群身份也逐渐被看作“蛮族”，而不管这些地主原本是什么族群。

后罗马时代的几个主要王国一直到7世纪时还是征税的，但是在军队拥有土地之后，罗马帝国预算中最大的一笔开支就不复存在了。另一笔重大的预算开支，即对罗马城的供养，在439年后只从意大利出，我们已经知道，罗马城的人口自此之后迅速减少。后罗马诸王国对其中央和地方行政机构的财政支持可能维持了更长的一段时间，但是这些机构都很快缩小了规模，开支也大幅减少。国王仍然能靠收税而变得富有，他们的慷慨大方也增强了王室的吸引力。但是，到550年左右，税收的作用也就只剩下这一点了。收税永远都是费力不讨好的事情，那么既然税收不是那么重要，大家往往也就懒得去收了。因此，当看到史料中出现的收税不积极的迹象越来越多时，我们不应感到吃惊。罗马人从汪达尔人手里收回阿非利加后，于534年重组了本已瘫痪的税收机构，结果在当地引起强烈不满。在6世纪80年代的法兰克高卢地区，财产评估登记表已经不再系统化地更新，税率也只有帝国时期正常水平的大约1/3。换句话说，税收已不再是国家的立足之本。从此之后，无论是对国王还是军队而言，主要的财富来源都变成了对土地的拥有。

这是一个非常关键的变化。收税的国家一般会比依靠土地收入的国家富有得多，因为交财产税的人一般来说比给统治者的公共土地交租金的人多得多。地中海东部的拜占庭帝国和阿拉伯哈里发国都保留了罗马的税收传统，而能够在财富上与它们相提并论的，可能只有巅峰时期的法兰克王国，即公元540年之后的100年和公元770年之后的100年。此外，征税的国家对其领土的总体控制也要远远强于依靠土地的国家，其中一部分原因是税务评估官和征税官在地方的长期活动，另一部分原因则是国家的公务人员（包括官员和士兵）是靠工资吃饭的。统治者有权停发工资，因而也就对这些公务人员有更强的控制力。但是，如果军队是建立在拥有土地的基础上的，那就难以控制了。国王给将军的土地少了，将军可能就会叛变；给多了，国王自己的土地就少了。而且，将军叛变之后，土地还是在他们自己手里，除非国王用武力强行驱逐，而这往往不容易做到。事实上，依赖土地贵族的国家难以真正控制，因为国王很难深度掌控遥远的领土，有时甚至会完全失去控制。在西罗马的故地上，这种危险的情况直到 9 世纪后期或更晚的时候都不算常见，这是因为要让风险转化为现实，还有很多其他因素需要有变化。但是，这种情况最终还是发生了，而且首先就发生在法兰克人统治的广阔土地上。

国家的根基由税收转为对土地的拥有，这一变化再清楚不过地表明，后罗马时代诸王国的领袖们无论多想复制出一个微缩版的罗马帝国，都是心有余而力不足。此外，从总体的情况看，这些国家的经济复杂程度也无法与罗马帝国相匹敌。考古发现显示，截至 550 年，西罗马的大部分地区呈现出经济结构持续简单化的趋势。[49] 那时，富人的城市豪宅和乡间别墅大多被荒废，或是被分割成小型的住宅；手工艺品的尺寸普遍缩水，工艺水平有时也出现退化（这一点在陶器的制作上尤为明显，而陶器一直是考古学家用来衡量工匠专业水平的标尺）；前帝国各行省之间的贸易活动明显减少，而在行省内部，也就是新兴的王国内部，手工艺品的普及程度也普遍出现明显下滑。上述事物的变化速度在各地区之间有很大差异，而且也不是每一个地区都出现了所有的变化。高卢北部到 450 年时已经有城市规模缩小和乡村别墅被废弃的现象，但是生产和分配的退化程度要小得多（高卢北部的经济长期独立于地中海地区），到 6 世纪时已趋于平稳。西班牙内陆地区从5世纪后期开始出现物品分配的简单化趋势，也有部分别墅被废弃，而地中海沿岸地区直到550年都还变化甚小。意大利和高卢南部变化最剧烈的时期是6世纪中叶，但是小巧而精美的手工艺品生产并未退化，城市规模也得以维持。阿非利加在西罗马晚期是主要的出口区，从450年开始，这个地区向地中海其他地区的出口就开始稳步下降。但是，阿非利加的内部经济直到500年左右都没有出现明显的变化，罗马经济结构的主要组成元素直到公元600年以后仍清晰可辨。

随着科学考古发掘工作的持续发展，揭示的信息细节越来越丰富，我们将来可能会发现，上述地区差异比我们现在所认为的还要大数倍。这些差异告诉我们，400—550年间的入侵和迁徙事件对帝国各个地区的冲击也是各不相同的。西班牙内陆地区受到的冲击可能比我们想象的大，而法兰克人的高卢北部以及汪达尔人的阿非利加受到的冲击则比我们想象的小。这些差异还表明，新兴王国中的贵族远不如罗马贵族那么富有，其中一部分原因是帝国分裂成很多小块，贵族们无法拥有远方的土地（特别值得一提的是，拥有巨额财富的罗马元老院精英阶层彻底消失了）。不过，贵族的贫穷化程度在各个地区之间也存在巨大的差异。从整体上看，这些变化表明，后罗马时代的西方诸王国在贸易的繁荣程度和生产的规模上都无法与晚期的罗马帝国相比。在这方面，东罗马的情况就很不一样了。东罗马的城镇、工业和商品交换在6世纪早期达到了顶峰，并且至少在7世纪早期以前都保持在这一水平上。而且，帝国在东罗马存活下来了。因此，我们可以得出一个准确的结论：无论是东罗马还是西罗马，经济的复杂程度都依赖于帝国的统一。我们会在第9章继续讨论上述变化对地方社会的影响。

在后罗马时代的所有王国中，“蛮族”精英的存在都对罗马的精英文化造成了冲击：这并不是因为新来者的文化与罗马人截然不同——我们刚刚说过，“蛮族”文化的绝大部分方面和罗马文化没有太大的区别——而是因为新来者是军人。我们在第 2 章已经说过，罗马帝国的贵族阶层绝大部分是文职人员。到埃提乌斯统治时期，情况就已经发生了变化。例如，阿维图斯[50]来自高卢的一个显赫的元老院成员家族，但是在成为皇帝之前，他的身份是埃提乌斯手下的将军。他的女婿希多尼乌斯在描述他时也用了非常军事化的语言。在后罗马时代的诸王国里，世俗的官阶晋级体系逐渐军事化，也有越来越多野心勃勃的罗马人不再觊觎不断精简的文官政府，而是像“蛮族”精英一样，在军队和与军队相关的机构里谋取功名。希多尼乌斯自己没有走这条路，但是他的儿子阿波黎纳里斯曾在武伊勒为西哥特人作战，而阿波黎纳里斯的儿子阿卡迪乌斯又是法兰克国王希尔德贝尔特一世（Childebert I）的支持者。文官贵族的价值延续时间最长的地方是罗马城，因为这里的元老院阶层是部分独立于国家机关的。但是，即使是在意大利，也有元老院成员选择军队路线：波爱修斯有一个仇人叫居普良（Cyprian），他自己在军队待过一段时间，又把儿子们培养成士兵，甚至教他们说哥特语。

这种趋势一直持续下去，直到所有的世俗贵族都变成军事贵族，否则的话就只能去教会体系中发展。[51]我们已经说过，5 世纪中期，高卢的贵族率先改行当了主教。这种情况在意大利一开始并不普遍，但在高卢战争之后就很常见了。贵族的这种选择说明教会的财富在不断增长，精英家族认为谋求一个主教职位进而掌控教区的土地是有利可图的。这也说明了政治活动的地方化趋势，因为除了那些最富有、影响力最大的主教之外，几乎所有主教的权力都集中在其教区的内部。西罗马覆灭后，其故地上的教会权力集中程度被进一步削弱。有些贵族退休之后才去当主教（例如克莱蒙的希多尼乌斯，以及他的儿子阿波黎纳里斯），但越来越多的贵族将主教视为职业选择，还出现了专门的神职人员培训：参加培训的有时是家族中的年轻男子，但也有时候是全体家族成员。在6世纪中期的高卢中部地区，图尔的格雷戈里所属的大家族在四代之内出了七个主教，而军官只出了一个，即贡达夫公爵（dux Gundulf）。

上述趋势带来的结果就是罗马帝国的世俗精英文化不再是社会地位的象征。这可能就是乡间别墅被荒废的原因：别墅代表的是悠闲和奢华，而在一个军事化程度越来越高的社会里，这样的生活方式已经不合时宜。肉食逐渐成为主流也是因为同样的道理。精英的服饰风格也发生了改变：中世纪早期的君王和贵族们已经不再是元老院时代的宽袍大袖形象，而是打扮得像罗马帝国晚期的将军。[52] 不过，最为重要的是，那些希多尼乌斯认为贵族必备的技能，如背诵维吉尔的诗和其他经典的世俗文学作品、写诗和写华丽的散文等等，已经不再重要了。剑术和《圣经》才是更重要的文化资本来源。因此，我们的文字史料出现了戏剧性的变化，其内容更多地集中到了基督教主题、圣徒生平、布道词和祷告文之上（在拜占庭也是如此）。不过，即使是在西罗马，各种形式的文学教育也不是就此彻底消失了。直到9世纪末，贵族一般都有阅读能力。不过无论如何，我们都不应该把这些变化视为进步或倒退，而是应该持中立的态度。我们在第2章已经强调过，罗马贵族之所以有如此复杂的教育体系，最主要的原因是罗马的精英阶层需要靠这些来显示自己的与众不同。认识到这一点是非常重要的。随着精英身份的变化，这种需求逐渐消失了。

这些变化一般来说都很缓慢：150 年的时间无论如何也不算短了。（只有意大利的变化速度很快，尤其是在 6 世纪 40 年代，这是哥特战争带来的灾难导致的。）因此，人们通常察觉不到这些变化，也能轻而易举地适应每一次微小的变动。在 550 年或更晚时候开始的那个时代里，我们完全不知道西罗马的大多数作者在多大程度上认为罗马世界已经终结。这些作者很少表现出对过去的怀念，而且，虽然他们总是抱怨世风日下、人心不古，但是任何时代的保守主义者都会这么抱怨。[53] 无论怎样，随着文字史料的内容越来越偏向宗教，其对社会的批判越发激烈，道德化倾向也越发明显。但是，这是此类作品的一贯特点，并不一定说明社会确实发生了变化，或作者认为其发生了变化。我们的史料作者大多数是传统罗马贵族，而在西罗马覆亡之后，大部分地区的贵族仍然保持着过去的身份。贵族阶层中确实出现了不少新面孔，如神职人员、军官，当然还有“蛮族”精英，但是这些新来者仍然试图复制罗马的贵族文化。尽管如此，这种文化自身还是在不断变化的。而且，贵族阶层的活动和影响越来越集中于本地，彼此之间的距离越来越远。[54] 到了 650 年的时候，所有后罗马王国中的人都已不再认为自己是罗马人，而是自认为法兰克人、西哥特人或伦巴第人。这个时候，“罗马人”的分布范围就只剩下东罗马、意大利的非伦巴第人统治地区（最主要的就是罗马城），以及阿基坦，即高卢境内曾属于西哥特人的地区，也是法兰克人最少的地区。而且，人们认为罗马人已经是属于过去岁月的人了，但是在西罗马，人们用了这么长的时间才意识到帝国真的已经不复存在。

为什么罗马帝国在西方消失了，却在东方存留了下来？这是一个让学者们纠结了很多个世纪的问题，他们以后也会继续纠结下去。我并不认为这个历史事实能说明西罗马和东罗马的社会或国家形态有什么不同，其原因可能是西罗马有更多的重要地带暴露在境外敌人的侵略范围之内，尤其是意大利中部和高卢南部。东罗马的巴尔干虽然屡遭侵略，但敌军很少越过君士坦丁堡而进入帝国的其他地区，可是在西罗马，敌军在攻入高卢北部或多瑙河各行省的军事地区后，就可以轻易深入帝国腹地。西罗马对此做出了一个很合理的反应，就是接纳这些入侵的族群，把他们以同盟者的身份安置下来，前提是这些盟友不要太不安分，以至于罗马军队还要提防他们，也不要把势力范围弄得太大，以至于威胁到帝国的税收基础和帝国常备军的给养。不幸的是，西罗马担心的这些情况全都变成了现实。西哥特人在418年时可能是帝国的支持者，但50年后却变成了帝国的敌人。汪达尔人在439年占领了帝国粮仓阿非利加，而罗马人没有预料到汪达尔人的攻势，也没有抵抗。我认为这一事件是个转折点：从此之后，帝国的那些潜在支持力量都变成了威胁。军事资源大幅减少，力量平衡则开始倾斜。到476年的时候，即使是意大利境内的罗马军队也开始希望拥有土地了。同等重要的是，地方精英们开始和“蛮族”势力打交道，逐渐冷落了帝国政府，因为后者现在显得太过遥远，与地方事务的关联也越来越小。政治的地方化敲响了西罗马的丧钟。而在同一时期，东罗马始终牢牢掌控着自己的粮仓，即埃及的尼罗河流域。这一地区的安全从未受到威胁，帝国的后勤体系也因而保持完整。公元618年之后，埃及先后被波斯人和阿拉伯人占领，黎凡特也被征服，导致东罗马也迅速陷入巨大的危机。东罗马（我们应该从那时起称其为拜占庭帝国）非常侥幸逃过了这一劫，但危机还是给帝国带来了巨大的变化。

第二部分

后罗马时代的西方，550—750

第 5 章

墨洛温时期的高卢和日耳曼，500—751

589 年，法兰克王国的贵族领袖们聚在一起，密谋刺杀国王希尔德贝尔特二世（Childebert II，575—596 年在位），领头的人叫劳钦公爵（Duke Rauching）。[1] 这群人对希尔德贝尔特的母亲布伦希尔德太后（Queen Brunhild，613 年去世）和她的支持者不满已久。希尔德贝尔特已经成年（当年大约 19 岁），但大权仍然掌握在布伦希尔德的手里。贵族们的阴谋被发现了，劳钦公爵本来可能有篡位的企图，结果被希尔德贝尔特下令处死，并立刻在王宫（可能位于兰斯）内就执行了死刑，其巨额财富也悉数充公。当时，他最亲密的支持者乌尔西奥（Ursio）和伯特弗里德（Berthefried）已经组织起了一支武装力量。他们率部逃到了凡尔登以北、林木茂密的弗雷讷地区。那里有一座建在山顶上的教堂，其下方就是乌尔西奥的封地中心，而这个中心在罗马帝国以前的时期曾是一座军事要塞。国王的军队随后攻占教堂，杀死了乌尔西奥。伯特弗里德逃到了凡尔登的大教堂，得到了教堂的庇护。但是，他最后还是在教堂里被追兵杀死，令当地的主教伤心不已。

这则故事的讲述者是图尔的主教格雷戈里。我们现在拥有的史料中，关于6世纪高卢的内容几乎全都出自他的手笔。格雷戈里出身于罗马元老院家族，是一位在政治上十分活跃的主教。他是在573年被布伦希尔德和她的丈夫西吉贝尔特一世（Sigibert I，561—575年在位）任命为主教的，可想而知，他属于支持太后的那一派。他对劳钦的残暴十分厌恶，以欢快的笔触描写了这些乱臣贼子的死状：劳钦在国王的私人房间门口被绊倒，脑袋被利剑砍下，尸体则被一丝不挂地从窗户里扔了出去；乌尔西奥在教堂外面被敌人砍倒；伯特弗里德被从教堂顶上拆下来的砖砸死。格雷戈里既有讲故事的才能，又经常参与派系斗争，是本书中所引用的作者中最有趣，也最具启发性的人之一。但是，我们几乎只能通过他一个人的眼睛去了解6世纪的高卢，这也是一个无法弥补的缺憾。如果我们对他的叙述不加考证地全盘接受，那就过于天真了。而且，在最近十年之间，越来越多的人相信格雷戈里的作品中存在精心构思的文学结构。[2]不过，我们在第1章已经讲过，他作品中的细节描写非常丰富，即使我们对他说的话一个字也不信，也还是能从他的假想中了解到很多东西。具体到劳钦公爵的这次暗杀阴谋，不管格雷戈里的叙述有几分可信度，我们至少也可以认为，他的叙述中确实包含着一些可以确信的内容：王室有可能被激烈的派系斗争撕裂；太后有可能拥有巨大的政治权力［注意，格雷戈里完全没有提及希尔德贝尔特的妻子费卢巴（Faileuba）在政治上有何作为］；军事贵族可以非常富有，还可以组织起私人军队，但是他们的政治野心都集中在朝廷上，因而也就不会像中世纪中期的那些贵族一样，各自找个城堡占山为王[3]——乌尔西奥最后的避难所显然是临时找的；人们可能会期待教堂对避难者的庇护能得到尊重，尽管现实并非总是如此。7世纪法兰克王国的史料远比6世纪丰富得多，而我们以上的推论全都在后来的这些文献中得到了佐证。这些内容共同构成了我们对墨洛温王朝政治形态的基本认识。历史学家传统上一直认为，这次暗杀的目的是限制王权，但这种说法没有证据。我们至少可以肯定一点，那就是在墨洛温王朝的政治世界里，国王经常面临强势人物的挑战。这里指的“强势”包括性格和资源两个方面。本章还将继续深入讨论这些问题。我会先按照时间顺序讲述墨洛温时期的政治史，然后再总结出这个时期政治活动中的一些基本结构和规律。

墨洛温王朝统治法兰克人的时间长达 250 年，直到公元 751 年为止。该王朝的霸权是由克洛维（481—511 年在位）建立的。克洛维的父亲叫希尔德里克一世（Childeric I），是罗马帝国晚期的军阀之一，也是法兰克人的国王，根据地在图尔奈。克洛维一世征服了盘踞在高卢北部各个地区的其他法兰克国王，又扫平了北方残存的非法兰克军阀。我们在第 4 章已经看到，他还在莱茵河谷上游的阿勒曼尼人中建立了霸权。507 年，克洛维又征服了西哥特的阿基坦人。这样，克洛维就拥有了整个高卢的四分之三，结束了这一地区 5 世纪以来的混乱状态。他还是第一个改信天主教（之前可能短暂信奉过阿里乌派[4]）的主要“蛮族”国王。他在军事上的成功也使他在日后成了罗马-日耳曼诸王国纷纷效仿的榜样。550 年左右，法兰克人已经完全统治了勃艮第王国，以及正在逐渐融合为“巴伐利亚人”的南方日耳曼各部族。此外，在意大利北部、图林根以西的日耳曼中部、布列塔尼（高卢唯一未被法兰克人完全征服的地区）甚至肯特等地区，法兰克人的霸权也被承认，只是其统治力相对较弱。法兰克人的核心根据地一直在高卢北部，王室中心包括巴黎和奥尔良、兰斯和梅斯，以及科隆。王国没有行政意义上的固定首都，但是国王通常会出现在各个行宫之中，王室和朝廷也随国王一起行动。这些行宫[5]分布在巴黎附近的瓦兹河谷或梅斯附近的摩泽尔河谷。上述高卢北方地区就是国王的“直辖领地”。高卢南部更加富有，也更加罗马化。国王很少光顾这一地区，主要依靠各地的公爵、伯爵和主教实施统治。至于莱茵河以东的地区，法兰克人的霸权缺乏文献资料的支撑，而且肯定不如在高卢北部那么直接：巴伐利亚和图林根的公爵往往拥有相当大的行动自由。无论如何，法兰克人霸权的存在是毫无疑问的。在大约一个世纪的时间里，法兰克国王都将他们的东方国界大致设定在现代的德国和捷克之间。因此，法兰克人的墨洛温王朝是第一个将巴黎至科隆的地区作为政治中心的政权，而且这里的政治中心地位此后再也没有丧失；同时，墨洛温王朝也是第一个将前罗马帝国莱茵边疆区的东西两端全部纳入统治范围的政权。莱茵河以东的地区社会形态较为简单，缺乏道路、城市等罗马式的基础设施，居民也不说拉丁语。但是，在公元500—800年间，高卢与日耳曼之间的差距缓慢地缩小了。很快，到了加洛林王朝时期，这两个地区的历史进程就基本一致了。

“墨洛温家族”来源于克洛维那充满传说色彩的祖父墨洛维（Merovech），这个称谓最晚在640年时就已存在。[6]克洛维坚决地把自己的家族置于政治舞台中央：大约公元530年之后，所有声称自己有权继承王位的人都宣称自己出自墨洛温家族，直到751年的加洛林政变为止。有必要强调的是，这种现象在当时是非常反常的：哥特人和伦巴第人的王国中从没有一个家族王朝的统治能超过三四代（一般都更少）。坚守世袭统治制度的只有盎格鲁-撒克逊人的王国，以及日耳曼世界之外的威尔士人和爱尔兰人的王国，而这些王国的势力都小得可怜。墨洛温家族从很早开始就把不剪头发视为王室的象征，后来不剪头发就成了王室的特权。至少在有一段时间内，被罢黜的王室成员都要被强制剪去头发。墨洛温家族还把统治国家当成自己的家务事，每当国王去世，他的儿子就会把国家的领土当作遗产瓜分掉。这种瓜分在511年克洛维去世时发生了一次，在561年克洛塔尔一世（Chlotar I）去世时又发生了一次。克洛塔尔是克洛维的所有儿子中最后去世的一位。克洛塔尔二世（Chlotar II）于613年用武力统一了全国，但到了他的儿子达戈贝尔特一世（Dagobert I）639年去世时，王国又一次被瓜分。算下来，法兰克人的王国在511年到679年这段时间里只有22年是统一的。到了679年，墨洛温家族的人丁已不再兴旺，变成了一脉单传。这段时期的政治史可以用一句话总结，那就是墨洛温家族内部没完没了地打个不停。如果我们用流水账的方式讲述这个过程，恐怕会相当无趣。因此，让我们把叙述的重点集中在一些重要人物的身上。

克洛维去世后，他的儿子们互相争斗了半个世纪，但也对外进行了一些征伐：在这段时期内，法兰克人在国际社会上，尤其是在东罗马得到了真正的承认，这是历史上的第一次。高卢和日耳曼的各个部族肯定也是在这段时期内意识到，墨洛温王朝的统治将会持续很长时间。提奥德贝尔特一世[7]（Theudebert I，533—548年在位）最有力地强化了这种认识。他是法兰克王国东北部的国王，根据地在莱茵兰，霸权范围则广及日耳曼中部和南部。阿吉洛尔芬（Agilolfing）家族这个强势的法兰克-勃艮第家族世袭巴伐利亚伯爵之位，可能就是提奥德贝尔特确立的，该家族既是不断发展的巴伐利亚共同体的核心标志，也是法兰克封建君主长期统治的象征。提奥德贝尔特肯定还利用了哥特人在意大利自相残杀的机会，系统性地渗入了这一地区。这是历史上的第一次，但不是最后一次。君士坦丁堡的历史学家阿加提阿斯（Agathias）在560年称，提奥德贝尔特甚至有过进攻东罗马首都的想法。也就是说，他也被归入了从阿拉里克和阿提拉开始的一系列“蛮族”入侵者的行列。提奥德贝尔特提高国际影响力的办法还包括在铸造的金币上留下自己的名字和肖像，他由此成了第一个行使这项皇帝特权的“蛮族”，也因此让东罗马人感到深深的羞辱。颇有趣的是，虽然提奥德贝尔特统治的地区是法兰克人的土地上罗马文化传统最薄弱的地方，但他偏偏频繁使用罗马的方式来施行统治。格雷戈里在讲述他的故事时经常提到他的财政政策，比如，给克莱蒙的居民免税，对法兰克人自己征税，结果很不得人心，给凡尔登一笔大额贷款，以帮助这座城市在动乱之后恢复商业活力，等等。不过，法兰克人从一开始就对罗马的传统和理念持开放态度。从克洛维上台起，就不断有主教给他写劝诫信；公元511年后，高卢北部开始定期举行主教大会；566年，国王们欢迎意大利诗人贝宁蒂乌斯·福图内特斯（Venantius Fortunatus）来到宫廷之中，为他们写下纯粹罗马式的赞美诗。[8]后来，他不断给国王、王后、贵族和主教们（包括图尔的格雷戈里）写赞美诗，一直写了三十年。

对墨洛温王朝下一代国王们的历史记载十分详细，因为他们统治的时期是格雷戈里作品中的核心部分。西北方的希尔佩里克（Chilperic，561—584年在位）和他那出生不久即登上王位的儿子克洛塔尔二世，东北方（提奥德贝尔特的王国）的西吉贝尔特一世和他的儿子希尔德贝尔特二世，再加上勃艮第的贡特朗（Guntram，561—593年在位），构成了一幅你争我夺的图景。在这些国王里，格雷戈里把希尔佩里克描述为最差的一位，而把贡特朗描述为最好的一位（西吉贝尔特和希尔德贝尔特都是格雷戈里的直接庇护者，可是格雷戈里并没有明确描写他们的个人特点）。格雷戈里不喜欢希尔佩里克，是因为他视后者为仇视教会并挑起内战的暴君。[9]希尔佩里克的王国地盘最小，与非法兰克政权之间的边界最短，这可能就是他攻打自己兄弟的部分原因。而且，希尔佩里克攻占了图尔，还支持格雷戈里在当地的敌人。与之相对，格雷戈里在公元584年之后开始格外卖力地描写贡特朗的美德。那时，贡特朗已经是墨洛温王朝硕果仅存的成年国王，还庇护了自己的两个年轻侄子（他和两个侄子在587年签订和约，平息了战火）和他们的母亲，也就是摄政太后。其中一位是希尔德贝尔特的母亲布伦希尔德，另一位则是格雷戈里主要仇人克洛塔尔的母亲弗雷德冈德（Fredegund）。格雷戈里对希尔佩里克和贡特朗这两位国王都很熟悉。他在记述自己与贡特朗会面的情景时显得充满感情，提到与希尔佩里克见面时却十分拘谨，且怀有戒心，因为希尔佩里克威胁了他（他也毫不示弱地威胁了对方）。但是，最令人惊讶的是这两位国王其实非常相似：他们都容易激动暴怒（从而做出不义的残忍之事），也很容易激动地后悔；他们总是互相攻击、夺取对方的城池，就像下棋时互相吃子一样。在需要的时候，他们又会彼此合作，包括共同对抗觊觎王位的人贡多瓦尔德（Gundovald）。此人自称贡特朗的亲兄弟，在583—585年间赢得了不少在派系斗争中失势的贵族的支持。

我们在本章开始讲述了劳钦589年谋划的政变，这是战争和派系斗争的好戏，也告诉我们宫廷政治的细节有多么重要。现在我们已经很清楚，每一个朝廷和在位的国王、王后[10]都是权势贵族争夺的对象。这些贵族总是想要谋取朝廷的官职或者爵位（公爵可以拥有军队和一块封地）。国王成年之后就能统御这些派系，他们对待失败者毫不手软，通常都会让他们死得很惨。国王年幼时由太后摄政，她们的日子往往不太好过。布伦希尔德和弗雷德冈德在儿子年幼时都曾经大权旁落。她们得不到国王们所能得到的尊重，而当她们试图用武力来解决问题的时候，激起的往往不是恐惧，而是愤怒。每一个强势的太后都有至少一个对她充满敌意的历史作家。国王在世的时候，他们的妻子都没多少权力。墨洛温王朝的国王一般同时拥有好几个妻子和小妾，这些人总是为了让自己的儿子继承王位而绞尽脑汁。但是到那时为止，墨洛温家族的正统地位一直非常牢固，王太后们有相当大的政治空间，即使儿子长大后也是如此。太后的社会出身并不重要（布伦希尔德是公主，却是西哥特人的公主；弗雷德冈德的家庭则没有贵族身份）。格雷戈里的《法兰克人史》记到 591 年为止，而布伦希尔德在此之后依然保持着影响力。希尔德贝尔特于 596 年去世后，她又为自己的两个年幼的孙子摄政，尤其是勃艮第的提乌德里克二世（Theuderic II）。613 年的时候，她甚至还短暂地为自己的曾孙子摄政。如果说贡特朗在 584—593 年掌握了大权，那么布伦希尔德的掌权时期就是 593—613 年。她可能并没能一直把权力握在手里，但在某些时间段内确实能够有效地控制整个法兰克世界。

到 613 年的时候，七十高龄的布伦希尔德已经树敌太多，尤其是在东北方的那个王国，即现在称为奥斯特拉西亚的地方。当时她刚刚用武力把那里夺了回来。克洛塔尔二世此前的地盘只局限在西北方纽斯特里亚的几个小城里，这次他联合了一群贵族，将布伦希尔德推翻，然后公开用一匹马把她分尸。这个举动显然是为了告诉人们，一个新的时代已经到来。此后，他和他的儿子达戈贝尔特一世（623—639 年在位）把一个大致统一的王国维持了一代人的时间。但是，克洛塔尔还是保留了之前的三个小朝廷，这些小朝廷也继续作为贵族政治的焦点存在，特别是在纽斯特里亚和奥斯特拉西亚（勃艮第一般会追随纽斯特里亚）。这些朝廷有时有小王（如达戈贝尔特在623—629年间就是奥斯特拉西亚的小王，直到他父亲去世），但每个朝廷都有一位贵族首领，即“宫相”（maior domus），也就是“宫廷首领”（传统的英文翻译是“王宫长”）的意思。从此，贵族斗争的焦点开始集中在宫相的职位上。他们或是夺取这个位置，或是利用这个位置去推翻敌人。例如公元643年，勃艮第的宫相弗拉奥卡德（Flaochad）和贵族维利巴德（Willibad）之间爆发了一场小型战争，两人都丧命了。这个故事在660年被格雷戈里在史书界的接班人——现代历史学家称他为弗里德加（Fredegar）——绘声绘色地记录了下来。[11] 类似的冲突从639年开始尖锐起来，当年达戈贝尔特去世，其王位被两个幼子继承。西吉贝尔特三世（Sigibert III，632—656年在位）在奥斯特拉西亚，克洛维二世（Clovis II，639—657年在位）在纽斯特里亚。这两人去世后，继承王位的又都是小孩。在这种国王年幼的情况下，宫相的职位就更有吸引力了。宫相经常和摄政太后发生冲突，因为摄政太后在这个时期仍然是重要的势力。这方面最典型的例子是巴尔蒂尔德（Balthild）和埃布罗恩（Ebroin）之间的对峙。前者在657—665年间为自己和克洛维二世的儿子摄政，后者在659—680年间数次出任纽斯特里亚的宫相。这件事能被详细地记载下来，完全是因为巴尔蒂尔德在664—665年间曾经被软禁在一座修道院里，地点位于巴黎附近的谢勒。在那里，有人撰写了她的圣徒生平。实际上，我们现在拥有的关于高层政治的史料以圣徒生平为主，因为很多圣徒都是贵族（详见第8章）。这也意味着史料的撰写者仍会像格雷戈里那样，突出强调政治生活中不断出现的暴力因素，从而为自己的道德教化目的服务。[12]

墨洛温王室的权力在7世纪迎来了拐点：到8世纪初，真正的掌权者已经变成了宫相，而687年后的所有宫相几乎都来自奥斯特拉西亚的同一个家族，即阿努尔夫-丕平（Arnulfings-Pippinids）家族。[13]这个家族由克洛塔尔二世在奥斯特拉西亚的两位主要支持者——梅斯主教阿努尔夫（Arnulf）和兰登丕平（一世，Pippin of Landen）——的家族联姻而来。因此，历史学家十分关心墨洛温王室到底是什么时候开始失势的：是639年达戈贝尔特去世，还是更早或更晚的时候？老一辈的历史学家认为克洛塔尔二世在位时期是一个转折点，因为他为了争取贵族的支持而给了他们太多权力。确实，我们在后面会讲到，克洛塔尔二世似乎大大限制了自己的征税权。过去还有不少人认为他把地方司法权也给了贵族阶层。但是，现在的历史学家已经很少怀疑克洛塔尔和达戈贝尔特拥有实权，最近还有一些历史学家提出不同观点，认为7世纪晚期的国王仍然拥有很大的权力，至少是在他们成年之后，例如希尔德里克二世（Childeric II，662—675年在位）和希尔德贝尔特三世（Childebert III，694—711年在位）。[14]这些历史学家还认为，朝廷对贵族政治的重要性始终没有丧失。这种重要性在一个世纪以前是毫无争议的。以上观点可能确实符合当时的情况，尤其是在希尔德里克二世的统治时期，但是王室已经没有以前那种生杀予夺的霸权了。弗里德加热情讲述了克洛塔尔二世于626年杀死戈丁（Godin）的故事。[15]戈丁是勃艮第宫相沃纳哈尔（Warnachar）的儿子，他被迫去高卢的各大圣地朝圣，宣誓他对国王的忠诚，但最后还是难逃一死。《法兰克人史》（*Liber Historiae Francorum*）则绘声绘色地讲述了宫相格里摩尔德（Grimoald）——也就是兰登丕平的儿子——于657年被克洛维二世虐杀的过程。但是，到了674年的时候，情况就不一样了。希尔德里克把一个叫波蒂洛（Bodilo）的贵族绑起来打了一顿。国王做这种事在以前根本不算什么，可这时却被认为是非法的。波蒂洛于 675 年亲手杀了国王和王后，制造了一场巨大的危机。

在我看来，王室的集权在 7 世纪晚期确实被严重削弱了。至于转折点，相对于达戈贝尔特去世，我更倾向于他儿子们的去世，因为宫相掌握朝廷大权的格局已经超过了两代，说明其已形成一种常态，而希尔德里克二世重夺王权的行为也招来了更多人的仇恨。无论怎样，从达戈贝尔特的儿子们去世的时候起，宫相们就已经不仅仅是操纵国王了，他们还要亲手挑选国王。格里摩尔德（641—657 年在位）在担任奥斯特拉西亚宫相期间，曾把西吉贝尔特三世的儿子达戈贝尔特流放到爱尔兰，然后让自己的儿子希尔德贝尔特（656—662？年在位）继位。希尔德贝尔特是西吉贝尔特的养子，所以墨洛温家族的统治在理论上还没有中断。[16] 这次奇诡的事件在史料中记载不详，但可以肯定的是格里摩尔德没有得到好下场，他因为这件事被杀掉了。不过，希尔德贝尔特的统治此后似乎又延续了几年。希尔德里克二世死后，埃布罗恩也自己挑选了继位者。他先是在奥斯特拉西亚扶持了一个国王，利用他度过政治危机，后来又转而支持新任的纽斯特里亚国王提乌德里克三世（Theuderic III）。[17][至少欧坦主教路德加尔（Leudegar）的圣徒生平中是这么说的。路德加尔是埃布罗恩的死敌，最后死在他手上。] 如此看来，希尔德里克二世能掌权就显得更加不同寻常了。国王仍然是贵族派系斗争的焦点，贵族们也渴望进入朝廷任职，但真正掌权的人已经变成了宫相和参与政治的主教。埃布罗恩曾经权倾一时，但他一直是个充满争议的人物，也没有为自己建立起一套稳定的权力机制。奥斯特拉西亚的丕平二世（Pippin II）则较为精明。他是格里摩尔德的外甥。丕平家族此时已经失势了20年，但仍然非常富有，而且在默兹河畔的列日附近很有影响力。到7世纪70年代后期，丕平二世又成了奥斯特拉西亚的宫相。687年，奥斯特拉西亚在泰尔特里（Tertry）之战中击败了纽斯特里亚，丕平由此成为整个法兰克王国的宫相。丕平一直活到714年，而公元656年后延续30年之久的内战也在泰尔特里之战后平息，不过纽斯特里亚和奥斯特拉西亚还是各自保持独立。平静的局面一直维持到715年又一次内战爆发的时候。这次内战持续时间较短，到719年就结束了，交战的双方是丕平的儿子（可能是私生子）查理［Charles，查理·马特，又称"铁锤"（Martel）］和丕平的遗孀普雷科特鲁德（Plectrude）。纽斯特里亚的反丕平势力随后加入，同时和前两者交战。查理笑到了最后，并自封为唯一的宫相（717—741年在位），在奥斯特拉西亚建立了牢固的根据地。纽斯特里亚的朝廷被废，查理·马特成了唯一的统治者，他的后代又把统治维持了很长时间。这个家族就是加洛林家族。相比丕平在687年的胜利，查理在719年的胜利更彻底地改变了政治格局，甚至比克洛塔尔二世在613年的改变还要彻底。

墨洛温王朝在7世纪后期还发生了一个重要变化，那就是它的势力范围。6世纪的国王们建立的霸权覆盖范围很大，且一直维持到达戈贝尔特一世的统治时期。达戈贝尔特一世于631—634年和萨摩（Samo）打了一仗。萨摩是斯拉夫部族文德人（Wends）的国王，他曾一度统一现在捷克共和国及附近地区的所有文德人部落。为了对抗萨摩，达戈贝尔特一世请来图林根人、巴伐利亚人，以及意大利的伦巴第人助阵。他还为莱茵河以东的人立法，并任命那里的主教。但是，达戈贝尔特一世去世后，图林根公爵鲁道夫（Radulf）随即发动叛乱，建立了自治政权。在下一代国王的统治时期，巴伐利亚和阿勒曼尼亚也脱离了法兰克人的有效控制。更令人吃惊的是阿基坦：这里本来是法兰克人的核心地盘，在6世纪时被分成两半，由北方的两位国王各自统治。[18]但是，达戈贝尔特于629年让自己同父异母的弟弟查理贝尔特二世（Charibert II，629—632年在位）成为他统治的那一半阿基坦的国王。到了650年，这个地区已经成了一块独立的公爵领地。在675年的政治危机中，卢普斯公爵（Duke Lupus）可能一度称王。到了8世纪尤多公爵（Duke Eudo）在位的时候，这块地区已经明确成为一个自治体，而且是查理·马特的盟友。[19]8世纪60年代，法兰克人发动了一场大型战争，才夺回了这片辽阔富饶的土地。实际上，加洛林王朝在8世纪时为了控制传统上的整个法兰克霸权地区而到处打仗。大大小小的公国更喜欢墨洛温王朝的正统，排斥查理的新政治体制，查理也发现自己的核心地盘上竟然还有几个处于准独立状态的王公，需要他用武力去镇压。在南方的普罗旺斯，贵族安特诺尔（Antenor）和毛隆图斯公爵（dux Maurontus）也保持自治，并在8世纪30年代和查理发生冲突。查理的中央领地范围很大，包括纽斯特里亚、奥斯特拉西亚和仍然效忠朝廷的勃艮第北部。他从这片领地不断向外发动战争，以扩大自己和其继承人的统治范围。但是，直到他的儿子们在746年占领阿勒曼尼亚和阿基坦，以及他的孙子查理曼在788—794年占领巴伐利亚，达戈贝尔特时期的霸权才算重新建立起来，不过现在的霸权比那时更为牢固。势力范围的收缩说明，达戈贝尔特死后历经数代人的动荡时期确实损害了法兰克人的权威。7世纪后期的统治者们在内部的活动范围也有所减小，我们会在本章的最后讨论这个问题。

***

墨洛温王室之所以能一直保持重要地位，主要是因为每一任国王或宫相都支配着巨额的财富。国王拥有大片土地，还能将商业税和司法罚款收入囊中。[20] 他们还长期把控从罗马时代留存下来的土地税体系。图尔的格雷戈里记述（并谴责）了这些情况。根据他的描述，土地税体系最根深蒂固的地方似乎是西南方的卢瓦尔河谷和阿基坦。我们在第 4 章已经说过，罗马的税收体系在格雷戈里生活的年代就已经不是很完整了：纳税登记表可以在一代人的时间内完全不更新，税率也远低于罗马时期，王室又开始放弃对整片整片城市领地的征税权。实际上，既然国王们能够如此轻易地把城市拱手送人，那么罗马式的财政体系恐怕已经名存实亡了。到 7 世纪中叶，还在纳税的地区越来越小，税金也成了固定的贡金。这个进程在北方可能很早就开始了，克洛塔尔二世在 614 年即宣布从此放弃征税的权利。626—627 年，巴黎附近一个叫克里希的地方举行教会会议，宣布纳税者属于下等人，不得进入教士行列。看起来，税务系统当时已经基本瘫痪，所以克洛塔尔才会觉得为收买人心而放弃税收是值得的。此后，北方只有某些地区还在收税（根据史料记载，卢瓦尔河谷的税收至少一直维持到 8 世纪 20 年代）。不管怎样，放弃税收并没有给克洛塔尔带来任何损失。墨洛温王朝拥有的大量土地资源被一直带进了加洛林王朝。税收减少给当时的墨洛温王朝带来的主要影响可能是钱币中的含金量大幅下降。[21] 墨洛温王室可以容忍税收制度失效，因为他们并不给军队发工资，而是在自由民中实行义务兵役制，其成员主要是贵族和他们的仆役，也包括地方诸侯在各自城市领地内招募的人马。由于不用支付军费，王室的收入远远大于其必需的支出，即使是在克洛塔尔放弃征税以后也是如此，就更不用说在他之前的情况了。每一任国王的国库（thesaurus）里都是金银堆成山，其主要用途是作为礼物送给大臣们。[22] 每当强势的国王、太后或宫相当政，贵族里几乎所有的野心家都希望能进入朝廷，以获得更多的特权和土地。但是，即便统治者不那么强势，国库的吸引力也还是能让朝廷保持政治生活中心的地位。纵观整个 7 世纪，每当国王被政变或叛乱推翻的时候，篡位者都会顺势将国库据为己有，因为这是统治者获取贵族阶层支持的重要基础。查理·马特在 715—719 年的内战中也做了同样的事情。政治生活中的这个组成部分完全没有发生变化。

墨洛温王朝的政府相当复杂。王室的命令被定期以书面形式记录下来并归入档案（主教和城市也都有档案，贵族可能也有），而按标准保存下来的纳税记录（至少到 7 世纪晚期）和司法记录就更多了。[23] 7 世纪晚期出版的《马尔库夫范例集》(*Formulary of Marculf*) 收录了很多文件的模本供后人抄录，其中有 40 种王室文件的范例。从这些范例中可以看出，王室关心的问题包括主教和伯爵的任免、王室信使的供养、婚约的批准、私人财产的分割、索回没收财产的请求、对抢劫疑犯的传唤、对所有“法兰克人和罗马人”宣誓效忠王位继承人的命令等等。[24] 后来，不只是范例，大量文件的原本或存档版本（大部分来自克洛塔尔二世在位期间及之后的时期）也保存了下来。这些文件以土地的赏赐记录和法庭记录为主，这也是中世纪早期文献合集中最常见的内容。除此之外，文件还提到了国王们的以下事迹：克洛塔尔二世批准了名为约翰的巴黎商人的遗嘱；达戈贝尔特于 626 年派大臣去利穆赞地区，为当地最显赫的贵族家庭之一分割土地；西吉贝尔特三世在 644 年给南方的主教们写了一封正式公函，要求他们取消即将举行的教会会议，理由是他没有得到通知；提乌德里克三世于 677 年驱逐了阿尔卑斯地区昂布伦的主教，罪名是不忠，但允许他保留自己的地产。以上记录表明，国王和世俗及宗教界的重要人物保持着非常频繁的互动（也许和其他阶层的人互动极少），而且这些互动都被系统地记录了下来。

朝廷中的官职包括负责监督文献记录工作的咨询官（referendarii）、总管各项宫廷行政事务的内务官（domestici）、主管财政工作的财务官（thesaurarii）等。[25] 这些官员应该都以某种形式听命于宫相，而且有机会与统治者接触。这样，他们就成了重要的政治中间人，因为法兰克王国拥有与罗马帝国高度类似的庇护体系。还有一种正式的官衔叫“座上客”（conviva regis），意思是说拥有这种头衔的人有资格和国王一起吃饭，他们也享有一些特权。德国历史学家们把接触国王的权利称为“近王权”（königsnähe）。这是一个有用的概念，在这一时期和之后的时期都能派上用场。我们必须认识到，朝廷就是一个一刻都消停不下来的热闹场所：大贵族们渴望“近王权”和官职，地方精英渴望得到赏识，修道院院长、主教和其他人在法律纠纷中寻求正义，而所有的人都渴望得到国王赏赐的土地和金钱。675 年，克莱蒙主教柏莱日多（Praejectus）来到希尔德里克二世在奥斯特拉西亚的朝廷，要求国王在他和普罗旺斯贵族赫克托（Hector）的土地纠纷中主持公道。[26] 赫克托的势力很大，背后有欧坦主教路德加尔的支持，而路德加尔又是国王的几个重要幕僚之一。因此，柏莱日多就找到路德加尔的政敌西姆尼希尔德（Chimnechild）来庇护自己。西姆尼希尔德是希尔德里克的岳母，也是他大伯西吉贝尔特三世的遗孀。柏莱日多的这步棋走得很精妙，不过他似乎还是个超脱世俗的人物。打官司的那天恰逢复活节前的周六（Easter Saturday），他因此拒绝为自己辩护，而他最后能打赢官司，也只是因为赫克托和路德加尔因为宫廷政治的原因而逃走了。（赫克托被杀，路德加尔被流放，柏莱日多也在一年后因卷入希尔德里克去世后的危机而被杀，杀他的人可能是赫克托的同党）。但是，朝廷既欢迎神职人员，也欢迎世俗人物，以及外国使节、布道者［例如爱尔兰人科伦巴努（Columbanus）。这位苦行者创建了很多修道院，但是在609年却因为指责提乌德里克二世的不道德行为而从朝廷逃走。他后来于615年去世］，甚至乞丐。对于那些还停留在城市政治的层次上，整天关心下一任主教是谁的地方名流来说，宫廷的吸引力不亚于拉斯维加斯对扑克玩家的吸引力：在这场赌局里，赢家能获得几乎无限的财富和权力，而输家不但会死，而且还会死得很难看。

能接触到国王的人远不止上文所说的这些。国王和他的法兰克军队似乎每年春天都会召开一次大会。[27] 例如，希尔德贝尔特二世在6世纪90年代立下的法律都是在各年的3月1日公布的。决定是否开战的是大会，而大会并不完全从属于王室。例如，格雷戈里记述道，克洛塔尔二世曾于556年在莱茵兰的法兰克人的逼迫下进攻萨克森人，而他本人并不愿意这么做（最后他输掉了战争）。至于谁有资格参加大会，就很难说清楚了。国王身边的武将肯定会参加［这些人被称为近臣（leudes）或禁卫（antrustiones）］，这些人大部分来自精英阶层。此外，公爵、伯爵和他们的附庸者也肯定能参加大会。法兰克人中的自由民或等级更低一些的人能否参加，就不好说了。人们有种印象，就是这些人参加大会更像是6世纪的事，而不属于7世纪。不过，在大会举行期间，那些在政治上比较活跃的社会阶层确实经常会大规模地聚集在一起。国王登基也要在大会上进行。673年，埃布罗恩在纽斯特里亚拥立提乌德里克三世，但并没有召集贵族大会。贵族们由此认为埃布罗恩准备独揽大权，转而效忠奥斯特拉西亚的希尔德里克二世。各地的法律纠纷也都在大会（placita）上解决。[28] 人们认为大会上做出的决定都是合法的。这种集会代表着国王和法兰克人之间的联系，享有这种联系的虽然可能没有多少是农民，但也不是只有王宫和朝廷的常客。我们需要再强调一遍，“法兰克人”这个词很早就不是一个绝对的民族概念了。最晚到7世纪中叶，卢瓦尔河以北的所有人似乎都已被认为是法兰克人。从那以后，“罗马人”实际上指的就是阿基坦的居民了。

法兰克人对立法的热衷程度比不上罗马人，他们的法律叫作“萨利克法”，其名来自西北方的“萨利”（Salian）法兰克部族。[29] 最初的萨利克法是克洛维时期制定的，名为《萨利克法律公约》（Pactus Legis salicae）。这部法典中没有提到国王，而是把制定法律的功劳算在了四位神话传说中的先贤身上，这在所有的“蛮族”法典中是独一无二的。此外，地方社群中还设有“宣法者”（rachineburgii），负责在出现争端时“宣讲法律”，这种原生态的立法方式也保留在萨利克法中。实际上，在有文献记录的判例之中，绝大多数判决所援引的“萨利克法”条文在《萨利克法律公约》中根本查不到出处。克洛维的继承者们也立过法，但只是偶尔为之。511—614年间的所有法律条文合编在一起也只有23页。由此可见，罗马帝国晚期和罗马-日耳曼时期的各项政治传统之中，立法方面的传统并没有太多保留到法兰克时期。总而言之，墨洛温王朝的历任国王在意识形态方面都比较低调。教会的会议仍然在举行（同样也是6世纪多于7世纪），但是从流传下来的会议记录来看，这些会议主要都用来解决教会的内部冲突了，只有克洛塔尔二世和他的直接继承者在位的时期不是这样。王室的道德形象与他们能否为公众主持正义有关（如达戈贝尔特就因此得到正面评价，而希尔佩里克则因没能主持正义而遭到了图尔的格雷戈里的恶评），这是肯定的，但似乎与他们是否改变了国民的行为无关。[30] 我们在后面的章节中会看到，在西哥特人统治的西班牙以及加洛林时期的法兰克，很多国王都以在政治和道德领域进行系统性改革著称，但是墨洛温王朝并没有这样的国王。

国王身边围满了想为自己谋取好处的贵族，而这些贵族本身的富裕程度已经很惊人了。[31] 我们的史料中有几篇墨洛温时期的遗嘱，其中几篇的主人，如勒芒主教贝特朗（Bertram，616 年后去世）、卡奥尔主教德西德里乌斯（Desiderius，650 年去世），以及普罗旺斯贵族阿博（Abbo，约 750 年去世）[32] 等，都拥有超过 75 处房产。在中世纪早期法兰克王国之外的世界里，我们还没有发现谁能拥有这么多财产，只有罗马帝国晚期最有钱的元老院成员才能与之匹敌。丕平家族的财富比上述这些人只多不少。当然，最富有的还要数阿吉洛尔芬家族。[33] 这个家族是 7 世纪早期权力最大、势力范围最广的贵族集团，在巴黎以东的莫（Meaux）拥有土地并建立了修道院［680 年去世的鲁昂主教、权倾一时的奥多因（Audoin）与该家族有密切联系］，在莱茵兰也有地，还统治着巴伐利亚，甚至在 653—712 年间把意大利伦巴第的国王之位也揽了过来。圣但尼教堂保存的 7 世纪土地包租契约显示，在纽斯特里亚国王的根据地巴黎地区，除了国王拥有大量地产之外，他手下的大贵族们同样拥有很多地产。由地产归属引发的矛盾可能就是纽斯特里亚政治气氛紧张的原因之一，尤其是在埃布罗恩当权的时期，而其最初的发端可能要追溯到一个世纪前的希尔佩里克时期。在整个法兰克王国，仅仅是大贵族可能拥有巨额的财富这一个事实，就意味着这里的政治活动中充满了暴力，因为此时所有的世俗贵族都有军事背景——即使是朝廷内的专职行政官吏，也被认为有义务服兵役，并且要像军人那样着装，在工作时系一条精致的腰带。[34] 而且，土地财富所能买来的东西之中，最紧要的就是私人武装卫队。这是一个人体现自己野心的最明确的标志。这些私人武装的存在是派系斗争的基础，尤其是 7 世纪晚期，不过其出现的时间最早可追溯至劳钦和乌尔西奥的时期，甚至更早。这些贵族拥有财富的情况在格雷戈里的记述和 7 世纪的各种档案中得到了清楚印证。在高卢南部，贵族拥有大量财富的现象在罗马帝国晚期就已经出现了，而且当时一些大家族的势力一直维持到 7 世纪，甚至有一家（皇帝阿维图斯以及希多尼乌斯·阿波黎纳里斯的后代）维持到了公元 700 年以后。在高卢北部，罗马帝国晚期的情况不是很清楚，但是从各种观点的争论来看，不管是法兰克贵族还是罗马贵族（二者之间的界限在北方始终是模糊的），至少有一些大家族安然度过了克洛维上台前的混战和他上台后统一全国过程中的杀戮，持续生存到了格雷戈里所记载的时代。

我们会在第 8 章讨论贵族生活的更多细节，但是墨洛温时期的史料中所显现出的激烈政治派系斗争还说明了其他几个问题。第一，政治追求从很早开始就被视为贵族的特权。格雷戈里还遇到过几位出身低微的伯爵的挑战，例如图尔的柳达斯特（Leudast of Tours，583 年去世）。这个人是希尔佩里克的支持者，也是格雷戈里的反对者。但是，到了 7 世纪中期，出身低微的政治家就销声匿迹了。主教行列里还有一些出身相对贫寒的人，例如努瓦永的安利日（Eligius of Noyon，660

年去世）和克莱蒙的柏莱日多，但贵族出身的人还是占绝大多数。[35]而且，这些主教中有越来越多的人过起了军人的生活，有些人还当上了军事领袖。

第二，7 世纪时，政治和宗教间的互动在影响贵族阶层的同时，自己也在发生变化。科伦巴努是墨洛温王朝北方中心地区第一个有重要影响的修道主义者。克洛塔尔重新完成统一后，国王、王后和贵族都开始资助修道院。[36]这些修道院大多沿袭了科伦巴努在勃艮第和吕克瑟伊设立的大修道院的传统。巴黎郊外的圣但尼堂也得到了达戈贝尔特的大笔资金支持。他和他的大多数继承者死后都葬在这里。高卢境内的其他宗教祭祀中心也都在 660 年左右被巴尔蒂尔德改造成了修道院。修道院与它们的建立者及其家族关系紧密，而较少依附其所在教区的主教。这表明政治和宗教间的互动已经越来越明显地与贵族和王室，以及家族的势力范围挂钩，而后者打破了原有的教区边界。这样，教会在 7 世纪逐渐变成了各个政治派系争夺的资源。这也有助于我们了解派系斗争，因为墨洛温王朝的现存文件和圣徒生平绝大多数来自修道院的存档以及宗教纪念文稿。贵族对修道院的庇护还助长了一种观念，即贵族在宗教意义上有某种特殊性。即使到了今天，宗教的神圣往往也带有些许贵族色彩。与此相呼应的是，虽然主教和修道院经常发生矛盾，但占据主教职位的贵族还是越来越多。

最后一个关键点是，绝大多数贵族非常忠诚于墨洛温王朝的政治体系。他们大多住在乡间别墅里，也拥有乡间的地区宗教中心，但是这些地方并非真正的权力中心，贵族们也并不想借此在自己的一亩三分地上当土皇帝。确实，那些保留到现在的遗嘱表明，当时绝大部分地区出现了贵族地产集中化的趋势。例如，卡奥尔的德西德里乌斯拥有的土地都在卡奥尔周边和邻近的阿尔比。但是，这些地区也都还有属于别人的土地，而且大多数大地主的土地不只局限在一处，有些人的土地离自己的根据地有数百千米之遥。这和10世纪及以后贵族们盘踞在各自的城堡里占山为王的情况大不相同（见第21章）。实际上，我们已经讲过，乌尔西奥的主根据地甚至连城堡之类的防御工事都没有。可惜的是，这一时期的贵族居住地还几乎没有被考古学家们发掘过，但是我们拥有的其他文字史料仍可以证明上述论断。权力不是地方性的，也不需要用城墙去守卫，因为人们认为权力属于王室。也就是说，权力属于那些在朝廷有官职或者拥有“近王权”的人，两者兼具者当然权力更大。所有大地主都希望得到这种权力或在宗教系统中获得类似地位。他们组织武装力量也是为了夺取这些，而不是地方自治。我们最多只能说，在7世纪晚期王权衰落的阶段里，有一些官员选择了其他的路径。例如，我们提到过，一些位于偏远地区的公爵以及普罗旺斯的贵族各自形成了地方割据势力。在法兰克王国的核心地区，拥有类似地位的可能还有阿尔萨斯公爵，因为阿尔萨斯8世纪前期的文字史料一直没有提到国王，直到740年公爵家族后嗣无人或被剥夺爵位，这种情况才有所改变。主教们的政治影响力主要集中在自己的教区，因此也有一些教区形成了地方自治体［按欧根·埃维希（Eugen Ewig）的话说就是“主教共和国”[37]］。这些自治主教后来成为查理·马特和他的儿子们打击的对象，例如奥尔良的尤奇里乌斯（Eucherius of Orléans，738年去世）。但是这些人还是少数，至少在法兰克王国的核心地区是少数。大多数贵族还是像埃布罗恩、丕平二世和查理·马特等人曾经做过的那样，把主要精力集中在宫廷政治上。

这并不意味着地方政治一点都不重要。图尔的格雷戈里和7世纪的一些圣徒生平中所描述的城市，尤其是高卢南部的城市，似乎都有很活跃的政治派系活动。这些派系的争夺对象包括地方的主教职位和爵位。克莱蒙的城市政治活动得到了特别详尽的文字记录。在那里，伯爵都是由王室任命的，但多数是当地人。他们掌控着城市领地内的军队和法庭。主教之中的本地人更多，外来的主教还会因此遇到麻烦——就像格雷戈里在图尔的遭遇那样，尽管他是继承了自己叔叔的职位，但是由于他是在克莱蒙长大的，有一些人还是认为他是外地人。[38] 主教的任命和希多尼乌斯时期差不多，一般都是由地方精英和邻近教区的主教来完成的，但是从格雷戈里的时代开始，国王拥有对主教人选的最终决定权，并且有权选择自己的候选人（例如格雷戈里）：主教需要在政治上代表自己的城市，因此主教的具体人选对国王来说是有意义的。不过，最需对国王负责的恐怕还是伯爵，而主教们主要是对自己的教区负责。那些太热衷于在中央政府搞政治活动的主教可能会因此不受欢迎。梅斯的阿努尔夫就因为在王宫待的时间太长而差点被自己的教民们革职，而欧坦的路德加尔在676—678年被埃布罗恩彻底击败的过程中，也明显没有得到欧坦当地人的支持。[39] 无论如何，这些地方社群还是与宫廷政治有千丝万缕的联系：血缘、婚姻和庇护把一个社群和其他的社群联系在一起，也和更大的权力追求联系在一起；所有的主教和伯爵都要定期到朝廷去参与宫廷政治。那些“主教共和国”则因为被上述体系隔绝在外而势单力薄。

这种中央政治和地方政治的平衡，在卡奥尔的德西德里乌斯[40] 的身上体现得最为清楚，因为我们不仅有他的圣徒生平，还有他的书信集。他的经历在很大程度上映射出了当时的社会现实。克洛塔尔二世和达戈贝尔特一世在位期间，中央政府有一批受过良好教育和训练的行政官员，其中包括德西德里乌斯，也包括鲁昂的奥多因，后者曾是达戈贝尔特的咨询官，后于641年当了主教。同一年当上主教的还有努瓦永的安利日，他此前是达戈贝尔特手下主要的财政官员（我们甚至发现了一些印有他头像的钱币）。德西德里乌斯的年龄稍微大一些，他曾经是克洛塔尔的财务官，后来又成为普罗旺斯贵族，最后于630年回到卡奥尔担任主教。这些才干出众的官员在朝廷为官时彼此都是朋友，而且从德西德里乌斯的信件中可以看出，他们在各自改任主教后也仍然维持着朋友的关系。奥多因和安利日的教区都离纽斯特里亚王宫不远，而德西德里乌斯所在的卡奥尔却在巴黎和梅斯南方600多千米远的地方。他有时会在书信中表达出对朝廷的思念，似乎是感到自己远离了政治活动的中心。不过，他实际上并不是特别与世隔绝。他在7世纪40年代曾写信给奥斯特拉西亚的宫相格里摩尔德，以及梅斯的阿努尔夫的儿子，向他们推荐一些寻求庇护的人。西吉贝尔特三世也曾写信给他，同意他的一些请求。事实上，在整个法兰克人的高卢地区，主教的任免都体现出了朝廷的意志和文化。这一现象在这一时期得到了特别多的文字记载，在之前和之后的时期也有大量例证。达戈贝尔特对此肯定深有体会。德西德里乌斯收到的信件里有情报人员提供的国王动向，信息十分精确，比如国王刚从凡尔登去了兰斯，然后他会去拉昂，再返回莱茵兰，或者是国王正在美因茨。主教需要随时掌握数百千米外国王的一举一动，以此了解最新的政治动态。德西德里乌斯出身于卡奥尔的几个大家族之一（继承了自己兄弟的主教职位），在当地富甲一方，后半生致力于家乡的城市建设，包括维修供水系统、修建大型石质建筑、守护自己的教区不受其他主教侵犯、帮助市民。但是，即便如此，他仍然要安排情报人员时刻汇报国王的动态。正是因为他的心仍在朝廷，他才可以更好地履行主教职责，而正是因为他的财富和官职都在南方，他才可以更好地成为中央王室在南方的使节。这些就是墨洛温王朝的政治范式，它将法兰克诸王国紧密地联系在一起。

我们已经讲过，7 世纪后期的政治危机动摇了上述健康的政治模式。在约 655—675 年之间，墨洛温王室失去了在政治舞台上的中心地位。尽管他们仍然是政治活动的焦点，但一些距离遥远的公国得到了实质性的自治地位，其他一些公爵和主教也不再像以前那样重视墨洛温或丕平家族的庇护。687 年的泰尔特里之战给这段动荡时期画上了句号。但是，在随后的丕平二世掌权时期，王权（或者说相权）的地位降到了最低点。从 7 世纪 70 年代后期开始，《马尔库夫范例集》中收录的王室或相府文件不再像以前那样丰富多样，只剩下了对权利的批准和司法意见。也没有任何 675—742 年间的教会会议记录留存下来。丕平似乎并不像埃布罗恩和希尔德里克二世等人那样雄心勃勃，这可能促使一些政治领袖更专注于地方或区域事务，而不再像以前那样关心朝廷政治，甚至还没有内战时期上心。但是，在查理·马特重新统一全国之前，这种地方化的趋势并没有太大的发展。查理·马特没有扭转中央政府逐渐丧失活力的进程——这个任务要由加洛林王朝的下一代来完成——但是他消灭了很多旧体制下的成员，然后又要求贵族们每年都聚集在一起，在他的率领下南征北战。这个举动尤为重要，它是自 6 世纪以来法兰克土地上最坚决、最一致的军事动员，彻底扭转了地方化的趋势。而且，查理·马特的破坏性并不是特别大，法兰克政治体系虽然数次摇摇欲坠，但到此时仍然保持着良好的状态。

第 6 章

地中海西部诸王国：西班牙和意大利，550—750

680 年 10 月，西班牙的西哥特国王万巴（Wamba，672—680 年在位）身染重病，感觉自己活不了多久了。像其他一些国王一样，万巴做了忏悔，并在众位大臣的注视下行了剪发礼。他手写诏书传位于厄维哥（Ervig，680—687 年在位），然后又写了一封信，让他尽快行涂油礼。（实际上，用涂油礼来宣誓王权在当时是一件新鲜事。就我们目前掌握的情况来看，它是由万巴自己于 672 年引进西哥特的）。不过，万巴并没有死，但他已经行了剪发礼，而根据第六次托莱多宗教会议（638 年）的决议，行过剪发礼的人不可当国王。[1] 厄维哥迅速召集举行第十二次托莱多宗教会议。4 个月后，也就是 681 年 1 月，大会在严冬中召开了。这些西哥特王国的主教们在会议上做的第一件事就是批准了厄维哥的继承权和所有相关文件（事实上，这些文件是我们唯一的史料来源），取消了西班牙人对万巴的效忠誓言。下一个议程是讨论类似的情形——如果一个人在失去意识的情况下被实行忏悔和剪发礼，而恢复意识后又要求撤销仪式的效力，返回世俗生活——

该怎样处理。讨论的结果是：忏悔和剪发礼的效力不可撤销。和很多评论家一样，我对此事的看法是：会议之所以讨论这个问题，很可能是因为他们未征求万巴同意就罢黜他王位的行为遭到了万巴本人的抗议。但是，发动政变者在政变已经成功的情况下仍小心谨慎地给自己寻找法律依据，这无疑令人吃惊。

7 世纪的西班牙政界并不总是如此遵守法律规定。例如，633 年举行的第四次托莱多宗教会议规定了王位的继承规则，但这一规则几乎从来没有被遵守过。但是，在西班牙的政治生活中，无论是世俗的还是宗教上的合法性，都还是获取权力的资本之一。人们——至少是贵族和主教们——对法律心存敬畏。国王如果得不到足够的支持，也有可能掉入法律的陷阱，680 年发生的那个事件可能就是例证。这也是西班牙政治和法兰克王国的重要区别之一：在西哥特人的西班牙，法律原则是政治行为的重要参考，就像在罗马帝国晚期一样。意大利伦巴第人的情况也类似，但他们对法律的重视程度不及西哥特人。从这一点上看，与法兰克人相比，西哥特人和伦巴第人彼此更为接近。特别是对于西哥特人的西班牙，历史学家们往往过于关注法律，这是因为从那时遗留下来的其他历史记载很少，而世俗和宗教法令为数众多。西班牙的历史往往因此显得十分枯燥。但是，我们不能也不应轻视法律的作用：其大量遗存的事实本身，就体现出了西班牙政治体系的某些价值倾向。我在这一章会先讨论西班牙，再说意大利，然后将二者放在一起比较。这样，我们就可以更清楚地认识到罗马政治体系在多大程度上影响了后罗马时代的西地中海地区。

汪达尔人在公元 409 年后部分占领了西班牙（这里指伊比利亚半岛，包括现在的葡萄牙），439 年，苏维汇人又征服了这一地区的绝大部分土地。456 年，西哥特人入侵西班牙，迅速摧毁了苏维汇人的统治，把后者驱赶到了遥远的西北边陲。之后，西哥特人在西班牙的活动并没有准确的史料记载，其征服活动于 5 世纪 70 年代加快速度，并大致于 483 年完成。一块碑文证实，在那一年，国王尤里克修复了梅里达的一座大桥，而梅里达是罗马时代西班牙的首府。但是，西哥特人还是把高卢作为自己的根据地。507 年，西哥特人在高卢大败于克洛维，只剩下地中海沿岸的一小条领土（即现在的朗格多克），但即使如此，他们也还是把首都设在这弹丸之地中的城市纳博讷。公元 511 年后，西哥特国王阿马拉里克（511—531 年在位）年幼，东哥特的狄奥多里克为其摄政。狄奥多里克在意大利对西班牙实施了有效的统治，直到其 526 年去世。此后的 40 年间，西哥特人又经历了数任相对弱势的国王，每一任都是靠政变上台的。阿吉拉（Agila，549—554 年在位）国王在位期间，大约来自南方塞维利亚的阿塔纳吉尔德（Athanagild，551—568 年在位）兴兵造反，并向查士丁尼求助。这给了东罗马一个在西班牙建立桥头堡的借口。于是，东罗马人于 552 年占领了西班牙东南沿海的一片土地，并一直占领到 628 年。与 6 世纪的各位前任国王不同，阿塔纳吉尔德没有死于兵变，而是寿终正寝。继承王位的利乌瓦一世（Liuva I，568—573 年在位）又把根据地设在了纳博讷，但他很快就和自己的兄弟利奥维吉尔德（Leovigild，569—586 年）瓜分了王国，把整个西班牙都让给兄弟，自己只保留了西哥特人占有的高卢土地。

西班牙在 409—569 年这段时期内最显著的特征就是动荡。其中 483—507 年以及 511—526 年相对平静，但西哥特人在这两个时期都是从外部统治西班牙的，前一个时期是从高卢，后一个时期则是从意大利。罗马帝国时代，整个地中海西部是一个统一的整体，但是从我们拥有的为数不多的史料来看，帝国时代刚过去不久，西班牙似乎就成了一个孤悬海外的殖民地，基本上只靠其内部机制来运转。我们在第 4 章已经讲过，考古工作发现，在 5 世纪后期的西班牙，尤其是被称为梅塞塔的内陆高原地区，乡村庄园和别墅的规模缩小，陶器生产也大幅萎缩，陶器产品更加地方化，工艺也更加简单。[2] 在这两个发展趋势之中，庄园和别墅的缩小在 6 世纪进一步加剧，但这可能仅仅体现了文化的变迁，就像 4 世纪后期高卢北部军事化后出现的情况一样；而陶器生产的萎缩体现的却是整体经济的退化，说明贵族的需求有所减少。伊比利亚半岛的一些地区在整个 5 世纪和 6 世纪的大部分时间里一直动荡不定，这种局势对从罗马世界遗留下来的基础经济体系造成了巨大的打击。

动荡的局势还导致半岛社会分崩离析。西班牙境内多山，各地区之间被中央高原和众多大河谷阻隔，交通十分不便，各地生态环境也迥然不同。西北部气候湿润，类似于英国的康沃尔郡，而东南部的一些地区则是沙漠。因此，西班牙很容易形成分裂局面，且各部分之间差异很大。这一时期的情况似乎就是如此。在北方的部分地区，根据现有的史料，我们能够确认当时存在过的一些半自治政治体 [3]，其中一些由地方强人统治，如老阿斯皮迪乌斯（Aspidius）在统治的奥伦赛地区（575 年），但更多的地方似乎是实行集体统治的，萨巴里亚的萨皮人（Sappi of Sabaria，573 年）就是这样，萨巴里亚可能在萨莫拉附近。此外，北方沿海的一些地方还有一些几乎完全没有罗马化的部落族群，他们被统称为巴斯克人，说巴斯克语。但是，这些族群也许有更多的罗马特征。例如，埃布罗河自萨拉戈萨以上的河谷地区被称为坎塔布里亚（574 年），这里的统治者是“元老院成员”（由当地的大地主组成），也有一个元老院。在南方地区，建立自治政权的不是地区，而是城市，例如科尔多瓦（550—572 年）。这些城市有可能还保持着完整的罗马传统，并且依然十分繁荣。梅里达就显然是这样，这座城市不算一个彻底的独立政权，但是在相当长的一段时间里，它几乎完全无视国王的存在。[4] 这里的主教和贵族仍然拥有大量财富（当年流传下来的圣徒生平证实了这一点）。梅里达城市和乡村地区的几座教堂乃至一些别墅都保存到了现在。可以说，这一时期的西班牙在两个方面呈现出了分裂趋势，一是中央政权失去了对众多地方的统治，二是各地区的政治体系走上了不同的发展或复兴道路。罗马时期遗留下来的政治体系出现了变化：在半岛的一些地区，尤其是北方，政治体系趋于集体化乃至部落化。[5] 不过，我们必须强调一点，那就是西班牙的很多地区仍然十分罗马化，无论其是否服从西哥特国王的统治。其中最突出的是地中海沿岸地区，以及南方富饶的瓜达尔基维尔河谷，梅里达正是位于河谷附近的内陆地区。卡西奥多罗斯的《信札》中有一篇提到东哥特人在 524 年左右征收土地税，另一份文献则显示，594 年时巴塞罗那和附近城市的税收（该地区由伯爵和主教负责征收）可能相当高，至少在部分地区如此。[6]

利奥维吉尔德在位时面临的就是这种双重分裂的局面，他为解决这个问题采取了军事行动。他在 6 世纪 70 年代系统地进攻各地的自治政权，上一段括号中的年份就是利奥维吉尔德发兵讨伐这些地区的年份。这一系列行动在 584 年达到了高峰。当年，利奥维吉尔德征服塞维利亚，平息了自己的儿子海尔曼吉尔德（Hermenegild）持续五年的叛乱。翌年，他又吞并了苏维汇王国。到 586 年利奥维吉尔德去世时，整个西班牙不受王权控制的就只剩下罗马人在南方沿海的一小条土地，以及北方的巴斯克地区了。跟查理·马特在8世纪二三十年代统一法兰克时的情景差不多，此时西哥特的权力根据地应该不会太小，否则不管利奥维吉尔德的意志比前任们坚定多少，他都不可能完成这些征服。梅里达的圣徒生平清晰地显示出，利奥维吉尔德不但对外扩张，对内也在加强集权的程度。他任命了一个叫萨那（Sunna）的阿里乌派主教，让他去梅里达对抗在当地拥有大量财富和影响力的天主教主教玛索那（Masona，他自己是哥特人），并最终把玛索那叫到他在托莱多的王廷，宣布把他流放三年。[7] 利奥维吉尔德还流放了一些贵族或没收他们的财产。同样重要的是，他还对王国的法典做了一次重大修订。利奥维吉尔德不仅仅是个军人，他还是个统一者。托莱多[8] 在阿塔纳吉尔德在位时就已成为王室的主要居住地，但直到利奥维吉尔德时期才成为政治和宗教活动的中心，由此成为一个真正的首都。托莱多在此之前并不是什么重要城市，它被选为首都是一件意义非常的事，因为其地理位置恰好在半岛的中央，这就体现出了王室一统天下的雄心。利奥维吉尔德还在托莱多以东兴建了一座属于自己的城市，名为雷孔波利斯（Recópolis），以进一步显示自己的威望。不过考古发现证明，这座城市的规模一直都不是很大。

利奥维吉尔德面临的问题还包括宗教分裂。西班牙的哥特人仍然保持阿里乌派信仰。在580年于托莱多举行的一次教会大会上，利奥维吉尔德试图柔化阿里乌派的教义，让天主教徒更易于接受，但他仍然在迫害一些天主教的活跃分子。汪达尔人一个世纪前也在阿非利加做过同样的事情，但是在教义上寻找中间路线的举措更像是查士丁尼等东罗马皇帝所推行的一性论政策。不过，此时信奉阿里乌派的人实在是太少了，因为哥特人在西班牙的总人口中只占很小一部分，最多也就占百分之几。而且，按照玛索那的说法，这些哥特人还不都是阿里乌派。海尔曼吉尔德也在造反期间改宗天主教。所以，“宗教统一”的概念一提出来，基本上就指的是由天主教来一统天下。事实上，利奥维吉尔德的次子雷卡雷德（Reccared，586—601 年在位）刚继承父亲的王位，就很快在 587 年改宗了天主教。在 589 年的第三次托莱多宗教会议上，阿里乌派被宣布为非法，这可比利奥维吉尔德对天主教使用的手段狠多了。雷卡雷德因此招致了一系列造反和政变企图，这些活动延续到了 590 年或更晚的时候。但是，阿里乌派的势力在这个过程中毫无疑问是衰落了，因为当雷卡雷德去世的时候，虽然政局又出现了动荡，但已经没有人再以阿里乌派的名义去制造事端了。

雷卡雷德的儿子利乌瓦二世（601—603 年在位）是个短命皇帝。从他开始，601—642 年间一共出现了九个国王，其中只有一个［苏因蒂拉（Suinthila），621—631 年在位］在位超过十年。这九个人中有三个是从自己父亲那里继承的王位，可恰好是这三个人被推翻得最快。法兰克人弗里德加得意扬扬地把这一系列政变称为“哥特人的疾病”[9]——当然，对于法兰克人来说，王位只要不是父死子承就算是一种混乱。不过，尽管这一时期的政局动荡不定，但利奥维吉尔德之前的政治分裂趋势却并未死灰复燃。国王们在前线跟巴斯克人、法兰克人打仗，苏因蒂拉还在 628 年把沿海的那一片土地从东罗马人手里夺了回来。王国内部不断的政变也至少说明公爵和地方长官们还是对中央王权感兴趣，而不是更热衷于区域自治。不过，包括苏因蒂拉在内，这一时期的国王们都没有太大作为。西塞布托（Sisebut，612—621 年在位）写了不少诗歌、信件，还有一本圣徒生平。他也是本书中除英格兰的阿尔弗雷德（Alfred of England）之外唯一一位称得上“作家”的西方统治者。此外，他还是对西班牙犹太族群进行残酷迫害的第一人。但除此之外，西塞布托的生平事迹就没有什么特别之处了。这一时期唯一的革新是在633年的第四次托莱多宗教会议上做出的。从那时起，托莱多的国王便经常召集全体主教举行会议。[10] 这种会议从633年到702年共召开了13次，成了王国政治体系中最重要的一环。如果哪一段时期国王没有召开全体大会，如656—681年，教会就会对国王提出严正抗议，即使其间召开过省级的大会也不行。在7世纪的西哥特王国，主教们在政治体系中的这种地位是西班牙所独有的，因为法兰克王国和伦巴第人的意大利都没有赋予宗教大会如此的重要性。那里的立法会议既有教会成员，也有世俗人员参与，并且由国王主持。国王通常会在会议开始时宣读一段表明会议宗旨的声明。这些大会让都城获得了重要的象征性意义。

没完没了的政变终于在辛达斯文托（642—653年在位）这里画上了句号。这位国王登基时已经年近八旬。为了控制住贵族阶层，他处决了其中的700人（根据弗里德加的说法），然后剥夺了其他人的公民权利，并颁布法令，对叛国罪施以严厉的惩罚。辛达斯文托因此遭很多人仇恨，甚至包括他自己的随从。例如，托莱多主教犹金二世（Eugenius II，657年去世）就在为他撰写的墓志铭里把他痛骂了一顿。[11] 此时，人们还是习惯性地认为，一个国王从登基开始就随时处于危险之中。680年和683年，当时的国王厄维哥和第13次宗教会议先后为所有自639年起被剥夺贵族身份的人恢复了身份和公民权利，贵族和教会人员在约40年间的不断努力终于有了成果。奇怪的是，这几十年间反倒没有发生什么政变。各地有人造反，但是没有人在全国范围内取得成功。雷克斯文德（Reccesuinth，649—672 年在位）于 653 年击败了佛罗利亚（Froia），万巴于 673 年击败了保罗（Paul），埃吉卡（Egica，687—702 年在位）则在 693 年击败了西斯贝尔特（Sisbert）。王位以和平的方式更替，即使在继承人有争议时也没有发生流血事件。雷克斯文德是辛达斯文托的儿子，万巴是在雷克斯文德临终时被选举出来的。厄维哥继承万巴王位时的情况不完全清楚，但至少没有人跟他竞争。他的继承人埃吉卡是他的女婿，而埃吉卡的继承人维提扎（Wittiza，694—710 年在位）则是埃吉卡的儿子。只有 710 年维提扎去世时出现了竞争局面，并有可能发生了政变。最后，罗德里克（Roderic，710—711 年在位）在朝廷大臣的裹挟下上位。尽管有明确的证据表明绝大多数国王对其前任持否定态度，但权力和平交接的趋势并未受到影响。厄维哥反对万巴是一个例子，而埃吉卡反对厄维哥的证据就更充分了，因为埃吉卡上台后，在第 15 次宗教会议上要求驱逐厄维哥的家眷（这个要求被大会拒绝）。此外，厄维哥和埃吉卡都乐于推翻前任颁布的法律。[12] 维提扎上台之后把父亲征用的财产又还了回去。此后，据说罗德里克登基时也遭到了维提扎家族的反对。所以，王位继承问题上的紧张气氛还是明显存在的，而且有时相当浓重（特别是埃吉卡在位时期），但这种紧张只表现在公共仪式和法律上，并没有引发战争。

西哥特王国的公共活动在 7 世纪下半叶达到顶峰。雷克斯文德和厄维哥都修改了利奥维吉尔德颁布的法律，并颁布了大量自己制定的法律。这些法律在其他国王在位时期也得到了执行，除了最后的罗德里克。教会的大会也是王室做出政治决策的关键场合。法律越来越复杂，辞藻越来越浮夸。这些法律被统称为“哥特法”，适用于王国内的所有人。这些法律可能是从5世纪开始流传下来的，那个时候哥特人和罗马人之间还有明显的区别，而这种区别到7世纪中期时已经消失了。不过，“哥特法”中的很多内容都可追溯到狄奥多西二世颁布的帝国法典，其渊源比后罗马时期其他王国的法律都要深远。辞藻华丽的特点也承袭于罗马法。此外，还有相当明显的证据表明西哥特人也在参考同时期拜占庭帝国的制度，至少是在礼仪以及王权和教权的结合上学习了对方。[13]589年的第三次宗教会议后，宗教走向统一，其重要作用一开始并不明显，但此时越来越清晰可见。这一时期的主要立法者——雷克斯文德、厄维哥和埃吉卡——都对西班牙最大的非天主教群体——犹太人[14]抱有强烈的敌意。他们继承了西塞布托针对犹太人的法律，并大大扩充了这些法律的内容，禁止所有的犹太教活动，限制犹太人的民事权利，最后于694年将所有犹太人贬为奴隶。在整个7世纪，拜占庭、意大利乃至通常较为宽容的法兰克均发生过零星的迫害犹太人的事件，而西哥特人的排犹法律无论是在措辞上还是在实践中，其暴力程度都远远超出同时期的其他地区。这种情况一直持续到中世纪晚期。今天的人再读这些法律，很难不产生愤怒和惊恐的情绪。无论怎样，这些法律也可在罗马人对待异教徒的法律中找到渊源。包括排犹法律在内，西哥特国王颁布的一系列法律都再清楚不过地表明了他们将王国罗马化的决心。

但是，问题也恰恰出在罗马化上。650年左右，托莱多的宫廷礼仪已经相当复杂，去那里的主教和贵族都要遵守一套明确的规矩。政治上的失败者要在首都接受精心设计过的公开羞辱：阿吉蒙德（Argimund）在590年被剁掉双手，然后放在一头驴身上游街示众；保罗则在673年被赤脚放在一匹骆驼身上。这些活动很像罗马帝国时期的胜利仪式。西哥特的国王像法兰克国王们一样富有，其中辛达斯文托对贵族财产的没收起了最重要的作用（西哥特还保留了土地税制度中的一部分元素，并至少维持到7世纪后期）。因此，对于政治人物来说，把活动的重心放在首都应该是有利可图的。朝廷（officium palatinum）[15]的复杂程度虽然远不及罗马帝国，但也至少不亚于法兰克王国，而且人员还在法律上享有特权。组成朝廷的人员包括中央政府的官吏，以及公爵等地方代表。此外，朝廷可能还像教会一样，有一个整体的形象，而国王应该是这个整体的中心。实际上，迪特里希·克劳德（Dietrich Claude）曾经言之凿凿地提出，贵族作为一个整体越来越多地介入了宫廷政治，国王则有能力摧毁这个群体中的任何个人。但是，我们的史料过于集中在王室和教廷的举措上，极少涉及托莱多以外的情况。因此，我们有理由怀疑朝廷的立法能在多大程度上投射到地方。国王们经常颁布灭绝犹太人的法令，过一段时间就要灭绝一次。万巴在673年颁布了一项关于服兵役的法律，而10年后厄维哥修改这项法律的时候说，万巴的法律过于严苛，以至于“全国人口中几乎一半”丧失了民事权利。我们能相信这种说法吗？埃吉卡在702年颁布一项针对逃亡者的法律，称“几乎没有哪个城市、城堡、乡村、地产或居所之中没有逃亡者藏身”。[16]可惜，实在太多人把该法律的字面意思当真了，但它至少显示出了国王们的两种倾向：第一，他们往往言过其实；第二，他们知道实际情况可能会和自己的描述大不相同。

只要我们检视各个地方的真实情况，就会发现它们和利奥维吉尔德之前的时代一样，彼此之间差异巨大。考古发掘所揭示的5世纪和6世纪早期出现的趋势依然存在，如果说有什么变化，那就是这些趋势变得更明显了。[17]梅塞塔地区的经济形态越发本地化，瓜达基维尔河河谷的进口额下降，地中海沿岸许多地方的经济都在7世纪出现了严重的简单化现象。苏因蒂拉从东罗马人手里夺回东南沿海地区之后，这一地区失去了来自北非的补给，而且似乎陷入了危机。南方的一些城市保持着较好的生活水平，例如梅里达和科尔多瓦，当然还有塞维利亚。中部的托莱多也不错（不过塞维利亚和托莱多的城市遗址还没有被发掘）。北方的城市则大多出现了衰退，地中海沿岸的城市能保持原有水平的就更少了（巴塞罗那和巴伦西亚也许是少数城市中的代表）。从经济的角度讲，7世纪时，西哥特国王们面对的是一系列互相分离的经济体，它们的历史迥异，彼此间的互动也越来越少。在萨拉曼卡以南的中央山脉发现的板岩文献（该地区盛产板岩，这种岩石易于刻写，其上的内容大多是非常简短的地产文书，以及奶酪和动物的租借清单）[18]似乎也表明当时的经济是非常本地化的，因为这些文献中提到的地名极少，托莱多也只出现了一次。

不断扩大的地方差异可能也解释了社会发展趋势的不一致。西哥特的贵族明显像法兰克贵族一样军事化，贵族和平民之间的私人关系也在加强。7世纪后期的军队法律表明，当时的军队大部分是由领主的私人附庸组成的，而教会大会的法令表明，个人间的附庸关系也开始成为教会官僚体系的组成部分。[19]实际上，国王被视为所有人的领主，每一个自由的男性都以个人的身份对国王宣誓效忠。[20]这种方式后来被法兰克人和盎格鲁-撒克逊人借鉴。与此同时，我们也发现很多制度和文化观念与罗马帝国时期相比并没有什么变化。西哥特人继承了罗马人对法律和法律边界［例如对贵族、上等人（honestiores）和非贵族的界定］的痴迷，厄维哥和埃吉卡等国王还重新捡起了罗马人法律辞藻华丽的风格。更重要的是，当时一些重要的政界知识分子都有深厚的罗马文化底蕴，例如塞维利亚主教伊西多尔（599—636 年在职）。[21] 他的作品涉及神学、历史，创作了影响力巨大的百科全书《语源学》，还是第四次托莱多宗教会议的召集人。西哥特能孕育出这样的学者，说明西班牙的一些大城市还保留着完整的传统教育体系。伊西多尔的弟子、萨拉戈萨主教布劳略（Braulio，631—651 年在职）是一个异常有魅力且平易近人的人。他的个人书信表明罗马的文化风格在西班牙的其他地区也依然存在。保加尔伯爵（Count Bulgar）写于 7 世纪 10 年代的书信则表明，罗马文化的遗风有时还会延伸到世俗贵族阶层。西塞布托国王的作品就是很好的例证。无论如何，伊西多尔和布劳略对世俗政治的参与度都很高。他们都出身于贵族神职人员家庭，和国王也走得很近。他们和他们的继承者把“罗马晚期的晚期”式的政治行为一直延续到了至少公元 700 年前后。他们的活动一定引起了政治体系中相当大一部分人的注意，自然也包括立法者的关注。布劳略似乎就对雷克斯文德的法律修订工作做出了自己的贡献。

综上所述，7 世纪的西哥特国王们所要管辖的地区和社群中，有一些相比于奥古斯丁的时代并没有太大的变化；有一些类似于同时期的法兰克王朝北部地区，出现了同样类型的军事化和乡村化现象；还有一些比之前更加简单、更加集体化的社会，这些社会在北方的一些地区尤其多；南方的地中海沿岸则有一些地区出现了经济崩溃。面对纷繁复杂的社会形态，西哥特国王们的雄心不亚于罗马皇帝，但他们的行政机构体系却不如罗马帝国那样精密，这使得他们难以像罗马皇帝那样精细地治理国家。他们的一些法律不太合情理，这也不足为奇。

在西欧中世纪早期的历史条件下，政府是没有能力消除这些地方差异的。西哥特的国王们对此心知肚明，而且也不像法兰克国王们那样憎恨地方差异。但是，有些现代历史学家据此得出结论，说西哥特王国在7世纪后期一直处于普遍的危机之中，这种说法也是错误的。恰恰相反，西哥特王国在那个时期是整个西方最强大的国家。[22]

西哥特王国之所以会被认为处于危机之中，原因之一是它于711年被从北非入侵的阿拉伯人和柏柏尔人征服，此后的500多年间，西班牙的大部分地区一直是一个以大马士革、巴格达和开罗为中心的穆斯林政治体的一部分（详见第14章）。[23] 历史学家总是习惯于给那些骤然灭亡的国家扣上失败者的帽子，但是这些国家灭亡的原因往往仅仅是一次战役，英格兰的盎格鲁-撒克逊王国就是亡于1066年黑斯廷斯战役的失利。西班牙确实是在711年四分五裂的，但是在此后的很长一段时间里，阿拉伯人的势力范围只局限于最靠南的一些地区。西哥特国王在东北部继续存在了10年，东南部的西哥特统治者狄奥德米尔（Theodemir，744年去世）则单独和阿拉伯人缔约，换取了自治权。最北边的一些地区回到了原始共产主义状态，恢复了一些部落传统，还于720年左右在阿斯图里亚斯拥立了独立的基督徒国王佩拉约（Pelagius）。在他之后，这个北方独立王国的王位又传承了很多代（详见第20章）。这些地区的不同选择明显体现了我们已经提到过的社会和经济上的差异，但是让这些差异真正转化为政治分裂的还是暴力的征伐行为。在公元711年之前，西哥特王国并没有哪个地区显现出脱离中央政府的趋势，就像7世纪后期的法兰克王国一样。从我们现在掌握的情况来看，西哥特国王们直到那时仍牢牢掌握着全国的统治权。

***

意大利在6世纪时所保留的罗马传统甚至比西班牙还多，但它对罗马传统采取了不同的处理方式。536—554年的哥特战争对亚平宁半岛的基础设施造成了巨大的破坏。阿尔博因（Alboin，560—572年在位）率伦巴第人从潘诺尼亚入侵，于568—569年建立了以自己为首的联盟，但意大利的动荡并没有平息的迹象。不过，伦巴第人对意大利的入侵堪称史上组织最混乱的征服行动之一。在接连两任国王被暗杀之后，伦巴第人于574年废除了王位，改为由各地公爵组成松散联邦，这种状态维持了10年之久，这可能是东罗马统治者提比略二世对一些伦巴第公爵实施贿赂的结果。在6世纪剩下的时间里，提比略和他的继承者们成功地让很多伦巴第公爵帮罗马作战。提比略还邀请法兰克人回到意大利攻击伦巴第人。为此，伦巴第人再次选出了国王，名为奥塔里（Authari，584—590年在位）。590年，面对法兰克人最大规模的一次进攻，伦巴第人又拥戴前都灵公爵阿吉卢尔夫（Agilulf，590—616年在位）为国王。阿吉卢尔夫击退了法兰克人在590年发起的数次重大攻势，亲自带兵反击。到了605年，阿吉卢尔夫与皇帝福卡斯（Phocas）议和，向法兰克人纳贡，这才让意大利重新出现了较为稳定的局面。但是，这一和平局面也暴露出了意大利的分裂迹象。伦巴第人所征服的只是半岛上一些彼此分离的地区，即意大利北部内陆的波河河谷、托斯卡纳（这两个地区之间只有一条狭窄的山路相连），以及亚平宁山脉中部的斯波莱托和南部的贝内文托，最后两个地区是自治的公爵领地，在8世纪以前都和北方的伦巴第王国无甚关联。罗马人的势力以北方的拉文纳为中心，沿亚得里亚海海岸向南北两个方向延伸。他们还拥有西部沿海城市热那亚和比萨及周边地区、罗马和那不勒斯及周边地区、普利亚，以及包括西西里岛和撒丁岛在内的最南部地区。实际上，意大利直到1871年才再次统一。在这块四分五裂的土地上，罗马时期的政治中心罗马和拉文纳，以及所有主要港口都不在伦巴第人的手里，他们的势力范围被局限于内陆地区，而这些地区从哥特战争开始就已经和地中海世界在结构上隔绝了。[24]

这种分裂局面使得罗马人占有的意大利——我们现在可以称之为拜占庭的意大利——有机会顺畅地保持帝国传统，同时让伦巴第人的土地陷入相对孤立的境地。问题是，历史并没有这样发展。伦巴第人一直努力保持进攻态势，在7世纪40年代占领热那亚，70年代又拿下了普利亚。680年，双方再次议和，局势稍有稳定，但是在726—751年的又一串混战之后，拉文纳也落入了伦巴第人的掌控。这样，伦巴第人被困于内陆的窘境就逐步解除了。公元751年之后，拜占庭在意大利本土的势力范围仅限于威尼斯、罗马、那不勒斯和半岛“鞋尖儿”上的小块土地。这就意味着拜占庭人必须投入重兵进行防御，他们也确实这样做了。拜占庭意大利的统治者是驻扎在拉文纳的总督，他组织了一个军事指挥部，原来的贵族阶层也迅速转型为听命于总督的军事统治集团，就连拜占庭城市里的市民也可以被称为“战士”（milites）或“军队”（numerus）。[25]实际上，他们的社会形态越来越接近于伦巴第或法兰克这样的罗马-日耳曼（Romano-Germanic）族群。亚平宁半岛上很多地方的税务体系也像在法兰克和西班牙那样被破坏了，而不是像拜占庭帝国的其他地区那样保存完好。拜占庭人和伦巴第人之间的联系也在缓慢增加，包括战争方式和非战争方式。北方的伦巴第人需要穿越拜占庭人的领土才能到达斯波莱托或贝内文托，有些史料中还有伦巴第人访问拉文纳的记载。贝内文托人和那不勒斯人甚至还共享了双方边界上富饶的卡普亚平原。在社会层面，半岛上各地区的很多方面都是同步发展的，没有出现西班牙那样明显的地方差异。当然，差异还是有的，我们稍后会讨论到。

伦巴第的国王们和西哥特人类似，一直没有建立起家族世袭的王朝。阿吉洛尔芬家族虽然在653—712年掌权，但也经历了多次内部政变，其王位还在662—672年间被一个敌对家族的两任国王占据。但是，在7世纪的进程中，伦巴第人还是确立了一些以血缘为基础但较为笼统的王位继承规则：如果不是阿吉洛尔芬家族的人继承，就由王后家族的人继承。奥塔里的遗孀狄奥德琳达（Theodelinda，约620年去世）在590年嫁给阿吉卢尔夫。后来传出的说法认为，是狄奥德琳达挑选了阿吉卢尔夫。可以肯定的是，她在阿吉卢尔夫统治期间有一定影响力，曾在罗马和教皇大格列高利（590—604年在职）谈判。她的女儿贡迪佩尔加（Gundiperga）也是先后嫁了两任国王，即阿里奥亚尔（Arioald，626—636年在位）和罗泰利（Rothari，636—652年在位）。阿里佩尔特一世（Aripert I，653—661年在位）是贡迪佩尔加的亲戚。他的儿子佩克塔里特（Perctarit，661—662年、672—688年在位）被格里摩尔德（662—671年在位）推翻，后者在政变成功后娶了前者的姐妹。不过，上述这些女性并没有成为强势的政治人物，只有狄奥德琳达例外。这可能是因为她是法兰克人，而且是巴伐利亚阿吉洛尔芬公爵的女儿，而此时法兰克人对意大利有很大的影响力。[26]

有关伦巴第人的意大利在7世纪时的情况，我们现有的史料很少，既没有文献档案，也没有细节翔实的叙事文。助祭保罗（Paul the Deacon）在8世纪90年代写了一部伦巴第人的历史，但这本书篇幅很短，成书也太晚了。不过，在这些零星的史料中，阿吉卢尔夫和罗泰利的功绩依然十分突出。[27]阿吉卢尔夫稳住了边疆，并且在北方各城市的公爵中建立起了有效的领导权。伦巴第人的意大利前30年的政治不稳定局面在他手里告一段落。他采用了一些罗马式的仪式，例如604年，他在米兰的竞技场宣布自己的儿子阿达罗尔德（Adaloald，616—626年在位）为国王。此外，他还设有罗马式的行政官和谋士。他的妻子和儿子都是天主教徒，但他自己不是。更重要的是，我们从现有的史料中无法得知他是异教徒还是阿里乌派。在伦巴第人中，这三种信仰都是存在的。而且，从阿吉卢尔夫开始，并没有什么迹象表明个人的宗教信仰具有重大的政治意义，这和西班牙的情况是不一样的。布雷西亚公爵罗泰利在继承王位之前肯定是阿里乌派，但在他看来，自己最重要的身份是伦巴第王室正统的代表。[28]他和拜占庭人展开战争，并且在643年颁布了伦巴第的第一部法典。法典中列出了罗泰利之前的17任国王，一直上溯到神话传说中的人物，还列出了罗泰利自己的11代男性祖先。此外，法典的抄本中还包括一部简短的伦巴第史书，这本书可能在法典编纂时就已经以某种形式存在了。除了西哥特人的法典之外，罗泰利的法典是中世纪早期所有法典中最长的一部。[29]但是，它受罗马法的影响却要比西哥特法典小得多，尽管其中对王室权威的界定足够罗马化。实际上，罗泰利在意大利创造了一种伦巴第人特有的王权与社会形态，而且伦巴第人此后的“民族”特征基本都很难追溯到公元643年之前。但是，这些非罗马化的民族特征正是在深受罗马影响的行政机构的支持下发展起来的。承认这一点非常重要。这套行政机构的建立时间不晚于罗泰利时期，其中心位于仿照罗马/拜占庭中心拉文纳（或者还有托莱多）建立起来的常设首都帕维亚，并辐射到由公爵和 gastalds（伦巴第官位，相当于法兰克的伯爵）统治的意大利北部传统的罗马城市领土。

罗泰利的继承者们承袭了他创造的伦巴第社会形态和法律，同时继承了他们从罗马人那里得来的基础设施。他们对教会的利用相对较少。主教们在城市政治中很重要，有时还被称为王室顾问（尤其是在阿吉卢尔夫在位期间），但是没有任何一个主教进入政治权力的中心，这一点和法兰克的情况有所不同。此外，主教们的大会也没有政治或仪式上的作用，这一点又与西班牙和拜占庭帝国不同。公元 653 年之后的国王没有一位在史料中被明确记载为阿里乌派，但这些史料也没有明确提出阿里乌派是何时被废弃的。也许有一件事稍微重要一些，那就是在 698 年，国王库宁克佩特（Cunincpert，679—700 年在位）支持的帕维亚大会正式放弃了“三章争论”，从而消除了意大利北部和罗马之间的天主教会自 6 世纪 50 年代开始的分裂。但是，这件事也并没有在伦巴第王国内起到增进宗教团结的作用。

柳特普兰德（Liutprand，712—744 年在位）是伦巴第国王中最有权势的一位。他的父亲是库宁克佩特之子的老师，因此可以称得上与 7 世纪的家族政治有关，但在血缘上就和前任国王们没有任何关联了。柳特普兰德的统治也仿佛开启了一个新时代。他每年都举行立法会议（每年 3 月 1 日举行，这和 6 世纪的法兰克王国是一样的），在会上颁布许多法令，大大补充和更新了罗泰利的法典。我们可以确定，他还经常扮演法官的角色，因为他的很多法令都是从特定判例中归纳总结出来的。这些判例有助于辨析一些难解的法学问题，例如，如果一个人在井边打水的时候被提水装置上的配重物砸死，那么谁该为他的死负责；又如，如果有男人趁女人洗澡的时候偷她的衣服，应该被罚款多少；等等。[30]713 年，柳特普兰德在自己首批颁布的法令中规定向教会献礼是合法的，之后就多少出现了记录这些献礼和其他事务的文献。正因如此，我们对 8 世纪伦巴第意大利的了解要比 7 世纪多得多。柳特普兰德还是个好战分子，其打仗的频繁程度几乎不逊于和他同时代的查理·马特，后者是他的盟友，而他的敌人则是拜占庭人和南方的伦巴第公爵们。截至 8 世纪 40 年代，斯波莱托已被永久纳入伦巴第王国的政治权力结构。贝内文托相对偏远，也更富有，一直比斯波莱托享有更多的自治权（7 世纪 60 年代除外，当时的贝内文托公爵格里摩尔德取得了王位），此时也依然如此。但是，柳特普兰德和他的后继者们至少有好几次指定了贝内文托公爵的人选。到柳特普兰德去世时，伦巴第国王的霸权已经覆盖了整个亚平宁半岛，这也是公元 568 年之后意大利第一次出现政治统一的可能性。

柳特普兰德的后继者是来自意大利东北部弗留利的公爵兄弟——拉奇斯（Ratchis，744—749 年在位）和艾斯图尔夫（Aistulf，749—756 年在位）。这两任国王都延续了立法的习惯。艾斯图尔夫还继续贯彻柳特普兰德的领土扩张策略，他在 751 年攻占拉文纳，并于 752 年让罗马纳贡。但是，地缘政治形势此时发生了变化。同样在 751 年，加洛林王朝的丕平三世宣布自己成为法兰克国王，并寻求两位教皇的承认（详见下文及第 16 章）。伦巴第人此前对教皇的不敬立刻就遭了报应：教皇斯德望二世（Stephen II）请求丕平三世起兵讨伐艾斯图尔夫。丕平在 754—756 年间两次入侵意大利，迫使艾斯图尔夫放弃了对罗马的野心，还把拉文纳还给了教皇。下一任国王德西德里乌斯（757—774 年在位）继承了艾斯图尔夫的野心，但没能突破他的极限。他再次干预罗马和贝内文托的政治，还亲手挑选了贝内文托公爵阿里奇斯二世（Arichis II，757—787年在位），但法兰克人的威胁始终存在。最后，德西德里乌斯在772年再次兴兵进攻罗马；丕平的儿子查理曼则在773—774年再次入侵意大利，这一次，他推翻了伦巴第国王的统治，并将伦巴第人的意大利纳入自己的管辖范围，只留下一个贝内文托。在那里，阿里奇斯于774年宣布自己为独立的大公。

8世纪中叶的国王们总是陷入一个怪圈：一方面，他们都认为应该吞并罗马，这样才能继续南下；另一方面，他们也知道，只要招惹罗马，就必然会引来法兰克人。考虑到法兰克人越过阿尔卑斯山进入意大利并非难事，恐怕就算没有罗马的请求，查理曼也早晚会找伦巴第人的麻烦。作为邻居，法兰克人从来都没有安分过，而且从提奥德贝尔特的时代就开始介入意大利的事务。自拉奇斯在位期间开始，法兰克人特别喜欢接收那些被从意大利驱逐出来的群体，例如巴伐利亚人。伦巴第人的军事活动规模可能始终小于法兰克人，我们还有几份当时的地主在参加战争前立下的遗嘱。[31] 以上事实说明，在那个尚武的时代，尽管伦巴第的贵族像他们的邻居一样给人一种好战的印象，贵族以下的阶层更是在法律上被统称为"军人"，但是这些伦巴第人，尤其是其中的大地主，并不是经常参与战斗。不过，除此之外，伦巴第的政治体系并没有明显的政治性或结构性弱点。就像711年的西哥特人一样，他们失败，只是因为对手太强大。伦巴第人的对手是当时西欧最强大的军队。实际上，伦巴第王国虽然覆灭了，但是它的政治实践对后来数代法兰克人都产生了影响。我们会在后面讨论这个问题。

从我们掌握的8世纪文献来看，伦巴第王国对当地社会生活的介入是无微不至的。国王以及城市中的公爵和gastalds在重要的司法案件中担当法官，也负责处理申诉。国王在做出判决后还要发布书面指令，确保判决得到执行。771年卢卡的一份案件记录显示，国王认为一名地方主教对一桩教会纠纷做出的裁决不正确，于是命令他重新审理。对于棘手的案子，国王还会派出钦差到案发现场调查。例如，帕尔马和皮亚琴察对两座城市的边界有争议，佩克塔里特于674年派人调查后解决了这个问题。714—715年，锡耶纳和阿雷佐之间又对教区的边界发生争议，柳特普兰德经过两次调查后做出了裁决。[32] 打官司的不仅仅是城市和教区，普通老百姓到帕维亚、斯波莱托或贝内文托寻求正义的情况也很常见。从我们掌握的文献来看，国王对他们的官司也会做类似的调查和裁决。书面文件是政府运行的重要基础。[33] 相比经常举行大型仪式的西班牙，并没有多少证据能说明伦巴第意大利的首都也存在类似的活动。看起来，帕维亚在王国中的中心地位要比托莱多在西班牙的地位来得容易，这得益于伦巴第社会的两大特征。第一，伦巴第王国的精英阶层绝大部分居住在城市里。[34] 他们毗邻而居，为争夺公爵或主教的职位展开竞争，也经常到世俗和教会的法庭上去打官司。他们对自己所属的城市非常忠诚，上文提到的边界争端可以证明这一点。即使是从8世纪开始出现的修道院，也大多是在城市里，只有少数几个著名的修道院例外。法兰克的历史学家更关注欧坦的路德加尔这样的地方豪强之间的派系斗争，而伦巴第的历史学家、助祭保罗却在记叙特伦托公爵阿拉希斯（Alahis）对库宁克佩特发动的政变（约688—690年）以及随后爆发的内战时，把重点放在了布雷西亚、帕维亚、维琴察和特雷维索等城市的市民们的政治抉择上。以上这些都说明地方精英阶层很容易参与到所有或近乎所有发生在城市里的政治活动中去。

第二个重要特征是，伦巴第绝大多数贵族拥有的财富比较有限。[35]

我们在现存的文献中几乎看不到哪个贵族的地产多于5到10块这个范围，这差不多是法兰克贵族们财产的下限。当然，国王和南方的自治公爵们拥有大片土地，还有少数有权势的公爵家族特别富有，特别是在王国的东北部。但是，大多数精英所拥有的地产用一只手就能数得过来，而且通常都在他们所居住的城市之内，最多也就是在紧邻的城市或者首都帕维亚还有一套房子而已。这就意味着伦巴第的贵族没有能力像法兰克贵族那样供养私人武装，而私人武装又是派系政治斗争的基础。意大利的所有造反者，无论是成功的还是失败的，几乎都是公爵。这绝非偶然，因为只有他们有权力控制地方武装。同时，这也说明贵族们会比较容易满足于国王那并不丰厚的奖赏。实际上，从我们掌握的情况来看，当时法兰克和伦巴第王室的财富都不少，但他们对臣属的赏赐不算慷慨。贵族身份是和官位挂钩的，而官位也属于国王的赏赐。除了在斯波莱托（某些时间段内）和贝内文托外，公爵的爵位都不是家族世袭的。伦巴第的国王们不征税，或者说，至少是在前几代国王的统治期之后就不再征税。[36]他们的政治活动体系完全建立在对土地的拥有上。但是，在这个政治活动体系之中，国王们的权威是非常大的，而且其权威所能影响到的事务非常多：他们那种事无巨细的影响力能够渗透到社会的许多细微方面。在这一点上，他们的成就远超同时期的法兰克和西哥特国王。

虽然城市[37]在伦巴第王国的社会和政治生活中都扮演了非常重要的角色，但这些城市在物质生活方面的水平并不高。774年时，这些城市中遍地是教堂——大多由当地显贵出资兴建。在文献记录最丰富的意大利城市卢卡，教堂最少有25座，但市民的住宅很简陋。奢侈品外的商品交易最多只存在于本地范围之内。我们对斯波莱托和贝内文托大公的领地所知不多。斯波莱托的中心地区位于高山，这意味着其领地内的城市发展水平较低，贵族们更多住在乡下。贝内文托有一些地势较低的富饶土地，其首府似乎也一度成为贵族的聚居地，他们拥有的地产比当时意大利其他地方的贵族都要多。因此，贝内文托可能曾经非常富有，政治上的凝聚力也很强。但是，当时意大利境内经济活动最活跃的城市恐怕还是那些拜占庭城市，至少是像罗马、拉文纳和那不勒斯[38]这样的大城市。考古学家们在那不勒斯的发现要比在布雷西亚、维罗纳或米兰这样的伦巴第城市丰富得多。教堂几乎是中世纪早期遗留下来的唯一有纪念意义的建筑类型，但是在伦巴第王国境内，只有最后几十年间建造的教堂才展现出一些建筑学上的野心，例如德西德里乌斯在布雷西亚修建的圣萨尔瓦多修道院（后改称圣朱利亚修道院）。反观那不勒斯、拉文纳，以及集大成的罗马，这样的建筑野心贯穿了整个中世纪早期。在拜占庭的领地上，对建筑的追求甚至还延伸到了私人住宅。里米尼从8世纪遗留至今的文件，以及罗马最近的考古发现均可证明这一点。

意大利拜占庭社会的发展情况基本与伦巴第社会相同，但也有一些特别之处。正如上文所说，它比伦巴第社会富裕得多，也更复杂。在拜占庭的意大利，教会在政治生活中的主角地位更为显著，其中以拥有教皇的罗马为最甚，而在拉文纳、那不勒斯等地，主教也同样拥有显赫的地位。另一个不同之处在于，就在伦巴第的政治集中度有所增强的时候，意大利的拜占庭各省却在8世纪纷纷走向了实质性的独立。那不勒斯公爵斯蒂芬二世（Stephen II，755—800年在位）完全脱离君士坦丁堡，实现了自治（值得注意的是，他先是以公爵的身份统治那不勒斯，公元767年之后又改成以主教身份实行统治）。威尼斯地区的多个小型潟湖岛屿上的公爵们，到8世纪40年代时也实现了实质性的自治。对于教皇所在的罗马来说，8世纪40年代大概也是其独立之路上的关键时刻。罗马的独立进程长达一个世纪，最终在8世纪70年代修成正果。当时可能还有人怀念拜占庭的统治，尤其是在伊斯特里亚。这个地区本由拜占庭和威尼斯统治，在8世纪后期被法兰克人占领。法兰克总督804年裁决的一桩法庭案件证明了当时人们对拜占庭的怀念（见后文，第16章）。但是，意大利还是逐渐从拜占庭的统治中摆脱了出来，只有西西里除外，拜占庭在这里的统治稳定地维持到了9世纪20年代。

罗马仍然是意大利最与众不同的城市。此时的罗马已经比帝国时代小了很多，却仍然是西罗马故地上最大的城市，且远超其他大城市。罗马的规模大概是拉文纳或那不勒斯的两倍、布雷西亚或卢卡的五倍（当然，这些数字只是猜测）。罗马的领土范围大约就是现在的拉齐奥大区，其面积也比那不勒斯和威尼斯等其他城邦大得多。教皇此前一直是宗教事务中的主角，这时也依然如此。不过，他们在政治和宗教上的利益有很长一段时间都主要聚焦于东罗马。他们对墨洛温时期的法兰克和西哥特统治的西班牙几乎毫无影响。但是，自从元老院于6世纪后期逐渐退出历史舞台，教皇就成了最有资格统治罗马的人。我们已经在教皇大格列高利6世纪90年代的大量信件中看到了这一点。东罗马皇帝在653年尚有能力罢黜在宗教上挑战其权威的教皇马丁一世（Martin I，见第11章），但到了687年，皇帝就没有能力罢黜塞尔吉乌斯一世（Sergius I）[39]了。（据说，皇帝派出的钦差不得不躲到教皇床底下，才躲过罗马民众的围攻。）到了8世纪，帝国在罗马的统治机构逐步落入教皇的掌控之中。不过，由于罗马城和教皇本人都拥有大量的财富，这套统治机构（以及相关的仪式制度）仍然相当复杂，每一个层级的官员都有数十人，其烦冗程度远超所有的罗马-日耳曼王国。[40] 这实际上是对君士坦丁堡的模仿。在 8 世纪，格列高利二世（Gregory II，715—731 年在位）和撒迦利（Zacharias，741—752 年在位）等教皇巩固了教廷在拉齐奥地区内的统治，斯德望二世（752—757 年在位）和哈德良一世（Hadrian I，772—795 年）则使用计谋，让法兰克人去对付伦巴第人。哈德良一世堪称地方霸主，连查理曼都视他为地位（近乎）平等的人物。教廷对西欧政治的影响在几个世纪内仍然十分微小，但一些强势的教皇还是能发挥不小的作用，例如，尼古拉一世（Nicholas I，858—867 年在位）就曾介入法兰克人和保加尔人的内部事务。在意大利的政治格局中，罗马的规模使教皇一直保持强大的对外影响力。我们在后文中还会讲到，对于加洛林王朝和之后的统治者来说，教皇还起着为他们证明正统性的作用。

***

相对于法兰克人，西哥特人的西班牙和伦巴第人的意大利展现了另外两种从罗马帝国时代进入中世纪早期的路径。实际上，在公元 700 年左右的时候，西班牙的发展看起来要比法兰克更好，只不过因为西班牙很快就在 8 世纪的第二个十年里遭阿拉伯人入侵，而查理·马特在同一时期重新统一了法兰克，现代的历史学家才往往得出相反的结论。意大利的政府效率也很高，足以在公元 774 年之后成为法兰克人学习的榜样。这三个国家在政治形态、王室仪式的力量（西班牙最强）、王朝正统的重要性、地方贵族的富裕程度（法兰克最强），以及中央政府和地方社会的联系（可能是意大利最强）等方面出现了巨大差异。王室的奋斗目标也不同：只有法兰克国王追求在外族人中建立政治霸权，而只有西哥特国王追求像罗马皇帝一样施行统治。但是，在其他方面，这三个国家的发展路径又有相似之处。它们都建立起了由军事人物控制的社会和政治体系，市民贵族阶层消失了（拜占庭帝国也出现了这一现象，起初是在意大利，后来蔓延到了拜占庭的核心地带）。虽然快慢不同，但这三个国家都逐渐失去了对税收的控制，并形成了以土地所有权为基础的政治体系。三个国家都把贵族的政治活动乃至身份认同严格控制在宫廷之内。事实上，尽管三个国家都经历过王权衰弱、政治分裂的局面，但成功的统治者仍然有能力将贵族重新聚拢在自己的权力体系之下，就像利奥维吉尔德在公元 569 年之后、阿吉卢尔夫在公元 590 年之后，以及查理 · 马特在公元 719 年之后所做到的那样。三个国家都以民族（分别是法兰克人、哥特人和伦巴第人）来建立政治身份认同感，但是民族在政治实践中很快就失去了重要性：700 年时，绝大多数“法兰克人”有身份为罗马人的祖先，西班牙和意大利的情况也一样。实际上，除了每年召开的公民大会（见前文，第 4 章），以及理论上（实践中从未实现过）所有自由男性都要服兵役外，这些“罗马–日耳曼”王国中并没有多少纯粹的日耳曼特征。政治、社会和文化都比罗马时代有所发展，但对这些发展的最好理解方式，仍是把它们视为罗马先辈们发展路径的延续。

第 7 章

无国之王：不列颠和爱尔兰，400—800

多尔的萨姆森（Samson of Dol）是一位不列颠圣徒。[1] 他的生平传记写于 7 世纪，其中展现了一些 6 世纪初期——也就是他投身宗教事业的早期——的细节。据说，萨姆森来自德维得（今威尔士西南部）的一个贵族家庭，其家族成员世袭王室教师之职。但是，萨姆森的家庭决定将他培养成神职人员，并送他去跟随博学之士依多（Illtud）学习，地点可能是在格拉摩根的兰特威特。从那里开始，萨姆森走遍了威尔士南部、塞文河谷和康沃尔，寻找戒律更加严格的修道院。最后，他在塞文河谷的一座城堡里当起了隐士。他得到了当地主教的认可和提拔，随后在自己母亲建立的一座修道院里担任院长，最后被提升为主教。再往后，他离开家乡，去了布列塔尼和法兰克。萨姆森这样的人生道路在圣徒生平之中可谓平常，但他一路上遇到的敌人就大不寻常了：他经常和毒蛇搏斗，杀死或驯服它们，还有一次甚至遇上了手持三叉戟的女巫。他的传记文本还有一个格外重要的特征，那就是除了他的高贵出身，以及后来在法兰克（作者称那里为“罗马尼亚”）遇到国王希尔德贝尔特一世（511—558 年在位）之外，书中没有提到其他任何一位国王，而且除了他的直系亲属外，也几乎没有提到任何世俗之人。也就是说，萨姆森在不列颠的时候虽然到处游历，而且获得了有系统的提拔，但他的全部活动似乎都发生在一个纯粹的宗教世界里，宗教之外的政治体系几乎不存在，不过讲到布列塔尼和法兰克时，书中立刻描述了当地的政治体系。萨姆森的生平是用布列塔尼文而非英文写成的，但两种文化的联系非常紧密，而且在那个时代，由于大批人从不列颠移居布列塔尼，布列塔尼语和威尔士语可以说是一种语言。对于用布列塔尼语写作的作者来说，要想象出传记主人公和不列颠国王之间的来往，甚至请求国王为修道院赐予土地和资助等情节，完全不是什么困难的事情，但他却什么也没有写。这使得萨姆森的圣徒生平在中世纪早期的圣徒行传中独树一帜。但是，这可能恰好说明了当时不列颠王权的衰败，无论是在 7 世纪还是 6 世纪。

罗马军队在 410 年左右撤出不列颠，罗马的行省政府也停止运作。随后，不列颠的经济在 5 世纪早期走向崩溃。罗马人在同一时代忙于高卢的内战，在此之后，我们不清楚罗马人是否有过重返不列颠的想法，但事实就是他们再也没有回去。不列颠就此脱离罗马版图。考古研究发现，这一变化带来的结果是惊人的：最迟到 450 年时，别墅已被废弃，城市生活彻底消失，传统的军事重地——哈德良长城周围的乡村——也部分被废弃（但是，也许其他地方的乡村没有出现这种情况），大型手工艺品生产全部停止。在罗马帝国曾经的疆域上，没有其他地方的经济退化得如此迅速、如此彻底，这说明当时的社会一定也经历了一场深重的危机。[2] 我们掌握的早期文字史料残缺不全［只有一些铭文，其中一部分是从不列颠到爱尔兰去的传教士帕特里克（Patrick）所写，另一部分是吉尔达斯（Gildas）在 6 世纪中叶撰写的措辞激烈的布道词］，但是这些史料似乎表明，500年时，至少不列颠的西部已经被一群小诸侯瓜分。这些诸侯有时被称为国王（reges），有时被称为僭主（tyranni，这个词被吉尔达斯当成贬义词使用，但它可能与 tigernos，即不列吞语中的“统治者”有关）。也就是说，罗马时代的国家被一系列蕞尔小邦取代了。[3] 不列颠东部在这个时候也出现了一系列移居而来的盎格鲁-撒克逊人建立起来的小王国。5世纪后期，这些盎格鲁-撒克逊国家逐渐向西扩张，但是遭到了不列颠人的反击，被阻击在塞文河平原的边缘一线。不列颠人的领袖可能是一个名叫安布罗修斯·奥里利厄斯（Ambrosius Aurelianus）的勇士。我们稍后会专门讲盎格鲁-撒克逊人，但现在我们可以说，这些不列颠王国的规模之小和盎格鲁-撒克逊王国的规模之小形成了相互印证，因为任何一方如果不是分裂成如此之多的小国，就应该很容易战胜另一方。

至于不列颠的这些政权都是如何发展的，历史上各种猜测可谓无休无止，因为变化太大，而证据不仅稀少，还经常互相矛盾。（我在这里先单独说一下关于亚瑟王的情况。有些史料说他生活在6世纪早期，在某种程度上算是安布罗修斯的后继者，但是这些史料全都是后来才出现的。9世纪时，人们认为亚瑟是一个英雄人物，但我们所能确定的也仅限于此。[4]）不过，某些方面的情况还是比较清楚的。首先是语言。铭文上通用的书面语言仍为拉丁语，其中还有 civis（citizen，公民）这样的罗马式称谓。帕特里克和吉尔达斯的作品中也使用了这些称谓。但是，大多数人的口头语言是不列吞语，即威尔士语的祖先。罗马-不列颠精英无疑是说拉丁语的（威尔士有大量说拉丁语的地主），但是农民不说，甚至在不列颠低地地区的人也不说，这是我们已知的情况。拉丁语的口语很快就不再通用，这是西方的其他地区都没有出现的情况。第二，不列颠低地地区的经济和文化高度罗马化，不列颠北部和西部的罗马化程度则较低。罗马在这些地方的统治主要体现在军事方面（罗马驻军主要是在哈德良长城一线，但在威尔士的大部分地区也有分布），城市较少，传统的社会结构则较强。罗马退出不列颠后的那些王国之中，最大的可能要算德维得和威尔士西北部的格温内思。这两个国家都位于罗马化程度较低的地区，但这并不意味着它们是某些罗马入侵之前就存在的政治传统的继承者。格温内思（拉丁语中称为 Venedotia）是一个新出现的国名，后来的政治传统认为该国的统治者是 5 世纪时从长城以北迁入该地区的。德维得虽然国名是老的［该地区的早期不列颠部族被称为德梅泰人（Demetae）］，但当时这个王国所在的区域里有大量爱尔兰移民，且该国的统治者伏提坡（Vortipor）在今天彭布罗克郡的德怀兰城堡（Castelldwyran）留下了一块用拉丁文和爱尔兰文书写的碑刻。伏提坡还遭到了吉尔达斯的恶评。但是，不管这两个王国的渊源多么复杂，它们之所以能发展得比较大，确实还是得益于其所在区域的社会结构并不依赖于罗马政府：国王和人民之间的紧密联系、忠于集体的价值观，以及地方政权的长期军事化统治，都可以被称作“部族”的特征。这些部族社群的分布向南达到康沃尔和德文，向北越过长城进入苏格兰南部。在那里有雷吉德、斯特拉斯克莱德、葛德丁等几个不列颠王国，稍晚一些的史料证明了它们的存在。吉尔达斯抨击它们时，也认为这些部族式王国都是稳定的基督教社群，但这也是罗马文化给它们带来的唯一显著影响。这些王国的国王之中可能有一位就是吉尔达斯所说的“骄傲的僭主”，吉尔达斯谴责他在 5 世纪的某个时候引来了盎格鲁-撒克逊人，但没有说这个人叫什么名字。到了8世纪，这个人被称为伏提庚（Vortigern），9世纪时，伏提庚（威尔士语中称为Gwrtheyrn）被威尔士东部的波厄斯（Powys）和格塞尼安（Gwrtheyrnion）两个王国的国王奉为先祖。

后罗马时代的不列颠低地可能也是由一批势力范围较小的政权控制的。低地地区中在史料中有迹可循的较强势力只有厄尔金、格温特、加的夫地区以及高尔等地的国王。[5]这些势力全都集中在东南威尔士的低地地区，他们的一些文件以及授予教堂土地的契约等史料从6世纪晚期保存至今。这些国王每个人的统治范围大概也就是现代威尔士一个郡的三分之一，有时更小。这种国家规模是罗马化的威尔士地区的情况，但整个不列颠低地地区可能也基本如此。这种情况可能始于罗马人撤出后的第一代人，因为当时的地主们需要自己组织防卫力量。不列颠低地本来和罗马帝国的其他地区一样，以城市领地为最基本的行政单元，但罗马人撤出后，这些城市领地很快各自分裂为许多更小的单元。在这个过程中，这些小政体可能会沿用一些罗马时期的传统，例如上文提到的“公民”（civis）概念。考古学家们在几处6世纪的山地堡垒遗址中还发现了产自地中海的葡萄酒、双耳油瓶和精美陶器，这些堡垒可能是当时的政治中心，大多位于布里斯托尔海峡以东和以南。[6]这些发现说明，当时这些地区的人可能仍在模仿罗马人的生活方式。此外，这些人想必都是基督徒。政府授予教堂土地的契约已可证明这一点，萨姆森的生平传记中对此也有表述：虽然这些国家太小，作者没有单独提起，但他至少认定整个不列颠低地地区是个统一的基督教空间。这些国家可能也对不列颠西部诸王国的政治模式有所借鉴，其中包括部族身份认同，也包括忠诚、勇敢和享乐等小型军事社群的价值观。对于此前属于平民社会的低地地区来说，这些价值观都是新事物。

我在前两段里频繁使用“可能”“大概”这样的词，这体现了史料残缺的程度。对当时所有事物的描述都有猜测成分。如果我们继续看不列颠人（现在可以称为威尔士人）7—8 世纪的历史，就会发现发展脉络稍微清晰了一些，至少不会出现自相矛盾的情况。700 年时，盎格鲁-撒克逊人已经占领了萨默塞特、塞文河谷和兰开夏，从而在事实上把威尔士人限制在了三个互不相连的区域里，即现代的英格兰西南部、威尔士和苏格兰南部。这三个区域的地形以山区为主。但是，在这些区域里，王国的规模还在不停地扩大。威尔士东南部的诸多小王国合并成了一个大国，名为格莱文思（Glywysing）。它和格温内思、德维得和波厄斯一起组成了当时威尔士人的四个主要政权，其中最强大的可能一直是格温内思。吉尔达斯在 6 世纪中期时就是如此认为的，因为他把格温内思的国王迈尔贡（Maelgwn）称为“岛中之龙”（island dragon）。根据比德（Bede）的记载，格温内思的卡德瓦隆（Cadwallon，634 年去世）曾深深侵入盎格鲁-撒克逊人的地盘，最北攻到诺森布里亚。[7] 9 世纪时，格温内思应该已经成为威尔士的霸主。用威尔士语写作的诗歌最早可追溯到 7—9 世纪，这些作品中有不少是对已去世国王的哀悼，其中最早的一首是缅怀坎迪兰国王的《坎迪兰挽歌》（*Marwnad Cynddylan*）。这位国王的驻地在现代的什罗浦郡附近，他于 7 世纪中叶去世。最长的一首叫作《高多汀》（*Y Gododdin*），缅怀的是高多汀王国的国王米尼道格（Mynyddog）。根据诗歌里的说法，米尼道格于 600 年带兵从首都爱丁堡出发，到了一个叫卡特雷斯（Catraeth）的地方，大概就是现在的卡特里克，米尼道格和士兵们战死在那里。这些诗歌表现出了“英雄主义”的价值观。至迟到公元800年，威尔士的贵族阶层还明显秉持这种价值观：“战士……会拿起自己的长矛，就好像它是玻璃杯里起泡的酒。他的蜜酒装在银质的杯子里，但他配得上黄金。”或者：“那些男人去了卡特雷斯，雨燕在那里迎接他们。银色的蜜酒是他们的欢宴，也是他们的毒药。”[8] 如果说这些价值观早在6世纪时就已经被威尔士人普遍接受，这种推测也不无道理。不过，无论这些价值观形成于什么时候，它们都和罗马的价值观迥然不同。这一点很重要，因为它反映了我们之前提到过的政治危机。这些军事精英都是罗马化不列颠人的直系后裔，而且没有被侵略者征服，但他们的价值观到此时已经和先祖完全不同，倒是和盎格鲁-撒克逊人颇为相似。

要搞清威尔士的国王们都做了些什么并不容易。根据已知的证据，这些人成天打仗，手下的亲兵在史料中频繁出现。他们慷慨大方，对手下人非常关照，而手下人则忠诚到可以（至少在文学作品里）以死相报。不过，这些国王的物质资源从何而来就不十分清楚了。他们从依附于他们的平民和自己打败的统治者那里收取贡礼，但是我们对贡礼的信息所知甚少，这说明当时的农民给宗主的纳贡数额可能是很小的。米尼道格的黄金、白银和玻璃也只是一种文学意象而已。国王们还和神职人员及贵族一起公开裁决案件，但是几乎没有证据表明他们在10世纪甚至更晚的时代之前曾有过立法的举动。国王资助教会，但教会自身的组织很不正规，有很多自立门户的家庭教会或修道院，每一个都声称自己的派别是由6世纪的宗教传奇人物创建的，如格拉摩根的依多、中西部的帕德恩（Padarn）等等。总而言之，这些国王的统治主要依靠面对面的交流和个人宗主关系，完全没有制度化的行政机构。我们在第 20 章会看到，这种情况一直到本书所讲述的时代结束都没有发生什么变化。

不列颠 / 威尔士人的国家规模很小，上文提到的行政机构缺失是一个原因。王室权力能影响的也就是一群并不总是很听话的农民、一帮和国王饮酒作乐（并接受赏赐）的精英，以及刚刚俘获的手下败将，仅此而已。有些国王也建立起了稍微大一些的霸权，但直到 850 年，这类霸权都只是昙花一现。不过，如果我们把目光投向北方，就会发现有一个王国时常能够统治一片广大的区域，那就是皮克特人的王国。这个王国位于今天的苏格兰中部和东部，是罗马文化影响过的区域中最北的。但是，皮克特人的文化至少有一部分和不列颠 / 威尔士文化相近。和威尔士语一样，皮克特人的语言也是从不列吞语衍生出来的。有关皮克特人的信息极少，即使按史料匮乏的不列颠的标准，也少得可怜，甚至在他们于 6 世纪后期到 7 世纪间逐渐改信基督教后，这种情况也没有扭转。皮克特人似乎属于母系社会，这一点在欧洲社会中独一无二。这种社会制度意味着皮克特的公主嫁到敌对的家族后，所生下的儿子可以合法继承皮克特的王位。例如塔洛尔干（Talorcan，约 653—657 年在位）就是伯尼西亚国王恩弗里斯（Eanfrith）的儿子。但是，这种继承制度究竟是怎么规定的，谁也说不清楚。皮克特社会并不是一直保持统一的（传统上分为七个省，分布范围从法夫到凯斯内斯），其中佛尔垂（Fortriu）的国王最有权势，其霸权往往能覆盖整个皮克特社会，也能在抵御外敌进攻时起到作用。例如，7 世纪最有名的佛尔垂国王叫贝利之子布鲁德（Bridei，son of Beli，约 672—693 年在位）。他于 685 年在一个叫作涅赫坦斯米尔（Nechtansmere）的地方击溃了过度扩张的诺森布里亚国王埃格弗里斯（Ecgfrith），彻底瓦解了诺森布里亚的政治霸权。8 世纪，皮克特人的势力达到了最高峰。当时的国王叫乌格斯特之子安格斯（Onuist, son of Urguist，约 729—761 年在位），他击败了今天苏格兰境内的所有敌人，建立起了自己的区域性霸权。这一霸权断断续续地维持到 9 世纪 30 年代。皮克特人是如何在没有任何可见的基础设施的情况下统治这块全欧洲最贫瘠的土地的，至今仍是一个谜，但是至少他们证明了这是有可能做到的。[9]

***

不列颠土地上这些未被盎格鲁–撒克逊人征服的地方，社会和文化形态都发生了剧烈的变化，因而我们也就不难理解，为什么早期的盎格鲁–撒克逊人并没有受到罗马传统的显著影响。关于盎格鲁–撒克逊人的文字史料主要关注较晚的时代。史料的来源有比德写于 8 世纪 30 年代的《英吉利教会史》（*Ecclesiastical History*），书中讲述的历史是从盎格鲁–撒克逊人 597 年改宗基督教之后开始的；还有一本成书于 9 世纪后期的《盎格鲁–撒克逊编年史》（*Anglo-Saxon Chronicle*），其起始年代与前者大致相同。所以，我们对 6 世纪晚期之前的历史，主要是借助考古发现来了解的。好在盎格鲁–撒克逊人的定居点集中在不列颠低地地区，也是不列颠岛上考古发现最丰富的地区。即使是按照欧洲大陆的标准，对这一地区的考古研究也是非常充分的。因此，我们可以对早期盎格鲁–撒克逊人的情况有一个较为完整的认识。

盎格鲁–撒克逊人是从海路进入不列颠的，他们大多来自现代德国北部的萨克森地区，包括一个叫作昂格尔恩的小区域。这些人说萨克森和弗里斯兰海岸地区的多种日耳曼方言。他们对不列颠的侵袭最早可追溯到3世纪（罗马人在海岸边建立起堡垒来抵御他们），但直到525—550年，才有证据表明他们在不列颠建立了永久定居点。后来的碑文把他们到不列颠的定居的“功劳”算在了伏提庚的邀请上面，但我们无法确知这样的邀请是否与盎格鲁-撒克逊人的入侵有关。此类故事在任何遭到外敌入侵的地方都很常见，而且也没有什么证据能表明，后罗马时代不列颠东部的政治实体中，有哪一个能强大到邀请外族进入。不过，对于那些无法证伪的说法，明智的做法是持不可知论的态度（关于亚瑟王是否存在的话题也是如此）。可以肯定的一点是，盎格鲁-撒克逊人在不列颠的定居点是高度碎片化的，其分散程度比克洛维时代之前高卢北部的法兰克人定居点还要高，并且一直保持分散状态。即使是在6世纪后期的一系列政治重组之后，我们也仍能在当代英格兰的东半部地区找到至少九个有据可查的王国，从最北的伯尼西亚到最南的韦塞克斯，除此之外可能还有好几个史料中没有记载的王国。这些王国中的大多数只有现在的一两个郡那么大，和罗马时代的城市领地差不多，比任何一个前罗马时代欧洲大陆上的日耳曼人政权都要小。不过，近些年的历史研究逐渐厘清了一个事实，那就是虽然这些王国的规模都很小，但它们本身都分割为许多更小的单元，一些现代历史学家称其为“地区”（regiones，8世纪的一些文本中也用了这个词）。这些小单元的面积各不相同，但通常在100平方千米左右，相当于怀特岛郡的1/4，肯特郡的1/40多一点。厄尔金这样的威尔士王国在公元600年左右的面积略大一些，但也在一个数量级上。这种小单元状态最典型的区域就是沼泽区和米德兰区，这里直到7世纪后期都没能统一成稍微大一些的王国，而就在同一时期，它的东西两面各出现了一个较大的王国，分别是东盎格利亚和麦西亚。比德给这个中间地带起了一个不太响亮的名字：中盎格利亚。在约产生于7世纪后期的贡品清单《部族藏书》（*Tribal Hidage*）中，中盎格利亚的诸地区被列在一起，这些地区包括彼得伯勒地区的北吉尔瓦和南吉尔瓦（North and South Gyrwa）、亨廷顿郡的斯韦奥多拉（Sweord Ora）等。这些小地区的名字在后来的史料中还会偶尔被提起，或是作为大王国中的区域名而继续存在，被用在地形学词汇中的就更多了。[10]

对于盎格鲁-撒克逊人居住特点的这种分析，我是基本认同的。也就是说，作为入侵者的盎格鲁-撒克逊人是以非常小的群体为单位定居的，这些群体一开始的规模最多也就是覆盖几个地方社群而已。这种规模的群体在威尔士就可以称为部族了。群体中的领导机制非常简单随意，但组织形式肯定还是军事化的，因为再小规模的征服行动也还是征服行动。上述描述也符合考古学家对早期盎格鲁-撒克逊人定居点和墓葬的考察结果。考古学家发现，这些地方的物质文化非常简单，比前罗马帝国疆域中除巴尔干地区之外的任何地方都要简单得多。[11] 直到公元700年，这些地方的陶器还是手工制作的，连窑炉都没有。铁器的尺寸也很小，应该都是在本地制造的。玻璃和复杂的珠宝制作在公元550年前非常罕见，在那之后也基本只出现在肯特王国，因为肯特在文化上受到了法兰克人的影响，而且可能还在某些时候受到后者的统治。这些地方房屋的样式甚至比萨克森的还要简单，村庄的规模也更小。所有这一切都说明当时的统治阶级还很“俭朴”，社会的阶级分化还没有出现。此外，正如我们之前所说，在不列颠东部地区，那些被盎格鲁-撒克逊小群体取代的政权肯定也大不到哪儿去。至于低地地区的不列颠人是如何在这些小群体中生存的，就只能靠猜测了。从我们现在了解到的情况看，盎格鲁-撒克逊人定居在罗马人留下的地貌上，却基本没有选择罗马人建造的定居点。他们几乎没有接受罗马-不列颠物质文化的影响（这进一步证明后罗马时代的不列颠的确发生了系统性的危机），他们所说的古英语也基本没有来自不列吞语的外来词。当时，不列颠人在数量上肯定压倒盎格鲁-撒克逊人，但证据表明，他们接受了盎格鲁-撒克逊人的文化，而不是反过来。有一些盎格鲁-撒克逊人的定居点——诸如伦敦以西的奇特恩斯，还有利兹地区——直到公元600年左右还被不列颠人控制的地区包围着，但即便是在这些地区，同样也是不列颠人接受了盎格鲁-撒克逊人的文化。

大概是从6世纪末、7世纪初开始，这些肯定在不断扩张的小群体逐渐形成了有一两个郡那么大的王国。这些王国的存在不但有史料记载，也有考古学上的佐证：这一时期的乡村定居点内部开始出现阶层分化的迹象，而且还出现了一些地位崇高的王室中心，例如诺森布里亚的耶韦灵（Yeavering，这里甚至还有一座神似罗马式剧院的看台，详见第10章）。[12] 在萨福克的萨顿胡（Sutton Hoo）以及埃塞克斯的普里特威尔，王室墓地出土的财物数量也相当可观。最早一批由小群体聚合而成的王国可能有肯特、东盎格利亚、德伊勒（大致相当于现在的约克郡）、诺森布里亚海岸地区的伯尼西亚，以及位于现在牛津郡和汉普郡的韦塞克斯。在所有较大的盎格鲁-撒克逊王国中，麦西亚[13] 是最晚出现的一个。同样是在6世纪后期，可能是因为前述王国的出现，盎格鲁-撒克逊人打破了6世纪前期的和平局面，再度向外扩张，入侵威尔士诸王国。英语和威尔士语的史料都记载了伯尼西亚国王埃塞尔弗里斯（Æthelfrith，约593—616年在位）的事迹，称他是一位战士。他率军向西进攻切斯特，还可能占领了高多汀，直抵爱丁堡。韦塞克斯的国王查乌林（Ceawlin，约 593 年去世）可能征服了塞文河谷南部和奇特恩斯，但是这段历史的证据出现时间比较晚。我们又反复使用“可能”“似乎”这样的词，是因为我们的史料实在是模糊不清。不过，可以肯定的是，这些新形成的王国中，国王们的好战程度比前辈高了很多。这些国王更多的时候是在互相攻击，而不是攻击威尔士人。在这个过程中，有些国王一时间取得了对其他人的霸权，比如埃塞尔弗里斯对德伊勒的霸权、肯特国王埃塞尔伯特（Æthelberht，616 年去世）对邻国的霸权，以及德伊勒国王埃德温（Edwin，616—633 年在位）对伯尼西亚和几个南方王国的霸权。

7 世纪主宰政坛的是两个王国：诺森布里亚和麦西亚。诺森布里亚的前身是伯尼西亚和德伊勒，二者在公元 651 年后永久合并。埃德温、埃塞尔弗里斯的儿子奥斯瓦尔德（Oswald，634—642 年在位）、奥斯威（Oswiu，642/651—670 年在位），以及奥斯威的儿子埃格弗里斯（670—685 年在位）均在南方建立过霸权。他们还把自己直接统治或建立起宗主权的区域扩展到了不列颠人和皮克特人的地盘。埃格弗里斯甚至还在 684 年对爱尔兰发起过一次攻击。这些国王的霸权仍然是断断续续的，但是称霸的时间越来越长，并可能因此实现了王国面积的扩大，成为当时英格兰最大的王国。麦西亚一开始则要小得多，而且在其第一个强势国王彭达（Penda，约 626—655 年在位）出现之前，这个国家是否真的存在都很难说。麦西亚的中心是一片内陆区域，位置在现代的斯塔福德郡内的塔姆沃思和利奇菲尔德一带。这里接近早期盎格鲁-撒克逊人定居区域的边缘，而且麦西亚王国在形成的过程中可能也吸收了一些较小的不列颠人社群。彭达还与格温内思的卡德瓦隆结盟，并于633年在后者的帮助下击溃了埃德温。这场胜利（以及卡德瓦隆一年后的死亡）可能给了彭达机会，让他得以攫取或建立起对更多邻国的霸权。642年，彭达在一次防御战中杀死了奥斯瓦尔德。奥斯威655年杀死彭达，为奥斯瓦尔德报了仇。但是，彭达的儿子伍尔夫赫尔（Wulfhere，658—675年在位）重新建立起了区域性的霸权。从这时开始，麦西亚就经常保持对周边王国的宗主地位，例如位于格罗切斯特郡北部和伍斯特郡的赫威赛（Hwicce）王国、林肯郡北部的林赛（Lindsey）王国，以及沼泽区那些微型政权中的绝大部分。麦西亚位于不列颠南部的正中央，战略位置极佳。因此，诺森布里亚向南的扩张受到了阻碍。很快，埃格弗里斯被皮克特人所杀，使诺森布里亚在北方的影响也同样减弱了。700年左右，盎格鲁-撒克逊人的政治权力已被四个主要王国掌握，这四个王国是诺森布里亚、麦西亚、韦塞克斯（此时已经将势力范围扩展到了不列颠西南部）和东盎格利亚。此外值得一提的还有肯特，这个王国虽然面积不大，但是由于和法兰克人的联系，其富裕程度在当时罕有匹敌。在所有这些国家中，最强大的毫无疑问是麦西亚。除了肯特之外，其他王国都存续到了9世纪后期。

四大王国此时的面积已经超过了威尔士诸王国，但双方还是有很多相似之处。小型军事组织的价值观在双方的文字史料中占有同样的地位。篇幅最长的古英语史诗《贝奥武甫》和《高多汀》一样，强调忠诚和英雄主义，以及王室对部下的厚待和慷慨。史学界对《贝奥武甫》的创作年代有争议，从8世纪、9世纪到10世纪的各种观点都有，但该书描述的图景是和其他早期文本完全相符的。例如，在菲利克斯（Felix）写于8世纪30年代的圣徒生平《古思拉克传》（*Life of*

Guthlac）中，出身麦西亚贵族阶层的圣徒古思拉克在其青年时代（7世纪90年代）曾经是一支小部队的首领，“铭记着古代英雄们的光辉战绩”，疯狂洗劫敌人的定居点，积累了丰厚的战利品，后来才转型当了修士。由此可见，一直到7世纪90年代（或8世纪30年代），独立的小股强盗部队仍然是可以存在的，而且是可以夸赞的，因为菲利克斯对古思拉克的这些行为颇有赞美之意。但是，国王们自己的军事组织规模还没有大到可以和王国规模相匹配的程度。《盎格鲁–撒克逊编年史》中有一段可能来自更早时期史料的文字，其中记叙了韦塞克斯国王西内伍尔夫（Cynewulf）在786年被杀的经过。西内伍尔夫在情妇家被自己的仇敌，即前任国王的兄弟西内赫尔德（Cyneheard）偷袭。后者抢在西内伍尔夫的亲兵赶到之前将其杀死，随后向亲兵保证可以饶他们不死。但是，这些亲兵拒绝投降，相继战死在了西内伍尔夫的尸体旁。第二天，西内伍尔夫手下的军队包围了西内赫尔德，双方谈判失败，西内赫尔德和他手下的84个人悉数被杀。这84个人同样拒绝向敌人投降，而替西内伍尔夫报仇的人也“决不侍奉弑杀其主之人”。这段文字着重强调了忠诚的观念，但同样值得注意的是，一直到8世纪80年代，整个王国的命运仍然维系在一支不足100人、驻扎在一座木寨里的小部队身上。[14]

这种情况与王室的物质资源有限相关。国王有权在自己的领土上征收以食物形式缴纳的贡礼，但是我们所掌握的证据显示，和威尔士的情况一样，这些贡礼的数量可能很少，甚至可能只有在国王和他的亲兵需要吃这些食物时才会被缴纳。迟至700年，盎格鲁–撒克逊的国王们在物质上都很难称得上富有：他们有不少黄金和珠宝，因此才能在类似萨顿胡那样的墓葬中留下数量不菲的陪葬品，但这些财富还不足以让他们供养更大规模的亲兵队或军队，除非能在敌人身上得到大量战利品。这些国王也拥有土地。比德在书中明确写道，8 世纪 30 年代时，国王们已经把土地当作给军事贵族们的赏赐品，但这种行为在中世纪早期通常都是有风险的。比德也指出，如果一个国王的土地都给了别人，那么年轻的贵族就会离开他的国度。[15]

上述现象的结果似乎是维持了王权衰弱、朝廷单薄、王国袖珍的局面，就像威尔士的情况一样。但是从其他方面来看，盎格鲁–撒克逊诸王国已经开始发展壮大了。首先，它们占据了不列颠低地地区，这里的土壤比较肥沃，能够养活较多的人口，也离欧洲大陆较近。考古研究发现，7 世纪后期至 8 世纪早期，英格兰和大陆之间的商品交易明显增多。这些交易主要集中在一系列贸易港口内，而这些港口很快就被盎格鲁–撒克逊国王们控制了。[16] 这样的港口有韦塞克斯的海姆维克（Hamwic，即现在的南安普顿）、麦西亚的伦敦（麦西亚国王可能是在 7 世纪 60 年代时进占了泰晤士下游，伦敦斯特兰德大街沿线的码头最早可追溯至 7 世纪 70 年代）、东盎格利亚的伊普斯维奇，以及诺森布里亚的约克（详见第 9 章）。这些港口很快就拥有了自己的手工匠人，也发展出了城镇的模样。它们成了盎格鲁–撒克逊人的英格兰地区的第一批城市中心，但仍然与国王保持着密切的联系。国王有权优先获得这些城市的商品，对其收税。全欧洲的国王都可以征收这类税，而对于国王实力非常弱小的英格兰来说，这些钱可以大幅补充国王的物质资源。

第二，国王们得到了手下贵族的全力支持。我们可能不该过于相信《贝奥武甫》或西内赫尔德的故事中那些对忠诚的描述（不管怎么说，虽然西内赫尔德的手下甘愿陪他去死，可是这些人还是先背叛了国王西内伍尔夫的），但是我们至少可以假定，那些不忠于或者无法忠于国王的人在当时是很难有好日子过的，因为根据文字作品的描述，这些人在背叛国王后往往并不会成为敌国的座上宾，而是无依无靠，最终成为“浪人”。[17] 国王和贵族之间还因逐渐增长的土地权力而联系在一起。早期盎格鲁–撒克逊人的土地制度似乎并不是地主–佃农制；土地是王国的领土，由国王（或者还有其手下的贵族）征收贡礼。我们已经讲过，贡礼的数量可能很少，但这些土地上没有人身自由的佃农们所要付出的东西可能会比贡礼更多。从 7 世纪后期开始到 10 世纪，这些领土逐渐变为私人拥有的地产，租金和劳役都比之前提高了很多，从而使国王和贵族们获益。[18] 我们会在第 19 章详细讨论这个问题。比德所记载的国王赏赐土地给贵族的事情在当时（8 世纪 30 年代）可能已经不是什么新鲜事了，这个事例也是土地所有制开始缓慢变化的最早迹象之一。但是，土地所有制的平稳发展只有在政治体制健全、国王拥有强权的时候才能实现。因此，贵族们接受王权的不断壮大有利于他们自己获得更多的土地。

第三个变化是盎格鲁–撒克逊诸王国改宗基督教。[19] 我们对这一过程的了解很多，因为这是比德的历史作品中的中心话题。比德（673—735）是一个修道士，住地在诺森布里亚北部威尔茅斯和贾罗地区的修道院。他是一个受教育程度很高的知识分子，似乎并不怎么参与政治（但是认识国王和主教）。他把盎格鲁–撒克逊人改宗基督教的过程描写成了一个英雄主义故事。故事的开头是 597 年，教皇大格列高利从罗马派出使团到肯特传教。在接下来的一代人时间里，基督教又传播到了包括诺森布里亚在内的其他几个王国。埃德温死后，基督教的势力有所萎缩，但是到了 634 年，爱尔兰使团从爱奥那岛出发到诺森布里亚传教，使基督教得到了复兴。异教徒国王彭达655年去世后，基督教在几乎所有盎格鲁-撒克逊人居住的地区得到了接受，至少是在国王和亲兵这个群体中。随后，基督教的地位又因为两个重要事件而得到了巩固：一是664年，惠特比宗教会议召开，诺森布里亚和其他地区接受了罗马人对复活节日期的认定，更多的地区接受了罗马（而不是爱尔兰）教会体系；二是669年，一场瘟疫要了英格兰大多数主教的命，塔尔苏斯的狄奥多尔（Theodore of Tarsus）由罗马赶来，担任坎特伯雷大主教（668—690年在职），重新建立了教会体系，把它变成了范围包括所有盎格鲁-撒克逊王国的统一机构。从672年开始，教会模仿欧洲大陆的形式召开教会大会，盎格鲁-撒克逊教会的组织化程度从此越来越高。[20]

比德把这个过程视为当然的好事，是上帝的旨意。当然，改宗的实际过程肯定不像他描述的这么简单明了，也含有更多的政治因素。但是，他对教会到7世纪70年代为止取得的成就的描述是可信的，而且也得到了其他史料的佐证。在王室的慷慨捐助之下，主教的数量和修道院网络都呈现茁壮成长之势，相关的文献也从7世纪70年代开始保存至今。可以说，教会是新式土地政治的第一个受益者，甚至比贵族阶层受益还要早。8世纪早期，如果说盎格鲁-撒克逊社会有哪个方面已经可以和欧洲大陆比肩，那一定是教会。盎格鲁-撒克逊社会的教会体系比威尔士人和爱尔兰人的强大得多。关于爱尔兰教会的情况我们会在后面讨论。这个体系本质上是欧洲大陆的舶来品，而且受到了法兰克和罗马的启发，后者的启发尤为关键。教会也在历史上首次把所有的盎格鲁-撒克逊王国连到了一起。实际上，比德把这次改宗视为一个单一民族的改宗，他把这个民族称为“盎格利人”（Angli）。

他大体上认为盎格利人是“英吉利人”（English），而不是“盎格鲁人”（Angles）。在9世纪后期阿尔弗雷德大帝出现之前，我们不确定有多少人和比德一样认同“英吉利人”这个身份。不过，每个王国1—3人的主教网络确实是覆盖到了每一个盎格鲁-撒克逊政权，且没有进入威尔士人控制的区域。这些主教隶属于同一个教会体系，都听命于坎特伯雷大主教。这至少可以对那些希望在自己国家之外建立霸权的国王们形成潜在的支持。考虑到英格兰的主教们几乎不参与任何独立于国王之外的政治活动，这种支持的作用就更大了。这里面有一个例外，那就是由法兰克人培养出来的威尔弗里德（Wilfrid，709年去世）。此人在里彭和约克都担任过主教，但是被埃格弗里斯和他的继承者奥尔德弗里斯（Aldfrith，685—704年在位）两次驱逐出诺森布里亚。主教们没有把欧洲大陆上那些世俗的政治礼仪带到盎格鲁-撒克逊诸王国。直到8世纪后期，这些王国的政府机构都非常简单，可能是以公民大会为基础的。不过，盎格鲁-撒克逊国王们确实开始立法了：首先是肯特的埃塞尔伯特，这位第一个改宗基督教的国王于602年颁发了第一批法律。[21] 他的后三任后继者也都颁布了法律。接着是韦塞克斯，国王因尼（Ine，688—726年在位）于690年前后颁发了法律。

上述发展使王室权力有了进一步扩大的可能。首先将这种可能转化为现实的是麦西亚的三任国王：埃塞尔博德（Æthelbald，716—757年在位）、奥法（Offa，757—796年在位）和森伍尔夫（Cenwulf，796—821年在位）。这三个人几乎不间断地统治了超过一个世纪。他们三人没有很近的亲缘关系，后任者也都不是前任的直接继承人，却都在前任的基础上系统性地扩大了王权。首先，在他们任内的绝大部分时间内，除诺森布里亚（以及公元802年之后的韦塞克斯）之外的所有盎格鲁–撒克逊王国都承认他们的霸主地位。第二，他们以前所未有的系统性行动一步步将许多王国并入麦西亚。到709年的时候，赫威赛国王在文献中的称号已经变成了“subregulus”（sub-king，次级国王）。之后两代国王的称号在“国王”和“大臣”（minister）之间切换，公元789年之后就彻底降格成了“大臣”或“公爵”。埃塞克斯国王的身份也在812年到约835年之间经历了类似的滑落。麦西亚对肯特的吞并过程则更为暴力，因为肯特人在776年推翻了麦西亚的统治，但奥法在785年卷土重来，废掉了肯特王室，自己直接当起了肯特国王。奥法去世后，在796—798年之间，肯特王室曾短暂地重掌权力。之后，森伍尔夫把自己的兄弟扶上了肯特王位，肯特从此永久失去了独立地位。麦西亚则继续稳步扩张。在与奥法同时代的查理曼心中，英格兰南部只有一位真正的国王，那就是奥法。[22]

王权覆盖范围扩大的同时，行政基础设施初步形成的迹象也越来越明显。从8世纪中期开始，王室对教会颁布的特许状中开始将三种“全民义务”[23]排除在教会可免除的义务之外，即服兵役、修桥和修堡垒。也就是说，教会仍需在国王的要求下履行这些义务。其中，兵役当然是古已有之，但后两者似乎是新出现的，而且需要有人组织。到了9世纪，履行义务者不再需要招待王室的官员，但王室官员的数量越来越多，说明国王手下的行政人员比以前增多了。威尔士和英格兰的边界是由一条长100千米的大堤划分的，称为“奥法大堤”（Offa's Dyke）[24]，传统上认为它和国王奥法有关。这道大堤穿过了不少相对荒凉的地区，其建设肯定需要相当程度的组织才能完成。奥法还改革了币制，并成为亨伯河以南第一个把自己的名字刻在钱币上的盎格鲁–撒克逊国王。[25]8世纪时，英格兰最富裕的地区绝对不是麦西亚，而是东部沿海地区，因为那里有港口，商品贸易也在发展。但是，奥法现在控制了沿海地区，开始从中获取系统性的经济利益。同样在这个时期，国王们开始效仿法兰克人（详见第16章），利用起了教会的大会。史料记载，747—836年，英格兰召开过多次由国王主持的教会大会，这些大会中做出的决议很多都是关于世俗事务的。786年的大会还接待了教皇派来的使团，那次大会涉及的议题也特别广泛。以上所有措施和程序表明，王室的权力结构在奥法和森伍尔夫时期已经发展到了可以被称为国家的程度。

王室权力的膨胀并非不可阻挡。首先，尽管自塔尔苏斯的狄奥多尔开始，教会体系就把所有盎格鲁-撒克逊王国连到了一起，但735年时，情况又发生了变化。也许是为了摆脱麦西亚的影响，诺森布里亚于这一年在约克设立了自己的大主教。麦西亚后来也于787年在利奇菲尔德设立了大主教。麦西亚之所以这样做，是因为奥法和坎特伯雷[26]发生了矛盾，他认为坎特伯雷和肯特人自治行动的关系过于密切，因此还是扶持一个听命于自己的主教比较安全。至少，他暂时达到了目的（803年，坎特伯雷重新统一了南方的教会体系）。第二，8世纪时，韦塞克斯、麦西亚、诺森布里亚等国都存在王室家族内斗的问题。[27]在麦西亚，王室内斗在821年之前并没有什么根本性的影响，但在那之后，持续的内斗削弱了麦西亚的霸权。曾被三任国王维持了100多年的稳定局面就此丧失，直到阿尔弗雷德时期才重新建立起来，而那时的局面已经全然不同（详见第19章）。也许查理曼认可奥法和自己平起平坐（至少在外交礼仪上是这样），但盎格鲁-撒克逊的王权还是比法兰克人弱小得多，也不稳定得多。[28]两者的根基也完全不同，法兰克人是在罗马帝国留下的基础上建立起自己的统治的，而盎格鲁-

撒克逊人完全不是。不过，盎格鲁-撒克逊国王们至少是在努力地在政治结构上向法兰克人靠拢。麦西亚的历任国王可能完全是有意这样做的。法兰克人实在比他们强大太多，因此向他们学习是很自然的事。阿尔弗雷德和他的后继者将来也会学习奥法的做法。

***

爱尔兰从来没有被罗马人统治过。与威尔士、英格兰相似，这里的政治格局呈现出诸侯林立的状态，但这里的政治权力分散化程度更高。没有人准确知道爱尔兰在某个时间点上一共有多少国王，但人们普遍认为这个数字在100到150之间。每个国王都统治着一群人，这群人称为 túath 或 plebs。这两个词分别是爱尔兰语和拉丁语，其中后者在欧洲大陆的拉丁语中指的是地方社群，但是在这里也可以翻译成“王国”。这些“王国”或“人民”的规模和重要程度可谓千差万别，但是每一个都紧密地和一位国王联系在一起，且通常都以国王的家族来命名。例如，森内尔康奈尔（Cenél Conaill）就是“康诺尔（Conall）的王国”，而乌伊邓兰（Uí Dúnlainge）的意思则是“邓朗（Dúnlang）的后代”。我们在介绍威尔士的情况时已经阐明了“部族”的诸多特征，而爱尔兰诸王国也完全符合这些特征。每个王国都有一个相当简单的社会结构，即使是那些“大国”也如此（小国可能全部国民也只有几个家族而已）：靠血缘关系组成的自由民群体要向领主群体交租，而领主又要向国王交租（国王自己和很多领主或大多数领主之间有亲属关系）。“租金”通常是牛，自由民和领主都是独立的土地所有者，他们之间的依附和庇护关系是暂时的，只有没有自由的人才永久依附于领主。[29]爱尔兰的史料来源比较特殊，有相当大一部分是法律小册子，也就是律师们使用的私人手册。这种小册子通常会用大量篇幅去表述身份、责任、法律分类等方面的各种微小区别，细致到了不可思议的程度。例如，按照推测，自由民的社会被划分了多达14个等级。至于这些区别甚小的关系在实际执行中能起什么作用，就很难说清楚了。但是，可以确定的是，这些关系的监督工作是非常简单的。大多数国王应该都有一个管家负责收租，有一小股部队以执行法律，每年召开一次国民大会以议事，除此之外就没什么了。但是，律师在全岛各地都属于需要高深学问的职业，这类职业还包括诗人和异教祭司（爱尔兰基督教化之后，这个职业被神父所取代）。这些职业都有独立的层级体系和职业教育。因此，律师们自己阐释法律的精细程度可能会远远超前于其实际使用。当然，跟其他那些简单如爱尔兰的社会相比，爱尔兰法律人士的专业技能确实要高出很多。

爱尔兰诸王国之间也有等级高低之分，等级较低的国王要向等级较高的国王交租，还要提供军事支持。有的时候，王国之间的等级有三到四级之多。那些低级别的王国可能较为稳定，因为最小的国家（túatha）是不可能靠自己的力量兴风作浪的，最安全的办法就是找一个较大的国家（túath）结成永久的依附关系。不过，这些“底层依附者”（爱尔兰语中称为 aithechthúatha）却很少并入更大的群体。这种事情肯定发生过，因为有些王国确实扩张了，但是从我们现在所知来看，大多数小部族一直存续到了本书讨论的时代结束时。[30]这种稳定性有时被认为是爱尔兰社会崇古之风的结果，法律小册子详尽描述了国王需要遵守的礼仪和规矩。8世纪有一本关于社会地位问题的重要小册子叫《分等》（*Críth Gablach*，英译为“Branched Purchase”），其中写到国王一周里的每一天都要完成不同的职责："周日喝麦芽酒……周一审理案件、处理国家大事，周二玩板棋（fidchell，一种棋类游戏），周三看猎鹿犬打猎，周四行房事，周五赛马，周六审理案件。"[31] 当然，这一套日程是不可能实际严格执行的，但可能比较生动合理地反映了当时国王任务繁重的情况。国王也有禁忌，这种禁忌被称为 gessa[32]，一首写于 11 世纪的诗歌列出了爱尔兰所有五个省份的不同禁忌，这五个省份是阿尔斯特、康诺特、米斯、伦斯特和芒斯特。诗中有一个例子说，塔拉（Tara）的国王不能在周三去麦格布里格（Mag Breg），也不能在周二进入泰特巴（Tethba）北部。无论怎样，爱尔兰国王这些无穷无尽的神秘规矩和禁忌也许说明了部族社会中仪式的重要性，但无法解释为什么那些等级较高、野心较大的国王没能扫除这些陈规陋习。对这个问题的最好解释是：爱尔兰国王的行政基础设施还无法让他们的直接统治超越一小片地区的范围，因此他们只能让这些小部族群体继续其自我管理。在等级较高的国王之间，庇护-依附的体系也比较不稳定。没有一个国王能够建立起覆盖整个阿尔斯特或伦斯特的霸权，即使有，也是昙花一现，因为只要有人称霸，就马上会有人造反，联盟也早晚会解体。国王们个个都是好战之徒（奇怪的是，《分等》里国王的每周日程表里恰恰没有打仗这个任务），而且除了打仗之外没有什么其他的事情可做。

爱尔兰的两个主要王朝各自统治着好几个独立的王国，两个王朝互相为敌。尼尔家族（Uí Néill）统治着米斯和阿尔斯特西部，是两大王朝中实力较强的一方；欧根纳赫特家族（Éoganachta）则统治着芒斯特。两个王朝各自有一个仪式上的中心，分别为塔拉和卡舍尔，但国王实际上并不住在那里（塔拉是一处古老且被遗弃了的高山堡垒，卡舍尔相对较新，而且后来建造了一个教堂）。王朝之中地位最高的国王在任何时候都是塔拉或卡舍尔的国王。尼尔家族和欧根纳赫特家族似乎是在5世纪时各自建立起了统治，但是具体的过程不得而知。[33]尼尔家族的先祖奈尔·诺加拉奇（Níall Noígíallach）基本上是一个神话人物。这两个王朝出现之前，爱尔兰有一个较为重要的中心，即在阿尔马附近的艾汶马哈［Emain Macha，现在的纳文堡（Navan Fort）］。这里是库呼兰（Cúchulainn）英雄史诗主要故事的发生地。库呼兰是乌利德（Ulaid）国王孔赫沃尔（Conchobar）手下的英雄战士，乌利德是阿尔斯特地区最初的核心部落，其国王在尼尔家族的驱赶下向东进入现在的安特里姆和唐郡地区。截至6世纪，乌利德人在该地区建立了四个王国。伦斯特在6世纪时基本不在两大王朝的统治范围之内，最穷的康诺特也大致如此，不过似乎尼尔家族最初来自康诺特，并且声称与当地的几个主要王朝家族有血缘关系。不过，尼尔王朝之中较为成功的国王仍然可以在除芒斯特之外任何省份的王国之中建立起暂时性的霸权，而欧根纳赫特王朝则在8世纪以前都局限在芒斯特一地。

在各种互相矛盾的编年史中出现的爱尔兰国王林林总总，共有数百位之多，其中有几位值得一提。塞贝尔之子哲尔默特（Diarmait mac Cerbhaill，565年去世）或许是尼尔家族从传说时代进入真实历史时代的第一位国王（但传说故事中也有很多与他相关的内容），他是尼尔家族在米斯省的几个主要王朝家族的祖先。至少从他这里开始，尼尔家族在爱尔兰中部和北部的统治权就很少受到怀疑了。凯瑞尔之子贝坦（Báetán mac Cairill，581年去世）是乌利德人建立的王国达尔菲亚塔赫（Dál Fiatach的发音）的国王，他试图在马恩岛和苏格兰西部的达尔里阿达（Dál Riata）地区建立霸权，并以此为权力中心与尼尔家族分庭抗礼。他的行动最终失败了，但也说明5世纪形成的政治版图并不是一成不变的。[34] 7世纪，爱尔兰的政治格局较为稳定。各省内各大王朝家族内部的敌对派别间经常轮流执政。到了8世纪，又出现了一些野心更大的人物，其中之一就是芬根之子卡塞尔（Cathal mac Finguine，742年去世）。他是欧根纳赫特格兰德纳奇（Éoganacht Glendamnach）王国的国王，该国在现在的科克郡北部。卡塞尔是第一个与伦斯特国王联合进攻米斯的芒斯特国王，但他在737—738年之间被埃德·阿兰（Áde Allán，743年去世）打回了芒斯特。后者是尼尔家族的王国森内尔恩欧根（Cenél nÉogain）的国王，该国位于北方的泰隆郡。还有一位是邓姆奈尔之子邓查德·米迪（Donnchad Midi mac Domnaill，797年去世），他是尼尔家族在米斯的王国克兰乔梅因（Clann Cholmáin）的国王，于8世纪70年代在伦斯特建立起了霸权，经常攻打芒斯特的国王们。后来，芒斯特出了一位10世纪末期之前最具侵略性的国王：克里梅恩之子费德里米德（Feidlimid mac Crimthainn，841年去世）。他来自欧根纳赫特家族的卡舍尔，至于他在尼尔家族的敌人，我们会在第20章详细讨论。[35] 9世纪，传统的统治格局被维京人的进攻扰乱，爱尔兰自己的统治者也越来越多地打破固有局面。政治整合的趋势越发明显，而这种趋势实际上起自8世纪欧根纳赫特和尼尔两大家族传统边界第一次被野心勃勃的国王们打破之后。作为国王，邓查德·米迪的风格和他的祖先塞贝尔之子哲尔默特之间并没有什么明显的区别。实际上，与政治基础设施蓬勃发展的英格兰相比，爱尔兰人在这方面的进展可谓极其缓慢。

爱尔兰人从5世纪开始逐渐改宗基督教，这在很大程度人要归功于不列吞人帕特里克。他的著作流传了下来，但其自身的宗教生涯（甚至包括生卒年月）却不甚清晰。到了6世纪后期，也就是爱尔兰文字史料可追溯到的最早时期，异教信仰似乎就只存在于人们的记忆之中了，至少精英阶层里已经没有异教徒。基督教神职自然成了只有学问高深的人才能胜任的职业。但是，爱尔兰的基督教有其独特性。它有一个与王国相关联的教会体系，但同时还有一个修道士家族体系，这个体系独立于政治体系、教会体系之外，且财富和权力不断增加。阿尔马从7世纪开始一直号称在教会体系中有重要地位，其根据是这一地区与帕特里克之间的关系，不过这种关系基本上是伪造的。阿尔马的这一地位遭到了基尔代尔和伦斯特的挑战，而还有一些教堂完全对阿尔马的主教置之不理，而是听命于苏格兰西部的爱奥那修道院。这座修道院是达尔里阿达的主要朝圣场所，但自其于563年由科伦·基尔（Colum Cille）建立起，尼尔王朝对它的控制与日俱增。爱尔兰中部的科龙玛努瓦（Clonmacnois）修道院并不怎么热衷于争抢主导地位，却靠占有土地和兼并小修道院积累起了可观的财富。科龙玛努瓦的周围都是些实力较弱的王国（其修道士通常来自那些被称为aithechthúatha的底层小国），8世纪时，这座修道院已经拥有自己的武装力量，开始自行掌管世俗政治。教会和修道院在囤地聚财这件事上比绝大多数国王和贵族都要坚决。到8世纪时，教会和修道院系统的领导人物可能已经比绝大多数国王都富有了。这些财富成了日后教会政治权力的基础（9世纪时已成为王室觊觎的对象）。[36] 和司法类的职业相似，爱尔兰的教会体系也在一定程度上有着对整个爱尔兰的认同感。6世纪60年代，教会已开始召开大会，因此拉丁语教育肯定在那之前就开始了。到了7世纪，神学类的文献已经相当丰富，包括圣徒传记、忏悔录、诗歌、语法书等，数量堪与世俗法律文献相比。爱尔兰的神职人员和知识分子在法兰克世界也有一定的影响，例如科伦巴努（615 年去世）和苏格兰人约翰（John the Scot，约 877 年去世），后者是 9 世纪西方最伟大的神学家。但是，与英格兰不同的是，神学界这种对爱尔兰的整体认同感并未引导世俗世界走向统一。爱尔兰的教会也和世俗政权一样四分五裂，只不过形式不同而已。

位于安特里姆北部的小王国达尔里阿达似乎是从 5 世纪后期开始将势力扩展到苏格兰西部的，它占领了现在的阿盖尔郡以及赫布里底群岛的一部分。该国国王加布里安之子埃丹（Áedán mac Gabráin，约 609 年去世）是科伦巴*的庇护人，他的军队在不列颠北部称雄达 30 年（603 年，他和埃塞尔弗里斯发生战争，败给了对方），他的继承者也至少在 7 世纪 40 年代之前断断续续称霸过几次。此后，达尔里阿达在苏格兰的势力分裂为两到三个敌对的家族，每一个都有自己的根据地。这个过程和爱尔兰的很多国家类似。尽管如此，阿盖尔地区仍是一个重要的政治焦点，这一地区的资源可能不是最丰富的，但其面积已经大于爱尔兰的任何一个王国。达尔里阿达王国 6 世纪殖民苏格兰的冒险行动此时终于有了收获。到了 8 世纪，从乌格斯特之子安格斯开始，达尔里阿达在多数时间内臣服于皮克特人的霸权，这种情况一直持续到 9 世纪。[37] 当然，由于两个国家统治家族的联姻（皮克特人实行母系继承，使联姻变得更加简单，不过他们在 9 世纪也改成了父系继承），一个国王可以同时宣称继承两国的王位。正因如此，达尔里阿达的王子亚尔宾之子肯奈斯（Cinaed mac Ailpin 或 Kenneth mac Ailpin，858 年去世）才得以先于 840 年成为达尔里阿达国王，又于

* Columba，即前文中的科伦·基尔——译者注

842年登上皮克特的国王宝座。肯奈斯把自己的驻地迁到了皮克特南部的中心佩思郡，这反映了他在整个皮克特人的土地上的统治权，但可能也是迫于维京人对阿盖尔的进攻而不得不这么做。他似乎完全是以皮克特国王的身份实行统治的。但是，从9世纪末期开始，肯奈斯的后代们所统治的阿尔巴［Alba，或称斯科舍（Scotia）］王国则越来越明显地体现出达尔里阿达人的统治风格。这个国家的贵族是爱尔兰人，实行爱尔兰法律，接受爱尔兰的宗教文化和爱尔兰语。统一的进程很缓慢，而且断断续续，但是到公元900年时，阿尔巴已经比任何一个爱尔兰王国或霸主都更大、更稳定，这也说明此时阿尔巴的核心区域是以前属于皮克特人的那些省份。由此，达尔里阿达从一个爱尔兰的蕞尔小国，发展成了历史上从纯政治角度而言最为成功的爱尔兰王国。无论皮克特人的政治基础设施是怎样的，它都为达尔里阿达的成功奠定了基础。[38]

第 8 章

后罗马时代的价值观：文化、信仰和政治规范，550—750

比埃尔索的巴莱里奥（Valerius of the Bierzo）是一位 7 世纪末期的苦行者，隐居在西班牙西北部的山区之中。和大多数隐士不同的是，巴莱里奥出身贵族家庭，而且用文字记录了自己的人生。在他看来，自己的人生实在悲惨。他认为魔鬼一直在折磨自己，魔鬼驱使当地的一个贵族和一个主教，千方百计地想让巴莱里奥成为神父，以此给他强加一个“体制内”的身份（还好这两个人都死了）。魔鬼指使当地的神父和修士（巴莱里奥和修道院之间有一点不太密切的关系）反对他，而且对他的学生百般迫害，不是用恶劣的天气吓唬他们，就是让他们被土匪害死。有一个叫萨图尼努斯（Saturninus）的学生在巴莱里奥的隐居地附近建了一座教堂，教堂也开始显露神迹，但是在魔鬼的引诱下，萨图尼努斯逐渐骄傲起来，觉得自己单独找一个地方隐居可能会更受尊敬。于是，萨图尼努斯离开了巴莱里奥，走之前还偷走了他的书。整整 42 年之后，巴莱里奥才得到了王室的无条件赞助。[1] 愤世嫉俗、自以为是、不知感恩、偏执妄想、一条路走到黑……巴莱里奥给我们呈现的，可能是来自中世纪早期隐士的最真实的声音。他在作品里写到的比埃尔索的道德败坏现象，极有可能只是他自己头脑里的想法，而不是当地社会现实的写照。同样令人吃惊的是，在这个遥远偏僻、土匪横行的地区，基督教组织仍然如此严密。

巴莱里奥记载了比埃尔索各种世风日下的表现，却并没提到“异教”行为的“死灰复燃”。这可能在意料之外，因为布拉加主教马丁（Bishop Martin of Braga，579年去世）的驻地就在比埃尔索西边一点点，但他就长期投身于反对异教行为的工作，直到死前不久。他认为当时人们的很多宗教行为都是不符合基督教信仰的，比如在石头和树的旁边点燃蜡烛、把面包投进泉水里、迷信“凶日不出门”、对着草药念咒等等。[2] 马丁不是最后一个和这些习俗做斗争的人。在布拉加往北一点点的阿斯图里亚斯，有一块刻写于9世纪后期的石板，上面记录了人们为驱散冰雹而祷念的咒语。[3] 咒语奉所有大天使和圣克里斯托弗之名，要求撒旦不要祸害修士欧里奥卢斯（Auriolus）所在的村庄，也不要祸害他的家人和邻居。这种咒语还是传统的迷信法术那一套，只不过披了一件基督教的外衣。或许是因为西班牙西北部的地区差异太大了，比埃尔索完全没有这些问题，也可能是因为巴莱里奥太专注于自己的生活而完全没有注意到，但还有一种可能是，巴莱里奥和欧利奥卢斯一样，并不像马丁那样认为这些做法是错的。毕竟，这种祈求风调雨顺的法术连圣徒们都做过。阿尔勒的凯撒利乌斯（Caesarius of Arles，542 年去世）曾经用手下人做的十字架驱散冰雹，图尔的格雷戈里也做过类似的事，方法是从图尔的圣马丁墓前拿一根蜡烛，放在一棵树下。[4] 我们必须从一开始就认识到，中世纪早期的西方在宗教信仰和宗教活动方面存在巨大的地区差异。另外还有一点值得一提：

虽然格雷戈里和布拉加的马丁在如何使用蜡烛这个问题上的观点完全不同，但前者仍然对后者怀有敬意。即使是在那些最固执己见的人里（这样的人在中世纪早期比比皆是，巴莱里奥只是其中一个比较极端的类型），我们也很难找到因宗教观点分歧而导致的暴行，而这在罗马帝国晚期是很常见的。本章将勾勒出550—750年间信仰层面出现的问题，以及问题的解决过程。这些问题也许在罗马时期就已经初露端倪，但是在这一时期又出现了新的变化。我们会设法探究其中的原因。

罗马帝国晚期的教会层级体系在大多数地区保留到了中世纪早期，中间并无间断。我们还将看到，由约翰·卡西安和努尔西亚的本笃创立的修道院传统也延续了下来，而且其势力在欧洲北部还壮大了。我们之前讨论过罗马基督教的组织框架，这个框架在中世纪早期仍然运转如常，不过有一点和之前有所区别，那就是教会组织不像罗马时期那么团结了。我们可以通过观察教皇权威的变迁来分析这个问题。在550—750年之间，教皇虽然名义上是拉丁教会的大主教，但是法兰克、西班牙，甚至意大利北部的人都没怎么把教皇当回事。无论是在宗教还是政治层面，教皇和东方的交流都要多得多，交流对象包括拜占庭帝国的宗主教们，以及（公元630年之后）哈里发国里和宗主教角色相当的那些人。教皇和他们争论源于东方的神学议题。作为机构领导人，教皇权威最大的地区是拜占庭人的意大利，但即便在这个区域里，也还有拉文纳大主教这样咄咄逼人的对手和教皇作对。大格列高利（590—604年在职）是中世纪早期的教皇中神学造诣最深的一位。他的信件编目保存到了现在。[5]这850多封信大多数寄往意大利中部和南部，尤其是那不勒斯和西西里，此外也包括拉文纳和君士坦丁堡。教皇在普罗旺斯拥有土地，如果把这个区域去掉，那么他寄往高卢的信只有不到30封，寄往西班牙的则只有个位数。教皇们只有在英格兰才有一些真正的影响力，这多亏了格列高利在597年派去肯特的第一批传教团，以及传教团的领头人——坎特伯雷的奥古斯丁（Augustine of Canterbury）。前往肯特的传教团并没有把大多数盎格鲁-撒克逊人变成基督徒（在英格兰传教最成功的是爱尔兰人），但是塔尔苏斯的狄奥多尔重新组织了英格兰的教会，使其与罗马的联系在公元669年后固定了下来。从那之后直到中世纪结束，绝大多数坎特伯雷大主教都收到了罗马教皇授予的亚麻披带（pallium），披带象征罗马对他们职务的认可。这也让教皇在英格兰有了颇为可观的影响力。但是，除了英格兰，西方教会的统一在很长一段时间内都只是名义上的。当然，各地的教会在身份认同上还能基本保持一致，但是它们的礼拜仪式出现了明显的差异，各地修道院的传统也是千姿百态。加洛林王朝重新建立起了和罗马的联系，而且（更重要的是）按照法兰克人的规矩统一了教会活动，又按照本笃会的规矩统一了修道院的活动。即便如此，直到本书所讲述的时代结束，西方的教会始终没有在真正意义上形成一个以罗马为核心的组织体系。西哥特人和法兰克人召开了很多次教会大会，但参与者只是同一个王国内的主教，没有来自西班牙或法兰克之外的人士。实际上，西罗马的分裂也引发了教会的分裂。

上述情况造成的一个结果是，西方教会在这一时期内没有和异端派别之间发生过什么冲突。我们在第6章里说过，阿里乌派在西班牙一直存在到589年，而且十分活跃。天主教会在第三次托莱多宗教会议上取得胜利后，图尔的格雷戈里、大格列高利等消息灵通的教会人士都感到欢欣鼓舞。实际上，图尔的格雷戈里个人对阿里乌派深恶痛绝，这一点在他的《法兰克人史》中多有表露。但有迹象表明，和他同时代的法兰克人在对阿里乌派的问题上总体更中立一些。格雷戈里曾经在晚餐桌上（面对倒霉的哥特使节）痛批阿里乌派教义，但在其他人看来，他的那些言论可能有些过分。[6]在西班牙，宗教正统问题仍然很重要，这从7世纪后期犹太人遭到的迫害中可见一斑。实际上，西班牙的主教们甚至连普里西利安派（Priscillianists）这样一个影响力十分微小的教派都要迫害。吃素本来是苦行者的标准生活方式，但就因为普里西利安派拒绝吃肉，所有吃素的人都受到了怀疑。[7] 561年召开的布拉加大会决定，吃素的神职人员至少得把蔬菜放到肉汤里煮，才能证明自己是正统的天主教徒。但是，在8世纪后期之前，即使是西班牙也没有诞生新的异端派别，法兰克也是如此，英格兰出现异端的时间还要晚。这一时期，宗教争端几乎完全没有涉及教义层面。只有复活节的日期问题引起过一些争论，而且也只涉及爱尔兰和威尔士的教会。7—8世纪，复活节日期的问题在这两个地区出现，是因为当地计算复活节日期的方法和罗马的不同。这一时期的宗教争端涉及的主要是神职人员的行为，以及他们的性行为、着装方式、为获取职位而行贿的行为（买卖圣职之罪）是否会影响他们的神圣性。只要有主教和神父们在这些方面出问题，就会有一批严守教义者出来表示愤慨。

我们在第3章已经说过，即使是在罗马帝国时期，西方对神职人员纯洁性的重视程度也高于东方，而对三位一体的准确含义则没有东方那么在意。但是，这一时期没有出现重大神学争论，恐怕也说明了另一个问题，那就是受过良好教育的教会人士没有以前那么多了。从550年开始的两个世纪内，世人的一般性读写能力并不像之前人们认为的那么差，宗教界和世俗世界都是如此。在加洛林时期之前，欧洲大陆上的各个政府都是靠书面公文统治的。国王和世俗贵族们一般都识字，有的还能用颇为精妙的拉丁文写作，例如6世纪80年代希尔德贝尔特的朝廷，以及7世纪第二个十年的西斯贝尔特的朝廷，都留存有这样的文件。（能够掌握书写这项特殊技能的人可能是减少了，很多人都只是口述，让书记员去写。）这一时期，比基本的读写更高级的文学教育通常只限于教会人士内部，而且和两个世纪前相比，这种教育更多被用于神学著作。[8] 图尔的格雷戈里援引希多尼乌斯和普鲁登修斯（Prudentius）的次数要多于援引萨卢斯特（Sallust）和维吉尔的次数。[9] 当然，这一时期的人还是有可能掌握很多知识的，比如塞维利亚的伊西多尔就拥有数量惊人的私人藏书，而比德所在的贾罗修道院更是从零起步建起了图书馆，其大部分藏书应该是修道院的建立者本尼狄克·比思科普（Benedict Biscop）在7世纪50—80年代多次访问罗马期间购买的。比德也因此成为当时的知识分子中阅读广泛的典型代表，至少是在基督教文献方面的阅读量很大。不过，即便如此，整个诺森布里亚在那个年代也只有比德一个人有此造诣，他想辩论都找不到对手。比德不是没有尝试过，他的一些作品十分粗糙（尤其是在年代测算的问题上）。[10] 但是，阿里乌派和聂斯托利派分别诞生于东罗马的大城市，即亚历山大和安条克，这两个城市都聚集着大量训练有素且野心勃勃的神学家。相比之下，比德生活的时代和地点就差得远了。在罗马-日耳曼诸王国之中，直到8世纪80年代，查理曼和虔诚者路易才用了三代人的时间建立起宫廷中的神学文化。在那之前，只有罗马的规模有可能孕育出神学辩论，但实际情况也并非如此，其原因可能很简单，就是罗马在文化和地域方面同样也处于分裂的状态。此外，罗马神职人员的晋升可能也并不是靠神学上的造诣。大格列高利是唯一的例外，而且有证据表明他在当时并不受欢迎。[11]

西方教会体系在政治上的分裂，以及异端教派的缺乏，印证了一个我们已经提到过的现象，那就是当时信息十分闭塞，人们只知道自己身边一亩三分地的事情，无法及时获悉外部世界的情况。613 年，爱尔兰修道院体系的创立者科伦巴努给教皇波尼法修四世（Boniface IV）写了一封信。[12] 当时科伦巴努刚刚结束在法兰克和阿勒曼尼亚的 20 年生活，来到伦巴第人的意大利，建立了博比奥修道院。在信中，科伦巴努对波尼法修拥护君士坦丁堡在“三章”问题上的立场而感到震惊（他是在来到意大利之后才听说此事的），并对他进行了严厉的谴责。但是，历届教皇在“三章”问题上的立场自 6 世纪 50 年代开始就一直没有改变过，而且这个问题至少在意大利北部早有争议。可见，稍微尖锐一些的神学争论都无法越过阿尔卑斯山，至少科伦巴努有理由这么说。如果当时不同地方的人之间如此缺乏交流，那么异端信仰也就不那么容易传播，甚至不容易被人知晓。基督教的所有地方派别可能都是在这样的情况下独自发展的，没有来自外界的挑战。彼得·布朗把这种严重地方化的情况称为由“微型基督教世界”（micro-Christendoms）所组成的世界。[13] 这个概念近些年颇为流行，指的就是当时那种在礼仪、规则和传统，以及世俗社会的政治体系、社会文化行为等方面均呈稳定分裂状态的特点。

不过，我们也不应夸大这种地方化的程度。人口流动还是存在的，科伦巴努自己就是一个例证。最值得注意的流动现象就是各地的信徒前往罗马朝圣。这种活动始于 6 世纪后期，在 7—8 世纪蔚然成风，从我们的史料来看，朝圣者中又以盎格鲁-撒克逊人为最多。本尼狄克·比思科普和威尔弗里德各自去过好几次。美因茨的波尼法修（Boniface of Mainz）在747年说，盎格鲁-撒克逊人去罗马朝圣的路线广为人知，导致意大利和高卢很多城市里的妓女都是英格兰人。[14] 朝圣大军里的法兰克人也不少，7—8世纪的几位圣徒的传记中，记载了传主去罗马朝圣的故事，有些人还去过不止一次。这些人有马斯特里赫特的阿曼杜斯（Amandus of Maastricht，676年去世）、克莱蒙的博尼图斯（Bonitus of Clermont，约705年去世），以及巴伐利亚人弗赖辛的科比尼安（Corbinian of Freising，约725年去世）等。8世纪40年代，伦巴第人创立了一套护照系统，在阿尔卑斯山的边境线上给每一个前往罗马的朝圣者一份密封的文件，要求他们回来的时候把文件交回。[15] 从7世纪开始，罗马就有了各大教堂和墓地的文字导游材料，还出现了供法兰克人、弗里斯兰人、盎格鲁-撒克逊人等不同民族朝圣者寄宿的旅馆，散布在梵蒂冈和台伯河之间。罗马之外还有一些区域性的朝圣中心，例如，图尔的圣马丁墓就吸引了高卢北部和中部各地的参观者。这也许并不奇怪，因为法兰克世界的精英经常因世俗事务在各地区间旅行，我们在第5章已经用卡奥尔的德西德里乌斯的例子说明过，法兰克世俗世界的书信交流也很多。不过，朝圣者可不局限于精英阶层。图尔的格雷戈里有一套文集讲述了朝圣者在圣马丁墓遇到的各种神迹，其中非常明确地表示朝圣者中有不少农民。西方的地方社会从任何意义上讲都不是完全封闭的，但是上述的人口移动毕竟不是常态，也无法改变后罗马时代不断加强的文化地方化趋势。这一趋势也呼应了当时经济贸易地方化的现象，这种地方化于8世纪在西方的大部分地区达到顶峰。我们会在下一章详细讲述这方面的情况。

***

中世纪早期的基督教文化虽然四分五裂，却并没有受到生存威胁。不列颠低地地区的基督教文化在被盎格鲁-撒克逊人征服后几乎消失（虽然也许没有彻底消失），但到7世纪就实现了复苏。除了这一个小波折外，基督教传教士一直在稳步向北推进：5世纪进入爱尔兰，6世纪进入皮克特人的地盘，8世纪早期进入弗里西亚，在查理曼时期进入萨克森。西方日耳曼族群的异教活动情况已经很难考证，但其一定是非常多变的。与希腊-罗马世界的宗教不同，日耳曼族群的宗教本身没有文本，也没有像希腊众神那样成为后世文学作品的想象源泉。在这一点上，爱尔兰人就做得很好，他们的知识分子很注重传统文化的传承，这些传统元素最终为教会所吸收。我们现在掌握的对日耳曼族群异教仪式和圣地［（例如萨克森人崇拜的伊尔明苏尔（Irminsul）圣柱，772年被查理曼摧毁[16]）］的描述往往充满敌意，也非常呆板。但是，我们没有理由认为基督教在越过罗马帝国的旧疆界后，就会被新接触到的异教改变。当然，有一些术语确实受到了异教影响。例如，盎格鲁-撒克逊人有一个崇拜的女神叫厄俄斯特（Eostre），属于她的节日在春天，名为Easter，后来盎格鲁-撒克逊的基督徒就借这个名字命名了复活节（Easter）。[17]

尽管如此，对于中世纪早期教会中的严守教义者来说，他们确实要面对无所不在、来源混杂的传统仪式，很多仪式被融入了当地的基督教活动。我们前面已经讲过，罗马帝国晚期的教会人士通常反对这些异教仪式，但从来都没有彻底消除它们。到了中世纪早期，教会组织势力衰落，就更无法消除异教仪式了。这段时间的一些史料作者——例如布拉加的马丁——把这种情况称为异教的残存（survival）或复兴（revival）。这种说法在曾经的罗马帝国边疆地区最为常见，也许是因为这里离真正的异教最近。努瓦永主教安利日（660年去世）的传记中，主人公在布道词中先是反对在当时已颇为程式化的异教活动，然后又反对努瓦永的基督徒们在庆祝圣彼得日时的一些行为，如“恶魔的游戏”“邪恶的跳跃”等等。[18]但是，这些基督徒对安利日的这套说辞很反感，他们认为这些行为“符合正统的习俗”，而且安利日认为这些行为属于异教的说法站不住脚，因为这么做的还有法兰克大贵族、纽斯特里亚宫相厄奇诺尔德（Erchinoald）的追随者，而这些人都是基督徒。他们只是在宗教仪式上做了一些安利日（或者传记作者自己）不太喜欢或无法控制的举动而已。英格兰实现基督教化后，威利布罗德（Willibrord，739年去世）、波尼法修（754年去世）等盎格鲁-撒克逊传教士进入欧洲大陆传教。在这个过程中，他们也大量利用异教的意象。威利布罗德是在弗里西亚传教的，那是真正的异教地区，但波尼法修基本上在今天的德国中部活动，那里也许缺乏成体系的教会组织，但也完全是法兰克人的世界，他所描述的那些“异教”活动也很可能只是当地基督徒的习俗而已，和努瓦永的情况差不多。（实际上，波尼法修曾于742年给教皇撒迦利写信。信里抱怨道，在新年的庆祝活动中，就连罗马的街上都出现了“异教”行为，而且还颇受欢迎。撒迦利也承认他说的是事实。[19]）与罗马帝国晚期的情况类似，严守教义者光是在布道里攻击这些习俗并没有什么效果，这完全是因为这些习俗已经被人们认为是属于基督教的了。教会要么吸收这些习俗并给它们正统地位，就像用厄俄斯特命名复活节那样，要么就创造出更多的“正统”宗教仪式来对抗“异教”仪式。例如，各地在主要的圣徒日或在主要的圣地都会举行宗教游行，这些游行发展成了一整套基督教仪式的组成部分，主教和其他神职人员对仪式的指导也越来越明显。

然而，这并不意味着“教会”（当时不是所有人都使用这个概念）在当时是一个完整而严密的组织，实际情况离严密组织还差得很远。对于哪些宗教活动属于正统，哪些不属于，我们拥有的史料的作者们常常意见相左，或者和当时其他人的观点大相径庭。对于那些更宏观的问题，例如，当时的人认为神直接干预人类社会的事务是很正常的，但是对于什么样的超自然力量是正确的，人们的看法就很不一样。我们从四个相关方面来看这个问题：生者的神圣性、圣地和神迹、超自然行为的善与恶，以及普遍意义上的超自然因果现象。

在西方，与世隔绝的苦行者不是很多，比埃尔索的巴莱里奥那样的人并不常见。当然，这样的人肯定是存在的。图尔的格雷戈里记载了几个这样苦行者，其中一个叫霍斯皮西乌斯（Hospicius）。这个人在6世纪70年代时住在尼斯城外的一座塔里，浑身缠着铁链，可以行神迹。还有一个叫符尔福莱克（Vulfolaic），他在阿登高地边缘地带的一根高柱上做“柱头修士”。格雷戈里在585年见过他，而且对他印象深刻。但是，格雷戈里对符尔福莱克的记述却展示了一幅冲突画面。主教们来到高柱下面，命令符尔福莱克从柱头上下来，说阿登高地的气候不像叙利亚，不适合柱头修行，建议他建一座修道院。“现在，不遵守主教们的命令就会被认为是一种罪。”符尔福莱克说（根据格雷戈里的记载）。于是，他就听从命令下来了，主教们则把高柱砸碎。自那之后，符尔福莱克一直待在修道院里，格雷戈里正是在那里见到了他。格雷戈里的观点很明确：主教们的命令也许是错的，但是不遵守命令更是大错。实际上，格雷戈里认为，那些不遵守主教命令的苦行者是公开的魔鬼。例如，图尔曾有两次出现过来路不正的行神迹者，吸引了不少人围观。这些行神迹者对格雷戈里缺乏尊敬，态度粗鲁。当然，格雷戈里是从主教的立场出发的，而且那些行神迹者确实有能力吸引到追随者，但格雷戈里在这个问题上的态度也不是虚伪的。对于那些行神迹的人，主教至少可以用教会组织去规范、教育。这些人麻烦的地方在于，在他们活着的时候，主教们很难说清楚他们行的那些神奇的事到底真的是出于神的旨意，还是受了魔鬼的驱使。有些苦行者的结局并不光彩，例如布列塔尼人温诺克（Winnoch）。这个人只用刮掉了羊毛的羊皮当衣服，格雷戈里曾经很支持他，但是，温诺克喝了太多追随者们给他的酒，最后醉死了。那么，这样的人行出来的奇迹算什么？与生者不同，圣徒们死了之后所显露的神迹就安全多了，用格雷戈里的话说就是“绝对更值得赞颂”，因为这些神迹来自已经完结的生命，这些生命的神圣性是可靠的。圣徒的遗体不会腐烂，还会发出玫瑰花般的香味，这可以说明他们不是负有原罪的凡人。圣徒死了以后也更容易控制。主教可以把他们安葬在主座教堂里，或是那些由主教控制的教堂里，就像图尔的圣马丁那样。主教可以组织信徒朝圣并从中获利。无论是在东方还是西方，对圣徒遗体的朝拜都是中世纪教堂最突出的特征。在西方，这种朝拜在本书涉及的时代之内都没有遇到过什么挑战。[20]

对于活着的圣徒，并不是所有人都像图尔的格雷戈里那样担忧。大格列高利在当教皇之前做过修士，也曾公开为自己被迫回到世俗世界、面对属灵危险而表示遗憾。[21] 他对苦行者很是欣赏。他在论及苦行者时，总是强调那些过于世俗的主教们对苦行者是多么缺乏理解。[22] 他提到这一点的次数要比图尔的格雷戈里多得多。除苦行者外，还有一些圣徒是主教、修道院院长等标准的教会“体制内”人士，或是承认教会权威的人。绝大多数史料作者并不认为这些人有什么问题，而且他们的生平传记数量非常多。此外，还有一类游离于体制之外的人，他们的圣洁性也较少受到质疑，那就是传教士。例如在5世纪让整个爱尔兰改宗基督教的帕特里克［他曾对不信基督教的人发出恶毒的诅咒，这种行为却被7世纪时为他立传的米尔丘（Muirchu）[23]大加赞扬］，以及会行神迹，还有天使陪伴的卡斯伯特（Cuthbert）。[24]后者在7世纪50—80年代活跃于现在的诺森伯兰郡，那里当时属于半基督教地区。8世纪，两位作者（其中一个是比德）给卡斯伯特写了生平。帕特里克是主教，卡斯伯特一开始不是，但后来也当了主教，可见这两人都不是体制的敌人。但是，体制对这种人的容忍随着时间的流逝而逐渐消失了。阿尔德贝（Aldebert）是8世纪40年代时生活在法兰克中部或东部的一位主教。[25]波尼法修对法兰克教会进行重组时，阿尔德贝与他为敌。阿尔德贝随身携带圣物，自己建立教堂、立起十字架，在信徒忏悔之前就能说出他们犯的罪，其头发和指甲则被信徒当作圣物供奉。这些都很符合圣徒的标准，但他也恰恰因此在745年的罗马教会大会上受到教皇撒迦利谴责，被免去圣职。阿尔德贝肯定有自吹自擂的地方，例如他的头发似乎是他自己发给信徒的。他说自己收到了耶稣的一封信，这封信从天堂掉落到耶路撒冷，被大天使米迦勒捡到。这显然更是吹牛了（撒迦利据此认为阿尔德贝是个疯子）。此外，他还自己拟定了一份天使的名单，向这些天使祷告。这些天使的名字不符合正统，因而有可能是魔鬼。在教会体制越来越秩序化的情况下，他的这些行为显得很不得体，再加上得罪了波尼法修，他被体制开除就不可避免了。

以上这些史料清楚地表明，神迹在中世纪早期被视为平常，争论的关键在于控制神迹的人是谁。至于这些神迹的真实性，不管现代的理性主义者怎么想，我们都必须承认：中世纪早期和罗马帝国晚期一样，人们对神迹发生的可能性毫不怀疑。这并不意味着他们认为神迹是自然的，创造神迹的力量（无论来自上帝还是圣徒）恰恰是超自然的，是违反自然规律的。所以，当时的作者都承认这些神迹有可能不被相信，他们也更注重寻找支持神迹的证据，包括寻找可信的目击证人等等。但是，怀疑神迹的人往往被认为是“土老帽”[26]：无知到无法理解神意是如何体现的。也就是说，在这个时期的文化精英们看来，乡下人的粗鄙并不是（或并不仅仅是）体现在迷信，而是体现在“不信”上面。

神迹显现最多的时候，就是在对圣徒坟墓的朝圣活动之中。这一点在图尔的格雷戈里笔下的圣马丁[27]的神迹故事中体现得最为明显。这些故事大多是由马丁纪念堂的神父们记录下来的。当时那座位于城外的纪念堂已经发展成一个规模宏大的建筑群，用来接待络绎不绝的来访者。这样的大型圣地遍布整个西方。高卢的档案资料相对丰富，这里到7世纪时大约有6处重要的朝圣场所，即巴黎的圣但尼和圣日耳曼、苏瓦松的圣梅达尔、桑斯的圣皮埃尔、奥尔良的圣艾尼昂和图尔的圣马丁。[28]这六个场所都在公元660年前后被巴尔蒂尔德王后改造成了修道院。我们之前已经看到，图尔的主教们不遗余力地宣扬对圣马丁的膜拜。而这六个圣所中的前两三个则主要是由墨洛温王朝支持的。圣但尼教堂是所有教堂之中最为重要的，从639年去世的达戈贝尔特开始，很多墨洛温的国王都是在这里下葬的。国王对圣但尼

（以及王室的另一个下葬地点圣日耳曼，或许还有圣梅达尔）的支持说明，希望控制宗教场所并由此获取政治资本的不仅仅是主教们。在中世纪早期的西方基督教世界版图上，热点地区几乎都是那些存放圣徒遗骸的地方。人们都想利用这些遗骸来搞政治也是可以理解的。实际上，对圣徒遗骸的争夺方式可以非常直接，那就是偷盗。罗马之所以成为朝圣中心，很大程度上是因为这里安葬的圣徒数量极多（这要"归功于"查士丁尼之前的那些罗马皇帝，他们对基督徒的迫害和杀戮制造出了大量殉教者，而这类事情发生最频繁的地方就是帝国的首都），或许超过了罗马对圣徒的需求，也肯定超出了罗马对它们的保卫能力。偷盗圣徒遗骸的行为在 9 世纪格外普遍，我们会在第 17 章详细讨论。但是，争抢圣徒遗骸的事情早在那之前就时有发生。图尔的格雷戈里曾很自豪地回忆道，397 年圣马丁去世后不久，他的遗体就被图尔人从普瓦捷偷了回来。[29] 所有这类偷盗行为都被认为是正义的，因为如果是非正义的，那么遗体被偷的那位圣徒就会阻止他们——当然是用显现神迹的方式。

并不是所有的超自然行为都被认为是好的。在圣徒们的生平传记以及他们的布道词里，到处都是旁门左道的行奇迹者、女巫、魔法师、占卜师等等。[30] 这些人可以下咒语、治病、呼风唤雨、未卜先知。在传记作者们的眼里，这些人都是坏人，而他们的数量显然很多。至于这些人到底是江湖骗子，还是真有（邪恶的）超能力，人们的看法不一。在世俗的立法者里，意大利的罗泰利曾在 643 年认为女巫不应该被处死，因为"基督徒无论如何也不可能相信，一个女人可以从一个活着的男人的身体内部把他吃掉"。但是，柳特普兰德在 727 年禁止了所有男女预言家的活动（把这些人贬为奴隶）。与之相似的是，法兰克萨利克法的立法者规定，对那些想要下咒杀人或让女人不孕的人要处以重罚。[31]神学作者普遍倾向于认为这些人的行为背后有魔鬼的驱使［（例如阿尔勒的凯撒利乌斯、图尔的格雷戈里、塞维利亚的伊西多尔，以及生活于加洛林王朝时期的兰斯的辛克马尔（Hincmar of Reims）］，但是在加洛林时期也有一派人［拉巴努斯·毛如斯（Hraban Maur）、里昂的阿哥巴德（Agobard of Lyon）］像罗泰利一样，认为这些人的咒语根本就不灵。格雷戈里在不同的地方对这两种观点都表示过支持。他讲过这么一个故事：两个给他当仆从的小孩得了黑死病，其中一个被占卜师用护身符施法，结果死了（也就是说，法术不灵），另一个把圣马丁墓里的灰尘掺到水里喝下去，结果好了。这种圣徒与魔法师、女巫、异教祭司等人斗法，前者成功而后者失败的故事在圣徒生平中十分常见，而在这个故事里，格雷戈里自己扮演了见证人的角色。但是，他讲的故事里还有很多占卜师是真的能未卜先知的，当然是靠魔鬼的力量。有一个故事值得一提，那就是在577年，墨洛维王子（Prince Merovech）和贡特朗·博索公爵（Duke Guntram Boso）都在图尔的圣马丁墓躲避国王希尔佩里克的追赶，因此也就不太情愿地（对于墨洛维来说，算是不愉快地）成了格雷戈里的临时房客。两个人都想知道自己未来的命运如何。贡特朗求助于占卜师，占卜师说墨洛维会成为国王，而贡特朗先是会成为他的将军，然后去当主教。格雷戈里认为，贡特朗是被魔鬼欺骗了。墨洛维则用了《圣经》占卜法（sortes），这是一种基督教式的占卜法，方法是翻开《圣经》，随机朗读其中的句子（为了让占卜更灵验，他是把《圣经》放在圣马丁墓前翻开的）。[32]不幸的是，他占卜的结果是死亡，而且应验了。格雷戈里也用《圣经》占卜法，而且他得到了天使的启示，最后得到了同样的结果。从这个故事里我们可以看出，同样是使用超自然力量，使用的人不同，结果就既可能互相印证，也可能互相矛盾。但是，不管怎样，所有的人都认为超自然世界是可以被操纵的，无论操纵它的是好人还是坏人。

不管严守教义者如何反对，这种个人对超自然能力的控制——或者说“魔法”——是一直都存在的。在本书所讨论的时代范围内，绝大多数人能接触到某种形式的行神迹者，例如某个地方的女巫，甚至偶尔还有神父，这么说应该是合理的。10 世纪的史料中有一些来自英格兰盎格鲁-撒克逊社会的药典，例如《治疗法》(*Lacnunga*)和《伯德医书》(Bald's *Leechbook*)等。[33] 这些书里收录了大量用来治病的咒语，而这些咒语追根溯源都是从修道院或者教堂的抄写学校里流传出来的。我们还要强调一点，那就是在绝大多数情况下，乡村女巫和其他行奇迹者一样，认为自己是在基督教的语境下施展魔法的，请她施法的人也是如此。超自然的能力无处不在，而且触手可及。圣徒（无论是死的还是活的）可以靠自己的德行召唤超自然能力，由此制造神迹。咒语和《圣经》占卜法更是可以直接运用超自然能力。总而言之，就像我们的史料作者不断重复的那样，上帝的正义裁决会直接介入人类事务，让坏人早死，好人长寿，让贤明的君主胜利，邪恶的君主失败（由于事实并不总是如此，所以上帝也可以让邪恶的人长寿，用以惩罚其他人的罪恶）。人们只要相信这种即时生效的因果报应，就不会对神迹有什么怀疑，甚至可能会接受魔法的力量。在基督教的世界里，超自然力量的运用有很大的空间。

当时的人们可能非常相信神意造成的因果报应，因而拒绝相信其他形式的奇迹。图尔的格雷戈里大致是这么认为的：国王们要知道，一切事情的背后都有上帝的旨意。例如，疾病来自魔鬼或上帝对罪恶的惩罚，治愈则来自忏悔或圣马丁的力量。对格雷戈里来说，医生不但不能找来治病，而且还是基督徒的敌人，和那些邪门歪道的奇迹制造者属于同一类人。[格雷戈里其实有过一个医生，名叫阿尔门提乌斯（Armentarius）。格雷戈里 573 年当上主教的时候，这位医生就在他身边，但是后来格雷戈里的痢疾并没被他治好，而是被圣马丁墓里的灰尘给治好了。] 不过，格雷戈里在这方面的立场可能比较极端。阿尔勒的凯撒利乌斯就肯定认为医生是好的，是奇迹制造者的敌人。[34] 墨洛温王朝的历任国王都很信任医生，一直都找他们看病。一个名叫保罗的希腊医生甚至于 6 世纪初期当上了西班牙梅里达的主教，并最终被封圣。保罗的圣徒生平记载，他曾经用精湛的技巧从一位非常富有的贵族产妇体内取出了已经死去的胎儿，并保住了产妇的命，从此之后，他所在的主教教区就一直财源滚滚。在公共生活中，人们对医药的态度是折中主义的。一个人可以相信神迹的治愈力量，但是他如果足够有钱，也还是会去请医生。人们也都相信战争的胜败由上帝决定，但是没有哪个武将会认为有上帝的保佑就可以不去训练军队。人们既相信天意，也相信事在人为，并且很少有人觉得二者是互相矛盾的。

***

本章把大量篇幅放在了主教身上，因为我们的史料中对这个群体的描述非常多。但是，他们之所以占有如此中心的位置，只是因为当时的神职层级系统还相当简单。乡村地区的教堂不能说不存在，但只是寥寥无几。在意大利这个早已被基督教化的地方，卢卡主教区到 10

世纪时也只有60座乡村洗礼教堂（plebes），而且其中大多数在6世纪时就已存在。这个数字看起来不小，但实际上每一座较大的教堂都要负责相当多的聚落。兴建教堂的风潮从8世纪开始出现，一直延续到12世纪（中间偶有挫折）。12世纪时，卢卡已经有了超过600个乡村教区，与10世纪时的样貌大为不同。法兰克的情况也差不多，有权施洗的乡村教堂在公元700年之后才开始增多。英格兰普遍实行"大教区"（minster parishes）制度，乡村教堂的数量要到公元900年之后才开始增加。在中世纪早期，绝大多数乡村定居点还没有自己的教堂，教区里教士的主要任务就是给主教打下手（在一些足够大的城市，教士也会在市内的教堂里服侍）。因此，与10世纪之后的情况相比，当时各个教区的宗教活动主要围绕主教展开。[35]温彻斯特主教丹尼尔（Bishop Daniel of Winchester）的故事就很能说明这个问题，不过是从反面说明的。[36]他是在744年去世的，但是在那之前就已失明，无法主持洗礼仪式，但是，没有人接替他的主教职位。因此，在他生前的最后几年，教区里的很多小孩都在没有受洗的情况下夭折了。这个例子比较极端，而且不会发生在意大利，因为那里的洗礼教堂数量较多，但是它至少说明了主教在宗教仪式中的重要性。他控制着教区内的所有宗教仪式，包括游行和节日。就游行和节日而言，他有能力控制，也希望能控制得更多。

按照圣徒生平中的描述，主教组织的游行可以驱逐瘟疫、祈雨、灭火、动摇敌人的军心等等。有一个例子十分突出，它发生在700年前后的拉文纳［关于这件事的记载来自阿涅鲁（Agnellus）写于9世纪40年代的教区史］。[37]当时，拉文纳城里一个派别的人被一个敌对派别秘密杀害了，大主教达米安（Damian）组织了一场正式的忏悔游行，男人和女人、教士和俗人分开进行，以求（神迹显现而）发现事情的真相。主教们在政治上代表各自的城市和教区，在宗教上也起同样的作用。有相当多的神迹解救了被伯爵或其他世俗官员囚禁的凡人，或是挽回了死刑犯的性命，而且有些死刑犯还罪大恶极。[38] 在世俗生活中，主教们越来越多地做出为战俘赎身 [39]、恳求国王减免教区税负等行为：从任何角度讲，主教都是其教区内百姓的守护者。据说，6 世纪中期，梅里达主教菲德里斯（Fidelis）天黑之后在城里和郊外的教堂之间秘密巡游，身前有火球开路，身边还环绕着众多圣徒。凡是看到他这副样子的人都要发誓保密，否则就会丧命。相比之下，梅里达的另一位主教玛索那的神迹就不那么难以理解了。他在 6 世纪 80 年代初期被利奥维吉尔德流放之后，城市立刻遭遇了饥荒、瘟疫和风暴，玛索那回来以后又恢复如常。[40] 维也纳主教德西德里乌斯在 603—607 年之间被布伦希尔德流放后，维也纳也发生了同样的事情。

由此可见，主教确实至关重要。因此，如我们在之前各章中看到的，很多国家的主教大多出身贵族阶层，也就不难理解了。在之前的历史时代中，我们还能看到一些出身低微的主教凭借优秀的管理能力和个人美德爬上教会系统内的高位，但到了这个时候，这样的情况恐怕已经很少见了。如果一个主教拥有贵族身份，他就可以在世俗（或教会）政治体系的支持下活得轻松一些。我们在前面提到过，克莱蒙的柏莱日多（676 年去世）的出身不高，政治手腕也不够灵活，结果被出身贵族的敌人杀死了。[41] 与此相对的是，他后两任的博尼图斯出身“罗马”贵族（这一说法来自博尼图斯的圣徒生平，实际上，他的祖先中可能有阿维图斯皇帝和阿波黎纳里斯），也在西吉贝尔特三世手下担任过重臣。他先是成为家乡马赛的行政官，后来又于 690 年在丕平二世的支持下，继承哥哥阿维图斯二世（Avitus II）的职位，成为马赛主教。由此，他才可以用丕平代理人的身份去招安里昂的叛军。公元700年后，博尼图斯从主教职位上退休，来到罗马，受到伦巴第国王阿里佩尔特二世（Aripert II）的礼遇，博尼图斯则为国王表演了神迹。在博尼图斯的上一代人中，我们也从卡奥尔的德西德里乌斯的信件中看到了不少类似的法兰克主教。墨洛温王朝出产的大量圣徒生平表明，出身贵族的主教在法兰克土地上特别多，但是意大利、西班牙、英格兰和爱尔兰也都有类似的人物。

然而，既然很多主教出身贵族，其中一些人还担任过世俗官员，那么这些主教对贵族的生活方式肯定是相当熟悉的。他们养尊处优（圣徒生平中对此往往轻描淡写，但是在图尔的格雷戈里写的《法兰克人史》和其他文献中，这一点十分明显），而且越来越多的人在身为主教的情况下仍在世俗社会中扮演重要角色。他们参与高层的政治斗争，有时引来杀身之祸，例如死于678年的欧坦的路德加尔；他们还越来越多地带兵打仗。在法兰克，这种情况在6世纪时还很少见，但7、8世纪时就已相当普遍。欧塞尔的萨瓦里克（Savaric of Auxerre，约721年去世）侵略过周边的五个主教区，最后死在了进攻第六个主教区的路上。他的继任者海恩马尔（Hainmar）则率领军队抵抗从西班牙过来的阿拉伯侵略者。[42] 8世纪初期的特里尔主教和美因茨主教的事迹也广为人知。特里尔的米洛（Milo of Trier，约757年去世）是查理·马特的盟友、波尼法修的仇人。他的父亲和叔祖父都担任过特里尔主教。[43] 在一些不喜欢他的史料作者笔下，米洛的生活方式完全是世俗贵族的那一套。美因茨的格韦力布（Gewilib of Mainz，约759年去世）的主教职位继承自父亲格罗尔德（Gerold），后者在和萨克森人的战斗中被杀。格韦力布击败了萨克森人，杀死了杀父仇人。因为这件事，波尼法修于745年罢免了格韦力布，自己接管了他的教区。不过格韦力布仍然过得不错，在地方上颇受尊敬。波尼法修并没有改变主教们的行为方式，带兵打仗的主教在加洛林王朝时期仍然十分常见。所有这些现象绝对不能被视为教会的“世俗化”（虽然波尼法修毫无疑问是这么想的）。米洛和他的父亲柳特温（Liutwin）都是修道院的热情支持者，柳特温还获得了圣徒名号，但他们同时也是贵族，而打仗就是贵族该干的事。意大利的情况也类似，卢卡主教瓦尔普兰德（Walprand of Lucca）是卢卡公爵瓦尔佩尔特（Walpert）的儿子，他也是一位备受尊敬的教会领导人，最后却在754年死于和丕平三世的战争中。

硬币的另一面，是主教们的贵族出身被很多人视为一种先天的功德。圣徒生平中反复强调这些人的高贵出身，认为其有益于圣徒们未来的圣洁性。只有非常少数的几个作家（例如比德，他自己不是贵族）并不认为出身贵族是优点。修道院体系在7世纪的法兰克、英格兰和爱尔兰，以及8世纪的意大利快速扩张，明显与这种先天的功德有关，而且比与教会的关系更大。当然，贵族向修道院捐款，首先是因为他们有钱，但是他们在捐款的同时也会把自己家族里的人推上院长的位置，或者干脆自己当院长。爱奥那的科伦巴（Columba，597年去世）的伯父和堂兄都是国王，他建立了修道院之后自己担任院长，其继任者也几乎全是科伦巴家族的男性成员，只在之后那个世纪出现过一次例外。他在7世纪的继任者、传记作者阿多南（Adomnán）非常自豪地记述了这些事。那些有名的创建修道院的女性或女子修道院院长也都来自最高的社会阶层，如惠特比的希尔德（Hild of Whitby，680年去世）和尼韦勒的格特鲁德（Gertrude of Nivelles），前者是埃德温国王的侄孙女，后者则是丕平一世的女儿。她们自己都成了圣徒，而且其女修道院院长的职位也被自己的亲戚继承。[44]

建立修道院实际上有两个作用。第一个作用是尊奉上帝，修道院招募一群专门做这项工作的人，这是一种功德，可以让建立者更容易在死后上天堂。这种功德在修士或修女的祈祷声中得到强化，而如果建立者本人也成为修士或修女，并且在修道院的体系内过苦行生活的话，那就更好了。第二，创建者可以把修道院作为维系家族关系的纽带。大多数修道院实际上都是在家族控制之下的（而且有可能不受当地主教的约束），院长挑选的继承人要么是自己的直系亲属，要么就是受自己家族庇护的人。家族成员捐献给修道院的土地也没有脱离家族的控制，除非他们先失去了对修道院的控制。这两个目的从任何角度讲都是互不冲突的。实际上，修道院在宗教生活中的名声越响亮，其他人捐献的土地就会越多，资助者家族的社会地位就越高，而为他们祈祷的人也就越多。做这些事的时候要格外小心。比德在 734 年曾写信痛斥诺森布里亚的假修道院，布拉加的福鲁克托苏斯（Fructuosus）早在 660 年就抱怨过西班牙北部的假修道院问题。[45] 他们两人认为，创建那些修道院的家族根本没有什么宗教上的热情，他们搞修道院纯粹是骗局，只是为了逃避世俗义务而已。事实上，这样的修道院在当时肯定不在少数，而且大多数人可能不觉得有什么不对，反而认为这是功德。那些大修道院多数在宗教上还是很虔诚的，但是其中的大多数也并没有放弃和建立者家族之间的联系。这种情况维持了很长时间，直到公元 1000 年以后才出现明显的变化。

与此同时，教会拥有的土地大幅增多，这与修道院有一定的关系，但并不全归功于修道院。全欧洲的国王、主教、贵族，以及较小的土地拥有者都会给主座教堂、修道院以及地方教堂捐献土地。这种现象从6世纪起出现在西班牙、威尔士和拜占庭人的意大利，可能从7世纪初期起出现在法兰克人的高卢以及爱尔兰，7世纪后期开始出现在英格兰，8世纪初期开始出现在伦巴第人的意大利，以及今德国莱茵河以东的地区（上述提到的时间都是文献中开始出现大量捐赠土地记录的时间，对于高卢来说，我们写出的时间可能比实际的晚）。捐赠土地的热潮似乎在8世纪达到了一个阶段性的顶点，被捐出土地的数量到9世纪初期就开始减少了。但是，根据戴维·赫利希（David Herlihy）的估算，即使在那个时候，法兰克和意大利的土地也有将近三分之一属于宗教组织。人们捐献土地给教会当然是出于宗教方面的动机，他们认为这是一种馈赠的交换：他们给教会物质上的馈赠，换来教会对他们的祈福，或是能够在死后葬在教堂的土地上乃至上天堂。这种想法在从当时保存至今的史料中反复出现，毕竟其中大部分文献档案最初就是为记录这些馈赠产生的。但是，捐赠土地也是一种家族策略。教会为捐献者祈福，往往包括整个家族。在意大利很常见的一种情况是，有三个儿子的人会把自己土地的四分之一捐献给教会，相当于第四个儿子的份额。也有不少土地捐献给了家族基金会，或是捐献者在世俗或宗教系统内的庇护者的基金会，以取悦自己的庇护者。[46]

在6世纪和7世纪早期的罗马-日耳曼诸王国，人们往往会在埋葬死去的家族成员时，把一些贵重物品作为随葬品一起埋到地里。这种风俗消失后不久，向教会捐献土地的做法就很快出现了。在死前处理掉自己的地产或把捐献土地作为死亡仪式的一部分是一种公众行为，反映了捐赠者的社会地位，而且异教徒和基督徒都会这么做。[以前人们以为只有异教徒才有随葬品，这是不对的。很多标准的基督徒下葬时都有随葬品，例如圣卡斯伯特。但是这种风俗在英格兰这样的地方确实始于异教时代，而且异教区和基督教区的做法并没有什么区别。] 还有一种观点认为，使用陪葬品的做法表明一些精英对自己的社会地位还不是那么自信，因而才会用攀比陪葬品多少的方式来显示身份，而一旦这些人的贵族身份稳定下来，财富也多起来，这种做法就不是那么必要了。[47] 这种观点在盎格鲁-撒克逊人的英格兰特别有说服力。我们并不清楚人们为什么会把处理遗产的方式从随葬变成捐献土地（和其他财物）给教会，但毫无疑问的是，教会肯定更欣赏第二种方式，而且这些捐献来的土地肯定对教会影响力的扩大起到了关键作用。处理财产方式的转变带来了另一个结果，那就是教堂和修道院可以积累巨额的财富，其作为机构所拥有的资源已经可以和贵族家族相提并论。这就使贵族们控制教堂和修道院的欲望更加强烈。此外，那些最富有的修道院还有了强大的政治权力，之前讲过的爱尔兰科龙玛努瓦修道院就是其中一例，之后不久出现的还有今德国的富尔达、圣加伦，意大利的诺南托拉、法尔法、沃尔托诺（圣文森佐修道院）和蒙特卡西诺，今法国的圣但尼、圣日耳曼、圣贝尔坦（上述几个修道院是在 10 世纪才拥有强大的政治权力的）、克吕尼，英格兰的伊利和拉姆西修道院。早在 7 世纪 60 年代，巴尔蒂尔德王后退位来到谢勒修道院时，就曾对那里的修女说，她们应该参与政治活动，拜访国王、王后和贵族，给他们送礼，“照规矩做，这样侍奉上帝的地方才不会失去它最初建立时的名誉”。[48] 从 9 世纪开始，修道院参与政治的现象就十分普遍了。

***

仁德的君主应该体恤子民、疆场得胜、公正慷慨，并且要聆听主教的意见。这是中世纪早期整个欧洲通用的标准，而且重要性很高。在爱尔兰，人们会真的认为不够正直或不成功的君主会招来灾难天气，其他一些地方的人也有同样的想法（例如法兰克人，详见第17章）。战争是不可避免的，即使是在宗教上最虔诚的国王，也一样要去打仗，否则他的王国就危险了。东盎格利亚的国王西吉伯特（Sigeberht）在7世纪30年代退位去了修道院，但是麦西亚的彭达打过来以后，国民又把西吉伯特叫了回去，以鼓舞他们的士气。不幸的是，这招没能成功，西吉伯特战败被杀。（比德在讲述这件事情的时候语气颇为冷漠，而且他可能认为西吉伯特退位去修道院的选择本身就是错误的。）和打仗一样，主持正义也是中世纪早期政府的一项基本职能。人们在评价一位国王的时候，都会看他是否勤于司法，判决是否公道，而在公元750年以前除西班牙以外的地方，真正的立法行为并不那么被人看重。慷慨大方是每个国王都应具备的特质。无论国王拥有的国土是大是小，只要他想让身边的人忠心耿耿，那就必须慷慨。例如，成功的威尔士国王往往都拥有“hael”（慷慨的）这个绰号。此外，我们在第5章已经看到，财富对法兰克国王来说具有重要的政治意义。与此相对，《贝奥武甫》里有一个小故事，说丹麦国王赫里默德（Heremod）发疯，杀了身边的随从，而且“没有把财富分给丹麦人以获得高度的尊重”，于是，他的随从抛弃了他。聆听主教的意见这一点可能是我们拥有的史料格外强调的，因为这些史料几乎都出自宗教人士之手。[49] 图尔的格雷戈里在同时代的君主之中最推崇贡特朗，最主要的原因可能是他最能听取主教的建议。萨拉戈萨的布劳略甚至能在7世纪40年代不请自来，主动去给辛达斯文托提建议，而后者是一个残忍无情、充满争议的国王。无论如何，主教们自己就是政治人物，国王尊重他们只是一种正常的选择。实际上，在本书讨论的时代，每一个成功的基督教国王都懂得利用教会搞政治，其中一些人在这方面还非常积极，尤其是在7世纪的西班牙。

我们的史料虽然大多数出自神职人员之手，但他们还是对世俗的价值观给予了相当大的尊重。史料中很少批评墨洛温国王们妻妾成群的现象，科伦巴努是唯一一个对此做出过谴责的宗教人士。他批评的是提乌德里克二世，结果被后者逐出了国境。（不过，法兰克人可能对国王的纳妾行为相对宽容，西哥特、伦巴第和盎格鲁-撒克逊的国王们都多多少少因为纵欲受到过批评。）对于战争必然导致的暴力行为，史料中更是几乎从来没有谴责过，只要施行暴力的对象不是自己人就好。我们必须记住，这个时候西方的世俗世界已经彻底军事化，而且教士们也认为打仗立功是理所当然的。至少从理论上来说，农民也需要履行军事义务（见第9章），而贵族更是天生就要承担军事责任。为此，人们经常要操练兵器，或者参加狩猎等准军事化的体育活动。国王们把宫殿建在树林旁边以方便打猎。法兰克和伦巴第的国王们开始把这样的一些地区视为“围场”，即只供王室打猎用的森林。贵族们虽然还没有划出专属的猎场，但是他们对打猎的热情肯定一点不亚于国王们。8世纪末的时候，查理曼曾训斥手下的伯爵为了打猎而缩短司法听证的时间。特里尔的米洛虽然担任神职，但仍然秉承贵族的价值观，这从他的死法上可见一斑：他是被一头野猪杀死的。[50] 实际上，军事化的生活方式体现在国王和贵族生活的方方面面。我们已经讲过，这是罗马帝国灭亡后精英文化发生的一个重要变化。当时的贵族穿的衣服上有大量的黄金珠宝，（男子的衣服上）还有一条同样镶金挂银的腰带，这种服饰是从罗马时期的军装演变而来的。腰带的象征意义也源自罗马，通常代表主人在军队或政府中的官职（不过此时的腰带比罗马时期更粗、更珠光宝气）。努瓦永的安利日在7世纪30年代时还是达戈贝尔特一世手下的一个世俗官员，却已经有了把腰带赠送给穷人这样圣洁的行为。但是，安利日并不能因此就不佩腰带，因为达戈贝尔特又赏了他一条。[51]

王室和贵族的宫廷礼仪也和罗马时代不同。罗马时代文官贵族们的消遣活动（otium）、乡间豪华别墅中的聚会，以及至少存在于一些皇室晚宴中的礼仪规范（见第3章），全都被一种有时显得放浪形骸的文化取代了。这种文化强调的是国王和手下们一起大块吃肉，大口喝酒（葡萄酒、蜂蜜酒或啤酒），而吃喝的场所通常都是一个又大又长的大厅。[52] 在意大利，人们可能不太喜欢喝醉，但是在阿尔卑斯山以北的所有地区，人们都认为喝得酩酊大醉是很正常的事情。8世纪时，有一篇戏仿萨利克法典的文章[53]，把法令条文用到了一场喝酒游戏里面，游戏参与者是领主弗雷多努斯（Fredonus）以及他的妻子和家丁。在爱尔兰的民间散文故事《麦克达索之猪》（*The Tale of Macc Da Thó's Pig*）[54] 中，故事情节完全围绕着英雄们喝醉后的互相逞能而展开。在英格兰和威尔士，谁在国王的宴席上喝醉了酒，谁就有义务在战斗中用忠诚来回报国王的厚待。不过，这种君臣一起大吃大喝的习俗在罗马时代也是有先例可循的，只不过吃的东西和吃的方式发生了变化而已。罗马帝国的人和后世的人一样，认为与人一起吃饭象征友谊，而拒绝一起吃饭则表示敌意。384年，图尔的马丁在皇帝马克西穆斯的压力下才不情愿地和他一起吃饭，因为他和马克西穆斯在宗教观念上有分歧。大约350年后，公元732年，奥尔良的尤奇里乌斯邀请查理·马特吃饭，后者却在宴席摆好后拂袖而去。尤奇里乌斯从此将查理·马特认定为敌人。[55]

从积极的角度说，国王访问某个地方的时候，如果接受了当地地主的款待，就是在表达善意。统治者与被庇护者之间的关系有时会使统治者的手下人都得到款待。例如，诺森布里亚的威尔弗里德曾在7世纪50年代被引荐给奥斯威国王的妻子，引荐他的则是他父亲款待过的贵族。[56] 这些款待的形式都经过了精心设计。《贝奥武甫》中说，家丁们"懂得如何在贵族社会里举止得当"。客人会给包括国王在内的主人送礼物，也会期待主人回赠礼物。值得一提的是，在诺森布里亚有一位爱尔兰传教士，名叫林迪斯法恩的艾丹（Aidan of Lindisfarne，651年去世）。此人招待贵族时不回馈礼金，还把贵族送来的礼物送给穷人。这样做肯定是有风险的，别人可能会认为这是宗教魅力的体现，但也可能认为他是吝啬或对客人有敌意。艾丹的冒险最终取得了收获，但风险仍然不可忽视。这一时期的政治礼仪虽然和罗马时代迥然不同，但规矩一点不比那个时候少，不管人们多么喜欢放肆狂饮。

我们之前提过，王室和贵族的女性在这种政治宴会中也占有一席之地，有些时候还有明确的角色。例如丹麦王后薇色欧（Wealhtheow），她在《贝奥武甫》中被称为"一位精通正式礼节的夫人"。[57] 在王宫大厅里举行的宴会开始之前，她负责在宾客之中传递公用的蜂蜜酒杯。我们不知道这些宴会之中除了主人的妻子外还有多少女性参加，但是当时的公共政治-军事世界和价值观基本都属于男性。传统的贵族美德包括荣誉、忠诚和勇敢等男子气概。韦塞克斯的西内伍尔夫和西内赫尔德自相残杀时，正是这三种男子气概的结合使双方的随从都为主人战斗至死。在西方各个社会之中，对这三种气概的赞美也时时出现在军事活动的记载之中。当时的人捍卫荣誉，有时会失去理智。助祭保罗讲过一个 8 世纪初期的故事。在意大利东北部有一个地方军事指挥官叫阿尔盖特（Argait），他在追击一伙斯拉夫强盗的时候让对方逃脱了。弗留利公爵费多尔夫（Ferdulf）为此拿他的名字开了一个玩笑，因为阿尔盖特名字中的"arga"在伦巴第语里是"懦夫"的意思。阿尔盖特听到后狂怒，领兵进攻斯拉夫军队设在一座山顶上的大营，而且专门挑了难度最大的一条路线。费多尔夫得到消息后认为，如果自己此时不率领弗留利军队跟着上去，就会让自己的名誉受损。于是，他出动全部兵力，结果几乎全军覆没。[58]保罗讲述和润色这个故事时，显然是把它当成了一个为了道义而不惜做蠢事的例子，但是和往常一样，这种事情只有在道义的价值能得到他人认可的时候才会发生。我们不应夸大这种战斗到死的情形在当时的普遍程度。大量的战斗以一方仓皇逃跑告终，而且通常发生在战斗开始后的几小时之内（打一整天的战斗要少得多，超过一天的则极为罕见）。但是，由于中世纪早期的主要战斗形式是近身肉搏，没有一点勇气（以及强健的体格）是没办法打仗的。而且，那些害怕战斗的男性贵族很有可能活不了多久。

忠诚可不是国王在宴会厅里赏部下几杯葡萄酒就能换来的。这个时代的领主（包括国王）和中世纪中期一样，可能会在贴身武士年轻的时候供他们吃喝穿戴，但这些人结婚和安家时还需要土地。例如在英格兰，贵族们年轻的时候会在不同的国王间游走，但是一旦在某个王国定居下来，他们通常就不会再换地方了，除非被国王驱逐。为了安置这些武士和他们的家庭，国王要有足够的土地资源。当时的所有社会几乎都是这样，只有爱尔兰的情况特殊。在那里，国王对武士的封赏物主要是牛群。领主们只是供养大量的贴身武士就需要大片的土地（以及相应的地租，通常是以农作物的形式上交），而如果他们想在将来帮助这些武士安家落户，就还需要更多的土地。此外，这种做法还存在风险，那就是送出去的土地可能最终会脱离自己的控制。这种“土地政治”是中世纪早期的所有统治者和权贵都要面对的基本问题。由于需要的土地面积太大，各国的贵族阶层中只有法兰克人能够轻易负担。因此我们也就不难理解，为什么这一时期只有法兰克的贵族政治中出现了大量与私人自治武装相关的记载。

对于领主们来说，最一劳永逸的解决方案就是让家将的家族固化在封地里。家将的儿子从年轻的时候就开始为领主效力，接受训练，树立对领主的忠诚，宣誓效忠（这是领主和家将的关系中很重要的一环），然后继承父辈的封地，结婚，再回到封地上生活。在那个时期，这样的封地似乎通常由领主直接赐予那些宣誓效忠于他们的家将，也就是拉丁语中的 fideles（忠臣们）。也有一些迹象表明，有的领主尝试过非永久性的封地，对于后来不像从前那样忠诚的忠臣们，有一些制约他们的法律手段。尤其值得注意的是 8 世纪及以后出现的那些拥有大片土地的宗教机构。它们的土地档案有很多保留至今，从中可以看出，有些宗教机构封赏给附庸者的土地有效期只有三代人的时间（这在英格兰很常见），还有一些机构则改封地为租地（在意大利很常见），或是像法兰克人那样对封地设立一个不确定年限的限期［这种封地称为“恩地”（precaria）[59] 或“采邑”（beneficium）］，这样一来，领主原则上可以随时收回封地。宗教机构在8世纪时积累土地的速度飞快，因此可以把土地大量封赏出去。实际上，很多教会土地的租户或“恩地”的占有者根本就是一开始捐献土地给教会的人。（捐赠者这样做是有好处的，他们借此为自己的灵魂向上帝献了礼物，却只需要付出很少的地租。同时，他们还由此得到教会或修道院的庇护，这可能不仅是一种承诺，更是实实在在的利益。）对于当时的世俗贵族们如何处理土地，我们没有足够的文献记载，但是成功的权贵总是会攫取更多的土地，因此也会轻易地把土地封赏给自己庇护的军事人物。从本质上说，这一时期和其他时期一样，土地政治的长期风险都集中在政治斗争的输家而非赢家身上，因为输家拥有的土地无法增多（或者还会减少）。对领主忠诚的行为不但很普遍，而且比不忠诚要更有利于自己的安全。

贵族无论大小，都有自己的家族成员，包括兄弟、堂表亲，以及血缘关系更远的最普遍意义上的“亲戚”。[60] 贵族们认为自己有责任维护这些人。在西欧的不同地区，亲族的组织方式多种多样。有的时候只有父系的亲戚才算亲戚，有的时候母系亲缘也能得到尊重，但重要性还是不及父系。有的时候，这些亲族的组织相当正式，如爱尔兰的三代血亲（gelfine）和四代血亲（derbfine）制度，血亲范围内的家族成员都要承担一些集体的农业义务。[61] 不过，领主通常可以在亲戚之中自己选择亲近谁、疏远谁。如果亲戚陷入纠纷，领主就应该用宣誓的方式表示支持，有些极端情况下还需要为此而战。此外，如果亲戚遇到经济或政治上的困难，领主也要提供帮助。意大利的柳特普兰德于717年宣布，如果一个男人被杀，而杀他的人做出了赔偿［这种赔偿被称为“赔命价”（wergild），即一个人荣誉的价格，具体金额要根据被杀者的社会地位来计算］，那么赔偿金要按照遗产继承的顺序，给予死者的男性继承人——女性没份，因为女性“没有能力结仇（faida）”。在本书探讨的时代，对血亲的忠诚即使是有选择的，也是一种被普遍认可的行为准则。以前有一种史学观点，认为对血亲的忠诚与对领主的忠诚相冲突，并认为领主-附庸关系的崛起是以血亲关系的没落为代价的。实际上，这种说法不符合事实，绝大多数人可以毫不费力地同时忠诚于二者。如果两者真的出现了冲突（例如两兄弟在战场上各为其主），那就有可能造成个人的悲剧。西内伍尔夫和西内赫尔德的故事就是一个例子，在那个故事里，血亲成了对立的敌人。但是，我们没有在忠于领主和忠于血亲这二者之间发现非此即彼的系统性趋向，人们通常并不需要做出选择。我们在第 21 章会看到，在墨洛温时代和加洛林时代之间，血亲忠诚和领主忠诚可能都得到了加强，表述也更为清晰。加洛林时代结束之后，这种趋势更为明显。

家族之间很容易结仇。[62] 男人（尤其是贵族）脾气暴躁，一言不合就动家伙（他们一般都随身携带武器），尤其是喝醉的时候。打架的时候经常有人受伤或者丧命，然后死者的家族就要为他复仇。家族之间的敌对状态很有可能长期持续。柳特普兰德在 731 年认为，如果两个家族之间有仇，就不应该通婚，而如果两个家族之间有人命官司，这两个家族之间的婚约就更容易解除了。我们可以从史料中发现一些旷日持久的家族世仇。591 年，图尔奈的一个有妇之夫与别人通奸，结果被妻子的兄弟杀死，他的家族又杀死了凶手，为他报仇。之后，两个家族里陷入敌对状态的人越来越多，完全没有缓和的迹象（图尔的格雷戈里说，这个难题最后由弗雷德冈德王后解决了，方法是把两家剩下的人全都杀死）。不过，大部分家仇其实持续不了这么长时间，往往在只发生一次复仇之后，就通过赔命金的方式解决了。和血亲问题一样，我们对家仇问题也应该从策略的角度，而不是法律的角度来理解。“敌对状态”一般都不会持久，除非两家之间有真正的矛盾（例如争夺政治权力或土地），而不只是一时之怒，因为这种事情在当时太普遍了。有人可能觉得家族之间很容易结成死仇，但实际上大部分人极力避免结仇。但是，家仇的观念无论如何都是很重要的，它触及了荣誉和男子气概的根本。中世纪早期所有的家仇之中，最著名、最广受讨论的是芒特朗（在图尔附近）的西卡尔（Sichar of Manthelan）在585—587年的遭遇。根据图尔的格雷戈里的记述，西卡尔杀死了克拉姆内辛德（Chramnesind）的家人，但是双方就赔偿问题达成了协议，两人此后还成了好朋友。但是有一天，西卡尔酒后嘲弄克拉姆内辛德，说他靠亲戚的赔命金过上了好日子。“克拉姆内辛德怀着悲痛的心情听他说这番话，自忖道：‘我要是不为我亲属的死报仇，我就像女人一样懦弱，不配称为男子汉。’”于是，他当场就把西卡尔杀死了。格雷戈里在记述这件事的时候明显站在克拉姆内辛德这一边，而且认为克拉姆内辛德除了杀死西卡尔外别无选择，因为西卡尔对他的侮辱太过分了，相当于重新让两家结仇。家仇的解决就像伤口结痂一样，很容易被重新揭开。而且，一旦仇恨重燃，拒绝报仇就不配当男子汉。

西卡尔是贵族，而且还有布伦希尔德王后庇护。在我们讲到的所有社会之中，家仇和荣誉不仅被视为男子的专利，更被认为是贵族的特权。从道德的角度讲，贵族比一般人更“高尚”，至少他们自己是这么认为的。如果克拉姆内辛德是个农民，格雷戈里恐怕就不会对他那么同情，甚至根本都不会记载这件事。我们已经讲过，贵族也更容易成为圣徒，其圣洁性与他们的荣誉和暴力问题并不矛盾。马斯特里赫特主教兰迪贝尔特（Bishop Landibert of Maastricht）大约死于705年。传记里说，当时他被自己的死敌多多（Dodo）围堵在列日的家里。多多是丕平二世的内务总管。兰迪贝尔特先是手提宝剑准备战斗，后来看到自己寡不敌众，才扔掉宝剑开始祈祷。随后，多多的人冲进来杀死了他。即便如此，兰迪贝尔特死后仍然显现了种种神迹，列日当地膜拜他的人也快速增加。[63]不过，虽然人们认为贵族和其他人有着本质上的不同，但从法律上来说，“高尚者”和自由程度较低的人群之间并没有一条清晰的界限，尤其是在法兰克和意大利。不管是谁，只要运气够好，就有机会获得财富、政治庇护、军事责任和政府官职之中的任何一项，从而缓慢地提高自己在社会阶层中的位置。值得注意的是，唯一在贵族和其他人群之间设置明确法律障碍的社会是爱尔兰。在那里，财富上的差距可能是最不重要的。但是，在所有的社会中，贵族所接受的训练，以及他们的语言和行为都和其他人有明显的不同，甚至连站立和走路的姿势都不一样。[64]根据比德的记载，有一位诺森布里亚贵族名叫伊玛（Imma），在678年的特伦特战役中，他所属的一方战败了，战斗次日，敌方俘获了被打得不省人事的伊玛。他醒来后假装自己是给军队送食物的农民，才没被杀死。但是，对方很快就根据“他的脸、衣着和谈吐”发现他其实是一个贵族，于是决定将其售卖为奴。英格兰的社会阶层差异在欧洲并不算大，但是伊玛还是无法隐藏自己的贵族身份。本章所讲述的种种行为和礼仪只适用于贵族阶层，而农民的情况我们会在下一章详细讨论。

我们已经看到，荣誉和男子气概是紧紧联系在一起的。因此，贵族女性在荣誉、忠诚和政治上的表现空间很有限，但也不是完全没有。[65] 和其他时代一样，这个时代自己直接掌权的女性很少，已知的只有一个，而且还是两个世纪以后一份语焉不详的史料记载的，她就是韦塞克斯的西亚斯伯女王（Queen Seaxburh，672—674 年在位）。她从丈夫那里继承王位，当了一年的国王。不过，我们也发现，法兰克的摄政太后可以非常强势，如布伦希尔德、弗雷德冈德、巴尔蒂尔德、西姆尼希尔德等。这使我们对女性的掌权方式有了一定的认识。这些女人最开始走上权力舞台，都是因为她们与墨洛温王朝的男性王室成员非常接近。在法兰克社会里，国王大多妻妾成群。女性要想真正掌权，就必须成为国王的母亲，也就是说要确保自己的儿子继位。例如，弗雷德冈德设计害死了至少两个继子（至少图尔的格雷戈里是这么说的，不过，格雷戈里可能会为了诋毁弗雷德冈德而稍微夸大事实）。以摄政太后的身份掌权后，这些女人受到的挑战往往比国王掌权的时候多。但是，无论如何，她们掌握的是真正的权力。人们遵从她们的命令，为她们工作、战斗。实际上，格雷戈里说过，他的庇护者布伦希尔德行事"就像男人一样"（viriliter）。珍妮特·尼尔森（Janet Nelson）认为，这些女人之所以能掌握这么大的权力，是因为墨洛温王朝的政治活动高度集中于宫廷之内，而宫廷的内务工作大部分在王后的掌控之下。但是，这种观点可能还不足以解释问题，因为王后掌控宫廷内务的社会比比皆是，却只有墨洛温王朝时期的王后们拥有如此之大的权力。我们在墨洛温王朝的女性政治人物身上发现了一种平衡，这种平衡也是整个中世纪里所有政治女强人的共同特征：在那些女性参政的地方，女性在政治活动中比男性脆弱，遇到的挑战也更大，但总还是有一些空间留给她们。而像布伦希尔德这样的王后也有尊荣，对此我们也没有理由怀疑。

女性能起到这样的作用，主要是基于墨洛温王朝的血缘关系。无论女性的社会出身如何，只要能当上太后，就可以拥有权力。但是，在墨洛温时代的法兰克贵族之中，那些有特定贵族血统的女性在政治上也可以相当活跃。不过，我们的史料也确实总把贵族女性当成男性的附属品来描述，例如和丈夫或儿子一起捐献土地给教会等等。墨洛温时期的史料之中，由女性在没有男性亲属参与的情况下独自立下的遗嘱非常少见［留下遗嘱的不是寡妇，就是终身守贞的修女，例如 600 年前后巴黎的欧米特鲁德（Erminethrudis 或 Ermintrude），以及 634 年法尔穆捷的伯甘多法拉（Burgundofara）］，而且遗嘱中所列的财产也远远少于贵族的标准。[66] 所以我们还是要说，独立的女性在政治上相对来说比较脆弱。当然，贵族女性可以选择终身守贞，然后建立修道院，这在很多圣徒传记中都有记载。这些传记往往会强调这些女人的父亲如何反对她们的决定（并且劝说她们为了家族的利益而结婚），而母亲又如何支持她们。正如蕾吉娜·勒让所说，这类情节肯定是一种写作“套路”（topos）。实际上，这些女人去建立修道院，往往在很大程度上是出于整个家族的战略考虑。而且，像法尔穆捷的伯甘多法拉，以及尼韦勒的格特鲁德［两人分别属于法罗尼德 / 阿吉洛尔芬（Faronids/Agilolfings）和丕平家族］这样的女子，她们所建立的修道院的兴衰是和她们家族的命运同步的。无论如何，建立修道院给这些女人创造了成为家族政治主角的机会，而格特鲁德、伯甘多法拉等人抓住并利用了这样的机会。[67]

丕平二世的遗孀普雷科特鲁德进一步展示了女性参政的可能性。[68] 她在丕平二世在世时一直拥有巨大的影响力。我们在丕平的很多行动中都看到了她的影响，例如在 706 年，他们夫妇接管了埃希特纳赫修道院并赠其土地，而这个修道院之前的赞助人就是普雷科特鲁德的母亲埃尔米纳（Ermina）。毫无疑问，普雷科特鲁德的影响力与她自己在特里尔地区的贵族背景有关，而且丕平家族也是在她亲戚的帮助下才得以将势力向南扩展的。但是，丕平不仅仅是当时最富有的贵族，还是一位任职多年的宫相，是整个法兰克人土地的实际统治者。丕平714年去世时，普雷科特鲁德所生的两个儿子都已经死了。丕平临终前同意让他的小孙子狄奥多尔德（Theudoald）继任宫相，普雷科特鲁德由此掌控了政府。也就是说，在不妨碍墨洛温王室正统的前提下，丕平家族乐于接受墨洛温式的太后摄政模式。普雷科特鲁德显然在这个位子上表现得足够强硬。她一度把自己在家族内部的唯一敌人——继子查理·马特——投入了监狱。但是，一年之后，纽斯特里亚人起兵反抗丕平家族的统治，查理随即从监狱中逃脱，并且也发动了叛乱。我们已经说过，这场715—719年之间的内战以查理获胜告终，普雷科特鲁德也不得不在717年向查理交出丕平的财产（因此也就失去了一切成为政治舞台主角的机会）。普雷科特鲁德失败了，而且她的失败与她的性别有一定的关系：她的权力比布伦希尔德的还要脆弱，受到的挑战还要大。但是，她至少有一定的政治空间去尝试。而且，加洛林时代的统治者虽然是查理的后代，但那时的历史学家在写到普雷科特鲁德的时候仍然对她相当尊敬。

早期盎格鲁-撒克逊社会的史料远没有法兰克社会那么丰富，但是从理论上讲，他们对王室正统的强调可能会对国王的母亲们构成影响。[69] 在10世纪之前，英格兰的王位继承规则并不是特别严谨，所以小孩当国王的情况并不多见，但是在少数的“幼主”在位期间，他们的母亲就非常重要了（详见第19章）。在盎格鲁-撒克逊人的几个王国之中，还出现了拥有强权的女子修道院院长。她们的显赫一时在某种程度上反映出了当时盎格鲁-撒克逊社会与墨洛温王朝的相似之处。但是，西哥特人和伦巴第人相对来说不强调女性参政。这也与我们史料匮乏有关。[70] 我们现有史料中叙事体的著作很少，而且和北方的那些王国相比，这少数的叙事体著作对女性参政现象的描述往往更加负面。例如，信奉阿里乌派的西班牙王后戈西温萨（Goiswintha，589 年去世）是国王阿塔纳吉尔德的遗孀（也是法兰克的布伦希尔德的母亲），根据比克拉尔的约翰（John of Biclar）的记述，她曾先后密谋反对利奥维吉尔德和雷卡雷德，还试图阻挠雷卡雷德改宗天主教。还有意大利的王后罗西蒙达（Rosimunda，约 573 年去世），根据助祭保罗的记述，她设计谋杀了自己的丈夫阿尔博因，但最后也没落得好下场。实际上，保罗在描写女性政治人物的时候一贯态度负面，不管对象是王后还是公爵夫人，但是有一个例外，那就是他心目中的巾帼英雄狄奥德琳达。她是连续两任国王的王后，和教皇大格列高利互通信件，还有可能在儿子阿达罗尔德（616—626 年在位）在位期间摄政。她的事例至少说明，在当时的意大利，女人在合适的条件下也是有可能获得相当大的权力的。751—755 年间，这样的条件又在自治的贝内文托公国出现了。吉索夫二世（Gisulf II）的遗孀斯考尼佩加（Scauniperga）与年幼的儿子柳特普兰德共同统治，和儿子共称公爵（dux），且在文件中的排位还在儿子之前。贝内文托有一个稳定的统治家族，这肯定对斯考尼佩加执掌大权有所帮助。而在其他的情况下，比如继承王位的是成年人，甚至是靠政变上台的成年人，或者王位继承法则并不支持女性主政，女性就没有掌权的条件。如果助祭保罗对女性政治家的态度是当时人们的普遍看法，那么女性从政的空间就更有限了。同样是在亚平宁半岛，拜占庭人在这一问题上的观念就和伦巴第人不一样，那里的贵族女性有时会有独立的政治活动空间，大格列高利信件中提过的女贵族克莱门蒂娜（Clementina）就是这样。她生活在 6 世纪 90 年代，是那不勒斯一位颇具争议的政治人物，与当地的宗教领袖亦敌亦友（她手下无人身自由的农民曾对一位教皇特使发动过一场小型叛乱，她还试图阻止阿曼杜斯当选索伦托主教，好让他继续在自己手下做事）。实际上，在包括拜占庭社会在内的西方社会里，像克莱门蒂娜这种并没有特殊的家庭背景，而是完全凭借自己的财富获取权力的女政客都是在罗马帝国晚期更多，中世纪早期更少。再往后，各地女性的权力基础就都来自家庭出身或婚姻关系了。

我在此处强调的是高层政治。这不是因为行使政治权力对于每一个人来说都是最重要的事，而是因为我们的证据都集中在这里。我们在第 3 章已经论述过，罗马帝国晚期女性受到的限制通常来说要多于男性（当时对女性的那些限制到中世纪早期仍然存在），但那时女性的活动空间还是要大于中世纪早期。总的来说，和帝国时期相比，中世纪早期女性的政治活动明显更多地与王室成员的寿命以及家族策略相关。从法律上来说，女性的政治活动也受到了比帝国时期更多的限制。虽然“蛮族”法律并没有在实践中给女性的社交活动做出太多限制，甚至比罗马时期的法律还要宽松，但这些法律至少反映出了立法者的思想观念，而这些立法者普遍认为女性在法律上是没有行为能力的。在绝大多数社会里，人们认为女性应该在男性法律保护之下，保护者依次为她们的父亲、兄弟和丈夫，直到她们成为寡妇。在中世纪早期的一些社会中，寡妇在法律上是独立的，但属于弱势群体，她们对土地（有些是父亲赠予的嫁妆，有些则是丈夫赠予的新婚礼物，后者可能相当丰厚。在伦巴第人的意大利，新婚礼物相当于丈夫所有土地的四分之一，而在法兰克，这个比例有时可以达到三分之一）的控制权也会受到自己的子女以及各种男性亲戚的威胁。我们的史料中有很多小故事可以证明寡妇受到了这类威胁。例如，在意大利有位名叫比萨的罗特鲁达（Rottruda of Pisa）的寡妇。762 年，罗特鲁达想要按照丈夫的遗愿建一个给朝圣者投宿的旅馆，但是遭到了丈夫兄弟的反对。还有一个来自萨宾地区的寡妇，名叫克莱门蒂诺的塔内尔迪斯（Taneldis of Clemenziano）。她在 769 年剥夺了自己儿子的继承权，因为他给自己带来了“许多伤痛、苦涩的烦恼和伤害”。[71] 在意大利中部，作为新婚礼物的土地被出售的情况多于其他任何一种形式的家族土地，这说明人们认为这些将来会由女性继承的土地相对来说并不那么需要保留。[72]

实际上，在当时的所有社会中，伦巴第人的意大利看起来是对女性的法律束缚最多的一个，能与之相提并论的可能只有爱尔兰。这里的女人即使在成为寡妇之后也还要接受儿子的法律保护。伦巴第法律用很大的篇幅规定了男性应该如何恰当地对待女性，这证明当时对女性的束缚是一种被普遍接受的文化。731 年，柳特普兰德列举了各种可以使男子失去对女子保护权的不当行为：让女人挨饿、不给她与自己财富水平相匹配的衣服、与她发生性关系、把她许配给奴隶、殴打她（除非是因为“不忠”的问题）。[73] 伦巴第的法律还彻底忽略了女性携带武器的可能性，因为其中完全没有对女性暴力行为的处罚条令。直到 734 年，柳特普兰德才发现了这个漏洞，感到后怕。自那之后，女性如果有暴力行为，就会受到公众的羞辱，而她们的丈夫则会被认为是真正的罪犯，需要支付赔偿金。这条规定是针对农民的，并不适用于贵族，但是它反映了伦巴第特有的性别观念，该观念在助祭保罗的作品中也有所体现。这种观念虽然在阿尔卑斯山以北的地区也会得到承认，但还是在意大利的应用最为持久。

***

传统上认为，中世纪早期比罗马帝国晚期更“日耳曼化”，其部分原因是日耳曼人的入侵，部分原因是罗马和日耳曼文化的融合，这种融合在加洛林时期得到了发展并达到极致。我在前面几章已经讲过，我认为上述观点并不准确。首先，中世纪早期的西方诸社会，无论是否受到过入侵，都有一些共同的特征：拜占庭人的意大利在很多方面都和伦巴第人的意大利相似，威尔士和英格兰的情况也是如此。爱尔兰与“日耳曼”世界几乎绝缘，但仍然与之有相似之处（虽然在我们描述过的各个社会里，爱尔兰在很多方面都是另类）。前罗马帝国的各个行省中，差异最大的并不是受过侵略或征服的地区和没受过侵略的地区，而是欧洲大陆和不列颠：罗马政治和社会的基础结构在大陆得以幸存（尽管在大多数地方不稳定，也缺乏足够的财力支持），而在不列颠则没能留下来。在后罗马时代的不列颠，无论盎格鲁-撒克逊社会还是威尔士社会都呈现出部族特征。总而言之，政治文化方面最大的变化实际上不是日耳曼化，而是军事化：军事贵族占统治地位的社会始于5—6世纪，并且在整个西方延续了一千多年。我们会在本书的第三部分中看到，拜占庭帝国和阿拉伯世界也出现了军事化的特征，只不过阿拉伯世界的军事化程度比较低。

无论如何，人们的身份认同确实发生了变化。在西方，称自己为

“罗马人”（Romani）的人越来越少，其他人则有了新的族群归属：哥特人、伦巴第人、巴伐利亚人、阿勒曼尼人、法兰克人、各种支系的盎格鲁人和撒克逊人，以及不列吞人（不列颠地区的非盎格鲁–撒克逊居民在550年之前的自称）。[74]罗马人的身份认同消失了，连这个词本身也很快被意为“同胞”的威尔士语词“Cymry”取代。也就是说，即使是在一个未遭到入侵的前罗马帝国领土上，“罗马人”这个称呼也不是指不列吞人自己，而是指其他人，即那些在更早的时候入侵，后来又撤走的人。虽然以上族群中绝大多数人的祖先在400年左右时还自称罗马人，但是到了这个时候，罗马世界确实已经带着罗马人的身份认同一起消失了。

在物质文明方面，中世纪早期要比帝国时代晚期退化了不少。罗马时代的建筑和遗迹比比皆是，而且通常都会让较晚近的建筑相形见绌。中世纪早期的人们在回想罗马时代时会感到不安还是怀念？没有什么迹象能够揭示答案。[75]图尔的格雷戈里虽然生在一个罗马贵族家庭，但是他似乎对帝国的消失毫不关心。他心中的开国英雄是克洛维，以及他手下那些忠诚的法兰克人。助祭保罗的著作中既有罗马人，也有伦巴第人。而且，尽管他很清楚伦巴第人的侵略行径有多么残暴，他还是认为这是不可避免的，并为自己的伦巴第血统而感到自豪。如果史料作者不喜欢“斯堪的纳维亚是孕育（日耳曼）民族的子宫”这种说法，那么他们还可以引用另外一个非罗马的起源神话，即特洛伊起源论，此外还有《圣经·旧约》中的以色列起源论（法兰克作者采用这个说法的频率尤其高，详见第16章）可以用。有些作者没有把身份认同的焦点放在民族起源上，而是将其放在行省上。例如，塞维利亚的伊西多尔在7世纪20年代如此赞美西班牙：“金子般的罗马、众族之首，它已渴望你很久。然后……现在轮到了朝气蓬勃的哥特人，他们在全世界取得无数胜利后，轻而易举地得到了你，并爱上了你：他们一直在享受着你，在帝国的好运之中保护着王室的荣耀和巨额的财富。”[76] 在整个中世纪早期，伊西多尔是最熟悉君士坦丁时代之前的文学文化的人。在他眼里，那个时代已经过去了，而他所在的时代同样辉煌灿烂。

实际上，“传说中的罗马”越来越多地指向了基督教时期的新罗马，那里有许多新建的大教堂和圣徒墓地。君士坦丁时代之前的巨型建筑仍然屹立在那里（其中很多在 13 个世纪后的今天依然屹立），但是那些给朝圣者的导游书[77] 却并不怎么强调它们的存在。这些建筑充其量也就是基督教宗教圣地的纪念碑式背景。“墓地”成了罗马的代称：在爱尔兰，“罗马”（ruaim）这个词的含义后来真的演变成了“修道院墓地”。[78] 罗马的这个形象一直保持了下去，而那个帝国时代的罗马和帝国本身的形象则被逐渐淡忘。加洛林王朝的统治者和他们的手下对罗马帝国的兴趣要大一些，他们重新启用了皇帝称号，并且把苏维托尼乌斯（Suetonius）给奥古斯都写的传记当作模板，用在查理曼的传记中。他们还传抄罗马时期的经典文本，互相讲述罗马历史。但是，他们所做的这一切都建立在对法兰克 / 加洛林文化的自信的基础之上。他们的自信心强到要把帝国时代的罗马、特洛伊和以色列等各种起源论糅合在一起，以显示自己比那些人都要优越。但是，他们最为推崇的罗马也是属于基督教的那一个，是那里的大教堂和墓地，而对教皇的推崇也与日俱增。

本章要阐明的最后一点是，我们在这里所讲的信仰和宗教活动形态一直到公元 750 年之前都没有什么变化。我们所举的例子大部分来自加洛林王朝之前的时代，但是从那之后直到公元1000年乃至公元1000年之后，类似的例子也俯拾即是。加洛林时代的人（尤其是虔诚者路易）大体上建立起了统一的修道院制度，而他们在政治上控制的区域很广，也促使整个西方的教会人士之间进行更为频繁的交流。他们发展出了一套更为规范的教育体系。这套体系主要针对精英阶层，它改变了像比德那样的知识分子互相隔绝的状况，神学辩论乃至异端得以再次出现（详见第17章）。但是，本章描述的一些宗教活动的基本假定仍然是加洛林王朝教会改革计划的基础，并且安全度过了9世纪末加洛林王朝四分五裂的时期。本章描述的贵族价值观和性别差异的概念直到加洛林时代结束都几乎没有变化。[79] 本书将在第四部分中讨论的政治和文化变迁的基础，正是这一长期稳定的价值观。

第 9 章

财富、贸易和农民社会

721 年，意大利北部一个名叫皮亚琴察的安斯特鲁达（Anstruda of Piacenza）的女子立下了一份不同寻常的契约。她把自己在法律上的自主地位卖给了自己的兄弟西吉拉德（Sigirad）和阿洛奇斯（Arochis），原因是她嫁给了他们的奴仆（servus）。安斯特鲁达和两个兄弟达成协议，她将来所生的儿子仍然给她的兄弟永世为奴，但她生下的女儿可以在结婚的时候赎买自己的自主地位，价格和安斯特鲁达卖掉自己自主地位的价格相同，都是 3 个苏勒德斯。安斯特鲁达自己得到了这笔钱。伦巴第人的意大利是一个法律意识相对较强的国家（而且皮亚琴察离首都不远），但是这份契约还是违反了至少 3 条法律：禁止自由民和奴隶通婚的法律、规定（或至少是假定）无自由身的人没有合法身份的法律（依据这条法律，安斯特鲁达的女儿以后无法获得权利）、禁止女性拥有法律自主权的法律。安斯特鲁达的父亲奥塔里（Authari）是个小地主（vir honestus），他同意了这份契约，但是安斯特鲁达出卖法律权利的钱直接进了她自己的口袋，而且整件事情自始至终都是她在操办。颇为讽刺的是，这个年轻的女农民虽然卖掉了自己的自由，却在这个过程中表现出她能自己制定规则、建立自己的社会关系，而且还是在女性自主权非常有限的伦巴第意大利社会做到这一切的。这可能反映出安斯特鲁达个人的一些特点，但也反映了意大利农民社会的流动性。

西吉拉德和阿洛奇斯的情况也能说明一些问题。他们两人是地主，拥有的土地在皮亚琴察以北 140 千米的阿尔卑斯山脚下、卢加诺附近的坎皮奥内，土地规模中等。他们还是那里的小村民领袖。他们保留着自己拥有奴仆的契约，其中一份立于 735 年的契约显示，两兄弟在坎皮奥内又买下了一个自由女性的控制权，这名女性也是嫁给了兄弟俩的奴仆，而这桩交易则是（更多地按照正教的习俗）通过她的哥哥完成的。兄弟俩的亲戚托托（Toto）也在 8 世纪 20 年代成功获得了一个仆人的控制权。这个仆人叫坎皮奥内的卢修斯（Lucius of Campione），尽管他本人强烈反对，托托还是依靠法庭的裁决成了他的主人。725 年，托托还从一个叫埃默德鲁达（Ermedruda）的女人那里买了一个高卢奴隶，名叫萨特雷拉努斯（Satrelanus）。也就说是，这个家族的成员对买奴和蓄奴很有兴趣，而且方式多种多样。卢修斯后来发现，他的主人很不好伺候，安斯特鲁达的女儿们将来可能会发现想逃脱他们的控制绝非易事。但是这种交易的存在还是说明当时的社会具有一定流动性。坎皮奥内和周边地区的社会关系看来相当复杂。

我从安斯特鲁达和坎皮奥内的故事讲起，探讨中世纪早期农民社会的复杂性。[1] 但是，有必要先说明一点，那就是我们其实对这个社会非常不了解。我们的文字史料绝大部分是贵族和宗教人士写的，他们对农民的社会行为实在是没有什么兴趣。我们对于加洛林王朝之前的西方农民社会的了解大多来自考古发现。西方也有数量较少的村庄发现过足够多的文字档案，能够帮助我们讨论真正的农民行为趋势，但是这些文字档案绝大多数来自9世纪。因此，本章也会把讨论的重点放在9世纪上。至于其他年代的农民社会，我们只能从立法者和传记作者的作品里得到一点外部信息。这些人在作品里提到农民都有很强的说教目的，对他们的价值观极少表露同情。在我们所讨论的所有社会里都不乏这种对农民不怀好意的外部观察者，他们来自比农民更有权势的社会群体，而且随时可以为自己的利益去压迫农民。如果我们要完整地了解中世纪早期的农民社会，就需要把它放在一个整体的社会框架内，也要了解其他社会群体拥有的财富和权力。因此，本章将把农民社会和当时经济结构中存在的普遍问题联系起来。我们需要先了解当时的财富是怎样分配的，才能理解农民的社会行为在西方的各个地方社会里是如何受到约束的。财富分配的问题也会影响到经济的各个方面，我们会在本章的后半部分讨论这些问题。

***

我们在第5—7章已经讲过，西方各社会之间的贵族财富规模相差很大。[2] 在墨洛温王朝时期的法兰克，有一些地主非常富有，每人都拥有数十块地产，当地的政治则呈现出高度的军事割据特征。巴伐利亚的情况和法兰克类似，只是规模可能稍小一些。[3] 那里似乎只有少数家族（除了占统治地位的公爵之外）拥有较为可观的土地。而在伦巴第人的意大利，贵族阶层拥有的财富就要少得多了，在政治方面，也是国王的权力至高无上。从这方面来说，西哥特人的西班牙与意大利的情况更为相似，因为那里贵族的财富也不是很多。至于不列颠和爱尔兰的贵族，我们之前已经讲过，他们的财富少得可怜。那里的社会组织规模比其他地方小得多，贵族和农民之间的经济差别也完全不像其他地方那么显著。除了法兰克北部（以及罗马人从未统治过的爱尔兰）以外，上述所有社会中贵族财富的规模在中世纪早期都要远远逊色于罗马帝国时代。

上述对照是非常重要的，说明了几个方面的问题。其中，政治行为上的差异我们已经讨论过，无须重复，我们现在需要讨论的是这些对照对农民社会来说意味着什么。贵族拥有的土地越少，农民阶层拥有的土地就越多，农民的自主空间就越大。贵族越富有，农民的土地和自主空间自然就越小。因此，我们描述的一些意大利乡村社会之所以较为独立，要归功于意大利贵族财富有限，而对于法兰克的乡村社会，我们可能就不会指望它们有什么自治权。意大利的另一个特点强化了上述论断，那就是在这里，地主拥有的土地往往相当分散，即使是属于同一个贵族的地产，也经常被分割成数十个乃至数百个互不相邻的地块。也就是说，贵族所拥有的土地并不集中，为其工作的自由民或非自由民也不在同一片土地上劳作，贵族很有可能与拥有小片土地的农民们的土地或住宅比邻而居。意大利的历史档案对这种拥有小片土地的农民记载颇丰。不同所有者的土地互相交织，当地的社会关系有充分空间向复杂化方向发展。意大利贵族在地方上大多数时候不占统治地位，但即使是占统治地位的时候，社会关系也可能相当复杂。

在法兰克的一些地区，我们也发现了相同程度的土地分散化现象，莱茵兰就是一例。[4] 在这里，贵族的势力非常大，而且我们实际上能够辨认出至少两个贵族阶层。其中，较低阶层的贵族通常拥有几小片地产，分散在不同的村庄里，而较高阶层的贵族则拥有大量的土地，散布在一个非常广阔的范围之内（到 8 世纪末时，这个阶层还包括当地的几个大修道院，如洛尔施和维桑堡）。在这个社会结构之中，农民们必须小心行事，因为可能伤害他们的贵族无处不在。农民阶层的土地拥有者按常规都会依附于贵族，以寻求庇护。但是，我们在第 5 章已经讲过，相对于在地方社会中统治农民，墨洛温王朝的贵族们大多对在中央朝廷获取财富和地位更感兴趣。在乡村这个层次上，即使是法兰克的农民社会也能大体保持自治。在莱茵兰地区历史档案最丰富的一些村庄里，如美因茨附近的丁海姆，以及阿尔萨斯的古尔斯多夫，8 世纪时行使权力的都是一些由小土地拥有者组成的活跃团体。

较大的例外可能出现在纽斯特里亚，尤其是在档案丰富的巴黎地区。在这里，贵族的地产更为集中，农民自己拥有土地的情况比其他地方少，乡村自治的难度通常很大。实际上，我们对巴黎附近乡村社会的了解绝大多数来自修道院对所属地产的调查记录，以及加洛林时期常见的土地档案（polyptychs）。巴黎郊区有一座圣日耳曼德佩修道院，其拥有的地产往往将整个村庄包括在内，例如巴黎以南的帕莱索。[5]这里整个村庄的居民都依附于其地主，也就是修道院。通过修道院的土地档案，我们可以知道 9 世纪 20 年代时帕莱索几乎每一个村民的名字，包括儿童在内。这些村民租种着修道院的土地，连地租是多少都在土地档案上写得清清楚楚。在本书论及的村庄社会中，帕莱索是档案记录相当完整的。档案中记录的这些农民大体生活在地主的统治之下。农民家庭的社会地位取决于其租种土地的面积、地租和劳役的数量，以及每一位家庭成员自由或非自由的身份，等等，而这些决定社会地位的因素很大程度上要取决于各个农民家庭与地主之间的关系。

直到几十年前，历史学家们仍然把这些巴黎村庄的情况视为整个西欧的典型情况。但是，随着其他类似的档案揭示出越来越多的细节，人们发现事实可能正好相反：巴黎地区农民对地主的依附程度在中世纪早期是非常罕见的。在欧洲大陆的其他地方，由于贵族拥有的土地非常分散，很少有整个村庄都属于同一个地主的情况，而且在大多数这样的村庄里，人口成分非常复杂，包括没有自由的佃农、自由佃农、自己也拥有少量土地的佃农、小型的自耕农（拥有自己耕种的全部土地）、坎皮奥内的西吉拉德和阿洛奇斯这样的中型土地所有者（他们不在自己的土地上耕种，因而不属于农民），但是这些人的富裕程度还不够，无法在离村子较远的地方开展政治活动。只有很少的村庄有比中型土地所有者更富有的人——实际上，只有贵族自己居住的村庄里才有这样的人。所有这些人口成分复杂的村庄都由最富有的居民统治，这些人并不一定是农民，但是村庄集体在实践中可能具有相当大的权威，因此农民在其中是有一定发言权的。

我们来看两个村庄的实例。这两个村庄都有大量8—9世纪的档案记录存世。第一个例子是阿尔萨斯的古尔斯多夫。这个村子在693—797年间有19份档案记录，收藏于其附近的维桑堡修道院。该修道院收藏有大量的地契，说明其在8世纪始终拥有大量的土地。实际上，古尔斯多夫的这些档案几乎都是将土地赠予或出售给维桑堡的契约。在古尔斯多夫拥有土地的还有阿尔萨斯公爵和西吉巴尔德家族，后者在8世纪的莱茵兰是非常显赫的贵族势力。但是，在上述三个地主拥有的土地之间，还生活着其他的人。古尔斯多夫有中型的土地拥有者，例如阿达尔吉斯·阿洛（Adalgis Allo）。他与妻子和儿子两次卖地给维桑堡，分别是在 695 年（两座佃农住的房子）和 712 年（四块可耕地和树林），还在 693 年、696 年和 713 年为其他土地捐赠者担当见证人。小型自耕农也是存在的，例如阿苏尔夫（Asulf）。档案显示，他在 693 年和阿达尔吉斯·阿洛一起担当见证人，还在 696 年将所有地产都卖给了修道院。档案中没说他后来去做什么了，但是他完全可以把卖走的地租回来，做一个修道院的自由佃农。此类情况在各地都有记载。阿尔萨斯公爵在古尔斯多夫的土地上肯定也有自由佃农，因为在 8 世纪 30 年代公爵将土地转让给修道院的地契中，他们曾就自己欠公爵地租的问题做证。农民们可能抗议地租的金额太高，但是他们能在公共场合做出这种抗议，就说明他们拥有自己的身份。不过，村子里大多数佃农恐怕是没有人身自由的。在地契之中，这些人被称为“mancipia”，即“没有自由的依附者”。古尔斯多夫界限最明显的两个阶层大概就是非自由民和自由民。非自由民都是佃农，自由民中有一部分是佃农，一部分是自耕农，还有一部分中型的土地所有者。根据档案的记载，那些在公爵面前以“古尔斯多夫居民”身份做见证人的人都是自由民。他们可能还掌管着村子里的公共事务，包括村里可能存在的一个小型法庭（在法兰克人的法典和案卷中，这种小法庭被称为“mallus”），以及古尔斯多夫几乎所有需要集体决定的经济活动。这个村子似乎是一个规模不大的定居点，周围都是“marca”，也就是田地、牧场和树林。这些地方可以用来种粮食、酿酒、放牧或砍伐。古尔斯多夫位于孚日的大森林边缘，但是到 8 世纪头十年的时候，这里的地貌已经完全被人类的定居活动改变了，周围不远处还有好几个村子。而且，当时古尔斯多夫的树林规模已经很小，木材资源也被开发殆尽。在中世纪早期的西欧，荒野的面积有所扩大，特别是德国中部和南部的森林面积扩大了不少，但是大部分人生活在已经被人类开发利用了数百年甚至上千年的地块上，古尔斯多夫肯定也是其中一例。[6]

古尔斯多夫并不直接依附于维桑堡（或阿尔萨斯公爵），但它确实存在于一个由这些机构或人物统治着的世界里，而且 8 世纪末时，修道院的势力比任何对手都要强大。这样，留给农民自治活动的余地就不大了。在有档案存世的村庄里，大部分村子都是类似的情况，但我们偶尔也能发现一些独立性更强的乡村社会。其中一个例子是布列塔尼东部雷东修道院附近的一些村子。修道院的地契档案中记载了这些村子的情况，它们包括卡朗图瓦、吕菲阿克、班恩等。这些村子里肯定有佃农，自由的和无自由的都有，但是在修道院开始保管地契的年代，即 9 世纪 30 年代（修道院建立于 832 年），这里的大多数居民似乎是自己拥有土地的农民。只有少数人的财产超过一个普通农民的水平，或是在不止一个村庄中拥有土地。这些人大多是神父，或是拥有“machtiern”（头领）官职的地方名流。每个村子都有一个头领（例如，我们知道 9 世纪吕菲阿克每一任头领的名字），他们通常属于村里最富有的阶层，有些人在村外还拥有不少土地。他们住的房子也与众不同，通常被称为“lis”（类似于现代威尔士语里的 llys，意为“豪华的庭院”。布列塔尼语和威尔士语关系很近）。有些人可能把这些头领称为贵族，但是和欧洲其他地方的贵族比，他们一点都不算富有，也没有多大势力，充其量也就是些中型的土地所有者，类似于坎皮奥内的西吉拉德和阿洛奇斯。我们甚至也不清楚他们的军事化程度有多高。事实上，这些人从任何角度讲都不是村子的统治者。在布列塔尼，只有很小一部分人属于大地主阶层并过着军事化的生活，这些人构成了布列塔尼诸位王公（这些人至少在9世纪后期一度称自己为国王）的部下。和莱茵兰的情况一样，如果这些大地主生活在某个村庄或在某个村庄拥有大片的土地，那么这个村庄实际上就会变成他们的附属品。但是，大多数村庄不在大地主的掌控之下，那里最有权势的人也就是头领和神父而已。

雷东修道院的档案中把布列塔尼东部的村庄称为“plebes”，也就是“人们”的意思（参见第7章中爱尔兰的情况）。按照中世纪早期的标准来看，这些村庄的组织程度和凝聚力都是异乎寻常的。他们有村级的法院，这些法院由头领或其他村官主持，负责解决纠纷，也处理其他的村庄公共事务。法庭审理纠纷的时候，村民们会商议如何判决，还要为纠纷各方宣读誓词，担任担保人，确保输掉官司的人能够接受失败的结果。858年，一个叫特雷阿尔的村庄里发生了一桩值得一提的案件。一个叫阿瑙（Anau）的人试图杀害雷东修道院的神父阿瑙霍立安（Anauhoiarn），他为此必须赔一座葡萄园给修道院，否则就要被砍掉右手。判决书中列举了6个担保人的名字，如果阿瑙再犯类似的错误，这些担保人就会杀死他。[7]这6个人里有两个是头领，这可能是因为案情比较重大，但参与判决的人和担保人中大多数还是农民。雷东修道院周围的村庄都是自己解决治安问题的。

再强调一遍：我们之所以能够了解到这些布列塔尼村庄的情况，是因为雷东修道院兼并了许多这里的土地（并且留下了记录）。这个过程从修道院建立开始就一直稳步发展，在9世纪60年代达到巅峰。同时，修道院在其周围的村庄还拥有政治权利，使其得以凌驾于农民之上。这些权利是由加洛林王朝的国王们和布列塔尼的王公们授予的。最迟到9世纪60年代，修道院至少已经在其周围建立起了统治，就像维桑堡修道院在古尔斯多夫那样，甚至可能控制了更远的地方。和中世纪早期的其他地方一样，这里的农民社会之所以能让我们有所了解，完全是因为其恰好被一个强大的外部势力统治，而只有这样的外部势力才有可能保留大量的档案，而且将其保存至其后的历史时期。但是，雷东修道院周围的这些村庄在被其兼并之前都享有地主才能拥有的自治权，而且其扁平化的社会阶层结构似乎一直到9世纪30年代都保持相对稳定，这一点确实非同寻常，令人惊奇。如果不是雷东修道院建立在这里，我们就不会知道关于这些村庄的情况。但是，反过来说，如果没有雷东兼并土地，我们也没有什么特别的理由去认为这种地方自治不会维持太长的时间。

中世纪早期的档案集一般只有土地兼并的内容，并无其他。本书一开始就说过，那个时期保留下来的档案绝大多数是这类文件。具体地说，就是立契人赠予或出售土地（通常是给教堂或修道院），抵押土地以借款，或是出租土地以换取租金。阅读这类文件有时候让人沮丧：这些文件所反映的肯定只是乡村社会的一点皮毛，因为文件所记录的事情都是村民们有机会参与的最为正式，但通常也最为乏味的活动。法院的案件记录通常也很枯燥，因为其涉及的往往也是土地方面的问题（例如阿瑙的葡萄园），但是这些案件至少还会包括一些更“人性化”的活动细节，如仇恨、暴力、欺骗等等，因而也能展示出更多的社会风貌。但是，土地交易文件的重要性仍然不可低估，它们之所以非常重要，是因为土地资源关乎每一个农民家庭的生存问题。人们会选择土地交易的对象，会把土地转让或租赁给朋友、庇护自己的人或自己所庇护的人，而不是敌人（除非在某些极端情况下不得已而为之，例如还债、赔偿、遭遇天灾等）。因此，对于任何一个村庄来说，只要我们拥有大量的土地交易文件，就能够复原出那些仅仅体现在土地交易中，但又具有更广泛影响的社会关系网。有一个例子值得注意：9 世纪 60 年代时，雷东修道院周边村庄赠予的土地数量达到顶峰，但法庭记录中修道院和村庄之间的纠纷也更多了。雷东修道院在 9 世纪 30 年代时规模还相对较小，影响范围有限。在那个时候，人们把土地捐赠给雷东仅仅是出于虔诚，并没有政治上的目的。但是到了 9 世纪 60 年代，雷东已经是当地最大的土地拥有者，这时捐献土地给雷东，就有可能是为了得到雷东的庇护。一般来说，人们在签订捐赠契约后都会再签一个租赁契约，把自己捐出去的这块土地再租回来并缴纳租金。但是，如果有的人并不想要寻求庇护，而是害怕雷东的势力会侵犯自己的利益，那么他就会想办法和修道院作对，比如侵占它的土地、偷它的财物、对土地边界提出争议、声明亲戚无权将自己的土地卖给修道院等等，直至因为这些事而和修道院对簿公堂。能把中世纪早期的档案大量保存下来的地区还是相当少的，而且其保存的文件数量也大多不足以完整地反映当地的社会现实。但是，在像雷东这样保存了大量档案的少数地方，我们得以更近距离地观察农民社会。

帕莱索、古尔斯多夫和吕菲阿克可以代表中世纪早期的三种农民社会：第一种是由一位领主所有或支配的村庄，第二种村庄外部有强势的土地所有者，但内部所有权分散，有较多农民拥有土地，第三种则是以小土地所有者为主、自治程度更高的村庄。这三种情况分别有多普遍？我们前面已经说过，帕莱索可能是这三种类型中最少见的一种，至少在公元 800 年以前是如此。西欧各地均有整座村庄都属于同一地主的情况，但是这种村庄往往只在某一个小范围内较为多见，例如巴黎盆地。（王室地产也多为帕莱索这个类型。）古尔斯多夫这种类型的村庄可能分布范围极广，因为欧洲到处都有大贵族，而这些人总归要有些土地——实际上，他们拥有的土地越分散，他们所能控制的地方就越多。我们可以认为，古尔斯多夫这种类型的村庄在法兰克东部、南部和意大利（如坎皮奥内）的大部分地区是最常见的，而在西班牙的非山区也可能是如此，只是相关证据相对不足。吕菲阿克这种类型可能大多出现在欧洲那些贵族势力较弱的地方：布列塔尼当然算一个，不列颠也是，还有法兰克世界以北的欧洲其他地区，以及南欧的某些偏远地区，如比利牛斯和亚平宁山区。但是，这种自治的村庄可能在欧洲的各个地区都有零散分布，至少在6—7世纪是如此。我们在第22章将会看到，自治村庄的数量到了9—10世纪时就大大减少了，尤其是在英格兰。在公元700年前后，那里有很多自治程度很高的村庄社会，居民只是象征性地交一些地租，最初是交给国王，后来更多是交给教会。但是，到了公元900年前后，这些村庄的自治程度已经远不如前，居民大多依附于单一的地主，向其缴纳高额的地租。这样，英格兰整体上就从吕菲阿克式村庄的集合变成了帕莱索式村庄的集合——虽然相关史料匮乏，但这一社会形态的转变仍然是非常明显的。我们会在第19章讨论这一转变进程中有哪些特点。

从其他特征上分析，欧洲的村庄也可以分为各种不同的类型。[8]类型多到无法在此一一详述。例如，这些村庄的规模和格局差异很大，既有大型核心聚落（nucleated settlements，帕莱索有117处地产，人口可能接近700），也有小村庄、孤立的农场，或是上述各种形式的混合物。村庄的力量和内部组织形式也不尽相同：有些村庄有结构化的决策机制（虽然在公元1100年前的西方，这种村庄非常少见，但也不是完全没有——雷东修道院附近的村庄就是典型的例子），有些村庄集体管理畜牧经济［相比之下，关于农耕事务的集体决策机制就很少见，直到中世纪中期欧洲北部推行三田制（three-field systems），以及9—11世纪阿拉伯人把灌溉农业引入西班牙和西西里之后，这种情况才有所改变］。总之，在公元800年以前，村庄的规模和组织结构都不如之后的时代，有些历史学家认为这些小聚落根本称不上“村庄”。但是，无论是帕莱索、古尔斯多夫的villa，还是吕菲阿克的plebs（还有很多聚落使用其他的拉丁语名称，如vicus、locus等等），这些聚落都拥有构成所谓“村庄性”的基本要素：地主和佃农居住在同一个地理空间内，被认为是同一个定居点的居民。我也很喜欢使用“村庄性”这个说法。有些村庄较弱、较小，有些则较大、凝聚力较强，而且在公元600—1000年之间，村庄的凝聚力一直是在缓慢增长的。但是，在本书所讨论的时代里，村庄及其领地之所以重要，主要还是因为它是占欧洲人口至少90%的农民群体生活的基本空间。

村庄在任何时代都不是平等社会，即使是在没有领主，也没有强势大地主的地方也是如此。农民群体内部有一套复杂的等级体系，他们被划分成自耕农和佃农，以及自耕农中的富农和贫农等等。在绝大多数村庄之中，是否拥有人身自由是社会地位的一个重要分界线。在公共法庭和地方决策机制中，有人身自由的人拥有相应的法律权利，没有人身自由的人则没有这些权利。这条分界线由国王负责监管。跨越分界线的通婚在各地都是非法的，但是实际上这么做的人并不少，就像皮亚琴察的安斯特鲁达那样。[9]自由民和非自由民之间这条边界线在实际生活中的重要性，在不同地区可能有很大的不同。例如，在一些地方，所有的佃农在法律上都没有自由，而在另外一些地方，所谓“非自由民”只是独立程度各不相同的各个群体中的一种（例如在帕莱索，自由佃农和非自由佃农比邻而居，而且事实上经常通婚）。这样看来，自由民和非自由民的分界线在前者中的重要性就要大于后者。但是，无论在什么地方，这条分界线都是村庄内部划分社会地位的重要标准，因而也成了阻碍村庄内部团结的鸿沟。只要非自由民群体比较庞大，村庄的集体性就不会太强。与6—8世纪相比，10—11世纪时非自由民已经较为少见，因此村庄的集体性也比之前大为增强。

农民家庭内部也是不平等的。很多农民拥有没有人身自由的仆人或农场工人。性别关系同样不平等。一些工作有高度的性别偏向：纺织被称为“女人的工作”[10]，耕田则是“男人的工作”。女性[11]在法律上对男性的从属程度（我们在第8章中已经讨论过贵族世界中女性的从属地位）在农民社会中至少不亚于贵族社会，甚至更高。女性的利益也从属于男性，安斯特鲁达就是一个例子，不过她至少还可以控制自己从属于男性的具体条款。在我们所能看到的文献之中，作为独立行为人的女性极少，拥有农民身份的就更少了。通常情况下，在土地赠予契约或者是法庭审理记录之中，女性都由男性代理，往往是和兄长或丈夫的名字一起出现。她们的活动空间通常来说并不属于法律所约束的公共世界（准确地说，她们以独立行为人身份出现在公共世界里的次数甚至还不如非自由民，后者至少有时还会在法庭上争取更高的社会地位），而是更多地属于家庭和住宅内的世界。关于农民阶层中的家庭内部关系，我们没有文献记录可供参考，但是女性可能起着管家的作用，就像我们所知的稍后几个世纪的农村女性，或者是中世纪早期起就已如此的贵族女性一样。有一个现象能够对上述推测起到一定支持，那就是在6—7世纪那些有陪葬品的墓葬之中，女性往往是和钥匙一起埋葬的，这可能意味着她们掌握着家庭的钱财和物资。我们在第 3 章已经讲过，“男主外、女主内”的传统看法并不能完全反映出罗马帝国后期的社会现实。即使是在中世纪早期，这种看法也很容易起到误导作用，除非人们对它做出正确的理解，因为很多重要的经济活动都是由女性完成的，只不过其完成地点是在家里而已。纺织肯定是其中的一种，其他手工业可能也是如此（例如在盎格鲁-撒克逊人的英格兰，早期的陶器制作都是女性在家里完成的，当时还没有职业的陶匠）。但是，在中世纪早期的欧洲各个地方，公共世界对女性来说都是很难进入甚至根本无法进入的。这和罗马帝国晚期的情况相比已经有了明显的改变。

欧洲中世纪早期的国王们都认为，自己的合法性部分来自他们和全体自由民（男性）之间的联系。这种联系是以民族的概念体现的，比如自由的伦巴第人、法兰克人、西撒克逊人、达尔里阿达人等等。国王这种观念导致的一个结果是，法律条款都针对全体自由民制定，而且往往有很大一部分是针对乡村和农民社会的，例如我们已经看到的意大利的柳特普兰德法典（制定于 713—735 年间）、韦塞克斯的因尼法典（制定于约 690 年），以及法兰克人的《萨利克法律公约》（制定于约 510 年）。这些法律并不是对社会现实的描述。我们在第 1 章就已指出，当时国王们制定的法律除了能反映立法者的想法之外，几乎什么都反映不了，因为当时的政治系统还比较简单，书面的法律极少能够得到彻底的执行，在乡村社会中可能都无人知晓。柳特普兰德至少还经常亲自处理呈送给他的在社会中真实发生的官司，而《萨利克法律公约》则完全在想象中重构了一个农民社会。这种社会在现实中根本不存在，它只是法兰克人心中的理想社会，而这部公约的制定者可能本来就想强调这种神话性。不管怎样，这种理想化的重构至少向我们展现了当时的立法者对农民活动的期望。《萨利克法律公约》中的第 45 条“关于移民”是一条很重要的法律。这条法律规定，一个法兰克村庄如果有新来者想要定居，村庄中的任何一个居民（自由男性）都可以否决，只要他能争取到其他 10 个自由男性的宣誓支持，并且连续三周每周都举行一次宣誓支持的仪式就行。对于一个村庄来说，10 个自由男性已经不少，因此这种否决不能算一票否决，但至少仍然是否决权的一种。我们没有文献记录能证明这套法律规定的程序在现实中得到过执行，甚至不知道有多少法兰克村民知道否决权的存在，但是我们至少可以从中得出一个结论，那就是法兰克王国的政治文化是假定地方居民足够团结的，否则立法者就不会构想出这样一套程序。这让人想起公元 700 年左右，在古尔斯多夫这样的村庄中存在的身份认同。它也说明当时至少有一部分农民阶层中的领导者是被立法者和法律所承认的。

这些得到法律承认的领导者之所以出现，也和农民中的自由男性需要承担参加法庭审理以及参与军事活动的义务有关。伦巴第人、法兰克人等等都是军事化的族群。我们在第 4 章提到的国王和自由民之间的联系，以及他们在公共议事会议上的讨论，大多与司法和军事活动有关，而这两种活动在任何一个中世纪政治体系中都是至关重要的。法庭审理通常是地方性的活动，雷东地区的村庄就是例证。那种大规模的国家级听证会主要还是属于政治精英阶层，不太可能有很多农民参加。是否有大量农民投入战事也很值得怀疑。这一时期的军队通常规模很小，墨洛温王朝的军队最多也就 5 000 人，盎格鲁-撒克逊人的军队更是远小于这一规模。[12] 这种小规模的军队通常由贵族和他们的武士组成，这些人受过军事训练，而农民则没有。我们在第 8 章讲过，678 年，诺森布里亚贵族伊玛在麦西亚靠伪装成农民而逃过一死。我们可以据此推断，在这场战斗中，伊玛所在的部队里并没有农民。尽管如此，各地的法律还是令人吃惊地始终强调所有人都有服兵役的义务，包括有自由身的农民在内——实际上，在 7 世纪 70—80 年代西哥特人的西班牙，就连非自由民都被要求服兵役。这种法律上的规定一方面与国王的观念有关：既然你是自由民，你就能够战斗，也应该战斗，哪怕你实际上并不参与战斗。另一方面，它也是对自由民所需承担的各种公共义务的笼统概括。查理曼时期，拥有农地不超过四块的人需要结组，每组派出一人去服兵役，这就意味着从事耕种的农民很少参与战斗。那些不参与战斗的人会去做其他的公共服务，包括修路架桥、修筑堡垒等。但是，上述规定的存在也说明，如果一个农民真的很想参军，也有钱购置马匹和宝剑，那么他还是有可能参与的，尤其是中型的土地所有者，他们的参战频率可以达到不错过任何一场战斗。在某些地方（8 世纪的法兰克就是一个典型的例子），这就意味着他们每年都要参与战斗。

这一系列对于公共义务的设计还假定自由民群体中各个阶层间的界限并不明显。从法律上来讲，自由民和非自由民的差别是巨大的，但自由的农民和贵族之间就没有差别了。乡村社会的领导者如果加入军队，就可能最终成为强力领主手下的武士，再经过领主长时间的庇护，或是通过婚姻的形式高攀（或两者皆有），他们就有可能在一两代人的时间内自己也进入领主阶层，因为农民和领主之间并没有明文规定的边界。这种情况在现实中肯定很少，但其可能性是存在的，而且我们在史料中确实偶尔能见到出身低微的主教甚至伯爵（后者更加少见）。图尔的柳达斯特（583 年去世）就是一例，图尔的格雷戈里对此人极其鄙视（见第 5 章）。[13] 关于什么是“贵族范儿”，也没有一套正式的标准：有“近王权”、担任官职、拥有大片土地、军事化的生活方式总是必须有的，但是其重要程度在不同地方、不同时代都有所不同。不过，无论出身如何，只要某人的行为方式符合当地人对贵族生活方式的预期，那么他就差不多会被其他贵族接受（除了他们的敌人之外，至少格雷戈里就不接受柳达斯特）。这种情况一直到公元 1000 年都没有什么变化，而当它终于发生变化的时候，实际上社会本身也出现了变化。我们会在第 21 章详细讨论这一话题。

中世纪早期的农民即使自己拥有土地，也会受到贵族邻居的限制。这些人远比农民富有，也比他们有权势。不过纵观两千年来的历史，500—800 年间西欧贵族的权势可能是相对最弱的，地方社会的自治程度则相对最强——这种说法已经考虑到了我们刚才说过的地方差异。这也是中世纪最初阶段最重要的特征之一。历史学家经常提到的另一个特征则是相对较少的人口，以及人类对自然界相对较低的主宰程度。今天的人们普遍认为，中世纪早期的人都住在规模极小的定居点里，每个定居点的人口都少得可怜，而定居点以外则是大片未开垦的林地或荒野。很多职业历史学家和考古学家也是这么认为的，但是这种“蛮荒”的图景肯定存在夸张的成分。林地和牧场并不是无边无际的。乎日森林的范围没有延伸到古尔斯多夫，而英格兰相对来说就没有什么林地。现在的德国领土内从古至今一直有大片的森林，但是即使是在这里，人类在中世纪早期就已经对绝大部分森林有所利用，至少会在此伐木、放养牲畜（还有打猎）等。当然，稍后时代的人对森林的使用和清理确实更加系统，我们会在第 22 章详细讨论。在中世纪早期，人类对自然环境的控制不如公元1000年左右，但当时的大自然也完全称不上是荒野。[14]考古证据也显示，当时的村庄建设可能是有秩序的。欧洲北部的考古发掘经常发现排列整齐的木屋和庭院里的小屋，从诺森布里亚、丹麦到巴伐利亚都有分布。这样的聚落在公元7世纪以前就有不少，而7世纪以后更是格外常见。考古学界研究较为充分的例子包括日德兰半岛的沃柏斯、荷兰的科特韦克、汉普郡的科德里斯道恩、阿勒曼尼亚的劳赫海姆，以及巴伐利亚的基希海姆（详见第10章）。在欧洲南部，村庄的组织形式在不同地区各有特点，村庄较为分散，但是这里任何一片土地上都更少见到“荒野”的存在迹象。[15]我们在所掌握的书面史料中偶尔能见到可以帮助我们推测村庄人口数量的内容，例如圣日耳曼的土地档案，或者法律文件中列出的反对领主侵占土地的村民名单（这类文件来自9世纪或10世纪早期的亚平宁和比利牛斯山区）。[16]我们在这些史料中发现，中世纪早期有些村庄的人口数量已经不亚于之后数个世纪的水平。

尽管如此，我们对中世纪早期经济水平的判断也不能一下就从极度悲观跃进到极度乐观。欧洲的人口总量从罗马帝国时期到中世纪初期大概是有所下降的，而且一直到10世纪之前都没有恢复到罗马时期的水平，有些地方恢复的时间还更长。考古遗址的密度在绝大多数地区比罗马时期有所下降。[17]法国北部和英格兰东部的低地平原可能都被弃耕还牧，定居点和农田则更加集中于河谷地区。其他地区的田野调查则往往收获不大，因为可被认定属于中世纪早期的陶器（田野考古学中，陶器是定居点的标准特征）数量较少或还没有被发现。但是，从我们在意大利和西班牙发现的证据来看，中世纪早期的定居点密度即便按最乐观的估计也无法和罗马时期相比。我们很难对此做定量研究，但是总体来看，中世纪初期虽然很少出现大面积的土地荒废现象，但是人类对土地的利用程度确实比之前和之后的时代都要低。人口下降的原因尚不明确，人们经常把其归结为腺鼠疫的肆虐，把它和 1347—1349 年爆发的黑死病相提并论。中世纪早期，这种传染病最早于 541 年在地中海东部出现，此后在 6 世纪后期和 7 世纪又几次席卷西欧。不过，这种说法的依据是一些非常文学化的书本和故事文本，这些文字往往把瘟疫当成“末日惩罚”来描写。腺鼠疫肯定是存在的，也肯定造成了人类的死亡，但无论是叙利亚的考古发现还是埃及的文字史料，都不支持 6 世纪中叶地中海东部地区出现过人口骤减的假说。[18] 西欧的人口下降则是从 5 世纪就开始了，远远早于腺鼠疫流行的时期。但是，人口的下降在时间上似乎和政治危机的发生以及贵族权力的减弱相吻合。可能是非自由农民的数量减少，以及系统化土地治理的放松（我们会在本章的稍后部分再做讨论），导致了地方人口的缓慢下降。而在加洛林时期，随着贵族拥有土地面积的扩大，以及对佃农的剥削日益加深，人口数量也出现了缓慢回升。实际上，圣日耳曼的土地档案所体现的与其说是中世纪的最初时期，倒不如说是人口增长时期的景象。我们会在第 22 章再来探讨土地档案中反映出的经济体系。

***

中世纪早期出现的另一个现象是贸易活动日益地方化。我们已经讲过，汪达尔人于公元 439 年破坏了迦太基—罗马的税收体系，导致地中海地区那些曾经繁盛的商路在 5 世纪时日益凋零。当然，这些商路也没有一夜之间消失。阿非利加的橄榄油和精美的红土陶器在考古发掘中都很容易辨认（橄榄油总是装在双耳瓶里运输），这两种物品仍然被出口到意大利、高卢南部和西班牙，其中运到意大利的量有所减少，而到西班牙的量则有所增加，至少在中世纪初期是如此。然而，在 6—7 世纪之间，地中海北部能见到的阿非利加货物越来越少，然后先是消失在内陆城镇，继而消失在较小的沿海定居点。到了 7 世纪后期，能够见到阿非利加货物的就只剩下罗马、那不勒斯和马赛等大城市了。东罗马于 534 年收复阿非利加后，西欧和东罗马之间的贸易在 6 世纪后期出现了回升，但其幅度无法抹平之前的衰退。到公元 700 年前后，阿非利加货物就在地中海西部彻底消失了，来自其他地区的货物在数量上也无法与之前的阿非利加货物相比。与之对应的是，我们在地中海地区的考古发掘中发现了越来越多的本地产品，其质量和分销范围相差很大。如果我们再把法兰克北部和不列颠的情况考虑在内，差异就更大了。这两个地区属于另一个贸易网络，以罗马帝国晚期的莱茵边疆区为中心。下面我们来简单地讨论这些差异，从最简单的产品开始，最后是最复杂、分销最广的产品。[19]

早期的盎格鲁–撒克逊人的英格兰，其贸易系统非常简单，而且是此类系统中文字记录最充分的一个。考古发掘显示，英格兰所有的陶器直到 720 年左右都还是手工制造的，而且绝大多数产自本地，制造者未必是职业陶匠，甚至制造地点都不一定是在陶窑里。盎格鲁–撒克逊人从欧洲大陆进口的陶器（绝大部分发现于肯特）也大多不是用陶轮制造出来的。家庭居住地和女性的墓地里经常出现纺织工具，这说明衣服也是在家里自己做的。金属制品的生产相对来说不是那么地方化——很多彼此相距甚远的墓葬中都可以发现同样的胸针——但是，这也有可能是工匠游走四方、到处找活儿干的结果。[20] 其他的产品就很少有超出本地范围的交易了，最多也就是小琥珀、玻璃珠子这类农民社会中的小型奢侈品（相对来说也比较便宜）。只有比较富有、有权势的人能得到贵一些的奢侈品，例如经过加工和上釉的金属（包括黄金和白银）制品。这些东西很多是从法兰克买的，但是王室的御用工匠也可以制作。奴隶也是这个奢侈品贸易网络的一部分。在盎格鲁-撒克逊时代早期，各王国之间混战不休，大多数奴隶都是当地战事中的俘虏（伊玛就是在伦敦被卖给一个弗里斯兰人做奴隶的）。但是，我们很难说英格兰在8世纪以前有多少市场经济的成分。手工制品中的相当大一部分在本村范围内被消化。威尔士、苏格兰和爱尔兰的情况也和英格兰大致相同。这几个地区几乎不产陶器，当地人用的是木头、皮革和铁器，而这几种东西的生产也呈现出同样的地方化现象。当地人从法兰克进口一些陶器，在公元500年前后甚至偶尔还会进口地中海的陶器，但是这些进口货品属于高档的奢侈品。[21] 此外，不列颠西部和爱尔兰进口的陶器总体上要少于英格兰东部。除了不列颠和爱尔兰，我们在德国北部和斯堪的纳维亚也发现了同样简单的贸易体系。上述地区全部位于罗马帝国的疆域之外。在西罗马的故地内部，只有西班牙地中海沿岸的某些地区出现了这种简单化的现象。但是，随着考古发掘的力度不断加大，未来我们可能会在许多小的地区内发现更多的简单生产模式，尤其是在西班牙。

我们在地中海西部地区发现了较复杂的生产和贸易模式。这里有更多行当的职业工匠，陶器基本都是在陶轮上生产的，包括细陶和粗陶（厨具）。同一种样式的陶器则往往可以在城市领地之外甚至更远的范围内发现，其分销系统也肯定是由市场驱动的。这种模式在高卢南部、伦巴第人和拜占庭人的意大利都可见到，西哥特人的西班牙也至少有一部分地区是如此。实际上，高卢、意大利和西班牙早在罗马帝国晚期就已经有了这样的生产体系，也有了阿非利加进口的物资。进入后罗马时代后，这些系统逐渐地方化，但是一直保留下来，没有随着阿非利加进口物资的断绝而消失。在公元700年后，阿非利加自己似乎也有了这样的地方生产系统。对于这些系统的规模，我们最好的推算依据就是陶器。但是，也有一些迹象表明，地方的铁器和铜器可能也有职业匠人打造的——在这个课题上，学界研究最为充分的两个地区是安达卢西亚西部和罗马及其内陆地区。而且，这类金属制品在地理上的分布范围似乎要大于陶器。在6世纪后期到8世纪的这段时期内，意大利和西班牙的经济体系相对来说较为地方化，每个地区的历史略有不同，地方产品也各有特点。有一些经济区的范围相对较大，尤其是罗马。[22]在8世纪时，以罗马为中心的经济区要比地中海西部各经济区的平均面积大出很多，涵盖了伊特鲁里亚海的大部分区域。罗马从卡拉布里亚和那不勒斯进口葡萄酒，从西西里进口油灯。到了8世纪后期，罗马人制作出了一种新的上釉细陶。这种现在被称为“广场陶”（因为考古学家最初是在罗马城市广场发现它们的）的陶器到9世纪时已经出现在了从西西里到普罗旺斯的广大区域之内（至少是少量）。不过，按照8世纪的标准，罗马的城市规模算是很大的，而且作为贸易枢纽的时间也很长。[23]同样在8世纪，除亚得里亚海地区以外，地中海西部其他地区的贸易往来就没有罗马这么热闹了，除了奢侈品以外，几乎找不到什么跨地区贸易的迹象。马赛[24]坐落于罗讷河河口，是从地中海北部进入法兰克腹地的商路的必经之地，也是传统的贸易中心，但是在8世纪初，这座城市的贸易冷清了下来，即使是奢侈品贸易也乏善可陈。这种情况持续了一段时间。地方化的生产系统并不需要这样的贸易中心。从地中海西部的整体情况来看，这样的地方化经济在 7 世纪乃至 8 世纪都占有主导地位，也能生产出质量不错的产品。

中世纪早期西欧规模最大的经济体是法兰克人的核心地盘。罗马帝国晚期，这里就形成了陶器贸易网络。这个网络最初是为供应莱茵边疆区驻军的需要而建立的，后来扩展到了整个高卢北部，其中交易的产品包括凡尔登以北阿戈讷森林出产的赤陶餐具、特里尔附近的迈恩陶窑出产的粗陶容器和餐具。罗马帝国驻军成为历史后，这一网络的贸易规模略微缩小了一点，但覆盖的范围仍然很广。阿戈讷的陶器到公元 600 年时已经消失，墨洛温王朝的棱纹细陶产量也大为减少，但是在公元 700 年之后，科隆附近的巴多尔夫陶窑成了新的陶器生产中心。这里出产的陶器在整个莱茵河中下游地区随处可见，并流传到了更远的地方。迈恩的陶器则持续在相似的范围内传播，从未间断。除了这些考古发现以外，当时的书信、圣徒传记、故事集等文字作品中的内容也可证明大范围贸易活动的存在。值得注意的例子是，兰斯的一位主教曾在 6 世纪 40 年代给凡尔登的主教写信，向他询问猪的价格；图尔的格雷戈里则告诉我们，凡尔登的商人们在 530 年曾一度经营困难，但是随后凭借国王提奥德贝尔特一笔 7 000 奥里斯的借款重整旗鼓，国王也没让他们还钱。格雷戈里还说，6 世纪 80 年代，凡尔登的商人生意已经相当不错。7 世纪三四十年代，一位国王（可能是西吉贝尔特三世）试图阻止卡奥尔的市民前往 110 千米之外的罗德兹，担心他们会把鼠疫带回卡奥尔。7 世纪 30 年代，人们在圣但尼举办了每年一度的交易会，交易的商品包括葡萄酒和其他产品。交易会随后改到巴黎举行，一直延续到 709 年。[25] 科隆的市中心遗址目前已被发掘出来，这里在中世纪早期一直是重要的金属制造中心。巴黎不仅有交易会，圣母院对面 580 年时就有了珠宝店。各种文献记载，巴黎有很多定居的商人，他们经销的商品多种多样。[26] 法兰克北部甚至还出现了新的城市，例如马斯特里赫特。这座城市在 7 世纪时因陶器、金属制品、骨器和玻璃的制造而发展起来。在整个前加洛林时期，塞纳河–莱茵河地区建立起了完整的内部贸易网络，其中一些商品的分销范围极广。这一网络在公元 800 年以后继续扩张，但是在那之前，它就已经相当生机勃勃。

我们在这里列举的证据主要是陶器的生产和分销，因为陶器在考古发掘里总是最能说明问题的物品。金属和玻璃似乎也有类似的生产和分销模式，它们的分销网络通常比陶器的网络略大一些，但是没有陶器的网络那么容易判别（一般来说，通过对陶器碎片的岩石学分析，就可以知道它的产地在哪里，而金属和玻璃往往因为经过熔炼而无法进行类似的分析。因此，对于后两者，我们只能从其样式风格上去推定产地，但这样有时会出现误差，因为当时有很多地方都会仿制其他地区出产的较为流行的样式）。所有手工制品中最重要的是衣物，但我们对它的了解也最少，因为考古发掘中很少能发现衣物。但是，我们有理由推测，衣物的生产模式大体和陶器相近。这一推测至少在英格兰得到了相对清晰的印证。以上所述都是中世纪早期重要的手工产品，这些产品也都是经济复杂程度的重要标志物。其他标志物还包括一些出现频率较低的商业化农产品，例如法兰克北部以及意大利南部沿海部分地区出产的葡萄酒。从这些证据中，我们可以较为清晰地看到，在公元 800 年以前的西欧，法兰克的贸易系统的复杂性和活跃度都比其他地区高得多；地中海地区的贸易网络则更为碎片化，既有较为复杂的地区，也有较为简单的地区；不列颠和欧洲北部其他地区的贸易网络从总体上来说比欧洲南部的任何地区都要简单得多。英吉利海峡两岸的反差尤其鲜明，尽管英格兰也有从欧洲大陆进口的商品，但其数量并不多，不足以扭转上述反差。

到目前为止，我们还没有对上述模式代表着什么样的贸易形式做出推断。我们在第2章已经说过，罗马时期的物品流动往往是国家行为的结果。食品和手工制品以税金的形式从一个行省移动到另一个行省，以满足首都对粮食的需求，以及军队对粮食和衣物的需求。但是，即使在罗马时期，上述情况也只是贸易活动的一部分，另外一部分则是商业贸易。这类贸易活动会把物品带到更远的地方，贩卖到那些不会为没钱购买物资而发愁的地方。到了后罗马时期，国家的实力大为减弱，基于税收的物品流动就不会有太大的规模了。可能还有一种类似的情况，即地租从一个地产中心移动到另外一个，以满足居住在其他地方的地主和国王的粮食需求。但是，从我们所掌握的证据来看，即使是在相对地方化的中世纪早期，贸易活动的规模也要比上述的情况更小。考古遗址中发现的非本地产品绝大多数是购买来的，也是为了贩卖而制造的，只有一个例外，那就是在贵族墓地中发现的奢侈品。这类物品中有一些（不是全部）是由依附于贵族和国王、没有人身自由的工匠制造的。但是，这并不意味着贵族和国王与上述贸易网络绝缘，事实恰恰相反：这些人是需求最大的买家，因为精英们都养着大量的随从武士，他们需要解决这些人的穿衣吃饭问题。我们刚才提到了西欧存在的三个贸易网络，而这三个网络之间的差异和各自贵族的富有程度相关。关于这些情况我们在先前的章节中已经讲过，这里概括如下：到我们讲述的时代为止，法兰克的统治阶级是最富有的，不列颠和爱尔兰的社会是最穷的，西班牙和意大利则大体居于中间，但不同的地区又有不同的情况。贵族阶层越富有，贸易体系就越复杂，反之亦然。在决定贸易活动的地理范围和复杂程度的诸多因素之中，贵族阶层的需求是最重要的一个。从整体上看，中世纪早期的贵族也不如帝国时代的贵族富有（我们在后面的章节中会看到，中世纪早期的贵族也不如后世的贵族富有）。同样从整体上看，中世纪早期贸易活动的规模也是既不如之前的时代，也不如之后的时代。但是，西欧各地区之间的差异一点都不比上述差异小。

上述对中世纪早期贸易情况的描述，可能和最近七八十年出版的很多书中的描述不同。那些书在这个问题上大多参考了亨利·皮朗（Henri Pirenne）所著《穆罕默德和查理曼》（*Mohammed and Charlemagne*）中的说法。这本书最早于1937年以法语出版。皮朗认为，中世纪早期大体上维持了罗马时代后期的经济体系，以地中海贸易为核心，甚至还包括墨洛温时期的法兰克地区。这一体系一直维持到7世纪阿拉伯人入侵的时候，当时，地中海由统一陷入分裂，欧洲各经济体不得不采取自给自足的模式，直到商业活动在11世纪再次兴起，而此时贸易的中心已经转移到了北海地区。皮朗的上述理论诞生于考古活动之前，所以我们刚才用到的各种考古发现在他写书的时候都不存在。[27] 但是，即便不考虑这个因素，他的模型也还是至少有两个重大的漏洞。第一，这个模式过于强调东方（有时直到远东）与西方之间的远途贸易，但实际上这种贸易的规模从来都无法和主要贸易路线上的贸易相比，而主要的贸易活动全都是在地区内部或相邻地区之间进行的，只有极少数时候才会到达更远的地方（例如在罗马时代后期，来自阿非利加的商品盛行整个地中海地区，而这一例外的出现完全是因为当时有一个格外强大的国家，产生了格外旺盛的需求）。第二，皮朗的研究对象主要是奢侈品，即西方能够获得的黄金、香料、丝绸和莎草纸（莎草纸在埃及肯定不算奢侈品，而只是一种手工业制品，但是在西欧，它直到7世纪都可以称得上是奢侈品）。在中世纪早期的所有文字史料中，凡是提到贸易，几乎讲的都是奢侈品的贸易，所以皮朗做出如此研究也是情有可原的。但是，奢侈品在整个经济体系中只是很小的一部分。凡是能被称为奢侈品的，无不具备价格高和供应量有限这两个特征，所以只有富人才能拥有奢侈品，奢侈品也由此成为财富、权力和地位的象征。（巴黎的珠宝店很可能只把货物卖给富人，他们的客户中肯定有柳达斯特伯爵，因为他正是在583年逛珠宝店时被逮捕，然后被送去处决的。）至于说为什么文字史料记载的大多是这类商品的贸易情况，恐怕是因为这些史料本来讲的就是富人的故事。但是，如果把经济作为一个整体来看，奢侈品只能算是光鲜的表面，真正决定经济复杂程度的还是那些比奢侈品普通得多的物品，例如衣服、小刀、盘子等等。此外，奢侈品在任何经济体中都是存在的，简单如爱尔兰，复杂如法兰克，都可找到奢侈品，因此奢侈品的贸易情况很难准确反映各地区之间的差异。至于皮朗说阿拉伯人破坏了地中海的贸易活动，他是真的说错了。我们已经说过，地中海西部的商船贸易早在阿拉伯人到来之前很久就已经大幅萎缩。而运送奢侈品的商船即使在阿拉伯人入侵以后也仍然来往于东西方之间（西部一直有香料供应，这和皮朗的判断是相悖的[28]）。但是，就算皮朗说的是对的，他所讨论的奢侈品贸易还是太不重要了。真正的经济变化是发生在地区内部的。

在中世纪早期的大规模生产活动中，我们很难判断是谁获取了利润。迈恩的陶器产业可能都属于同一位所有者（这种可能性不是很大，除非这个所有者是国王。不过，这种情况也不是完全不可能），也可能分属于一群各自独立经营的陶匠和陶窑主，以准市场竞争的态势各自生产相似样式的产品。从埃及出土的 6 世纪莎草纸来看，当时的埃及就属于后一种情况，因为莎草纸上有陶匠租赁个体陶窑的契约，还有个体陶匠和地主之间签订的合同，内容是陶匠为地主制造装葡萄酒用的双耳瓶。我认为，西欧当时的情况也最有可能是这种模式，但是无法下结论，因为迈恩等地的情况并没有相关的档案文件可以证明。分销过程中的获利者就比较容易识别了，因为文字史料中有很多与商人有关的故事，可以提供参考。[29] 这些商人大多是小商贩，例如，大格列高利曾于 594 年帮助过一位负债累累的商人，名叫叙利亚人科斯马斯（Cosmas the Syrian）。也有一些商人很有影响力，起过重要的作用，例如希尔佩里克国王的犹太裔好友、巴黎的普瑞斯科（Priscus of Paris，582 年去世），还有叙利亚人尤塞比乌斯（Eusebius the Syrian），他在 591 年靠经商赚来的钱买到了巴黎主教的职位。从我们掌握的情况看，这一时期最成功的商人名叫萨摩。这位法兰克人在 7 世纪 20 年代当上了文德人的国王，并联合周边的部族对抗墨洛温国王达戈贝尔特一世。他应该是靠在战争中帮助文德人而登上王位的，由此可见，他在经商的时候就已经有了一定的政治影响力（可惜没有证据能告诉我们他买卖的是什么商品）。

以上说的都是个体经营的商人，还有一些商人搭伙做生意。例如，6 世纪中叶，一群商人从东边来到梅里达，给主教保罗赠送了礼物。又如，萨摩最开始也是和一群人一起经商，后来才出来单干的。还有不少商人受雇于贵族，替后者经商，他们经营的商品可能产自雇主的领地。例如，7 世纪 30 年代时，一个叫犹太人雅各（Jacob the Jew）的商人代表一位君士坦丁堡的贵族在迦太基贩卖衣物，他还计划继续到高卢去贩卖。又如，769 年，卡洛曼二世给代表圣但尼修道院的商人以特权，允许他们在法兰克境内渡河时免交渡河费。但是，当时的多数商人不太可能是长期受雇于人的。他们可能偶尔会接受雇佣，但是从法兰克北部的市场和交易会的情况来看，参与市场交易的人数量太多，身份又太杂，其中地主委派的代表恐怕最多也就是一小部分。在商人群体中，有一部分是“叙利亚人”，即从地中海东部来的人，这部分人的数量在 6 世纪时尤其多；还有一些犹太人（但是这不意味着所有犹太人都是商人）；在公元 600 年后，来自莱茵河三角洲以及现在荷兰境内一些岛屿上的弗里斯兰人也逐渐多了起来，尤其是在法兰克。当然，现实中的商人来自哪里都有可能，可惜我们无法把他们经营的商品和他们的来源或经营规模联系起来。前面已经说过，文字史料中讲述的绝大多数是奢侈品贸易的情况，但是大多数商人不可能只做奢侈品贸易——根本没有那么多奢侈品让他们交易。而且，我们在前面提到的那些大宗商品总是要有人经营的。普吕姆的汪达尔贝尔特（Wandalbert of Prüm）曾在 839 年写过一本神迹之书，他在书里描写了两艘商船，一艘装满了陶器，一艘装满了葡萄酒。[30] 它们沿着莱茵河行驶，计划将货物运到科隆圣格里安修道院卖掉。装陶器的那艘沉没了，装葡萄酒的那艘则被圣高尔（St Goar）显现的神迹救下。历史学家认为，相比于大多数史料，这个故事反映的才是常见的贸易形态，这个判断是正确的。但故事毕竟是故事（而且按照本章的标准来看，成书的时间也有些晚了），我们判断商品种类的最有力证据还是考古发现。

我们已经讲过，在6—7世纪之间，跨地中海贸易活动的复杂性逐渐变弱，阿非利加向欧洲出口的活动到公元700年时完全终止。根据迈克尔·麦考密克（Michael McCormick）的研究，在8世纪时，地中海上见诸史料的重要长途商路只有一条。这条商路始于罗马，沿意大利南部海岸前进，然后穿过地中海，到达君士坦丁堡。从罗马出发向西北方向的商路也还存在，可以通到热那亚和马赛，但是相关的史料和考古发现都不充分。情况类似的还有从爱琴海向东至叙利亚和巴勒斯坦的商路。盎格鲁-撒克逊朝圣者威利巴尔德（Willibald）曾经在721—729年从英格兰行至罗马、耶路撒冷，然后又返回罗马，但他的行为属于冒险，尤其是在经过爱琴海之后。[31] 威利巴尔德后来被封为圣徒，在休吉伯克（Hugeburc）为他撰写的生平之中，这段冒险经历占据了很大篇幅。其他商路在公元750年以前完全无迹可寻。欧洲内陆地区的主要商路肯定就是那些河流：莱茵河一直都非常重要，塞纳河和默兹河的重要性逐渐上升，而罗讷河的重要性则逐渐降低。在欧洲南部，西班牙的河流在贸易中起的作用相对不大，连意大利北部的波河的贸易活动在史料中都相对少有记载。柳特普兰德国王在715年或730年和科马基奥的居民签过一个贸易协定。科马基奥是位于波河三角洲的港口，贸易活跃，由拜占庭人控制。[32] 这个协定里强调最多的商品就是盐，产自三角洲地区的盐池。长距离贸易凋零，这种情况从9世纪开始会慢慢有所改观，但这在贸易史上只是很不重要的一方面，因为绝大部分贸易活动发生在地区内部。莱茵河和默兹河之所以重要，是因为它们连接了法兰克北部的不同地区，而不是因为有很多长距离商路由此开始进入北海。不过，后一种情形也还是有的，我们会在本章的最后讨论。

关于贸易，还有两点需要说明。第一点与钱有关。中世纪早期有史料记载的社会都有自己的价值衡量工具，这些工具基本都是钱币（只有爱尔兰例外，那里的等价物是女奴和母牛）。罗马人铸造了一系列钱币，有铜币、银币和金币，其最主要的用途是帮助征税。后罗马时期，财政体系比之前简单，复杂的钱币系统似乎就没有必要了。汪达尔人和东哥特人还有可能沿用罗马时期的币制，但它们之后的那些国家所使用的钱币种类肯定没有那么多，量也没有那么大。公元 550 年之后，法兰克人开始自己铸币，随后西哥特人和伦巴第人也开始铸币。他们使用的主要的是金币（普罗旺斯和伦巴第人的意大利同时使用银币）。法兰克的铸币行业最为分散（法兰克境内的铸币厂可能多达 1 000 个）。从 7 世纪三四十年代开始，金币所占的比例逐渐下降，而到了 675 年时，货币就全是银币了。加洛林王朝在 760 年左右改革了币制，正式将银质的第纳尔定为货币，并在 781 年随着查理曼的征服行动而将这种单一币种的币制推广到伦巴第人的意大利。在之后的数个世纪里，第纳尔一直是西欧占主导地位的货币。[33] 英格兰从 7 世纪初期开始铸造纯度较低的金币，7 世纪 70 年代又开始铸造银币。到了 8 世纪 60 年代，这些钱币已被银质的便士取代，这和加洛林王朝的货币改革不谋而合。上述变化有两个特点：第一，铸造的货币种类越来越少，第二，金币逐渐让位于银币。到了公元 800 年，欧洲的拉丁世界就几乎只用银币了（只有独立公国贝内文托例外，该国仍沿用拜占庭的传统）。

这些特点可以很好地帮助我们了解西方国家结构的简单化进程，以及黄金越来越少的现实。欧洲在这一时期几乎没有铸造金币。但是，货币的变化很难帮助我们了解当时的贸易情况。以前的历史学家把货币的作用看得特别重要，因为在他们看来，商业活动是离不开钱币的。这种观点其实并不正确。在一个传统社会里，商人完全可以用以物易物的形式完成交易，只要大家有一套公认的价值标准就行。他们可以把换来的物品继续拿到另一个地方出售，只有不成功的商人才会拿着钱走人。整个交易的过程可以完全不使用钱币。还有一点需要说明：从罗马帝国沿用下来的青铜和黄铜质小额钱币退出流通后，中世纪早期的所有钱币就都属于价值较高的了。794 年法兰克福举行的一次宗教会议期间，面包的价格被记录了下来。[34] 根据这一记录推算，加洛林王朝时的一个第纳尔大概相当于 2007 年的 12 英镑。墨洛温王朝和伦巴第使用的特雷斯（triens，或称特雷米西斯，tremissis）金币通常相当于 4 个第纳尔，也就是 50 英镑左右。只有诺森布里亚和意大利发行的一些钱币可能价值大幅低于上述钱币。因此，真正使用钱币去做交易往往不太方便。钱币可以作为价值标准供人讨价还价，也可以作为财富储藏起来，但它还没有像后世那样成为商业活动的必需品。不过，如果考古发掘中发现了钱币，那么它们确实可以作为帮助我们判断当地经济网络地理范围的可信依据，因为钱币的铸造地一般很容易判定，铸造时间也可以确定在一个很短的时间段内。这种对经济网络的研究可能不如想象中严密（英格兰是目前商品分销地图 [35] 最精确的地区），但目前看来，这些研究的结果大致是和前面所说的陶器的分销模式相吻合的。不管怎样，这个领域的研究还有很多工作要做。

第二点是礼物交换的问题。商业活动是一种物品交换，礼物交换则是另一种，它也表现为物品从一个人手里转移到另一个人手里，但是这种转移的目的是拉近人际关系，而不是简单地让交易的每一方都得到自己真正需要的物品。如果是以后者为目的，那么随便找一个人交易就可以，不必非要找朋友。实际上，礼物也完全不需要有什么太大的用处，圣诞礼物就是一个很好的例子。礼物（物品或服务）交换在中世纪早期非常普遍。使节通常都会携带礼物，而国王们又喜欢互相攀比慷慨程度，有的时候还要为送什么礼物而大费脑筋。[36] 卡西奥多罗斯在一封信里面提到，东哥特的狄奥多里克曾在 506 年左右给勃艮第国王贡多巴德送去一台水钟。卡西奥多罗斯明确指出，狄奥多里克送这份礼物是为了展示意大利 / 罗马的先进技术。757 年，拜占庭皇帝君士坦丁五世送给法兰克的丕平三世一台机械管风琴，这件事被法兰克人记入了史册。我们可以推定，君士坦丁五世送礼的目的应该和狄奥多里克一样。[37] 国王也给属下送礼，属下虽然也会回赠，但礼物的分量就轻得多了。国王送这些礼物，有一部分目的是换取属下对国王个人的效忠。赠送土地实际上也是出于同样的想法。与之类似的是，人们向教堂捐赠土地，至少是希望能得到教士或修士的祈福，他们往往还明确提出自己的愿望是死后能上天堂。我们在第 7 章已经看到，在英格兰和威尔士，人们大摆筵席往往是为了让请来的客人为自己战斗。所有的人际关系都要靠礼物来维系。和人际关系一样，赠礼的目的有时也是模糊不明的。例如，577 年，鲁昂主教普莱泰克斯塔图斯因被指控背叛希尔佩里克国王而受审，他在审判中辩解称，自己并没有贿赂其他人去反对希尔佩里克，而只是因为别人送马给他而回赠了礼物而已——在这个故事里，（至少按照普莱泰克斯塔图斯自己的说法）送礼者的目的和旁观者的猜测是不一样的。[38]

菲利普·格里尔森（Philip Grierson）和乔治斯·杜比（Georges Duby）分别在 1959 年和 1973 年提出，在中世纪早期那些商业活动较弱的经济体里，文字史料和考古发现（尤其是后者）中可见的物品流动大部分属于礼品交换。例如，在萨顿胡墓葬中曾发现625年左右的拜占庭银盘。它很有可能是由外交使节作为礼品带到萨福克，或者是通过一系列礼品交换来到这里的，而很不像是某种长途商业贸易的结果。从宏观的角度讲，奢侈品交换中的很大一部分属于礼品交换，但也不是全都属于——否则欧洲西部就不需要商人了，巴黎也不会有珠宝店了。更何况，我们在这里讲述的各种大宗物品交换中，几乎没有一种是仅限于“礼品经济”的。在英格兰等地，有些乡村内部的交换可能以礼品交换为主，交换的双方毫无疑问对彼此非常熟悉。（而商人总是被人怀疑。英格兰和意大利的法律都规定，买家从商人手里购买赃物可以被免于指控，只要他们的交易是在公开场合进行的就可以。[39]）但是，像奢侈品这样的礼物虽然可以在人际关系中起到很重要的作用，但它们在整个经济体系中的重要性还是很低的，即使在中世纪早期也是如此。

在后罗马时期的西方，各地的手工制品都出现了明显的简单化现象，这是因为贵族阶层没有以前那么富有，国家也不再为供养军队而大量采购物资，因此社会对手工制品的需求下降了。农产品的简单化可能也是出于同样的原因。[40]我们已经讲过，中世纪初期，地产的组织呈现出碎片化的特征。这一现象是对上述论点的有力支持。罗马时期的土地管理方法非常复杂多变，而且至少有一部分管理方法明显以获取利润为目的。例如，1世纪时意大利有奴隶种植园，3—7世纪时埃及私人土地上有拿工资的劳工。到了后罗马时期，从我们目前掌握的资料来看，在地产上耕作的主要是自由或非自由的佃农。他们按照惯例给地主缴纳定额的租金，这是所有从耕种者身上榨取剩余价值的手段中最简单、最不具弹性，同时也是给耕种者留下最大自主空间的一种。这种管理方式在法兰克、意大利和西班牙中部（萨拉曼卡和阿维拉省出土的石板上有关于这种方式的零星记载）都可见到，它并不以营利或出售产品为目的。唯一有此目的的是北方边缘地带的葡萄酒生产，其范围从巴黎到莱茵区中部。7世纪的一些非正式文献中曾提到，这些葡萄园有一些是由地主直接管理的，园丁没有人身自由。这些葡萄园的生产活动很可能是为了销售，也就是把葡萄酒卖给从更北方来的参加圣但尼等集会的商人。后来，一种更加复杂、剥削程度也更高的管理方式开始快速普及，那就是“采邑制”。这种制度在加洛林时期兴盛起来，而那时的商品交易活动比之前更加普遍，也更频繁。当时，法兰克北部已经出现了相对大规模的商品交易，而意大利北部的交易活动虽然更加地方化，但也比之前有所增强。我们会在第22章再详细讨论这些地区的管理方式。

但是，欧洲北部出现这一变化的时间要比其他地方更早一些，大约是从公元700年开始，所以我在本章的最后要说一下那里的情况。7世纪时，法兰克的英吉利海峡沿岸出现了至少两个港口，一个是布洛涅以南的昆都维克，另一个是莱茵河三角洲地区的多雷斯塔德。这两个港口，尤其是后者（已经过考古发掘），在8世纪出现了快速的扩张。从公元700年左右开始，海峡的另一侧也出现了与它们对应的港口，包括韦塞克斯的汉威克（现在的南安普顿）、麦西亚的伦敦、东盎格利亚的伊普斯维奇，以及诺森布里亚的约克——此外还有丹麦的里伯和瑞典的比尔卡。考古学家将这些港口称为“贸易站”（emporia，有些中世纪早期的史料也用了这个词）。[41] 8世纪和9世纪初期，它们彼此连接，英吉利海峡和北海地区内的贸易稳步发展。更多的港口加入了，例如莱茵河三角洲的栋堡、丹麦波罗的海沿岸的海泽比。实际上，在这些港口的经济活动中，占主要地位的还是地方的手工业制品贸易，至少在英格兰是如此，例如汉威克的金属制品和玻璃、伊普斯维奇的陶器（盎格鲁-撒克逊时期第一批在陶窑中烧制、用陶轮打坯的陶器）等。即使是在这些港口之中，当地或地区内部的商品交换仍然比跨海贸易的比重更大。但是无论如何，这些贸易站都位于海岸边或很容易到达海岸的河畔，这一点仍然是非常重要的。不论最初是如何兴起的（方式不一），它们的发展都是为了方便海路贸易，而发展的推动者几乎都是国王。我们有一封查理曼于796年写给奥法的信，其中提到了盎格鲁-撒克逊人出口给法兰克人的大衣的尺寸。[42] 除此之外，这一时期就没有什么外交信件再提到商业活动了，但当时的商业活动肯定很重要（至少在政治上很重要，至于规模是否很大我们无法断定）。国王们重视海路贸易，也帮助其发展。到了8世纪，加洛林王朝上位，重新在法兰克建立起了政治集权，给那些贸易站注入了强大的活力。

8世纪时，北海的贸易肯定要比地中海更活跃。我们之前已经讲过，波河三角洲的科马基奥是当时亚得里亚海以及波河流域的贸易枢纽。[43] 但是在地中海北部地区，从公元700年左右马赛衰落开始，直到780年左右威尼斯崛起，这数十年的时间内都没有一个类似于科马基奥的枢纽港口。我们在第22章会讲到，威尼斯是奴隶贸易的中心。这些奴隶是威尼斯与加洛林战争中的俘虏，威尼斯把他们卖给阿拉伯人做仆人，换来香料和其他东方的奢侈品。也就是说，威尼斯这个门户港口的财富是靠和法兰克人以及其他买家之间的奢侈品贸易积累起来的，而其经济对于意大利北部的重要性，可能还不如多雷斯塔德对于法兰克北部，以及汉威克对于韦塞克斯的重要性。但是情况是在变化中的，9 世纪时出现了更多的港口，而威尼斯也终于在大约公元 950 年之后与内陆地区建立起了更深入的联系。此外，地中海的商业发展速度在公元 800 年之后超过了北海（详见第 15 章）。地中海联结着几个复杂的经济体，它们之间的贸易在 8 世纪时出现了中断，但随后至少在一定程度上得到了恢复，这也让各个经济体从中获益。北海的问题则在于，虽然法兰克的经济活动很活跃，它周边的经济体却不行。法兰克的商品，至少是奢侈品，对于盎格鲁-撒克逊人或丹麦人来说很重要，但是他们的精英阶层还没有富到能买很多奢侈品的程度。此外，欧洲北部的经济也不够多元化。汉威克的手工制品的种类和马斯特里赫特以及多雷斯塔德差不了多少，因此也就很难被专门运到韦塞克斯以外去销售。在之后的数个世纪里，经济分工和多元化缓慢发展了起来，但是在 8 世纪的时候，北海的贸易只能说是加洛林王朝财富和政治影响力的溢出效应，而不是后来西北欧经济霸权的雏形。

圣索菲亚，由查士丁尼皇帝于 532—537 年建造，当时是君士坦丁堡的大教堂。宣礼塔建于奥斯曼时期（photo: Leslie Brubaker）

2. 圣索菲亚的内部空间。圣索菲亚是第一座拥有如此大的穹顶的教堂，引来了之后众多教堂和清真寺的效仿。柱头都是专门为教堂制造的（photo: Leslie Brubaker）

3. 大马士革大清真寺，建于 705—716 年，航拍图片显示出了庭院的巨大规模。这一庭院的外墙属于之前的一座朱庇特神庙（photo: Charles and Patricia Aithie/ffotograff）

4. 大马士革清真寺庭院中的马赛克镶嵌画，其上绘有建筑，但是没有人。这是这种马赛克作品的典型图案，也是伊斯兰公共艺术从一开始就具备的特点（photo: Leslie Brubaker）

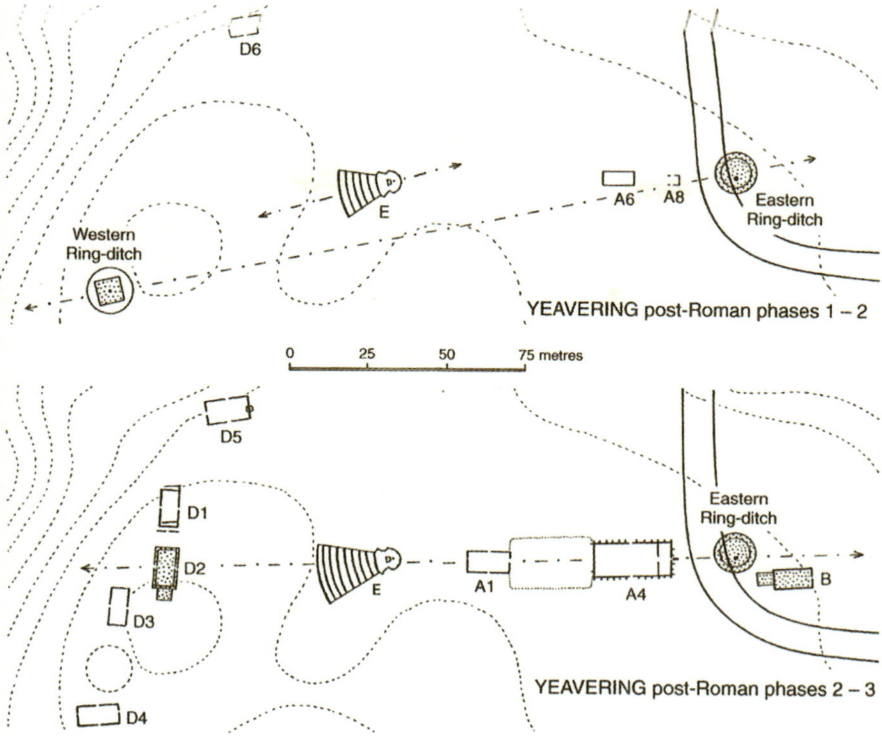

诺森布里亚两个主要时期的王宫平面图，位于切维厄特的耶韦灵。第一个时期（约公元 600 年）的宫殿已经有了一座类似罗马式剧场的木质建筑，作为公共集会场所。第二个时期在第一个时期之后的数年，此时这座建筑已经和一系列奢华的待客大厅相连（courtesy John Blair）

阿利雅得尼皇后（515 年去世）挑选谁当丈夫，谁就能当皇帝。她的雕像手持象征统治权的宝球和权杖。罗马帝国晚期的传统并不把女性拥有政治权力视为异常现象（photo: Alinari Archives）

7. 圣巴西德堂的中殿。这座教堂由教皇帕斯加尔一世建于 817—824 年，是 9 世纪由教皇建造的几座主要教堂之一（photo: Caroline Goodson）

. 圣巴西德堂后殿的马赛克镶嵌画，其上绘有耶稣在圣徒的簇拥下站在约旦河边。这是罗马式教堂后殿的传统图案。帕斯加尔位于最左侧，头上的光晕是方形的，表明他当时仍在世（photo: Caroline Goodson）

9. 法国奥尔良附近圣日耳曼德佩修道院后殿的马赛克装饰画，其上绘有众天使举起的约柜，并显示了反圣像主义者拒绝使用人类形象的理念。该修道院是在约 805 年由奥尔良主教狄奥多尔夫修建的（photo: Manfred Heyde）

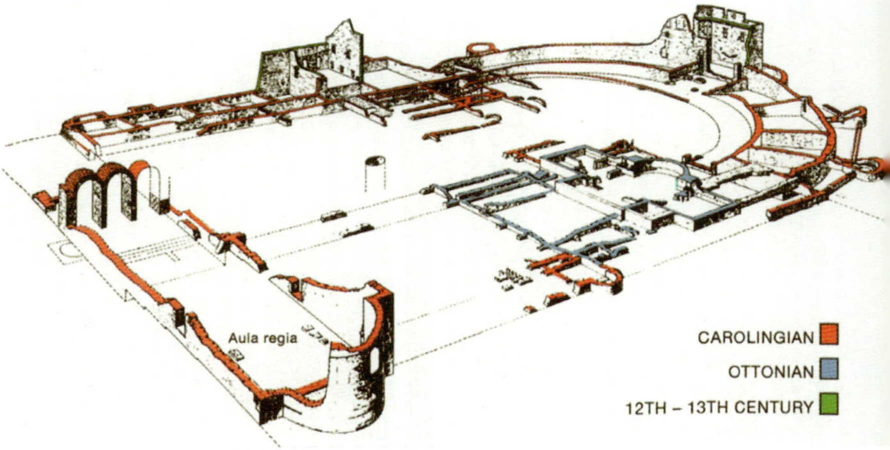

10. 英格尔海姆的查理曼宫殿现存遗址草图。宫殿位于德国美因茨附近，左侧的大厅用来举行仪式。宫殿内本有一座礼拜堂，但现在已找不到具体位置。蓝笔绘制的礼拜堂建于 10 世纪（copyright © Kaiserpfalz Ingelheim）

11. 亚琛用来纪念查理曼的宫殿礼拜堂，建于 800 年左右。中间有穹顶的部分是原始建筑（photo: Aleph）

12. 叙利亚 5—6 世纪的村庄斯尔吉拉。这是罗马世界保存最完好的村庄之一。图中左侧是浴室，右侧是社区的会议中心（andron）（photo: Olga Kolos/Alamy）

13. 斯尔吉拉保存最完好的私人住宅，其所有者可能是在罗马帝国晚期东部的橄榄油贸易中致富的一个农民家庭（photo: Leslie Brubaker）

14. 一座复建后的 10 世纪丹麦长屋。这座长屋是在特瑞堡被挖掘出来的，是一座王室军营的一部分，规模异常大。其外形能够反映出斯堪的纳维亚住宅的典型特征

15. 9 世纪，意大利锡耶纳附近的蒙塔伦蒂。这张图是根据考古挖掘结果绘制的想象复原图。山顶上由城墙包围起来的部分可能是地产中心（courtesy Area di Archeologia Medievale, Università degli Studi di Siena –Studio INKLINK Firenze）

16. 巴黎附近茹阿尔的地下墓葬。石棺属于7世纪的一个法兰克贵族家庭。墓室后来得到过重建，但柱头还是7世纪的（photo: aka-images / Erich Lessing）

17. 奥法大堤，建于8世纪后期的防御工程，将英格兰中部和威尔士分隔开来。大堤是由麦西亚国王奥法下令建造的（photo: Jim Saunders/Prints of Wales）

18. 巴塞罗那城墙。中间的大石块属于一段罗马时代的城墙，这段城墙保留在了稍后建成的中世纪城墙内（photo: Fotobox/AISA）

19. 罗马涅尔瓦广场地区（古典时期的广场位于其后）近期发掘出来的9世纪住宅。注意右侧由柱廊环绕的庭院，以及一块窗台板，这表明拱门左侧本来还有第二层（photo: Elizabeth Fentress）

20. 土耳其安卡拉城堡修建于 7 世纪的外墙。大门右侧呈线状排列的白色圆形石块是对古典时期石柱的重复利用，起装饰作用（photo: Ben Claasz Coockson）

21. 锡索波利斯（以色列贝特谢安）城中的街道。柱廊的石柱是在 749 年的地震中倒塌的（photo: Leslie Brubaker）

22. 拜占庭皇帝巴西尔二世（1025 年去世）的绘于同时期的画像。巴西尔的头顶上方是上帝，左右簇拥他的是大天使，脚下跪伏的是他的臣民（photo: akg-images / Erich Lessing）

加洛林帝国皇帝虔诚者路易（840 年去世）的绘于同时期的画像。他身穿罗马式军服。拉巴努斯·毛如斯的歌颂诗篇铺满整个画面。这幅画有好几个同时期的摹本留存至今（藏于巴黎法国国家图书馆）

24. 布里克斯沃思教堂（位于英国北安普顿郡），建于 9 世纪早期，是现存最大的盎格鲁–撒克逊教堂。尖塔的修建时间较晚（photo: akg-images / A. F. Kersting）

25. 耶灵的如尼文石碑，10 世纪中期由丹麦国王蓝牙哈拉尔德为纪念其父亲戈姆所立。哈拉尔德是基督徒，但如尼文石碑上雕刻的不是基督教内容（photo: Interfcto Pressebildagentur/Alamy）

26. 基辅的圣索菲亚教堂，建于 11 世纪初期，是拜占庭工匠为新近改信基督教的基辅大公所建。这座教堂位于乌克兰境内，是现存的同时期拜占庭教堂中保存状况最好的一座（photo: Leslie Brubaker）

27. 意大利亚平宁山脉艾米利亚地区的卡诺萨城堡，是卡诺萨家族的一个主要中心。该家族是公元 1000 年左右及之后意大利最强大的贵族家族之一（photo: copyright © Bildarchiv Foto Marburg）

28. 阿斯图里亚斯的拉米罗一世（85
年去世）的宫殿，位于西班牙北
部的奥维耶多。这座建筑建成后
很快成为教堂，但最初修建时似
乎是一座世俗建筑，功能可能与
宫殿建筑不同（photo: AISA）

29. 9世纪初期《乌得勒支诗篇》的插图，画面上有一个正在犁地的农民和一个在桌旁被侍奉进食的男人（毫无疑问是领主）。这幅图是《旧约·诗篇》第103篇的配图，赞美了按三确秩序运转的世界（copyright © University Library, Utrecht）

第 10 章

有形的力量：物质文化与展示，从罗马帝国到加洛林王朝

查士丁尼在君士坦丁堡修建的大教堂无疑是罗马帝国最大的单体有顶建筑，也是欧洲最大的建筑，直到 13 世纪才被塞维利亚和科隆大教堂超过。这座教堂是为纪念“神圣的智慧”（Hagia Sophia，圣索菲亚）而建的，教堂所在的城市曾有另一座教堂，但是在 532 年的尼卡暴动中被毁。[1] 新教堂仅用了不到 6 年时间就修建完成，于 537 年 12 月正式启用。对于这种规模的建筑来说，如此之快的建设速度在当时可谓闻所未闻，此后很久也没有重现过。而且，在这样快的速度下，教堂的建设一点都没有偷工减料，它用的材料都是最好的，而且一直到今天都没有什么变化。这座教堂最大的改动发生在建成初期，其穹顶在 557 年的一次地震中垮塌，历经几年重建完成，比之前还稍微高了一些。教堂于 562 年再次投入使用，当时查士丁尼还在世。此后的皇帝对教堂只做了一些小修小补，例如在西南面的门廊上加一扇纪念性的门［这是狄奥斐卢斯（Theophilos）在 840 年前后完成的］，在外墙上加几道扶壁［安德罗尼卡二世（Andronikos II）在 14 世纪第二

个十年里加过，奥斯曼的希南（Sinan）在16世纪70年代也加过。奥斯曼人把教堂改成阿亚索菲亚清真寺（Aya Sofya）以后，又给它加上了宣礼塔]。但是，教堂的内部空间一直保持原样，拜占庭时期只对内饰做了一次较大的改动，那就是从9世纪开始，在天棚和墙壁上部覆盖的马赛克上加了一些人物形象的装饰。查士丁尼最初的装饰方案使用的主要是纯金马赛克和彩色大理石，间或装饰以十字架或花朵的图案。

加上宣礼塔后，圣索菲亚大教堂从外面看就像一只俯卧的蜘蛛。教堂内部的中央展示着它在建筑学上的一大创新，那就是巨大的穹顶。穹顶的宽度有100罗马/拜占庭尺（31米），靠四根拱梁支撑，每一根都有120尺（37米）高。这个穹顶下面形成了一个无与伦比的巨大空间，中间没有立柱阻隔，其东西两侧又各有一个半穹顶，使空间得到了延伸。再向东，还有一个较小的半穹顶神龛。整个教堂被深深地打上了查士丁尼的烙印，因为很多柱头上都刻着他或他妻子狄奥多拉的名字缩写。所有的柱子和柱头都是为建造教堂而专门制造的，这和罗马帝国后期的情况不同，在那个时候，即使是大型的纪念性建筑也经常重复利用既有的建筑材料。查士丁尼有意让这座建筑有所创新，他没有按照惯例请著名的建筑师来设计教堂，而是雇了两名几何学家，即特拉勒斯的安提莫斯（Anthemios of Tralles）和米利都的伊西多尔（Isidore of Miletos）。他们设计出的教堂果然让世人惊叹。在教堂562年第二次启用之际，示默者保罗（Paul the Silentiary）为它写了一首诗。为一座建筑作诗在当时是很不寻常的。在那之前10年，普罗柯比写了一本名为《论建筑》的书，称颂查士丁尼在建筑上的功绩。这本书的开篇就是对圣索菲亚大教堂的颂词，长达11页。这两位作家当然都强调了教堂的规模，以及黄金和大理石的效果（普罗柯比把绿色大理石比喻为开满鲜花的牧场，而保罗则把它比喻成绿意盎然的山峰和葡萄园），而且格外强调了金色的天棚和窗外透进来的阳光之间的关系。保罗写道："抬眼望向美丽的穹顶，谁都无法把目光从那撒满舞动的群星的圆顶上移开……踏足进入神圣的殿堂，谁都永远不会想要离开，而会抬头望向这里，望向那里，举目四望。"普罗柯比也很了解教堂在建筑学上的独创性，因为他用了两页的篇幅去描述穹顶的建造，其中包括了大量技术细节。最后，他用了和保罗相似的表达——虽然显得有些俗套，但直到今天仍然成立——他说，穹顶的细节是如此丰富，使人无法把注意力集中到某一个点上。这类描写在文学史上有其传统［对艺术和建筑的描写在希腊语中被称为"ekphraseis"（艺格敷词）］，而且上述两人都是受查士丁尼之托，或至少是想把作品献给查士丁尼，但是这些作品至少告诉了我们一个事实，那就是这座建筑是建给人看的，给人们带来的冲击也是在计划之中的。圣索菲亚大教堂可以说是第一座有着中心穹顶的长方形教堂，拜占庭后来修建的所有教堂几乎都以它为模板，至少是它的简化版。希南在16世纪为伊斯坦布尔设计的清真寺也成了后世清真寺的原型。

圣索菲亚大教堂不仅是一座巨大、昂贵、新颖的建筑，也不仅是普罗柯比在长篇著作中歌颂的诸多查士丁尼建筑中的一座，它还是东罗马纪念性建筑的巅峰之作。在罗马，基督教帝国的新教堂建在了城墙之外和城市边缘地区，公共生活中心不再是传统上的议事广场、旁边帕拉蒂诺山上的皇宫，以及有着超长赛道的马克西穆斯竞技场。在君士坦丁新建的君士坦丁堡，公共空间则被集中在一起，从议事广场引出一条两侧布满柱廊的街道，一直延伸到大教堂，以及大教堂南侧的皇宫和竞技场。圣索菲亚经常限制进入其内的人数，但它还是可以容纳好几千人。皇帝参与的各种仪式基本都发生在皇宫和教堂之间，任公众观看，而广场和教堂及皇宫之间经常举行各种游行活动，观看的人就更多了。因为上述原因，在 532 年圣索菲亚大教堂开始建造之前，其前身的规模就已经很大了。但是，查士丁尼还是建造了一座更大、更宏伟的教堂，给这座欧洲最大城市的公共仪式空间打上了自己的烙印，其影响持续了近 1 000 年。后代记住了查士丁尼的法典以及征伐行动，也同样记住了他建造的这座教堂。如果说有一个举动证明了查士丁尼希望自己成为罗马皇帝典范的雄心，那么这个举动就是建造圣索菲亚大教堂。

我们似乎给一座建筑赋予了太多的意义，但是罗马人确实有意通过建筑来展示自己的力量与财富。根据我们掌握的史料中人们的反应，这些建筑也确实起到了这种作用。这些建筑的设计也往往有着微妙的互相影响。例如，圣索菲亚大教堂模仿了罗马万神殿或塞萨洛尼基的伽勒里乌斯宫殿的穹顶，但又比它们更加宏伟。就在圣索菲亚开始修建前 10 年，君士坦丁堡还建起了一座庞大的私人教堂，其修建者是皇室后代安尼西娅·尤丽安娜。这座教堂的样式是更为常见的巴西利卡式，后起的圣索菲亚仅凭其与众不同的样式就取代了它的地位。实际上，本书中所描述的所有社会都承认并尊重建筑的作用。我们可以观察不同社会中的强权人物修建的建筑，比较其在规模和审美上的差异，从而快速了解这些强权人物各自不同的雄心。

因此，我们在这一章里有意运用了比较研究的手法，把各个社会对立起来，去比较它们对物质文化的使用，其重点就是那些用来展示的建筑。普罗柯比和示默者保罗的著作帮助我们了解了查士丁尼修造圣索菲亚教堂的用意，但是对于类似的建筑物来说，我们很少能够搞清楚其主持建造者的目的。不过，我们还是可以研究建筑本身，或至少研究它们的遗迹，从而倒推出修造者的动机。当然，我没有办法在本书的一个章节里就把各个社会都检视一遍，但我至少可以举一个运用此类比较研究方法的例子，来说明我们通过研究能够得出什么结果。在这个示例中，我们将研究四座建筑：刚才已经说过的圣索菲亚教堂、大马士革的大清真寺[2]、耶韦灵的诺森布里亚王宫建筑群，以及9世纪时罗马的圣巴西德堂（S. Prassede）。这些建筑多数是宗教建筑，因为世俗建筑很少能完整保存到现在（耶韦灵实际上只剩下几个立柱的基坑了）。不过，我们在本章的最后会简单介绍各社会王宫的不同结构，并且离开那些只有国王、皇帝和主教的建筑，到外面去看看乡村的空间布局。这也是观察权力分配的很好途径，只是在一个较微观的层次上而已。

***

哈里发瓦利德一世（al-Walid I，705—715年在位）在自己的首都大马士革修建了大清真寺。工期是705—716年，竣工时瓦利德已经去世。哈里发国的大部分领土是阿拉伯人在那之前六七十年，即636—651年间征服的。大清真寺不是哈里发国的第一座清真寺，却是第一座大型的纪念性清真寺，与之同时代的还有麦地那和耶路撒冷的清真寺。大清真寺确立了清真寺的建筑模式，这种模式后来被福斯塔特（开罗的前身）、凯鲁万、科尔多瓦和其他许多城市的清真寺反复采用。清真寺建筑使用了很多罗马元素（伊拉克和伊朗的清真寺还使用了萨珊元素），包括柱廊。实际上，清真寺里使用的柱子在很长一段时间里都是从罗马建筑中拆卸下来的“战利品”（spolia）。大马士革的清真寺里还有一条大理石的葡萄藤状雕带（vine-frieze）。这条被中世纪作家们大为称颂的雕带显然是对君士坦丁堡圣索菲亚大教堂的模仿。但是，中世纪早期清真寺的整体效果却和罗马建筑大为不同。清真寺有一个围墙环绕起来的庭院，庭院中有一部分是露天的，有一部分有顶棚遮蔽。顶棚由数列立柱支撑，营造出一个深邃的空间。在一些清真寺里，顶棚遮蔽的部分只占庭院的一小部分，而在另一些清真寺里（如大马士革清真寺），两者的面积几乎相等。大马士革的立柱有三列。（后来建成的科尔多瓦清真寺是最著名的“立柱森林”，在最后一期工程完工后，这座清真寺总共有 34 列立柱，每列 18 根。不过，这只是一个特例。）但是，这种设计的效果是形成了一个相对来说不那么等级分明的空间，开放式的庭院和顶棚覆盖的区域之间并没有完全隔离开，只有米哈拉布——朝向麦加方向的一个壁龛——作为焦点。伊斯兰教并没有组织化的神职人员，它把重点放在信徒群体上。在清真寺的庭院里祈祷时，露天区域和顶棚下方的信徒们可以彼此看见。

大马士革清真寺在政治和空间上还有一层特殊的象征意义，而且绝对不是只针对穆斯林的。首先，大马士革当时的人口还是基督徒占多数，而瓦利德选择在一座毁坏的教堂之上建造清真寺，显然是对穆斯林霸权的一种宣示。他对修建纪念性建筑的爱好部分传承自他的父亲阿卜杜勒·马利克（‘Abd al-Malik，685—705 年在位）。我们在第 12 章将会讲到，马利克是第一位以物质的形式大规模宣传伊斯兰教的哈里发，这里所说的物质包括钱币和纪念性建筑。瓦利德在父亲的基础上把这个传统发扬光大，从继位开始就在自己的首都大兴土木。和圣索菲亚教堂一样，大清真寺的面积很大，其庭院长157米，宽100米，人们一眼就能看出其造价极高。庭院利用了罗马异教建筑朱庇特神庙的外墙。当时，这座神庙已经被毁，基督徒在旁边建起了教堂。清真寺修建的过程中，这个用围墙封闭起来的空间被改造成了为穆斯林服务的宗教和政治场所，供大马士革新兴的阿拉伯统治阶级使用。从那以后，围墙围起来的庭院就成了清真寺的标准配置。瓦利德在庭院的四角修建了四座宣礼塔，其目的可能是告诉世人，这个罗马人创造的空间现在有了新的用途。不过，在大马士革清真寺的诸多特征之中，唯独这一点没有传承下去。后来修建的清真寺大多只有一座高大的宣礼塔。

然而，大清真寺的效果并不仅仅来自其规模，或其对其他宗教圣地的占用。瓦利德用马赛克装饰面向露天庭院的门廊上部，这些马赛克可能出自拜占庭工匠之手。有顶棚覆盖的区域的大部分墙体被覆以马赛克，庭院中的其他墙体也是。这些马赛克有一部分一直保留到现在，其图案包括树、树叶，以及穿插点缀的建筑和河流——很有可能是对天堂景象的描绘——艺术水平极高，但是没有任何人类或动物的图案。这代表了一种新的视觉艺术形式。在罗马世界里，公共建筑和教堂中使用的马赛克装饰通常以人物图案为主（在这方面，圣索菲亚教堂是一个异类），植物最多也只是背景，或是用于分割不同场景。哈里发改变这种装饰风格，显然使人们清楚地认识到了一个事实，那就是新兴的伊斯兰信仰开始避免在公共空间中使用人物的形象（马利克在696年铸造的新钱币上也没有人物形象，在钱币上使用哈里发头像的传统被突然废弃）。我们会在后面的两章里继续讨论人物和植物这两种图案的象征意义，以及它们对哈里发国和拜占庭帝国的重要意义。而大清真寺属于第一批显示出这种重要性的建筑。

大清真寺的另外一个重要特征是，它构筑了一个封闭的空间。罗马式的城市都以中央广场为核心，向外辐射出数条宽阔的大道，广场上举行的游行等公众活动可以有众多参与者。君士坦丁堡也沿用这种城市结构达数个世纪。[3] 罗马城市中还有几种重要的公共活动场所，包括圆形剧场（西罗马）、剧场和赛马场，君士坦丁堡的大赛马场也在相当长的时间内延续了这一传统。而在伊斯兰世界里，清真寺的庭院取代了上述这些场所。大型的政治活动，例如集体宣誓效忠仪式，都安排在清真寺的庭院内进行，世俗场所则完全没有这种功能。此外，游行活动在阿拉伯国家的政治传统中并不重要，清真寺庭院内的集会已经足够取代游行的作用。宽阔的大道也不需要了：在叙利亚和巴勒斯坦，那些伊斯兰时代之前的罗马式柱廊在 8 世纪时很快被各种商铺填满，其中有一些是哈里发指定的公共娱乐场所。伊斯兰城市的街道都很狭窄，原因就在于此：道路的宽窄并不涉及什么公共利益。马路上不管有多少占道的小商贩，只要勉强留出能通行的空间就足够了。统治者用来展示的建筑主要就是清真寺，其次是宫殿和城门，而不是整个城市的风貌。瓦利德的马赛克是在 8 世纪时创造的，但它的影响会随着时间的流逝而越来越大。哈里发和幕僚们有意识地在修建清真寺的过程中揉进了一系列象征符号和政治意图。由此，伊斯兰城市的公共空间也发生了变化，清真寺成了绝对的中心。尽管这未必是哈里发和幕僚们设计好的，但他们肯定对此结果感到满意。当时，叙利亚人口的多数仍是基督徒，说希腊语或叙利亚语，而上述变化对他们而言，很可能是新统治者的伊斯兰教信仰最直接的标志。

***

现在我们把目光投向罗马故地的另外一端，即伯尼西亚的切维厄特丘陵（现在的诺森伯兰）。这个地方就在今天的苏格兰边境南边一点。诺森布里亚国王埃德温（616—633 年在位）在这里有一座行宫。按比德的记载，这座行宫名叫埃德杰芬（Ad Gefrin）。现在基本可以肯定，这座行宫就在耶韦灵。[4] 人们在 1949 年用航拍的手段在这里确定了一个复杂的盎格鲁-撒克逊遗址的位置，并于 20 世纪 50 年代对其进行了挖掘。相关研究成功在 1977 年发表。这座遗址的表层土和底层都不见了，其中可能包含着的一些小型物品也无从寻找。但是即便如此，遗址中所找到的物品对于一个这么重要的中心来说也还是太寒酸了，这也从侧面说明早期的盎格鲁-撒克逊国王们所拥有的资源是多么匮乏。值得欣慰的是，考古学家们发现了一组基坑，这些基坑上面曾经是形制各异的木质建筑。这个发现使我们对这个早期盎格鲁-撒克逊宫殿遗址的了解加深了不少，对于研究人员来说属于意外之喜。

古英语文学作品中，王室宫殿的形象往往就是一个木质的大厅，例如《贝奥武甫》中的“鹿厅”。国王们和大臣们在大厅里见面、举行宴会，也在这里睡觉。耶韦灵的遗址则与这种描述有所出入。盎格鲁-撒克逊人在 6 世纪晚期来到耶韦灵，发现这里有一个石环，也就是石器时代的坟场，还有一个很大的围墙围起来的空间，其中某些部分可能属于一个不列颠人的祭祀场所。信奉异教的盎格鲁-撒克逊人在此基础上进行了扩建，修建了一些可能被作为神庙使用的小房子。到了公元 600 年左右，整个遗址的中部出现了一座建筑，里面有一个舞台，四周是数层俯瞰舞台的座席。在盎格鲁-撒克逊人的英格兰，这样的建筑仅此一座。它的长度有20米，其平面（现在剩下的也只有平面了）有点像橙子的横截面。这种结构很像罗马式的剧场，只不过它是用木头修建的。关于它的用途，目前最广为接受也最令人信服的观点是：伯尼西亚人和后来的诺森布里亚人都把这里作为贵族和国王们去耶韦灵祭祀场所时的集合地点。多年后，这个祭祀场所成了更典型的宫殿建筑，其内部有一串大厅，总长度约70米，指向“剧场”的中心点。7世纪20年代时，诺森布里亚的第一批传教士之一保利努斯（Paulinus）在这里举行改宗和洗礼仪式。比德关于“埃德杰芬”所记载的就是这一段历史。这些大厅一直被使用到650年左右。埃德温在这里的生活完全可能像《贝奥武甫》和类似文学作品里描述的一样。但是，大厅周围也有一些功能不同的早期建筑，各自的朝向也不一样。

改宗基督教之前，盎格鲁-撒克逊人生活在不列颠人的地盘上，而且对方在人口上占压倒优势。但是，在物质文化方面，盎格鲁-撒克逊人却几乎没有从先人和邻居身上吸取任何元素。当时，伯尼西亚的王室中心在班伯，周围的沿海地区有一条相对狭窄的盎格鲁-撒克逊人定居区，耶韦灵的位置就在这个定居区的边缘。在有案可查的不列颠人建筑文化（以及不列颠人的宗教活动。耶韦灵位于哈德良长城以北，当地不列颠人可能也是异教徒）对盎格鲁-撒克逊人产生影响的少数几个例子之中，耶韦灵是其中之一。考虑到它的位置，这似乎是顺理成章的。但是，即便如此，盎格鲁-撒克逊人对“剧院”的使用仍然引人注目。耶韦灵离哈德良长城还不算太远，对于伯尼西亚人来说，罗马的物质文化至少还是看得见、摸得着的。但是，这些盎格鲁-

撒克逊人毕竟是生活在罗马帝国不列颠尼亚行省的疆域以北，而他们却有意挑选了一座罗马风格的建筑，作为自己的公共集会场所，这显示出了伯尼西亚国王的愿望。尤其要考虑到，当时盎格鲁-撒克逊人似乎还没有改宗基督教，因此罗马文化显然更有吸引力。实际上，这也许能从一定程度上解释为什么盎格鲁-撒克逊统治者在相对较短的时间内就完成了改宗。此外，贵族和民众对罗马的意象似乎也很能接受。根据一些文学作品的描述，早期的盎格鲁-撒克逊人往往无法理解罗马的物质文化，认为其过于浮华。有一首名为《废墟》（*The Ruin*）[5]的古英语诗歌，描述可能是巴斯这个地方，诗中把城市中的罗马建筑比喻为"巨人的作品"。但是，他们也可能会像叙利亚的阿拉伯人那样，以富有创造力和表现力的方式去利用罗马人遗留下来的元素。从这个方面来说，那些先入为主地将盎格鲁-撒克逊人描写为"蛮族"的文学作品是不符合实际情况的。早期的盎格鲁-撒克逊人不具备建设复杂物质文化的技术手段，但即便如此，他们还是有能力以复杂的方式去使用已有的物质文化，这些文化既包括盎格鲁-撒克逊人自己的，也包括不列颠人中的罗马式和非罗马式文化。

***

我们的下一个例子在加洛林时代的罗马。当时法兰克人统治了欧洲西部的大部分地区，教皇所在的罗马也成了法兰克人的保护领地。我们要讨论的是教皇帕斯加尔一世（Pope Paschal I，817—824年在位）修建的一系列建筑。相对于他并不算长的在位时间来说，这些建筑的数量和规模相当可观。帕斯加尔一世是一位颇受争议的教皇，树敌不少，其中一些人是势力不小的贵族。这些人背后有加洛林王室撑腰，但帕斯加尔一世还是在823年处死了其中的几个人，并且在面对加洛林王室派来的使节时义正词严地为自己的行为辩护。由此看来，帕斯加尔一世是一个无所畏惧的人，这种性格也体现在了他兴建的教堂上。在6世纪到12世纪之间，罗马最大的三座教堂中有两座都是他修建的，他的自信可见一斑。我在这里将主要讨论这些教堂中年代最早、保存最好的一座，即建于820年前后的圣巴西德堂。[6]

从8世纪后期到9世纪，不少教皇喜欢大兴土木，帕斯加尔并不是最早的一个。由教皇主持的建筑工程在中世纪早期大概就没有中断过，但是文字史料和考古发掘表明，从教皇保罗一世（Paul I，757—767年在位）修建的圣西尔维斯特堂（S. Silvestro）和哈德良一世（772—795年在位）修建的圣聂勒及圣亚基略堂（SS. Nereo e Achilleo）开始，直到9世纪50年代或更晚时候为止，这一段时期内的建筑风气格外兴盛。这些教堂都采用标准的巴西利卡式设计，与最初由君士坦丁修建的梵蒂冈圣彼得大教堂保持一致。这一系列教堂代表了这一时期未曾间断的教廷正统和权力的集中。其中，帕斯加尔修建的三座教堂规模格外大，它们就是圣巴西德堂、圣塞西莉亚堂（S. Cecilia）和多米尼卡的圣马利亚堂（S. Maria in Domnica）。圣巴西德堂不算庭院的话长约50米，内部装饰十分奢华，包括一些从古建筑中拆下来重复利用的优质石柱，以及大量的大理石，其中一些到现在仍保存完好。堂内使用的金银装饰物也非常多。根据《教皇名录》（*Liber Pontificalis*）[7]中关于帕斯加尔的记载（相关记载完成于帕斯加尔去世后不久），堂内有一顶重达410千克的银质华盖，地下室内的圣巴西德（Saint Praxedis）灵柩上，还有她本人的银质画像，重达45千克。在今天，这座教堂最吸引游人眼球的莫过于后殿、拱门和圣仙诺（S. Zenone）小堂内精美的马赛克镶嵌画。帕斯加尔的母亲狄奥多拉就葬在圣仙诺小堂内。后殿的马赛克画描绘了升天的耶稣，以及环绕着他的圣徒，其中包括圣巴西德。教皇帕斯加尔本人的形象也在画中。这幅画模仿了圣葛斯默和达弥盎教堂（SS. Cosma e Damiano）中的画作。那座教堂位于古罗马广场，由菲利克斯四世（Felix IV）修建于 6 世纪。这种模仿进一步说明帕斯加尔希望让人们看到，自己是一直延续着的教廷正统的一部分。不过，值得注意的是，《教皇名录》中虽然也提到了马赛克，但更多的笔墨还是放在了金银装饰，以及帕斯加尔最具开创性的举动上——他把大量圣徒遗体从罗马的地下墓穴中搬出，安置在了教堂里。当时的铭文声称，圣巴西德堂内安葬了 2 300 多位圣徒。

帕斯加尔在圣巴西德堂的种种活动是做给各种各样的人看的，说这些人是“目标受众”也不为过，其中就有拜占庭的皇帝们。拜占庭皇帝在公元 815 年重启反圣像运动（Iconoclasm），反对一切描绘上帝和圣徒的图像（我们将在下一章继续讨论），并把矛头首先指向了教皇。帕斯加尔曾给君士坦丁堡写信，批评他们反圣像的举动，还在罗马庇护那些崇拜圣像的修道士。实际上，圣巴西德堂就是建给一个希腊修道士群体的，这个群体显然是坚定的崇拜圣像者。从教堂的物质文化来看，圣巴西德堂后殿的马赛克镶嵌画上虽然有上帝和圣徒的形象，但是这类画作早已有之，很难称得上是专门针对反圣像行动的设计。但是，圣巴西德灵柩上昂贵的银质画像却很像是对拜占庭的示威。还有一点需要说明，那就是帕斯加尔很可能也在同时反对法兰克的反圣像者（详见第 17 章）。仅仅 15 年以前，奥尔良的狄奥多尔夫（Theodulf of Orléans，约 826 年去世）在卢瓦尔河畔的圣日耳曼德佩

（Germigny-des-Prés on the Loire）[8] 修建了一座私人礼拜堂。这座礼拜堂结构复杂、风格独特，显示了他的反圣像思想。教堂后殿的马赛克画上有两个天使（不是人类，所以符合反圣像主义的要求，可以画出来）以及约柜的形象。这种安排是对拜占庭的一些崇拜圣像思想的批判，其与旧约的释义之间的关系也很复杂，就像狄奥多尔夫本人的著作一样。这件事告诉我们，在这一时期的西方，神学立场对视觉形象的影响可以体现在微小的细节之上。帕斯加尔不太可能知道狄奥多尔夫的那座教堂（他在罗马的目标受众也很可能根本没有听说过狄奥多尔夫这个人），但是他知道一些支持法兰克反圣像运动的人，比如都灵的克劳迪乌斯（Claudius of Turin）。帕斯加尔对这些人是明确反对的。圣巴西德堂至少可以作为一个可视的符号，用来强调罗马的中心地位、教廷的正统，以及教皇的立场在宗教信仰问题上的权威性。可以说，帕斯加尔修建的各种建筑都是在回应反对者，捍卫教廷的立场，他所用的方式和反对者别无二致，只是他更舍得下本儿而已。

帕斯加尔的修造运动还有两种目标受众，首先是法兰克朝廷。在整个加洛林时代，帕斯加尔可能是法兰克势力在罗马的最坚定的反对者。当时，法兰克人在罗马已经很常见，其中大多数是朝圣者（我们在第 8 章已经讲过），但是也有一些人带有政治目的，例如外交使节或者贸易商。他们都想看看教皇在做什么，然后回到北方报告给朝廷。他们会说，帕斯加尔修建的教堂不仅比前任教皇修建的更大、更奢华，而且也不输给加洛林王朝修建的教堂。他们还会对亚琛的八边形王室教堂等建筑提出质疑，原因还是其不符合罗马的传统——罗马不需要加洛林人来领导，包括加洛林的道德改革计划。罗马就是罗马，它可以按照原来的样子存续下去。

帕斯加尔的另一群目标受众则是罗马人自己。他和查士丁尼及瓦利德一样，希望用庞大的建筑给当地人留下深刻的印象。当地人经常出入圣巴西德堂或在其附近活动。圣巴西德当时已经是罗马最重要的一条游行线路的必经之地。这条线路从埃斯奎林山开始，一直到城墙外的圣洛伦佐大教堂。在 8 世纪，保罗一世之后的教皇全都喜欢大兴土木，而且主要的建筑都是教堂。这很难说是不是他们为了把罗马变成“教皇城”而集体做出的努力，毕竟罗马在此后的一千年中都保持着“教皇城”的身份。但是，这些教皇中只有帕斯加尔把圣徒遗体大量迁往教堂内，这也使他的目的表露得最为清晰。当时，罗马城是一片面积巨大的古代遗迹，城中的宗教圣地高度分散。这些圣地大多是墓葬场所，祭奠对象包括大量殉教者以及其他君士坦丁时代以前的著名基督徒。由于罗马的墓地不断向城外发展，很多圣地都位于离罗马很远的乡下，教皇很难有效地保护这些圣地。保罗一世在位时就意识到了这个问题（在经历了几次伦巴第人的进攻之后，他把几位圣徒的墓地迁到了城墙内属于教廷的教堂内）。到了 9 世纪，这个问题越发棘手，因为法兰克人越来越迷恋罗马的圣地，这种迷恋到 9 世纪 20 年代时已经发展成了直接的盗窃（详见第 17 章）。遥远而分散的圣地也不利于教皇在政治上控制它们。这些圣地大多在当地教会的管理之下，这些教会有当地社团和贵族的资助，这样就分流了给教廷的资助。因此，帕斯加尔把 2 300 多名圣徒的遗体从原来的圣地搬出，集中到教廷新修建的教堂之中，其意图明显是加强集权。这一举动无助于提升帕斯加尔的威望。我们已经看到，教廷中的一些贵族官员在 823 年联合起来反对帕斯加尔。但是，它显然能够彰显帕斯加尔的权力——而且，不管怎样，帕斯加尔还是在突然死于 824 年之前击败了那些反对者。

***

在数个世纪中，法兰克世界先后出现了墨洛温、加洛林和奥托王朝，宫殿遍布各地，亚琛的宫殿只是其中最大的一座。其他地方的宫殿大多没能保存到现在，也没有经过考古发掘（少数经过发掘的包括墨洛温王朝的马莱、奥托王朝的蒂尔达，这两座宫殿都很小。较大、较复杂的有加洛林王朝的英格尔海姆、贡比涅，以及奥托王朝的帕德博恩[9]），但文字史料偶尔会对它们做详细的描述。

宫殿是王室或皇室的象征，并且可以存在很久。宫殿的目标受众既包括王室的臣民，也包括外来的使节和其他访客。即便是在那些王宫只有一个木质大厅的小国，这样的大厅也被描述得相当壮观，就像《贝奥武甫》中对"鹿厅"的形容："比人曾听闻的最大的还大。"文学作品中经常用大厅来比喻王国自身的命运。例如，9世纪时，威尔士东部的一位国王战死，一位诗人在诗中用坎迪兰的大厅来比喻这位国王："黑沉沉的夜晚，没有炉火，没有床。"大厅都由精壮的卫士把守，只放有资格入内的人进去。例如，《贝奥武甫》中罗瑟迦（Hrothgar）的传令官乌父加（Wulfgar），以及亚瑟的门卫高文（Glewlwyd）。后者出现在11世纪的威尔士作品《库尔威奇与奥尔温》（*Culhwch ac Olwen*）中。这种安排使得那些有近王权、被允许进入大厅的人更感到光荣。[10] 当然，史诗的描述总是比现实夸张。东罗马使节普利斯库斯[11] 曾于449年拜访阿提拉的宫殿。这座宫殿应该和"鹿厅"之类的宫殿很相似，但是普利斯库斯并没像史诗中的人们那样为之惊叹。他以尊敬但不带感情色彩的笔触写道，阿提拉的宫殿很华丽，由刨过的木头制成，周围环绕着其他建筑，包括宴会厅和柱廊等。其中有一些建筑还有雕饰，而且建筑水平很高。整座王宫由木头围墙围住，围墙上有塔楼，“并不是为了安全，而是为了漂亮”。阿提拉的宫殿内部装饰着亚麻和羊毛，还挂有五颜六色的帘布（就像希腊人和罗马人结婚时用的帘布一样），这些装饰显然也是为了美观而设计的。耶韦灵的宫殿可能也会给人这样的冲击，只不过没那么大，但是耶韦灵的访客都来自更小的地方，因此这种冲击已经足以媲美君士坦丁堡给它的访客的冲击。

法兰克人的王宫，至少是其中较大的几个，复杂程度还是要比阿提拉的宫殿高一些。加洛林时期的英格尔海姆宫殿有数座石质的大房间（包括一个王室大厅），部分房间保存至今，中间是一个带有半圆拱顶和柱廊的大庭院。[12] 庭院长 100 米，宽 70 米。亚琛的宫殿格局也是这样（只是没有半圆拱顶），但是规模更大。我们至今仍可以从宫殿的一部分，也就是其小教堂，以及其内部的大理石、19 世纪时翻新过的马赛克镶嵌画，还有走廊内的王座之中，一窥法兰克宫殿当年的风貌。当年，访客需要依次穿过宫殿内的多个房间，这种安排显然也是为了提升视觉效果。墨洛温时期的史料对此已有明确的阐述。例如，589 年，劳辛公爵被引入国王希尔德贝尔特可能设于梅斯的私人寝宫处死（见第 5 章），在进入寝宫之前，劳辛被人带领着穿过了很多个房间。但是，加洛林时期的史料对王宫或皇宫的复杂结构给予了更清晰的描述。有一首诗说，9 世纪 20 年代英格尔海姆的宫殿“有一百根立柱、各种各样的楼宇、上千个出入口和上千个房间”，教堂内有取材于《圣经》故事的精美壁画，而宫殿内的世俗区域中则有更华丽的装饰，包括古典英雄和基督教时期罗马皇帝的人像，以及查理·马特、丕平三世和查理曼等人的叙事画像。圣加伦的诺特克尔（Notker of St. Gallen）在写于9世纪80年代的著作《查理曼事迹》（*Deeds of Charlemagne*）中讲了一个他想象出来的故事。[13] 在这个故事里，拜占庭使节来到查理曼的宫殿（诺特克尔没有交代是哪座宫殿），一路看见了一群又一群的贵族，使节看到一位在人群中居于中心位置的大人物，就以为他一定是查理曼，这种情况出现了四次。这四个被误认为查理曼的人中，有一个坐在王座上，还有一个在皇帝的私人寝宫里。最后，使节们被带到了一个单独的房间，这才见到查理曼本尊，只见他穿金戴银、珠光宝气，像太阳一样闪闪发光。诺特克尔本人并没有进过皇宫，但是他经常和资深的侍臣们交谈，所以他对宫廷的复杂空间的描述应该是可信的，而且也符合我们对大型加洛林宫殿的认知。我们可能还需要指出一点，那就是在这个故事里，物质文化的展示焦点不仅仅在宫殿的墙上，也人穿的衣服上（普利斯库斯在阿提拉的宫殿里也发现了同样的情况）。但是，如果英格尔海姆的装饰风格符合一般的情况，那么其墙上的装饰同样也会传达某种信息。

君王们争相建造宏伟的宫殿，就是为了让自己的宫殿比其他宫殿更引人注目。法兰克人在物质文化的展示方面比不上君士坦丁堡。949年，意大利国王贝伦加尔二世（Berengar II）派克雷莫纳的柳特普兰德（Liutprand of Cremona）出使君士坦丁堡。柳特普兰德来到马格瑙拉宫（Magnaura），看到里面有会唱歌的机械鸟，王座下面还有机械升降梯，吃惊不已，而马格瑙拉宫还只是整个宫殿建筑群中的一座而已。[14] 但是，从整个拉丁欧洲的物质文化可能性上考虑，参观加洛林时期亚琛和英格尔海姆的宫殿，其复杂程度和震撼的感觉不会亚于参观其他地方的宫殿。诺特克尔还说，“永远保持警觉”的查理曼可以从自己寝宫的窗户看到皇宫里的每一个人，还能看到贵族们在房子里做些什么，“他们的一举一动，或出或入”尽收眼底。这简直就是杰里米·边沁（Jeremy Bentham）（和米歇尔·福柯）所设想的“圆形监狱”的前身。这些描述毫无疑问出自诺特克尔那丰富的想象力，但是即便如此，它也说明了当时的人们对宫殿的期望，那就是不管它修得多么复杂，也还会保持在国王或皇帝的直接控制之下。宫殿的复杂性使人们能直观地感受到到王室的权力，因此，至少在理想状态下，它应该反映出权力的强大执行力。这种执行力来源于知识，必要时也来源于基于知识的强制力。

***

对于乡村[15]的空间布局，我们的所有证据都来自考古发现。在这里，我只能从100多个考古遗址中挑选几个例子来讨论。这些村庄没有任何经过规划的迹象，它们只是由农民自己修建的农舍集聚而成的。不过，这个集聚的过程因地区而异，时间长短也不同。它能反映出社会的变迁，有时还能反映出乡村之间的竞争，以及乡村内部的阶级秩序。具体地说，就是在我们所讲述的时代的最后三分之一的时间内，欧洲西部乡村社会不断加剧的内部阶级分化开始表现在物质文化的层面上。

西罗马的乡村很少。乡下的社会结构等级森严，地主的别墅是整个地块的中心，地块上还住着一些附庸于地主的人。别墅往往建得复杂而华丽，用来向其他贵族炫耀。在绝大部分地方，大多数农民各自分散居住在地块之中，没有明显的社会组织。要想找到这一时期的乡村聚落，我们必须把目光投向东方。在那里，尤其是在安纳托利亚南部、叙利亚和巴勒斯坦，有一些格外引人注目的乡村聚落一直保存到现在。叙利亚北部的石灰岩山丘因盛产橄榄油而十分富有，当地的石材储量丰富，易于雕刻。这一地区的村庄是同类村庄中保存最好的，对它们的研究也最为系统。例如，斯尔吉拉（Serjilla）村里有一座教堂、一座社区建筑、一座浴室，以及将近 20 座住宅，其中一些连二层和屋顶也保留了下来。住宅都有自己的庭院，其排列没有什么明显的顺序。这些住宅的大小不一，其中大部分的房间数在 4 个或 4 个以下，但也有一些要多出不少。住宅的装饰比较相似，门框和窗棂上都有雕刻的装饰物，质量一般（或者说很差）。房顶山墙上的装饰则要精细得多，但差异也很大，例如很多山墙内建有柱廊。建筑的规模可能和家庭的人口有关，但也显示了富裕程度。建筑的精美程度则显示了野心。村里的浴场也是如此（有浴场的村子可不多）。马赛克铭文显示，这座浴场是公元 473 年由名为尤利安和多姆娜（Domna）的两个人建起来的。但是，并没有什么证据能说明斯尔吉拉的居民中除了农民（或者石匠）之外有什么其他身份的人。所有的住宅都属于同一类型，并没有哪座像是地主的住宅，或是其用来收租的公馆。不过，斯尔吉拉的村民整体来说肯定相当富裕，其中一些人肯定拥有少量的佃户（例如尤利安和多姆娜）。在公元 4—6 世纪的叙利亚橄榄油生产高峰期，这些村民之间的竞争也相当激烈。石灰岩山丘遗留下来的古代乡村住宅非常多，我们因此得以了解当时物质竞赛的一些细节。从文字史料上看，东方的一些乡村社会中矛盾十分尖锐，而斯尔吉拉这样的乡村住宅使我们有机会通过实物研究其社会矛盾。但是，这样的村庄里竟然找不到明显属于精英阶层的住宅，这还是让我们非常吃惊。实际上，这一事实说明当时的社会矛盾可能比文字史料记载的更加尖锐，因为这些社会中没有界限明确的阶层，可供争夺的利益空间也就更大。[16]

罗马帝国疆域之外的日耳曼世界也存在乡村社会，而在后罗马时期的西方诸王国，乡间人口也逐渐集聚成类似的村庄。[17] 这种集聚的过程有时候无疑是受了外来的日耳曼部族的影响，其中最明显的例子就是盎格鲁-撒克逊人对英格兰的影响。当然，那些外来部族相对少的地方也出现了村庄的组织形式，例如法国南部或意大利中部。这些村庄里都是木质房屋。公元1200年以前，欧洲的乡村建筑绝大多数是木质，只有地中海沿岸的部分地区早一两个世纪出现了石质房屋。我们无法像在斯尔吉拉那样通过大量的房屋遗址来研究社会关系，因为其他地方的房屋遗址大多只剩下了基坑，也因为这些房屋的形制更加统一。在北起丹麦、南至阿尔卑斯山、西到法国中部和英格兰的广阔区域内，乡村都是由一块块的农庄组成的，这些农庄的中心是一座主建筑（在丹麦，这种主建筑长度可观，有些能达到40米，包括生活区和畜栏；而在德国南部和英格兰，主建筑就短得多了），以及周围的附属建筑和下沉式的小屋，这些小屋看起来最多也就是给手工匠人使用的工坊或仓库。主建筑和附属建筑建在一个场院里，通常用篱笆围起来。在一个村子里，农庄的分布往往非常规律，大多沿一条主路排列，或是围绕一个路口排成一圈。长屋和其他主建筑往往彼此平行，再加上彼此相似的房屋和农庄结构，村庄的规律性和一致性更得以加强。

不过，农庄并不完全相同。有些村子里的农庄是一样的，但很多村子里都有一座房屋明显大于其他房屋，这座房屋往往位于整个聚落的边缘。丹麦的沃巴瑟就是一个很好的例子。[18] 和丹麦、德国北部以及荷兰的很多村子一样，沃巴瑟的聚落地点在其所属的农业区块里经常移动。这样，我们就能以世纪为单位，从公元前1世纪（这在同类村庄中是很少见的）到12世纪，根据其在不同地点时的不同形态来研究其社会结构的变化。12世纪以后，沃巴瑟的聚落地点就固定了下来，一直到今天。从3世纪到8世纪，沃巴瑟总有一个明显较大的农庄，大约是周围农庄大小的1.5倍。农庄中的主建筑也更大，其中发现的进口物品更多。在公元300年前后的村庄地址上，其他的农庄位置都有所变化，但较大的那一座一直在同一个位置上，这说明其主人的社会地位比其他人更加稳固。因此，沃巴瑟肯定有一个领导人，但是我们不能认为他（或她）就是当地的地主，更不能说是整个村庄的地主。像在斯尔吉拉一样，领导人的住宅确实比邻居们更大、更奢华，但是除此之外也就没有什么不同了。有趣的是，公元700年前后，沃巴瑟迁移到一个新的地点后，其组织形式比之前有了较大的变化，那座较大的农庄消失了。这说明，村庄的领导人虽然存在了很久，但到此时，其地位已经不像以前那么突出了，尽管我们不是很清楚出现这种变化的原因是什么。

我们再来看阿勒曼尼亚的劳赫海姆。[19] 这座村庄位于多瑙河上游，存在时间是6—12世纪。劳赫海姆的村庄形态显示出那里有更为明确的阶层分化。这里的一条主路两侧有大约10座农庄，但是从7世纪起，就已经有一座农庄要明显更大，到11世纪时其规模已经达到了其他农庄的两倍。与沃巴瑟不同的是，那座较大的农庄从形制上就和其他农庄不一样。从基坑上看，这座农庄中用于非居住功能的建筑要远远多于其他农庄。这些建筑可能是用来储存谷物或其他用以充当地租的产品的。7世纪后期时，农庄里还有自己的小型墓地，墓中陪葬品丰富。这些墓葬后来被迁到了一座8世纪建造的教堂的庭院中。我们有理由认为劳赫海姆的这座中心农庄是一块地产的中心，而且其主人很有可能——甚至可以说肯定——一直是或后来成了整个村庄的地主。

经过考古发掘的村庄大多数显现出某种阶层分化或至少是财富分配不均的特征。这种分化也可能和村庄的领导权有关，但领导权并不总是非常稳定（在一个村子里，最大的房子在这个世纪是某一座，到下个世纪可能就换成了另外一座）。即便是在阶层分化明显的劳赫海姆，最大的房子里的居民在生活方式上也并没有什么特别不同寻常之处。不过，从加洛林时代开始，我们逐渐发现了一些结构性的不同。最先出现的变化往往是村庄教堂的诞生。[20]村庄中兴建教堂的风气大约从公元700年开始，在后面的几个世纪中越来越盛（见第8章），而且这些教堂从一开始就是石质的。一个村庄中一旦出现了教堂，往往就有了更为稳定的空间结构（在丹麦，教堂出现后，村庄的位置就不再移动）。而且，每座教堂都有贵族或当地的资助者，且大多拥有常驻的神父。兴建教堂需要大量资金，在这个过程中，资助者和神父的精英地位也得到了巩固。不过，最显著的变化是，当地的领导人或地主开始将自己的居所改造成防御工事，这个过程可以被大而化之地简称为“城堡的崛起”。这样的城堡在公元900年前还很少见，公元1000年时也不普遍（详见第21章），但从那之后逐渐遍布欧洲各地。不同的地方城堡化的过程也有所不同。在某些地方，类似劳赫海姆的那种地产中心的篱笆墙越修越高，然后又出现了壕沟、石墙，再之后是石质居所。这种居所可能建在人工堆砌的高地上，俯瞰整个村庄。在另外一些地方（如英格兰），早在农民的住所仍然非常分散的时候，一些地主就已经迁居到防御属性越来越高的居所里，这个时间大约是公元900年，而那些人工堆砌的高地是在很久之后的诺曼人征服时期才出现的。在意大利中南部以及南欧的其他一些地方，村庄本身在10—12世纪之间演变成了堡垒（称为castra或castella，即“城堡”），而地主的住所则成了城堡中的城堡（称为rocca或cassero）。在这些地方，住在城堡里的地主和其所在村庄或附近村庄的关系都是不同的，这种不同在村庄的遗址上一目了然。

意大利的城堡化进程有一个很好的例子，就是位于托斯卡纳大区南部锡耶纳市附近的蒙塔伦蒂。[21] 这个村庄建在一座山的山坡和山顶上，从7世纪后期起就一直有文字记录。村子里的住宅都很小，且只有一间房，这在意大利是很常见的。整个村庄可能已经有了一圈篱笆墙，山顶还有一个单独的用篱笆圈起来的区域，不过里面的住宅和外面的大小是一样的。到了9世纪初期，山顶的篱笆墙换成了石头墙，里面有一座较大的木质建筑（可能是谷仓）、一个烘干谷物用的炉子，还有一台石磨。就像在劳赫海姆一样，这里也逐渐发展出了整块地产的中心。山顶的这些建筑于9世纪后期被烧毁，但到10世纪时，石墙和木质房屋又得以重建。到了11世纪，木屋逐渐被石塔取代，使建筑群呈现出清晰的封建领主庄园的特征。不过，山坡上的聚居区仍然存在（或许曾有间断）。到了12世纪，山坡下半部也出现了一圈围墙，把整个村子围了进去，围墙大部分是石头砌造的。与此同时，山顶上的城堡仍然是这一块领地的中心。从11世纪末开始，整个村庄被称为“城寨”（castrum，根据意大利其他地方的情况，我猜这个称呼可能从11世纪早期就有了，但是蒙塔伦蒂没有相关的文字记录可以证明这个猜测），但城寨中有着清晰的阶层分化。这种分化9世纪时就已经开始，11世纪时随着石塔的建造而被永久固化。在托斯卡纳和拉齐奥（意大利考古研究最充分的两个地区）的考古发掘中，这种从乡村空间结构中体现出的阶层分化随处可见。此外，意大利和其他地方的文献记录显示，10 世纪时的村庄社会出现了越来越多的军事化阶层。我们会在第 22 章详细讨论这方面的情况。然而，乡村建筑上体现出的阶层分化越来越明显，阶层界限也越来越清晰。乡村精英阶层一旦迁入石塔中居住，就意味他们在昭示自己的地位和领主身份。这种地位和身份可能是由军事力量支撑的，乡村的领导权也就不再像两三个世纪之前那样有可以协商的成分了。此时，展示物质文化的目的已经不是和邻居竞争，而是把他们排除在外。

***

圣索菲亚大教堂这样的宏伟建筑有展示作用，豪华阔气的乡村房屋也有展示作用，二者的规模虽然相差甚远，却在很多方面起着相同的作用：给人留下深刻印象、昭示地位和权力，可能还会催生畏惧和顺服。[这两种展示有时甚至会相互关联。5 世纪 70 年代，芝诺皇帝在石灰岩山丘修建了一座巨大的教堂，即“西面城堡”（Qa‘lat Sim‘an），以纪念柱头修士西面。随后，在一代人的时间里，该地区就出现了很多模仿其样式的乡村教堂。] 不过，建筑的展示作用在不同的地区、不同类型的建筑中有非常不同的表现形式，而我们正是在这些差异之中得到了最多的文化信息。查士丁尼修建教堂的时候所参考的是先前时代的异教建筑，以及建成不久的其他教堂，而他修建教堂的目标就是超过上述所有建筑。瓦利德的目标也是超越，但他同时还希望能在建筑的格局和马赛克装饰方面创立一种与过去完全不同的风格，从而显示出穆斯林信仰的新颖和卓越。埃德温和他的前任国王们显示的是自己与逝去的罗马时代之间的联系，而罗马文化在当地显然拥有较高的地位，即便耶韦灵的位置在罗马帝国故地以北。帕斯加尔的建筑和风格与过去的时代保持高度一致，借此在一个已经和过去完全不同的政治格局中重申教廷的中央权威。查理曼在自己的宫殿里给访客们提供的视觉和空间体验在当时的欧洲西部和北部绝无仅有，他以此来宣示自己的独一无二，而这一招毫无疑问是成功的，至少对那些此前没去过君士坦丁堡的人来说是如此。蒙塔伦蒂的领主们建造石塔，不仅是为了显示他们在当地的权力和防御能力，也是为了通过对城市建筑的模仿，把城市的权力和文化特权移植到乡村的领导人体系中去。最后，在一个阶层分化不那么明显，邻居间的互相竞争更加激烈的社会里，尤利安和多姆娜修建的浴场也是在昭示一种城市生活的优越感。

建筑风格的互视性（intervisuality）是承载喻义和视觉效果的极有力工具。本书一开始就提过，考古研究，以及对艺术史和建筑史中最广义的物质文化的研究，往往会告诉我们叙事文本和档案资料所不能告诉我们的东西。物质文化告诉我们的更多是空间的使用、空间关系的功能，当然还有风格和技术的变化，而文字史料告诉我们的则更多是人际关系、选择，以及主观意识对客观世界的认知。但是，上至帝王，下至农民，都用建筑的视觉观感来传递喻义，从而将这两个世界联系了起来：建筑是物质文化，不是语言，但它们告诉我们更多的却是瓦利德、帕斯加尔的选择，或者斯尔吉拉的尤利安和多姆娜的选择。这也是我把本章放在全书中间的原因。它给我们提供了一种方法，使我们可以比较中世纪早期舞台上的每一个角色，无论贫富，也无论其是否在文字史料中占有一席之地——这也是其他方法所无法实现的作用。同时，本章提到的这些建筑所拥有的观众，也远远多于几乎任何文字史料（除那些在宗教仪式上最常被读到的《圣经》和《古兰经》选段外）的读者。而且，建筑所传达的信息并不会随着时间和空间的改变而发生明显的变化。这样，本章所讨论的交流就可以将整个欧洲的人口都联系在一起。如果他们愿意的话，就可以不仅同为观众，还可以互相沟通。实际上，考古研究在未来肯定还要继续发展，因此，我们将来在这方面所掌握的历史知识也将远远比现在多。

第三部分

东方诸帝国，550—1100

第11章

残存的拜占庭，550—850

《历史简章》(*Parastaseis Syntomoi Chronikai*)[1]是一部8世纪中期的书稿，成书于君士坦丁堡，作者姓名不详。这本书的内容包括对城市中的纪念性建筑，尤其是雕像的评论。其中一些文字据称是8世纪第二个十年里一群人所做的笔记和书信。这群人都在国家机构担任官员，彼此是朋友。他们留下的这些文字，主要是对这些雕像的来源及其所刻画的形象的考证。这些考证记录可能有很多虚构成分，因为其中援引的所谓其他作者的作品明显是这些人自己杜撰的，而且文字风格有时太不严肃，让读者感觉很不可信。但是，有些人还是做了认真的研究，实地考察了一座座雕像，辨析底座上的铭文，问别人这些雕像所刻画的都是谁。有时候，想要搞清楚这个问题并不那么容易。大赛马场的一座雕像是一名妇女坐在一把青铜座椅上。辨识雕像的专家希罗狄安（Herodian）认为这个人可能是韦里娜（约484年去世），但也有可能是女神雅典娜，"因为我听到很多人这么说……我就相信了他们的说法"。而且，辨识工作有时还很危险。希米里乌斯（Himerios the chartoularios，chartoularios是一种中级财务官员的头衔）

和他的朋友狄奥多尔曾经到君士坦丁堡圣索菲亚大教堂北面一个叫基内吉欧（Kynegion）的地区去看雕像。正在他们端详一座雕像的时候，这座雕像忽然倒了下来，当场砸死了希米里乌斯。狄奥多尔吓跑了，后来还一度被指控谋杀。最后，在皇帝菲利皮科斯（Philippikos，711—713 年在位）的命令下，那座惹事的雕像被就地掩埋。“看古代雕像的时候一定要小心，尤其是异教雕像。”书中的这一章如此结尾。异教雕像是邪恶的，人们应当对此有所准备。

反过来说，如果一位专家知道雕像刻画的内容，而且有足够的解读能力，那么他的知识可就有大用场了。他不仅能避开那些邪恶雕像的报复，还能预知未来。大赛马场里有一组妇女生出野兽的雕像［可能是斯库拉（Scylla）和卡律布狄斯（Charybdis）］，希罗狄安认为其中的一座预示了暴君查士丁尼二世（Justinian II，705—711 年在位）的统治，另一座（有一艘船的那座）的预言“虽然还没有应验，但仍然有效”。阿斯克列庇欧多罗斯（Asklepiodoros）看了大赛马场里的一座赫拉克勒斯雕像的铭文后，立即知道马上要有坏事（没有具体说明是什么事）发生，并因此感到懊恼（“如果没读铭文，我的命运还不会那么糟糕”）。当然，他也可以通过雕像来了解过去发生的事情。《历史简章》中笔记的作者接触不到多少历史书，但是他们都对历史非常感兴趣，试图把从雕像中解读出的知识系统性地放到一个历史架构中去。例如，瓦伦提尼安三世的雕像在一次地震中屹立不倒，这就说明他在 455 年被暗杀是一个非正义的事件。在那之前，人们都认为瓦伦提尼安三世是为自己谋杀埃提乌斯的行为而得到了公正的报应。君士坦丁堡当时仍然是一个非常大的城市，而且显然到处都是雕像。在整个地中海地区的城市之中，除了君士坦丁堡以外，也只有罗马才有可能诞生这样一本研究雕像的书。可是在当时的罗马，教堂和基督教圣地已经成了不可避免的参照物，这和东罗马的首都是不一样的。在那里，帝国的传统依然有很重要的影响，而君士坦丁堡的整个历史都展现在了它的雕像之中。不过，雕像涉及的主要是4—5世纪的历史（这段历史还常常被误解），6世纪的历史就要少得多（尤其令人吃惊的是，其中与查士丁尼有关的内容少之又少），7—8世纪就更少了。这是我们解读《历史简章》文本的关键：这本书表现了当时的人对古典时代的兴趣，他们用文学的方式把雕像当成了上演各种历史回忆的剧场。但是，这些作者回忆的是罗马帝国基督教时期的黄金岁月，而这段时间距离他们生活的年代已经十分遥远，他们又对帝国的真实情况知之甚少。本章所要讨论的就是这种时空上的割裂，因为8世纪的拜占庭帝国虽然继承了东罗马的正统，但已是一个完全不同的社会，所有的参照物几乎都发生了变化。

***

造成这种割裂的原因很简单：609年到642年间，一系列灾难性的事件切断了罗马对地中海东部大部分地区的控制。帝国的疆土急剧萎缩，组织形式也被重构。由此导致的结果是，罗马帝国在东方的历史出现了本书所述时代内最大的一次中断。我和大多数历史学家一样，把这次中断之后残存的帝国称为“拜占庭”（拜占庭人一直都用希腊语自称Romaioi，也就是“罗马人”，他们在东方的邻居也是这么称呼他们的。西方人则把他们称为“希腊人”。在本书所述的时代中，“拜占庭人”专指君士坦丁堡的居民，这座城市也一度被称为

"拜占庭"。不过无论如何，"拜占庭"这个名字总归是不确切的，只是今天的人使用方便而已）。我们在第 4 章讲述过东罗马的历史，时间截止到 6 世纪后期。当时帝国的国运还相当兴隆。皇帝莫里斯[2]是一位军事领袖，591 年，他介入波斯的继承权纠纷，扶持库思老二世（Khusrau II，590—628 年在位）继任沙阿，从而结束了与波斯之间长达 20 年的边境战争。他还面临着来自巴尔干地区的威胁。日耳曼人在 4 世纪后期到 5 世纪之间入侵巴尔干，到了 6 世纪，这些入侵者的后代形成了斯克拉文人（Sclavenian）诸部族。这些小型的部落群体从 6 世纪 40 年代开始不断袭扰罗马帝国东部。[这些部族大多说斯拉夫语，但是早期的史料中并没有把这一条列为斯克拉文人（Sklav ē noi）的重要民族特征，所以我在这里也会避免使用"斯拉夫人"这个词。我们会在第 20 章继续讨论这个问题。] 558 年，阿瓦尔人[3]也从西向东进入巴尔干地区。这是一个说突厥语的游牧民族。到了 567—568 年，他们在潘诺尼亚定居下来。这里原来的主人——匈人——已经在一个世纪前灭亡。阿瓦尔人在多瑙河以北的众多斯克拉文部族之中获得了不算非常牢固的支配地位，其对东罗马的军事威胁相对更大。582 年，阿瓦尔人占领了罗马的边疆重镇希尔米乌姆，威胁进一步加大。但是，公元 591 年后，莫里斯对巴尔干的防御组织已有了系统的处理，他在 6 世纪 90 年代赶走了入侵者，重新巩固了多瑙河边疆地区。正是这次成功最终害死了莫里斯。602 年，莫里斯要求驻巴尔干的军队在多瑙河以北过冬，引发军队哗变，莫里斯和家人一起被他的手下将领福卡斯杀死，后者自己坐上皇帝宝座（602—610 年在位）。

自公元 324 年以来，福卡斯是第一位靠政变[4]登上皇位的东罗马皇帝，但是从他之后，也就是 602—820 年间的 21 任皇帝之中，只有五个人是在皇帝位上自然死亡的。东罗马一直有政变文化，但是从福卡斯[5]开始，政变的成功率显著提高了。由此带来的结果是，军队在政治中的地位发生了变化。我们会在后面讲这个问题。不断有人靠政变成功建立自己的王朝，如希拉克略王朝（Heraclids，610—711年）[6]延续了5代，伊苏里亚王朝（Isaurians，717—802年）延续了4代，阿摩里亚王朝（Amorians，820—867年）延续了3代，马其顿王朝（867—1056年，详见第13章）延续了6代。也就是说，世袭的传统完全没有消失。但是，即使是这些王朝之内的世袭更替也往往被政变中断。帝位的合法性不仅与家庭背景相关，也与军功和在首都的支持率相关（如果政变者在君士坦丁堡遭到反对，那他就很难成功）。人们认为皇帝是“人民、元老院和军队”选择的，其背后则是“上帝的拣选”，即使是儿子继承老子的皇位也是如此。由此，皇帝的继位仪式变得比原来复杂得多，意在尽可能地向公众宣示皇位的合法性。从此开始，拜占庭帝国的一大特征就是谁都有可能当皇帝，只要身体健全，每个人几乎都有机会（在拜占庭时期，处理敌人的常见手段就是弄瞎双眼，或者用其他方式使人残废），皇帝因此非常需要证明自己是上帝所拣选的。这一变化造成了一系列的结果，我们会在后面详细介绍。

福卡斯往往被视为上述进程的转折点，但是他的统治时期在很多重要的细节上都和莫里斯时期无甚区别。巴尔干边疆地区的局势仍然稳定。波斯的库思老于603年以为莫里斯复仇为名，重新挑起战事，但战事规模在数年内一直被维持在常规的边境战争之内。然而，福卡斯的支持度不高，也没能镇压住608—610年间的一场叛乱。这场叛乱起自北非地区，目的是将阿非利加总督之子希拉克略推上皇位。这次内战才是东罗马真正的转折点，因为波斯的势力正是在此期间卷土重来的。希拉克略（610—641 年在位）在 611 年时就发现波斯人入侵到了安纳托利亚。更夸张的是，叙利亚、巴勒斯坦和埃及也在 613 年、614 年和 619 年相继落入波斯之手。616—617 年间，波斯人的侵略深入博斯普鲁斯海峡。希拉克略把驻在巴尔干的军队全部撤回，以保卫安纳托利亚，其结果就是斯克拉文人开始永久定居在巴尔干地区。阿瓦尔人巩固了自己在斯克拉文人中的霸权，到 617 年时也已侵入了爱琴海沿岸。不到 10 年间，帝国最富庶的行省丧失殆尽。而且，除了爱琴海上的岛屿，以及西方的西西里和阿非利加行省之外，整个帝国没有一块区域不面临着侵略者的威胁。局势的恶化还没有停止：626 年，西方的阿瓦尔-斯克拉文军队和东方的波斯军队大致形成了合谋，将东罗马的首都团团围住，而此时希拉克略还在 800 千米外的亚美尼亚作战。好在君士坦丁堡的城防体系坚不可摧，阿瓦尔人无功而返（波斯人在博斯普鲁斯海峡的另一边，无法渡海）。随后，阿瓦尔人和斯克拉文人的联盟迅速瓦解，阿瓦尔人在巴尔干的霸权也从此走向衰落。希拉克略经过两年的冒险作战，绕过波斯军队，直插库思老的核心区域（今天的伊拉克）。在这一过程中，希拉克略得到了高加索游牧部落蓝突厥人（Gök Turk）的大力援助。库思老在政变中被杀，波斯人于 628 年求和，归还了他们侵占的所有土地。萨珊政权由此陷入危机，库思老之后的 7 任统治者在位时间都非常短，直到伊嗣俟三世（Yazdagird III，632—651 年在位）在 633—634 年间稳固住了自己的地位。

希拉克略在 628 年成了英雄。之后，他于 629 年在君士坦丁堡、于 630 年在耶路撒冷受到了凯旋式的礼遇，并且在耶路撒冷重新竖起了 614 年被波斯人掠走的真十字架（True Cross）。真十字架是基督教最重要的圣物之一，据说是君士坦丁的母亲海伦娜（Helena）于4世纪20年代在耶路撒冷城外发现的。正如希拉克略的御用诗人皮西迪亚的乔治（George of Pisidia）所写：“（波斯人）崇拜火，而你，我的主，（崇拜）木头。”[7]对于希拉克略来说，这是一个重塑宗教势力格局的机会，于是他大肆屠杀和迫害了犹太人。638年，他又做了最后一次重新团结卡尔西顿信经派（Chalcedonian）和一性论教会（见第3章）的努力，抛出了一个折中的教义，名为“基督一志论”。此后，“基督一志论”就一直是拜占庭帝国境内唯一合法的基督教教义。但是，整个帝国毫无疑问受到了巨大的破坏，其经济在战乱和政治分裂中陷入危机，其军队也需要很多年的时间以恢复战斗力。因此，当新兴的阿拉伯势力向拜占庭进攻的时候，希拉克略已经无力抵抗。636年，阿拉伯军队在加利利湖附近的耶尔穆克河击败拜占庭军队，导致7世纪第二个十年的惨剧再次上演：阿拉伯人在636年攻取叙利亚，638年占领巴勒斯坦，639—642年吞下埃及。这一次，拜占庭人再也没能收复失地。希拉克略在627—628年实现的统一大业只维持了大约10年。拜占庭人直到641年希拉克略去世后才逐渐意识到他们再也拿不回地中海东南部的各个行省了，但实际上这些行省早在7世纪的第二个十年就已经离拜占庭而去。

我们会在下一章再讨论阿拉伯人为何如此成功，以及上述土地被阿拉伯人占领后又发生了什么，而阿拉伯人的征服行动对拜占庭世界所造成的冲击无论如何强调都不过分。希拉克略在627—628年的壮举，使他即使到现在都享有令人惊讶的好评，但是从整体上看，他的统治时期却是罗马帝国千年历史上最大的灾难。按照迈克尔·亨迪（Michael Hendy）的说法，帝国仅在7世纪第二个十年里就失去了三分之二的领土，以及四分之三的财富，这些失去的东西在 7 世纪 30 年代后再也没有被追回来过。[8] 失去埃及的农业和手工业财富对拜占庭的打击格外沉重。拜占庭的疆域从此缩小到了现在土耳其境内的安纳托利亚高原、爱琴海及其沿岸地区，以及西面的亚得里亚海沿岸个别地区、意大利的部分地区（包括罗马）和西西里，还有北非。在之后的两个世纪里，拜占庭收复了巴尔干南部，但是又失去了意大利北部、中部和非洲。到了 9 世纪 20 年代，西西里也离拜占庭而去，只有意大利本土的南部地区一直留在拜占庭的疆域之中，直到公元 1050 年后。

罗马帝国一直靠海上交通来维系经济的整体性。拜占庭帝国也保持了海上国家的特征，因为到了这个时候，其本土和那些遥远的边陲行省之间只剩下海路可走。通过海路，君士坦丁堡得以和最富有但也最遥远的西西里行省相连接。拜占庭的海军[9] 在政治上远不如其陆军那么重要，而且我们对海军的情况知之甚少，但是无论从战略还是战术上讲，海军对拜占庭的生存都起着非常关键的作用。在 626 年和 717—718 年的两次大围困期间，君士坦丁堡正是靠着对博斯普鲁斯海峡的控制才没有被侵略者攻破。不过，失去埃及对拜占庭来说不仅意味着君士坦丁堡失去了传统的粮食基地，也意味着其失去了以亚历山大为基地的埃及舰队，至少在阿拉伯人征服埃及之后是如此。阿拉伯人控制了地中海南部的海路交通，拜占庭的船只仅能沿地中海北岸行驶。此外，阿拉伯人在 7 世纪到 8 世纪初这段时间里格外有效地利用了亚历山大舰队。他们经常洗劫爱琴海地区，甚至在 717—718 年间开进了马尔马拉海。阿拉伯人的海上袭扰活动在 8 世纪中断了一段时间，但是拜占庭也没有自动重获海上霸权，尤其是在其爱琴海核心区域以外。618 年，希拉克略在波斯人的进攻下迅速放弃埃及，使君士坦丁堡失去了免费的粮食供给，其城市人口也大幅减少，从 50 万下降到 4 万 ~ 7 万之间。此时的君士坦丁堡仍然是欧洲最大的城市，但是规模只剩下了原来的十分之一。人口减少之后，君士坦丁堡只依靠爱琴海和黑海地区的粮食就够了，而且也没有其他地方的粮食可以依靠，尤其是在西西里也被占领之后。

波斯和阿拉伯人的征服行动之后，拜占庭人马上就意识到这对他们来说是一场灾难。东罗马在 7 世纪遇到的危机和西罗马 5 世纪时遇到的危机不同，因为这场危机来得太快。西罗马人面对的日耳曼诸王国有一个逐渐崛起的过程，而东罗马人则来不及适应突如其来的新局面。他们意识到必须迅速做出调整，否则就会被敌人征服。这场危机带来的阴霾几乎反映在了 7 世纪的所有文字史料之中。那个时期出现了很多天启文学作品，作者中既有基督徒，也有犹太人。[10] 基督徒看到他们的半个世界先是被琐罗亚斯德教徒征服，然后又被自己几乎毫不了解的穆斯林征服，他们理所当然地认为这预示着世界末日马上就要到来。波斯帝国和阿拉伯帝国对犹太人的迫害要比 7 世纪的罗马 / 拜占庭帝国轻一些，但犹太人还是认为和犹太教同属于一神论和亚伯拉罕诸教的伊斯兰教是自己的敌人，并将伊斯兰教的崛起视为一种直接的文化威胁。不过，他们早在波斯战争的时候就已经认为世界末日将要到来。从更广义的视角上看，我们将会发现，所有政治分歧都包含了宗教冲突的成分，因为不同信仰之间的厌恶是显而易见的。

在世俗的层面，拜占庭此时的重中之重就是军队。[11] 拜占庭需要一支足以抵挡阿拉伯人的军队，但最富饶的几个行省已经丢失，这就意味着军队的给养工作必须非常合理才行。希拉克略在位的绝大部分时间里，他南征北战，没有迹象表明他对军队进行过重组。7 世纪 50 年代，战事稍微平静了一些，拜占庭设立了一个常设的边疆区，其范围包括安纳托利亚中东部，大致与托罗斯山脉的走向一致。阿拉伯人则在 7 世纪 50 年代后期忙于内战。669—687 年间，史料中开始出现安纳托利亚四大军区［或称"塞姆"（themes）］的称谓，即奥普西金（Opsikion）、色雷西安（Thrakesion）、安纳托利亚（Anatolikon）和亚美尼亚（Armeniakon）。这四大军区都有自己的军队，且自己解决给养问题——每个军区的核心地带内都有至少一个比较繁荣的地区，可以为军队提供赖以生存的物资。这些军区可能在 7 世纪四五十年代就初露雏形了。它们凌驾于存在已久的各个行省之上。这些行省面积比军区小，负责平民社会的行政、司法和税收工作。但是，军区逐渐形成的过程历时很长，直到 9 世纪才完成。此外，帝国的其他部分也缓慢地按照军区制组织了起来：色雷斯和爱琴海诸岛于 7 世纪末完成，希腊于 8 世纪完成，并于 9 世纪后期被收复后重建了军区制，意大利南部则在 9 世纪后期战火重燃后建成了军区制。因此，各地的税收大多被用在了当地，帝国在财政上的统一性基本瓦解，只有君士坦丁堡还能从较远的地方获得物资供应。君士坦丁堡也控制着税收体制，并在一段时间内掌控着各行省的行政机制。但是，此时的军队仍然是雇佣兵制。除了相对缺乏训练的民兵之外，所有军人都有工资，而这些工资来自土地税。军人都是在当地招募的，并且驻扎在当地，他们也往往是当地的土地所有者，或者在成为军人后拥有了土地。但是，与西罗马不同的是，他们并不完全依赖自己的土地上所生产的物资。实际上，无论是税收还是军人的工资，绝大部分已经不再以货币的形式支付。直到9世纪之前，物资都是财政系统中最主要的元素。这就意味着铸币的需求大为下降（7世纪50年代到9世纪20年代之间，除君士坦丁堡和西西里外，整个拜占庭帝国都难以找到钱币存在的迹象）。这也意味着军需的供应机制变得烦琐了许多。拜占庭帝国为此专门成立了一个名为"皇产司"（eidikon）的部门来保证军需给养的顺畅。每个军区也都有皇产司的分支机构。

"塞姆制"军区系统总体上说是防御性质的，每一支军队都镇守自己所在的区域。这种做法是形势所迫：从650年起的100年里，阿拉伯人频繁入侵，即使是那些650年时相对稳定的边境地区也未能幸免。也就是说，安纳托利亚没有一块地方是安全的。这种制度所带来的结果就是地方社会总体上被军事化了。军区的军队以及缓慢军事化的行省机关一起，构成了各个地区最主要的政治和社会阶层。拥有土地的贵族阶层直到9世纪和（特别是）10世纪时才再一次在史料中出现，但此时的贵族已经呈现出了高度军事化的特征，就像西罗马故地上的那些贵族一样。[12]我们会在第13章详细讨论这一问题。然而，有一点需要指出，那就是我们对650—800/850年间拜占庭帝国的精英地主们几乎一无所知，因为这一时期的档案记录相对贫乏。地主们在那些战火纷飞的日子里可能变得较以前贫穷，尤其是在安纳托利亚那些长期被阿拉伯人侵袭的地方。这一时期的城市也变得比以往弱小，市民社会在帝国的某些区域内彻底消失（详见第15章），使得重心放在城市里的罗马地方政治传统难以为继。但是，最为重要的一点是，在拜占庭这个集中精力于军事自保的国家里，一个人的社会地位从这一时期开始就要由他在军队或行政机构中的官位来决定了。我们知道这一时期数以百计的文臣武将的名字，因为他们的名字会出现在档案的铅封上，以确认档案的真实性。我们在帝国全境内的各个考古遗址中都发现了这样的铅封。不过，除了我们即将讲到的少数几个君士坦丁堡附近的考古遗址之外，我们无法从这些铅封的文字中得知这些人是否拥有地产，也不知道他们在帝国的官僚体系中是否有职位。他们可能两者都有，其中很多人还完全有可能是6世纪时元老院成员和市民精英的后代，或是10世纪时那些用姓氏显示身份的贵族们的祖先。但是，我们确实不能确定他们到底有还是没有，这一点非常重要。650—800/850年间的时代特征是，人们对官位的垂涎远超过对土地财产或地方声誉的渴望。就连血统都一度变得无关紧要了，或者至少可以说，我们拥有的史料完全没有强调血统问题。为了生存，拜占庭的社会和政治都不得不紧紧围绕国家机器运转。

相对来说，君士坦丁堡及其周围紧邻的区域是一个例外。这座城市仍然很大，至少按照后罗马时代的标准是如此。而且，货币经济在这里也还依然存在。我们有一本描写神迹的书，这本书写于7世纪60年代，又在同一世纪的稍晚时候被重写。书中记载了圣阿尔泰米奥斯（St Artemios）[13]的遗体显神迹治病的故事（大多数是生殖器方面的疾病）。这具遗体安葬在圣约翰普罗德罗莫斯（St John Prodromos）教堂内。这表明当时的君士坦丁堡拥有生机勃勃的市民社会，有很多外来者和手艺工匠（书中提到很多因从事抬举重物的工作而患疝气的病人，包括一个银器贩子、一个铜器铸工、一个造船者和一个制弓者），他们坐在教堂里等着自己的病被神迹治愈。这些人还有自己的组织，其中有个司库负责管钱，他们还会掷骰子打发时间——偶尔还会互相偷窃。还有一次，有个人竟然大喇喇地在教堂里小便（由于他的不端行为，圣阿尔泰米奥斯把另外一个人的疝气转移到了他的身上）。显然，君士坦丁堡在7世纪时是一个气氛非常活跃的城市。精英阶层拥有土地，尤其是在马尔马拉海沿岸地区。9世纪初期的圣徒生平中经常会出现政府官员捐献土地以修建修道院的情节。有一个出身于官宦世家的中层官员，名叫普拉东（Platon，814年去世）。[14]783年，他把自己在马尔马拉海南岸的土地捐献出来，建起了萨库迪昂（Sakkoudion）修道院，自己也成了严格的修道士。他的侄子狄奥多尔（826年去世）和他一起修道，名气比他还大。狄奥多尔在798年当上了君士坦丁堡城内的斯图迪乌（Stoudios）修道院的院长。他们叔侄两人干预政治，还很强硬，例如在796年，他们反对君士坦丁六世（Constantine VI）第二次结婚，认为这桩婚姻属于淫乱。普拉东叔侄是拥有土地的贵族，但是并不担任官职，史料中对这样的人参与政治活动的记载，自6世纪以来还是第一次。这种事只有在紧邻首都的地方才有可能发生。

不过，不管怎样，君士坦丁堡在很大程度上还是由国家创造出来的。即使是在其最萧条的时候，即公元700年左右，这座城市也仍然被高度复杂的官僚体系主宰。[15]这个体系包括中央政府的六七个主要部门，其中最重要的是掌控土地税的总务司（genikon）。君士坦丁堡的财富直接来源于其帝国财政中枢的地位，而这座城市的军事文化相对来说不那么浓重，也是拜这套官僚体系所赐。教会的体系很庞大，而且和国家的联系同样紧密。宗主教都是由皇帝直接挑选的，如果宗主教与皇帝意见相左，皇帝就会罢免他们。君士坦丁堡还是一个巨大的公共空间，其城市布局中有非常复杂的仪式场所体系。[16]这个体系的核心作用就是昭示皇权。皇宫前面的大赛马场是公共活动的一个主要场所，新皇继位、羞辱敌人等活动都在这里进行。765年，可能是在君士坦丁五世（Constantine V，741—775年在位）的策划下，崇拜圣像派的修士和修女在此地被迫举行羞辱性的婚礼。[17] 此外，皇帝和市民代表的正式谈话也会在大赛马场进行。每到教会历书上的重要时刻或重大事件的纪念日，城市的主要干道上都会举行游行活动。这些游行都经过精心策划，观众如果注意到游行队伍从哪个门进入，或者在几个地方做了停留，就可以解读出各种微妙的含义。君士坦丁堡在仪式方面的特征可以直接追溯到罗马帝国晚期。当然，罗马的传统肯定已经有所变化，但是其在这个领域的变化要比本章探讨的绝大部分领域都小。它帮助君士坦丁堡维持了罗马式的城市风貌：在东西方的所有后罗马时期的城市里，罗马式的宽阔道路在君士坦丁堡留存的时间最久。[18] 它还帮助君士坦丁堡维持了雕像遍布的特点，正如本章开头所述。此外，在任何一个时期，它都代表着国家和公共政治权力。

君士坦丁堡政治、仪式、军事体系的焦点都是皇帝。不管皇帝本人的位子有多不稳，他的朝廷都一样起着非常重要的作用：实际上，这一时期的政变或未遂政变频繁发生，恰好说明了人们是多么渴望登上皇帝的宝座。刚才我强调了“塞姆制”体系中财政和军事的去中心化现象，但是在拜占庭帝国的其他所有领域，公元 650 年后都呈现出了更加集中化的趋势，因为社会地位与官职的联系越来越紧密了。其他城市相继陷落之后，首都在帝国中的主导地位越发突出。全国各地的主教们往往尽可能长时间地逗留在首都，而不是在他们自己的教区，这种现象在基督教世界里是独一份。此外，帝国的文化此时可能也更加同质化了。在公元 500 年的时候，东罗马只有少数人说希腊语，官方语言至少名义上还是拉丁语。但是，到了 700 年，拜占庭就已失去了说叙利亚语和科普特语的各个行省，剩下的国土内几乎所有人说的都是希腊语了。说斯克拉文语的人很少，说亚美尼亚语的略多一些，但这两种语言在拜占庭人看来都和外语差不多。基督教世界里，像卡尔西顿信经派和一性论派这样的地区性差异也在减小，因为信奉一性论的行省几乎已全部沦丧：从此之后，所有的宗教争端基本上都在首都范围之内解决了。在这个方面，唯一重要的例外就是意大利本土诸行省的拉丁语人群，包括罗马城里的罗马人。这些人逐渐脱离拜占庭的统治，其一部分原因就是宗教上的疏离。同时，宗教争端集中于首都还意味着这些争端必然会聚焦在皇帝的选择和行动上。大量史料都提到了这个问题。一篇檄文指控利奥三世（Leo III，717—741 年在位）说过“朕乃皇帝兼神父”。[19] 这篇檄文（据说是教皇写给利奥三世的一封信）出现时，距离利奥三世在位的时期已经过去了两代人的时间，但无论如何，这句话从任何一个皇帝嘴里说出来都不会让人吃惊。从君士坦丁开始的历任东罗马皇帝都在宗教上有一定影响力，但是到了此时，皇帝们在宗教领域的重要程度甚至超过了一个世纪之前的查士丁尼。

***

就这样，领土大幅缩水的拜占庭帝国在阿拉伯人的征服行动中得以幸存。而且，尽管在此后的岁月中一直缺乏杰出的领袖，但它仍然可以求得自保：自公元 602 年起的两个半世纪里，只有 8 世纪 10—70 年代的伊苏里亚王朝的皇帝们还算有所作为。法兰克诸王国在类似的情况下是不可能维持的，但是拜占庭帝国依然牢固的基础设施使它的生存成为可能。下面我们就来通过更多的细节来讨论这一切是如何实现的。

希拉克略在641年去世，留下两个不同生母所出的儿子争夺皇位，实际的权力则掌握在他的遗孀玛蒂娜（Martina）手里（有人认为玛蒂娜也是希拉克略的侄女，但此说法有争议）。不过，只过了几个月，玛蒂娜就被希拉克略的小孙子君士坦斯二世（Constans II，641—668年在位）的支持者推翻。埃及的最终沦陷、边境地区的稳定，以及塞姆制的发展，都是在君士坦斯二世的统治期内发生的，不过这些事情可能都和他没什么关系。君士坦斯最出名的地方是他的信仰，以及他的意大利政策。君士坦斯是基督一志论的坚定信徒。从登上皇位的那天起，他就一直在努力把一志论强加给其他的派别。罗马的历任教皇对此的抵制最为公开化。君士坦斯逮捕了教皇马丁一世（649—653年在位），把他押到君士坦丁堡审问，然后罢黜了他。此外，君士坦斯在西方还面临来自世俗层面的反抗。当时拜占庭在西方有三个最重要的地方长官，其中除了西西里军区的司令（strategos）之外，剩下的两个人都反对他，一个是阿非利加总督格雷戈里（Gregory，647年去世），另一个是拉文纳总督奥林皮乌斯（Olympius，652年去世）。不过，君士坦斯对西方的各个行省还是很有兴趣。这些行省也是整个帝国版图内受阿拉伯人威胁最小的区域。（实际上，格雷戈里正是在阿拉伯人对阿非利加的一次侵袭中丧生的，但是阿拉伯人直到7世纪70年代以前都没有重返这一地区。）7世纪60年代，君士坦斯曾试图收复意大利境内被伦巴第人占领的区域，甚至还惊世骇俗地想把帝国的首都迁到锡拉库萨。他的这种想法反映出了当时西西里的财富水平和稳定程度，但可行性实在太低（如果真的迁都的话，君士坦丁堡和整个东部都可能会被放弃），而君士坦斯本人也在668年的一次政变中被杀。他的儿子君士坦丁四世（Constantine IV，668—

685年在位）继位，返回君士坦丁堡，并于680年在这里召开的第六次大公会议上放弃了一志论。在快速变化的政治体系中，关于基督性质的辩论变得不再重要。7世纪末之后，这个议题在东方几乎没再引起过关注。

君士坦丁和他的父亲一样终生忙于抵御外敌。在他的统治期间，阿拉伯人于7世纪70年代中期从海路发起进攻，试图封锁君士坦丁堡。他们还从此时开始了对阿非利加的征服行动，并最终于698年攻陷迦太基。在巴尔干，阿瓦尔人在626年以后逐渐退出，留下了一批斯克拉文人的部族。这些部族虽小，但保持着很强的独立性。他们在某种程度上承认拜占庭的霸权，但还是会偶尔进攻拜占庭的沿海城市（在675—677年还曾进攻塞萨洛尼基）。但是，到了680年，一个新的突厥势力出现在了多瑙河以南地区，那就是保加尔人。681年，保加尔人在可汗阿斯巴鲁赫（Asparuch，约700年去世）的率领下击败拜占庭帝国的军队，被拜占庭承认为一个独立的政权，统治着大约相当于今天保加利亚北半部的疆域。在此后的3个世纪里，保加尔人一直和拜占庭争夺对斯克拉文诸部族的霸权。不过，君士坦丁治下还是出现了一种军事政治形态的萌芽，这种军事政治形态此后存在了很长时间。君士坦丁是以直接对话者的身份管理军队的。基督一志论的支持者和反对者早在君士坦斯在位时就已经开始互相指责，称对方错误的信仰导致了军事上的失败。后来，军队自己也重视起了信仰问题。君士坦丁自己说过，680年的大公会议正是他在军方的催促下才召开的。[20] 681年，安纳托利亚军区的士兵又要求君士坦丁把帝位分享给他的两个兄弟（未获成功）。[21] 据说，这些士兵的说法是："我们既然相信三位一体，就要侍奉三位皇帝！"可以想象，这是他们把神权的模板套在了帝权的结构上。君士坦丁的儿子查士丁尼二世（685—695年在位）是一个顽固而不受欢迎的统治者。他于687年批准了第六次大公会议的决议，这一次仍然是在军队的压力之下。但是，查士丁尼在695年被军方政变推翻。他被割掉鼻子，然后流放到了克里米亚。

接下来的20年间，拜占庭换了6个皇帝，每一个都是靠政变推翻上一任而登上皇位的。这6个皇帝中还包括复辟的查士丁尼二世（705—711年在位），他在保加尔人的帮助下从克里米亚逃出，然后对自己的敌人实施了残酷的报复。他的继任者菲利皮科斯重新捡起了一志论，但随后的阿纳斯塔修斯二世（Anastasios II，713—715年在位）把一志论再度抛弃。在这个过程中，阿拉伯人再度构成威胁，各个军区的政治权力逐渐扩大。当时，阿拉伯人一直在筹划对君士坦丁堡的攻势，拜占庭人也知道阿拉伯人要打过来。阿纳斯塔修斯至少是有能力做好防御准备的，当时他下令只有口粮足够支撑3年的人才能留在城里。但是，阿拉伯人还没来，这位皇帝就被奥普西金军区发动的政变推翻了。然后，安纳托利亚军区和亚美尼亚军区又起兵讨伐奥普西金军区。到了717年阿拉伯人分水旱两路进攻君士坦丁堡的时候，皇帝已经换成了亚美尼亚军区的司令利奥三世。他抵御住了阿拉伯人717—718年的攻势。自那之后的将近500年里，拜占庭帝国再也没有受到过如此生死攸关的军事威胁。利奥三世的成功也打破了不断政变的怪圈。他和他的儿子君士坦丁五世的在位时间加在一起将近60年。

717年时，拜占庭帝国的战略处境已经差到了不能再差的地步，但是伊苏里亚王朝的皇帝们扭转了颓势。他们所依靠的是从上一代人就铺垫好的官僚和军事结构。利奥在位期间始终面临阿拉伯人的侵袭，他打了一些胜仗。此外，他还部分重组了行政机关。741年，已经接近人生终点的利奥颁布了《法律选编》(*Ekloga*，一译《埃克洛伽》)[22]，这是拜占庭帝国在查士丁尼法典以后颁布的第一部系统性法典。法典的文本不长，但是语义清晰明确，因为查士丁尼的法典在当时已经让人感到“无法理解”。到了君士坦丁五世的统治时期，拜占庭人和阿拉伯人互相侵袭，不分胜负，这在历史上还是第一次。总的来说，拜占庭在军事上取得成功的时期，也都是阿拉伯内部政治不稳定的时期，拜占庭的成功也很大程度上是拜此所赐。尤其是君士坦丁在位期间正好赶上了阿拉伯人的内战，这场内战最终在750年导致倭马亚哈里发王朝被推翻。拜占庭由此产生了一种成功了的感觉，而君士坦丁也在这种感觉中成了在军队内部享有很高声誉的人物。这种成功感至少维持到了9世纪30年代。君士坦丁还第一次为恢复拜占庭在巴尔干的霸权而做出了较大规模的军事行动。759—775年，他频繁进攻保加尔人，并且竭尽所能在斯克拉文诸部族，尤其是在今天希腊境内的部族中建立霸权。但君士坦丁对西方的兴趣不大。利奥曾经反对罗马教皇，双方的争执起初发生在征税问题上，到了8世纪30年代，他把意大利南部和西西里从教皇的控制范围内剥离。拜占庭重掌意大利南部的控制权，却在北方付出了代价。751年，伦巴第人攻占了拉文纳总督区，君士坦丁未做抵抗。从8世纪中期开始，罗马教廷越来越认为自己是伦巴第和法兰克世界的一部分，而不属于拜占庭世界。也是从这个时候起，拜占庭失去了拉丁人的土地，而这件事在希腊语的史料中踪迹难寻。君士坦丁还是一个世纪以来对帝国基础设施投入最多的皇帝。767年，他重建了君士坦丁堡的一条主要引水渠。此外，他还改革了税收制度，建立了一支不属于任何军区的职业快速反应部队。这支部队被称为“近卫军”（tagmata），到 9 世纪时已发展成为帝国军队中的精锐势力。

不过，利奥和君士坦丁最出名的地方还不是这些军事和政治上的革新：他们最广为人知的称号是“反圣像皇帝”，意指他们对发展中的圣像崇拜持反对态度。在罗马帝国晚期，无论是东罗马还是西罗马，能被称为圣物的只有圣徒的遗体（以及真十字架这样的基督圣物）；而基督和圣徒的画像，以及描述《圣经》故事的画作只能算是启蒙教材，正如大格列高利所言，那是“给无知的人做的，好让他们明白这些（《圣经》）故事”。这种观念在西方一直延续了下去，至少在神学理论家中是如此。但是，东方从 6 世纪后期开始出现一种观念，认为画像“并非出于人类之手”，而是由神迹创造的。君士坦丁堡在 626 年的围攻中幸存，也被归功于一幅基督画像的保佑（以及圣母马利亚的直接显圣）。这些画像一直被视为等同于圣徒遗体的圣物，但是到了 7 世纪的最后 25 年，画像的神力开始扩张。到公元 700 年时，人们已经普遍认为所有圣徒的画像都是通神的窗户。一个人可以对着圣像祈祷［此时我们可以把这些画像称为“圣像”（icon）了，虽然 eikōn 在希腊语中只是对所有画作的泛指］，并相信这样做就可以和圣徒直接对话。这样，每一个人都可以拥有自己的圣徒，不必再去教堂膜拜圣物。在 691—692 年召开的第五、第六次（Quinisext）大公会议上，基督的画像就被确认为基督“道成肉身”（incarnation）的结果。虽然大公会议没有明确宣布可以对圣像祈祷，但圣像在拜占庭文化中的地位显然在不断提高。到了 8 世纪，反圣像者出现了，他们认为对圣像祈祷的行为贬损了上帝的荣光，因为只有上帝才可以成为崇拜的对象。因此，他们把圣像崇拜视为一种偶像崇拜（idolatry）。实际上，君士坦丁五世在他的《问答录》（*Peuseis*，约作于752年）中表示，基督的画像只强调他人性的一面，而忽视了神性的那一面。[23] 能够恰当代表基督的只有圣餐，以及喻指基督的十字架。但是，反圣像者和圣像崇拜者之间的争端只有这一次与过去关于基督性质的争端有关联。除此之外，双方争论的焦点主要还是各种类型的宗教画像能否被崇拜的问题，以及对（或通过）画像祈祷是正确的礼拜行为还是偶像崇拜的问题。[24]

圣像崇拜者在稍晚时候撰写的文字认为，反圣像争论是始于利奥三世的拜占庭皇帝对画像礼拜的挑战。据说，利奥三世把726年的锡拉岛火山喷发视为上帝发怒的征兆，并从此开始了毁坏宗教画像的行动。但是，所有把利奥和反圣像政策联系在一起的史料都是在后来，也就是787年第二次尼西亚大公会议首次否定反圣像运动之后才出现的，其中一些文字被伪托进了年代较早的文献当中。（公元700年前关于圣徒画像显圣的描述大多数也是后人伪托进去的。）不过，反圣像者的思想确实在利奥在位期间就已出现。当时有这种思想的似乎仅限于草根阶层，而到了8世纪20—30年代，就出现了反对圣像的主教级人物，包括克劳迪奥波里斯的托马斯（Thomas of Klaudioupolis）和那科雷的君士坦丁（Constantine of Nakoleia），这两个人的教区都在安纳托利亚西部。托马斯还因为移除公共场所的圣像而遭到了君士坦丁堡宗主教吉尔曼诺斯（Germanos）的批评。公元750年前后，君士坦丁五世也接受了反圣像的思想，并将其列为帝国的国策。我们已经提到过，他还为此写了书［他的《问答录》之所以保留至今，就是因为宗主教尼基弗鲁斯（Nikephoros，828年去世）在著作《反驳集》（*Antirrhēseis*）中引用并批判了其中的部分文字］。[25] 754年，君士坦丁五世在希雷亚宫（Hiereia）召开了大公会议。这座宫殿隔着博斯普鲁斯海峡与君士坦丁堡相望。他在这次会议中禁止了一切崇拜画像的行为。“画家的非法艺术”从此被视为纯粹的世俗活动。[26]十字架的图像仍然是合法的，而圣人的画像则不合法。

君士坦丁反圣像、迫害圣像崇拜者的行为大多是后世的作家记述的，但是这些记述并不是特别严谨，互相之间也有一些矛盾之处。君士坦丁显然不推崇圣像，君士坦丁堡圣伊琳娜教堂半圆穹顶上的马赛克十字架在753年重建后也得以保留，这表明其得到了皇帝的支持。但是，并没有什么证据能表明君士坦丁曾进行过积极的破坏活动，也没有证据能表明他对修士进行过系统性的迫害，何况也不是所有的修士都是圣像崇拜者。实际上，他还赞助了一些修道院。君士坦丁处决过几个颇有名气的人物，尤其是765年被处决的修士小斯德望（Stephen the Younger）[27]，但是这些都属于孤立事件。这里有必要再强调一遍，反圣像运动在草根阶层中是受支持的，在主教层面也从8世纪20年代起就有人支持。所以，军队、朝廷和首都肯定也不乏反圣像运动的支持者。基督一志论完全是皇帝炮制出来的概念，以强力强加给敌人和持不同观念的人，但反圣像运动不是这样。一些文献把反圣像运动描述成一种暴政，其中最突出的就是小斯德望的传记。按照传记里的说法，圣像崇拜者为躲避迫害，逃到了克里米亚、意大利（教皇是反圣像运动的强烈反对者）和安纳托利亚南部沿海地区。这本书写于809年，距离它所描述的时代已经过去了很久，而且有很强的偏见，但是看了它的人肯定会得到一种印象，即帝国的核心区域基本上都被反圣像者统治了。无论如何，在君士坦丁在位的最后20年，即755—775年，他的表现似乎说明他认为圣像崇拜的问题已经基本解决了。比起这个问题，此时他更关心的可能是军事行动。

君士坦丁的儿子利奥四世（Leo IV，775—780 年在位）继位没多久就死了。利奥四世的儿子君士坦丁六世（780—797 年在位）继位，遗孀伊琳娜（Eirene）[28] 为其摄政 10 年。785 年，伊琳娜和她新任命的宗主教塔拉西奥斯（Tarasios，806 年去世）一起明确表示了对反圣像者的反对，并且召集教会于 786 年在君士坦丁堡召开大公会议，以处理这个问题。但是，这个会议计划一公布就遭到了军队和一些主教的反对。于是，大公会议只好被改到了离首都较远的尼西亚进行，时间也推后了一年。第二次尼西亚会议态度强硬地谴责了反圣像运动，并且从神学理论上对其进行了逐条批驳（也由此帮助这些理论以文本形式保存到了今天）。实际上，第二次尼西亚会议上诞生的关于画像的神学理论，直到今天都是东正教会神学体系的重要组成部分。东正教的许多基本礼拜方式都是 787 年确立的。在那之后，崇拜圣像不仅是可行的，而且是必须做的。这种情况是此前从未有过的。尼西亚会议不仅发明了后来东正教的许多做法，还在很大程度上"发明"了反圣像运动，因为尼西亚会议把君士坦丁五世的政策描述成一个极权专制系统，而实际上这个系统可能根本就没有存在过。

我们并不完全清楚伊琳娜为什么要这么做。她肯定对拜占庭和教皇的宗教分歧感到苦恼，因为当时教皇和法兰克的各个国王们走得更近，而伊琳娜希望让罗马和君士坦丁堡重新团结起来。她第一次表达这个想法是在给教皇哈德良一世的信里。（她的努力成功了，至少在宗教层面上如此，倒是法兰克人更倾向于反圣像运动，他们在 794 年的法兰克福大会上对尼西亚大公会议发表了正式的谴责。但是，关于圣像问题的争端在西方从来都没有像在东方那么重要过，西方的神学界从来没有对宗教画像给予过同等程度的关注。）此外，伊琳娜也很可能需要一个借口，来与君士坦丁五世在教会和国家的支持者决裂，然后把这些人换成自己的支持者。甚至还有一种可能，就是伊琳娜本来就是一个未表明身份的圣像崇拜者，只是在等待机会而已（不过如果真的是这样的话，那她的忍耐力真的非常强。从 769 年她在一场精心组织的盛大仪式上嫁给利奥，到她公开攻击反圣像运动，中间隔了近 20 年）。但是，实际情况并不一定是这样。作为政治家，伊琳娜很有能力，有时还很残酷。如果 787 年的事情还不能完全说明这一点，那么 797 年的事情一定可以。这一年，已经进入半隐退状态好几年的伊琳娜组织了一次针对自己儿子的政变，废黜了他，还弄瞎了他的眼睛，然后自己登基称女皇。她也是整个罗马历史上唯一有能力靠自己的力量登上皇位的女人（也可能是俄国的伊丽莎白一世 1741 年称女皇之前欧洲唯一的一位）。既然她能做到这一点，她就很有可能有意识地通过发明正教来巩固自己的权力。不管事实是怎么样的，拜占庭帝国权力的宗教基础都从此走上了一条新的路径。

然而，伊琳娜独掌大权（797—802 年）后表现并不十分活跃，而且她自己也在政变中被罢黜。谋反者是伊琳娜的高级财政官员之一尼基弗鲁斯一世（Nikephoros I，802—811 年在位）[29]，他的行动得到了政府官员和军方的支持。无论如何，她至少在 797 年时得到了帝国官僚机构和一部分近卫军的强力拥护，也得到了最严守教义的神父、修士们以及他们的领袖——萨库迪昂的普拉东和他的侄子狄奥多尔——的支持。斯图迪乌修道院正是伊琳娜赏给这狄奥多尔的。和其他所有的宗教极端主义者都不一样的是，这些人很乐于接受女性统治者，我们在这里也值得花一点时间来研究一下原因。我们在第 4 章提过普尔喀丽娅、韦里娜、狄奥多拉和索菲亚等 5 世纪以来东罗马较有影响力的皇后。即使在臣服于皇帝（通常是她们的丈夫）的时候，她们在帝国的政权结构里也是独立的一部分。与法兰克的政治体系不同，她们并不只是依靠给小皇帝摄政来获取权力，而且事实上普尔喀丽娅和狄奥多拉和她们各自的丈夫之间都没有孩子（狄奥多拉据传在嫁给皇帝之前生过孩子）。即使皇帝本人很有权势，她们也依然能施加相当大的影响，就像狄奥多拉对查士丁尼那样。如果皇帝本人没有权势，她们就更可以一手遮天了，只是没有皇帝的名分而已，就像普尔喀丽娅在她的弟弟狄奥多西二世在位时那样。这种情况显然一直到 7 世纪都没有什么变化。玛蒂娜在 641 年没能驾驭首都的政治局面，但是无论是在制度的角色分工上，还是在道德空间上，干练的皇后都有作为的空间。伊琳娜在丈夫在位时就是皇后，儿子继位后又为其摄政，她完全有能力利用这些空间。她并不和皇帝住在一起，而是有自己的宅邸。她和自己的儿子一起正式执政了 17 年，并且数次以资深统治者的身份出现在硬币上。在罗马帝国晚期和拜占庭时代，女性掌握权力即便不算常态，也至少不算反常。而且，伊琳娜还有现成的门客群体，这些人都是她从 787 年或更早时候掌握大权后提拔起来的，仕途都仰仗伊琳娜。即使是在她下台之后，也只有西方的人把她的失败归咎于她的女性身份。顽固的崇拜圣像者们更是因为第二次尼西亚大会而彻底臣服于伊琳娜。史书作者塞奥法尼斯（Theophanes，818 年去世）坦言自己不喜欢尼基弗鲁斯一世。他在大约 802 年的时候写道："过着虔诚而理性的生活的人们，都为上帝的判决感到吃惊，惊讶于他如何能允许一个为了真正的信仰而遭受过殉道者式磨难的女人像猪倌那样被驱逐。"在这里，伊琳娜被描述为虔诚的女子，她为了纠正错误的信仰而得到了掌握权力的机会。这种描述可以追溯到普尔喀丽娅身上，而且两者还有颇多相似之处。

君士坦丁五世扭转了军事局面，尼基弗鲁斯则在行政方面做了同样的事。他延续了君士坦丁和伊琳娜对巴尔干的攻势，但他第一次用建立新军区及其附属行政基础设施的办法去稳定这些新征服地区的局势。这些新设的军区包括希腊南部的伯罗奔尼撒军区和北部的塞萨洛尼基军区。他还在 809 年修订了人口普查数据，该数据是所有征税的国家都需要掌握的基本资料。这是利奥三世以来有案可查的第一次修订。塞奥法尼斯是在一篇抨击尼基弗鲁斯的"昏庸之举"的文章里提到这件事的，他还对此进行了一番挖苦，因此，人口普查数据长期没有修订的说法可能只是这位作家的杜撰。但是，这位皇帝可能确实把重建税收体系当作自己的重要任务。塞奥法尼斯列举的其他"昏庸之举"其实也和税收有关：税务减免政策被取消了，一些以前无须缴税的教会财产和人们发现的无主财物等等现在都需要缴税。从那时起，我们的史料中对财政活动的记载开始多了起来。而且，塞奥法尼斯提到尼基弗鲁斯以钱币的形式征税，这可能意味着尼基弗鲁斯更多地用钱币来代替实物税收。到此为止，帝国的经济终于又可以支撑货币经济了，因此我们在考古遗址中发现的钱币也从这一时期起再次增多（详见第 15 章）。

我们已经讲过，巴尔干地区[30]现在的居民是半自治的斯克拉文诸部族。它们可以被一次又一次击败，却从未被消灭。但是，关于巴尔干社会从希拉克略时代开始的两个世纪里到底是如何运转的，我们所知极少。斯克拉文人最开始可能只在当地人口中占很小的一部分，而且总是以一个个规模非常小的部族形式出现。他们能在 7

世纪如此轻易地在巴尔干落脚，很大程度上是因为拜占庭的政治军事体系在当时出现了极度混乱的情况。从这个角度看，在整个罗马帝国的故地上，巴尔干和盎格鲁-撒克逊人的英格兰最为相似。在公元450年之后的差不多一个世纪的时间里，那里的情况也是一大批规模很小的部族控制了一个行省。而且，虽然不列颠人后裔的数量大约是盎格鲁-撒克逊后裔的10倍，但盎格鲁-撒克逊人最终还是改变了那里的语言。这种变化在巴尔干北部和中部也出现了。按照“生于紫室者”君士坦丁七世（Constantine VII Porphyrogennitos）在《帝国行政论》（*On the Administration of the Empire*）中的说法，到10世纪中期时，斯拉夫语已经成了上述区域的通用语言。希腊语和拉丁语也还有人说（拉丁语至今还存在于一些地区，类似于现代罗马尼亚语的形式），此外还有一些更为地方化的语言，包括现代阿尔巴尼亚语的前身。但是，最终胜出的还是斯拉夫语，至少在今天的希腊和阿尔巴尼亚以北的地区是如此。后来，就连由多个民族组成的保加尔汗国也被斯拉夫语征服（详见第13章），而那里的统治者在此前的很长一段时间里都是说突厥语的。不过，保加尔在组织形式上一直要好于他们的斯克拉文邻居。君士坦丁五世把保加尔人赶回了他们的权力基地，也就是其位于保加利亚北部的首都普里斯卡一带。但是，君士坦丁五世没有消灭保加尔人。到了伊琳娜时期，他们重新组织起来——查理曼在796年彻底击垮阿瓦尔人，使保加尔人从中受益（详见第16章）——并获取了多瑙河以北的领土和资源。到尼基弗鲁斯一世把希腊诸军区向北扩展的时候，保加尔可汗克鲁姆（Krum，约800—814年在位）已经建立起了一支颇有战斗力的军队，开始反攻拜占庭。尼基弗鲁斯在809年和811年两次洗劫了普里斯卡，但是克鲁姆截断了他的归路，并在 811 年摧毁了尼基弗鲁斯和他的军队。自瓦伦斯 378 年死于阿德里安堡之后，尼基弗鲁斯是第一个战死沙场的皇帝。

811 年的事件已经对拜占庭造成了不小的冲击，克鲁姆在 813—814 年又发起一系列攻击，击败了米海尔一世（Michael I，811—813 年在位），攻占阿德里安堡，袭击君士坦丁堡，使拜占庭的形势更加危急。君士坦丁五世时期的美好回忆[31]，包括他的宗教政策，一下子又变得诱人起来。812 年，一些阴谋家一度想把君士坦丁那已经被弄瞎的儿子扶上王位。塞奥法尼斯还以惊悚的语句记载，813 年，一群士兵打开皇家陵墓的大门，在君士坦丁的墓前祈祷，召唤道："醒来吧，来帮助这个即将灭亡的国家！"新皇帝利奥五世（Leo V，813—820 年在位）击退了克鲁姆，但是得出了一个和前人一样的结论：国家是在反圣像运动中取得胜利的。815 年，他重新发动了反圣像运动，并罢黜了拒绝服从命令的宗主教尼基弗鲁斯。后者在 819 年前后以酸楚的口吻写道，如果一个人仅仅为了军事的成功而采用某些宗教政策，那么这个人最好还是回到亚历山大、恺撒、希律（Herod）和西拿基立（Sennacherib）的时代。[32] 这种说法也说明了第二次反圣像运动在多大程度上损害了君士坦丁五世的声誉。

利奥也在政变中被推翻，这也是 797 年以来的第 5 次政变。米海尔二世（Michael II，820—829 年在位）曾对是否继续反圣像运动犹豫不决，但接触过曾被利奥流放的圣像崇拜者发言人斯图迪乌的狄奥多尔后，他发现此人立场太顽固，因而认定自己还是继续站在反圣像这一边更安全。实际上，狄奥多尔自己留下的大量书信也清楚地显示出，当时公开攻击反圣像的人极少，狄奥多尔为恢复圣像崇拜而做的大量努力也毫无效果。主教们几乎都支持反圣像，更重要的是，无论人们私下里的看法如何，他们都乐于接受反圣像运动作为官方的神学理论。[33] 米海尔的儿子狄奥斐卢斯（829—842 年在位）在信仰问题上更加笃定。从 833 年开始，他陆续处决了一些活跃的公开崇拜圣像者。他最不同于前人的举动是于 839 年在两名巴勒斯坦修士的脸上刺上了惩戒的语言。这两个修士一个叫狄奥多尔，还有一个是他的兄弟，叫塞奥法尼斯［这对“刺字”（graptoi）兄弟成了崇拜圣像者的英雄，最终被封为圣徒 [34]］。但是，第二次反圣像运动在底层社会得到的支持不如第一次，战局的发展也证明其并不能保证军事上的胜利。拜占庭和保加尔人于 816 年议和，但是保加尔人的地盘扩大了很多，而且并没有远离拜占庭。保加尔人在这一时期沿着与拜占庭的边界线修了一道巨大的工事，称为“色雷斯大围墙”（Great Fence of Thrace）。[35] 阿拔斯哈里发王朝此时正值巅峰时期，而狄奥斐卢斯把主要精力放在东方边境上，导致阿拉伯人于 838 年大举入侵。哈里发穆塔西姆亲率大军洗劫了重镇阿莫里亚（Amorion）。更糟糕的是，北非的阿拉伯人也在 827 年侵入西西里，并最终在 10 世纪初期将整个西西里岛从拜占庭的疆域中抹去。此外，克里特岛也在 828 年落入西班牙的阿拉伯海盗之手，爱琴海再度对侵略者门户大开。现在，导致军事失败的似乎已经不是正教，而是反圣像运动了。狄奥斐卢斯死后，他的遗孀狄奥多拉为尚在襁褓中的小皇帝米海尔三世（Michael III，842—867 年在位）摄政，她的盟友在一年之内就推翻了反圣像运动。到了 843 年，正教的做法得到恢复（狄奥多拉声称她的丈夫已在临终前做出了忏悔）。狄奥多拉俨然是伊琳娜的翻版，她把君士坦丁五世的坟墓挖开，挫骨扬灰，然后把伊琳娜的遗体放进了皇家陵墓。[36]这一次，反圣像运动以极快的速度销声匿迹了。拜占庭此后没有再经受重大的军事失败，可以继续沿着它在中世纪的道路走下去了。

第二次反圣像运动大可以被描述为一次肤浅的离经叛道，和8世纪的那次不一样，这次是皇帝自己搞出来的歪门邪道，是历史重演，悲剧变成笑剧。但是，实际情况比这种描述更值得探讨，原因有二。第一，从第二次尼西亚会议开始，到斯图迪乌的狄奥多尔，再到宗主教尼基弗鲁斯，这些人已经为了树立攻击的靶子而罗织出了一个完整的反圣像运动组织，而他们的敌人只要把这一套照搬过来就可以了。换句话说，利奥五世和他的幕僚们尽管很重视君士坦丁五世的做法，但他们之所以能比君士坦丁五世更进一步，把反圣像运动建成一个完整的宗教体系，恰恰要归功于那些攻击反圣像运动的人一直以来的不懈努力。第二，此时的君士坦丁堡已有更多的知识分子可以参与圣像问题的辩论，这也是我们对第二次反圣像运动的了解远比第一次多的原因。8世纪是一个相对繁荣的时期，君士坦丁堡的神学、古典文献和哲学的教育在大约公元750年后都得到了发展，而这些教育在之前的150年间都很难实现。君士坦丁堡从来不缺古代的经典世俗和神学文献，但是从这个时候起，政治精英们变得更有能力读懂这些作品了。尼基弗鲁斯在《反驳集》中就曾引用亚里士多德的著作来驳斥反圣像思想[37]，狄奥多尔则对凯撒利亚的巴西流和约翰·屈梭多模的著作颇有研究。我们稍后会介绍一个叫助祭伊格纳西奥斯（Ignatios the Deacon，约848年去世）的人。此人善于在著作中旁征博引，引用最多的是荷马，但是也有赫西俄德（Hesiod）、欧里庇得斯（Euripides）和亚里士多德，还在书信中引用过“毕达哥拉斯的友谊学说”。反圣像运动的主要理论家叫文法家约翰（John the Grammarian），他汇编了利奥五世在815年使用的文件，自己在837—843年担任宗主教。他的著作没能保存下来，不过他的名字本身就足够说明问题了。他还有一个亲戚叫数学家利奥（Leo the Mathematician，869年后去世），此人从9世纪20年代开始办学，教育了下一代精英阶层，使这些人掌握了辩论严肃学术问题的能力。皇帝狄奥斐卢斯也非常重视教育。他在838年释放了西西里的圣像崇拜者麦瑟迪乌斯（Methodios，847年去世），后者从821年开始几乎一直待在监狱里。狄奥斐卢斯把他留在皇宫，和他讨论神学问题。麦瑟迪乌斯后来在843年正教胜利时成为宗主教。

助祭伊格纳西奥斯像当时的其他人一样，经历了政治文化的风云变幻。此人生于8世纪70年代，9世纪初的时候，他是塔拉西奥斯的门客，也是宗主教尼基弗鲁斯的朋友。虽然他未必会明确地说出来，但结交尼基弗鲁斯就意味着和斯图迪乌的狄奥多尔成为敌人。即使是在崇拜圣像者的群体中，狄奥多尔也仍然是极端主义者。直到815年第二次反圣像运动开始后，他才和其他的崇拜圣像者走得近了一些。不过，助祭伊格纳西奥斯比谁都会见风使舵。利奥五世在位时，有个叫伊格纳西奥斯的人在皇宫的墙上写了一些反圣像的诗。这个伊格纳西奥斯可能就是助祭伊格纳西奥斯，也有可能不是。但是，可以确定的是，助祭伊格纳西奥斯在利奥或米海尔二世在位时当过一段时间的尼西亚大主教，还公开为米海尔写过诗。伊格纳西奥斯在9世纪20—40年代的书信集显示出他是有一个很有文化的知识分子，但本质上还是一个政客，醉心于结交主教、世俗官员等重要人物。书信集是在843年编纂的，一些支持反圣像运动的言辞已经被删去了，但是文本中也并没有什么支持崇拜圣像的言辞。大概在9世纪20年代，他写信给自己的好友、档案管理员尼基弗鲁斯，称赞了他在圣像问题上的立场。相比伊格纳西奥斯，尼基弗鲁斯对反圣像运动的批评之词稍多一些，但是这封信的内容显示出，他们两人都和一位反圣像运动的领导人物保持着友好的关系。很显然，权力关系此时远比个人信仰的分歧更加重要。到了843年，形势突然发生了变化。麦瑟迪乌斯认为伊格纳西奥斯和第二次反圣像运动的关系已经近到不能免受惩罚的地步。伊格纳西奥斯因此被流放了一段时间（说是流放，其实并没有走多远，只是去了一座离首都咫尺之遥的修道院里而已）。此时，他的书信中流露出了悔恨之情：我现在很穷、我“鬼迷心窍地站到了敌对的那一方”。不过，伊格纳西奥斯很快就完成了自我救赎：他为自己的故交塔拉西奥斯和宗主教尼基弗鲁斯撰写了传记，其中的论调非常偏向崇拜圣像的那一派。到人生的最后阶段，他甚至还重新成为宗主教的座上宾——也就是说，他在折腾了一辈子之后又回到了起点。像伊格纳西奥这样在反圣像和崇拜圣像之间来回摇摆的人在9世纪初可能是很常见的。843年的拜占庭类似于1660年的英格兰或1990年的东德，所有人都在拼命显示自己是多么无法容忍那个失败的政治制度，但其实他们中的大多数人都曾经对那个制度基本满意。在这三个历史事件中，获胜的那个政治制度在民众中都有更高的支持度，但也都是更保守、更容易自我满足的制度。这些获胜的制度也都很快树立了各自的“正教”，也就是一套不容置疑的价值体系，而国民则必须在这套体系的框架内活动。

***

我用比较多的篇幅讨论了反圣像运动，因为这个问题确实比较复杂。对于公元 750—850 年的这段历史，我大可以把笔墨集中到其他一些事情上：君士坦丁五世的军事行动、尼基弗鲁斯一世的行政改革、米海尔二世和狄奥斐卢斯的进一步改革（9 世纪中期时，军队的工资和装备都比以前更好了，首都的防卫也因为精锐的近卫军而更加坚固），或者是狄奥斐卢斯在首都兴建的各种显眼的宏伟建筑（他新修的宫殿和机械装置没能保存下来，但是加固过的城墙一直屹立到今天）。[38] 上述种种都显示出拜占庭皇帝们的心气越来越高，有所作为的愿望也越发强烈。截至 850 年，帝国的发展势头良好，已经挺过了最困难的时期。那么，为什么皇帝和神学家都下那么大功夫去讨论人们是否应该崇拜画像的问题呢？很多人认为，比起过去关于基督性质的争论来说，反圣像运动作为中世纪的第一次宗教争端好像没那么“严肃”。因此，很多关于反圣像运动的分析也都明确或隐晦地表示，这次争端“其实”争的是其他东西。比如，彼得 · 布朗有一个很有影响力的观点，他认为关于圣像的争论其实是在争论圣物应该摆在世俗社会中的什么场所。这个问题确实不小。但是，他紧接着又强调说，皇帝们支持反圣像运动，是为了在阿拉伯人的威胁之下理顺整个拜占庭的社会和文化，让人们的注意力集中到少数中心符号上，包括十字架、圣餐、首都和皇帝本人，而不是把这些符号的神圣性“分散到一百张小画像上去”。[39]

从某种意义上说，这个说法是对的，但从另外一个角度看，拜占庭人自己也确实对人物形象的表现，以及表现的规则越发感兴趣。这一点从《历史简章》中就能清晰地看出来，这是一篇几乎完全属于世俗世界的著作，但它的内容说明，那些雕像表现的到底是谁，对人们来说是很重要的。很多人都知道，这个问题对阿拉伯穆斯林来说也很重要。他们完全避免了在公共艺术品中表现人物，认为凡是表现人物都属于偶像崇拜（但是我们在下一章会看到,《古兰经》中并没有这样的要求）。哈里发瓦利德一世（705—715 年在位）可能雇用了拜占庭的马赛克工匠，让他们在大马士革大清真寺的墙壁上镶嵌出复杂的树叶形图案（见第 10 章）。他可能很乐于让这些工匠在回到君士坦丁堡后广为宣扬他的宗教审美观念。这种审美观可能确实影响到了生活在阿拉伯人统治下的巴勒斯坦基督徒。[40] 从大约公元 720 年开始，他们就在教堂的马赛克地板镶嵌画中抹去了所有在世生物的形象，甚至连飞禽走兽都没放过。拜占庭并没有这种执着的观念，他们很可能是受了阿拉伯人的影响，只不过比阿拉伯人更进了一步。我们必须强调一点，那就是没有任何迹象表明拜占庭的反圣像运动受过阿拉伯人的影响。但是，阿拉伯人、拜占庭人和巴勒斯坦的基督徒都各自独立地关心着人物形象的表现问题：到底哪些属于圣物，哪些属于偶像崇拜？艺术作品中可以表现谁的形象，不可以表现谁的形象？这就使罗马帝国晚期的基督教传统到此中断。在罗马的传统中，基督乃至圣徒的形象都没有什么神力。而在此时的东方，他们的形象至少已经拥有了巨大的潜在力量，人们也相信必须以某种正确的方式去获取这种力量。政治体制对这个问题的影响在拜占庭最为突出，因为此时的皇帝们在宗教议题上的中心地位已经超过了罗马时期的皇帝，甚至超过了阿拉伯的哈里发。反圣像运动不是皇帝发起的，但是一旦君士坦丁五世对它有所接触并决定接受，它就立刻成了皇帝的意志，与皇帝本人捆绑在一起。阿里乌派和瓦伦斯，以及一性论和阿纳斯塔修斯一世之间都没有过这样紧密的联系。就这样，人物形象的表现，以及可视物的重要性就和帝位的合法性联系在一起了。正教从 843 年开始拥有了这样的地位，而画像在正教信仰中的中心位置也从此确立下来，直到今天。

第 12 章

阿拉伯政治势力的形成，630—750

656 年 6 月，奥斯曼·伊本·阿凡（‘Uthman ibn ‘Affan）在位于阿拉伯西部的都城麦地那的家中被人谋杀。奥斯曼生前的身份是“信士的长官”（amīr al-mu’minīn）和“真主的代理人”（khalīfat Allāh，“哈里发”的称谓就源出于此），他的死震动了整个阿拉伯世界，并引发了第一次内战（fitna），直到 661 年才恢复和平。上述史实是确凿无疑的［相关历史记载虽然很粗略，但是在事发后不久完成的，作者是一位亚美尼亚编年史学家，我们称他为“塞贝奥斯”（Sebeos）］，其余的事情就说法不一了。从过去到现在，人们一直为此争论不休。奥斯曼的很多支持者认为，他的继承人阿里（‘Ali，656—661 年在位）参与了谋杀和之后的内战。属于最早一批阿拉伯史学家的赛义夫·伊本·欧麦尔（Sayf ibn ‘Umar，约 796 年去世）则认为，策划谋杀的是一群心存不满的贝都因极端分子，他们支持阿里，但阿里本人对他们的行动是持反对态度的。此外，一些早期历史学家还有另外一种说法，其中最具代表性的是瓦基迪（al-Waqidi，823 年去世）和伊本·伊沙克（Ibn Ishaq，约 767 年去世）。他们认为谋杀是埃及士兵干的。埃及士兵之所以对奥斯曼不满，是因为奥斯曼想把埃及的余粮直接运送到麦地那，而且想把从埃及到伊拉克的各个行省的领导人都换掉，撤掉那些早期的阿拉伯征服者，换上更传统的部落首领——其中一些人是奥斯曼的直系亲属，也就是倭马亚（Umayyads）家族的成员。最重要的问题是，假设奥斯曼确实做了不合法的事，或者说不再是一个称职、合法的哈里发了，那么谋杀他是师出有名的义举，还是必须得到惩罚的罪行呢？[1]

阿里本人可能会选择前者，后来的什叶派传统也这样认为——什叶派的说法是：奥斯曼，或许还有他的前两任哈里发，都是僭越者，而阿里则是穆罕默德[2]632年临终时亲自指定的先知继承人。奥斯曼的支持者们则肯定选择后者。其中就包括叙利亚总督穆阿维叶·伊本·艾比·苏富扬（Mu'awiya ibn Abi Sufyan），他是奥斯曼的亲戚，当然也是倭马亚家族的成员。穆阿维叶要求严惩凶手，并率领叙利亚军队与阿里率领的伊拉克军队打了一仗。这场战斗发生在657年，地点是幼发拉底河畔的隋芬。最后，阿里同意对这个问题进行仲裁，但这个决定使他失去了一部分军队的支持，因而也就失去了这场冲突中的战略优势。这部分因不满他的妥协而叛逃的军队被称为"哈瓦利吉派"（Kharijites），他们认为只有真主能裁决这件事情，而人类不能。哈瓦利吉派的一员在661年暗杀了阿里，之后穆阿维叶就成了独揽大权的哈里发（661—680年在位）。

那么，到底是谁杀死了奥斯曼？杀他的理由是什么？对于中世纪早期的很多人物，我们都可以问类似的问题，例如死于675年的法兰克的希尔德里克二世，死于978年的英格兰的殉教者爱德华（Edward the Martyr），等等。这些问题的答案基本上就是：我们并不完全清楚。尤其是后两个事件，史学家们对事实的模糊并不太在意，他们只要从史料中把针对事件的各种解释梳理清楚，从中分析出不同的政治阵营就满足了。但是对于伊斯兰教的传统来说，事情就没有这么简单了。与早期基督教不同，穆斯林社群中的宗教分歧大体上不涉及真主的性质问题（真主就是安拉，很简单，没有什么可争辩的，而基督的三位一体就复杂得多，容易引发不同的理解），而是更多地把焦点集中在政治合法性上。逊尼派和什叶派穆斯林在21世纪的分歧可以直接追溯到656年，尽管那个时候这两派还没有用逊尼派和什叶派来称呼自己。哈瓦利吉派现在也还有，分布在撒哈拉沙漠中的各个绿洲里，以及桑给巴尔。而且，直到现在，哈瓦利吉派也没有原谅阿里在隋芬做出的选择。直到今天，人们在伊斯兰世界中都很难不带感情色彩地讨论奥斯曼在位时的表现和他被谋杀的事件，而是必须在逊尼派和什叶派/哈瓦利吉派这两种立场中选择一种。这种情况在公元800年或900年左右比现在更明显。关于奥斯曼被杀的详细记载最早诞生于800年左右，后来又在900年左右被拜拉祖里（al-Baladhuri，892年去世）和塔巴里（al-Tabari，923年去世）等作家收入长篇的历史文献汇编之中。即使是在656年认为无法判断谁对谁错的一种观点，自8世纪起都和教义问题挂上了钩［持这种观点的人被称为“穆尔吉埃派”（Murji'ah），即“延缓判断的人”］。实际上，到了9世纪的时候，很多人已经逐渐在这一问题的认识上形成了基础的共识，这种共识后来发展成在伊斯兰世界占多数的逊尼派传统。这种传统认为统治者不可被废除，而社群团结比派别分歧更重要（那时，逊尼派已经接受了“奥斯曼和阿里都是合法的哈里发”的观点，他们主要的疑问还是在穆阿维叶身上）。但是，这个问题的影响在此后仍然很大，我们的史料也都是建构在上述不同派别的立场框架之内的。

从很多方面来讲，讲述阿拉伯的早期历史要比讲述同时期其他人群或国家的历史困难得多。原因之一就是每一个事件都有重要的宗教含义，就像刚才我们讲的那个事件一样。穆罕默德是地位高于所有人的先知，他的故事，以及他的直接继承人的故事中有重要的宗教含义可能还比较容易理解。但是公元 750 年以前的历史记载中，还有相当一部分是作者带着宗教立场撰写的。第二个原因是，我们的大部分史料成书时间都比较晚。这对于研究中世纪早期历史的学者来说并不算什么大问题——我们对 7 世纪中期拜占庭历史的认识也几乎都来自 9 世纪初期的史料，而研究拜占庭历史的学者们对此最多也就是感到可惜而已。但是，同时期的阿拉伯历史中宗教因素格外重要，而史料又都带着不可调和的宗派立场，这就让研究阿拉伯历史的学者感到非常棘手了。正因如此，近年来不少历史学家提出了一个颇有影响力的观点，那就是阿拉伯历史至少在 7 世纪 90 年代以前都没有任何一件事是确定无疑的。还有一个问题是，阿拉伯史料在 7 世纪和 8 世纪初期都十分匮乏，但 9—10 世纪时却出现了大爆发。我们现在拥有的这两个世纪的阿拉伯史料（大多数来自伊拉克），大概和整个中世纪早期全欧洲的史料数量差不多。如此庞大的数量，再加上这些史料近期受到的极端评论，使得研究哈里发国早期历史的学者们更不愿意公开讨论判断史料真实性的标准问题。而且，关于公元 750 年（甚至更晚时候）以前的历史细节的分析，近年来可谓少得可怜。相关史料过于晦涩，不是专家的人根本看不懂。它们往往是由零零碎碎的小故事（akhbār）组成的，这些故事的内容往往来自很多不同的人的讲述，其中最早的讲述者可以追溯到两个世纪以前。然而，这些故事的情节又往往和其他故事截然相反。看这样的史料，你会发现自己进入了一个陌生的文化世界。今天的史学家描述这段历史时用的又是另外一种方式，使这种陌生感又增加了几分。

但是，阿拉伯的早期历史对我们来说非常关键，我们不得不去面对。在 711 年阿拉伯-柏柏尔人入侵西班牙以前，哈里发国没有统治过欧洲的任何区域，但是我们不能把它排除在欧洲的历史之外。首先，我们在上一章已经讲过，阿拉伯人在 7 世纪侵吞了罗马帝国残存部分的半壁江山，永远终结了其继续称霸地中海的梦想，并迫使它改头换面，形成了我们称之为拜占庭的那个国家。其次，哈里发国自己也是建立在罗马帝国的基础之上的（波斯的萨珊王朝也是如此）。虽然关于哈里发国的史料既难懂又陌生，但哈里发国所保留的罗马帝国的社会形态恐怕比后罗马世界的任何其他地区都要完整，至少在公元 750 年之前是如此。这个悖论是我们了解其历史时所必须掌握的。最后，哈里发国比任何其他后罗马时期的政权都更富有、更强大。750 年时，在地中海占统治地位的正是阿拉伯人，而在那之后的阿拔斯王朝统治期间，哈里发国的中心从穆阿维叶时期的叙利亚转移到了伊拉克，离罗马传统更远了。因此，我会在第 14 章用相对较少的篇幅讲述阿拔斯王朝的历史。比起公元 750 年之前的倭马亚王朝，阿拔斯王朝的财富和知识文化的发达程度更是远超所有邻国。因此，我们会在第 14 和第 15 章里，把这个问题作为整个地中海东部经济的一部分来讨论。本章讲述的则是阿拉伯的征服行动，以及穆阿维叶及其继承者们统治的倭马亚哈里发国。阿拉伯人统治地中海东部和南部以及更远地区许多个世纪，本章所讨论的是其中的第一个世纪。我们将重点关注这一时期内阿拉伯（或穆斯林）政治体制趋于稳定的过程，以及其社会和文化的延续和变化，而这些问题又都是互相关联的。

***

穆罕默德（约570—632年）是一个商人，来自阿拉伯西部的麦加。他从610年左右开始得到真主的口头启示，然后成为先知，招收信众。当时的阿拉伯人之中虽然有为数不少的基督徒和犹太人，但大多数还是多神论者。穆罕默德肯定和犹太教的传统十分接近，而且像犹太人一样，是非常严格的一神论者。但是，可信度最高的早期穆斯林史料[《麦地那宪章》（Constitution of Medina），成书于7世纪20年代[3]]明确指出，穆罕默德是把信士（Believers，早期对穆罕默德追随者的最常用称呼）和犹太人分开看待的。穆罕默德的启示随后被编为《古兰经》。穆斯林传统认为，《古兰经》最初的文本诞生于奥斯曼作为哈里发的统治时期（644—656年）。最近一些西方学者提出，成书时间实际上要晚很多，最晚可到公元800年，例如约翰·万斯伯勒（John Wansbrough）就是这么认为的。帕特里夏·克龙（Patricia Crone）认为是7世纪早期，但是弗雷德·唐纳（Fred Donner）从文本的内容和风格入手，为传统的说法做出了有力的辩护。不管哪种观点最符合实际，有一个重要的事实都是不可否认的，那就是《古兰经》中的内容在7世纪后期就已广为流传。耶路撒冷圆顶清真寺的显要位置上就有取自《古兰经》的铭文。[4]这座最早的伊斯兰建筑杰作是在691—692年间完工的，而且这些铭文已经明确地将伊斯兰教视作一种独立而完整的信仰，而穆罕默德则被视为这种信仰的创立者。我们无法完整重构伊斯兰教诞生之初的几十年间的历史，而且不同的人无疑会从不同角度去理解这段历史，但它从诞生之初起就被视为一种新的挑战性力量。麦加人认为自己受到了严重的威胁，穆罕默德为此不得不在622年逃到了更欢迎自己的麦地那。他的“迁徙”（hijra）标志着伊斯兰教的正式诞生。以此为纪元的历法最早在643年就已经出现在埃及的莎草纸上。[5]麦地那和麦加在7世纪20年代时一直在争夺霸权，穆罕默德在大约630年时占领了自己的家乡。麦加成了伊斯兰教的信仰中心，而麦地那仍然保持政治中心的地位。穆罕默德以相当惊人的速度把自己的权威扩展到阿拉伯半岛的其他地方。这个扩张进程甚至在他占领麦加之前就开始了，占领麦加之后更是加速进行。到穆罕默德去世的时候，原本一盘散沙、互相争斗的阿拉伯诸部族已经基本上首次被视为一个统一的政权，而且是一种建立在宗教启示基础上的新型政权。

最初的几任哈里发[6]——艾布·伯克尔（Abu Bakr，632—634年在位）、欧麦尔一世（'Umar I，634—644年在位）、奥斯曼和阿里——都是从穆罕默德的亲密同伴中挑选的。此外，他们和后面的所有哈里发都来自穆罕默德自己的部落——古莱什（Quraysh）部落。“哈里发”的称号至少在奥斯曼的统治时期就已经存在了。他们以信士领袖的身份成为穆罕默德的继承人，同时也是真主在凡间的代言人。伊斯兰教从一开始就非常重视穆斯林社群的团结，艾布·伯克尔在位期间把主要精力放在了彻底征服阿拉伯半岛上。穆罕默德去世后，半岛上的很多地方，尤其是东部的很多地方脱离了麦加的控制（这些地方可能是在自己的先知领导下脱离的——穆罕默德肯定不是那个时代唯一的先知），伯克尔要把这些地方重新夺回来。这次征服行动显然要比第一次容易，因为在希拉克略于628年击败波斯之后，萨珊王朝在半岛东部和南部海岸的霸权已经瓦解。就像上一次的罗马—波斯战争一样，交战双方精疲力竭，失败的一方更是一蹶不振。7 世纪 30 年代，欧麦尔将阿拉伯军队派往北方，并于 636 年在耶尔穆克河畔击败罗马人。至此，整个叙利亚和巴勒斯坦都已对阿拉伯征服者门户大开。大约在 637 年，阿拉伯人又在卡迪西亚击败波斯军队，使后来被称为伊拉克的那片地区也成了阿拉伯人的囊中之物。到了 640 年，土耳其群山以南的整个“新月沃土”（fertile crescent）都已在阿拉伯人的掌控之下。639—642 年，阿拉伯人又占领了埃及。从那时起，伊拉克和埃及就一直是哈里发国的两大经济中心。而此前，除了萨珊王朝在 7 世纪 20 年代的短暂统治外，这两个地区在亚历山大死后的将近 1 000 年里一直没有被纳入过同一个政治体系。7 世纪 40 年代，阿拉伯人又征服了伊朗。萨珊王朝末代国王伊嗣俟三世于 651 年被杀，而此时的阿拉伯大军已经抵达了现在的伊朗和阿富汗边境一带。征服行动从此暂停了约一代人的时间。阿拉伯人只用 15 年就获得了整个萨珊王朝和半个东罗马的领土。在历史上，只有亚历山大和后来的蒙古人才能在征服速度上与此时的阿拉伯人相提并论。而且，亚历山大的帝国和蒙古各汗国很快就分崩离析，恢复了原来的格局，只有阿拉伯人保持征服领土的完整长达 3 个世纪，他们的宗教和文化更是永远统治了这些地区。[7]

阿拉伯人能征善战，罗马人和波斯人都曾用他们当雇佣兵，罗马一方的被称为加萨尼（Ghassanid）联盟，波斯一方的被称为莱赫米（Lakhmids）。7 世纪 30 年代，两大帝国都已在战争中精疲力竭。考虑到这一情况，阿拉伯人此时完成宗教统一和快速扩张并不算特别意外。而且可以肯定的是，自从在 636—637 年打了第一轮胜仗之后，每一个有骆驼的阿拉伯人都盼着加入征服行动，好从战利品中分一杯羹。真正让人意外的是阿拉伯人能把这些征服来的土地都掌握在自己手里。阿拉伯人的人口可能从来都不多。阿拉伯半岛上的贝都因人分布稀疏，而且大部分是居无定所的牧民，只有也门这一块地方有可能供养稍微多一些的人口。而且，虽然阿拉伯人在罗马统治的叙利亚和巴勒斯坦都已定居很久，但他们在那些地方似乎都是住在沙漠边缘，因而不会有太多人口。所以，阿拉伯人在所有新征服的地方恐怕都是绝对少数，而且一旦阿拉伯人自己的团结出现问题，他们就很难抵御当地的反叛力量或者罗马人的反攻。此外，他们还面临着被当地人口同化并失去文化认同的风险，而在除英格兰和巴伐利亚外的所有罗马-日耳曼政治体，日耳曼统治者都有这样的遭遇。幸运的是，阿拉伯人在最开始的一段时间内没有遇到什么反叛力量（伊朗是最危险的地方，那里的波斯贵族都是军事贵族，而且阿拉伯人最初的定居点都只分布在东北部的呼罗珊境内）。残存的罗马人/拜占庭人此时根本无心再打仗，没有利用阿拉伯内战的机会发动反攻。但是，阿拉伯人能维持统治，尤其是在政治和文化方面都维持霸权，其主要原因肯定不是运气，而是一个决定（传统上认为，这个决定可能是欧麦尔一世在640—642年做出的），那就是让阿拉伯军队定居到各处，不是像西方的日耳曼人那样成为拥有土地的贵族，而是成为领军饷的守卫部队。这些守卫部队分布在各个新征服的城市（amsār）中，包括伊拉克的库法和巴士拉、伊拉克与叙利亚交界处的摩苏尔，其所处地区被称为杰济拉，还有埃及的福斯塔特（后来的开罗）和其他地方。各个行省收上来的税金主要给了这些守卫部队，因此，他们与被征服人口的社会政治生活隔离开来，并且得到了很高的回报。这些守卫部队被称为“迪旺”（dīwān）[8]，也就是登记在册领军饷的人。这些人把自己的迪旺身份看得特别高贵，全力排斥新加入的人。欧麦尔的政策成功了。在公元 750 年以前，上述各个核心行省的史料中很少见到阿拉伯人拥有土地的记载。[9]（阿拉伯人在呼罗珊拥有土地的情况似乎相对较多，而这个地区的阿拉伯定居者最后也确实被波斯化了。阿拉伯人在后来征服的阿非利加和西班牙等地也遇到了同样的问题。）迪旺制开创了将职业军人和平民社会隔离开来的制度，其隔离程度甚至超过了罗马帝国。而且，这一制度从此一直存在于大多数穆斯林政治体系之中。

欧麦尔的这个决定造成了一系列影响。首先是财政方面。和西方不同，罗马和萨珊的税收体系始终没有被破坏，因为税收始终服务于一个重要的政治目的，那就是给统治者的军队发饷。另一方面的影响刚才已经提到过，那就是阿拉伯人在社会中永远是一个凌驾于其他阶层之上并与之隔离的群体。他们和当地人通婚，但是生下来的孩子都秉承着阿拉伯人的语言、文化、信仰和身份认同。而且，由于阿拉伯人与其他人的隔离程度很高，占人口绝大多数的被统治者中如果有人想在政治上有所作为，就必须加入阿拉伯人的阶层，无论在文化上还是信仰上都是如此。这一现象在 7 世纪时还不明显，因为当时的阿拉伯人并不欢迎其他人改宗伊斯兰教，而且无论是在罗马还是波斯的故地上，他们都还完整保留着被征服省份的地方政府。在征服行动之后的两代人时间内，一个人仍有可能在完全不改变文化和身份认同的情况下在地方行政机构中掌握很大的权力。例如在 8 世纪早期，倭马亚王朝首都大马士革城内权势显赫的曼苏尔家族，其成员就是希腊裔的基督徒。这个家族还出了一个重要的基督教神学家，叫大马士革的约翰（John of Damascus，约 750 年去世）。但是，到了公元 700 年左右，行政机构中的通用语言就变成了阿拉伯语。从那时起，想进入官僚机构的人就必须会说阿拉伯语，这人是不是穆斯林也变得越来越重要。这个信仰改宗的进程至少在地方精英们看来其实就是阿拉伯化进程。一个人如果想当官，就要在阿拉伯部族中找一个庇护者，成为他的门客（mawlā，“毛拉”，复数形式为 mawālī，“麦瓦利”）[10]，而且一般来说还要给自己改一个阿拉伯人的名字。如此这般之后，这样的人就“变成”了阿拉伯人，就可以获取政治权力了，这也帮助了阿拉伯的语言和文化免遭同化。农民改宗[11]伊斯兰教（这种现象从一开始就出现了。穆斯林可以少交税，至少理论上是如此）并不能给他们带来政治上的好处，但是穆斯林的庇护关系缓慢地向外扩展，最后也覆盖到了农民阶层，同时伊斯兰化 / 阿拉伯化进程也蔓延到了乡下。改宗的进程在 9 世纪之前还不是很快，但从 9 世纪开始就稳步加速。到了公元 1000 年的时候，从埃及到伊拉克的广大疆域内，说阿拉伯语的人口应该已经成为多数了。在所有被征服的土地中，只有伊朗保留了原有的波斯语，但是到了 1000 年的时候，波斯语也是用阿拉伯字母书写的，而且有很多源于阿拉伯语的外来词。

阿拉伯精英早期和被占领地区主体人口之间的隔离，也意味着罗马社会和波斯社会得以延续，而且几乎没有变化。这种状态一直维持到 8 世纪后期，在很多地方还要更晚。埃及[12]的文献显示，尼罗河沿岸的城市直到公元 700 年以后仍由传统的精英阶层管理。行政机构的阿拉伯化最初只表现在希腊语的使用越来越少上，大多数人口仍然用科普特语对话和书写。阿拉伯化进程不是马上完成的。我们手里有埃及总督库拉・伊本・沙里克（Qurra ibn Sharik，709—715 年在任）写给巴西利奥斯（Basilios）的 200 多封公函，后者是尼罗河中部小城阿富罗底（今名考姆伊什高）的市长（pagarch）。信的内容绝大多数是关于税收事务的，其使用的语言仍然是希腊语，或希腊语和阿拉伯语混用。在那之后，市长就必须由拥有阿拉伯名字的穆斯林来担任了。地方家族如果想维持对城市的控制，就要至迟在730年左右改宗伊斯兰教。不过，乡村社会受到的影响还是比较小的。在我们拥有的8世纪乡村档案中，用科普特语书写的占了绝大多数，而阿拉伯语除了在政府文件中使用以外直到9世纪都并不多见。清真寺也没有出现在我们的档案里。这一时期乡村社会的信仰基本上仍然是基督教。在讲述公元800年以前埃及社会历史的时候，完全不提阿拉伯人的存在也是有可能的，因为他们全都在福斯塔特过着与世隔绝的生活。这么做固然不对，但也情有可原。

另外两个重要的前罗马行省是叙利亚[13]和巴勒斯坦。这两个地方的情况更微妙一些，但是总体上和埃及差不多。阿拉伯人在黎凡特地区一直是人口中的多数，早在穆罕默德的时代之前很久就已是如此了。倭马亚时期最强大的阿拉伯部落中，有几个就起源于叙利亚的沙漠边缘地带，其中最值得注意的是凯勒卜（Kalb）。可能是由于长期存在的部落传统，阿拉伯人在这一地区没有重要的城市。他们在叙利亚的守卫军驻扎在罗马帝国已有的城市里，与当地原住民的隔绝程度不像在其他地区那么深。从穆阿维叶统治时期开始，大马士革取代麦地那，成为哈里发国的首都。叙利亚由此成为倭马亚政府的核心省份。有人可能会认为，上述因素会使黎凡特地区更早出现阿拉伯化进程，但是，这里的阿拉伯化迹象恰恰少得惊人。大马士革在官方语言改为阿拉伯语后可能缓慢地阿拉伯化了（可惜的是，相关的证据并不是很充分），但是至少在埃德萨等其他城市并没有出现阿拉伯化的现象。埃德萨有深厚的基督教写作传统，文献显示，直到9世纪，埃德萨说叙利亚语的城市精英阶层仍很兴盛。在乡村地区，内盖夫沙漠的内萨那（Nessana）保存着晚至7世纪80年代的莎草纸文献。尽管这一地区有相当多的阿拉伯人口，但这些文献却几乎没有用阿拉伯文书写的，而且其中一份希腊语文件看起来应该是“迪旺”登记表中的一页。[在死海以西的梅尔特遗迹（Khirbat al-Mird）则发现了相对较少的莎草纸档案，显示出此地在7世纪后期就已经成为说阿拉伯语的地区。]考古学家在叙利亚和巴勒斯坦的城市和乡村地区进行了大量的考古工作，结果显示，当时的社会形态呈现出了明显的连续性。实际上，几乎看不到阿拉伯人征服的迹象。阿拉伯人在之后那个世纪里肯定修建了一些新的行政和宗教建筑，但是城市的面貌并没有马上改变。而且，直到8世纪后期，现在的约旦北部和其他城乡地区都还在建造新的教堂。我们会在第15章详细讨论阿拉伯的征服对这些地区的经济影响，但是从文化上说，罗马时代晚期的城市和乡村生活仍然没有改变，即使是在倭马亚王朝的中心地区也是如此。我们很快会讲到，倭马亚人建了不少宏伟的纪念性建筑，但这些象征符号只是表象，社会在本质上还是延续了以前的形态。这一地区和埃及一样，大范围的文化变革在公元750年甚至更晚的时候才开始。

阿拉伯人和当地人口的文化隔绝所造成的麻烦在于，中央和地方权力之间存在已久的联系被切断了，尤其是在行政机构改用阿拉伯语之后。地方政客在7世纪时还有可能希望和中央政府产生联系，因为当时他们还说的是同一种语言。内萨那一份7世纪80年代的莎草纸档案显示，一位叫作萨穆伊尔（Samuel）的乡绅（kyrios）曾组织一些村民代表去加沙，向行省总督抗议沉重的税负。[14]（总督肯定是阿拉伯人，但他的大部分文本也是用希腊语书写的。）到了8世纪，这些政客就需要做出选择了：他们可以和自己庇护的人一起保持基督徒身份，但是这样会失去和中央政府的联系；他们也可以成为阿拉伯化的“毛拉”，借此成为政府的一部分，但也会冒失去地方联系的风险。在埃及，选择第二条路的人非常少，8世纪时，那里的社会关系日趋紧张。埃及的抗税起义[15]从726年开始，在一个多世纪中不时出现。最严重的起义有两次，一次发生在750年，也就是倭马亚王朝覆灭的那一年，另一次发生在812—832年。阿拉伯时期的税负并不明显重于罗马时代，但是埃及的市民社会和阿拉伯的军事精英阶层隔绝太深，因此导致了暴力抵抗。但是，750年时，阿拉伯的政治权力已经根深蒂固，不可能因为这些起义而受到根本性的威胁。乡村社会至迟从832年开始了阿拉伯化进程，这就意味着精英阶层和市民阶层之间可能会重新出现较强的庇护关系。

不过，阿拉伯文化和非阿拉伯文化的隔离并不彻底[16]，其中有一个很关键的原因：伊斯兰教自己就是在罗马晚期的宗教世界（以犹太教为主）中诞生的。因此，在这些被征服的省份中，伊斯兰教容易在很多方面和当地宗教格局产生联系。这种情况在宗教中最不正式的方面，也就是那些和政治权力以及合法性问题关系最小的方面体现得最为明显。例如，几份早期的穆斯林史料称，穆罕默德得到了基督教圣人的承认和尊重，其中最重要的是叙利亚隐士巴希拉（Bahira）。基督教的一些史料对这个人也有记载。[17]穆斯林也尊重犹太教和基督教的圣地，尤其是耶路撒冷（穆斯林也希望得到这座城市），以及同为基督教和穆斯林朝圣之地的西奈山。最能说明这种情况的一个例子大概是倭马亚人对塞尔吉奥波利斯的兴趣。这个圣地是祭拜圣徒塞尔吉奥（St Sergios）的地方，位于一个叫作鲁萨法的阿拉伯人定居点。这个定居点位于叙利亚东部、幼发拉底河南岸的草原上。在公元500年前后的10年间，拜占庭皇帝在塞尔吉奥波利斯的朝圣中心建起了几座非常宏伟的教堂，其所在地区属于阿拉伯基督徒的势力范围。6世纪时，加萨尼人也把自己和圣塞尔吉奥，尤其是鲁萨法联系起来。因此，8世纪30年代的哈里发希沙姆（Hisham）把此地视为自己最喜爱的乡村居所，这也是非常重要的一点。他在城市中建起了一座清真寺。这座清真寺紧挨着一座主要的教堂，甚至和这座教堂共享一个庭院。此外，他还在教区内建起了一系列商店（希沙姆在其他地方也热衷于修建纪念性的商业设施，详见15章）。这位哈里发显然是对这个地方在宗教上的重要性做出了反应——实际上，是表现出了尊重，即使其重要性在传统上和本质上都是属于基督教的。鲁萨法作为穆斯林政治中心的历史最多只有20年，但是萨尔吉（Sarjis，即塞尔吉奥）成了一位穆斯林圣人，至少在后来几个世纪里的阿拉伯世界部分地区中是如此。在像鲁萨法这样的地方，征服者和被征服者在宗教层面上可以平等对话。

***

欧麦尔一世在统治期间一直忙于南征北战，除了迪旺制的建立以外，这一时期的国家结构并没有大的发展。第一波征服行动于651年结束时，奥斯曼发现了一个危险，那就是新征服的行省可能会与新的阿拉伯军事精英阶层渐行渐远。我们不知道欧麦尔在位时这些行省是否会将税收上交给麦地那，但是所有的史料都表明奥斯曼至少会拿走一部分的地方税收，尤其是从埃及和伊拉克这种农业发达的省份。奥斯曼还有一个颇受争议的举动，就是任命自己的族人或者部落领袖来担任总督，而不是用那些统治着守卫部队所在城镇的早期穆斯林。后者在部落中往往没有特殊的身份。奥斯曼做出这种举动，可能是希望确保地方权力机关对他的忠诚，以使新建立的阿拉伯政治体制稳定下来。上述两个政策的目标都是集中权力，而且我们有足够的理由猜测正是这些政策使奥斯曼在656年死于非命。但是，第一次内战的胜利方是他的族人穆阿维叶[18]，而穆阿维叶肯定继续执行了奥斯曼的政策。例如，他任命自己的干弟弟齐亚德（Ziyad，673年去世）担任伊拉克和伊朗的总督，而在叙利亚，他又极力拉拢凯勒卜部落所统治的部落联盟。凯勒卜人是该省最主要的阿拉伯人群体。（但是，我们还不是很清楚他从叙利亚行省的税收中拿走了多大一部分，他的集权行为主要在个人层面上。）穆阿维叶显然想要建立自己的王朝，因而要确保儿子（母亲是凯勒卜人）叶齐德一世（Yazid I，680—683年在位）能够继承哈里发的位子。他的这个想法导致了680—692年的第二次内战[19]，其规模远远大于656—661年的第一次内战。

680年，阿里的儿子侯赛因（al-Husayn）第一个起兵造反。他在一场一边倒的战役中被杀于伊拉克的卡尔巴拉。他后来被什叶派尊为殉道者。在麦地那，阿卜杜拉·伊本·祖拜尔（'Abd Allah ibn al-Zubayr）也拒绝承认叶齐德的权威。他的父亲是第一次内战中的另一位首领。伊本·祖拜尔在麦地那和麦加自立为哈里发（683—692年在位），在很大一片地区内维持了几年的统治。他自己的军事行动并不是很多，但在伊拉克和叙利亚的部分地区得到了很多人的支持。叶齐德死后，库法也在什叶派领导人穆赫塔尔的率领下造反，并在685—687年保持了实质性的独立。在叙利亚，几个主要的阿拉伯部队之间产生内讧，凯勒卜部落遭到了“卡伊斯”（Qays）的反对。卡伊斯是一个由阿拉伯半岛北部新迁入叙利亚的移民所组成的联盟，其根据地在叙利亚北部和加济拉地区，且都是伊本·祖拜尔的支持者。为了对抗伊本·祖拜尔，倭马亚家族从内部挑选了另外一个支系担任哈里发，这就是马尔万一世（Marwan I，684—685 年在位），以及他的儿子阿卜杜勒·马利克（685—705 年在位）。马尔万于 684 年在大马士革以北的马尔吉·拉希特（Marj Rahit）战役中击败了卡伊斯联军。即便到此时，倭马亚王朝还是面临着全盘崩溃的风险，但是马利克挺了过来。他继续战斗，收复了麦加，并于 692 年杀死了祖拜尔，从而重新建立起统一局面。但是，他十分清楚自己需要一个更加稳定的新政治体系，以避免再次出现可能终结阿拉伯统治的内乱。

从马利克开始，我们所拥有史料的可信度和多元化程度都在提高，我们对重建历史真相也更有把握。马利克做了一件事，那就是重新开始征服行动。7 世纪 40 年代和 70 年代，阿拉伯军队都曾漫无目的地从埃及向西，进入拜占庭阿非利加[20]行省的南部（并且在 670 年建造了驻军城市凯鲁万）。但是，直到 7 世纪 90 年代，他们才在阿尔及利亚高原上击败强大的柏柏尔部落，进而于 698 年占领迦太基，从而彻底完成对阿非利加的征服。柏柏尔人很快就接受了阿拉伯人的统治。711 年，马利克的儿子瓦利德一世率领由柏柏尔人和阿拉伯人组成的军队入侵西班牙。到 8 世纪第二个十年结束时，阿拉伯人几乎控制了伊比利亚半岛全境，并挥师进入法兰克人的领地。在东方，阿拉伯人在 706—712 年征服了布哈拉和撒马尔罕，继而占领中亚和印度西北部的部分地区。这一切伟大的征服行动都为进攻君士坦丁堡做好了铺垫。717—718 年，马利克的儿子马斯拉马（Maslama）率领军队围困君士坦丁堡，但这次行动以失败告终。实际上，哈里发国的控制范围在瓦利德时期就达到了顶峰，而此后，不断爆发的边境战争成为帝国的常态。与636—651年的征服行动相比，这一轮新的征服行动并没有那么大的经济和政治意义，但至少保证了几个主要行省的军队一直有仗可打、有钱可花，这就比内战要好得多。

马利克在对各行省的统治中也尽可能地使用强力。他先是把埃及交给自己的兄弟阿卜杜勒·阿齐兹（‘Abd al-Aziz，704年去世），然后很快又任命卡伊斯人库拉为总督。后者的一些书信留存于世，从中可以看出此人在地方统治中善于横征暴敛。我们至此还看不到埃及的财富有流向叙利亚的迹象，而且这些总督的富有程度可能都不亚于哈里发自己，但是他们肯定是忠于哈里发的。伊拉克是倭马亚王朝早期最不安分的行省。694年，马利克任命另一个忠心耿耿的卡伊斯人为伊拉克总督，此人名叫哈贾吉·伊本·优素福（al-Hajjaj ibn Yusuf），在总督任上（697年后还兼任呼罗珊总督）一直干到714年去世。作为统治者，哈贾吉即便算不上暴虐，也称得上是非常严厉。他在701年挑起了和库法人的内战，并于战后在库法设立了一支叙利亚人组成的军队。伊拉克人的军队逐渐萎缩，伊拉克的税收也从那以后流向大马士革。在叙利亚，马利克在凯勒卜人和卡伊斯人的庇护体系之间维持着平衡，任命卡伊斯人当总督就是出于这个考虑。但是，这两个互相对立的派系还是在各自发展着势力。凯勒卜人得到了移居叙利亚中部的也门人的支持。我们的史料中从此就大多把这个联盟称为亚马尼人（Yamani）。这两个敌对的联盟[21]后来事实上把所有阿拉伯人都包括进去了，他们为争夺哈里发的庇护——尤其是诱人的总督职位——而展开了激烈的竞争。无论是亚马尼人还是卡伊斯人担任总督，他们都有权把所有实权职位都留给自己这一派的人，但是哈里发自己在相当长的时间里都在这两个集团之间保持中立。

马利克把阿拉伯文化和伊斯兰教在公共社会的影响力提升到了一个新的高度。我们已经讲过，行政机构在他在位期间完成了阿拉伯化，其内部协调性也达到了此前从未有过的高度。例如，资深的档案管理官阿卜杜勒·哈米德（Abd al-Hamid）[22]留下了一批辞藻华丽的公函（725—750年），我们可以从这些公函中看到行政机构的高度协调。哈米德的文风酷似后来盛行于9—11世纪的“美文”（adab），而在同一时期，拜占庭也出现了高度文学化的文字风格。我们会在后面继续讨论这两种风格。此外，马利克还首次在铸币活动中展现了哈里发的政治权力。阿拉伯人的硬币此前一直都模仿拜占庭和波斯硬币的样式，但是在691—692年，标准重量的新硬币流入了市场。包括在前罗马领地发行的金币“第纳尔”（dīnār），以及在前波斯领地发行的银币“迪拉姆”（dirham）。这两种硬币上都有阿拉伯语和伊斯兰教内容的文字，而且从696年开始不再使用人像图案，只用文字装饰。哈里发还从第二次内战期间开始斥巨资兴建各种宏伟的建筑[23]，其中第一座就是691—692年完工的圆顶清真寺。这座建筑位于耶路撒冷的传统犹太教祭祀中心圣殿山的山顶上。据说，穆罕默德曾经在一夜之间神奇地从麦加来到耶路撒冷，其落脚点就在圆顶清真寺的选址处。接着，瓦利德又在圆顶清真寺的附近修建了耶路撒冷阿克萨清真寺（709—715年），还修建了麦地那的大清真寺（706—710年），以及大马士革的大清真寺（705—716年）。我们已经讲过，大马士革的大清真寺至今仍基本保持着原来的结构和马赛克装饰。上述建筑以及其他一些建筑，在当时来说是中国以西的整个亚欧大陆上规模最大的一批建筑，而它们全都明白无误地展示着伊斯兰教的成功和富有。我们还必须补充一点，那就是这些建筑显示出，各个行省的财富到这时为止已经至少有一部分流向了叙利亚。倭马亚家族对自己的儿童实施伊斯兰式教育，其中一个例证是欧麦尔二世·伊本·阿卜杜勒·阿齐兹（Umar II ibn ‘Abd al-Aziz）因为宗教信仰而崇尚俭朴的生活。他也是倭马亚王朝的哈里发中唯一一位被后人认为公正的统治者。他的继承者们没有继承他的俭朴作风，但阿拉伯政权此时已经相当稳定了。马利克的小儿子希沙姆维持了很长时间的统治（724—743 年）和相对平静的局势，这就是一个例证。

倭马亚王朝在其于 750 年被推翻之后一直名声极差。人们认为倭马亚王朝统治者的权力来自世袭而非共识（虽然阿拔斯王朝的世袭和倭马亚没什么两样），而且他们都是堕落的暴君，只知道在宫里享乐，根本不管政府的需求。倭马亚的哈里发们确实修建了奢华的宫殿，其中一些还保存到了今天，分布于约旦河流域以及叙利亚和约旦的沙漠边缘地带。这些宫殿都以自己的方式显示出了不亚于瓦利德修建清真寺的雄心，而且其中有两处［杰里科城外的阿尔马佳离宫（Khirbat al-Mafjar）的墙饰，以及安曼以东的库塞尔阿姆拉（Qusayr ‘Amra）浴室的壁画］出现了大量的人体形象（很多是裸体女性），看起来并不很像伊斯兰教的风格。[24] 不过，这两个例子代表的是一种私人的装饰传统，而这种传统此后在穆斯林社会中存在了很长时间，并不能因此就说修建这些宫殿的倭马亚哈里发们没有认真研读《古兰经》。（实际上，《古兰经》只反对偶像崇拜，并不反对所有的人像图案，但是我们在第 10 章已经讲过，倭马亚哈里发们显然已经知道在公共场合的艺术表现中需要保持谨慎。因此，除宫殿以外的建筑大多有繁复的雕刻装饰，而这些装饰完全是几何图案和非人物的形象，就像大马士革清真寺一样。）此外，有几位倭马亚哈里发的个人生活确实非常奢靡，但是从古至今的统治者无不如此——阿拔斯王朝的哈里发们也包括在内——而且，这些个人生活作风并没有对他们的统治理念形成太大的冲击。对倭马亚哈里发的种种责难并不是对倭马亚政府的准确评价，而只是一种“除忆诅咒”（damnatio memoriae），就像后来的拜占庭人对君士坦丁五世所做的那样。

在对倭马亚哈里发的各种批评之中，得到最多赞同的一点就是：他们是阿拉伯统治者，而不是穆斯林统治者。该观点一直流传到现在，就连19世纪后期研究倭马亚王朝的伟大历史学家尤利乌斯·威尔豪森（Julius Wellhausen）也把倭马亚王朝称为“阿拉伯王国”。这实在是大错特错。首先，至少从马利克开始，倭马亚哈里发们对他们的宗教责任都十分重视（穆阿维叶的历史形象相对模糊）。欧麦尔二世颁布过带有浓厚宗教色彩的法令，而且他肯定不是唯一一个有过这种举动的哈里发。瓦利德二世（al-Walid II，743—744年在位）被后人认为是倭马亚王朝最荒淫无度的哈里发，但他颁布的一条法令却显示，他对真主赋予他的宗教责任毫不怠慢。这条法令中包括推行宗教服从，追求“对全体穆斯林，尤其是对他个人来说最正义的目标”，以及最重要的“伊斯兰教的实现”。稍微改几个词，这则法令就很像查理曼最具道德色彩的法令了。与此相似，瓦利德二世的亲戚、后来取代他成为哈里发的叶齐德三世（Yazid III，744年去世）也在解释自己的反叛行为时用了纯粹的穆斯林语汇。实际上，这些哈里发对自己宗教角色的重视程度要超过阿拔斯王朝的哈里发，至少超过阿拔斯家族第一代的宗教热情褪去之后的哈里发。[25]我们之所以这样说，是因为到8世纪末的时候，解释宗教权威的任务已经几乎完全从哈里发的身上转移到了一个新的社会团体身上，这个团体就是由学者组成的“乌理玛”（ulamā，详见第14章）。

还有观点认为，倭马亚时期的伊斯兰教更“阿拉伯化”，而后来的伊斯兰教更具普世色彩。穆罕默德到底是阿拉伯人的先知，还是所有人的先知？有人认为，早期阿拉伯人对其他人改宗伊斯兰教持谨慎态度，这说明他们倾向于认为穆罕默德只属于阿拉伯人，只有阿拔斯王朝才对所有人敞开了信仰的大门。这个观点基本上也属于过分解读。阿拉伯人毫无疑问相信自己是最高等的民族，对其他民族的态度说好听点是不友好，说难听点就是敌视，改宗的问题也包括在内。库塞尔阿姆拉宫殿[26]里有一幅著名的壁画，画中有6位国王，其中4位分别来自罗马帝国、波斯萨珊王朝、埃塞俄比亚、西哥特的西班牙，还有两人的来历不明。这些国王在画中的姿态，显然与旁边一幅展现阿拉伯人胜利的壁画内容相关。但是不管怎样，改宗还是被认为是正常的事情，而且有大量的毛拉在倭马亚家族的治下获得了很高的职位。其中值得一提的是西班牙的征服者之一穆萨·伊本·努赛尔（Musa ibn Nusayr，713年去世），还有阿非利加行省后期的几任总督。就连倭马亚王朝最具代表性的忠臣哈贾吉都曾任命非洲黑人赛义德·伊本·朱拜尔（Sa'id ibn Jubayr）担任库法的法官（qādī），但库法人抗议让一个毛拉担任这个职位，哈贾吉后来不得不撤销了任命。当然，阿拉伯人的排外和穆斯林的包容之间存在着矛盾，而上至哈里发，下至底层士兵，每一个人都能感觉到这种矛盾。直到9世纪，在多种原因的作用下，改宗现象才变得普遍起来。这个问题也不仅存在于阿拉伯人和非阿拉伯人之间，还存在于定居的阿拉伯人和贝都因阿拉伯人之间

（双方都声称自己是更好的穆斯林），当然还有各个部落之间。顺便提一句，阿拉伯人的部落传统到此时已经和沙漠没有什么关系了。公元 700 年时，绝大多数阿拉伯人过着定居的生活，竞争军队和文官系统中的职位。他们都希望把这些职位留给自己，以及自己的家族和盟友，而不是敌人。这引起了部落和民族的排外主义言行，但是任何一个社会都存在这种现象，阿拉伯人中的这种现象在公元 750 年后也并未停止。[27]

许多阿拉伯人身上都混合着排外和包容这两种矛盾的特质，其中一个例子是诗人法拉兹达格（al-Farazdaq，约 729 年去世）。[28] 他可能有贝都因血统，但是他漫长人生中的绝大部分时光是在巴士拉度过的。他的诗中充满了骆驼、羚羊、帐篷以及骑兵战争等意象。这些意象是阿拉伯诗人作品中最常见的，并没有体现出对沙漠生活的格外怀念。他写过一些爱情诗，还在另外一些诗作中攻击敌对部落的人（通常是诗人），说他们不知羞耻、生活淫乱。这同样也是所有阿拉伯诗人的标准做法。法拉兹达格是一个彻头彻尾的阿拉伯人，他对不得不去一片“可憎的土地”而感到厌恶，这片土地指的是安曼，那里“到处都是棕色头发的希腊人”。但是，他在歌颂哈里发的作品（其中有约 15 首存世，歌颂对象包括从马利克到希沙姆的每一任哈里发）中又呈现出了穆斯林的意象：“奔向伊斯兰教，正义已经回到了我们这里，使伊拉克遭到蹂躏的痛苦根源已解除，世界上再没有贫穷，苏莱曼（715—717 年在位的哈里发）是宇宙的瑰宝。”他的这种表现一点都不意外，这种多种价值观混合在一起的现象在中世纪早期的所有基督教作者身上都有体现，无论这些作者在西方还是东方。例如，图尔的格雷戈里以及艾因哈德（Einhard）既表现出基督徒的包容精神，又歌颂法兰克人在种族和军事实力上的高人一等；同为基督徒的森涅修斯则在 5 世纪初时对哥特人表现出强烈的敌意。因此，宗教和道德上的矛盾在这一时期并不是阿拉伯人特有的问题。

***

阿拉伯人的疆域停止了扩张，希沙姆[29]是第一个需要面对这个问题的哈里发。哈扎尔人和突厥人从北侵入，阿拉伯人在 8 世纪 30 年代费了很大力气才把他们打回去［（击退哈扎尔人的马尔万·伊本·穆罕默德（Marwan ibn Muhammad）是一位能征善战的将军，后来成为加济拉总督］。在西部边陲，柏柏尔人于 740—743 年发动了一次大规模的起义，切断了倭马亚王朝进入西班牙乃至阿非利加的通路。但是，只有后人才会把这些问题看作倭马亚王朝覆灭的前兆，因为在当时，这些问题都在希沙姆死前得到了解决。希沙姆更为人所熟知的是他对钱财的吝啬，这说明哈里发们一直没能解决税收被地方截留而无法上缴中央的问题。此时，阿拉伯人在伊拉克乃至埃及都失去了他们在军事上的地位。倭马亚王朝后期的军队几乎全都由叙利亚人组成，只有极西的柏柏尔地区和极东的呼罗珊除外，但是这并没有使军事组织进一步集权化。实际上，叶齐德三世在 744 年发布的起义宣言中曾承诺不挪用各行省征收的税款。[30]此外，希沙姆的死导致了一系列严重的问题，因为叙利亚军队分裂成了亚马尼和卡伊斯两派。瓦利德二世并不一定支持卡伊斯派，但是叶齐德三世的起义肯定是得到了亚马尼派的支持。加济拉的马尔万意欲为瓦利德复仇。他在这个卡伊斯人的行省治理有方，还雇了一支卡伊斯军队。叶齐德在几个月后暴毙，马尔万取而代之，成为马尔万二世（Marwan II，744—750 年在位），但他此后用了两年时间才平息了亚马尼人在叙利亚的抵抗。这也是哈里发的核心省份第一次遭到攻击。

744—746 年间，爆发了第三次内战。与 7 世纪的两次内战不同，此时阿拉伯人的统治已经有了很深的根基，不会被内战动摇，但是倭马亚家族的统治就是另外一回事了。伊拉克在 744—748 年间也发生了什叶派乃至哈瓦利吉派的反叛，且都得到了亚马尼人的支持。伊拉克此时已经没有了自己的军队，因此这些叛军本身很容易对付，但是他们的出现却标志着人们对统治王朝的信任正在丧失。东方的军队主要驻扎在呼罗珊，这里发生的事件更加严重。什叶派组织在这里悄无声息地传播反叛思想已有 30 年，而其背后的受益者则是哈希姆家族（Hashimiyya），即古莱什家族中穆罕默德所直属的那一支。当然，哈希姆家族中有阿里的后人，但是也有穆罕默德的叔叔阿拔斯的后人。747 年，这群人中一个叫阿布·穆斯林（Abu Muslim）的人在呼罗珊东部鼓动公开起义。这次起义很快就滚雪球般地吸引了几乎全部呼罗珊军队加入。阿布·穆斯林和他的同伙没有挑选阿里的后人，而是让阿拔斯的后人作为名义上的起义军宗教领袖。[31] 749 年，阿布·阿拔斯（Abu al-'Abbas）自称萨法赫（al-Saffah）哈里发。呼罗珊军队挥师西进，于 750 年在伊拉克北部击败了马尔万，并于同年夺取叙利亚和埃及。754 年萨法赫死后，他的弟弟阿布·贾法尔（Abu Ja'far）继位，称曼苏尔哈里发（754—775 年在位）。他很快就处死了阿布·穆斯林，自己独揽大权。新政权终结了（或至少边缘化了）卡伊斯人和亚马尼人的世仇，这主要是因为组成呼罗珊军队的大部分不是阿拉伯人，世仇也就不那么重要了。阿拔斯人虽然毫无保留地利用了亚马尼人的支持，但他们也用最快的速度和卡伊斯人缔结了和平。此外，由于他们征服了所有的行省，可以从头开始建立一个新的制度，他们也就有能力结束各个行省的迪旺制所带来的财政独占问题。不过，阿拔斯王朝并没有把行政中心放在军事支持最强的呼罗珊，而是选择了伊拉克，把这里设为新的哈里发直隶行省。伊拉克在帝国版图中处于中心位置，也是最典型的非叙利亚人组成的省份。叙利亚在744—746年遭到马尔万的蹂躏，750年又被阿布·穆斯林洗劫，此外还经历了一次大地震，时间大概在749年。经过这一系列变故，叙利亚变成了一个普通的行省，并和其他行省一样，在政治上得不到中央政府的信任。曼苏尔在762年建立了新的首都巴格达。这座城市很快就达到了大马士革从未达到过的高度，哈里发国的统治风格也与以往截然不同。

倭马亚王朝覆亡，主要是因为占统治地位的叙利亚军队分裂，这使其失去了军事上的霸权，也使人们开始怀疑其作为统治者的必然性。什叶派曾在7世纪80年代鼓动库法的穆赫塔尔造反，并在后来的数十年间发动了一系列小规模的起事，但是直到此时，他们才有机会在呼罗珊，也就是伊斯兰世界的第二大军队中得到前所未有的支持。（第三大军队是柏柏尔人，但是他们向来自行其是。）阿布·穆斯林自己是一个毛拉，他在呼罗珊军队中得到了大量波斯裔士兵的支持。由此带来的结果是，哈希姆家族从此废除了排外主义的阿拉伯统治方式，建立起了新的穆斯林社群。这样做的基础是，呼罗珊的非阿拉伯人改宗伊斯兰教的比例在各行省中是最高的。不过，哈希姆家族的其他元素就完全是阿拉伯式的了，他们也利用阿拉伯人的内部矛盾，得到了一部分群体的支持。这些群体包括对卡伊斯人充满怨恨的亚马尼士兵，以及帝国东部的阿拉伯移民。后者曾生活在当地伊斯兰化的波斯精英的统治之下，向他们缴税。至少有一点是明确的，那就是倭马亚王朝在呼罗珊的民意基础之所以崩溃，主要是因为阿拉伯定居者和占当地人口大多数的原住民之间远超过其他地方的互动，以及高度紧张的关系。这种紧张关系有可能演变为地方的内战，但什叶派成功地把它转化为一种以颠覆现存政治体制为共同目标的团结阵线。这种团结以拯救被统治族群为名义，但所谓的拯救只是一种幻象，阿拔斯王朝成立后也时常发生宗教起义（到此时为止都来自阿里的后裔），和倭马亚王朝别无二致。但是，此时扎根于伊拉克的政治发展路径毕竟还是和以往大不相同了。

第 13 章

拜占庭的复兴，850—1000

有一本书叫作《典仪论》，相传为拜占庭皇帝——“生于紫室者”君士坦丁七世（913—920 年、945—959 年在位）所作。[1] 这本书大约成书于他的第二个任期内，后来又经过一次修订。根据书中的记叙，君士坦丁城内举行的很多宗教游行活动都需要皇帝本人参加：复活节后的一周内每天都有一场游行，耶稣升天节、圣灵降临节、5 月 1 日［880 年巴西尔一世（Basil I, 867—886 年在位）为新教堂（Nea church）举行献堂礼的日子］、以利亚（Elijah）日、圣德米特里（St Demetrios）日、举荣圣架节（Elevation of the Cross）等等也都要举行游行活动，全年无休。除了皇帝以外，参加游行的还有数十乃至数百名世俗和宗教领袖，有时还有官员们的妻子。杂耍界的领袖也要参加，这些人的任务是在皇帝的游行路线上对其致以正式的欢呼喝彩。皇帝在游行时要穿过皇宫内的各个大厅、礼拜堂和内廷，从铜门（Chalkē，杂耍人士在这里迎接他）出皇宫，穿过马路到对面的圣索菲亚大教堂，在教堂内做完礼拜后再返回皇宫。《典仪论》中详细列举了不同的节日的不同着装要求，不同的欢呼词（其中有一些仍然是拉丁语，而这门语言作为口头交流语言在君士坦丁堡已经消失了400年），以及仪式后宴会上餐桌的摆放位置，等等。例如，书中对圣灵降临节的各项要求有格外细致的描述——在这本书的现代版本中，这部分长达12页。由于这一节日是用来纪念耶稣复活的，因此官员们在大教堂内不向皇帝行叩拜礼（proskynēsis）。在教堂参加礼拜的还有皇后和一组经过特别挑选的官员妻子，此外还有21个不同的政府部门代表分成7组进入教堂。

这些程序每年的每个节日都要来一遍吗？所有人都是每次都要参加吗？如果是的话，谁能记得住那么多繁文缛节？君士坦丁显然很重视这些细节。《典仪论》的前言可能是他自己写的，他在其中申明，拜占庭帝国丢弃了罗马帝国的仪式传统，结果使国家"毫无美感"，而他的目标就是重拾传统，让仪式成为"平整干净的镜子，映照出帝国的荣光"，并让皇帝"以秩序和尊严来驾驭权力"。由此可见，君士坦丁确实认为在他之前的仪式没有他的仪式这么精致。而且，他对很多仪式细节的要求确实是重建了一些早已消失的活动形式，其中有一些成功地再生了，另一些可能不那么成功。不过，对仪式如此感兴趣的不止君士坦丁一个人。我们已经讲过，帝国的首都经常举行各种各样的游行，例如凯旋式。这些仪式在公元850年以前的那些困难时期里也从未中断过。[2]仪式是不断变化的鲜活进程，不断有新的元素被创造出来（就像巴西尔在新教堂举行的献堂礼那样）。即使是那些行伍出身的皇帝可能也很喜欢凯旋入城这样的仪式，而且他们在城里的时候也很尊重日常的宗教游行：968年，尼基弗鲁斯二世·福卡斯（963—969年在位）为了参加圣灵降临节的游行而临时中断了和西方皇帝奥托一世（Otto I）的使节、克雷莫纳主教柳特普兰德[3]之间的正式外交会晤。柳特普兰德的出使很不成功，因此他在写给奥托的报告里极尽诋毁之能事：高级官员们都穿着旧衣服，只有皇帝自己穿金戴银，而那些在皇宫和圣索菲亚大教堂之间列队的民众都是些赤脚的暴民，欢呼声很假，宴会上的食物难以下咽。通过这些描述，柳特普兰德无意间证明了这项活动的仪式属性。他的文字还对《典仪论》的内容形成了补充，因为后者几乎没有提及仪式上的民众。这个仪式不仅精致得令人咋舌，而且对城市中至少一部分居民来说有着很重要的意义。他们同样尊重皇帝关于“秩序和尊严”的逻辑。

从公元 850 年开始的 200 年是拜占庭成功和繁荣的巅峰期。它在首都的表现，就是各层面都体现出非常复杂的宫廷文化。9 世纪，精英教育逐渐普及。这个进程在第二次反圣像运动期间就已初见端倪（见前文，第 11 章）。到 9 世纪结束的时候，首都的世俗官员已经到了没受过精英教育就几乎无法参与政治的程度。教育普及的先锋人物是佛提乌（Photios，约 893 年去世）。他在 9 世纪 40—50 年代从世俗官僚序列中逐步晋升，最后获得了司法系统内的“首席秘书”（prōtasēkrētis）职位。之后，他忽然被委以神职，改任君士坦丁堡宗主教（858—867 年、877—886 年在任）。佛提乌自己就出身精英家庭（他是伊琳娜时期的宗主教塔拉西奥斯的亲戚），是一个真正的知识分子，写过几本书和大量的书信，还留下了一组充满复杂概念的布道词。他可以被认为是反圣像运动结束后正教会文化模式和思想框架的主要创造者。他也把接受教育变成了一件对于主要世俗和神职官员来说很正常的事。教会里的严守教义者把佛提乌渊博的学识看作属灵骄傲，为此批评他，但这些人在此时的地位已经比伊琳娜时期更加边缘化。而且，确实有太多东西需要去学习了。佛提乌最著名的著作是《群书摘要》(*Bibliothēkē*)。这本书(可能)初拟于845年，其中用希腊语讨论了279本不同的书。这些书的作者中既有异教徒，也有罗马帝国晚期的基督徒。佛提乌对这些书的讨论涉及大量细节，经常大段引用原文(其中一些作品只有佛提乌引用的段落得以存世)，并以批判性的思维对这些著作进行了分析。佛提乌读过的书还不限于这些，例如，他并没有把诗歌列入《群书摘要》。但是，尽管书中列举的书有遗漏，其范围之广也显示出了君士坦丁堡书籍资源的丰富。对于那些富有、有毅力且拥有政治权力的读者来说，他们能够读到的书是非常多的。《群书摘要》在10世纪时已经很流行，人们把它当作百科全书来读(当时流通的百科全书有几种，《典仪论》实际上也包括在内)。佛提乌的下一代人中，有一位叫阿里萨斯(Arethas)的人在凯撒利亚，也就是现在的开塞利担任大主教。他手里有一套《群书摘要》，而且可能还对其进行了一些编辑。和佛提乌一样，阿里萨斯也是一位很有毅力的藏书家。我们现在有20多本在阿里萨斯的监督下完成的手抄本，其中包括了从柏拉图到他所处年代的多部名作，而其中的注释很多都是阿里萨斯自己写的(而且往往是他亲自手写)。这些手抄本在当时肯定非常稀有，但是阿里萨斯的学识以及他在其他著作里展示出的渊博，在公元900年左右已经比之前要常见多了。[4]

关于精英文化的复杂性，还有很多不同方面的证据。例如，有好几任皇帝都能著书立说。[5]巴西尔一世靠造反上位，本人没受过什么教育，但他让儿子利奥六世(Leo VI，886—912年在位)接受了教育。实际上，利奥六世的老师正是佛提乌。利奥的著作包括一本名为《战术》(*Taktika*)的军事手册、一些诗歌、一本修道指南、多部法律条文(以辨识度很高的个人风格写成)，以及一些训诫书。利奥的儿子君士坦丁七世写过一本被近代早期的编者们冠名为《帝国行政论》的书，其中有关于拜占庭各个邻国的描述，细节十分丰富（但是很多都不准确）。此外，他还组织了《典仪论》和其他几本著作的编写工作。连尼基弗鲁斯·福卡斯都至少写过一些关于军事战术的笔记，记下他最引以为豪的战术心得。这些笔记在他的监督下汇编成了两本书，其中一本名为《论战斗》（*On Skirmishing Warfare*）的书是10世纪众多军事手册中最好的几本之一。这些皇帝的写作水平一点都不业余，因为对于他们来说，写文章也是一种重要的治国能力。

第二，这些学问本身很快就变得颇有难度。君士坦丁七世的大部分著作都是平铺直叙，但是和他同时代的大部分作者用的都是更复杂的写作方式，更接近阿里萨斯的风格。我们来看看利奥·科伊罗士法特（Leo Choirosphaktes，公元920年后去世）的例子。[6]此人在利奥六世统治期间为几次事件写过纪念诗歌，其中一首歌颂了利奥六世重建的一座宫廷浴室。他还有一首名为《千行神学》（*Thousand-line Theology*）的长诗。这是一首围绕他自己的名字和头衔构建的离合藏头诗，还阐述了一套知识量很大且富于哲学色彩的复杂神学思想。阿里萨斯是个看什么都不顺眼的人，而且他的受教育程度足以让他看懂《千行神学》中的那些哲学典故，因此他指责利奥是异教分子。这个指控明显是站不住脚的，但是利奥的新柏拉图主义立场促使他主张，只有受过教育的人（尤其是像利奥自己这样的占星专家）才能完全理解上帝。利奥·科伊罗士法特是巴西尔一世的私人秘书（mystikos），在利奥六世在位时曾于895—904年出任拜占庭驻保加利亚的大使。我们手里有他和保加尔可汗西美昂（Symeon，893—927年在位）之间的多封书信，而这些书信也体现了同样的文学性。西美昂在君士坦丁堡受过教育，他的回信毫不逊色。他的这种能力很重要，因为在10世纪的第二和第三个十年里，其他代表拜占庭皇帝的文人也总是想在写给保加尔统治者的信中卖弄柏拉图或荷马的典故。这些人包括曾任皇帝私人秘书的宗主教尼古拉一世（925年去世）[7]，以及首席秘书狄奥多尔·达夫诺帕蒂斯（Theodore Daphnopates）。后者曾给皇帝罗曼努斯二世（Romanos II）写过一首使用复杂象征手法的赞美诗，其中荷马、赫利奥多罗斯（Heliodoros）和希罗多德等人的经典一个不少。辛那达主教利奥（约1005年去世）的书信中引用的古典作家就更多了，包括普鲁塔克、赫西俄德和索福克勒斯等。这个利奥至少还有一些幽默感，在自己的遗嘱里坦言自己读过太多业余水平的作品，但是他在卖弄学问方面的表现一点都不逊于他的前辈们。

我们在后文中将会讲到，这种对古典文学的兴趣与9世纪加洛林王朝的精英文化很相似，主要表现在作者们大量使用典故，喜欢钻研词句。（9世纪的阿拉伯社会也是这样，详见第14章。）不过二者之间还是有一点区别的。加洛林的国王们围绕自己发展出了一种需要较高教育水平的神学文化，作为其道德改革的一部分。人们有可能仅仅凭借自己的学识就成为重要的政治人物。加洛林王朝的政治危机全是由知识分子调停并做出道德裁决的。拜占庭没有加洛林那种持续的宗教使命感，上述所有知识分子中也只有佛提乌一个人能称得上是靠一套完善的神学或哲学理论而拥有了政治影响力。其他知识分子都属于政治精英阶层，他们把自己的受教育程度视为获取精英地位的一个因素。他们把文学文化当作接触司法和政治权力的敲门砖，而不是运用权力的指南。甚至连君士坦丁七世也是如此。“秩序和尊严”是他的试金石，而不是加洛林式的道德改革和拯救。而且，在反圣像运动结束之后，拜占庭的政治世界中有很长时间没有出现重大的神学争论。实际上，在那位担任过私人秘书的宗主教尼古拉之后，就连宗主教的政治地位都相对边缘化了。这种状况持续了至少一个世纪。

公元10世纪拜占庭知识精英们的目标是不一样的：他们想要恢复罗马的过去，而这是属于他们这些真正的罗马人的。在4世纪的时候，一个人能否进入政治精英阶层，与他的文学教育水平有很大的关系，里巴尼乌斯、森涅修斯、凯撒利亚的巴西流等人都是例子（还有西罗马的奥索尼乌斯和后来的希多尼乌斯·阿波黎纳里斯）。这种文化应该得到恢复，而且也确实恢复起来了。10世纪的文学语言远离了希腊口语，而是更贴近罗马晚期的形式。像后期的罗马帝国一样，我们在此时的拜占庭也发现了对一些军人皇帝缺乏文学修养的嘲笑［君士坦丁七世就嘲笑僭越自己皇位的罗曼努斯一世·利卡潘努斯（Romanos I Lekapenos，920—944年在位），称此人是一个“平庸的文盲”[8]］。这种对罗马传统的追求也给罗马法律的复兴提供了最初的推动力。[9]《法典》(*Basilika*)由巴西尔一世和佛提乌开始编修，于利奥六世在位期间编纂完成，内容则是对查士丁尼法典中的《学说汇纂》《法典》《新律》三部分的翻译和修订。这部法典被确立为拜占庭帝国此后所有立法行为的基础（根据我们已知的情况，事实上也确实如此），恢复了7世纪帝国遭遇危机后中断的罗马传统。罗马文学、仪式和法律的重生同时出现，拜占庭人恢复了对过去时代的信心。利奥和君士坦丁与查士丁尼之间的那350年的时间鸿沟则被他们在思想上彻底忽略。

拜占庭中期的宫廷文化常常被认为是死水一潭，毫无新意，甚至连一些现代的评论家也持这样的观点。10世纪的作家们听了这种说法会很高兴，因为这正是他们追求的目标。但是，这种论述并不符合事实。首先，除了喜欢引经据典之外，所有作家的作品中都体现出了浓厚的宗教文化，这是4—6世纪那些世俗作家的作品里所没有的。例如，他们在作品中引用的《圣经》典故实际上比柏拉图和荷马的典故还要多，引用的方式会让普罗柯比都感到惊骇。但是，事情总在变化。仪式的规矩就不断推陈出新，即便那些号称沿用古代礼法的仪式也是一样。这些规矩有时还会遭到破坏，甚至造成严重的政治影响。利奥六世在906年第四次结婚，这是直接违反教会法规的。宗主教尼古拉因此禁止他进入圣索菲亚大教堂。这个处罚可以说比绝罚的影响还大，因为本章开头所提到的所有宫廷仪式都将陷入混乱。利奥不得不在一年后强迫尼古拉辞职，后者直到利奥死前都没有恢复职务。宗主教在这次斗争中是失败了，但是皇帝如果比较弱势，恐怕就要对宗主教做出更多的让步。尼基弗鲁斯·福卡斯在969年被杀，他的外甥约翰一世·齐米斯西斯（John Tzimiskes，969—976年在位）继位。这场政变的谋划者正是约翰一世和尼基弗鲁斯的妻子（也是约翰的情人）狄奥法诺（Theophano）。这一次，宗主教波利埃克塔斯（Polyeuktos，970年去世）也禁止约翰进入圣索菲亚。[10] 他要求约翰放弃狄奥法诺，把她驱逐出城，再忏悔自己的罪行，之后才能进入教堂举行加冕仪式。这一次皇帝屈服了。仪式体系越复杂，就越容易被人拿来做文章，用于刚才所说的这种重大事件，或者更多较为微妙的场合。拜占庭政治家们不断玩弄他们的体系，而这样做的直接结果就是体系在他们手中逐渐改变。

拜占庭的宫廷，以及在宫廷内上演的各种游行，实际上已经演变成了一个非常复杂的舞台，各方玩家在舞台上的政治角逐同样复杂。在官僚体系中，部门和职位比以往更加重要。整个官僚体系直接围绕皇帝运转，也构成了皇权系统的基础，甚至有时候比皇帝本身更重要，因为皇帝可能会被废黜或边缘化，但皇权系统仍能持续运转。这套政治体系比 6 世纪之后欧洲所有的政治体系都要坚固，比与之相仿的哈里发国的政治体系也更坚固。但是，阿拔斯王朝统治的第一个世纪是一个例外情况，我们会在下一章详细讨论。克利福德·格尔茨（Clifford Geertz）曾把 19 世纪的巴厘称为“剧场国家”，因为其政治体系完全是由各种仪式所组成的。[11] 拜占庭还算不上是这样的国家。举办仪式需要花钱（巴厘也一样），获取官位同样要花钱。皇帝在其他方面的自我展示也要花钱，例如，克雷莫纳的柳特普兰德曾在 949 年以使节的身份拜见君士坦丁七世，这次出使比他后来的那次要愉快得多。[12] 君士坦丁的皇宫里有一棵铜制的树，上面满是会唱歌的机械鸟。这棵让柳特普兰德大开眼界的树显然价值不菲（制造这棵树的目的就在于此，拜占庭仪式的一大目的就是向外国使节炫耀）。拜占庭人在这方面可以毫不隐晦，柳特普兰德在 949 年所见证的一场“发工资”仪式就是例子。这场仪式是在棕枝主日（Palm Sunday）之前的那一周进行的。仪式期间，皇帝把一袋袋金币挨个放在高级朝廷官员和军队将领的肩膀上，这一过程用了三天，因为等着领工资的官员实在太多了。级别较低的官员则在第二周从宫廷总管那里领取工资。（柳特普兰德对君士坦丁说，如果他自己也能参加仪式，他会更喜欢这个活动，于是君士坦丁赏给他一磅黄金，以鼓励他的这种精神。）这个程序揭示出了整个官员阶层的潜在动机：他们需要领工资的官职，不仅是为了行使权力（实际上根本没有几个人能做到），也是为了维持他们的成功和生活方式。在狄奥多西或查士丁尼的时代，政权的牢固性是建立在有效的税收系统上的。从9世纪早期开始，税收系统重新变得有组织起来，君士坦丁七世时期的仪式世界也只有在这个基础上才有可能存在。柳特普兰德在949年访问君士坦丁堡的时候显然注意到了这一点，而到了968年，虽然不太情愿，但他也仍然没有忘记这一点。此时的拜占庭统治者比基督教欧洲的任何君主都更富有。实际上，截至949年，绝大多数穆斯林统治者也无法和拜占庭统治者相比。拜占庭人那套极端复杂的仪式程序的最主要功能就是强调这一点，而它实际上也确实做到了。

***

我们看到的这座舞台，至少是这种形式，是在843年由狄奥多拉和她的幕僚们确立的。当年她结束了反圣像运动，树立了正教（《典仪论》告诉我们，树立正教的那一天是3月11日，也就是四旬斋的第一个星期日。当天举行了一场正式的游行。[13] 此后这一天成了纪念日）。狄奥多拉的儿子米海尔三世（842—867年在位）的皇权先后被多人控制，先是狄奥多拉自己，然后是她的哥哥巴尔达斯（Bardas）。巴尔达斯于866年被杀之后，大权落入了马夫出身的宫廷总管巴西尔手中。在拜占庭，血统的重要性不如在西方那么大，我们稍后会讨论这个问题。但即便如此，巴西尔的平步青云也是很不寻常的。867年，他杀死米海尔，登上皇位，称巴西尔一世。为了给自己的弑君行为找理由，巴西尔把米海尔污蔑成了一个无能的醉鬼。不过，巴西尔确实建立了一个稳固的政权。他开创了“马其顿王朝”，让自己的家族统治拜占庭将近200年，直到公元1056年，比帝国历史上任何一个家族的统治时间都要长。

巴西尔面对的政治军事局势基本上是对他非常有利的。首先，阿拔斯哈里发国在861年后陷入政治危机，这个亚欧大陆上最强大的国家对拜占庭的直接威胁就这样解除了，它从此一蹶不振，只在大约利奥六世在位期间有过一段短暂的复兴。阿拉伯内战期间正是君士坦丁五世在位的时候，只要拜占庭人能抓住机会，他们就可以成为真正的军事霸主。863年，梅利泰内（现在的马拉蒂亚）的埃米尔在袭击安卡拉地区时兵败被杀。9世纪70年代，巴西尔转守为攻，翻过托罗斯山，袭击奇里乞亚和幼发拉底河谷。拜占庭在这里的军事霸权一直保持了下来。即使是在阿拔斯王朝短暂复兴的时候，拜占庭也至少能够守住前线。他们在边境地区无主之地上的霸权也越来越稳固。9世纪70年代，巴西尔消灭了在托罗斯山区自治的基督教保罗派（明显属于异端）势力。对于新近和拜占庭联合起来的亚美尼亚和巴格拉图尼的国王们，巴西尔和他的继承者们的影响也越来越大。9世纪80年代，巴西尔转向西方。面对阿拉伯人已持续很久的西西里征服行动（首府锡拉库萨于878年陷落），巴西尔也没能比他的前辈们做得更好，但是他在意大利本土的南部地区利用了阿拉伯人侵袭所造成的混乱，在880—888年间将这一地区的大部分土地纳入囊中（这一次他没有亲征），占领了伦巴第各公国的许多领土，并把这些公国变成拜占庭的附庸国。也就是说，虽然丢掉了西西里，但是拜占庭在西方的强大影响又维持了两个世纪。

拜占庭最明显的攻击目标是保加尔汗国[14]。从克鲁姆的时代开始，保加尔人已经统治巴尔干中部和北部50年。因此，我们要花一点时间着重讨论这个国家，以及它和君士坦丁堡的关系。我们并不十分清楚保加尔人的政治体系是如何运作的。这个国家曾先后定都普利斯卡和（从9世纪90年代起）普雷斯拉夫。对这两座城市的考古发掘发现了大量的财富，普雷斯拉夫还出现了较为宏伟的建筑。保加尔南部边境的“大围墙”也是一项耗资巨大的工程。但是，我们很难看出保加尔人的财政基础是什么。他们从附庸者那里收取贡品，但是我们不清楚这种进贡行为的制度化程度有多高。保加尔人的军队可以非常有战斗力，但是他们可能需要半自治的贵族（boilades或bolyary）去供养军队。如果保加尔人要抵挡住拜占庭人的攻势——后者在9世纪60年代已从东部边境的防御战中解脱出来——他们就必须以很快的速度学习拜占庭人的政治技巧。他们学到的第一样东西就是基督教和基督教会。拜占庭人在864年进攻了保加利亚，可汗鲍里斯一世（Khagan Boris I，852—889年在位）马上同意在865年接受洗礼，并且允许传教士入境。他这么快就做出让步，说明之前就一定已经在酝酿了，不过保加利亚人并不买账，几乎立刻就有人造反。不过，传教士们仍然在保加尔人之中活动，而且鲍里斯一世把来自君士坦丁堡和罗马的传教团都请了进来。两派互相敌对，就像在踢一场政治足球赛。[15] 这两个教会的交恶始于摩拉维亚统治者拉斯蒂斯拉夫（Rastislav），此人在法兰克的边疆地区统治着一个强大的斯克拉文政治体（详见第20章）。863年，拉斯蒂斯拉夫邀请拜占庭传教士君士坦丁-西里尔（Constantine-Cyril）和麦瑟迪乌斯来为摩拉维亚改宗，而教皇尼古拉一世（858—867年在位）则认为这项工作由拉丁传教团来做才合适。他对双方传教团的敌对状态表示抗议，但没有收到什么效果。他的另一个举措倒是成功了，那就是说服巴西尔一世在867年免去了佛提乌的宗主教职位，理由是选举过程不符合教会法。巴西尔一世是靠弑君上台的，当时的政治地位还不是很稳固，他和佛提乌很快就达成了和解：佛提乌到 9 世纪 70 年代初已经当上了利奥六世的老师，到 877 年又恢复了宗主教职位。他对教皇插手宗主教任免的愤恨可想而知，再加上罗马和君士坦丁堡在上述两个政权改宗基督教的过程中争夺主导权，双方在教义方面的分歧不断扩大，两个教会之间的关系陷入了反圣像运动以来最大的一场危机。

摩拉维亚人和保加尔人最终接受了地缘政治的逻辑，前者加入拉丁语世界，后者加入希腊语世界。随着这一切在 9 世纪 80 年代尘埃落定，两个教会之间的紧张关系趋于缓和。鲍里斯一世选择投靠希腊，获得了格外丰厚的回报。保加尔教会在 870 年被承认为独立于君士坦丁堡的自治教会，有自己的大主教。公元 885 年之后，鲍里斯欢迎被摩拉维亚驱逐的麦瑟迪乌斯进入自己的王国，然后接受了君士坦丁-西里尔为摩拉维亚人设计的斯拉夫语祷文——这一祷文现在仍是斯拉夫东正教的核心组成部分。西里尔字母也是在 9 世纪后期于普雷斯拉夫被创造出来的，斯拉夫语的宗教文献很快随之出现。斯拉夫语缓慢地成为保加尔汗国的主要语言，大体上也要归功于此。保加尔人正在创造一种越发拜占庭化的统治风格，却赋予其一种独立于君士坦丁堡影响的身份认同。即使到西美昂时期保加尔与拜占庭重新交恶的时候，这种统治风格也未受影响。西美昂在 894—897 年和 913—924 年间两次与拜占庭交战，两次都获得大胜，而且在 913 年和 920—924 年两次打到君士坦丁堡城外，重现了克鲁姆的胜绩。西美昂在 913 年或稍后不久称帝［basileus，在斯拉夫语中则称“沙皇”（tsar），这个词来源于“恺撒”（Caesar）］，拜占庭人因此担心他也瞄上了拜占庭的皇帝宝座——到 924 年时，西美昂已经自称“保加尔人和罗马人的皇帝”（狄奥多尔·达夫诺帕蒂斯对此驳斥道：你为什么不干脆把哈里发头衔也加到自己头上呢？）。[16]但是，君士坦丁堡的城墙抵挡住了保加尔人的攻势，西美昂也壮志未酬身先死了。他的继承人彼得（Peter，927—968 年在位）和拜占庭重新缔结和平。这是保加尔人权力和地位的顶峰。考古发现表明，彼得在位期间铅封的数量越来越多，尤其是在普雷斯拉夫，而铅封是文化程度较高的拜占庭式行政机构的特征。保加尔大主教也在这一时期升级成了宗主教。保加尔人的国家甚至还在彼得统治期间发展出了自己的基督教异端，即鲍格米勒派（Bogomilism）。[17]这个教派持二元论观点，相信世界是由魔鬼创造的。这样的信条使他们开始批判保加尔社会中不断加剧的阶级分化。神父科斯马斯（Cosmas the Priest）曾在 960 年用斯拉夫语写过一篇抨击鲍格米勒派的檄文，其中明确提到该教派的上述观点。鲍格米勒派直接影响了 12—13 世纪盛行于西欧异端教派“迦他利派”（Cathar）。在西美昂和彼得统治时期的保加利亚，鲍格米勒派是持续时间第二久的文化输出，仅次于斯拉夫语祷文。我们接下来会讲到，保加尔人的国家很快就衰落了，但是他们至少留下了这些文化遗产。

利奥六世在西边饱受保加尔人的侵扰，在东边又要提防短暂复兴的阿拔斯王朝。他在军事上的作为不如巴西尔，但是也守住了原有的领土。他的《战术》还大大带动了军事指南类书籍的复兴。[18]在之后的一个世纪里，拜占庭诞生了十几部类似的书，其中一些是由皇帝起草的，我们之前已经讨论过。利奥最关注的是法律和行政改革。他担心中央政府的集权无法得到保证，也担心自己和巴西尔的王朝无法维持下去。他的第四次婚姻引起了教会危机，是因为利奥六世坚持要和佐伊（Zoe Karbonopsina）结婚，而这又是因为他一定要保证自己唯一的儿子——君士坦丁七世——能够继位，但佐伊生下君士坦丁的时候还只是利奥的情妇。君士坦丁 913 年继位成为唯一皇帝的时候只有 8 岁。在之后的 7 年时间里，不同的派别为抢夺摄政甚至皇帝的位置而争斗不休。争斗者包括重新担任宗主教的尼古拉、913 年发动政变的近卫军长官（domestikos tōn scholōn，实质上的东罗马军队总司令）君士坦丁·杜卡斯（Constantine Doukas）、在 913 年发动第二次战争的保加利亚沙皇西美昂，佐伊自己也在 914 年接管了摄政议事会，自己统治帝国直到 919 年。最后一个参与争夺的是海军司令罗曼努斯·利卡潘努斯，他在 919 年政变成功，并且把自己的女儿海伦娜嫁给君士坦丁，自己于 920 年成为大皇帝（senior emperor）。马其顿王朝此时权势很大，不会被轻易推翻，而且罗曼努斯在 924 年写给西美昂的信中（由狄奥多尔·达夫诺帕蒂斯执笔）也强烈地表达了他对君士坦丁的忠诚。[19] 君士坦丁虽说依然是共治皇帝，但还是被边缘化了。到了 945 年，君士坦丁终于推翻利卡潘努斯家族的统治，直接掌权。此时他自己也认为自己是在时隔 25 年后第二次实行统治。

罗曼努斯一世有一位非常忠诚而且有才干的近卫军长官，名字叫约翰·库尔库阿斯（John Kourkouas）。他的任职时间为 922 年到 944 年，直到罗曼努斯被自己的儿子们推翻。一个月后，君士坦丁又发动政变推翻了罗曼努斯的儿子们。拜占庭于 927 年和保加尔人缔结和约，此后的 15 年间，约翰在东方边境展开了系统而大胆的攻势，趁着阿拔斯王朝再度陷入危机的机会统治了边境地区。934 年，他将边境战争升级为征服战争，拿下了梅利泰内。他在亚美尼亚也有巨大的影响力。944 年，他迫使埃德萨的埃米尔接受和约，并献出一件珍贵的基督教圣物，即绘有耶稣圣容的曼迪罗圣像（Mandylion）。这件圣物此后就被安置在君士坦丁堡的宫殿里。君士坦丁七世在945年以唯一统治者的身份任命巴尔达斯·福卡斯（Bardas Phokas）为近卫军长官。福卡斯家族在利奥六世和佐伊统治的大部分时间里都把持着这个职位。955年，巴尔达斯的儿子尼基弗鲁斯子承父业。他们父子两人在约翰·库尔库阿斯的基础上继续向东推进。尼基弗鲁斯在征服方面更进一步，于958年占领了幼发拉底河流域的萨莫萨塔。君士坦丁的儿子罗曼努斯二世在位期间，尼基弗鲁斯又在962年时控制了整个幼发拉底河上游地区。此后，他于962—965年占领奇里乞亚，在965年攻克塞浦路斯，于969年收复东罗马故都安条克。他的另一次征服行动是在961年对克里特的占领。拜占庭自827年开始数次试图收复这个爱琴海南部的战略要地，但一直未能成功。[20]

尼基弗鲁斯·福卡斯[21]成了数个世纪内最成功的军事将领，这也使他有很好的机会重演罗曼努斯·利卡潘努斯的政变，963年，罗曼努斯二世去世，只留下年幼的继承人。福卡斯迅速来到首都，娶罗曼努斯的遗孀狄奥法诺为妻，并且像920年政变者的做法一样，自己当上大皇帝，再把罗曼努斯的儿子巴西尔二世（Basil II）和君士坦丁八世（Constantine VIII）这两个共治皇帝边缘化。之后，福卡斯重返战场，成为自巴西尔一世以来第一位亲自指挥军队的皇帝。969年，福卡斯被自己的外甥约翰·齐米斯西斯杀害，后者也是约翰·库尔库阿斯的侄孙。约翰同样是一个亲自领兵打仗的皇帝，他在东部边境向南一直打到贝鲁特。直到他于976年去世为止，叙利亚其他地区的所有阿拉伯统治者都需要向他进贡。约翰也是那个时代第一个在巴尔干前线取得成功的将领。967年，基辅罗斯大公斯维亚托斯拉夫（Svyatoslav，详见第20章）进攻保加利亚，并占领了普雷斯拉夫。这次进攻可能是在尼基弗鲁斯的唆使下进行的。969 年，斯维亚托斯拉夫卷土重来，不但占领了保加尔人的国家，还威胁到了拜占庭的领土。约翰在 971 年发动了一次快速的进攻，把罗斯的势力驱赶出保加利亚。这场战役终结了绵延两个世纪而没有结果的保加尔战争。依靠军事上的绝对优势，他做出了合乎逻辑的行动，罢黜了沙皇鲍里斯二世（Boris II，968—971 年在位），还在君士坦丁堡的君士坦丁广场举行了一场正式仪式。拜占庭长期以来的心头大患保加尔政权就此突然死亡，约翰从此控制了从多瑙河到幼发拉底河的广大区域，比罗曼努斯一世时期的疆域大了 1/3 还多。

在某种意义上，上述征服行动的成果不算太大。和进攻相比，拜占庭人还是擅长防守，而且他们过于谨慎，不敢下决心进攻耶路撒冷或巴格达——他们的谨慎可能是对的，10 世纪 60—70 年代他们在保加利亚的征服成果就没有守住，至少是一开始没有守住。他们最挂心的就是领土的统一，但是这一点他们实际上做到了。阿拉伯人没有把东边的土地夺回去。尼基弗鲁斯·福卡斯和约翰·齐米斯西斯的战果一直维持到了 11 世纪 60—70 年代，也就是塞尔柱突厥人征服阿拉伯世界和拜占庭东部的时候。

人们对 11 世纪的拜占庭历史往往是这样描述的：文官势力和军队势力互相对立，交替掌权。这种观点把 11 世纪的情形过分简单化了，而对于 10 世纪来说，这样的描述更是不符合事实的。马其顿王朝似乎有一种文官传统，甚至可以说是迂腐的正统主义传统。但是，这种传统被一连串军人出身的皇帝边缘化了，包括罗曼努斯一世、尼基弗鲁斯二世、约翰一世等。我们知道，尼基弗鲁斯尽管在首都的时候也会参加各种仪式，但他自己感到被这些仪式束缚了手脚。[22] 这些军人皇帝在文化上与利奥六世、君士坦丁七世这样的皇帝肯定是不同的。但是，海军出身的罗曼努斯当上皇帝以后的大部分时间在首都度过，这一点和利奥、君士坦丁没有什么区别。军队官员在宫廷仪式上的重要性不亚于文官，除非这些人正在外面打仗。一个人也可以在文官和军官之间切换，例如尼基弗鲁斯·乌拉诺斯（Nikephoros Ouranos，公元 1007 年后去世）。[23] 在 10 世纪 80 年代，他是御用墨水瓶的掌管官，负有起草文件的责任，但后来他又成了一名战功卓著的将军。他参加了 997—999 年的战争，并且在 999 年后担任安条克的统治者（他写了一本军事指南，也著有诗歌和圣徒传记）。文官也可能有一个军人儿子或兄弟，例如阿吉鲁斯（Argyroi）家族。[24] 这个家族的大部分成员是军人，但也培养出了罗曼努斯·阿吉鲁斯（Romanos Argyros，他后来成为皇帝罗曼努斯三世，1028—1034 年在位），他担任君士坦丁堡的行政长官，并掌管圣索菲亚大教堂的经济工作。他的兄弟巴西尔和利奥都是将军，在意大利和东方前线打仗。文官和武将之间并没有制度上的政治对立，巴西尔·利卡潘努斯（Basil Lekapenos，985 年后去世）[25] 的职业生涯能够很好地证明这一点。巴西尔是罗曼努斯一世的私生子，并且在罗曼努斯一世的授意下被阉割，成为宦官。他和大多数宦官一样走了文官路线（但是他也参加过至少一次战斗，时间是 958 年）。945 年，他支持自己的姐夫君士坦丁七世发动政变，并在君士坦丁七世登基后被封为宫廷总管（parakoimōmenos）。在 945—985 年之间，除了罗曼努斯二世在位的 4 年以外，他一直是文官政府的实际首脑。他积极辅佐过君士坦丁七世、尼基弗鲁斯·福卡斯、约翰·齐米斯西斯，并且在约翰死后帮助独自担任皇帝的巴西尔二世（976—1025 年在位）[26] 度过了其在位最初 10 年的困难时期。他在需要改换门庭的时候从不犹豫，其中最重要的就是背叛尼基弗鲁斯而转投约翰（尼基弗鲁斯的谋杀案中，他也是同谋），他还利用官位聚敛了巨额财富。他不见得是那种人见人爱的类型，但是他所代表的那种连续性却是历任皇帝难以拒绝的。首都的文官政府和军队长官们需要彼此，前者挣钱供养后者，而后者则起到保卫前者的作用。双方对此心知肚明。

总之，巴西尔二世同时继承了这两条政治脉络：他既是正统的马其顿王朝皇位继承人，也是崇尚禁欲的军事人物，和尼基弗鲁斯·福卡斯的风格相仿（他终身未婚，也没有孩子），并且对学问毫无兴趣。米海尔·普塞罗斯（Michael Psellos）曾经在 11 世纪 60 年代时强调，巴西尔二世虽然也尊重拜占庭的那一套仪式体系，但他并不喜欢炫耀和卖弄："巴西尔参加游行并接见地方长官的时候，身上只穿一件紫袍，还不是特别明亮的那种紫，而是普通的暗色的紫，只有几颗宝石能显示出他和别人的不同。"他一生的大部分时间在打仗。例如，他在 991—995 年间从未在首都待过一天，从而导致宗主教的职位空缺了 4 年，因为宗主教的选举必须有皇帝在场。但是，他也特别喜欢征税。有传言说，在他那超长的统治时期结束的时候，国库里的盈余实在太多，只能在皇宫的地下挖隧道来存放这些钱。

巴西尔的地位并不是轻易建立起来的。早年间，他遭遇了数次军方将领的叛乱，那些人希望复制尼基弗鲁斯二世和约翰一世的成功。第一个造反的是远在边陲的美索不达米亚公爵（doux）巴尔达斯·斯克雷罗斯（Bardas Skleros）。978 年，巴西尔派尼基弗鲁斯的侄子小巴尔达斯·福卡斯（Bardas Phokas the younger）到前线去，把叛军驱逐到国境之外。小巴尔达斯·福卡斯当时的职位是传统上一直由他的家族所把持的近卫军长官。巴西尔本人更担心的是保加利亚。前保加尔人国土的西部边陲地区（现在的塞尔维亚和马其顿）不断发生叛乱，从 10 世纪 70 年代后期开始发展为对拜占庭的反攻。到 10 世纪 80 年代中期的时候，萨穆伊尔成为叛军的首领。他于 986 年在现代的保加利亚西部地区击败了巴西尔，从而控制了西美昂和彼得时期的绝大部分保加利亚国土，只有普雷斯拉夫附近的老核心区还在拜占庭人手中。在 986 年拜占庭败于西线之后，东线的叛乱重新爆发。巴尔达斯·斯克雷罗斯于 987 年卷土重来。巴西尔再次派巴尔达斯·福卡斯去平叛，但是这一次福卡斯自己称帝了。他先是和斯克雷罗斯结盟，然后又把他抓了起来。由于尼基弗鲁斯二世拥有英雄的美誉，福卡斯的叛变对巴西尔的威胁要比斯克雷罗斯大得多。总之，巴尔达斯·福卡斯控制了整个东部的军队，而军队也一直对他保持忠诚。巴西尔只得到罗斯人那里去请援兵。989 年，巴西尔在达达尼尔海峡边的阿拜多斯击败并杀死了巴尔达斯·福卡斯。斯克雷罗斯于一年后投降，并得到了巴西尔的优待。这一点很不同寻常，因为巴西尔对待敌人通常是很残酷的（甚至对战俘也是如此）。不过，斯克雷罗斯的叛乱也确实没有那么大的威胁，至少第二次是这样。

公元 989 年之后，巴西尔二世的统治再没有遇到什么麻烦。他始终保持着对军队和宫廷的完全控制（他在 985 年免去了巴西尔·利卡潘努斯的宫廷总管职务）。巴西尔没有再像 10 世纪 60—70 年代那样把注意力放在阿拉伯前线上，其中的一部分原因是阿拉伯人在叙利亚的势力——也就是法蒂玛王朝（Fatimids）——此时逐渐强大起来。我们会在下一章详细讨论。巴西尔的大多数战争都是和萨穆伊尔进行的。双方的战事持续了很久。萨穆伊尔绝对不是被动挨打的一方，他从自己在马其顿的基地发起进攻，深入希腊境内，并于997年在马其顿自称沙皇。巴西尔直到1014年才摧毁了萨穆伊尔的军队，到1018年才彻底平息了其残余势力的抵抗。不过，巴西尔在东方前线也是打过仗的。他感兴趣的主要是在亚美尼亚和格鲁吉亚的各省份中建立霸权。他在这些地方的成功使罗马人的边境最远推进到了现在的土耳其—伊朗边境一线，而罗马人的势力则到达了更靠东的地方，只不过亚美尼亚国王仍在首都阿尼保持独立。巴西尔在东方前线的控制并不是特别稳定，亚美尼亚人很难驯服。但是，在数十年的频繁征战之后，他还是在亚美尼亚人的土地上建立起了一定程度上的稳定局面，在保加利亚肯定更是如此。亚美尼亚人和保加尔人轻易被吸收进了巴西尔的军队。战争经济在50年的时间里（如果从尼基弗鲁斯·福卡斯开始算则有70年）成了国家结构的一部分。巴西尔可能以课重税著称，但是既然他死的时候国库有那么多的盈余，那么他的战争所带来的收益肯定已经超出了支出。巴西尔在军事上几乎完全依靠近卫军的力量，这支由8—9世纪各军队扩充发展而来的军队由职业军人组成，报酬丰厚、装备精良。此外，巴西尔还从各个地方尽可能多地招募雇佣军。即便花费这么多，他的国库仍能保持大量盈余。巴西尔死后的50年间，拜占庭再没有出现过像他一样厉害（或者说残酷）的皇帝，但是整个国家仍然保持强盛，直到11世纪70年代突厥人发动猛攻为止。[27]

***

到了10世纪中期，拜占庭政坛上的大多数人物都已经有了姓氏。这是一个新出现的情况。9世纪时就不是这样，当时人的昵称都很少作为姓氏被后代继承下去，甚至在10世纪的时候，姓氏也不是一直保持稳定的。例如，约翰·齐米斯西斯（“齐米斯西斯”意为“矮子”）是库尔库阿斯的男性后代。还有些姓氏并不总是被使用，例如，“利卡潘努斯家族”（Lekapenoi）这个称呼是在11世纪才出现的，而在10世纪的史料中就没有。有一些贵族家庭的渊源可以追溯到8世纪，但是10世纪那些最显赫的家族绝大部分是刚出现没多久的：福卡斯家族（Phokades）的开创者福卡斯最初只是一个普通士兵，从9世纪70年代开始才被巴西尔一世提拔，担任了几个行省的总督。库尔库阿斯和利卡潘努斯家族的第一代也是巴西尔的同辈人。阿吉鲁斯家族和杜卡斯家族（Doukai）在9世纪40年代才首次见于史料。斯克雷罗斯家族（Skleroi）的历史长一些，但也只能追溯到9世纪初的尼基弗鲁斯一世时期。这些家族即使在更遥远的过去有贵族祖先，此时也没有必要再提起，家族的身份认同从此时开始就够了。[28] 利奥六世乐于在自己的《战术》一书里使用（借用）这样一种观点，即将军不应该来自显赫的家族，因为出身草莽的人更有动力证明自己。和利奥六世同时代的福卡斯肯定会同意这个观点，而公元900年前后的很多人恐怕也不会有什么不同意见。一个世纪以后的巴西尔二世在996年颁布的一部法典中批评“权贵”（dynatoi）的种种错误行为时仍然明确提出，“权贵”可以“出身于普通人，随后获得官职，并得到荣誉和大量财富”。他对“古老家族”的定义是类似于近卫军长官那样，其后代“都是同等的权贵，其成功延续超过70年乃至100年”。他说的这个年限可能不是很严格，但大致也就只能追溯到利奥的时代。[29] 贵族的势力在10世纪明显开始加强，家族意识也开始显现，这种意识中的一些成分至少可以追溯到9世纪。但是，高贵出身的特殊意义还没有成为一种占统治地位的概念。

另一方面，官职肯定算是贵族身份的一个组成部分。土地也是如此。上述所有家族都拥有土地，主要分布在安纳托利亚高原和东方边境：福卡斯和阿吉鲁斯在卡帕多西亚，斯克雷罗斯在梅利泰内附近。[30]尽管这一时期的史料中还看不到12世纪伟大的怀旧边疆史诗《迪格尼斯·阿克里塔斯》（*Digenēs Akritēs*）中所流露出的那种类似于骑士精神的价值观，但是这些家族在这样的环境中脱颖而出也不是什么令人惊讶的事情。在本书所讲述的时代里，福卡斯家族[31]是雄心最为持久的一个，也是史料记载最丰富的一个，我们可以拿它当一个例子。福卡斯的儿子大尼基弗鲁斯·福卡斯（尼基弗鲁斯·福卡斯）是家族中第一位在政坛拥有重要影响力的人物。他像自己的父亲一样是巴西尔一世的宠臣，此后又在利奥六世的统治初期就成为近卫军长官，并且在这个职位上待了将近10年。他的儿子利奥也在佐伊摄政的时期担任同样的职位。利奥在917年惨败给保加尔人，接着在919年被罗曼努斯一世免职，之后在一次叛乱失败后被刺瞎双眼。利奥的兄弟巴尔达斯在罗曼努斯一世在位时期被排除出权力层，因为这位皇帝明显将福卡斯家族视为对手（这并不意外）。但是，到了君士坦丁七世的统治时期，巴尔达斯又被召回，和他的儿子小尼基弗鲁斯接连掌管帝国军队，总计达25年之久。他们最开始的职位是近卫军长官，但是这个尼基弗鲁斯最终自己当上了皇帝，称尼基弗鲁斯二世。小尼基弗鲁斯的兄弟利奥也是一位将军，只不过受欢迎程度稍微差一些，包括在首都也是如此。小尼基弗鲁斯当上皇帝之后，利奥在首都成了一名文职官员。约翰·齐米斯西斯发动政变之后，利奥试图为兄弟复仇，但因没有兵权且反应较慢而失败。971年再次政变失败之后，这个利奥也被刺瞎双眼。第一个发动叛乱的近卫军长官小巴尔达斯就是这个利奥的儿子。巴西尔二世在989年之后就没有再重用福卡斯家族的人，这也很容易理解。但是，小巴尔达斯的儿子尼基弗鲁斯仍然有能力在1022年以卡帕多西亚为根据地发动叛乱，他的儿子或侄子巴尔达斯在1026年又叛乱了一次。前者被杀，后者被弄瞎双眼，福卡斯家族从此再无声息。

福卡斯家族以叛乱者的身份离开历史舞台，并且以此身份载入史册。但是，在尼基弗鲁斯二世被杀之前——事实上是在小巴尔达斯在987—989年发动叛乱之前——这个家族完全是另外一个样子：他们是整个帝国中最有成就的军事领袖家族。在叛乱前的100年里，他们掌握东方军队最高指挥权的时间长达45年，这个家族还把持安纳托利亚和卡帕多西亚诸多省级军队长官的职位，其成员偶尔还出任文官。他们在罗曼努斯一世在位期间失势，但完全没有被忘记。甚至在巴西尔二世的治下，最后一位尼基弗鲁斯·福卡斯在1022年仍有相当的号召力。[他看起来是在安纳托利亚总督尼基弗鲁斯·希菲亚斯（Nikephoros Xiphias）的鼓动下发动叛乱的，后者需要福卡斯这样受欢迎的人当傀儡，帮助自己实现权力野心。] 我在这里想说明的是，福卡斯家族虽然已经有了可供颐养天年的根据地，在首都和其他地方也有大片土地，但他们只有在担任官职的时候才会真正被视为重要人物。如果没有官职，那他们就只能像一位亚美尼亚编年史作者说的那样，“像关在笼子里的狮子那样咆哮”。[32] 福卡斯家族固然有一定的身份认同，但也必须通过官职才能起到作用。财富、土地，以及延续三到四代的家族身份并不足以保证一个人的地位。对于其他家族来说，这个问题就更明显了。这些家族没有官职的时候几乎完全不会在史料中出现。

尽管如此，贵族拥有的土地还是在不断增加。我们举一个早期的例子。有位名叫达尼利斯（Danelis，约 890 年去世）[33] 的女性，她是 6 世纪之后有史料清楚记载的第一位真正富有的私人土地所有者。达尼利斯是巴西尔一世最早的赞助者之一，那时后者还没有得到朝廷的青睐。据说，达尼利斯在希腊南部拥有超过 80 块地产。这个数字可能有些夸张成分，但是这个数量级或许可以显示出当时东方贵族的财富水平，而当时最有权势的家族的根据地几乎都在东方。皇帝们显然认为这些权贵在地方取得了太大的权力。从 928 年的罗曼努斯一世开始，到 996 年的巴西尔二世，每一任皇帝（除约翰·齐米斯西斯以外）都曾颁布法令，反对“权贵”对农民的压迫。这些法令汇集成了一组互相呼应的法典。[34] 皇帝们的目的是提高权贵从农民手中购买土地的难度，而农民出卖土地有时是不得已而为之，或因运气不好（如遇到 927—928 年的大饥荒），或干脆只是屈服于当地贵族的威胁。邻居或乡村社群有权把这些土地买回来。如果这些农民也是士兵（他们属于塞姆制下的军区部队，这些部队在拜占庭军队体系中的地位此时已被近卫军边缘化），那么它们就不能出售土地，除非是卖给更穷的士兵。罗曼努斯一世在 934 年时说，这样做的原因是权贵对土地的聚敛已经威胁到了税收。君士坦丁七世在 947/948 年担心的是农民士兵可能会进入权贵的私人军队。巴西尔二世在 996 年提到了国家官员没收整个村庄土地的事，并且认为权贵可能会强迫商人转移到不同的市场（由此带来税收的转移）。至于说这些权贵到底是什么人，法令中的定义却很模糊，而且前后不一致，但是国家官员肯定包括在内，斯克雷罗斯、福卡斯等家族也毫无疑问属于这个群体。人们很容易把这些权贵视为帝国所有人的威胁，包括拥有土地的自由农民、军队组织、财政系统，而权贵的私人军队和不断的叛乱甚至威胁到了整个国家。

有些历史学家试图质疑并忽略这些法令，这是对早期一些作者启示录式解读的回击，是一种可以理解的反应，但是这样做是错误的。在整个10世纪以及更晚时候被称为贵族的那些人，在政治上的地位肯定比之前的贵族更显赫，因而也就理应更富有。在地方上压迫百姓也不是他们的专利，而是世界各地不同时期的贵族都会做的事情。因此，我们没有理由否认10世纪的拜占庭也有这样的情况，更何况我们拥有的一系列文字记载格外清晰准确。至于皇帝担心对权贵征税比对穷人（指所有没有政治影响力的人）征税更难，那也没什么好惊讶的。事情总是这样的，罗马帝国晚期也出现过类似的问题。但是，我们在审视这些法令的时候，确实很有理由不去过分相信皇帝们描述问题严重性时所使用的修辞。首先，税收系统并没有受到威胁，即使像巴西尔二世那样连年征战，也仍然可以积累起巨额的货币储备。第二，恰恰因为权贵们总是会压迫地方百姓，所以这个问题对国家的威胁并不像皇帝们所说的那么严重。无论是从法律还是从缴税的情况来看，乡村社群的根基都是很深厚的，尤其是在安纳托利亚。皇帝们设法支持这些群体是符合逻辑的举动。（罗马帝国末期的皇帝也是这么做的，仿佛整个10世纪的皇帝们都是罗马复兴主义者一样。尼基弗鲁斯二世在966或967年时说："我们希望权贵只从权贵手里买地，士兵和穷人也从和他们地位相当的人手里买地。"[35] 他的这段话和4世纪时反对社会流动的法令可谓异曲同工。）但是，这并不意味着农民们普遍受到了威胁。

此外，直到10世纪后期，都没有明显的迹象表明大地主真的在乡村中占主宰地位。从达尼利斯的事迹上看，大地主在希腊南部的一些地区可能确实很有权势，一部名为《底比斯地籍》(*Thebes Cadaster*)的地方税务普查记录也进一步证明了这一点。记录显示，在雅典以北的一个地区，拥有土地较多的地主占了优势地位（但是也有少量自耕农）。至于在安纳托利亚中部和东部的一些贵族的核心根据地，情况恐怕也是一样的。但是，贵族们在10世纪初时还达不到统治地位。希腊北部阿托斯地区的档案表明，修道院（这些修道院自己就是不断扩张的地主，尼基弗鲁斯二世和巴西尔二世都抱怨过这种情况）和地方社群彼此对立。这些社群包括离阿托斯山最近的大型定居点耶里索斯。希腊北部的地主所拥有的土地面积在公元1000年之后稳步上升，但是其他地方并不都是如此。在土耳其的爱琴海沿岸地区，农民拥有土地的情况在那之后还持续了好几个世纪。拜占庭控制的意大利南部也是如此，当然，贵族们对这一地区的兴趣也要小得多。无论如何，虽然有一些大家族达到了达尼利斯那样的富裕程度，但数量还不算多。无论皇帝们在法令里是怎么说的，我们都远不能下结论说拜占庭贵族对土地的主宰程度达到了西方那样的水平（详见第21章），11世纪都很难说，10世纪就更不行了。[36]

在我看来，拜占庭的大家族在地方的主宰程度基本是比不上西方贵族的。此外，和西方贵族相比，拜占庭贵族的政治影响力更依赖于官职。到10世纪为止，拜占庭不受“权贵”主宰的地区可能也要多于西方。虽然拜占庭的史料没给我们提供多少拜占庭农民社会的情况，但上述结论看起来还是合理的。我们在本书的第四部分中也将讲到，即使是在西方的一些地方，贵族精英也和国家政权之间有紧密的联系，这些地方包括加洛林王朝的法兰克、奥托王朝的东法兰克（后来的德国）以及后期的盎格鲁-撒克逊人的英格兰。贵族的身份和社会地位来自国王的庇护，他们也不想争取地区自治权或者削弱王权，只有在王国遇到危机的时候，贵族们才会被迫自力更生，就像10世纪的西法兰克（后来的法兰西）那样。相比之下，10世纪的拜占庭国家建立在税收基础之上的权力要大得多，有官职的人能够领到高额的俸禄，社会地位也和军队的指挥权、在首都出头露面的机会捆绑在一起。在这样的社会里，地方自治权这种东西是不会有市场的。我们还有一些零散的省级司法程序资料，大多数是阿托斯地区的法庭案件。在那里，各家修道院用在互相争吵上的时间多得让人吃惊。资料也表明，政府对地方司法有实质性、系统性的干预。这些案件中的法官往往是从首都派来的，而且会和地方官员组织互动。[37] 这种公共权力体系也是中世纪早期的西方所没有的，而且它也不会轻易让位于私人自治权力。不管怎样，虽然巴西尔二世经常被描述成对大家族的威胁格外警惕，但他也并没有害怕到要制定法令来维系自己王朝生存的地步。他不仅终身未婚，也从未试图劝说他那平庸的弟弟君士坦丁八世（后来继承了巴西尔的帝位，1025—1028年在位）趁自己的两个女儿还有生育能力的时候把她们嫁出去，以延续王朝的血脉。巴西尔知道其他家族很快就会坐上皇帝宝座，而他显然对此并不在意。拜占庭帝国的权力和稳定性在此后又延续了半个世纪，因此我们也很难说巴西尔的这个选择是错误的。

第 14 章

从阿拔斯的巴格达到倭马亚的科尔多瓦，750—1000

阿拉伯地理学家伊本·豪盖勒（Ibn Hawqal，约 990 年去世）讨厌巴勒莫和西西里人。巴勒莫是阿拉伯人在 831 年从拜占庭手里夺过来的，是一座富饶而美丽的城市，伊本·豪盖勒也用了许多页的篇幅来描述这座城市的美妙事物：庞大的清真寺（以前是教堂）能容纳 7 000 人，全城的清真寺超过 300 座，密集程度举世无双。[1] 在有些地方，清真寺简直是一座挨着一座。城里的集市数量极多，而且各具特色。这里还是当时除埃及之外唯一的专业莎草纸生产地。此外，城市里还遍布着灌溉系统十分发达的花园。但是，巴勒莫人却没有好好利用这片土地的肥力，他们把土地都浪费在种植洋葱上面，而且只会生吃这些洋葱。结果，“这座城市里根本找不到一个有智慧的人，也找不到有技术或是精通某门科学的人，也没有受高尚或虔诚的情感所激励的人”。这里没有一个人有资格当法官，所有人都非常靠不住。学校里的教师很多，但都是笨蛋：他们做这份工作只是为了逃避兵役。尽管如此，西西里人还是认为他们这个群体是非常聪明的。他们的阿拉伯语发音不正确，无法进行有逻辑的辩论（伊本·豪盖勒还举了例子来证明这一点）。他们对伊拉克人在法律和神学方面的真实思想一无所知，只是很熟悉他们的一些教条观点而已。西西里人也不能恰当地掌握伊斯兰法律，尤其是在农村地区。伊本·豪盖勒对以上种种十分不满，甚至专门写了一本书来描述西西里人有多么蠢，可惜这本书佚失了。但是，他在宏大的地理调查报告《大地之形》（*The Book of the Depiction of the Earth*）中已经告诉了我们足够多的信息。他在报告的最后以惊讶的口吻写道，西西里的土地如此肥沃，而人却可以这么穷，至少在当时（10 世纪 70 年代）是如此。他们真正能做好的只有一件事，就是纺麻。[2]

我们很难看出西西里人到底是怎么得罪伊本·豪盖勒的（地理学家经常批评各个地区的居民，但是豪盖勒对西西里人的批评太极端了），但是公允地说，豪盖勒对自己谈论的话题还是有发言权的。豪盖勒出生于底格里斯河上游的尼西比斯，在巴格达长大成人。他于 943 年离开巴格达，开始了长达 30 年的旅行，足迹遍及北非、西班牙、亚美尼亚、现伊朗境内的法尔斯和呼罗珊，然后回到美索不达米亚、叙利亚和埃及，最后去了西西里。也许他到西西里的时候已经感到疲惫和厌倦了，但他毕竟是走遍了整个伊斯兰世界的人。他把伊斯兰世界作为一个整体看待，经常比较其内部不同的地区。例如，埃及的大城市福斯塔特的面积只有巴格达[3]的 1/3，而西班牙的科尔多瓦则有巴格达的一半那么大。据豪盖勒所知，除了中亚的布哈拉之外，叙利亚北部曼比季的牛轧糖是最好的。摩洛哥沙漠中的西吉尔马萨非常富有，以至于伊本·豪盖勒描述那里的富有程度时，伊拉克和呼罗珊的人都表示难以相信。然而，在伊本·豪盖勒旅行的时期，伊斯兰世界实际上是分裂的，共有 10 到 15 个独立的政权。这对他来说几乎不是问题。他在著作里偶尔会提到不同地方的统治者，有些不错，但大部分人很坏，有的人甚至威胁他，要他尽快离开。但是，这些统治者控制的不同区域都在同一个穆斯林社群之内。伊本·豪盖勒的地理超越了政治。他和与他类似的地理学家都把伊斯兰世界视为一个实质上的整体。

这种文化和宗教的统一最初由倭马亚王朝的军事征服建立，却是在阿拔斯哈里发国的一个半世纪里才固定下来的。阿拔斯哈里发国在 750—861 年之间一直是一个中央集权的国家，在政治上拥有霸权，其强盛一直维持到 10 世纪 20 年代。伊本·豪盖勒从巴格达出发去旅行时（以及此后的岁月中）那种分裂的局面在当时也就是不到一代人之前才形成的。我们在本章中将要看到阿拔斯王朝在其政治集权化最有效的数十年间达到了怎样的成就，以及他们在巴格达如何创造出了有关宗教与科学问题的丰富书面文化。这种文化的强势使其在 10 世纪的政治分裂中依然保持着生命力。之后，我们会讲述两个国家的历史，这两个国家是阿拔斯王朝之后诸多国家中与本书所关注的焦点——欧洲——关系最密切的，其中一个是统治北非和埃及的法蒂玛王朝，另一个更重要，那就是西班牙的倭马亚王朝。西班牙的倭马亚王朝早在阿拔斯统治时期的 8 世纪 50 年代就开始拥有自治权，但是他们在相当长的一段时间内仍依靠巴格达。巴格达从任何意义上讲都不是欧洲历史的一部分，甚至不属于之前的罗马世界，但是在本书讲述时期的最后 1/3 时间里，它在经济和文化上的重要性超过了世界上的任何一个地方，当然也对欧洲构成了影响：这种影响波及了西班牙、君士坦丁堡，甚至达到了遥远的亚琛。在那里，查理曼的朝廷也要关心哈伦·拉希德（Harun al-Rashid），即使后者可能并不关心他们。

***

在第12章结束的时候，我们讲到阿拔斯王朝的第二任哈里发曼苏尔（754—775年在位）控制了从北非到现巴基斯坦的整个伊斯兰世界。他能控制这么大的地区，并不仅仅是747—750年间阿拔斯“革命”的结果。阿拔斯王朝的政治体系到754年时都没有稳定下来，曼苏尔要想求得安全，就必须向自己直系家族中的敌人开刀，并挫败762—763年爆发的一场由阿里的后人领导的大叛乱。此外，他还需要在为阿拔斯王朝夺取江山立下大功的呼罗珊军队和被其取代的伊拉克及叙利亚军阀之间建立起权力平衡。曼苏尔依靠自己高超的权谋，再加上宗教上的苦行和财政上的谨慎，成功地解决了这些政治问题。在此基础上，一座新的首都在762年出现在了巴格达。首都的中心是一座纪念性的环形城市（现已不存），其内部是哈里发国的政治和仪式中心：巴格达将成为呼罗珊军队，即“子弟兵”（abnā）的驻地，也将成为行政精英们的聚集之地。这些精英来自哈里发国的各个地方，但尤以来自阿拔斯王朝核心势力范围伊拉克的为多。

巴格达的扩张速度看起来非常惊人。我认为其9世纪的人口有可能在50万以上。城里能容纳这么多人，得益于穿城而过的底格里斯河的供水（大马士革的水资源则要少得多，因此也从未发展到这样大的规模），以及伊拉克和叙利亚之间的加济拉地区和（尤其是）伊拉克南部丰富的农业资源。伊拉克南部的“黑土地”（Sawad）在阿拔斯王朝早期得到了进一步开发，人们在那里修建了一系列灌溉工程，土地生产力甚至超过了埃及。但是，巴格达的兴盛同样离不开阿拔斯王朝对除了西班牙之外的整个伊斯兰世界的控制。这种控制大部分是借助武力征服实现的。曼苏尔没有什么历史遗留问题，而且在755年处决了自己的呼罗珊大将军阿布·穆斯林之后，他也不欠任何人的人情了。尤其重要的是，他可以开始建立倭马亚王朝从来没能建立起来的财政系统。那些住在各个行省的阿拉伯人逐渐丧失了支配地方税收的权利，这些税收持续不断地流向军事和政治中心巴格达，也为这座城市的人口提供了财务保障。军人和官员的工资来自税收，大量店主、商人、工匠，以及公共和私人的服务人员也都缴纳并仰仗税收。

当然，由于哈里发国疆域辽阔、国情复杂，上述财政集权的过程不可能一蹴而就。我们将会看到，财政的集权化在8世纪80—90年代以及9世纪30年代都得到了进一步的发展，但整个过程是在曼苏尔时期开始的。当时，他所能支配的资源已经超过了之前的所有哈里发，甚至超过大约4世纪以后的所有罗马皇帝。我们也可以认为是曼苏尔发展出了一个有能力组织和支配这些资源的行政体系。倭马亚时期已经有了拥有重要行政影响力的秘书（kuttāb），但这些秘书直到阿拔斯王朝早期才开始更加明确地负责政府的各个分支机构或地方的迪旺。到了曼苏尔时期，整个中央行政机构中更是出现了一个执行层面的首脑，称“维齐尔”（wazīr或vizir）[4]。第一任维齐尔可能是阿布·阿尤布（Abu Ayyub，771年去世），他管理曼苏尔的政府约15年（约755—770年）。此后，维齐尔的权力在整个阿拔斯时期内不断扩张，但始终没能包揽一切。一般来说，维齐尔不能控制各行省的长官，因为这是哈里发自己的职责（不过维齐尔还是控制了行省的税务官员）。此外，巴格达也总有一些政府机构不听维齐尔的指挥，其中最重要的就是“侍从长”（hājib）。侍从长负责管理哈里发的宫廷事务，也往往控制哈里发的视听，因而可能会对维齐尔构成严重的威胁。但是，我们至少第一次在阿拉伯世界里看到了一个清晰的政府结构。我们在后面将会看到，这套结构自有其复杂的内部政治斗争，而政府掌控着的巨额钱财更是使这种斗争成为你死我活的较量。

曼苏尔毫不怀疑自己的统治将以王朝的形式延续下去。而且，正是由于他扫清了各种敌人，他的后代在哈里发的位置上一直坐到了1517年。曼苏尔的儿子马赫迪（al-Mahdi，775—785年在位）和孙子拉希德（al-Rashid，786—809年在位）延续了曼苏尔的各种政治实践。这一时期的哈里发国总体上保持了和平和繁荣的局面，中央集权的趋势也得到进一步发展。“和平”这个说法可能有些以偏概全，因为哈里发国和拜占庭之间的边境战争一直没断，各行省的叛乱也经常掀起不小的波澜。埃及和呼罗珊东部的叛乱尤其严重，摩苏尔以西的加济拉地区也在8世纪70年代爆发过一次农民起义。但是，国家的结构完全没有受到这些叛乱的影响，还得到了进一步发展。拉希德本名哈伦（Harun，阿拔斯王朝的皇帝都有一个本名和一个执政后使用的名字，但历史学家往往只用后者），是目前为止最著名的阿拔斯哈里发，也可能是与萨拉丁（Saladin）齐名的中世纪最著名的穆斯林统治者。拉希德的名气要归功于自己在《一千零一夜》（*Thousand and One Nights*）中的形象，这本故事集现存版本的绝大部分内容来自中世纪晚期。不过，在现实生活中，拉希德虽然军事活动频繁，在宫廷政治中却并不活跃，他的大部分精力用在了各种仪式活动中。在786—803年之间，整个国家都掌握在拉希德的维齐尔——叶海亚·伊本·哈立德·伊本·巴尔马克（Yahya ibn Khalid ibn Barmak，805年去世）的手中。[5]叶海亚是曼苏尔时期一位重要官员的儿子，也是哈伦年轻时候的老师。叶海亚和两个儿子贾法尔（无论在现实中还是在《一千零一夜》里，他都是哈伦最亲密的朋友和助手）和法德勒（al-Fadl）一起主宰朝政，瓜分了绝大多数政府要职和很多行省的总督职位。他们被合称为巴尔马克家族（Barmakids）。这个家族此后一直享有很高的声望，其成员以能干而忠实的行政官员形象著称，事实上也似乎确实如此。阿拔斯王朝成熟的财政体系正是在他们的主导下设计的。这个体系越过了行省总督（除非总督是巴尔马克家族的成员），把更高比例的税收直接收入巴格达。巴尔马克家族在 803 年的突然陨落同样为人熟知。803 年，拉希德将贾法尔斩首，然后把他的亲戚全部投入监狱。[6]拉希德这样做并没有什么明显的理由，可能只是对巴尔马克家族的权力越来越忌恨。在此后的数个世纪里，阿拉伯作家们一直在嗟叹叶海亚的悲剧，这位完美的官员毁于一位近乎完美的哈里发之手——这些作家尤其感到惋惜的是，此后仅几年，拉希德自己就死于激烈的内战。

阿拔斯王朝的统治者一般都会指定下一任乃至下两任继承人，但是由于政治同盟经常变化，这种控制继承人选的做法往往不成功。不过，这种做法至少保证了第一位继承人不会遭到他自己的继承人的反对。拉希德在指定继承人方面更进一步：他首先在自己的儿子中指定阿明（al-Amin，809—813 年在位）为下一任哈里发，然后指定另外一个儿子马蒙接替阿明。但是，他又给马蒙指定了一块封地，也就是呼罗珊，让他在阿明执政的时候可以在那里保持实质上的自治。拉希德这样做的原因可能是呼罗珊再次出现了紧张局面，地方贵族不愿意接受巴格达对税收的支配权（这些钱用来给巴格达和驻守拜占庭前线的

“子弟兵”发工资，而颇具讽刺意味的是，这些“子弟兵”正是来自呼罗珊的部队）。一旦拉希德去世，这种紧张局势兴许至少可以缓和一段时间，呼罗珊人可以感觉到自己拥有一位未来的哈里发，可以保护他们的利益。然而，在809年拉希德去世之后，紧张局势并未缓和，而且巴格达和呼罗珊各自拥有一位阿拔斯家族的领袖。阿明立刻试图破坏马蒙的统治，而马蒙则于810年在呼罗珊人的劝说之下宣布独立。811年，马蒙手下的将军塔希尔·伊本·侯赛因（Tahir ibn al-Husayn）出人意料地挫败了阿明的大规模入侵，而此时已自称哈里发（811—833年在位）的马蒙则派塔希尔反攻巴格达。

塔希尔围攻巴格达长达一年，终于在813年突破了当地人的防守，生擒阿明后将其杀死。但是，马蒙仍然待在呼罗珊[7]，并将梅尔夫（现土库曼斯坦境内）设为首都。此外，马蒙在这一时期显示出了自己对什叶派的忠诚，尤其是在817年，他别出心裁地指定了一个阿里的后人为自己的继承人，这个人叫阿里·伊本·穆萨（Ali ibn Musa），登基后将改名为里达（al-Rida）[8]，意为“被挑选出来的人”。马蒙的这个举动增加了呼罗珊和伊拉克部分地区的忠诚度，却激怒了哈里发国的其他地区。巴格达再次发生叛乱，叛军拥立拉希德的弟弟易卜拉欣（Ibrahim）为哈里发，并为其改名为穆巴拉克（al-Mubarak）。埃及[9]也不太平，马蒙和阿明两兄弟各自的支持者从812年开始内战，而到了819年，埃及的基督徒又掀起了自750年以来最大规模的一次抗税起义，使埃及陷入混乱。马蒙为了平息局势在819年来到巴格达，因而也就远离了阿里一派。伊拉克几乎立即归顺，易卜拉欣逃走（他在这次劫难中幸存下来，并于825年和马蒙和解，最后在839年死于宫中）。但是，马蒙平息埃及的局势所用的时间要比平息伊拉克长得多，最后他不得不在 832 年御驾亲征，才有效地制服了叛军。直到这时，这位临近暮年的哈里发才真正完全控制了他父亲留下的疆域，但北非除外——这个一直都很边缘化的省份从此再也没有回到阿拔斯王朝的统治之下。

811—813 年的内战暴露了很多问题。各行省因征税问题而产生的不满此后成为常态，阿拔斯王朝收入伊拉克的税金越多，各地的反抗就越激烈。在倭马亚时期，这种反抗可以表现在对哈里发个人的忠诚度上（不过当时各地的阿拉伯军队还是有权截留地方税收的），但是，一旦地方截留税收的权利被剥夺，那么各行省就有可能因为征税问题而干脆彻底否认哈里发的权威，就像马蒙自己在呼罗珊所做的一样。这个问题最终会导致哈里发权力的崩溃。不过我们有必要强调，这种情况在当时还没有出现。马蒙维持住了呼罗珊对他的忠诚、合作，以及在那里的税收，这在很大程度上要归功于他手下的大将塔希尔。塔希尔所在的家族在 821—873 年间连续四代担任呼罗珊总督，同时也是巴格达城的统治者。他们在这里的统治正是靠来自各个行省的税收维持的。在哈里发国的另一端，埃及的局势终于在公元 832 年之后平息下来。马蒙的军队已经不是阿拔斯王朝早期所依仗的“子弟兵”，而是最初由伊朗东部贵族阶层征来的士兵组成，战斗力并不稳定。[10] 在围攻巴格达的时候，守城的正规军已经被打散，但马蒙的军队在面对非正规的小股民兵（‘ayyārūn）时仍遇到了不小的困难。但是此后，马蒙和他的继承者穆塔西姆（al-Mu’tasim，833—842 年在位）建立起了一支雇佣军。穆塔西姆是马蒙的弟弟，很有军事头脑，雇佣军主要是在他在位期间组建起来的。军队的士兵主要是中亚的突厥人，其中很多人曾经是奴隶，我们的史料通常把他们笼统地称为“突厥人”。这支军队战斗力很强，伊斯兰化程度不高，因而没有形成自己的政治势力，也和哈里发帝国内的任何一个行省都没有关系，对哈里发本人非常忠诚，至少对穆塔西姆是如此。阿拔斯王朝正是靠着这支军队的实力发动了最后一次对拜占庭的大规模进攻，并于838年攻陷阿莫里亚。突厥人的首领也越来越多地被安排到行省总督的位置上。这样，在9世纪30—40年代，也就是穆塔西姆和他平庸得多的儿子瓦提克（al-Wathiq，842—847年在位）的统治期间，各地太平无事，军队骁勇善战，财政和行政系统也越发复杂和庞大，中央集权化的阿拔斯王朝达到了一个新的巅峰期。这个巅峰期本可以持续很长时间，至少人们曾经以为会如此。

***

9世纪的巴格达庞大、富有，仍保持着政治中心的地位，又在这一时期发展成了真正的文化中心。9—10世纪遗存下来的阿拉伯语文字作品[11]数量惊人，其中大多数（尤其是那些10世纪30年代以前的作品）是在首都或其附近地区写就的，这就证明了巴格达的文化中心地位。而且，这些遗存下来的作品只是当时全部作品中的一部分。纳迪姆（al-Nadim，约990年去世）在《群书类述》（*Fihrist*）中罗列了6 000多本书的名称，而且这些书几乎都是在纳迪姆编纂《群书类述》前的250年内完成的（这一数字远远超出了佛提乌在《群书摘要》中列举的279本，不过佛提乌至少读完了他列举的所有书）。《群书类述》里的一则小故事也能说明当时的文字作品之多。这个故事说当时的历史学家瓦基迪（823年去世）一个人就拥有600箱书——在那么早的年代，这个数字简直是天方夜谭，但是这个记载出自10世纪的人之手，说明当时的书籍数量已经大大增多。在这个非常活跃的文化世界里，神学、哲学、法学、诗歌、行政、历史、药学、科学和地理等领域都涌现出了各自的专家。

这些领域逐渐发展出了各自的小文化圈，例如，法学家读的主要是其他法学家的作品，历史学家读的是其他历史学家的作品，而诗人读的则是其他诗人的作品。不过，他们还是由两个主要的网络联系在一起，一个是文化和宗教，另一个是文学。知识分子阶层整体上被看作是一个学者（“乌理玛”，由‘ilm，也就是“宗教知识”这个词演化而来）的共同体。这个共同体最初主要是宗教领域的专家组成的，但很快就扩展到各个专业化的学科。这种共同体的身份意识在各种学者的传记名录中体现得最为明显，而这种名录在9世纪早期就已经有了。[12]这个群体以《古兰经》学者和法学家为领导人，在没有正式神职人员体系的伊斯兰世界里，正是他们担负着定义和解读教义的职责。实际上，21世纪的伊斯兰世界依然如此。

当然，这个共同体内的学者并不总是意见一致的。我们已经讲过逊尼派和什叶派的对立，这两派在9世纪时发展成为不同的政治宗教体系。这两个体系内部又各自分了小的派系，也就是互相敌对的思想派别。[13]这些学派在宗教、政治和法律实践上的认识各不相同。例如，逊尼派之中从8世纪初期开始就出现了大规模的争论，争论焦点在于，伊斯兰法律实践［“沙里亚”（sharī‘a）］应该在多大程度上基于立法（假定立法者是哈里发），在多大程度上基于源自《古兰经》的基本伦理原则，在多大程度上基于越发复杂精密的传统，即“圣训”（ḥadīth），也就是穆罕默德的语录，其内容涵盖了几乎所有人们能想到的法律和道德问题。（这种主张实际上在宗教上给了地方风俗以合法地位，但是地方风俗本身从来都不会被视为立法的参照标准。）“传统派”最终在辩论中胜出，但是中世纪逊尼派伊斯兰教的四大主要学派在对圣训的态度上还是有很大的差异。这四大学派的创始人分别是阿布·哈尼法（Abu Hanifa，767 年去世）、马利克（Mclik，795 年去世）、沙斐仪（al-Shafi'i，820 年去世）和伊本·罕百里（Ibn Hanbal，855 年去世），其中沙斐仪派的思想影响最大。在这四派中，哈乃斐派（即哈尼法的学派）最接受法律推理，而罕百里派最严格遵守圣训中的一字一句。不过，这四大学派以及其他存在时间较短的小派别还是达成了一种彼此间的容忍，所有学说共同构成了逊尼派的“乌理玛”。到了公元 900 年时，这些学派开始共同推动“关上独立推理的大门”：从理论上讲，逊尼派从此之后不再接受任何新的法律或立法主张，包括哈里发或其他政治领袖的主张。因此，伊斯兰法逐渐固定下来（虽然法律实践仍在变化）。这就使得“乌理玛”更加成为一种文化上的共同体。但是，其他学科仍然继续发展了数个世纪。这和基督教世界的情况类似：东方和西方教会的教义规则在整个中世纪都限制了欧洲思想世界的发展。

书面文化各领域间的另一种联系方式是通过“阿达卜”（adab），这个词大致的意思是“礼仪教育”或“文学礼仪”。[14]“阿达卜”在大约公元 800 年的时候已是阿拉伯书面文化的基础，并在本书所讲述的时代中一直保持这一地位。它把学习过程和优雅的举止联系起来，并要求参与者对当时几乎所有学科的知识都有一个大概的了解，其中又以语言、诗歌、故事、行政方法和圣训最为重要。行政方法是有实际用处的：“阿达卜”最重要的功能就是作为政府工作人员的资格标准，它完全相当于罗马帝国元老院成员所受的文学教育，以及拜占庭帝国在公元900年后为行政官员设立的经典著作和神学作品的训练。唯一的区别就是“阿达卜”所要求学习的知识绝大部分来自相当晚近的作品。实际上，巴格达和其他中心城市的学术活动所涉及的知识范围甚广，显示出政府对各种各样的技能都持欢迎态度。很多不同学科的知识分子都在政府和行政机构中担任官职，如地理学家伊本·胡尔达兹比赫（Ibn Khurradadhbih，约885年去世），以及非常有影响力和原创性的哲学家兼医学家伊本·西那（Ibn Sina，拉丁名为Avicenna，即“阿维森纳”，1037年去世）。如此之大的学科范围显示出了“阿达卜”的一大特点。“阿达卜”还有一大特点，就是喜欢讲故事。文学文化为叙事作品提供了广阔的空间；阿拔斯王朝的历史是由数千篇短小且具有典型性的故事组成的，这些故事里有大量的直接引语，据说都是哈里发和幕僚们所说的原话。要掌握记述这些故事的技巧，作者需要了解许多深奥的知识，因此当时出现了数种收录“奇闻异事”[15]的百科全书，如萨阿立比（al-Tha‘alibi，1038年去世）编撰的《珍闻谐趣之书》中就收录了下列内容：第一个穿深色丝绸的阿拉伯人，第一个建立医院的哈里发，连续世袭“维齐尔”职位时间最长的家族，最慷慨的女性朝圣者，两位哈里发各自杀了三个名字以同一个字母开头的政敌，以及耸人听闻（但并不真实的）“每隔6个哈里发就有一个会被废”的说法。这类知识现在只对青少年有吸引力，但掌握这些知识在当时却是国家官员必备的能力之一，就像撰写书信的能力和背诵《古兰经》的能力一样。

上至维齐尔和其他主要大臣，下至各行省税务办公室的办事员，整个职业官僚的层级体系很复杂，而且形成了自己的文化传统。史书中收录了一些具有典型性的行政故事，与政治故事并列。这些故事记述了个人是如何被升迁或贬黜的，以及他们对迪旺长官和维齐尔们所说的一些巧言妙语。巴士拉法官塔努基（al-Tanukhi，914 年去世）[16] 所撰写的“阿达卜”著作《席间谈话》（*Nishwār al-muhādara*）展现了这种专属于行政官员的历史回忆有多么丰富，时间跨度有多么久远。即使是在 10 世纪后期，他们的回忆也仍然可以不间断地回溯到 9 世纪中期，甚至拉希德和马赫迪在位的时期。这些故事之中有很多让人吃惊的内容，其中之一就是当时官员获得提升、普通官员得到当权人物的赏识有多大的偶然性。拉希德在位时期，有一个叫法德勒·伊本·马尔万（Al-Fadl ibn Marwan）的人。他一开始只是一个贵族家里的厨房伙计，后来成了政府的一个小办事员，并靠着挣来的钱买了土地。巴格达被围攻期间，他就在自己乡下的地产上生活。据说，他在那里无意间接待了后来成为哈里发的穆塔西姆，正是这次偶然的机会使他在穆塔西姆 833 年继位后平步青云，最后成为维齐尔。不过，他陨落的速度也很快，836 年就被解职并处以巨额罚款，原因是他试图阻止哈里发挥霍国库里的钱财。当然，运气总是伴随着那些行政能力突出的人。法德勒很有才干，他至少为两任哈里发带来了可观的财政收入。还有一点很清楚，那就是法德勒从这些收入中也捞到了不少油水，在 9 世纪 30 年代积累起了财富。实际上，当时的政府为了遏制贪污行为，专门制定了不少规定，但是塔努基的故事告诉我们，官员们可以在记账的时候造假，从而轻易地绕开那些反贪措施。除非有政敌揭发，否则他们大可高枕无忧。

从这些故事里面，我们看到了一个关系紧密但又互相猜忌的官员群体。在这个群体里，共同的职业被视为一种亲密关系的纽带（法德勒说，他年轻时曾听到一个已退休的办事人员这样说），但是个人的升迁往往要靠打击别人来实现。[17]法德勒在836年丢了乌纱帽，但至少保住了性命，而很多人在政治斗争中连命都没有保住，其中有相当多的维齐尔。用“残酷”来形容行政机关和宫廷政治都是远远不够的。阿拔斯王朝有一些运气不好的政治家是受各种酷刑折磨而死的，这些酷刑的花样比墨洛温王朝有过之而无不及，因为阿拔斯时期的科学比墨洛温时期要发达得多。接替法德勒出任维齐尔的伊本·扎耶特（Ibn al-Zayyat，836—847年在任）就是被自己发明的一种酷刑机器折磨而死的。[18]虽然如此，在瓦提克于842年继位的时候，尽管这位新哈里发很讨厌扎耶特，曾发誓要杀死他，但扎耶特还是保住了自己的官位，因为他是所有高层官员里唯一能写出让统治者满意的正式信件的人。这种野心、贪婪、暴力和真才实学的混合，正是行政官僚作为一个群体的特征，至少这个群体中的上层是这样。

行政官僚世界中的复杂和危险，也同样存在于哈里发国的另外两个政治竞技场上，那就是军队和哈里发的宫廷内部。在阿拔斯王朝的历史文献里，文官政府和军队往往被视为敌对的双方，就像拜占庭中期的历史文献一样，但两种文献的描述可能都是错的。拜占庭的官员可以同时在文官政府和军队中任职，阿拔斯王朝的官员们也是如此，例如巴尔马基德·法德勒（Barmakid al-Fadl）和塔希里德·阿卜杜拉·伊本·塔希尔（Tahirid ‘Abd Allah ibn Tahir，845年去世），甚至军队中的突厥将领偶尔也会在政府中兼职，例如乌塔米什（Utamish，863年去世）就在去世前一年获得了维齐尔的职位。事实上，政治派别可以轻松地跨越政府的这两个领域，即使在不受欢迎也不合群的突厥人控制了军队之后也是如此。阿拔斯王室的众多大型宫殿也都有各自的工作人员，哈里发从奴隶中挑选的妃子人数就更多了。这些妃子一般由皇后管理，如果哈里发没有正式结婚——这在 9 世纪早期是很常见的——就由皇太后管理。政治派别同样进入了这个领域。

和墨洛温王室一样，阿拔斯王室也实行一夫多妻制，且以王朝的延续为主要目的。因此，阿拔斯时期在政治上有影响力的女性也和墨洛温时期类似，基本都是哈里发的母亲或者哈里发继承人的母亲，其中最为著名的是哈伦·拉希德的母亲海祖兰（Khayzuran，789 年去世），以及拉希德的妻子、阿明的母亲祖拜妲（Zubayda，831 年去世）。[19] 后者甚至在阿明被马蒙推翻之后仍保持一定的影响力，例如，她在 825 年促成了反对哈里发的易卜拉欣和哈里发的和解。但是我们有必要指出，阿拔斯王朝的政治活动中留给女性的空间要小于法兰克和拜占庭。阿拔斯哈里发国的仪式活动很复杂，而且不断演进，肯定不输于 10 世纪时的拜占庭。在这样的公共活动中，女性的空间就更少了。不过，最重要的问题在于继承法则的重点是挑选出适合担当哈里发的人选，这就意味着阿拔斯王朝的小哈里发不会像拜占庭和法兰克的小皇帝那么多，哈里发的母亲摄政的机会也就更少。阿拔斯王朝的第一位女摄政者直到穆克塔迪尔（al-Muqtadir，908—932 年在位）在位时期才出现。这位哈里发的统治完全被他的强势母亲所主宰。这个拜占庭奴隶出身的女人被人称为“舍盖卜”（Shaghab，意为“麻烦”）[20]，或简称为“夫人”（al-Sayyida）。史书作者们虽然从总体上对女性掌权持怀疑态度，而穆克塔迪尔在位期间所发生的灾难更加重了这种怀疑，但他们对舍盖卜（933 年去世）的评价并非充满敌意。她像祖拜妲一样在公众活动中大量施舍钱财，这也是阿拔斯王朝的女性经常扮演的角色，还好舍盖卜有的是钱。她的这些举动也使得一些史书作者至少能给她一个中性的评价。在摄政的20多年里，舍盖卜在哈里发的朝廷之外建立起了另一套官僚体系，其中的男性大臣和宫廷侍女负责直接行使权力。但是，我们有必要指出，宫廷女眷在居住的地方设立这类官职在当时已经是很正常的事情。王后、主要的嫔妃以及太后们一直都很有钱，她们需要行政官员来帮助自己处理事务。如果这些官员偶尔把哈里发的政治活动也接管过来，就像舍盖卜时期一样，那么他们也完全有资格这么做。

史料中对每一个哈里发的描述都有固定的套路，例如曼苏尔被描述为雄辩、崇尚苦行，马赫迪被描述为慷慨、喜爱诗歌，穆塔西姆则被描述为喜欢打仗，等等。在所有哈里发中，马蒙（在史书的套路中，此人有幽默感，而且有作诗的天赋）可能是最能通过行动来树立个人形象的一位。什叶派对他来说很有吸引力，即使是他在818—819年放弃了让阿里后裔担任继承人的计划之后，这种吸引力也依然存在。他还资助科学家，参与了一项翻译托勒密、盖伦、欧几里得等希腊科学家著作的行动，还下决心（他下决心做了很多事情）对地球的周长进行精确的计算。为了执行这个计划，哈里发于830年在巴格达设立了一座科学研究中心，即“智慧宫”（Bayt al-Hikma）。马蒙在伊斯兰教的教法方面也颇有作为，同情一个名为“穆尔太齐赖派”（Mu‘tazilism）的理性主义教派。在倭马亚时期，哈里发本人往往也是宗教权威，到了阿拔斯王朝初期，曼苏尔也在他的波斯裔大臣兼幕僚伊本·穆卡法（Ibn al-Muqaffa’）的催促下扮演起了这一角色。后来，随着“乌理玛”的权威不断增长，哈里发的宗教权威被削弱，但是马蒙仍有足够的信心把伊斯兰教法植入政治活动的核心地带。[21] 833年，他认为穆尔太齐赖派思想中关于《古兰经》创作问题的观点（该派认为，《古兰经》是由真主在时间中创造的，而不是在世界出现之前就已存在）非常重要，因而要求所有的法官和“乌理玛”，尤其是对此持强烈反对意见的“传统主义者”，都必须同意这个观点。这项命令几乎只有罕百里一个人反对，他因此被投入监狱。马蒙之后的两任哈里发也都坚持认为古兰经是被创造出来的，但到了 847 年，瓦提克的兄弟穆塔瓦基勒（al-Mutawakkil，847—861 年在位）继位后放弃了这一观点。833—847 年的这段时间被称为“米哈奈”（mihna），也是中世纪的伊斯兰历史上唯一一段教义问题造成政治影响的时期。而关于早期哈里发合法性的争论虽然从未停止，却并没有给政治带来什么影响。这一时期重大宗教议题的晦涩程度让我们想起了罗马帝国晚期的基督教教义争论，而利用宗教议题打击宗教极端主义者的政治手段则让我们想起了拜占庭的第二次反圣像运动。实际上，马蒙对宗教-哲学辩论的兴趣也确实很像比他稍小一些的同辈人狄奥斐卢斯。不过，马蒙挑选创作《古兰经》问题来辩论的原因并不清楚，甚至还不如辩论圣像问题的理由那么明显。也许辩论任意一个问题都可以帮助哈里发重新树立宗教权威，尤其是在那些“传统主义者”的面前，但是“米哈奈”以失败告终，罕百里也东山再起。公元 849 年以后，伊斯兰教义已经完全掌握在“乌理玛”的手里了，而哈里发只拥有世俗权力。10 世纪，哈里发在伊拉克和伊朗的权力被一些新兴的统治者所取代，而这些统治者在宗教上的影响力比哈里发更小，因为哈里发至少在名义上还拥有“信士的长官”头衔。哈里发们可以资助知识分子、法学家或“乌理玛”，但他们自己不是知识分子。

***

穆塔西姆的突厥军队和巴格达人的关系尤其紧张，毕竟这些巴格达人的先辈曾组成那支被称为“子弟兵”、后被突厥人取代的职业军队。为此，这位哈里发沿底格里斯河而上，在萨迈拉[22]建立了一座新的首都，并且于836年把自己和军队的驻地都迁移到了那里。在阿拔斯王朝早期，建立新首都是哈里发巩固政治权力的标准方式。巴格达本身就是一个很好的例子，此外还有拉希德时期的拉卡（796—808年）和马蒙的梅尔夫（811—818年）。在首都的营造方面，萨迈拉是除巴格达之外最受重视的一个。这座城市像阿拔斯王朝的许多城市一样，规模十分庞大。今天它的废墟沿底格里斯河绵延达40千米。不过和之前的拉卡一样，萨迈拉的建设目标也不是成为巴格达那样的人口中心。在其作为首都的836—892年间，这座城市大体上保持着军事和行政中心的地位。这样就出现了一个问题，即哈里发和他的军队一起与世隔绝起来了。倭马亚王朝和阿拔斯王朝早期，军队都是由国家的税收供养的，与这些军队的来源地无关，例如那些驻守在边境地区（amsār）的早期阿拉伯移民，以及驻扎在巴格达的呼罗珊“子弟兵”。从这个角度来说，突厥军队也没有什么不寻常的，只是他们来自国境之外，而且其后代在10世纪的分裂时代也非常活跃。在中世纪的阿拉伯世界里，职业军队和纳税人组成的社会之间总是关系紧张，这是上述现象所造成的结果。此外，地方精英主要在9世纪时改宗伊斯兰教，阿拉伯移民又想争夺土地——这种情况在8世纪早期的呼罗珊、8世纪晚期蓬勃发展的巴格达核心地区、9世纪后期的埃及都发生了——因此，各地的穆斯林精英对军队的政治权力和财富水平的不满情绪可能会非常高涨。这种矛盾在呼罗珊尤为突出。在那里，伊斯兰教传入之前的统治者大部分仍保持自己的地位以及高度贵族化和军事化的价值观，只是现在他们已经伊斯兰化了。波斯统治阶级中的一些人还参加了马蒙和穆塔西姆的军队，例如苏对沙那的阿夫欣（al-Afshin of Ushrusana，841 年去世），这位来自中亚的王子刚刚改宗伊斯兰教不久。不过，他后来因为被认为密谋反对突厥人而遭到了惨痛的失败。[23]

但是，哈里发并不能简单地把军权交给地方贵族，那将使他立即丧失税务收入，哈里发国也会迅速解体。因此，他们可能会花钱雇国境之外的军队，这些军队没有贵族的虚荣心，而且至少能做好自己的本职工作。当然，这么做也有危险。历史学家塔巴里曾经在一篇充满事后诸葛亮色彩的故事中讲到，塔希里德·伊沙克·伊本·易卜拉欣（Tahirid Ishaq ibn Ibrahim）对穆塔西姆说："你的兄弟懂得根基的重要性，而且利用了它，枝叶就很繁茂，而信士的长官却只利用枝叶，这些枝叶因为缺乏根基而没能蓬勃生长。"[24] 这句话的意思是：马蒙任用了包括我自己在内的塔希尔族人，以及植根于这个社群的其他人，这些人也起到了作用，但是你却任用突厥人，这些人并没有根基，而这是一个很严重的问题。据说，穆塔西姆很悲伤地承认了这一事实。但是不管怎样，当穆塔瓦基勒在 9 世纪 50 年代与突厥人反目成仇的时候，突厥人没有根基的特点就成了缺点，因为他们没有地方可去。最终，突厥人在 861 年刺杀了穆塔瓦基勒，并使萨迈拉陷入了长达 10 年的混乱时期。在 861—870 年间，各突厥派别先后拥立了 5 位哈里发，并杀死了其中 3 位。其中有一位名叫穆斯塔因（al-Musta'in，862—866 年在位）的哈里发和突厥人中的一支一起逃到旧都巴格达，向那里的塔希里德总督求助，这样就把危机扩散到了巴格达。865—866年，巴格达再次遭到围攻并最终陷落。870年，阿拔斯家族内部终于出现了一位军事强人，阿布·艾哈迈德·穆瓦法克（Abu Ahmad al-Muwaffaq，891年去世）平息了动乱。实际上，他曾经指挥过对巴格达的围攻，并一度和在斗争中胜利的那一派突厥领袖走得很近。后来，穆瓦法克的兄弟穆耳台米德（al-Mu'tamid，870—892年在位）成为哈里发，并任命穆瓦法克为军队统帅。穆瓦法克把穆尔台米德留在萨迈拉，自己则逐渐把根据地转移到了巴格达。穆瓦法克的儿子穆瓦台迪德（al-Mu'tadid，892—902年在位）继位成为哈里发后，就正式把首都迁回了巴格达，萨迈拉作为首都的这段插曲就此终结。

861—870年这段时间并不是很长，但是和9世纪第二个十年的那次内战相似，这次内乱给阿拔斯政权造成的创伤是难以愈合的。[25]阿拔斯家族虽然在870—908年之间再度出现强势人物［持续到穆瓦台迪德的儿子穆克塔菲（al-muktafi）在位的902—908年］，但其面临的挑战也比比皆是。伊朗出现了名为"萨法尔人"（Saffarids）的叛军（他们没有贵族背景，而且和一些边缘化的穆斯林派别走得很近），他们在867—873年之间在呼罗珊击败了塔希尔人，然后进军伊拉克，后于876年被击败。但是，萨法尔人此后仍然控制着伊朗的大片地区，并且只是间歇性地缴税。埃及的突厥裔总督艾哈迈德·伊本·图伦（Ahmad ibn Tulun，868—884年在位）没有直接反对阿拔斯王朝，但是他也不向伊拉克缴税，而且把自己的权力扩张到了叙利亚和巴勒斯坦，所以这些地区也就不缴税了。直到图伦的儿子胡马腊韦（Khumarawayh，884—896年在位）继位之后，阿拔斯王朝的军队才在图伦家族统治的各个行省重建了税收体系，并且在905年之前重新获得了对埃及的直接控制权。9 世纪七八十年代，阿拔斯王朝的财政控制只能局限在伊拉克境内，而且这个区域南部的巴士拉还爆发了一次大规模奴隶起义。这些被称为“辛吉”（Zanj）的非洲奴隶是被阿拔斯王朝用来维护灌溉系统的。[26] 这次起义从 869 年一直持续到 883 年，是在 1791 年的海地起义之前历史上最为成功的一次奴隶起义，其结果是起义军建立起了一个独立的什叶派国家，直到 879—883 年历经四年的战争才被穆瓦法克的军队剿灭。直到 9 世纪 80 年代中期，阿拔斯王朝的国库都存在严重的亏空，而在这之后，王朝政府还是要不停地和仍然由突厥人控制的军队争夺权力。他们在自己的核心地盘上取得了成功，伊朗却逐渐落入了地方家族势力的手里。但是，阿拔斯王朝无法承担放松压力的后果。在公元 908 年之后，哈里发穆克塔迪尔疏于治国理政，而他摄政的母亲舍盖卜则没有对军队的控制权。到了 10 世纪 20 年代，官僚机构内斗不休，伊拉克军事将领间矛盾纠纷不断，贝都因人从阿拉伯沙漠中多次袭扰，叙利亚和埃及总督则再次停止缴税，阿拔斯王朝此前数十年的胜利成果丧失殆尽。10 世纪 30 年代，哈里发又开始了被罢黜的命运，并在 936 年后将所有权力都拱手让给了军事长官，即“统帅中的统帅”（amīr al-umarā）。945 年，来自伊朗各家族中最成功的白益（Buyids）家族的艾哈迈德·伊本·白益（Ahmad ibn Buya，967 年去世）占领巴格达，成为“统帅中的统帅”，并改名为穆伊兹·道拉（Mu'izz al-Dawla），意为“国家的巩固者”（此时的“国家”名义上仍是阿拔斯王朝）。从那以后，伊拉克在伊朗西部的控制下度过了一个世纪。[27]

阿拔斯哈里发国曾在 100 年的时间里保持着世界最强国的地位（中国的唐朝在 8 世纪 50 年代之后就陷入了危机），因此，关于它解体过程的记载之详细、解释之多样化都堪与罗马帝国的解体媲美。我只用寥寥几页来概述这一段历史，只是因为在9世纪60年代之后的大部分时间里，这个国家的历史都只局限于伊拉克境内，而离欧洲的历史过于遥远。我们之前已经介绍过，伊斯兰世界在10世纪的历史要比9世纪更为混乱，伊朗[28]东部相继出现了萨曼（Samanids）王朝和伽色尼（Ghaznavids）王朝，伊朗西部和伊拉克出现了两三个白益家族政权，阿勒颇和摩苏尔出现了两个汉达尼德（Hamdanid）政权（摩苏尔的那个时间较短），而在它们北部和东部的山区里又出现了一系列库尔德王朝；阿拉伯沙漠中有卡尔马特（Qaramita）政权，埃及则先后出现了伊赫什德（Ikhshidids）王朝和法蒂玛王朝，此外还有很多小型政权——马格里布地区也出现了很多政权，这一地区从9世纪早期甚至更早的时候开始就已经不受阿拔斯王朝的控制。在现在的突尼斯和西西里出现了艾格莱卜（Aghlabids）王朝和法蒂玛王朝，现在的摩洛哥出现了伊德里斯（Idrisids）王朝，西班牙则出现了倭马亚王朝。我们无法在这里一一讲述这些政权的历史，但是我们会挑选其中的两个。在那之前，我们需要盘点一下阿拔斯王朝在一个世纪的时间里的统一和解体。

阿拔斯哈里发国的诸多解体原因之中有一个非常简单，那就是它实在太大了。各个地方的社会形态非常不一样，互相之间的沟通联系也总是很慢。哈里发国比罗马帝国还大，而且并不像罗马帝国那样在核心地区有一个内海，可以较为方便地运输大宗货物。在不断的征服和收复运动之中，阿拉伯人靠着各个时期统治军队和清白历史的帮助，曾在636—651年、747—750年和811—813年间数次实现统一，后来的白益王朝以及11世纪40年代以后的塞尔柱突厥人也曾一统天下，但每次统一之后，紧张的局面总是会再次出现。呼罗珊和整个伊朗的情况尤为如此。在这一地区，伊斯兰教传入之前的统治阶级在伊斯兰教传入之后所保持的权力要大于其他地区（而且这里的穆斯林仍然在口头和书面文化中纪念着伊斯兰教传入之前的历史，这种情况在除西班牙之外的伊朗以西地区都是没有的），也有一定的军事实力。此外，伊朗多山的地形也让统治者难以实行深度控制。值得注意的是，即使是历史上最成功、延续时间最长的伊斯兰帝国——奥斯曼帝国——也从来没有控制过伊朗。阿拔斯王朝的麻烦一般来自伊朗，而伊拉克和埃及就容易统治得多。至于叙利亚，倭马亚王朝覆灭后的两个世纪里，这一地区都算不上任何形式的权力中心。

10 世纪诸多后起的伊斯兰国家都有一个基本特征，而这个基本特征总体上支持了上述地缘政治角度的论述：这些国家几乎都和之前的哈里发国一样，有一个中央政府供养的职业军队和官僚政府，而供养它们的钱则来自税收。只有安纳托利亚南部和伊朗山区的一些库尔德人国家，以及 11 世纪叙利亚和加济拉地区的贝都因王朝奉行一种较为简单的制度，也就是依靠大量的贡礼来武装自己的游牧部落。与西罗马灭亡时的情形不同，哈里发国的政治制度并没有被抛弃，而是被这些后期的小政体中的大多数继承了下来。与罗马-日耳曼诸王国不同，这些新的穆斯林统治群体并不打算把自己变成贵族地主。事实上，在大多数的中世纪穆斯林社会中，土地并不能带来政治权力，只有政府中的官位才可以——至少中世纪的政治人物们是这么认为的。同样，获得财富的最可靠手段也是在国家政府中任职。那些古老的家族之所以能长盛不衰，靠的就是私人财富——而私人财富只能来自对土地的拥有，这一点在伊斯兰世界和在基督教世界都是一样的——但是这些家族在任何一个伊斯兰国家结构里都没有什么特权，特别是在伊朗。欧麦尔一世创立、倭马亚和阿拔斯的哈里发们经营了两个世纪的政治模式也得以维系。实际上，这种模式反而被强化了。从穆塔西姆实验性地任用突厥人开始，军事权力就掌握在曾经是奴隶的人群手里，和地方社会及家族背景没有什么联系。这种模式在后来的数个世纪里越来越普遍。小政权们脱离哈里发的统治而独立，意味着税收可以留在省内并供养地方军队：这是地方精英们从倭马亚时代起就一直在追求的基本目标。只有在最强势的阿拔斯哈里发统治时期，地方才无法截留税收，而只要阿拔斯统治者的控制稍微松懈，地方就能供养起一定规模的军队，例如在9世纪第二个十年和9世纪60年代。从这一点来说，哈里发国的解体甚至没有什么不好的，它只是让政权的规模回归到了最优化的维度，也就是行省这一级。

总体上说，我认为上述解释是公平的，但它确实过多地把焦点放在了国家层面上，没太考虑到各行省的社会这一复杂因素。地方社会领袖的组成非常复杂，既有伊朗部分地区的古老家族，也有伊拉克快速变化的精英群体。伊拉克的这些新贵往往是最近一批行政官员的后代，他们在官位上靠收税挣到了钱，然后安置了家业。不过，这样的人在哪里都是存在的。他们现在肯定已经拥有了土地，有些也有了商业财富，这些商业财富同样被转化成了土地。重要的地方政治中心几乎都是大城市——包括阿勒颇、摩苏尔、拉伊（现在的德黑兰），以及呼罗珊的梅尔夫和内沙布尔——这些城市里充满了地方精英家族、“乌理玛”以及其他人。这些人希望得到“哈的”（qadī）的职位，在这个职位上的人掌握着重要的地方权力。他们更愿意争抢地方和省级的官位，而不是国家政府的职位。在这个层面上，土地、私人财富和出身都是有作用的（阿里的后裔变得越来越吃香，尤其是在伊朗），就像在西方一样。阿拔斯家族的总督总是要和当地的权贵家族妥协，否则就肯定会失败：要么征不到税（征税的过程控制在地方人物手里），要么遭遇起义，或者两者同时发生。这种情况对于10世纪那些小规模政权的统治者来说也是一样的。而且，这件事本身就说明地方社会和“国家阶层”之间存在某种关系。即使是那些和当地社会最为隔绝的军队世家，也可以在地方扎根，至少是以统治者的身份，就像埃及的图伦家族那样。所有统治者、官僚和地方军事人物都要和他们所统治的人协商，至少是和其中最富有的那些人协商，而“国家阶层”中的一部分人，尤其是文官政府中的人，也都源出各个地方社会。至少这些人都是在地方负有重要责任的。

无论如何，“国家阶层”和地方及行省社会间的割裂毕竟还是存在的，而且造成了问题。总体上说，在地方政府工作和在国家政府工作是不同的，这种不同不仅存在于地理上占地更大的阿拔斯哈里发国，也存在于10世纪的那些行省大小的政权。这就意味着地方社会可以冷眼旁观统治者们的命运起伏：因为这些统治者无论是仁慈还是残暴，慷慨还是吝啬，喜文还是尚武，在当地都属于外来者，和被统治社会阶层之间没有结构上的关联。随着政府越发世俗化，伊斯兰教的命运逐渐被寄托到了“乌理玛”的身上，而阿布·穆斯林和阿拔斯王朝早期统治者们曾有效使用过的宗教救世主义统治方法已被绝大多数政权抛弃。只有法蒂玛王朝在10世纪尝试过这种方法，我们稍后会详细讨论。如果一个地方统治者因为征税不力而无法供养军队，或只是在战场上失败，那么他就可能在地方社会完全不参与的情况下被取而代之，只要新统治者不要在夺权过程中过分使用暴力就可以。我们肯定可以找到一些地方精英忠于统治者的例子，例如摩苏尔市民曾在 989 年驱逐白益家族的人，短暂地恢复了汉达尼德家族的统治地位。[29] 不过，这样的例子并不多。阿拔斯王朝在 10 世纪第二个十年到 10 世纪 40 年代因过于安逸而失去了对局势的控制，这从某种层面上来说是一次制度性的失败：不管当时的情况有多糟糕，当权者总是可以表现出更积极的态度，做一个捍卫正统的悲情英雄。但是，阿拔斯王朝并没有留下这样的故事，白益王朝也没有。人们纷纷传颂的还是萨珊王朝的故事，或是关于哈伦·拉希德时期的巴格达的永恒传说，以及《一千零一夜》里的传奇。

***

在 10 世纪的各个伊斯兰国家之中，法蒂玛王朝是最成功、最富有且最稳定的一个。法蒂玛王朝发迹于伊弗里基叶的凯鲁万，也就是现在的突尼斯境内，之后（公元 973 年以后）又征服了埃及，其统治从 909 年延续到 1171 年，超过了 250 年，比他们最主要的对手白益王朝多存活了一个多世纪。我们刚才讲过，在阿拔斯王朝的早期统治者之后，法蒂玛王朝[30] 是唯一试图重拾宗教救世主义的政权，这也让他们在 10 世纪的伊斯兰世界里显得十分另类。[31] 但是，法蒂玛人尊奉的并非逊尼派，而是什叶派。法蒂玛王朝的开国君主乌拜杜拉·马赫迪（'Ubayd Allah al-Mahdi）居住在叙利亚，属于什叶派中的伊斯玛仪派。这个派别相信，哈里发阿里的后人中有一位隐遁的伊玛目（imām，意为"至高的精神领袖"），他将会归来并拯救世界。899 年，马赫迪宣布自己就是那个隐遁的伊玛目，这一做法在伊斯玛仪派内部引起了争议，并导致该派别一分为二。马赫迪不得不逃离叙利亚，最后找到了居住在今天阿尔及利亚境内的库塔玛柏柏尔人。马赫迪的选择是有道理的，因为柏柏尔人经常对阿里的后人表露同情——789 年，同为阿里后人的流亡者伊德里斯·伊本·阿卜杜拉（Idris ibn ʻAbd Allah，795 年去世）曾在摩洛哥中部建立伊德里斯王国。柏柏尔人的战斗力很强，他们从此成为法蒂玛王朝军队的主力，并一直将这一地位维持到本书所讲述的时代结束后很久。库塔玛人接受了马赫迪，把他奉为非凡的领袖，并且欣然接受了马赫迪给他们安排的角色，也就是阿拔斯"革命"时期呼罗珊人所扮演的角色。他们的军事长官是一个伊拉克人，名叫阿布·阿卜杜拉（Abu ʻAbd Allah），此人堪称法蒂玛版的阿布·穆斯林。909 年，他从孱弱的艾格莱卜王朝手中夺走了伊弗里基叶。一年后，马赫迪在凯鲁万城外自称哈里发（910—934 年在位）。与阿布·穆斯林一样，阿布·阿卜杜拉也在胜利后不到一年就被自己的主公杀死，而马赫迪此后再也没有遇到过对手。

马赫迪和阿拔斯王朝、艾格莱卜王朝一样建造了属于自己的都城。920 年，他把首都定在突尼斯海边的马赫迪亚。他沿用了艾格莱卜王朝的政府结构，不过他和他的库塔玛军队奉行伊斯玛仪派的宗教救世思想，与信奉逊尼派的老百姓泾渭分明。然而，在这样的宗教救世思想驱使下，马赫迪并没有满足于占有伊弗里基叶。法蒂玛王朝从建立之初就一直觊觎东方，并不断对埃及发动攻势。攻取埃及的战略在 944—947 年被法蒂玛王朝的一次内乱打断，发动起义的是信奉另一种救世思想——哈瓦利吉派——的柏柏尔人。但是，这次起义被镇压了下去。到了 960 年的时候，马赫迪的曾孙穆伊兹（al-Muʻizz，953—975 年在位）已经统治了整个北非，使这一地区在 8 世纪 30 年代之后首次统一起来。在获得内部稳定后，法蒂玛王朝重启了对埃及的进攻。此时，统治埃及22年的阿布·米斯克·卡富尔（Abu'l Misk Kafur，946—968年在位）刚刚去世，埃及群龙无首。卡富尔是一位相貌奇丑的黑人宦官，曾经做过奴隶，但他于在位期间展现出了过人的能力和格局。法蒂玛王朝的军队首领乔哈尔（Jawhar，976年去世）也是奴隶出身，但他是斯拉夫人。969年，乔哈尔几乎兵不血刃地占领了埃及，穆伊兹也在4年后迁居至此。乔哈尔和他之后的诸位将领继续将法蒂玛王朝的目标向巴勒斯坦和叙利亚推进，但是到大马士革附近就无法再向前突破。到10世纪90年代时，王朝的边境稳定在了大马士革和阿勒颇之间。法蒂玛王朝的扩张就此停止，叙利亚境内形成了诸强妥协的局面。这些地方强权包括法蒂玛王朝、白益王朝，以及10世纪50年代起进入叙利亚的拜占庭帝国。我们在前一章已经讲过这方面的情况。10世纪90年代，已经在富裕的埃及站稳脚跟的哈里发们已经做好了放弃伊弗里基叶的准备，这一点可能让人有些吃惊。他们把伊弗里基叶的控制权交给了当地的一个世袭总督家族。从那以后，法蒂玛王朝就成了一个埃及和黎凡特境内的政权，并且将这一状态维持了近两个世纪。

我们很容易看到，909—910年发生的事和749—750年如出一辙，而且从某种程度上来说，10世纪这次的宗教狂热更为持久，因为法蒂玛人距离伊斯兰世界的传统权力中心非常遥远，这样他们就需要走更远的路才能到达那里——实际上，他们从来也没有到达过巴格达。身为什叶派的伊玛目，法蒂玛王朝的哈里发们也丝毫不关心“乌理玛”们研究的那些领域，因为这显然是逊尼派做的事情，而且伊玛目的权威是直接来自真主的。不过，法蒂玛在埃及的统治只是对前朝已经证明有效的制度的简单延续，其延续性甚至比在伊弗里基叶更甚。埃及和叙利亚的库塔玛人也是职业军人，驻扎在远离家乡的地方，就像“子弟兵”和突厥人一样。穆伊兹和他的继承者们将埃及的财政管理重新集中化，恢复到阿拔斯王朝早期的水平，不过财政权力在埃及从来也没有特别分散过。强大的国家可以促进商业发展，不过不管怎样，生产力水平很高的埃及现在已经再次超过了伊拉克。法蒂玛王朝基本上只是保持局势稳定，然后让商业自行发展。因此，埃及在伊斯兰世界中的强权地位一直维持到中世纪结束，其在政治上的影响力是自克里奥帕特拉之后从来没有过的。法蒂玛王朝的行政首都开罗（al-Qahira）建立于969年，就在此前的行省首府福斯塔特城外，而福斯塔特仍然保持埃及商业中心的地位。福斯塔特-开罗在很长一段时间里都是整个地中海东部的经济重镇，地位甚至超过了巴格达。我们会在下一章中看到更多细节。

所以，我们可以把法蒂玛家族看作10世纪及以后时代中的一群普通统治者，他们只是成功地统治了一个地区，并且在这个地区颇为幸运而已。不过，即便如此，法蒂玛家族也并不是和伊斯兰世界的其他统治者完全相同。伊斯玛仪派是一个神秘的派别，其教义中充满了难懂且抽象的新柏拉图主义元素，还包括一套复杂的字母和数字符号系统。伊斯玛仪派持续影响着朝廷和军队，哈里发们孤立于由逊尼派、科普特基督徒和犹太人组成的海洋，继续做着自己的救世主之梦。尤其是哈基姆（al-Hakim，996—1021年在位），他曾在逊尼派清真寺竖起反对逊尼派的标语，还拆毁了耶路撒冷的圣墓教堂。他被黎巴嫩的德鲁兹人奉为圣人，直到今天都是如此。哈基姆也是任性和残暴的独裁者，这种类型的统治者倒是并不少，但他的宗教形象还是凸显出了法蒂玛家族的本质特征。

***

711年，柏柏尔人领袖塔里克·伊本–齐亚德（Tariq ibn-Ziyad）奉大马士革的倭马亚哈里发之命，率领一支主要由柏柏尔人组成的军队入侵西班牙，击败了西哥特人，并杀死国王罗德里克。718年左右，柏柏尔人和阿拉伯人已经基本控制了整个半岛。穆斯林军队在接下来的15年里持续入侵法兰克，但是对征服那个地区并没有多大兴趣。西班牙——阿拉伯人口中的“安达卢斯”——对于他们来说已经是世界最边缘的地方了，如果不是征服的过程太顺利，他们可能在直布罗陀海峡就止步了。尽管如此，他们占领整个半岛的速度还是很快。击败西哥特人的军队之后，穆斯林和当地的几个地主各自签订了条约，其中最重要的是713年与西班牙东南部的狄奥德米尔所签订的条约。他们没有把基地放在西哥特人的首都托莱多，而是在富裕的南方地区定都科尔多瓦。托莱多的位置则成了前线地区：其北方的杜罗河谷地区夹在安达卢斯的穆斯林和半岛北部边缘的诸基督教政权之间，是一片面积广阔的无主之地。科尔多瓦由历任总督统治，总督人选则由哈里发定。对于哈里发帝国来说，安达卢斯[32]只是一个普通的行省，而且位置偏远。740年的柏柏尔人大暴动在西班牙的影响不亚于北非地区，但是哈里发希沙姆派遣叙利亚军队在742年进入西班牙，到743年时就夺回了半岛，并且驻扎下来。这样，西班牙的穆斯林中阿拉伯人的比例有所升高。不过，这些叙利亚人把新月地区“卡伊斯人”和“亚马尼人”之间的派系斗争也带到了西班牙，引发了从745年开始、历时十年的内战。750年，叙利亚的倭马亚王朝被推翻，几乎被灭族，但希沙姆的一个孙子——阿布德·拉赫曼·伊本·穆阿维亚（'Abd al-Rahman ibn Mu'awiya）——逃了出来，投靠他母亲所属的柏柏尔人势力。他先是到了非洲，又于755年来到西班牙。这里的柏柏尔人和阿拉伯人中的亚马尼人都对他表示支持，其中后者正在对抗出身卡伊斯人的总督优素福·菲赫里（Yusuf al-Fihri）。也就是说，西班牙的亚马尼人是支持倭马亚家族的，这和他们在公元749年之前在东方的立场正好相反。拉赫曼只用不到一年的时间就击败了优素福，又占领了科尔多瓦。阿布德·拉赫曼一世随后以埃米尔（amīr）的身份统治了30多年，从756年直到788年。这个政权完全独立于他们在巴格达的敌人阿拔斯王朝，拉赫曼的子孙又维持这种独立状态直到1031年。

然而，西班牙和哈里发国家的其他行省都不一样。这里的政治权力要比其他地方分散得多，其经济发展程度也在至少一个世纪的时间内低于其他行省，更接近西欧其他地区的水平。[33]在哈里发国境内，比起埃及、叙利亚和伊拉克这样经济发达、城市化程度高的省份，西班牙的手工制品技艺较差，生产活动也要分散得多。即使是科尔多瓦、塞维利亚、梅里达、托莱多和萨拉戈萨等阿拉伯人从西哥特人那里继承下来的主要城市，其规模也在相当长的一段时间里小于地中海东部的那些大城市。还有一点很关键，那就是在阿拉伯人征服的所有省份里，西班牙是唯一一个没有完整税收体系的地方。对于其他征服地区，阿拉伯人通常会派一支精锐的职业军队过去，然后驻扎在一座（可能是新建的）要塞城市里，但是在没有税收支撑的情况下，这种做法就无法实施了。不过，在8世纪第二个十年才（全部）伊斯兰化的柏柏尔人本来也肯定只是想在征服的土地上定居下来，因此他们也就这么做了。甚至8世纪40年代以标准职业军队身份被派遣而来的叙利亚人也在这块土地上安居乐业——开始的身份是缴税的农民，但不久就成为地主——同时履行军队的职责（他们是靠这个领工资的）。[34] 他们和西哥特贵族通婚，到10世纪时，就已经出现了为拥有阿拉伯和哥特两种血统而自豪的家族了。我们会在后面详细讲述这一情况。

埃米尔们从一开始就想方设法地收税，也因为这一行为而从一开始就饱受史书作者们的谴责［例如8世纪中叶一本名为《754年史记》（*Chronicle of 754*）的基督教史料中就有这方面的记载[35]，这本书仍是用拉丁文书写的］。尽管如此，他们在财政上也无法控制其他地方的总督。与哈里发国的其他地方都不同，埃米尔们还要从一开始就面对一个拥有土地的穆斯林贵族阶层，这些人在抗税方面的成功率可能要高于那些仍信奉基督教的邻居。西班牙也没有多少领工资的“国家官员阶层”，文官和军官都是如此，这种状况也维持了一段时间。北方与基督教政权接壤的前线地区的存在也导致了政治和军事权力的分散，安达卢斯有将近一半的土地被分割成若干个边疆区（thugūr）[36]。这些边疆区各自以中北部地区的中心城市为根据地，诸如托莱多、萨拉戈萨以及图德拉，图德拉曾是西哥特巴努·卡西（Banu Qasi）家族的大本营。在这些边境区的南方才是倭马亚埃米尔的势力范围，他们在一个多世纪的时间里都对边疆区没有什么控制力。西班牙各地区的差异很大，互相之间的联系也很少，而穆斯林的入侵则导致这些地方社会急剧地向不同方向发展。阿拉伯人和柏柏尔人的定居点之间也存在很大的差异，进一步放大了这种反差。例如，柏柏尔人在相对偏僻的地方似乎是以密集的部族形式定居的，但是在城市或城市周围的地区，他们又变成了普通（且阿拉伯化）的地主。[37] 地方差异如此之大，政治上如此分裂，倭马亚埃米尔们又从一开始就需要承认土地政治的重要性，考虑到这些因素，穆斯林的西班牙既是西欧的一部分，也是阿拉伯政治环境的一部分。

面对上述现实，倭马亚王朝最终还是迎来了一段成功的时期，不过取得成功的过程很长，也不是一帆风顺的。阿布德·拉赫曼一世有效地把权力集中到了自己的家族手中，这个任务在756年的时候还没有完成——在非洲和西班牙都有强大势力的巴努·菲赫里（Banu Fihri）家族仅在安达卢斯地区就出了4个总督，他们的叛乱一直持续到8世纪80年代。完成集权之后，倭马亚家族王位的父子继承直到9世纪80年代都没有中断过，而且尽管儿子们会争夺继承权，有时还会杀死竞争对手，但是这种争端始终没有演化为因倭马亚统治权问题而引起的分裂，直到公元1000年以后。这是一个很了不起的纪录，它有助于维持稳定，也得益于稳定。然而，国家统治机构直到9世纪20年代都还相当简单。拉赫曼一世也曾建立一支小规模的职业军队，但是由于税基有限，这支军队的控制力很难超出由瓜达尔基维尔河串联起来的科尔多瓦—塞维利亚地区很远。他的孙子哈卡姆一世（al-Hakam I，796—822年在位）试图稳定税收，结果在818年引发了起义。这次起义不仅发生在托莱多等本来就经常出现骚动局面的边疆区中心，也出现在了科尔多瓦的市民阶层之中。直到精明的阿布德·拉赫曼二世（'Abd al-Rahman II，822—852年在位）[38]在位时期，一个堪与东方哈里发政权相提并论的行政系统才逐渐成形。这个系统有更高的税收，以及一个官僚阶层（这个系统的长官不是维齐尔，而是“侍从长”，即宫廷总管——维齐尔在西班牙的级别低于侍从长，而且通常有好几个人同时担任），政治控制力也更强。阿布德·拉赫曼二世于825年建起了一座名为穆尔西亚的新城。[39] 这座城市位于之前属于偏僻地区的东南方，定居者都是忠于倭马亚的阿拉伯人。为了遏制梅里达的叛乱倾向，他于 835 年在这一地区修建了一座大型要塞，然后又于 837 年在托莱多也修了一座。他还在科尔多瓦发展出了一套正式的宫廷系统。科尔多瓦这座城市正在快速扩张，权力、财富和购买力都在增长，这就意味着从此以后埃米尔的强大并不会给首都带来不利影响。

从国家政府的角度来看，安达卢斯在拉赫曼二世及其子穆罕默德（852—886 年在位）的统治下越来越接近阿拔斯王朝核心地区的水平。拉赫曼二世资助了东方来的诗人和学者，其中有一位重要的伊拉克音乐家兼诗人齐亚卜（Ziryab，857 年去世）[40]，他因为投奔西方而获得了巨额的工资。拉赫曼在位期间，完全按照东方的模式构建起来的“乌理玛”也成型了，其核心是马利克派法学院。很快，乌理玛就在所有主要城市和大量小城中有了代表。安达卢斯继承了倭马亚王朝的正统主义传统，几乎没有关于正确统治的争论，而这种争论在其他地方都是很重要的。安达卢斯的法律甚至都是不能讨论的。这种情况部分反映了安达卢斯相对于东方的独特性，但是把双方联系在一起的文化连续性从来都没有中断。我们已经看到过，这种联系一直维持到了伊本·豪盖勒的时代。实际上，从半岛出现历史著作开始［第一位史书作家是阿布德·马利克·伊本·哈比卜（‘Abd al-Malik ibn Habib），他是一位涉猎甚广的知识分子，死于 853 年］，西班牙的历史作家们就不时能详细地写出发生在东方的事件。安达卢斯一直都能了解到阿拔斯世界的动态。这里的人口也在逐渐伊斯兰化，尽管速度可能有些慢。安达卢斯的穆斯林可能直到 10 世纪的时候都不在人口中占多数，而基督徒[41] 和犹太教徒也从未停止过对安达卢斯文化的影响，但是政治领袖和主要的政治中心此时在总体上已经几乎完全穆斯林化。这一现象有一个标志，就是被称为“科尔多瓦殉教者”的奇特的少数派运动。这个基督教激进组织的领导人是欧洛日（Eulogius，859年去世）和阿尔瓦（Alvar）。9世纪50年代，这两个人有意唆使激进分子以在公开场合羞辱伊斯兰教的方式主动寻死。尽管近代的学者对殉教者的作品很着迷，但这些人总数还不到50，而且显然不能代表当时仍然人数众多的科尔多瓦基督徒群体。但是，他们的绝望举动显示出，在穆斯林霸权的稳健推动之下，他们认为只有如此激烈的反抗措施才是恰当的。

然而，穆罕默德去世之后，这条仿照东方政治模式不断增加埃米尔权力的道路也就被废弃了。此后的9世纪80年代到10世纪20年代是一个漫长的动荡时期（fitna）。[42]穆罕默德在世时已经和托莱多和梅里达发生了冲突，他在873年和前者议和，在868年灭掉了后者。但是附近的巴达霍斯随后也发生了叛乱。巴达霍斯在9世纪70年代已经成为梅里达之外的又一个政治中心。叛乱的领导人是以前的梅里达人首领阿布德·拉赫曼·伊本·马尔万·加利奇（‘Abd al-Rahman ibn Marwan al-Jilliqi，892年去世）。到了9世纪80年代，欧麦尔·伊本·哈夫松（‘Umar ibn Hafsun，917年去世）也发动了叛乱。他的根据地伯巴斯特柔位于半岛最南方的马拉加北面一点点。穆罕默德的儿子阿卜杜拉（888—912年在位）在位期间，越来越多的地方领主获得了实质上的独立。这样的独立王国既存在于边疆区，也存在于安达卢斯的心脏地带——瓜达尔基维尔河谷。阿卜杜拉是一个昏庸无能的统治者，但形势的混乱不仅仅是他的问题。穆斯林贵族地主之中有很多人（包括伊本·加利奇和伊本·哈夫松）都至少有一部分西哥特血统，他们在地方拥有牢固的根据地和当地人的支持。如果国家的权力扩大，财政需求相应也会升高，这有损于这些地主的短期利益，但总体来说他们仍然可以受益，并乐见如此。但是，如果国家的权力萎缩，他们就会听命于自己的支持者，而不是埃米尔本人。也就是说，即使是在科尔多瓦的“阿拔斯式”政治体制之下，我们之前讨论过的更具西方色彩的地方政治活动也依然存在。在这方面与安达卢斯最为接近的是伊朗，那里的萨珊贵族家族仍然存在，阿拉伯人入主之前的政治图景也还存在于当地的社会记忆之中。伊朗直到 10 世纪都还有琐罗亚斯德教的正统主义者，而欧麦尔·伊本·哈夫松就是他们在安达卢斯的同类。实际上，他在 898 年改宗了基督教。不过，伊朗还有一些地区有着强大的职业军队，以及非政治性质的地方社会，这两种势力在当地的政治中占有统治地位，而在西班牙，常设的职业军队还不是很多，兵役也只局限于那些忠诚度不存在疑问的贵族阶层，这一点和西方的其他地方是一样的。899 年，就连塞维利亚也获得了实质上的自治，其领导人易卜拉欣·伊本–哈贾吉（Ibrahim ibn al-Hajjaj，911 年去世）来自当地的一个精英家族，他在史料中被称为“国王”（malik）。此时，安达卢斯已经濒临解体。

阿卜杜拉的继承人是他的孙子阿布德·拉赫曼三世（‘Abd al-Rahman III，912—961 年在位）。[43]他不但力挽狂澜，让国家免于解体，还开创了一个延续三代的中央强权，成为西班牙历史上从罗马时代到 13 世纪之间最为强大的政权。阿布德·拉赫曼三世知道，要逆转国家解体的趋势，唯一的办法就是战斗，而且是系统性、持续地战斗。他只用了两年时间就重新控制了瓜达尔基维尔河谷，然后就带领军队向外扩张，从埃米尔的传统根据地一直进军到各边疆区。他在

928 年攻克伯巴斯特柔，930 年占领巴达霍斯，932 年攻陷托莱多。他把这些地区原来的领主大多并入自己的军队，或让他们加入科尔多瓦的文官阶层。但最关键的是，这些人都被迫离开了自己的地方根据地，被整合进了一个以税收为基础的政治体系，而这个体系与东方的相似性已经不像上个世纪那样只是流于表面了。此外，奴隶和由奴隶转变而来的军人数量也大幅增加，更削弱了地方政治权力的基础。这些人绝大多数是“斯拉夫人”（Saqāliba，不过这个词后来也泛指其他欧洲北部的人）。最早从 916 年开始，这支经过扩编的军队就被派遣到北方，和各基督教政权作战，这就更增强了拉赫曼（通常都会率领亲兵作战）对边疆区的控制。最后，他彻底控制了除东北部的“上边疆区”（Upper March）之外的整个安达卢斯，而“上边疆区”的领主也为他提供兵役和税收，只是保持自治。即使是在这里，巴努·卡西这个最主要的西哥特传统家族也在 907 年之前丧失了权力。他们的地区霸主地位被图吉比斯（Tujibis）家族所取代。这个家族和倭马亚家族关系紧密，在 890 年被埃米尔阿卜杜拉授予了萨拉戈萨的统治权，这也是阿卜杜拉极少的几次有效影响地方政治的举动之一。拉赫曼在军事上的唯一一次严重失败是在 939 年，对手是莱昂的基督教军队（详见第 20 章），但这次失利只是部分地削弱了他在“上边疆区”的权力，对他的整个霸权没有影响。拉赫曼三世成功的时期，正好也是阿拔斯王朝衰落的时期，法蒂玛王朝则在 910 年建立起了什叶派哈里发国，这促使拉赫曼三世在 929 年也自称哈里发，改名为纳绥尔（Nasir）。

10 世纪，统治者的仪式制度发展到了极致。科尔多瓦在拉赫曼的儿子哈卡姆二世（al-Hakam II，961—976 年在位）统治期间得到了极大发展，出现了一系列新的郊区，市中心则建立起了纪念性的清真寺，这使科尔多瓦进入了君士坦丁堡和开罗这一级别的超级大都市行列。拉赫曼还于940年在科尔多瓦西北的阿尔扎哈拉城[44]新建了宏伟的宫殿和行政中心。哈里发在这座新城中举行的各种仪式得到了多种文字史料的记载，包括奥托一世在953—956年间派驻的使节戈尔泽的约翰（John of Gorze）的传记。传记作者虽然对伊斯兰教（及其信徒）充满敌意，但还是不由自主地被宫廷的复杂程度所震惊。此外还有伊萨·拉齐（'Isa al-Razi，989年去世）所撰写的971—975年的史料。这部作品在一个世纪后被伊本·哈扬（Ibn Hayyan，1076年去世）编进史书集《安达卢斯人物志》（*Muqtabis*）之中，其中详细地描述了穆斯林历法中几个关键日期里所举行的仪式。在阿尔扎哈拉城的哈里发宴会大厅里，所有的主要官员都有分配好的位置，他们列成两排，哈里发的位置则在最后。这说明哈里发有意将自己的权力明确展示给官员，而且也确实做到了这一点。

10世纪的经济活动规模也比之前更大。我们将在下一章中看到，安达卢斯参与了地中海的贸易活动，其主要港口是拉赫曼三世在955年建立（或只是扩建并修建了城墙）的阿尔梅里亚。近期的考古发现证明，安达卢斯内部的陶器[45]和玻璃器皿的生产也更加专业化和集中化，产品中还包括地中海东部风格的釉陶，尤其是一种“锰绿色”的装饰器皿。它广泛地出现在这一时期的西班牙考古遗址中，看起来像是在科尔多瓦和各大中心城市生产的。这种器皿还与哈里发有明确的关联，因为在盘口和碗口中经常能见到“al-mulk”（权力）的铭文。这种铭文在阿尔扎哈拉城最为多见，但在其他地方也很普遍。不过，这些手工业制造活动本身很难归功于拉赫曼和他的政治成就。10世纪的手工业建立在9世纪的基础之上，而9世纪的手工业生产专业化程度就已经明显高于8世纪。这证明了富有的精英阶层在半岛内绝大多数穆斯林领地内的稳步发展（不包括基督徒领地，但是阿拉伯人生产的手工制品在那些地方也成了价格昂贵的奢侈品，尤其是地毯、服饰和皮革制品）。经济的不断复杂化说明了一点，那就是9世纪那些富有的贵族并没有消失，他们只是融入了哈里发的政治阶层体系或安达卢斯各城市的地方"乌理玛"阶层，也可能二者兼而有之。这是因为西班牙并不算很大，而被隔绝起来的斯拉夫人（后来还有柏柏尔人）军队也只是"国家阶层"中的一部分。他们的身份认同和价值观在历史和文法学家伊本·库提亚（Ibn al-Qutiya，977年去世）[46]的作品中得到了充分的体现。这位塞维利亚法官的儿子写了一部野史类的著作，其中充满了库提亚的祖先们的故事。这些祖先都拥有大量的土地财富，其中据说还包括西哥特国王维提扎的孙女"哥特人"莎拉（Sara 'the Goth'，al-Qūtiya就是"哥特人"的意思）。当然，库提亚和其他史书作家一样，把注意力放在倭马亚家族的言行之上，因而也就在作品中清晰地反映出了宫廷的价值观。拉赫曼在新城里做的所有事情——可不是小事情——都是为了创造一个政治基础，把9世纪的地方经济和社会联结到一个共同的网络之中，并覆盖整个西班牙哈里发国的领土。

哈卡姆延续了其父的政治实践，他也是著名的文学资助者。他的军事扩张方向主要是南面的摩洛哥，尤其是在972—975年之间。法蒂玛王朝迁到埃及之后，摩洛哥大体上处于自治状态。不过，哈卡姆死的时候，他的儿子希沙姆二世（al-Hisham II，976—1009年、1010—1013年在位）只有15岁，权力落入了哈卡姆在摩洛哥的军事领袖之一——穆罕默德·伊本·阿比·埃米尔（Muhammad ibn Abi

'Amir）——手里。此人依靠忠于自己的柏柏尔部队粉碎了敌对的斯拉夫人发动的政变。伊本·阿比·埃米尔逐步剪除了朝廷里的权势人物，然后于 981 年以侍从长的身份总揽大权，哈里发则成了傀儡。他甚至还给自己起了一个统治者的名字：曼苏尔（西班牙语中为 Almanzor，981—1002 年在位）。曼苏尔大力扩充他军队中的柏柏尔人部分以制衡斯拉夫人。他也在摩洛哥打仗，但主攻方向是北方的各个基督教王国和公国。他在和这些对手的战斗中屡战屡胜，尤其是在 984 年摧毁了巴塞罗那，又于 997 年摧毁了西北一隅的圣地亚哥-德孔波斯特拉。他的儿子穆扎法尔（al-Muzaffar，1002—1008 年在位）继续在北方征战。这段时期的哈里发国不但对外建立起了军事霸权，其内部也保持了相当程度的稳定，科尔多瓦的仪式中心地位也得到延续——曼苏尔在这里又建造了一个新的郊区行政中心——阿尔扎希拉城。倭马亚哈里发国看来已经达到了巅峰。

然而，就像阿拔斯王朝在穆塔西姆和瓦提克治下的巅峰一样，这种霸权没有维持多久。实际上，穆扎法尔一死，安达卢斯马上就在一场历时 20 多年（1009—1031 年）的内战中四分五裂。这次内战的具体起因已经不属于本书所述的时代，它主要是因为穆扎法尔的继承人们在政治上的无能，以及柏柏尔人和斯拉夫人领袖之间的权力斗争。但是，这次内战要比一个世纪以前的那次严重得多，科尔多瓦也在 1013 年遭到暴力洗劫。到了 1031 年，已经全部沦为傀儡的哈里发们干脆被彻底废黜。此时，安达卢斯已经分裂成了大约 30 个被称为“泰法”（Taifas，源自 tā'ifa，意为“派系”）的王国，拉赫曼的政治统一和曼苏尔的军事霸权再也没能恢复。[47] 倭马亚哈里发国的解体既迅速又彻底，比阿拔斯王朝的覆灭要快得多，其分裂后产生的独立政体中很多是单一城市及其领地，这也比东方王朝分裂后的小政权要小得多。我们对此要做一些评论。

一些泰法王国的统治者是地方军队首领，其中既有斯拉夫人，也有柏柏尔人。[48] 中央政权在 11 世纪第二个十年解体后，这些人简单地把军队指挥权转为政治自治权，从此独立。这些统治者中有一些是在地方长期拥有权力的家族，他们的权力甚至在拉赫曼三世时期就已经得到了承认。这种政权在东北部最多，例如萨拉戈萨的图吉比斯家族，以及来自桑塔瓦尔山区的德伊勒·努尼德斯（Dhi'l-Nunids）家族，后者于 1018 年占领了托莱多。但是，另一些地方则是由当地的地主把权力夺走了，包括可能最为富有的塞维利亚在内。这些人之前拥有的是地方官职，而不是国家官职，他们未必来自公元 900 年左右占统治地位的那些家族，但至少来自同一个社会阶层。我们因此得出结论，在安达卢斯，拥有土地就能带来政治权力的现象一直比穆斯林世界的其他地方都明显，而拉赫曼三世也没能有效地消除这种现象。而且，更为重要的是，尽管哈里发国分裂前曾对领土进行大规模的重组，设立了由中央政府紧密控制的大大小小的总督管辖区域，而第一次内战留下来的地方要塞则直接被国家接管，但是，拉赫曼三世及其继承者们却没能彻底改变西班牙的另一关键现实，即政治在实践中是地方化的。上述两方面的因素都是西哥特人留给安达卢斯的，而它们在泰法时期都显现了出来。埃米尔和哈里发们成功地建立了一个靠税收维持的国家，这种政权自罗马帝国消亡后就一直没有在西班牙出现过。税收制度在泰法时期仍然存在，但即使是在西班牙四分五裂 10 世纪，这些小王国也没能把一个在埃及和伊拉克盛行的观念灌输给安达卢斯的人民，即只有国家的控制才是关键，而以土地为基础的地方政治无关轻重。每当国家衰落时，西班牙的地方性便会占据中央舞台。这种情况在 11 世纪第二个十年、9 世纪 80 年代以及更早的 8 世纪第二个十年都发生过。到了 11 世纪末统一局面在一定程度重现的时候，也就是阿尔摩拉维德（Almoravids）王朝时期，基督徒占领了托莱多，改变了整个半岛的权力平衡。

第 15 章

国家与经济：地中海东部的贸易网络，600—1000

公元 900 年前后，在君士坦丁堡经商绝对不是一件简单的事情。《总督书》（*Book of the Eparch*，又称 *the Prefect*）是当时的一本政府法令集。[1] 根据此书的记载，商人、店主以及很多手工匠人都必须加入行会（systēma）才能营业，而且只能在特定的地方售卖商品。金银器商人在梅赛（Mese）大道、阿拉伯丝绸商人在安博利（Embole）大道、香水商人在圣索菲亚大教堂边的米利安（Milion）、猪肉屠户在托罗斯等。所有人都不能流动经商，违反者会遭鞭笞，被开除出公会，然后逐出城外。此外，丝绸商不能做衣服，皮革商也不能当皮匠。阿拉伯丝绸商、亚麻商等行业的行会还需要集体采购，然后根据行会内每个人的投资数额来分配货物，以此来抑制采购时的竞价行为。羊肉屠户为了保持低廉的价格，要跑到遥远的安纳托利亚去买羊。猪肉屠户则必须在城里买猪，而且不得到城外去和猪贩子见面。鱼贩子也只能在岸上买鱼，不能到海上去买。丝绸商人（分为五个独立的行会）如果卖货给外国人，就必须知会总督，而有一些等级的丝绸是不能卖给外国人的。总督确定面包和葡萄酒的价格，面包师和酒贩必须遵照执行。总督还要确定很多商贩的利润率——食品店可以有 16% 的利润，而面包店的售价只能比他们从国有粮仓进货的价格高 4%（另有 16% 要付给工作人员）。

中世纪稍晚时期的很多西方城市里都有这样复杂的行会组织，其作用是维持贸易活动中的垄断和内部层级。但是,《总督书》描述的情况还是很与众不同的（除了它的日期较早以外），这体现在国家对贸易的控制上。总督对利润率的规定非常重要，对商贩采购方式的规定也同样重要。国家控制丝绸交易是因为这种产品的生产和分配直接反映了皇室的威望（相比来说，对亚麻商人的规定就没那么严格了）。不过，最重要的还是对食品市场的控制，因为君士坦丁堡必须保证可靠的食品供给，而且要让其居民能够负担得起。与罗马帝国晚期不同，此时的面包已经不再免费了。618 年波斯人占领埃及（详见前文，第 11 章）之后，拜占庭皇帝就下令立刻停止了免费面包的供应。现在的君士坦丁堡已经比以前小多了，不再需要埃及的粮食，仅靠爱琴海和黑海南部核心地区的粮食产出就可维持。不过，尽管如此，我们已经讲过，这座城市的规模还是非常大的。即使是在 7—8 世纪的低谷时期，它仍然是欧洲最大的城市。此后，君士坦丁堡的人口又开始增长，到 900 年时可能已经有 10 万居民（科尔多瓦的人口可能在 10 世纪时超过了君士坦丁堡，但在 11 世纪又开始萎缩，把最大城市的位置还给了拜占庭首都）。[2] 如果市民得不到足够的食物，就难免会出现动乱，而这是皇帝和总督们所不能承受的。而且，市民们根本就把食物短缺看成政府的过失。在君士坦丁堡，贸易是自由的，但贸易的规则却和国家有着密切的联系。当然，我们可以怀疑《总督书》里面的这些规矩有多少得到了有效的执行，但这些内容非常有启发意义，而且至少有一点是符合事实的，那就是史料故事中总有官员们拥有此类权力的记载。克雷莫纳的柳特普兰德在968年确实购买了禁售的丝绸，但被人发现了，丝绸也被没收。[3]他为此气愤不已。拜占庭政府有足够的实力让自己制定的法律得到遵守，至少有时可以。

上述记载说明了一个拜占庭和阿拉伯贸易体系所共有的特点，那就是贸易和国家的密切相关性。当然，具体情况是不同的。政府和贸易的联系在君士坦丁堡可能要比在拜占庭的其他省份更紧密，在埃及则要比在安达卢斯[4]更紧密，而且国家对市民食物供给的控制总是比对国际奢侈品贸易（丝绸和其他有关国家利益的商品除外）的控制更严格，因为这类贸易严重依赖于商人的冒险行为。在10—11世纪，阿拉伯的港口管理机构甚至经常为进口商品指定官方价格，但是这只是对市场价格的一种指导，而市场价则受供需关系的影响而不断变化。但是，谷物只是君士坦丁堡城内少数几种需要从政府仓库里购买的商品之一。埃及最重要的产品之一——亚麻——也是由国家机构出售给商人（无论是卖到国内还是国外）的，重要的亚麻纺织中心里也有好几个是基本由国家所有的，包括坦尼斯和达米埃塔。我们之前已经讲过，埃及的国有经济在任何一个历史时期都比同时期的其他地区强，但是国家经济的活动范围仍然让人吃惊。商业本身也许掌握在独立商人的手里，但是他们所处的商业体系却在很大程度上由公共权力主宰。而且，更重要的是，国家本身就是很大的需求方。埃及在公元1000年前后十年间的档案资料表明，商人经常（有时是非自愿地）把商品卖给政府。即使商人没有直接和政府做生意，他们和手工匠人也会把活动范围聚集到几个大型政治中心，如君士坦丁堡、巴格达、福斯塔特–开罗以及科尔多瓦，因为这些城市有很多从国家拿钱的富人，包括官僚、士兵和他们的亲属。[5]

我们已经讲过，后面还会再讲：西罗马是一个强大的中央集权国家，它自己执行大量的商品运输活动，而西罗马覆灭后，其故地上各个王国的贸易活动主要依赖于土地所有者的财富。土地所有者包括贵族、教会和国王，他们越富有，当地的贸易活动就越多，形式就越复杂。地中海东部的情况大体上也是如此，但是以税收为基础的国家权力在这里得到了延续，而且国家的购买力通常比私人土地所有者更强。此外，私人财富可以帮助其所有者获得官职，进而获取由税收所支撑的高工资。伊斯兰世界甚至也是如此，那里的私人土地所有者并不一定会和政治权力相结合，因而可以被看作和官员及士兵相对立的另一个商品需求方。总体而言，要观察拜占庭和阿拉伯世界东部的需求变化，进而观察商品贸易的变化，最好的办法就是看国有经济的财富变化。在那些私人土地财富和国家财富有着不同轨道的地方，私人财富对需求肯定也有影响，这就给某些地方增加了更多变量，使我们的分析变得更加复杂。但是，在东方的绝大部分地区，私人财富和国家财富在总体上都是联动的，而且国有经济体系也得到了更多史料的记载。因此，本章将会更多地讨论国家财富的问题。

我们的史料对7—10世纪的占人口大多数的农民严重缺乏记载，对土地贵族也是如此。拜占庭和哈里发国为政府和个人所制作的数百万份档案记录几乎全部佚失，只有埃及还能找到那种类似于法兰克和意大利的地方土地档案，使我们能够对少数几个农民社会有所了解，例如上埃及西底比斯地区一个叫杰姆（Jeme）的科普特人村庄。[6]公元800年以后，埃及的阿拉伯语档案分布很不均匀，这也给我们的分析造成了很大困难。在乡村考古活动之中，公元650年之后的发现也不如之前的时代那么多，几乎在所有地区都是如此。我们在第13章和第14章讨论了拜占庭和安达卢斯的贵族社会，我在本章也肯定会提及农村经济和社会的某些特点，因为它们不可避免地与财富的创造过程有关。简言之，精英阶层越富有（无论是靠税收还是地租）、总需求越高，农民阶层的被剥削程度就越甚。明白这个等式，对理解整个这一章至关重要。但是，对于600—650年之后的东方农民社会，我们还要等待更多的研究发现才能一探究竟，进而将其与西方的农民社会相比较。我们在之前的4章已经看到，市民社会的历史情况要比农村社会清楚得多，其中有一个市民社会的档案记录格外丰富，那就是福斯塔特城内的犹太社区。这个社区内的“基尼扎”（genīza，原意为“废纸仓库”，它之所以能够保存下来，是因为犹太人不会毁掉上帝的话语，因此也不会毁掉任何写着字的纸）是于1025年建立的，保存了数以千计的文字档案，其中980年以后的档案数量很多。[7] 这些档案大多数是11世纪或更晚时期的，10世纪的较少，但是我在这里会使用一些来自基尼扎的11世纪早期的文字，因为这些文字会改变我们对中世纪早期尾声阶段市民社会运转机制的认识。虽然地中海东部的财富水平很高，但那里留存下来的公元600—1000年间的社会经济历史的信息甚至比西方还要少。我在这里会重点但简短地讨论三个地区，首先是拜占庭7世纪的危机和9世纪的复兴。然后是叙利亚和伊拉克，这两个地区一直互为对手，前者的经济中心地位在公元750年之后明显地让给了后者。最后是埃及，这个地区在上述三个地区中有着最好的连贯性。然后我们再来讨论将这些地区联系在一起的国际商业活动。

***

我们在第 11 章已经讲过，7 世纪第二个十年和 7 世纪 40 年代的军事灾难使拜占庭[8]政府发生了深刻的变化，其税务体系更加地方化，而且在绝大部分情况下不再使用货币。与税务体系相配的是同样更加地方化、重点在防御上的军事体系。君士坦丁堡仍然靠财政收入维持自己的商业需求中心的位置，但国家政府再也不会将自己的货物做长距离运输。拥有土地的贵族可能也有所萎缩，这些贵族的富裕程度从来都不及西方，但是他们在公元 850 年之前的史料中几乎无迹可寻，而且正如第 13 章所说，8 世纪边境地区基本稳定下来之前，安纳托利亚的很多地方都屡遭外敌入侵，农业生产力也被削弱。即使是在 10 世纪，史料都认定地方贵族权力正处于强劲的提升过程之中，我们也很难说这种情况在整个帝国都很普遍，就像在西方一样。我们对农民社会所知甚少，这一事实至少说明在 7—8 世纪之间，帝国之内还有一些地区并不完全掌握在贵族的手里。7 世纪早期有一位苦行者叫雪根的狄奥多尔，根据其传记记载，安卡拉以西的土地上早在波斯人入侵之前的数年里就有了基本独立的农民社区，这表明贵族在安纳托利亚高原的一些地区从来没有彻底地主宰过乡村社会。有一本记载 650—850 年间农业法律的私人手册，名叫《农民的法律》（*Farmer's Law*）。[9] 如果这本书所描述的地方可以确定是安纳托利亚（这本书中没有提到橄榄的种植，因此像是在说安纳托利亚的情况），那么就可以说明这些农民社区在波斯入侵后也依然存在。根据上述两本史料，国家的征税和司法权力当时都还存在，也未受挑战。史料还描述了相当可观的贫富差距，富农控制着社区，把土地租给贫农。但是，在狄奥多尔的传记里，来自外部的地主相对来说并不重要，《农民的法律》中更是完全没有提到他们。这不能说明帝国的整体情况，甚至不能说明安纳托利亚的整体情况（在东边的卡帕多西亚，贵族的势力在4—6世纪和9—11世纪之间都很强大，在这两个时间段之间也不弱），但是这些史料更清晰地反映出了地方贵族的霸权并不能覆盖所有地区，而且这种情况在帝国陷入危机的几个世纪里肯定更为明显。

拜占庭的国家政府和贵族在7—8世纪遇到了困难，城市也相应地出现了危机，这一点在事实层面格外清楚。对于拜占庭城市是否在550年以后就出现了衰落[10]，考古学家和历史学家还有争论，但对于7世纪早期之后出现的系统性危机，现在已经基本没有人怀疑了。城市考古发现也清楚地显示出了这一点。在最近有过发掘活动的十几座城市中，绝大部分在650年之后就没有新的建筑活动了。同时，很多城市区域还遭到了系统性的遗弃。例如在临近爱琴海的安纳托利亚低地地区有一座叫萨迪斯的城市，那里有一条布满商铺的街道得到了完整的发掘。结果显示，这条街道在7世纪第二个十年里突然被遗弃了。还有安卡拉的竞技场，考古发现证明它在622年被入侵的波斯人烧毁，因为挖掘人员在有焚烧痕迹的那个土层里发现了一块波斯拱面石。一般来说，我不会轻易从类似这样的发现中推理出过于灾难性的结论（繁荣的城市也有一些区域会被遗弃，被入侵者毁掉的城市也可以重现生机），但是拜占庭土地上各种证据的累积已经多到无法否认的程度。最好的反例是克里特岛上的戈尔提恩（Gortyn）：希拉克略（610—641年在位）在一次地震后重建了这座城市，最近的考古发掘还发现了一个7世纪后期的手工业区域，且这个区域后来可能还进一步得到了拓展。但是，值得注意的是，戈尔提恩处于内陆，因而在波斯/阿拉伯人和阿瓦尔/斯克拉文人的侵略中所受的冲击较小。在其他地方，我们能发现的最多也就是新造的城墙，这些城墙有的只能圈起旧城的一部分，有的则位于旧城旁边的山上。[11]

我们已经看到，拜占庭的国家政府仍然存在，即使是那些建在山顶的小城市［现在经常被称为卡斯特拉（kastra）］也仍然可以在政治军事方面起到作用，而且这些城市也都还有主教（不过我们已经看到，主教们往往更喜欢住在首都）。此外，还有一些证据表明，这些建在山顶的防御工事中有一些还起到了保护山下那些老城中残存的居民点的作用，例如安纳托利亚高原上的欧凯塔（Euchaita）和阿莫里亚、希腊中部的柯林斯[12]，以及现在土耳其南部海岸地区的米拉。这些零星分布的定居点在人口密度和经济多样化方面很难说还能否称得上是“城市”：阿莫里亚和柯林斯可能是其中最接近城市的。但是，总体来说，我们需要承认这是一种新的城市形态。有一些古老的城市被彻底遗弃，或者萎缩成军事堡垒，还有一些发展成了这种零散分布的形态，各自的组织程度或城市化程度有高有低。少数城市继续维持城市化中心的地位，但规模也大大缩小了，例如爱琴海沿岸的以弗所、米利都和雅典——以弗所的新城墙把老城市中心的很大一部分都留在了外面，但城墙内的面积仍然有1平方千米。根据塞奥法尼斯的记载，以弗所曾在795—796年举行过一场盛大的集会，并在集会中征收到了大量的税金。还有一些城市可能并没有发生什么变化，但是考古学家对这些城市的发掘程度并不高，这正是因为它们仍保持着城市属性：塞萨洛尼基、伊兹尼克（古称“尼西亚”）、伊兹密尔（古称“士麦那”）、特拉布宗等在当时都是主要的政治中心。城市没有彻底崩溃，但即使是以最乐观的方式解读上述证据，我们可能也要推测出这样的结论：拜占庭的城市中大约有 4/5 彻底或几乎彻底丧失了它们的城市属性。

拜占庭早期最“成功”的城镇有一个最重要的共同特征，那就是他们都是“塞姆制”军区的中心（以弗所是一个主要的例外，这座城市长期以来都是商业中心）。这样看来，国家似乎是把重点放在了主要的地方军事和行政中心之上。如果拥有土地的贵族加入军队或文官政府，他们很可能也会到这些城镇去。因此，这些城市就能够有效维持自己作为需求中心的地位，从而保留城市属性，包括市场以及一定程度的专业化手工生产。但是，这样的城镇已经比公元 600 年时少得多了。公元 750 年之后，拜占庭的军事和政治逐步恢复稳定，公元 850 年之后更为稳定，但即便如此，活跃城市的数量也没有明显增加。这些城市自己的规模再次有所扩张，但是从考古发现上还很难确定这种扩张是从什么时候开始的。[13] 11 世纪的情况比 10 世纪更明显，但是在萨迪斯以及同在安纳托利亚高原西部边缘的希拉波利斯（Hierapolis），这种改变在公元 1000 年之前就已经清晰可见了。不过，拜占庭帝国从来也没有在自己的疆域内达到过罗马帝国晚期的那种城市化水平。

我们对于首都之外商业活动的证据也大部分来自考古发现，这些证据基本符合上述描述。爱琴海地区专业化餐具——包括福西亚赤陶及其更加地方化的仿制品——的生产在 7 世纪突然中断。有些地方继而出现了彩绘陶器，质量也还凑合（例如在克里特），但是这些产品的分销非常本地化，而在另外一些地方（尤其是希腊内陆地区），我们找到的所有陶器都是手工制成的，这表明专业化的生产活动已经消失。用于盛放油和酒的双耳瓶生产也变得本地化和简单化。爱琴海地区本来有一种标准化的球型双耳瓶，即 LRA 2，但此时已经被一系列与之类似但更本地化的形制所代替。上述变化从 7 世纪延续到 8 世纪，说明商品需求出现了断层，进而表明公共财富和私人财富的集中程度都出现了弱化。但这并不是全部的事实。君士坦丁堡自己还有产业化的陶器生产，这种陶器被称为白陶（GWW），最早出现于公元 600 年左右，并持续生产了多个世纪。在 7—8 世纪里，这种陶器零星地见于整个爱琴海地区的很多地方，包括克里特甚至塞浦路斯（后者也有自己的陶器生产）。这表明爱琴海地区仍然保持着一定程度的中距离商品交换。另一份私人法律文献《罗地海法》(*Rhodian Sea Law*)也证明了这一点。[14] 这本书（可能）写于 8 世纪，讨论了船长和船上商人之间的关系，其中列举了一些当时属于常见船运货物，但考古遗址很难发现的商品，包括奴隶、亚麻、丝绸、谷物，以及（可能）盛放在“后 LRA 2”式双耳瓶中的酒和油。7—9 世纪的圣徒生平也经常会提到船运，其中最常提到的货物有谷物等。我们看到，爱琴海地区到此时已经成为供养君士坦丁堡的核心农业地区，光是首都对粮食的需求就足以维持海上的船运活动。白陶则可能是首都回售给产粮区的商品之一。

因此，拜占庭帝国即使是在低谷的时候也没有彻底丢失其覆盖整个核心区域的商品交换网络，这个区域包括爱琴海、马尔马拉海及其沿岸地区。即使是在大多数地方的生产活动都出现简化现象，有些地方的简化幅度还非常大的情况下，交换网络也依然存在。这种情况似乎符合我们对帝国其他方面的了解：国家政府的组织架构地方化了，但整个帝国还是由一个强有力的首都控制。有人认为，公元 700 年左右各地生产专业化程度的差异反映的是这些地方贵族权力大小的差异，不过目前的考古证据还无法进一步充实这种论点。我们知道的是，覆盖整个爱琴海的交换网络并不是由国家所经营的。在公元800年之前的那个时代，我们的文字史料都在强调个体商人的影响，就像写于900年的《总督书》中所表现出来的那种规范个体商人活动的兴趣一样。但是，无论如何，由国家政府所催生出来的需求始终都是购买力的强力保证，而且商业活动最主要的焦点就是首都，其次才是其他一些幸存的区域中心，包括塞萨洛尼基、以弗所和士麦那等。

进入9世纪后，考古发现中的一个明显变化就是硬币的数量开始增加。在公元660年以前的遗址中，硬币是很常见的，但在那之后的150年中，硬币几乎完全消失了。每一任皇帝仍然都会铸币，但这些钱币在流通中却逐渐消失，而且我们也看不出来这些货币在首都以外的地区得到过广泛的使用。从9世纪20年代开始，这种情况开始改变。在科林斯，狄奥斐卢斯（829—842年在位）铸造的硬币数量几乎是在他之前、君士坦斯之后的所有皇帝铸造的硬币总数的4倍，而利奥六世（886—912年在位）铸造的硬币数量则是狄奥斐卢斯的6倍。[15]到了利奥的儿子君士坦丁七世那里，硬币数量又翻了一番，且此后还在增长。对这种现象最合理的解释是征税制度的复苏，以及以货币形式支付军饷的需求，这一般被认为是尼基弗鲁斯一世（802—811年在位，见第11章）的创举。这种变化的前提是金属供应更加稳定，但硬币的增多也使市场交换成为可能（并进一步促进了市场交换），充分的市场交换又促成了货币在地区间的流通。同样是在9世纪的考古遗址中，我们在首都之外的地方发现了大量的白陶，例如今天保加利亚境内的一个叫作莫森布里亚（Mesembria）的拜占庭港口，甚至斯巴达郊外的乡村地区也有。到了10世纪，白陶的交易范围扩展到了底比斯。各地对君士坦丁堡陶器的仿制品也开始在雅典等地出现，尤其是在当时已经独立的保加利亚境内的普雷斯拉夫。科林斯也从10世纪开始出现大规模的陶器生产，马尔马拉海的加诺斯（Ganos）地区则出现了双耳瓶的生产，其原因是当地葡萄酒此时开始系统性地出口。在土耳其西南部的沿海地区曾发现过一艘公元880年左右的沉船，上面装载着大量标有运货人名字的葡萄酒双耳瓶。[16]如果这些葡萄酒确实如考古人员所判断的那样是来自克里米亚的话，那就说明葡萄酒贸易此时可能已经扩展到了很远的地方。亚麻也从保加利亚和黑海南岸（以及埃及）出口到首都，而君士坦丁堡和塞萨洛尼基都生产玻璃。[17]从此时开始，拜占庭进入了生产活动复杂的中世纪中期。

国家在9世纪乃至10世纪之间变得更为强大而富有，某些地区的贵族阶层在10世纪时也是如此——这些地区大多远离考古发掘集中的爱琴海地区，但是也包括希腊南部。在那里，富有的达尼利斯[18]（见第13章）在9世纪80年代时就已可以买到精致的亚麻和丝绸，还拥有纺织工人。她后来把这些工人送给了巴西尔一世和利奥六世。一个世纪之后，巴西尔二世[19]在他对“权贵”的批评中表示了对这些人垄断乡村市场的担心。通过上述所有例子，我们可以看出农业和手工业生产活动日益精细化、多元化，而商品的分销范围也更广、更复杂，包括对首都的进口和出口，但也包括各行省之间的贸易，而塞萨洛诺基是一个格外重要的贸易中心。贸易的繁荣来自精英阶层需求的显著回升，并且因为精英阶层直接参与手工业生产和交换活动而进一步发展。当然，爱琴海地区本身的自然条件就非常适合中距离贸易。这片海域基本上被陆地环绕和保护，中间还散布着众多岛屿。当然，中距离贸易在波斯和阿拉伯人入侵后的两个世纪里出现了不正常的危机，因此其在公元900年前后仅仅是恢复到正常水平而已。但是，拜占庭国家不断增强的权力在这之后的两个世纪里推动了交换活动的进一步发展。在公元1000年之后，我们在史料中可以更清晰地看到人口的扩张，而这一扩张趋势很可能在我们所讲述的时代就已经开始了。此外，人们开始了对未耕作土地的开垦。在这两股力量的作用下，帝国的农业基础显然得到了扩充。11世纪还出现了一些农业专业化的现象[20]，至少帝国很多地区都开始种植桑树以生产丝绸。这肯定也是从公元1000年之前就开始了，因为拜占庭在我们讲述的时代肯定已经开始了丝绸的生产。以前有一种观点认为帝国在11—12世纪间出现了经济萧条，现在看来这种观点肯定是不符合事实的。那个时代的经济得到了整体上的发展，而这种发展植根于我们所讲述的时代，尽管我们在这个时代所发现的证据还不是很多。经济发展也影响到了帝国以外的地区：至少在11世纪早期的时候，拜占庭就已经在向埃及[21]出口丝绸了。我们后面还会再讲到这个问题。

***

拜占庭在7世纪遭遇的危机基本上没有波及叙利亚。从661年开始，叙利亚[22]就成了倭马亚哈里发国的政治中心，其首都大马士革以及地区宗教中心耶路撒冷在那个时代都建起了很多纪念性的建筑。大马士革一直都没有发展成一个巨型城市，这部分是因为当地的水资源有限，但也与倭马亚王朝难以从各个行省征税有关。不过，流入叙利亚的税收还是足以维持哈里发们自己的财富水平，他们在叙利亚和巴勒斯坦的城市和乡村所营建的宫殿至今仍有遗存。阿拉伯人的征服速度很快，这也让叙利亚的基础设施免遭严重的破坏。在叙利亚和巴勒斯坦城乡地区的考古遗址当中，绝大多数显示出当时的社会生活至少在公元 750 年之前保持了连续性，特别是在内陆地区。例如，在今天约旦北部的马达巴，无论是城里，乡村的修道院里，还是附近的村庄里，都兴建了不少基督教堂，这种建造活动一直延续到 8 世纪后期。这些教堂都有精美的马赛克地板，说明赞助人很富有，工匠的技术水平也很高。

城市的结构发生了变化。罗马式的纪念性市中心逐渐失去了原来的作用，因为阿拉伯人有着不同的纪念方式。他们没有罗马人那么热衷于宗教或政治游行，而是喜欢把纪念活动放到清真寺庭院这样封闭的公共空间里举行。不过，市中心仍然保有活跃的人口和生产中心的地位。罗马式的公共建筑被手工匠人的作坊取代，柱廊侍列的街道则被一排排商铺取代。这些商铺的建筑往往带有纪念性特征（尤其是在希沙姆哈里发在位时期，即 724—743 年间，详见第 12 章）。所以，在马达巴[23]北面的格拉森（现称杰拉什），罗马剧场和神庙里盖起了陶窑。在这些陶窑形成的网络的帮助之下，杰拉什的陶器直到公元 800 年之前都是加利利地区的主要经济特征。在附近的锡索波利斯（现称贝特谢安）[24]，罗马剧院和露天剧场里到公元 700 年左右时也建起了陶窑，罗马浴场里则建起了亚麻作坊（锡索波利斯的亚麻在罗马帝国时期就已经很有名气了），一座 6 世纪的大厅则被希沙姆的商铺建筑所取代。类似的现象在其他 20 座城市中都或多或少地出现了，近期的考古发现在这些城市里发现了玻璃、染料（因此还有纺织）、铁、铜等多种产品的生产活动，其中一些城市里还发现了为数不少的精英阶层的住宅。当然，阿拉伯时期也有自己的纪念性建筑，包括清真寺和总督的宫殿。

这幅城市图景显然和拜占庭帝国的核心地区迥然不同，尽管拜占庭和叙利亚的城市图景几乎都是靠考古发现来还原的。事实上，在这个问题上，叙利亚和巴勒斯坦几乎没有什么文字史料可供参考。不过，埃德萨的叙利亚语编年史记下了这座城市活跃的商业活动和基督徒精英阶层所拥有的财富：公元700年左右，有个名叫阿萨纳西奥斯·巴尔·古摩耶（Athanasios bar Gumoye）的大地主，他也是替阿布德·马利克在埃及征税的官员，据说此人在埃德萨拥有300家店铺和9座旅馆。[25]不过，精英阶层和社会虽然都保持了繁荣，但还是出现了两个微妙的变化。[26]首先，叙利亚和巴勒斯坦沿海地区在罗马帝国时期是油和葡萄酒的重要出口地，但是在倭马亚王朝时期，这里的贸易不再繁盛，安条克等沿海大城市随之衰落，一些较偏远的土地则被遗弃。倭马亚时期的叙利亚和地中海的联系并不紧密，与埃及之间则几乎没有任何经济联系。不过，一些埃及产品还是可以通过凯撒利亚流入叙利亚。这座城市在今天的以色列境内，在当时是残存的沿海贸易中心中最大的一座。但是，我们现在就要讲到第二个变化，那就是叙利亚和巴勒斯坦不再是一个单一的经济体。考古发掘中最容易追踪的产品大部分还是陶器，而在倭马亚时期，陶器仍保持着很高的质量，且出现了大规模专业化生产，产品也出现了很多不同档次，分别供应精英和平民等阶层。但是，这些陶器的分布比罗马时期要地方化得多。例如，格拉森的陶器很少能到达地中海沿岸、红海边上的亚喀巴以及叙利亚北部。甚至是离格拉森只有100千米的耶路撒冷也有自己的陶器制作传统，而且产品质量还很高。所以，叙利亚—巴勒斯坦的经济在倭马亚时期保持了繁荣和复杂性，但其内部的分裂程度则要远高于以往，和邻近的地区也几乎没有贸易往来。事实上，从对那个时代的考古发掘结果来看，它的分裂程度比危机缠身的拜占庭帝国还要高。

这种经济的分裂进一步加大了倭马亚王朝财政集权的难度，即使在他们自己的政治中心地区也是如此，尽管这里的情况要比其他地方好一些。但是，叙利亚和巴勒斯坦各行各业（几乎所有行业）的复杂性也说明地方的需求仍然强劲，进而表明城市精英阶层——拥有土地的地方贵族——的财富水平也仍然很高。人们常说阿拉伯人比罗马人更尊重商人，这是真的。穆罕默德自己就当过商人，而且伊斯兰世界里从来都没有把"买卖"得到的财富污名化，这一点和西方的大多数地区甚至拜占庭都不一样。人们还说意识形态的变化已经反映在了城市形制的变化之中，例如古老的公共中心出现了更多的手工业和商业活动，但是这种看法似乎不是那么符合事实。对上述变化更好的解释是：这只是纪念性建筑的重点发生了变迁而已，从柱廊街道和剧院等迁移到了清真寺（详见前文，第 10 章）。如果一座城市在经济上保持了活跃，那么那些失去了原有用处的建筑就会被用于私人，就像刚才所讲的那样。但是，我们也不应该过分估计精英阶层活动中的商业元素。阿萨纳西奥斯·巴尔·古摩耶虽然拥有很多商店，但他最重要的身份还是大地主。实际上，当时的大部分城市贵族（大多数还是基督徒）的首要身份似乎还是地主，只不过其中一些人愿意把土地资本投入商业活动而已。稍晚时候，阿拔斯时期的伊拉克，以及阿拔斯王朝覆灭后的伊朗也是如此。伊拉克的精英应该大多是穆斯林，而伊朗的"乌理玛"传记显示出土地和商业活动都是精英阶层的财富基础，两者同等重要。此外还有埃及福斯塔特的犹太商业精英。这些人的第一桶金很有可能完全是通过商业活动获得的。他们把利润用来购买土地，或是以优惠的价格承担包税工作，因为土地在当时仍是压倒一切的首要财富来源。贸易交换曾经是，并且此时仍然只是农业财富的副产品，即使是在中世纪早期的后半段那些最大的城市周围也是如此，在倭马亚王朝的叙利亚则更为明显。

750年，叙利亚和巴勒斯坦的经济发生了变化。阿拔斯王朝接管之后，这一地区失去了政治上的中心地位。从8世纪80年代开始，哈里发国的财政集权越来越明显，叙利亚的税收稳定地直接流向了伊拉克。在9—10世纪之间仍然能保持繁荣的城市比之前更少了，包括耶路撒冷附近的拉姆拉、加利利湖畔的提比利亚、凯撒利亚、亚喀巴、阿勒颇和大马士革等贸易中心或地方政治中心。749年发生在加利利地区的一场强烈地震让很多城市成了废墟。重要的是，这些城市很多都没有得到重建，因而也就能被今天的考古人员所发掘。贝特谢安这座城市的景象尤其壮观。这里的白色石灰石柱（包括希沙姆时期的店铺）至今仍横卧在黑色的玄武岩路面上。从这个时期开始，叙利亚在绝大多数时间里受其他地方的政权统治，包括巴格达、开罗以及君士坦丁堡（9世纪及10世纪后期），只有阿勒颇在中世纪早期的末尾阶段有时能保持独立。政治上的边缘化以及10世纪爆发的战争毁坏了叙利亚的繁荣景象，但这完全不能表明当时出现了经济危机，而且阿拔斯王朝的中央集权使得叙利亚的经济活动范围扩大，例如其与伊拉克之间贸易活动的证据显著增多：从公元800年开始，新型的彩色釉陶从伊拉克传入叙利亚和巴勒斯坦，这种新潮的高档陶器在各国之间流行，到1100年时已经统治了整个地中海地区，包括伊斯兰世界和基督教世界。因此，各个贸易港口在阿拔斯王朝时期繁荣起来，国际贸易网络也重新发展，西至埃及（经过凯撒利亚），南抵红海（经过亚喀巴），东达伊拉克（经过阿勒颇）。我们稍后还会看到，即使是在阿拔斯哈里发国解体之后，这个贸易网络仍然持续存在。[27]

当然，阿拔斯王朝在伊拉克投入了不少财力。这一地区作为重要政治和经济中心的历史长达千年。底格里斯河和幼发拉底河孕育了一块肥沃、可灌溉的盆地，其农业价值只有尼罗河可以相提并论。历朝历代都对这个区域的灌溉系统做过开发，萨珊王朝只是其中最近的一个。他们大约在6世纪修建了伟大的纳赫鲁万运河[28]，把底格里斯河的河水引入首都泰西封以北和以东的一系列小运河。泰西封的位置就在后来的巴格达南边一点。罗伯特·亚当斯（Robert Adams）早在20世纪50年代就对纳赫鲁万地区做过一次影响很大的田野调查。他在调查中提出，萨珊王朝实际上已经达到了伊拉克经济的巅峰。10世纪之前的哈里发国虽然很繁荣，却连萨珊王朝在7世纪二三十年代的政治危机之后的水平都赶不上，因为当时运河堤岸已经无人维护。不过，亚当斯在调查中对遗址年代的推测，以及他对各个历史时期确定有人居住的定居点数量的推测，却过多受到了文字史料的影响。按照今天的田野调查的标准（如2007年）来看，他当时对这些史料的说法过于当真了。在今天的叙利亚东部，拉卡[29]以北的幼发拉底河河畔，有一座曾短暂充当阿拔斯王朝首都的城市。近期对这座城市的一次田野调查揭示出阿拔斯时期才是定居点数量的巅峰。无论如何，倭马亚王朝乃至阿拔斯王朝都继承了前人修建运河和开垦土地的工作，阿拔斯王朝在伊拉克南部尤其活跃，这一点我们在第14章已经讲过。他们大批地引进被称为“辛吉”的非洲奴隶，正是为了修建河堤并开垦沼泽地区的盐碱地。阿拔斯王朝公元762年后在巴格达大兴土木，因而需要系统的食物供给。对于那些用税金利润在伊拉克买下土地的政府官员来说，继续开发这些土地符合他们的利益，因为生产出来的作物可以供给城市市场。纳赫鲁万运河北端的萨迈拉是在9世纪中期才加入这个市场的。阿拔斯时期的巴格达留存下一些法律文献，这些由法律专家撰写的资料可能最好地反映了伊拉克当时的情况。在这些文献中有一些佃农合同，显示出地主对土地的开发是有投资的。[30] 这些文献也显示了国家灌溉系统的投资，这些钱主要用来雇拿工资的劳工，而“辛吉”们则较少被这些文献提及。雇工也被用于农业生产，这说明有些地主在自己的地产上是直接负责耕作的，而花钱雇人则明显是一种市场化的手段。这种趋势所造成的一个结果是伊拉克的水稻种植得以扩张，到9世纪时已经蔚然成风。

税收只会流入首都一地，但是这些累计起来的巨额财富还是促进了伊拉克农业和整个伊拉克商品经济的发展。巴格达（以及其他城市，只是程度略逊于巴格达）也是一个手工业中心，其在全世界的地位在长达一个世纪的时间里都没有其他城市可以媲美。这座城市生产的手工制品包括丝绸、棉布、玻璃、纸（巴格达的造纸作坊建立于公元795年，使用的技术来自撒马尔罕，而后者的技术则来自中国）等等。巴格达是伊拉克地区贸易的中心，也是哈里发国各行省之间跨地区贸易的枢纽。此时，哈里发国内的陶器和服装贸易已经横跨从伊朗到埃及的全部国土。实际上，商品交换的范围甚至超过了国界：20世纪60—70年代在伊朗港口什拉夫进行的考古发掘（目前只发表了一部分成果）表明，哈里发国在8世纪后期已经打开了通向印度洋和中国的商路，而且贸易量很大。[31] 对于我们中的绝大多数人来说，《一千零一夜》中的故事《辛巴达的七次历险》所表现的就是这些贸易活动，不过还有一本书也起到了同样的作用，那就是伊朗船长布祖格·伊本·沙赫里亚尔（Buzurg ibn Shahriyar）写于10世纪50年代的故事集，其中讲述了从波斯到南海的广阔区域中的各种伟大奇观、奇风异俗、风暴天气以及珍禽异兽等等，其中有些较为可信，有些则十分离奇。这种贸易活动从此一直持续到中世纪结束。

巴格达和伊拉克的财富水平在10世纪时走上了下坡路。这一地区到此时为止已经失去了政治和财政上的统治地位。937年，纳赫鲁万运河曾因短期的军事目的而被截断。运河虽然很快就恢复畅通，但是这次事件留下了一个不好的先例。此后，巴格达和运河系统都被翻新了好几次［其中最大规模的工程是由白益·阿杜德·道拉（Buyid 'Adud al-Dawla）在981—983年间主持的］，但伊拉克一直没有恢复9世纪时的繁荣。不过，曾经的繁荣已经足以让巴格达继续保持整个亚欧大陆最大城市之一的地位，它比西方的任何其他城市都要大，并且至少在12世纪前都仍然是主要的贸易枢纽。

***

上述所有地区的稳定程度都比不上埃及。埃及是前罗马帝国各行省中最富有的，经济结构最为复杂。罗马帝国解体后，埃及一直保持这一地位直到14世纪。在哈里发国内，即使埃及曾经被伊拉克超过，那也只是在阿拔斯王朝的那一个世纪内。到了950年左右，埃及就重新占据了领先位置。在10—14世纪的地中海贸易网络中，埃及是进出口活动最活跃的地区，而且这种活动并不是像罗马或哈里发国首都那样由财政因素所推动。这一现象的根本原因是尼罗河的洪水较为可靠，保证了农业用地可以持续丰收，并且让小麦产量达到种子的10倍左右（中世纪时，旱地上的小麦产量最多也就是种子的3—4倍，而且还要有休耕期）。埃及的运河系统也几乎一直保持定期维护。这个国家几乎总是由一个单一的政权所管理，这一特点显然有助于运河的维护，在我们讨论的时代如此，之后也如此。埃及的农业用地上不仅出产小麦，还出产葡萄酒和亚麻。它们的高产使得农民的劳动可以供养多个阶层的非农业人口，其中包括地主、收税官员和军人，当然也还包括由手工匠人、店主和商人组成的复杂网络。我们有理由认为罗马帝国晚期时埃及有三分之一的人口住在城市里，这个比例在古代和中世纪早期世界里都是独一无二的，而且也没有什么证据表明这个比例在此后的时代里有所跌落。就算有跌落，到公元1000年也已完全逆转过来。目前对阿拉伯时期埃及城市的考古发掘还比较有限，但这些发掘已经明确显示出：在7—10世纪之间的亚历山大、福斯塔特以及邻近的塞加拉，还有中埃及的艾赫米姆等城市都有密集的私人住所，而且这些住所是以公寓建筑的形式存在的。[32]

埃及的农业是靠一个由大量农村组成的体系组织的，这些农村的头领同时也负责收税，并且在税务方面受行省首府的管辖。阿拉伯埃及的税务记录保存较好，展现了当时税收工作的系统性。这种系统性沿袭自罗马时代，并且始终没有放松（8—9世纪的数次抗税起义足以说明这一点）。但是，埃及的土地所有权非常分散。拥有土地的农民始终存在，掌管农村事务的精英阶层往往只是富农或比富农稍微好一点。阿拉伯人征服埃及后的档案表明，阿拉伯时代初期的大地主数量要明显少于罗马帝国后期，而且这种情况直到9世纪后期都没有改变。公元850年之后，大地主的数量又开始增多[33]，这主要是以下三个变化所导致的：第一，更多的基督徒改宗伊斯兰教，从而获得了国家政府的庇护，这种庇护此时往往会表现为赠予或出租国有土地的形式；第二，阿拉伯人越来越多地开始攫取土地（我们在第12章曾讲过，阿拉伯移民在很长一段时间内都只居住在福斯塔特，并且靠国家的俸禄生活）；第三，从大约公元800年开始，财政管理部门开始逐渐外包征收地方税的权利，在特定的条件下，掌握包税权的人可以实质性地占有大片土地。比起伊斯兰世界的其他地方来，埃及的包税者转为土地所有者的情况相对较少，因为国家政府从来没有放松对税收的掌控，但包税制肯定还是有助于包税者对地方的控制。在9世纪后期，埃及的一块地产（day'a）可以包括整个村庄（实际上，到11世纪的时候，“地产”有时候就等于“村庄”了），这是许多世纪来第一次出现的情况。这种情况并不普遍，地产所有权分散的情况以及直接征税的制度在埃及也一直持续到公元1000年以后。但是，在本书所讲述的时代接近结束的时候，情况已经明显起了变化。

拥有土地的贵族阶层势力被削弱，然后又重新增强，这一变化和我们已经讲过的其他地方（例如拜占庭）的变化是同步的。但是，在埃及，这一变化对经济的影响并不像其他地方那样大。这正是因为税收体系在持续发挥作用，作为一个独立的渠道将财富带入城市，使其最终流入福斯塔特。在我们所讲述的时代，这一体系始终是维系活跃的贸易体系，并将埃及统一在一个完整经济体内的基础。在这里，尼罗河作为一个便捷且便宜的交通路线，串联起了整个地区内的几乎所有人口。正因如此，我们才能追踪到手工制品从南到北的流动情况。在整个中世纪早期，埃及最南端的阿斯旺出产的精美陶器都可传到远至1 000千米之外的地中海地区，其范围之广和持续时间之长在这一时期都是独一无二的。阿斯旺的陶窑一直在生产罗马式的赤陶，直到我们所讲述的时代结束乃至更晚的时期，而其他地区的陶器样式早在数个世纪前就已经发生变化了。当然，阿斯旺生产的其他样式的陶器也在不断增多，包括白釉陶器、彩绘陶器，以及在公元 800 年之后从伊拉克传来的彩釉陶器。此外，虽然考古发现还没有提供确凿的证据，但我们姑且可以认为衣物的生产也呈现出了类似的情况：从罗马时代开始，埃及的亚麻和羊毛制品生产活动就一直十分兴盛，关于这些产品买卖情况的文字记录也始终没有中断。福斯塔特以南 150 千米处的尼罗河西岸有一大块用于农业耕作的盆地，叫作法尤姆。那里的一批 9 世纪莎草纸文献记录了一群说阿拉伯语的服装商人以及相关的官员沿尼罗河买卖衣物的活动，其范围南至古斯，北达亚历山大。这批莎草纸文献中的主人公名叫阿布·胡赖拉（Abu Hurayra），他于 9 世纪 60—70 年代生活在盆地中的主要城市法尤姆城（Madinat al-Fayyum）[34]，但是其他人物都以福斯塔特为基地，那里显然是整个交易过程中的一个主节点。

埃及拥有的不仅仅是这些覆盖面广的贸易网络。我们可以看到，陶器的品种是有不同层次的，既有占统治地位的阿斯旺产品，也有各地的本地产品（用当地的黏土制造），服装制造显然也是既有很多地方性的中心（以当地的亚麻和羊毛为原料），也有著名的手工业大城市，例如生产亚麻制品的坦尼斯和古斯，以及埃及中部生产羊毛制品的拜赫奈萨。[35] 就像所有复杂的商业体系一样，这个体系中的产品在品相、价格、审美和便捷性上也各有不同。而且，在 650—1000 年这一整段时间里，埃及的商业体系是欧洲和地中海地区之中最为复杂的，这要归因于城市中持续产生的需求。当然，这种需求除了衣物和陶器之外，还包括食品和其他各种手工制品，虽然对于这些商品在 6

世纪到10世纪后期的交易情况，我们知之甚少，因为我们所掌握的文献资料并没有这方面的记载，但是考虑到我们了解较多的商品的贸易情况，我们没有理由怀疑这一点。这些商品中仍然包括莎草纸，尼罗河三角洲地区是这种商品的产业化制造中心。直到9世纪后期和10世纪，莎草纸才逐渐被亚麻的副产品——纸——所代替。

基尼扎中的9世纪后期及以后时代的档案，给我们展示了一个具有复杂经济结构的世界，这个世界存在了数百年乃至上千年。但是，到了本书所讲述的时代临近尾声的时候，这个世界还是出现了一些变化。我们看到，从9世纪后期开始，手工业生产领域中出现了新的大笔投资。艾哈迈德·伊本·图伦（868—884年在任）担任总督时几乎把埃及变成了一个独立王国。根据9世纪早期的史料记载，图伦本人和他属下的官员都在亚麻制造业中进行了私人投资。这些史料和法尤姆的书信都提到了主要的纺织业中心坦尼斯，以及那里基本由政府控制的亚麻制造业。这一行业在公元850年之前的确切情况已经很难考证，但是图伦用公共资金对那里的基础设施进行了升级，保存到现在的坦尼斯纺织制品最早可追溯到9世纪80年代。这些产品属于奢侈品，而且当时由政府控制的作坊肯定把大量的产能用在了宫廷服饰上。但是，尼罗河三角洲地区各个城镇所出产的亚麻制品也会在公开市场上出售，并且到10世纪时已开始向地中海（坦尼斯在一座岛上，本身也是一个港口）和伊拉克出口。“出口”这个概念就是当时最主要的新鲜事物。阿拉伯人征服埃及之后，埃及的生产和消费活动绝大部分局限在境内。即使是在阿拔斯王朝实行财政集权的时期，我们所掌握的史料中也很难看到出口和进口活动。地区内部的需求显然已经足够稳定，跨地区的贸易也就显得不那么必要了。奢侈品贸易是一个例外，此类商品的进出口活动一直存在。但是，从10世纪开始，我们的史料提到的进出口贸易逐渐增多。到该世纪末，亚历山大和其他港口中已经满是船只，这些船将商品从埃及运往巴勒斯坦、突尼斯和西西里。到了突尼斯和西西里之后，其他商船会继续将这些商品运往西方的安达卢斯。埃及不仅出口亚麻成衣，也出口亚麻布，这些布匹会在突尼斯和西西里得到加工。糖是另一种产业化生产的商品，也是埃及的特产。[36]直到本书所讲述的时代结束，埃及出口和进口的商品种类实际上都非常丰富。法蒂玛王朝在969年征服了埃及，这意味着埃及、突尼斯和西西里被纳入了同一个政府的统治之下。这种状态维持了一段时间，也为贸易提供了便利条件。但是，得益于内部市场所保持的强劲需求，埃及仍是这一贸易体系中的主要驱动力。法蒂玛王朝认识到了内部需求的重要性，并采取措施促进了它的发展。

基尼扎档案中出现的第一个真正的大商人名叫约瑟夫［Joseph，或优素福（Yusuf），在希伯来语中则是Yosef］·伊本·雅克布·伊本·奥卡尔（ibn Ya‘qub ibn ‘Awkal，活跃于约970—1040年）。[37]他的家族可能最初由伊朗迁来，但至少到他父亲的时候就已经定居在福斯塔特了。他一生都居住在福斯塔特以及法蒂玛王朝在这个城市边上建立的新都城开罗。他和儿子们从事进出口贸易，在福斯塔特的总部雇了很多秘书，在埃及和海外还雇了很多代理人，其中突尼斯和西西里的人数最多。他们从拜赫奈萨中心地区的小镇和法尤姆收购亚麻布，然后顺尼罗河而下，把亚麻布从福斯塔特运送到亚历山大（因而绕过了尼罗河三角洲另一边的亚麻制造厂），再向西出口到海外。他们还出口染料、茜素（产自埃及）、靛蓝染料和巴西木（这两者都是进口来的），进口胡椒和香料，以及埃及产的糖，此外还有更贵的奢侈品，尤其是珍珠。他们买卖的商品总共有 83 种。进口的商品大多数来自印度洋上贸易。尽管伊本·奥卡尔的重点不在印度洋，但福斯塔特-开罗正在成为印度洋和地中海之间首要的贸易节点，并将维持这一地位达数个世纪。埃及从与地中海邻居们的贸易中得到了回报，包括黄金（北非是撒哈拉黄金贸易的中转站）、铜、铅、橄榄油（此时仍是突尼斯的重要产品）及其副产品肥皂，还有蜡、兽皮和丝绸。这些商品听起来很丰富，但是伊本·奥卡尔的生意实际上还是挺难做的。基尼扎信件中的大量描述显示出，代理人们想要抓住时机卖出商品以获取可观的利润并非易事。和其他所有商人一样，伊本·奥卡尔经常需要和身处困境的朋友、客户乃至竞争对手做一些非正式的交易。他相信这些人不会损害自己的利益，但事实却并不总是如此。我们有一封很长的充满怨气的信。这封信写于约公元 1000 年，写信者叫作萨姆汗·伊本·达乌德·伊本·西齐里（Samhun ibn Da'ud ibn al-Siqilli，意为“西西里的儿子”），可能曾经是伊本·奥卡尔的朋友或客户。他在信中抱怨了很多事情，其中包括：他在伊本·奥卡尔的巴西木生意中赔了钱，还必须以没有利润的价格卖掉伊本·奥卡尔的珍珠；最糟糕的是，伊本·奥卡尔曾经承诺过给萨姆汗的债主付款，但最终食言了，即使萨姆汗做了很多损害他名誉的事也无动于衷。最后，萨姆汗抱怨伊本·奥卡尔经常毫无来由地批评别人，做事也十分霸道。事实上，我们确实没有理由认为伊本·奥卡尔这个福斯塔特的商人很有同情心，但是绝大部分写给他的信对他还是非常谦恭的，内容也多为解释写信者如何维护了奥卡尔的利益。他们做这些事情往往是在不利的形势下（战争、水患、低价等），但最后一般成功了。

伊本·奥卡尔的贸易网络不包括伊拉克或更东边的地方，也不包括拜占庭，他和叙利亚/巴勒斯坦的贸易往来也很少，但是在其他方面，他可以代表整个福斯塔特的商人（通常比他的买卖规模要小）体系，尤其是在活动的多样性方面。我们可能还需要补充一点，那就是他还是福斯塔特犹太人社群的顶梁柱，也是巴格达和耶路撒冷重要的经学院（yeshiva，宗教学校）在埃及当地的代表。如果他是穆斯林，那他肯定会是“乌理玛”中的领袖。他本人在社交活动中处于中心位置，也就是说，他的代表性不仅仅体现在经济层面。关于伊本·奥卡尔的档案中唯一带有误导性的方面就是这些档案全都是关于对外贸易的。绝大多数埃及的商业活动还是在国内进行的。无论地中海或其他海外地区的贸易网络多么活跃，主宰埃及贸易的还是各大城镇之间的尼罗河航运。这一点从公元700年到1000年都没有变化。基尼扎档案所呈现出的世界具有很强的真实感，因此容易让读者忽略上述经济方面的基本事实，但是无论如何，这一事实很重要，而且会一直重要下去。

***

从7世纪到10世纪，每个地区的经济史都有所不同，但有些基础性的东西是一样的。地方贵族的财力暂时被削弱，但拜占庭和埃及所保持的国家力量对贸易的动力形成了补偿，只不过这种补偿作用在拜占庭相对不那么明显，因为其国家在7—8世纪有一些自己的问题。在叙利亚，贵族在公元750年之前维持了较高的财富水平，但是在倭马亚王朝所整合的统一市场中，叙利亚的融入程度没有埃及那么高。后来形势发生了逆转，地方贵族的财富水平降低了，但是由财政所主导的地区商业一体化水平开始提高。在伊拉克，贵族和（权势强大的）国家政府的力量在 8 世纪后期都得到了加强，使这一地区在一个半世纪的时间内成为农业、手工业和商业的中心。在这个时期之后，伊拉克又开始下滑。我们在这一系列例子中还可以加上最西边的安达卢斯。[38] 在那里，一个财富水平不一的本土化贵族群体始终存在，但是国家的实力在 10 世纪时得到了明显的加强（详见上文，第 14 章），使得整个半岛出现了经济一体化的趋势，也使一些特产得以出口，包括丝绸、藏红花和深红色染料等。突尼斯的中心地区伊弗里基叶的情况也基本如此，只不过这里在 9 世纪时就已经出现了有力的国家政府。9 世纪时，很多地区（可能不包括叙利亚）的内部贸易都比 8 世纪更为活跃，而 10 世纪所有地区（不包括伊拉克）的内部贸易都比 9 世纪更为活跃。

上述粗略描述的趋势是出现在上述地区的内部贸易中的，但是这些趋势对跨地区贸易也有影响，尤其是在地中海地区。地中海第一次出现大型贸易网络是在罗马帝国时期。帝国解体之后，地中海的贸易活动也随之减少：在地中海西部，贸易活动从 450 年开始缓慢减少，到 600 年时达到低点，700 年时则彻底消失。我们在第 9 章已经详细讲述过这一过程。地中海东部地区的贸易活动在 7 世纪时迅速减少，这主要与 7 世纪第二个十年到 7 世纪 40 年代的几场大型战争，以及拜占庭和哈里发国的财政集权程度降低有关。到了 8 世纪，整个地中海范围内的贸易活动达到了 1 000 多年来的最低点。当然，我们也不能说贸易完全不存在，港口间的小规模船运体系总是存在的。我们已经讲过，爱琴海在拜占庭帝国内部某种程度上的贸易活动中仍然保持着中心地位。第勒尼安海也是如此。由于作为商品市场的罗马城保持着繁荣，这个位于罗马、卡拉布里亚和西西里之间的三角区域的贸易活动得到了加强。我们在第9章还讲到过，迈克尔·麦考密克发现，罗马到君士坦丁堡这条最重要的海上商路在8世纪时仍然呈开放状态。[39]这条海路把两个越发本地化的海上贸易系统联系了起来，而这并非偶然。而且，西西里在这个世纪里仍然是拜占庭的一个省，可能还是最富有的省份之一，这一事实肯定增强了这条商路的作用。我们还必须认识到，地中海地区始终有奢侈品贸易活动，就像在印度洋上一样。这些贸易活动把丝绸和香料带到意大利和法兰克，然后把木材和奴隶带走。但是，我们也已经讲过，对于经济整体来说，奢侈品只是一个不太重要的组成部分。在8世纪，除了区域的内部贸易外，大宗的食品和手工制品的贸易已经消失，即使是在阿拉伯统治的地中海南部诸行省也是如此，而这些地方在我们所讲述的时期内几乎一直是最富有的。地中海此时肯定显得较为寂寥。

形势在9世纪出现了缓慢的扭转，公元750年后威尼斯[40]和亚得里亚海商路的崛起就是一个小小的例证——说它小，是因为威尼斯专注于上面提过的奢侈品贸易。但是，随着威尼斯的财富在9世纪时快速增长，其贸易活动涉及的商品范围肯定也扩大了（见下文，第22章）。威尼斯的贸易对象包括拜占庭，也包括亚历山大。9世纪20年代，威尼斯人正是从亚历山大偷走了圣马可（St Mark）的遗体，并从此将他奉为城市的守护神。突尼斯人在9世纪时征服了西西里，这使得贸易活动进一步增强，因为西西里离突尼斯要比离君士坦丁堡近得多。从那之后，这两个地区的贸易活动大大增多了。两个世纪后，我们看到这两个地区已经成为一个组合，与埃及展开贸易。这个组合至迟在9世纪时就已经形成了。由于和阿拉伯人的关系不断接近，阿玛尔菲[41]、那不勒斯等意大利南部港口从中获益（实际上，正是他们勾结阿拉伯人进攻意大利本土地区的）。到了一个世纪以后，埃及和爱琴海地区已经常常可以见到阿玛尔菲人了。在阿拉伯世界内部，我们的史料中也更多附带提及沿着非洲海岸行进的贸易活动。这些贸易活动从埃及开展至西班牙，把突尼斯和西西里作为中间点。阿拔斯王朝的中央集权虽然重心在伊拉克，但也帮助埃及和叙利亚拉近了距离。这两个地区的联系一直保持了下去，因为自治后的埃及统治者也试图控制叙利亚。以上所有的贸易活动无疑还是以奢侈品贸易为主的，但奢侈品的贸易量有所增多，贸易模式也更复杂。贸易活动中的商品也不是只有奢侈品，9 世纪 80 年代，拜占庭舰队截获的阿拉伯人商船中装载了大量的橄榄油，这些橄榄油可能是从突尼斯运来的。[42]

到了 10 世纪，贸易活动又出现了两个新的动向。首先，在这些不断发展的贸易体系中，一些原来基本被隔绝在外的地区也被带了进来，例如现在的法国南部地区。法国海岸曾经发现几艘 10 世纪中期的阿拉伯船的残骸。这些船看起来是从西班牙驶来的，装载了双耳瓶（可能是为了运油）、餐具、黄铜、青铜和玻璃。拜占庭在 9 世纪时也不是贸易活动中的主角，但在 10 世纪时作用已经明显了很多。[43] 拜占庭把高档丝绸和木材出口到埃及市场，后来又增加了奶酪，这种食品是埃及人蛋白质的主要来源之一。在土耳其南部海岸，安塔利亚成了贸易枢纽，其贸易对象包括叙利亚、巴勒斯坦，以及南方的亚历山大。安达卢斯哈里发阿布德·拉赫曼三世在 955 年开发了阿尔梅里亚港口[44]，意图就是集中并扩大西班牙对这个贸易网络的贡献。从我们所看到的情况来看，阿尔梅里亚也确实起到了这个作用。从公元 1000 年左右开始，基尼扎档案中频繁出现阿尔梅里亚的名字。当然，某些商路（如亚历山大到突尼斯城）肯定要比其他商路更重要一些，但是到10世纪后期的时候，人们似乎已经可以从地中海的任何一个地方航行到几乎其他任何地方——并不总是直达，但难度不会很大。

第二个动向已经在刚才所举的双耳瓶和奶酪的例子中有所展露，那就是由于市场规模较以前更大，大宗商品的运输重新变得常见了。突尼斯出产的橄榄油到公元1000年时已经出口到了埃及和意大利，恢复到了公元400年时的水平。但是，谷物再也没能成为国际贸易中的主要商品。当年的谷物贸易主要是由罗马帝国的财政需求，而不是自然的交换需要所催生的，因为谷物哪里都可以生产。除了橄榄油之外，我们还发现突尼斯产的釉陶[45]也在10世纪末出口到了意大利，就像在公元400年时一样。最重要的是，至迟在公元1000年时，埃及的一些商人做出了一个非常惊人的选择：他们没有把手里的亚麻布送到埃及本土那些规模甚大的亚麻加工城镇，而是将其运到突尼斯和西西里，在那些地方制作成亚麻成衣。这一事实证明这些地方的商业往来不仅复杂且竞争激烈，而且已经发展到了很大规模，形成了一种共生的状态。不过，大宗贸易并没有在所有地方都占统治地位，也始终没有发展到这种程度。无论如何，我们在这里已经看到了真正的跨地区/国际贸易体系，而不是两个世纪之前那种靠奢侈品联系起来的单薄贸易关系。到10世纪的时候，覆盖整个地中海区域的贸易圈已经再度有效地运转起来，并将持续存在到中世纪晚期。到11世纪时，意大利的热那亚、比萨等新兴的活跃港口开始用武力接管地中海西部的贸易网络，并迫使商路改道向北。十字军在地中海东部也起到了相似的作用，但是贸易圈仍然存在，甚至之后还有所扩张。

因此，地中海贸易的复杂程度在10世纪时达到了北海贸易在8—

9 世纪达到的水平（见第 9 章），并且实质上超过了那个水平。埃及的农业财富和生产能力的复杂程度是维系这一贸易体系的关键。到了公元 1100 年的时候，意大利舰队已经部分接管了中间人的角色，包括在阿拉伯世界，但是即使如此，埃及也仍然是贸易体系的中心，仍是从印度洋来的奢侈品贸易的节点。[46] 我们有理由说埃及是整个中世纪贸易的引擎。10 世纪，地中海其他区域的经济复杂度已经追上了埃及，至少某些行业是如此，这些地区在经济上的相互依存关系也就更为可靠，风险更小，也足够稳固。这也是每个历史时期大宗商品贸易都需要的基础条件。

无论如何，我们都要在本章的最后重复一个已经陈述过的观点：在地中海的每一个地区，最重要的贸易体系都在这些地区的内部，而不是地区之间。维系这些内部贸易体系的关键是城乡之间的交换，以及很小区域内的农业和手工业专业化生产，而不是威尼斯、阿尔梅里亚、突尼斯、安塔利亚、巴勒莫和亚历山大这些港口。跨地区的贸易往来也不是不依靠外力就可以维持的。无论福斯塔特和威尼斯的商人有多么活跃，地中海的贸易体系在很多个世纪内都无法发展起来。地区内部的经济发展实际上依赖于内部需求的力量，而内部需求又依赖于精英阶层的财富，或者说他们对农民剩余价值的剥削。无论是在地中海还是北欧，这种内部需求在 9—10 世纪都有所增长，创造出了一个更为复杂而多样化的环境。此外，一些手工艺制品（如衣物）已经便宜到能够出售到农村的程度。但是，这些情况既能反映贸易活力的增强，也能反映剥削的加重。我们会在第 22 章再来讲北欧在这个问题上的表现。在那里，贸易对构成人口大多数的农民阶层的影响有更多的证据可供考察。

第四部分

加洛林和后加洛林时代的西方，750—1000

第 16 章

加洛林世纪，751—887

查理曼（768—814 年在位）留存至今的书信中只有少数几封不是外交函件，其中一封是这位国王在 791 年写给妻子法斯特拉达王后（Queen Fastrada）的。[1] 查理曼在信中提到，自己的儿子，也就是法斯特拉达的继子、意大利国王丕平（781—810 年在位）向自己报告，称他在现在的匈牙利境内击败了阿瓦尔人。丕平还列出了在战斗中表现出色的主教、公爵、伯爵和领主的名单。（可惜查理曼在信中略去了这些人的名字。这封信只是作为模板保留下来，供后来的作者参考。）接着，信中列出了查理曼和朝臣们在连续三天的祈祷中所念诵的祷词。他们可能是接到胜利的消息后就立刻举行了祈祷仪式，并且在仪式期间禁止食肉和饮酒，不过人们可以花钱免除自己遵守禁令的义务，支付的金额则依付款人的财富水平而定。查理曼要求法斯特拉达接受建议，也举行类似的祈祷仪式。在信的最后，查理曼还命令法斯特拉达今后多给自己写信交流。

这封信中绝大部分内容的语气都难以用“亲密”来形容，更像是统治者在和一位高级臣僚说话。当然，王后实际上也确实属于高级臣僚。我们没有理由认为这种语气能说明夫妻间的私人关系如何。信中所描述的军事行动和宗教仪式则折射出了我们所了解到的加洛林王朝早期政治的一些特点。此外它还显示出，即使是在查理曼的军事行动并不活跃的时候（他在 791 年时大概是 43 岁[2]，对于带兵打仗来说，这个年龄已经有些大了，不过他还是继续担任军队统帅超过 10 年），他还是希望武将们能够将最新的信息详细汇报给自己。他也确实收到了这些信息：在加洛林王朝的世纪之中，信息交换是政治体系中一个常态化的组成部分。墨洛温王朝也有这样的信息，但是从我们了解到的情况来看，其信息交流还不够系统化。另一个重要的事实是：查理曼的这封信保存了下来，而墨洛温王朝时期与之相似的信件则佚失了。这封信能保存下来固然有运气成分，但是法兰克政治进程中保存下来的信息确实有大幅增加，并且在 9 世纪 30—40 年代达到顶峰。墨洛温王朝也不太可能通过类似忏悔仪式的方法来传递政治信息。查理曼并不是一个格外虔诚的人（实际上他相当世俗，喜欢笑话、歌曲、性爱、打猎和游泳，还喜欢烤肉——据说不是很爱喝酒[3]），但他给法兰克的政治实践引入了布道和说教的因素，而这些因素一直贯穿整个加洛林世纪以及此后的岁月，还演化出了很多分支。我们将在本章和下一章详细讨论。

查理·马特（717—741 年在位）[4] 通过 715—719 年间的内战（见前文，第 5 章）强行登上了法兰克诸王国的宫相之位。他恢复了每年夏天打仗的习惯，并且将这个习惯几乎没有间断地延续了 17 年多。在 720 年到 804 年之间，法兰克大概只有 8 年没有打仗，有些年份甚至要打两三场。查理四面出击，重新吞并了普罗旺斯，挡住了从西班牙入侵的阿拉伯人，占领弗里西亚，在阿尔萨斯和阿基坦重新建立起了法兰克人的霸权。然而更重要的是，查理在法兰克的核心地区建立起了绝对的权威，这要归功于他的军事实力和战功——他没有输掉任何一场战争。墨洛温的国王们此时已经成了纯粹的傀儡。世俗的贵族和宗教首领们也全都依附于查理。他铲除了所有潜在的敌人，并未良心不安，也没有遇到什么（明显的）困难。查理的儿子丕平三世（741—768 年在位）和卡洛曼一世（741—747 年在位）延续了查理的做法，两人效仿墨洛温时期的传统共同担任宫相，直到卡洛曼看起来像是自愿地放弃了职位。卡洛曼后来去了罗马，在蒙特卡西诺的修道院成为修士。每年打仗的习惯也延续下来。746 年，法兰克在坎施塔特经过一场血战后征服了阿勒曼尼亚，然后又在 754—756 年间将领土扩展到了意大利。759—769 年，法兰克通过一系列侵略活动彻底占有了阿基坦。

在查理·马特生命中的最后几年，也就是公元 737 年之后，他是在没有国王的情况下进行统治的。743 年，由于各地的反叛不断，丕平和卡洛曼重新扶持了一个国王，这就是希尔德里克三世（Childeric III）。即便如此，在卡洛曼退隐之后，丕平还是在家族仇敌不断兴风作浪的情况下写信给教皇撒迦利（741—752 年在位），询问他［（根据 40 多年后的官方作品《王室法兰克年代记》(*Royal Frankish Annals*）的记载］“法兰克国王没有王权是好事还是坏事”。撒迦利正确地回答道：“有实权的人称王，比徒有国王虚名的人称王更好。”于是丕平在 751 年加冕，成为加洛林王朝的第一任国王。希尔德里克被剪去象征墨洛温王室的头发，被囚禁在一座修道院里。（加洛林王朝的国王此后都蓄较短的头发和胡须。）当然，之后的加洛林时期史料都把这件事描述成直接的王位交接，过程和平，并且举行了仪式，法兰克人的首领们一致表示同意，美因茨大主教波尼法修还为丕平进行了正式的涂油礼。实际上，尽管这是效仿7世纪后期西哥特人的做法（也是《旧约》中记载的传统），但丕平是第一个涂油的法兰克国王。这项创举清晰地显示出丕平需要通过一套新的宗教仪式来让加洛林王朝显得与众不同。但实际上，丕平的上位是一场政变，王权的合法性立刻遭到了质疑。[5] 753—754年，新任教皇斯德望二世（752—757年在位）访问了北方的塞纳河谷，为对抗伦巴第人寻找帮助。他也成为第一位来到阿尔卑斯山以北地区的教皇。在教皇访问期间，丕平成功巩固了751年那套仪式的合法性。斯德望再次为他涂油，承认他为国王，而他也如约两次进攻意大利。事实上，国王和教皇需要彼此的帮助，教皇需要在敌人进攻时寻求保护，而国王需要获得合法的权威。加洛林王朝的统治者们从7世纪80年代起就已是法兰克最强大的贵族家族，但是直到连续两位教皇认可后，他们才拥有了王室身份——重要的是，这两位教皇代表着来自外部的、非法兰克人的道德权力。这两个进程汇合到了一起。丕平和卡洛曼对于教会改革的担忧已经超过了查理·马特，他们在742—747年间召集了至少四次教会大会[6]，而上一次教会大会还要追溯到7世纪70年代。公元751年之后，王室对教会的控制越发明显。丕平的重要幕僚、梅斯主教格罗德刚（Chrodegang，766年去世）在其中起到了重要的作用。765年，丕平开始让教会征收强制性的什一税，此举使法兰克各个地方的教会财富急剧增长。教会在751年对丕平的支持此时得到了回报，而且回报颇丰。

查理曼768年继位时所面对的就是这样一个环境。与他一起继位的还有他的弟弟卡洛曼二世（768—771年在位），两人关系不睦，而且卡洛曼的早亡可能也不是意外。查理曼最开始被称为“大查理”（Charles Magnus）是为了和他的儿子查理（Charles）相区分，但是到了 9 世纪的时候，这个称号逐渐被用来形容他非凡的领袖气质。他也是历史上少有的把绰号融入自己名字的人，这个名字在现代法语和英语中都是“查理曼”（Charlemagne）。查理曼领袖气质的早期表现之一，就是两位非常强势的前任统治者——查理·马特和丕平三世——的地位都被弱化，且后来的史料对这两人都语焉不详。查理曼延续了丕平的政治道路，但是他在自己漫长的任期内改造了这条道路，也因此改造了欧洲的种种政治元素。他所造成的影响持续了很久——按照一些人的观点，至少有 3 个世纪之久——比中世纪早期的任何一位统治者的影响都要长久。

查理曼改变的第一种元素就是战争。他肯定延续了前两代领导人的做法，但同时也大大扩展了战争的规模。查理曼的军事行动中，有四个地区格外重要。第一个是法兰克的北方邻居萨克森，两者之间的边境战争已经持续了超过 200 年。萨克森是异教地区，也不是一个单一的政权，而是由一群小部族组成。这些部族每年召开一次大会，并且在有军事需要的时候组成或大或小的联军共同战斗。查理曼从 772 年起就立志征服萨克森。他按照计划首先洗劫了萨克森人重要的祭祀场所伊尔明苏尔，缴获了大量战利品。不过，他此后又用了 30 多年的时间才彻底完成对萨克森的征服（具体是在 804 年，在那之前有过一段和平的时期，即 785—793 年，当时查理曼认为自己已经取胜了）。萨克森之所以难以征服，正是因为它内部的四分五裂。征服的过程也充满了大规模的暴力行动，例如在 782 年，法兰克人在一次战斗失败后屠杀了 4 500 名萨克森囚犯。从 780 年开始，对萨克森的基督化开始和征服行动同时展开，这也是中世纪早期少数几个公开依靠暴力改变他人信仰的例子之一。可能更为重要的是，法兰克的征服行动引起了一场社会革命。在这场革命中，萨克森的贵族阶层有史以来第一次拥有了土地所有权，而与他们比邻而居的自由民们则没有。拥有土地的还包括外来的法兰克人，以及新近在法兰克资助下建立起来的萨克森教会系统。此后，萨克森在加洛林王朝的政治中仍然不算重要，但其贵族的财富得以继续积累，为他们在 10 世纪时的东法兰克自立为王打下了基础。我们会在第 18 章详细介绍这一情况。

第二个地区是伦巴第人的意大利，攻打这个地区相对简单得多。773 年，教皇哈德良一世（772—795 年在位）请求查理曼帮忙攻打伦巴第，就像当年教皇请求丕平一样。这一次，查理曼动真格的了，并且通过 773—774 年间一场罕见的横跨夏季和冬季的战争吞并了伦巴第王国。征服意大利是一个充满争议的决定［查理曼的几名幕僚，以及他的母亲贝尔特拉达（Bertrada）、堂弟阿德拉尔德（Adalard）都持反对态度］，但法兰克军队攻克伦巴第首都帕维亚后，征服行动就顺利结束了，因为伦巴第的集权程度很高，首都沦陷后抵抗活动便几乎完全停止。伦巴第的财富也被运往北方，进了查理曼的国库。但是，意大利并没有像后来的萨克森（以及此前的阿勒曼尼亚和阿基坦）那样被并入法兰克人的领土。查理曼接受了“法兰克人和伦巴第人的国王”这个头衔，这说明意大利还是一个单独的概念，而帕维亚也仍然是一个单独的政治中心，这在加洛林王国里是绝无仅有的。公元 781 年之后，查理曼的儿子丕平成为意大利的诸侯王。对于法兰克来说，伦巴第人的意大利仍是资源输出地，这里的资源不仅是财富，也包括行政能力。我们在第 6 章已经讲过，只有贝内文托公国还保持独立。公元 774 年，贝内文托公爵阿里奇斯二世不顾法兰克人的强权，升格改称自己为大公（prince）。

在墨洛温王朝统治过的地区里，最后一个保持自治的是巴伐利亚。那里的大公塔西洛三世（Tassilo III，748—788年在位）[7]最初受其舅父丕平三世的庇护，并于757年成人之际向丕平宣誓效忠。但是，他从763年开始就不再跟随丕平参加战争，并在20年的时间里保持着政治独立。他和伦巴第末代国王德西德里乌斯的关系非常密切。公元781年之后，查理曼试图驯服塔西洛，并于787年发出军事威胁。塔西洛在贵族的劝说下投降，成为查理曼的封臣（vassal），也就是"宣誓效忠者"。然而，塔西洛的这些举措仍然没能保住自己的地位，他在788年的一场公开审判中被判"叛君"。法庭由法兰克人、巴伐利亚人、伦巴第人和萨克森人组成，这种多民族合作的场面倒是很罕见。法庭判塔西洛死刑，查理曼随后改为强制忏悔。于是，塔西洛就和751年的希尔德里克一样被剪掉头发，禁闭在一座修道院里。对塔西洛的审判标志着加洛林王朝的统治者们已经和前辈们有所不同。历史学家们提出过这么一个说法：墨洛温的国王们会杀掉失宠的臣子，而加洛林的国王只会把这些人囚禁起来，然后没收他们的土地。这个说法有些言过其实了。加洛林王朝的国王们经常杀死敌人，或者弄瞎他们（这沿袭了西哥特和拜占庭的做法，详见前文，第2部分）。不过，像这种先定死罪，然后再"从轻"改判为弄瞎或者囚禁的仪式倒确实是越来越常见了，而6—7世纪盛行的缓慢折磨致死的刑罚则基本消失。囚禁的做法并不是总能奏效（有人逃跑），这种情况下犯人会被重新判处死刑，但是上述变化确实显示出人们逐渐有了这样的信念：把司法过程展示出来，或是用一种复杂的仪式来剥夺敌人的政治权力，是一种很好的边缘化敌人的方式，而且这样就不需要总是杀人。这和加洛林时期的其他变化是契合的，我们接下来会详细解释。

与此同时，巴伐利亚和巴伐利亚贵族[8]（除了统治者阿吉洛尔芬家族以外，其他贵族几乎都幸存下来）则被直接纳入了法兰克政治体系。

吞并巴伐利亚后，加洛林王朝的边界向东扩展，与阿瓦尔人的领地相接。两者之间的战争在791年爆发。阿瓦尔人此时的实力已经远远不如7世纪早期，但是阿瓦尔可汗仍然富可敌国。795—796年，法兰克的三支军队向东进攻阿瓦尔的王庭"塞堡圈"（the Ring，在匈牙利平原上的某个地方）。这次胜利的战利品极其丰厚，供加洛林王室和贵族巨头们享用了一代人的时间——艾因哈德在他的《查理大帝传》（*Life of Charlemagne*）中写道："人们想不起来法兰克人所卷入的战争中，还有哪一场使他们发了这样一笔大财，增加了这么多的财富。"[9]阿瓦尔人没有被征服，但是他们很快就销声匿迹了。他们的位置被新兴的斯克拉文政权接管，这些政权仍然盘踞在与法兰克和巴伐利亚接壤的地方（关于斯克拉文人的情况，请看第20章）。

到了804年，查理曼统治的土地面积已经达到了768年时的1.5倍，比查理·马特去世时的领土面积翻了一番还多。各个方向的边境线几乎都比768年时向外推进了很多，甚至推进到了西班牙境内。在那里，查理曼通过785年和801年的两次征讨，吞并了加泰罗尼亚北部，不过这片土地很是狭窄。查理曼曾在778年时对西班牙发起更大规模的进攻，兵锋直指萨拉戈萨，但这次行动招致了他在位期间为数不多的几次军事失利之一。在法兰克军队撤退的时候，来自比利牛斯山西部龙塞斯瓦列斯的巴斯克人袭击了他们的后卫部队。法兰克人在扩张了领土之后，也有了新的邻居，包括丹麦人、阿拉伯人、贝内文托人，以及从波罗的海到亚得里亚海这半个大陆上的各种斯克拉文部族。这些新邻居大多都没有多少财物可供抢夺，而且大部分离法兰克人的居住地很远。于是，法兰克人的扩张行动就到此为止了。[10]加洛林王朝的军事行动从此转变为以维持秩序为主，并从那些仍然保持独立的邻居手里索取贡品，这种情况持续了一代人的时间。有相当多的人认为这种情况给法兰克人带来了不好的结果，因为他们的贵族现在无法向外扩张，只好在内部扩张，因而建立了法兰克诸王国。结果，国王们自己的困难就要比以前大多了。但是，这种情况同样是在 804 年后的一代人时间之后才出现的，而且也有其他的因素影响。查理曼在位的最后十年相对来说比较和平，法兰克统治阶层的财富水平也大幅上升，按照中世纪早期的标准来说可谓闻所未闻。

我们有必要再用一点篇幅来探讨这种财富水平形成的原因。查理曼在征服新领土的过程中不仅收获了大量战利品，还缴获了两个民族的王室财产，那就是伦巴第人和阿瓦尔人。有了这些财产，王室才可以慷慨地给贵族和外国统治者赠礼。在这方面，加洛林王朝的需求一点也不比以前的统治者小。此外，查理曼还控制了意大利的王室领地和阿基坦、巴伐利亚的公爵领地，没收了很多叛军的土地，包括整个萨克森地区以及其他很多地方（稍小一些的）土地。此外，他还拥有了一套由新的政府机构、新的封爵地、新的修道院和主教区所组成的体系，该体系和法兰克人核心领土上原有的体系合为一体。（在查理曼统治的所有土地上，一共有约 600 个郡和 180 个主教区。）所有这些王室的土地和行政机构都可以作为“荣誉”（honores）赠予查理曼的支持者。教会和修道院所拥有的大量土地同样可以在需要的时候被加洛林统治者们毫不犹豫地分割，然后封赏出去。[11]这样，王室的财产也就是贵族的财产，只要贵族能得到国王的赏识就有份儿。这些封赏出去的土地和行政机构是可以收回的。查理曼很少永久性封赏土地，他更喜欢把王室和教会的土地暂时赠予受封者，这就是“恩地”（beneficia）。贵族希望能一直占有这些土地，然后传给自己的后代，但是他们必须始终忠于国王，忠诚地参与朝廷事务，才能让自己的土地不被收回。而且，在那几十年间，查理曼有非常多的财富可供封赏，这样他就可以吸引任何他喜欢的人来为自己的朝廷服务，包括法兰克领土之外的诗人和知识分子。法兰克精英们的自信高度膨胀，以至于到了 8 世纪 90 年代的时候，已经有作家把法兰克人描述为继犹太人之后的又一支“天选之民”。[12]《旧约》中的意象在加洛林时期的政治活动中司空见惯，查理曼通常被朝廷上的知识分子们称为“大卫”。大概是出于这个原因，加洛林王朝对犹太人相当宽容，查理曼的儿子虔诚者路易（814—840 年在位）对犹太人尤其保护，这使里昂大主教阿哥巴德（840 年去世）等史料作者大为不满。阿哥巴德来自曾由西哥特人统治的西班牙，继承了西哥特晚期政治文化中的反犹传统。在宗教影响不那么明显的文本中，艾因哈德则略带自得地为我们记录下了一句拜占庭谚语：“如果你和一个法兰克人是朋友，那么你肯定不是他的邻居。”这句话他是用希腊语写下来的。[13]法兰克人为自己的贪婪和扩张行为感到自豪，将其视为美德的证明。

8 世纪 90 年代，查理曼又以两种新的方式提高了中央集权程度。第一，他在 794—796 年间建立起了自己的首都亚琛。[14]这座城市位于奥斯特拉西亚北部、丕平家族的核心根据地上。在之后的几十年间，查理曼和他的儿子路易在亚琛建造了许多宏伟的建筑，其中那座规模堪比大教堂的宫廷礼拜堂保存至今。随着年岁增长，查理曼在这里待的时间越来越长（亚琛离阿登森林很近，那里是最好的王室猎场之一），亚琛也成了法兰克历史上第一个稳定的政治和行政中心。国王仍然会带着朝廷四处巡游，但是这两代国王的大臣们都把亚琛视为政治舞台的天然背景。第二，查理曼在800年时获得了一个新的称号，那就是皇帝。他在罗马举行了仪式，并（再次）由教皇涂油。这个头衔的意义不应被夸大，它只是一个荣誉称号而已。但是，查理曼很是为此骄傲，并且非常希望能得到拜占庭皇帝（有人可能会称他们为“真皇帝”）的承认。812年，查理曼威胁要进攻仍在拜占庭控制下的飞地威尼斯，逼迫对方承认了自己的皇帝身份。公元800年之后，皇帝的形象同样进入了加洛林王朝的法令。不过，查理曼其实在8世纪80年代后期就已经凭借军事上的成功在整个西欧建立起了统治，获得了臣属们几乎一致的拥护。自罗马皇帝瓦伦提尼安一世之后，查理曼是第一个在所有这些土地上建立起帝国的中央权力的人。即使是墨洛温王朝鼎盛时期的克洛维和达戈贝尔特也没有统治过这么大土地，将军事成功维持过这么久。查理曼能取得这样的成就，要得益于查理·马特打下的军事基础，以及几乎不间断地维持了四代的王位单传（查理曼本来准备把自己的土地平分给自己所有的儿子，但除了路易之外，其他人都在查理曼在位时就去世了），但查理曼自己的领袖魅力起到了更重要的作用。现在的问题可能就是他准备怎么利用自己的领袖魅力了。

***

不可否认，查理曼——以及他的幕僚们，但是这些人无疑都是由皇帝本人驱动的——有意识地制订了一个野心勃勃的政治计划。这个计划从最广义的角度讲可以称为“改革”（renovatio），更常见的说法则是“修正”（correctio），而“改革”或“修正”的对象既包括世俗和宗教臣僚们的外部行为，也包括他们的内心世界。[15] 这一点在查理曼颁布时间相对较早的一部法令——789 年的《教育通令》（General Admonition）——中得到了明确的体现。在这篇流传甚广的文本中，国王重新颁布了教会大会制定的教规，为神职人员提供了一个行为规范的模板。同时，他也告诫世俗人士，要和谐、正义，不要做伪证，不要仇恨，最重要的是劝诫他们归信基督教。这些内容是加洛林时代道德改革计划的关键。与之相配的还有一套系统的教育计划。这个计划（和《教育通令》一样）大部分是由加洛林第一代改革者中最有影响力的知识分子、诺森布里亚人阿尔昆（Alcuin，804 年去世）[16] 制订的。在 786—796 年间，阿尔昆绝大部分时间在查理曼的朝廷中效力。之后，他又到图尔的圣马丁修道院讲课，那里是查理曼给他的几座修道院中的一座。在 8 世纪 80 年代或 90 年代期间，阿尔昆为查理曼代笔写了一封公开信，其中说道，如果人没有受过读写的教育，就不可能有良好的行为和宗教理解能力，因为"知先于行"，而且即便是《圣经》也处处是修辞手法，需要一定的解读能力。加洛林王朝推广基本的读写教育，但是希望人们能达到更高的水平，对宗教和贵族阶层中的领袖要求更高：希望他们能正确地理解《圣经》和神学理论。否则的话，加洛林王朝的政治世界就无法正常运行。

查理曼改革的成功和失败之处此前已经得到了非常充分的讨论，但所有人都同意这里面肯定有一些成功的地方。加洛林王朝的整个精英阶层都非常重视神学理论，就算不重视也要假装重视。在 794 年于法兰克福召开的一次大会上，主教们和贵族们就用了相当多的时间来讨论各种异端邪说，包括嗣子说（Adoptionism）和拜占庭对反圣像运动的否定（法兰克人更同情反圣像者），这在西方世界还是两个世纪以来的第一次。到了9世纪30—40年代，所有的政治进程都可以用宗教概念来解释了，包括政变和内战。到那个时候，至少已经有20多个政治家同时也是积极的作家，他们经常打笔仗，就政治活动中的神学理论问题展开辩论。这些人里有一些属于世俗贵族，包括塞蒂马尼亚的伯纳德（Bernard of Septimania，844年去世）的妻子多达（Dhuoda，约843年去世）。她给自己的儿子写了一本讨论正确行为的书，其中充满了各种《圣经》中的意象，并且应用了多位教父的说法。[17] 这些教父都在法兰克领地南部的于泽斯，这说明当时多达是可以和远在于泽斯的教父们交流的。我们会在下一章中再讨论这个问题，但这是加洛林时代特有的情况。

这场改革的准确来由并不是很好理解。它的很多来源都是显而易见的：加洛林家族必须和教会保持一致，因为正是教会给了他们统治的合法性。在《教育通令》颁布的时候，很多人还记得751年的那场政变。教会大会从8世纪40年代开始重新变得频繁起来，之后就一直没有中断。这些大会是道德化法规的自然来源，其中很多内容在丕平三世时期就已经被吸收进了王室的法令。我们已经讲过，法兰克人相信他们已经可以和《旧约》中的犹太人以及罗马时期的人相提并论，这就鼓励人们效仿4—6世纪的古人，而在那时，关于信仰正确性的辩论正是最为火热的政治议题（详见上文，第3章）。墨洛温时代的法兰克并不是特别关心意识形态问题，但是7世纪时的西班牙曾经很关心，这说明道德化的政治早已植根于中世纪早期的西方土壤，而且查理曼时期重要的神学家、奥尔良主教狄奥多尔夫就有西哥特血统。（不过我们必须说明，法兰克人虽然对西哥特人有所借鉴，但并没有借鉴他们那种狂热的宗教排外。我们已经讲过这一点。）8世纪80—90年代，查理曼的朝廷汇集了许多饱学之士，比如阿尔昆、狄奥多尔夫、来自伦巴第意大利的助祭保罗，以及法兰克人——来自圣里基耶的安吉尔贝（Angilbert）和艾因哈德。这些人的数量和素质足以催生知识辩论和文字论战，并且将这种风气维持到三代人之后。不过我们很难忽视这种局面背后的刻意安排。这些知识分子都是查理曼请来的，也是查理曼给了他们厚礼，让他们在朝廷中或者朝廷附近待上几十年。那些纲领性的法令固然不是他自己起草的，但也是以他的名义颁布的，而且内容都是新的。8 世纪 70 年代的军事胜利（尤其是在意大利的成功）似乎已经让这位国王相信自己不是凡人，而且怀有一个使命：不仅要统治法兰克人和他们的邻居，还要拯救他们的灵魂。他可能在丕平在位的时候就已经开始接受这种思想的灌输，因为那时的政治环境已经越发宗教化，只不过当时他的这种思想还没有成熟。查理曼可能对诗歌和神学理论有兴趣，但是他一直没有完全掌握书写技能。无论怎样，这看起来是他自己的选择。这样，查理曼就成了一个像查士丁尼一样在道德及政治方面有所创新的人物（不过他比查士丁尼更有幽默感。查理曼的儿子路易以不爱笑著称，他和查士丁尼在这方面更像[18]）。他的魅力之大，让无数历史作者为他著书立说，多少世纪来从未间断，现在的著作内容甚至更加详细，这种优待并非完全没有道理。

在查理曼统治时期，各种类型的立法行为都有所增多。王室大会颁布了很多“敕令集”（capitularia）。[19] 这些敕令形式各异（有些敕令是官方的书面文本，另一些似乎只保留下了与会者自己做的笔记），目的也各不相同：有些是给各地大会代表的行动指南，有的则是对现有法兰克或伦巴第法律的系统性补充。但是，敕令的总数是很多的。查理曼一朝仅标准格式的敕令集就有 85 部，还有一些法令片段也保存到了今天。立法的动力肯定有一部分是来自意大利的，因为那里从8世纪70年代后期就开始了立法行动，其立法的频繁程度只有柳特普兰德时期的伦巴第才能相比。还有一种立法模式，那就是教会大会的立法。教会的一部分立法工作是和敕令的立法工作相重合的（例如《教育通令》，以及794年在法兰克福召开的教会大会）。查理曼还颁布了新版的萨利克法典，这部法典在9世纪广为传播。他还为萨克森人等新征服的部族制定了法律。不过我们有必要指出，并不是所有敕令都得到了广泛传播，很多法令只有一个孤本留传下来。827年，塞纳河畔圣万德里耶修道院的院长安日西苏（Ansegis）准备重新搜集整理各种敕令集并献给虔诚者路易，结果只找到（或使用）了29部，其中只有一部（《教育通令》）是在公元803年之前制定的。[20] 尽管加洛林王朝秉承罗马式的观念，认为没有任何理由可以藐视法律，但是我们还是很难确定当时一共颁布过多少法令，就像我们难以确知罗马帝国在《狄奥多西法典》之前的情况一样。不过，有一些法令被非常认真地传播开了，例如803年那条对萨利克法典进行补充的敕令。这条敕令流传下来的抄本共有53个（安日西苏也使用了这条敕令），其中一个抄本写道，巴黎伯爵斯蒂芬曾经在一场公共集会上宣读敕令，地方的政治领导人们还在抄本上签上了自己的名字。在重要法令的颁布过程中，这种口头宣布加正式签署的组合形式十分常见。发布敕令的“习惯”在虔诚者路易执政期间得到了延续，并至少保持到830年，在法兰克西部和意大利则保持到了9世纪后期。在法兰克东部，教会大会的法令也一直有记录。[21]9世纪时，非正式的法令集也变得越发常见，尤其是在意大利，但其他地区也有。这些非正式的法令似乎是在法庭上使用的。这些法令都不是“完整”的法典（毕竟敕令集应该是能够被反复使用的），但它们确实证明当时有一系列新的法律，覆盖范围广，且了解这些法律对人们来讲是有用的。

查理曼统治时期的这些法律以及年鉴、书信集等史料说明，加洛林王朝土地上的政府本质上是建立在前朝的基础上的，但是也根据需要做出了相当仔细的改造。民众大会的网络在墨洛温王朝和伦巴第非常重要，到了加洛林时期依然重要。王室大会每年都在军事行动季节来临之前举行，也为军事议程提供参考。当年的王室大会开过之后，国王仍然可以召集规模更小或更大的大会，以准备来年的政策或处理紧急事务。重要的政治人物——世俗和宗教人士都有——经常参加这些会议。与会者们都是真正地在讨论问题，而不只是听国王的训令。兰斯大主教辛克马尔（882 年去世）在他的作品《宫廷治理》（*On the Organization of the Palace*，它吸收了科尔比的阿德拉尔德约写于 812 年的同名文本的内容，而后者已经失传）里告诉我们，国王们并没有参加所有的大会讨论，而是站在门外表示欢迎——辛克马尔是国王秃头查理（Charles the Bald，840—877 年在位）的主要幕僚之一，阿德拉尔德则是他自己的堂兄查理曼的幕僚，所以，无论上述内容是他们两人之中的哪一个写的，作者都是了解相关情况的。在秃头查理执政早期，也就是他准备 841—842 年间的内战的时候，他的表兄尼塔尔（Nithard，845 年去世）记录下了 841 年 5 月王室大会的情景。当时与会者们为国王和军队应该采用哪条行军路线而争论不休，查理站在了少数派一方，而没有支持多数派——事实上，尼塔尔认为他的选择是错误的——但是不管怎样，参加这样真正的辩论对他来讲都是有益处的。即使没有辩论，大会本身和与之相关的各种常见仪式也能大大提高公共事务的集体参与感。

与全国大会相对应的，还有各个封爵地的地方大会（placita）。这些会议每年举行两到三次，由封爵地的长官召集。地方的精英们同样通过这些大会被纳入公共事务的网络。与会者听取国家层面的动向（例如斯蒂芬伯爵 803 年在巴黎召集的那次会议）并裁决法庭案件。加洛林王朝也将这些大会变得正规化，例如规定各地方要将司法专家称为“参审员”（scabini）[22]。至迟到 9 世纪早期的时候，在从英吉利海峡到意大利之间的广袤大地上，这些参审员都有了实际的审判权。封爵地的大会还负责组织向国王宣誓效忠的仪式，这也是一个在本时代内被系统化了的古老传统。在经历了 785—786 年黑森和图林根的叛乱之后，查理曼于 789 年制定了宣誓制度。[23] 792 年，查理曼那未获继承权的长子丕平再次叛乱，而有一些叛军自称在 789 年并没有宣誓。因此，查理曼在 793 年又一次重申了宣誓制度。那些人没有宣誓可能是因为当时年纪太小（这一点并没有给他们带来什么好处，查理曼还是把他们都杀了）。查理曼在位期间，法兰克只发生过这几场叛乱，而且规模看起来都很小，但是国王的反应则是让正式的宣誓效忠仪式更加系统化。所有 12 岁以上的自由男性都需要宣誓，而且他们的名字会被伯爵和地方长官记录在案。到了 802 年，宣誓的内容变得更多了，因为宣誓者还要念一段更具体的誓词，向皇帝表示效忠。在当时的那个世界里，誓词是非常重要的。违反誓词的人不仅会面临世俗的惩罚——被剥夺财产、体罚，有时还会被处死——还要冒被天谴的风险。宣誓也可能很危险：查理曼禁止人们向国王和唯一的天主之外的任何人宣誓效忠，并且在 806 年颁布法令说，违反此禁令的人将会被迫互相殴打并割掉对方的头发（在某些极端的情况下还会削掉鼻子）。加入了对国王宣誓效忠的环节后，即使是最偏远地区的大会也会有非常多的仪式化议程，从而在这些地方也展示国王的权威。

加洛林王朝的版图巨大。在其后的国家之中，只有拿破仑和希特勒在各自的权力巅峰时期短暂掌控过更大的地盘。加洛林王朝的领土也极为多元化，既有萨克森这样半基督教化且没有道路的地区，也有普罗旺斯和意大利的那些成形已久的市民社会。在没有罗马帝国和哈里发国那种精密的财政和行政体系的情况下，要全面控制这样广阔而多元化的国土几乎是不可能完成的挑战。[24] 加洛林王朝的统治方式包括大会政治和军队召集，此外，王宫——国王或皇帝的朝廷——在任何时期都是一块吸引野心家的磁石。无论朝廷在亚琛还是其他地方，这些人都会来此寻求正义、赏赐或垂青。国王们不仅赏赐礼物，也接收礼物。[25] 每年大会期间，国王都会接收马匹之类的“岁贡”。这些礼物可能有军事用途：在外征战的士兵需要带着自己使用的器物以及三个月的口粮，这对于国家来说是一笔不小的投资。这不是那种标准的税收体系，因为我们没有发现加洛林王朝存在这样一种体系（直到 9 世纪后期之前，国王们即使不收税也不会出现资源短缺的问题）。它是政治活动中礼物交换的一种表现形式。王宫同时也是各种集体仪式的中心。这些仪式数量特别多，而且道德化程度越来越高。我们会在下一章继续讨论这个问题。加洛林王朝政治体系中的其他部分都可以明确溯源到墨洛温时期，但是仪式这部分基本上是新出现的。不过，除了打仗的时候以外，国王们并不会在全国范围内到处巡游。查理曼、路易和路易的儿子们都很少走出三大“皇家区域”的范围。这三个地区分别是塞纳河谷、莱茵河谷中段，以及位于二者之间的亚琛。亚琛是加洛林王室的核心区域，其周围有很多前丕平家族的封地。并不是所有的地方领导人都会去觐见国王，因此国王也需要想办法接触他们。

国王们接触地方领导人的一个方法，就是从战略角度把他们最信任的贵族安插到各个地方。伯爵大多来自老牌地方精英家族，主教也是如此，除了那些新征服的地方以外，如在征服坎施塔特之后的阿勒曼尼亚，以及 9 世纪早期的意大利。但是，在这些地方精英，以及和他们关系紧密或通婚的人以外，还有一些更有权势的家族。格尔德·特伦巴赫（Gerd Tellenbach）在 1939 年把这些家族被称为“帝国贵族”（Reichsaristokratie）[26]。他和他的接班人们一共发现了四五十个这样的家族。这些家族的成员遍布帝国各处，而且可以很轻易地在各地之间移动（或是被调动）。这些家族可能来自除意大利以外的任何地方，但其中绝大多数来自以前丕平家族的核心地区奥斯特拉西亚，以及其南面的莱茵河中游和勃艮第北部地区。这些家族几乎没有一个是新创造的。我们在第 5 章已经讲过，墨洛温时期的贵族已经非常富有了，但是加洛林王朝可以让受宠的家族变得更富有、更有权势，达到其前辈想都想不到的高度。一个广为人知的例子就是“维多”家族（Widonids，这是我们给他们起的名字，当时的人还没有姓）[27]的成员。这个家族最初来自莱茵河中游和摩泽尔河谷，他们似乎在 8 世纪时和特里尔的米洛（见第 8 章）以及美因茨的一个重要教会产生了联系。虔诚者路易和他的儿子们在位期间，这个家族的成员同时出现在现在的法国最西部和意大利亚平宁山脉中部的斯波莱托公国，在这两个地方管理帝国与布列塔尼和贝内文托的边界地区，同时也保持与莱茵兰的联系。在那里，他们控制了霍恩巴赫最重要的修道院。这个家族的成员并没有奉行同样的政治路线［在 833—834 年的危机之中，虔诚者路易和他的儿子们互相对抗，瓦讷伯爵盖伊（Guy）在路易这一边，他的兄弟布列塔尼边疆侯爵兰贝特（Lambert）则支持路易的儿子洛泰尔（Lothar），二人同室操戈，盖伊在战斗中被杀]，而且可以肆无忌惮地在地方建立权威。例如在偏远的斯波莱托，这个家族的人就建立起了一个基本处于自治状态的政府。不管怎样，这个家族还是忠于加洛林王朝的理念的，包括加洛林王朝的大一统观念——加洛林王朝的权力在887年终结之后，斯波莱托的盖伊三世（895年去世）试图让自己成为西法兰克和意大利的国王，而且在891年加冕称帝。如果没有这样的大一统，他们的权力就不可能覆盖那么大的地理范围，事实上他们后来也失去了权力，在9世纪90年代以后，莱茵兰以外的地方就找不到这个家族存在的证据了[但是在莱茵兰他们仍然很重要：萨利安（Salian）王朝的日耳曼国王们可能就是他们的后代]。国王们对这些家族很依赖，但这些家族对国王也同样依赖。从很多方面来讲，加洛林帝国就是一个巨大的寡头政权。而且，考虑到那些大大小小的贵族植根于地方的权力，它也必须是一个寡头政权。这一点我们会在后面展开讨论。

各个行省中为王室效力的人并不都来自这样的大家族。加洛林王朝册封了数量可观的王室封臣[28]，这些人不见得都很富有，但和国王之间都有非常紧密的礼仪关系，有个人化的效忠仪式和誓词。封臣中有的是本地人士，在征召之下进入宫廷或军队，有的是从外部引进的贵族，其中有富有的，也有一般的。无论是哪一种，他们在朝廷颁布的法令中都被列为国王格外依赖的人。（贵族们也有自己的封臣，也依赖他们。）封臣制度完全继承了墨洛温王朝和伦巴第意大利的个人忠诚制度。与后两者不同的还是刚才我们提到过的一点，即加洛林王朝的封臣可以四处流动。加洛林王朝有别于前朝的地方正是这种人员和家族的流动。

国王还有系统地向各省派遣代表，这些被称为钦差（missi）[29]的人相当于国王的耳目。这种钦差在墨洛温时期和伦巴第同样有先例，尤其是后者，但是查理曼把钦差的派遣常规化了。公元802年之后，法兰克的核心地区被划分成若干个巡察区（missatica），每个区派遣一对钦差，即一名伯爵和一名主教。他们会在巡察区内定期巡察，听取针对当地伯爵和其他人的申诉。意大利和其他大多数被征服地区也有自己的钦差。钦差一般来自各自负责的区域——例如，本地的大主教就是很受欢迎的人选——但是，如果史料的记载属实，那么这些人还是直接对国王效忠和负责的。我们有一些法庭案件的卷宗，显示出钦差让当地官员承担了责任。例如，对于公元804年伊斯特里亚的里扎纳的一个案件，3名钦差听取了172名当地领袖对伊斯特里亚公爵约翰破坏地方习俗行为的控诉，约翰道了歉，地方风俗似乎也得到了恢复。我们不能认为钦差和他们所负责的区域是完全制度化的，但是在9世纪后期之前，国王们肯定都把钦差视为一种常规的安排。法兰克东部地区可能是一个例外。当然，我们还有一些幸运地保存下来的常规书信记录。这些书信来往于行省之间，靠钦差或其他官员来传送。例如，特里尔大主教海蒂（Hetti）曾在817年以钦差的身份给土伦主教写信，要求他立即组织力量抵抗意大利国王伯纳德发动的叛乱；又如，虔诚者路易在832年给两位封臣写信，告诉他们，如果他的钦差或伯爵需要给皇帝写信，那么这两个封臣就要充当信使；还有，秃头查理在845年给教会领袖们写信，要求他们提供各个修道院的完整信息，费里耶尔修道院院长卢普斯对此做出了积极的响应；再有，兰斯大主教辛克马尔在一份法令集中列出了一份在854年对秃头查理宣誓效忠者的名单。[30]辛克马尔自己可能就是当地的钦差。钦差们必须在全国范围内游走，寻找国王/皇帝[31]，有时候还包括王后/皇后（想找到他们并不容易，因为他们也在不停移动），然后把各种信息汇报给他们。事实上，辛克马尔在《宫廷治理》中提出，接收钦差汇报的信息是国王的重要任务之一。（贵族和主教们有各自的通信网络，他们借此了解最新的政治动态。给他们传送信息的人可能比王室的钦差还要多。）这种常规化、具体化的通信体系不算新鲜事物，但是在这一时期得到了极大的拓展。如果没有这样的通信体系，统治整个帝国就是不可能完成的任务。

这套复杂的命令和责任体系真的有效吗？对于这个问题，人们有两种不同的看法。第一种看法认为，加洛林王朝的行政机构可以支持其自身的复杂性和灵活性。国王和幕僚们经常创新或修正，而且行动迅速。例如，虔诚者路易在817年组织力量进攻伯纳德，以极快的速度把叛军打了个措手不及。法令集或者辛克马尔的《宫廷治理》中所设定的"体系"在现实中有着更大的灵活性。这是有好处的，因为这样可以让体系更好地适应各个行省的不同情况。此外，王室朝廷（840年后变成多个朝廷）的集权程度并没有降低，因为所有的政治领袖和潜在的领袖直到9世纪80年代仍然在围着国王转，同时接受加洛林王朝那精心道德化的"修正"观念。我们有充分的证据表明当时的贵族有较高的文化水平，甚至还有买书的记录，这些证据都可以支持上述观点。[32]这种情况还在富有的王室修道院的帮助下扩展到了各个行省。这些修道院从现在法国北部的科尔比分布到德国南部的圣加伦和赖兴瑙，再到意大利境内。此外，教会的社群网络也更加密集，很多教会都有藏书丰富的图书馆，以及训练有素的知识分子。直到9世纪末，这些分子都有能力对神学和政治议题展开辩论，他们也确实进行了这样的辩论，某些情况下还对政治实践造成了影响。

另一种看法则认为，钦差体系都是骗人的。世俗和宗教贵族们从上到下都腐败透顶，眼里只有自己的利益。奥尔良的狄奥多尔夫在公元800年左右写过一首诗，攻击司法腐败（和其他现象），其中写到案件当事人试图向他行贿，其严重程度恐怕会让在法国南部的巡察区的人们无法理解。钦差们被记录为“修正”的很多恶行实际上都是其他钦差压迫他人的行为。科尔比的阿德拉尔德的弟弟瓦拉（Wala，836年去世）9世纪20年代在意大利担任钦差时，曾遇到一个寡妇先是被侵占财产后被谋杀的案件。在被瓦拉发现之前，这件事被精心掩盖了起来，参与者包括意大利王国从上至下的各级官员。奥尔良伯爵马特弗里德（Matfrid）在9世纪20年代是朝廷中的重要人物。827年，里昂的阿哥巴德批评马特弗里德，称他在皇帝和罪犯之间筑起了一道“墙”，以“保护罪犯，让他们免于修正”。[33] 这一时期还有很多记载了贵族恶行的例子，而法令集本身对压迫穷人之行为的记载也十分醒目。到了9世纪30年代，“修正”这项皇室的工程已经出现了解体现象，而在那之后仍然完整执行这项工程的就只有秃头查理和他的幕僚辛克马尔[34]了。其他大多数加洛林贵族很快就转向了10世纪时更为露骨的权力政治。无论怎样，加洛林法律改革的野心都暴露出了其无可救药的幼稚性，而它的不断反复则暴露了它的失败。[迈克尔·华莱士-哈德里尔认为这也许是一件好事。他在写这段历史时，基本持同情态度，但他对此写道：“如果（辛克马尔的计划）奏效了，那么加洛林社会就会变成一个警察国家。”] 加洛林贵族们真正不同寻常的地方只有他们的说辞，以及军事上的成功，且后者在9世纪变得越来越少见。这样，帝国就面临着更大的内战威胁，在面对外部攻击时也更加无心抵御（因为无利可图）。

加洛林时期有意思的地方就在于，上述两种观点大体上都是正确的。贵族们总是暴虐、腐败而贪婪的，但是他们至少了解这一时期关于公共责任的意识形态，而且似乎也把这种意识形态和他们所追求的个人死后的救赎联系起来——有时这种联系是明显可见的，例如多达的故事。当时的贵族们肯定是一直在竭力追求这种救赎的。整个国家动荡不定，疆域也大大超出了当时的政府统御技术所能承载的范围。但是，不管怎样，我们仍然总是可以在非常地方化的文件集中感觉到国家的存在，这一点经常令人惊讶。无论是在意大利、法兰克还是塞蒂马尼亚（现在的朗格多克），我们在整个9世纪内都能找到农民在公共法庭控诉其领主的事例，所涉及的包括个人地位、地租水平、土地侵占等。[35]农民们在官司中总是败诉，但是，他们仍然敢于在一个明显由贵族控制的政治体系中去打这种官司，这就说明他们知道，这个体系至少有时是能起到一点作用的，而这样的事例在后来就明显要少得多了。在几乎整个帝国范围内，拥有强大庇护权力的国家和地方社会之间总是存在矛盾（王权的力量只是在一些边缘地区较为薄弱，例如巴伐利亚东部、斯波莱托和加泰罗尼亚）。地方当权者需要注意国王们的动向，接受他们的政治纲领，以及他们的各种意识形态方案。[36]这主要是因为国王们可以构成威胁，而且也不会完全按照他们自己提出的理想方案来行事。我们会在本章和下一章继续探讨这里讨论到的矛盾和冲突。

***

查理曼于 814 年去世，在那之前一年，他给自己的儿子虔诚者路易加冕为皇帝。查理曼一死，路易就从自己位于阿基坦的小王国向北进军亚琛，接管整个帝国的统治权。路易把自己当作新来者，他上任后立刻驱逐了自己的几个姐妹。在查理曼的最后一任妻子于 800 年去世以后，以贝塔（Bertha）为首的这几个姐妹就在某种程度上集体扮演着皇后的角色。[37] 路易在统治初期就表现出了道德主义倾向，这与他父亲风流成性的风格形成了鲜明的反差。查理曼身边情妇不断，一直到死都是如此。他不允许自己的女儿出嫁，这些女儿也都有自己的情人——贝塔的情人是宫廷学者安吉尔贝，他们的儿子尼塔尔后来成了历史学家。根据我们所知的情况，路易成年后的性生活仅仅局限于婚姻之内，这和加洛林王室的绝大多数男性不一样。但是，他对宫廷内的性放荡行为的批评（理论上，宫廷应该是一个政权的道德中心，因此这里出现的放荡行为极易受到批评。我们会在下一章继续讨论这一点）则是 9 世纪的政治语言中颇为常见的，而且他自己的宫廷在 9 世纪 30 年代以后也会遭到同样的批评。路易致力于修道院的改革，他的第一个实质上的政治行动就是于 816—817 年在亚琛召开了两次改革会议。会议修订了努尔西亚的本笃定下的会规（Rule of Benedict of Nursia），并将其拓展到帝国境内的所有修道院。817 年，他还确定了自己死后让三个儿子瓜分帝国的方案，从而排除了自己的哥哥丕平的儿子伯纳德继位的可能。当时伯纳德已经是意大利的国王（812—817 年在位），他得到这一消息后不出意料地起兵反叛，并得到了不少法兰克重要人物的支持（包括奥尔良的狄奥多尔夫）。但是，我们已经讲过，伯纳德的叛乱失败了。他在818年被判处死刑，随后又按照加洛林王朝的惯例被改判为刺瞎双眼。不过他在受刑的时候还是死了。

公元818年之后的一段时间里，路易几乎没有遇到反对自己的人，这是可以理解的。9世纪20年代可以说是加洛林王朝的自信达到顶峰的时期。此时的战争规模都不大，皇帝的注意力集中在了亚琛那精细而复杂的宫廷政治之中。那个时期值得一提的政治活动包括：来自各个邻国的使节定期来往，又一大批法令集出台（安日西苏在827年将很多法令集编纂了起来），此外还发生了一次行政系统的重组。[38]这次重组的主导者有从阿基坦追随路易而来的大官长（arch-chancellor）海利萨查（Helisachar,814—830年在位），还有大教士（archchaplain）伊尔杜安（Hilduin）。后者是圣但尼修道院和另外四座修道院的院长。最能体现皇帝对宫廷仪式掌控力的事件发生在公元822年。皇帝的一位传记作家记载，当时路易在阿蒂尼举行的大会上决定为伯纳德的死而公开忏悔。[39]此举是在效仿狄奥多西一世在公元390年所做的那次忏悔。同时，路易还召回了此前被他逐出朝廷的（男性）亲属，其中尤其值得注意的是他的堂兄弟阿德拉尔德和瓦拉，这两人与他有竞争关系。加洛林家族内部达成了和解。

但是，9世纪20年代的平静气氛在829—830年被骤然打破，宫廷内部开始结党对峙。一方是路易的长子洛泰尔（817—855年在位），此时他已经（在824年）当上了皇帝，但只在意大利享有政治权力；另一方则是路易的第二任妻子尤迪丝（Judith）和她的家族。828年，洛泰尔的岳父、图尔伯爵于格（Hugh）和他的副手奥尔良的马特弗里德被免职。829年，巴塞罗那伯爵塞蒂马尼亚的伯纳德被召进朝廷担任宫廷总管（chamberlain）。这个官职在传统上与皇后的关系非常紧密，伯纳德几个月后就已经被视为“一人之下、万人之上”了。然而，伯纳德是一个非常具有争议的人物（原因不明），他在 830 年时被指控与尤迪丝通奸。洛泰尔得到了两个弟弟——阿基坦国王丕平（817—838 年在位）和巴伐利亚国王路易（817—876 年在位）——的支持，于 830 年 4 月悄然发动政变，伯纳德逃走，尤迪丝则被暂时流放。他们的这次行动也得到了朝中老臣海利萨查、伊尔杜安和瓦拉的鼎力相助。路易在 10 月重新控制了朝廷，这才召回了尤迪丝（但是没有召回伯纳德）。833 年，气氛再度紧张，发生的事和以前的性质差不多。这一次，皇帝路易带领一支军队去阿尔萨斯会见洛泰尔和他的弟弟们，以及教皇格列高利四世（Gregory IV）。他们在一个后来被称为“谎言之地”的地方见面时，路易的军队倒戈，加入了洛泰尔一方，路易随即被罢黜，洛泰尔成了唯一的皇帝。路易再次为自己的行为表示忏悔，只不过这一次他不是自愿的。随后，路易被禁闭在了圣但尼修道院，他所能做的也不过就是拒绝宣誓遵守修道士的戒律而已。不过，和 830 年那次政变之后发生的事情一样，洛泰尔和两个弟弟之间又产生了矛盾，因为洛泰尔和他的父亲一样，没能掩饰自己独揽加洛林王朝大权的野心。结果，路易在 834 年又被复位了，并于 835 年在梅斯举行的仪式上被重新加冕。路易重新掌握了朝廷，再次把洛泰尔的权力限制在意大利，但没有对洛泰尔的任何一个支持者采取暴力的报复措施（这些人只是丢掉了在阿尔卑斯山以北的土地和官职，而且伊尔杜安等人很快就把失去的东西拿了回来）。就这样，路易保持着自己的权力直到 840 年去世。

830—834 年间发生的事件肯定极大扰乱了帝国政府和基于加洛林王朝土地的庇护系统之间的平衡。直到不久之前，这些事件还通常被视为虔诚者路易本人庸碌无能的标志，也被看成加洛林王朝分裂的前兆，而贵族之间的敌对情绪可能加快了分裂的速度。但是，路易其实并不比他的儿子们软弱或窝囊——正因如此，反叛者们经过两次行动才成功。此外，贵族们对这次危机的反应并没有显示出他们觉得这是一次新的机会，他们反而因此更加警惕。艾因哈德此时已经退休，居住在法兰克福附近的塞利根施塔特修道院。艾因哈德是路易的支持者（他保留了一封自己在 830 年写给洛泰尔的信，措辞十分不敬），但是在两次危机发生的时候，他还是谨慎地选择告病不出。事情过后，他又开始担心国王们会追究自己的行为，于是写信给自己在朝廷里的朋友们，要他们确保虔诚者路易相信自己的忠诚。但是，他对巴伐利亚的路易（其权力根据地离塞利根施塔特很近）甚至洛泰尔也做了同样的事情。艾因哈德在 833 年给自己的一个门徒写信，要他给洛泰尔送些“惯常的礼物”，并向他汇报洛泰尔接受礼物时的表现如何。当时洛泰尔在政治斗争中暂时占上风。艾因哈德和朝廷之间的各种联系已经维持了很久，因而成了当地重要的庇护者和政治掮客。他在那些年里写下的信件清晰地反映出了他在那个政治风向不断激烈变化的时代里需要如何努力地左右逢源。这是因为国王们一旦发现谁并不完全忠于自己，就可以剥夺他们的采邑，而且国王们也确实这么做了。所以，艾因哈德在 833 年下半年写信给一位朋友，让他为一个叫弗鲁莫德（Frumold）的人与洛泰尔说和。弗鲁莫德在日内瓦附近有一块查理曼授予的采邑，但是此人病重，无法自己到朝廷中谒见新上位的洛泰尔（日内瓦离塞利根施塔特很远，艾因哈德的庇护网铺得很广）。同一时期，艾因哈德还给另外一个朝臣写信，希望他能劝说洛泰尔让一位贵族和他的兄弟保住他们两人共同拥有的采邑。这些采邑有的在洛泰尔的王国里，有的则在巴伐利亚的路易的王国里。艾因哈德保存着这些信件，说明它们是正常的，而且可能还是成功的。诗人瓦拉弗里德·斯特拉波（Walahfrid Strabo，849 年去世）和艾因哈德[40]是同时代的人，年龄稍小。他在给艾因哈德的《查理大帝传》写的序言中提到，艾因哈德在路易的统治发生危机时与之保持了“相当瞩目的距离，显然是受到了神的启示”，语气充满了嘲讽。瓦拉弗里德自己就不是这样。实际上，他在 839—842 年间被巴伐利亚的路易从他在赖兴瑙的修道院里驱逐了出去。因此，他从两个方面都能体会到在 9 世纪 30 年代要保持不惹麻烦有多么困难。各地豪强并不能轻易利用这段危机时期来为自己谋利。

对于 9 世纪 30 年代的这几次危机，我们可能最好是把它们看成两个深层问题的产物。第一个问题是宫廷派系之间的斗争，第二个则是每一个加洛林皇帝都会遇到的问题，那就是成年皇子们互相争夺继承权。神学和政治伦理方面的争论又增加了这两个问题造成的影响。823 年，尤迪丝给路易生下了第四个儿子查理，这更是雪上加霜。路易已经把帝国分给了三个儿子，将来还要再找一块地方分给查理（路易在 829 年把阿勒曼尼亚给了他，这个地方在政治上不太重要，但是授予的年份很关键——尼塔尔后来认为这给了洛泰尔发动第一次叛乱的借口[41]）。至少可以肯定的一点是，在管理皇子这件事上，查理曼和路易的儿子们都比路易本人做得好：洛泰尔、路易和查理都在从未丧失主动权的情况下掐灭了成年皇子们的敌对之火。虔诚者路易在 830 年前后的关键几年中做出了一系列误判，这似乎损害了他一贯的强硬形象。路易在 840 年去世之后，他的继承人们陷入内战的过程相当清楚。阿基坦的丕平已经在 838 年去世，路易得到机会把查理定为自己的继承人，让他获得帝国的西半部分［为此剥夺了丕平的儿子小丕平（Pippin the Younger）的继承权］。这个安排本来应该可以让紧张气氛得到缓和，但是“秃头”查理和“日耳曼人”路易——历史学家们从这时开始给他们分别安排了这两个称呼——完全不想让洛泰尔成为领导者，而后者则认为这是自己的权利。正因如此，内战于841—842年爆发。841年，各方在丰特努瓦发生了一场血腥的战斗，虽没有分出胜负，却吓坏了法兰克豪强们——这也再次表明他们根本没有准备好利用危机为自己谋利。洛泰尔在842年被赶出亚琛后同意讲和，各方于843年签订《凡尔登条约》，十分仔细地再次瓜分了帝国。查理获得了西法兰克（包括阿基坦），路易拿走了东法兰克（包括巴伐利亚、阿勒曼尼亚和萨克森），洛泰尔的领地则包括亚琛及周围地区、勃艮第、普罗旺斯和意大利。在王室地产最为密集的法兰克核心地区，土地被精巧地一分为三，兄弟三人每人都拿到了一块“王室领土”，外加自己势力最强的那个外围王国。[42]从地图上看，这个瓜分方案显得很愚蠢，就像墨洛温王朝时期的历次瓜分方案一样。这正说明三兄弟仍然在相当程度上将整个帝国看成他们共同的事业，同时可能也说明没有任何一方认为这次分裂是永久性的。但是，帝国在这次分裂后确实再也没有统一，唯一突出的例外就是亚琛和周围的那块土地。洛泰尔的儿子洛泰尔二世（855—869年在位）继承这块土地后将其命名为洛泰尔尼亚。洛泰尔二世死后，洛泰尔尼亚被查理和路易瓜分。（亚琛从此被边缘化，成了一个边疆地区。10世纪时，洛泰尔尼亚被并入了东法兰克。）不过，《凡尔登条约》在帝国分裂进程中的意义不应被过分夸大。我们知道，西法兰克最后变成了“法兰西”，而东法兰克变成了“德意志”，但这是后来才发生的事情。而且，我们在第 18 章会讲到，直到公元 1000 年之后，仍有好几位统治者将法兰克视为一个整体。

这次分裂使帝国重新执行了 6—7 世纪时的标准做法，几乎所有人都认为这是不可避免的，而且实际上是正当的，毕竟查理·马特和丕平三世都暂时分割过自己的领土，查理曼也做过同样的事情。同时，帝国也回到了公元 600 年前后那种争吵不断，偶尔还要打上一仗的状态。洛泰尔在北方的亚琛附近所拥有的核心领土看起来是局势最平静的，不过这可能是因为《王室法兰克年代记》的两大续作——《圣伯丁年代记》（*Annals of Saint-Bertin*）和《富尔达年代记》（*Annals of Fulda*）——分别写于查理和路易所在的王国。日耳曼人路易[43]看起来也是完全控制了自己的东法兰克，至少在他血腥镇压了 842 年的一次农民起义之后是如此。这次起义发生在萨克森，名为“斯特林加”（the Stellinga）。路易在他漫长的统治生涯（他 876 年才去世）中一直忙于东部边疆的战事，其最重要的对手包括波希米亚人，以及实力不断增强的摩拉维亚统治者拉斯蒂斯拉夫（846—870 年在位）和他的继承人斯瓦托普卢克［Sviatopluk，或名兹温提巴尔德（Zwentibald），870—894 年在位］，前者被法兰克人抓住并刺瞎双眼。这些公国都是在阿瓦尔人崩溃后留下的政治真空中扩张了自己的权力范围的。特别值得一提的是兹温提巴尔德，他在和法兰克人的战斗中丝毫不落下风，而且到 9 世纪 80 年代中期时已经在巴伐利亚东部的贵族之间有了很强的影响力。但是，东部边疆非常重要，法兰克人也有在这一地区征战的传统，因此路易在这里的军事活动还是保持了不错的效果。他的行动以主动进攻为主，这是查理曼时代之后所未见的。857—873 年，路易的三个儿子接连叛乱，但都毫无悬念地被他轻松化解。从某种程度上来说，东法兰克相对不易统治，因为这块土地只有极小一部分曾经在罗马帝国的版图里。除了最南边和最西边之外，各个城市之间的联系都不是很通畅。对于仍属于边缘地带的萨克森来说，路易几乎没有什么直接的控制，而且也极少去那里。不过，在他去萨克森的时候，他还是会像所有加洛林的国王们一样，在当地召开地方大会并主持审判，尤其是 852 年的那一次。此外，虽然路易没有发布过法令集，其行政系统似乎也比他的兄弟们更加简单，但他治下的各位主教却和加洛林王朝其他宗教社群中的主教一样，召开大会并制定法律。主教们的首领由颇有影响力的莱茵河畔美因茨大主教担任——美因茨曾是一个罗马城市，位于加洛林王室的核心地区。[路易所任命的第一位美因茨大主教就是很有影响力的神学家兼《圣经》注释家拉巴努斯·毛如斯（847—856 年在职）。] 得益于这些主教和路易的军队，东法兰克王国这个查理曼和虔诚者路易国家的后继保持了统治力。

意大利也是如此。洛泰尔的儿子路易二世（840—875 年在位）[44] 从 850 年开始就独自统治王国（并且有皇帝头衔）。从文献记载来看，他在这段时间没有遇到什么困难，而且似乎是一个很能干的君主。他肯定是加洛林改革的实践者，而且最早从 850 年就开始制定法令集和教会法律，并以此打击各种恶行。意大利的统治者此后多次颁布法令集，直到 898 年才停止。他的妻子安吉尔贝尔加（Angilberga，891 年去世）很有影响力，这在王后中是不多见的。他们两人对政府的控制比绝大多数加洛林君主都更直接。路易的地位非常安全，因而敢于提拔伦巴第贵族，这是半个世纪以来的第一次。此外，他还提拔了四大“帝国贵族”中的三个 [（包括他妻子所属的苏柏家族（Supponids）]。他显然是柳特普兰德那种国王的效仿者，同时又很在意自己的皇帝称号。在写给拜占庭皇帝的一封信中，他声称自己代表整个加洛林王朝。与其他加洛林统治者不同的是，路易二世敢于冒险在境外长期征战（866—872 年），以对抗占领了意大利南部巴里地区的阿拉伯人。他收复了巴里，但随后在 871 年被贝内文托大公阿德奇斯（Adelchis）囚禁，后者没有理由欢迎加洛林王朝的势力伸向如此靠南的地方。这对路易来说是个奇耻大辱，他不得不在被释放后重新加冕来挽回颜面。但是，他在意大利北方仍然没有对手。在这里，加洛林王朝的权力模式也还没有受到威胁。

这段时间里，秃头查理所面临的来自加洛林领土之外的问题是最严重的。他在位期间的相关文献又很丰富，因此，他成了加洛林王朝后期被研究得最透彻的君主，不过，他也是最不典型的加洛林君主。首先，在 843 年的时候，法兰克诸王国里只有秃头查理的这一个存在另外一个想当国王的人，那就是小丕平。此人在 848 年之前一直在和秃头查理争夺阿基坦，而且颇有成效。此后，他也断断续续地闹事，直到约 864 年时去世。其次，秃头查理需要面对极具系统性的外敌攻击，这个敌人就是维京劫掠者。法兰西和英格兰的维京人主要来自丹麦（挪威的维京人大多在苏格兰和爱尔兰活动）。他们是中世纪早期典型的军事团体，其规模和早期的盎格鲁-撒克逊军队差不多，9 世纪后期还有所扩大，但从来没有达到过法兰克军队的规模。这些人都是私人武装，不受丹麦国王的控制（至少法兰克人在写信谴责他们的时候是这么写的，而且这种说法也很合理，因为当时丹麦国王的力量十分有限。详见第 20 章）。维京人是异教徒，因而能够比基督徒更加肆无忌惮地洗劫教堂和主要的财物储藏处。这一点令当时的神学作家们惊恐非常。维京人的根据地就在船上，这和法兰克边境那些本土袭击者有很大的不同，不过两者在其他方面就很相似了。因为有船作为基地，维京人可以实行“打了就跑”的战术。他们沿着河流深入法兰西内部，袭击之后就抢在防御部队赶到之前撤离。

维京人的大规模劫掠活动始于 834 年，当时他们袭击了莱茵河港口杜里斯特。维京船主们也从事经商活动，对杜里斯特很熟悉，也知道法兰克政治系统在 834 年忙得不可开交。他们先攻击了杜里斯特，然后又洗劫了面积更大的弗里西亚[45]地区。841 年或稍晚时候，洛泰尔把杜里斯特作为采邑送给了丹麦王室成员哈拉尔德（Harald），后来又送给了哈拉尔德的弟弟罗里科（Rorik）。罗里科控制了弗里西亚的大部分地区，而且在 845—875 年之间的绝大部分时间里一直还算忠心地替法兰克人镇守这一地区。几乎肯定是因为罗里科的存在，维京人此后很少沿莱茵河深入以袭扰洛泰尔的核心领地，只是在 881—883 年间发动了一次大规模的袭击。但是，秃头查理却需要面对维京人从 841 年开始就一直没有间断过的频繁进攻。他们或是在漫长的海岸线上出没，或是沿塞纳河、卢瓦尔河或加龙河进入内陆地区。查理一直无法摆脱维京人的困扰，这成了他心里一道无法愈合的创伤。很快，维京人就开始在河口地区过冬了。查理有时跟他们作战，有时向他们进贡以求平安（这是最不受欢迎但最有效的办法）。在统治接近尾声的时候，查理甚至还为给维京人纳贡而征收了两次专门的税款。[46]他抵御维京人的方法中最有效果的就是在河道上搭建有防御功能的桥，以阻断维京船只的航道。这样的桥在塞纳河和卢瓦尔河上各建了一座，时间分别是 862 年和 873 年。公元 865 年之后的 15 年间，维京人的主要进攻方向是英格兰，这使查理在当政的最后一段时间压力有所减轻。但是，维京人从来没有真正走远。

就这样，军事失败或至少说是危机的阴影一直笼罩着秃头查理。和自己的兄弟和侄子们相比，查理在处理自己和贵族阶层之间的关系方面遇到的困难更大，而军事上的不振肯定也是造成这种现象的原因之一。850 年，查理和哥哥路易组成的反洛泰尔联盟破裂；854 年，阿基坦贵族邀请日耳曼人路易接管这一地区，路易派儿子小路易前去试探那些贵族，结果发现他们并不是很有诚意。但是，到了 858 年的时候，阿基坦人对查理的不满情绪越发强烈（这段时间正是维京人大肆袭扰的时候，而小丕平也重新出现在了阿基坦），相当多的世俗和教会首领做好了邀请日耳曼人路易入主的准备。不过，查理也仍然有人支持，至少兰斯的辛克马尔以及查理手下的其他大部分主教站在他这一边。路易后来撤退了，但这次风波体现出查理需要面对很多不确定因素。路易的支持者中包括实力雄厚的安茹伯爵“强人”罗贝尔（Robert ‘the Strong’）。此人出身于莱茵兰的帝国贵族中的重要一支：鲁珀特（Rupertines）家族，或称罗贝尔（Robertines）家族。他和路易阵营中的其他人一起向查理投降，保住了各自的爵位。查理此后没有再遇到类似的叛乱，但他还是需要在其他一些时候和那些对他不满的贵族谈判。例如，在查理在位的最后几年中，他趁路易二世于 875 年去世且无子嗣的机会占领了意大利（并且接过了皇帝头衔），同时向小路易（876—882 年在位）发动进攻，但是失败了。小路易此时已经从他父亲那里继承了东法兰克的绝大部分领土。查理试图宣示自己在加洛林王朝的统治地位，却没有好好稳固住自己的根据地。辛克马尔对此十分愤怒，查理的几个重臣也认为他有点过度膨胀了。可是查理在 877 年去世了，随后政治局势就恢复了往常的状态。[47]

查理确实维持了自己在贵族中的霸权。他依靠几个对自己最有用的忠臣建立起了权力基础，安茹的罗贝尔就是其中一员，至少在858年之前是这样。此外还有哥特亚侯爵伯纳德（Bernard marquis of Gothia）。哥特亚是塞蒂马尼亚的新名字。公元865年后，伯纳德成了查理在王国最南部地区最倚仗的人。尤其值得一提的是，查理庇护了自己第二任妻子里希尔德（Richildis）的弟弟博索（Boso，887年去世）。查理的儿子“口吃者”路易（Louis ‘the Stammerer’）在新成立的次级王国阿基坦当国王，而博索于872年在那里出任宫廷总管，同时获得布尔日和维埃纳伯爵头衔。876年，他出任查理在意大利的总督，并迎娶了路易二世唯一的女儿埃尔明加德（Ermingard）。但是，查理也经常随意剥夺贵族的爵位，或者把他们调来遣去。罗贝尔在和维京人的战斗中去世之后，他的儿子厄德（Odo）没能继承安茹，又在868年失去了罗贝尔名下的其他封爵地——直到882年，他才重新获得王室的青睐，出任巴黎伯爵。与之类似的是哥特亚的伯纳德。此人在878年起兵反对口吃者路易（877—879年任西法兰克国王），随后就被剥夺了所有的土地和官职，并且再也没有把它们收回来。查理在土地方面很慷慨，他送出的地产比其他加洛林王朝的国王都要多，而且不是把这些土地作为不能世袭的采邑，而是可以世袭的地产。但是，他又经常比较随意地收回这些封地。[48]

查理还投身加洛林王朝复杂的“修正”和仪式活动。他在贡比涅[49]给自己建造了宫殿，把那里变成另一个亚琛，连亚琛的建筑都复制了过去。他自己创造了一些仪式，例如876年6—7月间，他加冕皇帝后在蓬蒂翁主持了为期一个月的大会。他在会议开始时穿的是法兰克服装，到结束时却变成了拜占庭服装加一顶皇冠。查理对帝国时代的模仿此前就有表现，体现于他颁发的众多法令集中最重要的一本，即

864 年出版的《皮特雷斯敕令》（Edict of Pîtres）。这部敕令中的大量内容来自狄奥多西法典（还有一些明显来自安日西苏编纂的法令集）。查理和他的父亲一样关心行政管理方式的改进。例如，《皮特雷斯敕令》中也有币制改革的内容。从挖掘出来的钱币看，这次改革得到了有效的执行。查理曼时期的钦差体系也还在以同样的方式运转。此外，查理的朝廷也和查理曼的朝廷一样，几乎全由知识分子组成。兰斯的辛克马尔是其中之一，他为查理起草了很多法令，而且随时在查理身边出谋划策，也不管查理有没有向他寻求建议。在他那代人所写的政治著作中，最长的几部是辛克马尔写的，他还写了 20 年的《圣伯丁年代记》。查理虽然在军事上遇到了很多困难，但他的统治核心并没有被破坏。而且，他在改革方面比公元 840 年以后的其他所有加洛林国王都更有追求。秃头查理的王国里有不少问题，但他在绝大多数领域里仍然掌握着最高权力。他的统治方式和日耳曼人路易以及意大利的路易二世不同，结果却差不多。加洛林王朝的事业直到 9 世纪 70 年代后期仍在继续。

***

但是这种状况在不到 10 年内就终结了。887—888 年，帝国分裂成了五个王国，而自称国王的人达到了六七个，其中只有一个是加洛林家族的男性后裔。即使是当时的人也认为帝国气数已尽，就像《富尔达年代记》所说的那样，已被一批“小王国”（reguli）[50] 取代。历史学家们自然会为解释这一变化而寻找一些长期的原因，其中的大部分指向了大贵族家庭不断扩大的自治权，因为公元 888 年出现的那些新国王正是来自这些家族。西法兰克有来自罗贝尔家族的巴黎的厄德，先后活跃于西法兰克和意大利的斯波莱托的盖伊（Guy of Spoleto）来自维多家族，普罗旺斯有博索的儿子路易，意大利还有来自安罗奇（Unruoching）家族的弗留利的贝伦加尔（Berengar of Friuli），勃艮第则有来自尤迪丝皇后所属的韦尔夫（Welf）家族的鲁道夫（Rudolf）。但是，这些家族和加洛林王室的关系都很近，上述提到的最后三个家族都和王室有联姻关系（路易和贝伦加尔的母亲都来自加洛林家族）。其中只有一个曾经对王室有过严重的不忠，那就是博索。他于 879 年在罗讷河谷称王，打破了加洛林家族垄断王位的传统（由于所有加洛林家族的人联合在一起反对博索，他的国王称号只维持到了 882 年）。除他之外，剩下的人都没有表现出寻求自主权力的迹象，直到 887—888 年间的危机爆发，他们才被迫走上中央舞台。

摧毁加洛林家族权力的东西很简单，就是后继无人。这个家族从墨洛温王朝那里继承来的政治区块的数量有限，家族的人数总是显得太多。为此，统治者们发明了一些把小的支系排除在家族继承人之外的方法，有些是靠强力［如卡洛曼一世的儿子德罗戈（Drogo），或意大利的丕平的儿子伯纳德］，有些则是靠谈判（如阿德拉尔德和瓦拉，他们在堂兄的朝廷里担任要职就已经满足了，还有意大利的伯纳德的儿子、博韦伯爵丕平[51]，他成功转变成一个地方贵族，他的后代在中世纪中期的时候世袭香槟伯爵的爵位）。此外，被排除在外的私生子也越来越多。即便如此，加洛林王室的人数还是很多。直到 9 世纪 70 年代，拥有加洛林王室正统身份的成年男性还有 8 位之多，他们个个都是国王或者想当国王。但是，到了 885 年的时候，这样的人就只有一个了。洛泰尔的儿子们全都没有拥有正统身份的男性继承人，日耳曼人路易的儿子们也同样如此。秃头查理的儿子路易有三个正统的男性继承人，但是其中两个在 884 年以前就死了，第三个儿子糊涂查理（Charles ‘the Simple’）是路易的遗腹子，到 887 年的时候只有 8 岁。就在加洛林家族的其他人在 9 世纪 80 年代一个接一个地死去的时候，日耳曼人路易最后一个在世的儿子“胖子”查理（Charles ‘the Fat’）[52] 以阿勒曼尼亚国王（876—887 年在位，881 年称帝）的身份继承了他们留下的王国，然后又在 884 年重新统一了整个帝国。这是帝国自公元 840 年以来首次归为一统。

胖子查理的名声很差。无论是在当时还是现在，他的恶名都和他在面对维京人时的做法过于功利有关。885—886 年，维京人发动了一次大规模的袭击，巴黎的厄德奋勇反击，而查理却直接给钱了事。此外，后来又有很多人以事后诸葛亮的眼光去贬损查理，因为他在 887 年被他那没有正统王族身份的侄子阿努尔夫推翻，又于几个月后的 888 年 1 月去世。胖子查理实际上并没有这些人说的那么无能，但是当时的所有人肯定都知道帝国要“变天”，因为查理身体有恙，而且只有一个私生子伯纳德（博索肯定在 879 年就已经预料到了后来的一切，因为加洛林家族即将后继无人的问题当时已经可以预见）。洛泰尔二世在他在位的大部分时间里都在想办法让私生子于格拥有正统身份，但是没有成功。我们会在下一章讲这个问题。胖子查理在王族内已经没有对手了，可他也未能让伯纳德成为合法的继承人。于格对王位的野心路人皆知，于是查理在 885 年把他抓起来，弄瞎了他的双眼。于格的失势和阿努尔夫后来的继位意味着伯纳德本来仍然有可能继承王位（他的确在 891 年起兵反叛阿努尔夫，结果被杀），但是查理并没有及时修改规则，让私生子也享有正常的王室继承人地位，而是在

887年试图和妻子里奇加德（Richgard）离婚，这样他就可以重新结婚，然后指望生出拥有正统身份的儿子来。洛泰尔二世也做过同样的事情。就在这个时候，一直被排斥在中央权力范围之外，久居巴伐利亚东部的卡林西亚边境地区的阿努尔夫发动政变，夺走了东法兰克王国的王位。对于帝国其他地区那些最有权势的贵族来说，这次政变让他们做决定的时候少了很多顾虑。阿努尔夫在西法兰克、勃艮第和意大利有一定的地位，但是对于东法兰克以外的大多数政治人物来说，他对自己王室血统的宣称就不是那么有说服力了，这就意味着这些地区必须有人站出来成为新的统治者。这些新统治者各自的执政效果各不相同，但是本章讨论过的那些加洛林王朝的政治传统基本上都被他们放弃了。

比贵族阶层"崛起"更重要的是这个阶层的日益地区化。看似矛盾的是，这个现象恰恰折射出了王室的权力。[53]国王们有权没收采邑、官职和爵位，而贵族对此心存恐惧。我们在艾因哈德写于9世纪30年代的信件里已经看到了这一点。尼塔尔在9世纪40年代的记载就更明显了，因为洛泰尔和查理在整个840—841年的内战期间都是一边假装打仗，一边偷偷地用承诺、威胁和对未来成功的保证等来引诱对方的支持者。这些办法已经足以说服那些忧心忡忡的贵族，让他们以暂时牺牲爵位的代价来换取未来更多的利益。858年，日耳曼人路易也试图用同样的方法入主查理的王国，只不过没有成功。每一位采取这种手段的国王都希望能重现833年"谎言之地"的那一幕，让对方的支持者全都倒戈过来，但他们的愿望很少实现（只有887年的那次成功了）。这通常会导致一方国王的支持者失去在另一方国王领地内的爵位。而在土地方面，他们则更容易保住完整的所有权。例如，奥尔良的马特弗里德在834年追随洛泰尔去意大利的时候，就保住了自己在法兰克北部的家族领地。又如，东法兰克的一群贵族在861年突然被日耳曼人路易剥夺了权力，但他们同样保住了自己的土地。贵族的土地仍有可能分布在很广的范围里。例如，在意大利安罗奇家族的弗留利侯爵埃弗拉德（Everard，他的儿子贝伦加尔后来成为888—924年的意大利国王）在863—864年和妻子吉塞拉（Gisela）[54]共同立下的遗嘱中，分给各位子女的不仅有藏书和贵重财物，还包括许多地产，其分布范围从意大利到阿勒曼尼亚，再到现在的比利时境内。由于地产分布广泛，贵族们更倾向于支持一个统一的政治体系，我们前面提到的维多家族就是如此。但是，埃弗拉德和吉塞拉给每个子女分配的土地在地理上都相对集中，至少对年龄较小的儿子们是如此。他们还在遗嘱里明确规定，当政治局势紧张到一定程度时，这些土地还可以进一步分割。这样做的结果就是这个家族自己把自己地区化了。贝伦加尔的弟弟鲁道夫（892年去世）的政治生涯并不是在意大利，而是在阿图瓦和英吉利海峡一带度过的。韦尔夫家族的情况也类似，他们的家族领地横跨阿勒曼尼亚和勃艮第，因而需要在858年的时候选择投靠查理还是路易。[55]当时的情况有可能是，投靠查理的人保住了自己在东法兰克的地产，但他们此后的政治生涯就只能局限在勃艮第的范围之内了。这些人的历史也从此和他们留在路易一方的亲兄弟、堂表兄弟们完全分割开来。也就是说，加洛林王室内部的紧张关系使得那些谨慎的帝国贵族们相信，最好是把爵位和地产都集中在一个王国，而不是像查理曼时代那样分散在帝国各处。随着每个王国的面积越来越小，这种认识也就越来越正确。

贵族们总是想把自己的所有权力根据地——包括完全拥有的地

产、采邑、在修道院和封爵地所拥有的权力等——都留给儿子们，其中只有地产的继承是板上钉钉的。但是，从查理曼的时代开始，忠于国王的贵族就可以假定自己的封爵地也同样可以传给儿子。例如，巴黎[56]伯爵的领地在8世纪50年代到9世纪50年代可能一直属于同一个家族。国王们在确立爵位继承人的时候都会在家族继承人的范围内挑选。虔诚者路易的儿子们经常到处移动伯爵的领地，他们这么做的次数要比自己的父亲和祖父都多。但是，加洛林的国王们都承认，伯爵的儿子们正常情况下都应该得到某一个地方的伯爵领地，在王国的范围不断缩小的情况下，他们所获得的领地很有可能就是父辈的领地，或者离父辈的领地不远。如果伯爵的儿子们没能继承父辈的领地，他们有时就会和那块领地的新主人结仇。巴伐利亚[57]东部在882—884年间就发生过这样的事情，而那是一个比较偏远，甚至有些荒凉的地方。前任统治者的记忆同样会留存到新任统治者的执政期。巴黎的厄德在886年收回了他父亲在卢瓦尔的一些封爵地，当时他的父亲已经去世整整20年了，但是他收回的时机很有作用，因为他到888年时就接过了西法兰克的王位。这一事件加快了地区化的进程。厄德的父亲罗贝尔在公元9世纪40年代的时候可以毫无障碍地从莱茵河流域转移到卢瓦尔河流域，当时这种长距离的官职调动还是很普遍的，但是到了858年的时候，“韦尔夫”家族迁移到勃艮第的过程就充满争议了，此后这类迁移更是极为少见，偶有发生时也往往引起当地人对外人入侵的愤慨。（博索从洛泰尔尼亚到罗讷河谷和意大利的迁移可能是唯一的反例，但他毕竟是王后的弟弟，而且本来就在很多事情上都不拘常规。）当胖子查理继承7个独立王国的时候，这7个国家各自的政治权力体系几乎都保持原样。按说胖子查理此时应该发起一次查理·马特那样的战争来统一这些国家，但他却没有时间做这件事。公元 888 年之后，这些国家就再次各走各的路了。实际上，前述种种情况才是导致帝国分裂的长期原因。这些因素并没有增加国家的分裂倾向，但在加洛林王朝的后代都死光的情况下，确实可能会让国家分裂。在那个时候，整个帝国范围内的身份认同只是维系在加洛林家族的身上（还有这个家族集结和掌控军事力量的能力，这一点也不可低估）。但是，贵族阶层的体系已经准备好了进入一个新的地区化政治的时代。贵族们是幸运的，因为现在他们所要进入的正是这样一个时代。

第 17 章

知识分子和政治

828 年 1 月下旬的一天清晨，艾因哈德看见圣但尼的伊尔杜安坐在虔诚者路易在亚琛的卧房外面，等着皇帝起床。这是伊尔杜安的工作。身为宫廷主管，他的职责之一就是决定谁能见到路易。但是，艾因哈德是来找伊尔杜安的。他们一边聊天，一边透过高高的窗子看着宫殿的其他部分。诺特克尔曾在 9 世纪 80 年代时写道，查理曼建造宫殿的时候专门做了设计，让自己可以从窗子里看到皇宫内的所有地方（见前文，第 10 章），他指的可能就是艾因哈德他们所站的那扇窗子。不过，艾因哈德是来找伊尔杜安兴师问罪的。

伊尔杜安在 826 年从罗马买回了圣塞巴斯蒂安（St Sebastian）的遗体，将其安放在他所拥有的几家修道院中的一座，即苏瓦松的梅达修道院。他的这一举动在法兰克掀起了一股去罗马购买圣物的风潮。827 年，艾因哈德效仿伊尔杜安，找到了一个叫德乌斯多纳（Deusdona）的罗马助祭。此人是一个职业小偷兼文物贩子，他和艾因哈德的公证人拉特雷格（Ratleig）一起，从罗马城外拉比卡纳大街的墓地里盗出了圣玛策林（St Marcellinus）和圣伯多禄（St Peter）的遗体，然后把它们运往北方。翻过阿尔卑斯山以后，拉特雷格不用再遮遮掩掩，于是组织了一个公开的游行队伍，在大量围观群众的注视下把遗体运到了现在的德国中部。艾因哈德的绝大部分地产在那里，他已准备好退休后到奥登瓦尔德森林中的米歇尔施塔特定居。于是，他把两位圣徒的遗体安放在了米歇尔施塔特的一座教堂里。不料，这两位圣徒并不喜欢这个安排，他们向艾因哈德托梦，要求转移到法兰克福附近塞利根施塔特的一座教堂。那座教堂也属于艾因哈德，于是他就按圣徒的要求照办了。从那以后，那座教堂就开始不断出现治愈疾病的神迹，而且被治愈的人不少。这种情况一直持续到他在 9 世纪 30 年代后期记录下这些事件的时候。但是，当时和拉特雷格一起去罗马的还有伊尔杜安的仆人胡努斯（Hunus），他后来又从塞利根施塔特偷走了圣玛策林的一部分遗骨。有人散播谣言，说伊尔杜安把两具遗体都偷走了，并一起放在了梅达修道院。艾因哈德就是在这个时候去找了伊尔杜安。对于艾因哈德而言，谣言的杀伤力可以说比事实还大，因为它对艾因哈德的名誉和他那些圣徒遗体的名誉都造成了损害。因此他必须得把遗体要回来。伊尔杜安十分勉强地承认圣玛策林在自己手里（需要指出的是，艾因哈德记录这件事的时候是 830 年 10 月，此时伊尔杜安已经失势）。遗骨被从苏瓦松运到亚琛，然后在 828 年 4 月交到了艾因哈德手里。谣言在那里肯定得到了澄清，因为这些遗骨现在被放置在了帝国的中央，从某种程度上来说这还要感谢伊尔杜安。按照艾因哈德的说法，前来参观遗骨的人很多，路易和皇后尤迪丝也亲自前来，并送了礼物。神迹又开始出现，并一直持续到艾因哈德在那年年底让两具遗体重新在塞利根施塔特团聚为止。艾因哈德充分利用了这两具遗体的价值。玛策林的遗体经过长距离的运输才和另一位圣徒的遗体会合。艾因哈德开心地记载了一件事：复活节后不久，他的朋友、宫廷图书管理员格沃德（Gerward）正在郊外，这时有人告诉他宫廷里发生了新闻："大臣们现在都在议论艾因哈德家里发生的神迹奇事，那是圣徒带来的……"这肯定是艾因哈德一生中最难忘的时刻之一。[1]

这个故事凸显了加洛林政治世界中宫殿的重要性、公共仪式的重要性，以及知识分子的重要性，因为艾因哈德是查理曼的传记作者，而且当时已经在宫廷社会中扮演重要角色达30年之久，而伊尔杜安也不是一般的学者：他刚刚在828年煞费苦心地把一份希腊语文献翻译成拉丁文，那是圣狄奥尼修斯（St Dionysios，即圣但尼）的作品，是由拜占庭皇帝米海尔二世寄给路易的。我们在本章会依次讨论宫殿、仪式和知识分子这三个话题，以及它们所带来的一些影响。

无论是在亚琛还是其他地方，王室或皇室的宫殿[2]都是加洛林土地上最核心的政治中心。帕斯卡修斯·拉特伯都（Paschasius Radbert）在他的《科尔比的阿德拉尔德传》(*Life of Adalard of Corbie*)中曾抱怨，宫殿就是一个行动和噪声的旋涡。[3]只要统治者召唤，任何一个政治人物都需要到宫殿去，像艾因哈德那样的例子是很常见的。受害者们如果想要向王室寻求正义，也要到宫殿里去，接受大教士或者王权伯爵的审问，再由他们决定是否将案子呈报给国王。就像加洛林王朝的其他许多事务一样，这个习惯也是从墨洛温时期延续下来的传统，而且比墨洛温时期更加系统化了。辛克马尔（或者阿德拉尔德）在《宫廷治理》中列出了宫廷中的官职名单，以大教士（负责教会事务）和大官长（负责文书工作）为首，按照官阶大小一直排到猎人和养鹰人为止。而且，不断有证据显示这个官阶序列确实是等级森严的——尽管序列本身总是可以调整。例如，塞蒂马尼亚的伯纳德在829—830年担任宫廷主管（根据辛克马尔/阿德拉尔德的说法，这个官职负责皇宫的物资供给，听命于皇后，在所有官员中排名第四）的时候就被认为是“一人之下，万人之上”，地位仅次于路易。诺特克尔从来没有去过宫廷，但他根据自己的想象写下了宫廷等级在宴会礼仪中的呈现：查理曼由公爵们伺候，公爵们由伯爵和贵族们伺候，再往下还有宫廷内的学者和大大小小的官员，他们也全都照此办理。[4]宫廷的行为规范肯定总是在变化，任何有上进心的政治家都不敢让自己跟不上变化的步伐。同时，宫廷中还存在着有组织、清晰的庇护体系。辛克马尔/阿德拉尔德甚至还假设——显然有些过于阴谋论——来自不同区域的官员的任命都经过刻意的安排，这样每个人都可以通过同族或至少是同乡的帮助而更容易进入皇宫。诺特克尔则想象，每当主教去世的时候，所有想要继任主教的候选人都会让皇帝身边的亲信帮忙推荐自己。艾因哈德（似乎）从未在宫廷中担任过正式官职，但他也经常以庇护者的身份出现。[5]他还直接写信或通过现任官员传信给国王，请求国王批准对大主教或修道院院长的任命，延长采邑的期限，或是聆听某人的申诉。宫廷中的各种规矩构建出了一个争名夺利的世界，里面的人竞争激烈，经常表现得肆无忌惮。

因此，宫廷是一个现实（而且腐败、邪恶）的政治枢纽，但它同时也是帝国的道德中心，尤其是在公元780年之后的一段时间内，当时查理曼正热衷于道德“修正”的任务。加洛林时期的教会事务由高级宫廷官员来掌管绝非偶然：这是朝廷有意安排的。虔诚者路易的教士属性甚至比国王属性还强。根据路易的一位传记作家的记载，他的这一特点至少体现在其对宗教知识的推广之上。我们在上一章的开头已经讲过，查理曼在宫廷里创立了忏悔式的斋戒仪式。他在 805 年将这种仪式推广到了整个帝国，以对抗当时的饥荒现象。[6] 823 年时又出现了饥荒的危险征兆，于是路易做了同样的事情。7 世纪的爱尔兰语著作《论世界的十二大弊端》（*On the Twelve Abuses of the World*）在加洛林时期的欧洲广为流行，其中提到第九大弊端“不义的国王”时说，如果国王压迫人民，不主持正义或者不保护教会，那么饥荒、外族入侵和毁灭就会接踵而来。[7] 9 世纪时，又有一系列作家写文章劝诫国王保持正义，其中的集大成之作是辛克马尔的《论国王个人与王室治理》（*On the Person and Ministry of the King*）。这些作品中绝大多数引用了“第九大弊端”以及连篇累牍的《旧约》经文。他们认为国王应该首先控制自己和自己的行为，然后再以立法和执法的方式去恰当地管理其他人。如果国王做不到这些，那整个帝国就危险了。国王 / 皇帝可以任命自己的主教（在整个加洛林时期，国王的这项权利都没有遇到过挑战），但是主教反过来又有义务监督道德世界，包括王室成员在私人和公共场合的行为。主教们通常会很认真地对待这项责任，尤其是在 829—834 年的危机之中，以及 840—843 年的内战时期，当时公共利益明显受到了威胁。

宫廷的政治角色和道德角色并不一定冲突。我们可以看到，世俗和宗教事务的处理方式在很多时候都是一样的。艾因哈德把圣玛策林和圣伯多禄视为自己在宗教世界中的庇护者，正如他把皇帝视为世俗世界的庇护者。836 年，他因妻子伊玛的去世而感到悲伤，同时也因宗教世界的庇护者们并没有庇护作用而伤心，因为他们没有对他的祈祷做出反应。[8] 因此，加洛林世界遇到危机的时候，也往往会出现道德恐慌的现象。这种恐慌很多时候都围绕皇后的风流韵事。考虑到皇后在政治上的非凡地位、女性权力的一贯模糊，以及新兴的对私德的强调，这种现象并不是很令人惊讶。查理曼在位的最后几年里，其宫廷是由他的女儿们掌管的，而她们在 814 年被指控通奸（查理曼本人也被指控）。尤迪丝在 830 年被指控与伯纳德有染，当时的所有文献对此都有记载，有些持赞成态度，有些则表现出敌意——这一指控在当时肯定非常有影响力——帕斯卡修斯·拉特伯都还在 850 年将其理论化，认为这一事件是对世界正常秩序的彻底颠覆，并且意味着虔诚者路易无力控制宫廷，因而也就不是一个合格的统治者。洛泰尔二世指控自己的妻子杜特贝加（Theutberga）肛交和乱伦（见下文）。胖子查理则指控他的妻子里奇加德通奸，通奸对象是查理的重要幕僚、韦尔切利主教柳特沃德（Liutward of Vercelli）。阿努尔夫的妻子欧塔（Uota）同样被指控通奸。上述所有指控中除了第一个以外无疑都不是事实，但我们不应把它视为皇后的政治角色受到威胁的表现：她们受到这些指责，正是因为她们树大招风，而不是因为软弱可欺。墨洛温时代有太后强权的传统，这在加洛林时代就体现得不那么明显了，因为统治者中很少有幼年时就继位的（10 世纪后期，幼主的数量有所增多），但加洛林王朝的王后们在丈夫执政期间的势力比墨洛温时代的前辈们更大。而除了国王自己想要离婚而拿王后的不忠来当借口这种情况外（这种做法也许并不明智），所有这些指控的首要目标都不是王后，而是国王 / 皇帝，因为这残酷地展现出了国王作为其人民的道德修正者的能力有多么低下。[9] 控制，或者至少是表面上的控制，在任何时候都是必要的。

和谐和张力都在复杂的仪式中得以呈现。有些仪式是常规的（例如与大会或复活节庆典联系在一起的仪式），有些则是专门为某一场合而举办。艾因哈德第一次把圣徒们带到塞利根施塔特的时候就准备了“仪式所需之物，以迎接圣徒的遗体”，然后举行了两次弥撒。[10]他去伊尔杜安那里把圣玛策林要回来以后，伊尔杜安组织了一个唱诗班吟唱圣歌，然后艾因哈德的队伍启程，唱着歌向自己的礼拜堂进发，并吸引了大批围观群众。等到两具遗体在塞利根施塔特重新团聚，艾因哈德又仔细地准备了仪式流程。按他自己的说法，这是非常重要的，因为仪式总是一种自我表达（艾因哈德希望通过仪式确保所有人都深信他拥有圣徒遗体的所有权，并且让他们看到圣徒得到了妥当的对待），而不同的观者可以解读出不同的信息。日常的狩猎活动是所有展现王权和王室秩序的世俗仪式中最为复杂的。例如，虔诚者路易在位期间，年代记中对狩猎活动的记载简直多到泛滥，尤其是在大型事件发生之后。艾因哈德还说，路易在828年瞻仰了他持有的圣徒遗体后马上就去打猎了，这件事也令人印象深刻。值得注意的是，《圣伯丁年代记》在830—834年之间完全没有提到过狩猎活动。这并不是因为路易在这几年里没有打猎（他的传记作者之一明确提到他在831年和834年都打猎了），而是因为年代记作者认为打猎是一种显示秩序的仪式，并不适用于那个动荡的年代，尽管路易本人可能是想在831年那样的年份里通过打猎来显示一切如常。[11]路易在822年和833年的两次忏悔特别容易被从不同的角度解读，822年在阿蒂尼的那次忏悔是他自愿的，仪式也在他的控制之下，其目的是让意大利的伯纳德之死给国家造成的伤口尽快愈合。但是，他的目的达到了吗？到了833年，洛泰尔手下的主教们起草的檄文之中，伯纳德之死仍然就像刚刚发生一样，仿佛阿蒂尼的忏悔根本就不存在。帕斯卡修斯·拉特伯都在他撰写的《阿德拉尔德传》中无法忽视阿蒂尼，因为正是那次忏悔让阿德拉尔德回到了朝廷之中，但是对于路易在多大程度上控制了仪式，拉特伯都提出了不同的看法："所有人事先都以为他是自愿的，却都看出他并不情愿。"路易在822年的那次忏悔冒了很大的风险，在当时看起来可能是成功的，但是从事后诸葛亮和敌对者的角度看来，那却是一场失败，而且直接导致了他在833年被罢黜时的那场忏悔。[12]关于那次忏悔，各方的说法出现了有趣的反转——路易的敌人说他是自愿的，而他的朋友却说他是被迫的，因而忏悔是无效的。

加洛林时代的每一次重要事件都被史料作者们用来表达此类政治观点，无论这些事件是否牵涉到仪式问题。在他们笔下，这些事件不是巩固了帝国的正确秩序，就是破坏了它。这就意味着，我们在太多的情况下都无法从细节的层面上考证事实的"真相"到底如何。但是，有一点非常清楚，那就是9世纪的仪式领地——也可以用"公共空间"这个说法（加洛林时代的人普遍使用publicus这个词）——格外广阔而且重要。[13]每一个政治人物都需要占领这块领地，尽管他（或她）无法完全控制观众们对每一个仪式行为的看法，因为只有观众们才能最终判定这些行为是否收到了理想的效果。这总需要一个谈判的过程。这样，一些仪式行为就变得好理解了。例如，876年在蓬蒂翁举行的教会大会[14]的大部分议程用于处理宗教法庭的官司，而秃头查理则在会议结束时用一个精心安排的程序告诉法兰克人自己现在已经成了皇帝：我们已经在上一章讲过，他身穿拜占庭服装，头戴皇冠。然后，教廷派来的使节引导皇后里希尔德入场，她也戴着自己的后冠。最后，同一批教廷使节主持了闭会时的礼拜仪式。这起作用了吗？记载这一切的《圣伯丁年代记》作者辛克马尔对这次教会大会所做出的绝大部分决定持敌对态度，但是他显然对最后的仪式印象深刻：他本身就是复杂的加冕仪式的制定者，他也可以理解这次仪式的内在结构和根源。对查理持反对态度的《富尔达年代记》作者也记录了这件事。他所在的东法兰克对拜占庭帝国的了解远远不及西法兰克。书中用两行文字嘲笑了查理的“希腊行头”。但是，查理意图影响的观众不是东法兰克人，而是辛克马尔这样的人。对于这些人来说，这次仪式获得了巨大的成功。

这个庞大且道德化的政治角斗场上同样不乏知识分子的身影。从查理曼于8世纪80年代开始庇护他们起，至少有三代知识分子参与了角斗。正是这群人（在几乎每一个事件中）让加洛林时代拥有了真正不同于以往时代的特征。除此之外，6世纪到8世纪早期的政治文化世界此时仍是完全有效的。在中世纪历史中，知识分子在9世纪西方政治行为中的重要性完全不亚于此后的任何时期，甚至比那些时期都要强。而且，9世纪和法国大革命时期一样，都是知识分子集体政治活动非常活跃的时期。当然，这种特点并没有让政治人物的行为变得更好，反倒大大丰富了为恶行而找的借口和自我辩护的理由。这也成了这一时代的特点。在那个时候，受过教育本身就足以让一个人声名显赫。这并不意味着贵族不会鄙视出身低微的人。[15] 例如，虔诚者路易的传记作家之一德根（Thegan）对兰斯大主教埃勃（Ebbo）充满敌意，就因为对方（按德根的说法）出身奴隶阶层；又如，《富尔达年代记》的一位作者曾经把韦尔切利的柳特沃德和《圣经》中的恶人哈曼（Haman）相提并论。埃勃和柳特沃德的政治生涯都在耻辱中收场——在833—834年间支持洛泰尔的人中，埃勃是极少数因此受到惩罚的人之一。不过，上述两位作者都不是什么重要的作家。而对于艾因哈德或诗人兼礼仪学家瓦拉弗里德·斯特拉波这样出身相对平凡的人来说，正是教育和智慧把他们与那些真正的贵族联系在一起，例如拉巴努斯·毛如斯、辛克马尔，以及神学家哥特沙勒（Gottschalk，约869年去世。此人是瓦拉弗里德的朋友，却是辛克马尔的敌人）。当然，教育的受益者还有那些来自英格兰、爱尔兰和西班牙，在法兰克土地上毫无根基的外来者，从加洛林时代初期的阿尔昆和狄奥多尔夫开始到末期的神学家苏格兰人约翰（约877年去世）无不如此。

知识分子的这种集体意识部分来自共同受教育的经历。[16]他们受教育的地点包括亚琛、图尔、科尔比、圣加伦、富尔达（艾因哈德、拉巴努斯、瓦拉弗里德和哥特沙勒都在这里受过训练），以及其他20多个活跃的中心城市。不过，这种意识更多还是来自这些作家在知识结构上的共性，包括《圣经》、教会法、维吉尔、奥古斯丁、大格列高利、伊西多尔、比德，以及其他的拉丁教父：他们彼此知道对方在讲些什么，也可以假定同行们都知道。我们已经讲过，这一时期的贵族如果想要参与政治，就必须学会读书写字。辛克马尔可以给秃头查理写出处处引经据典的文字，并且认为他能领会其中所用典故的含义。查理自己也会找书来看。例如，最忠于查理的学者之一、费里耶尔修道院院长卢普斯（862年去世）曾寄给他一份奥古斯丁的布道词，内容是反对做伪证。贵族还有自己的图书馆。[17]863—864年，弗留利侯爵埃弗拉德的藏书包括《圣经》,《圣经》注释，几本法律书（其中可能有一本是卢普斯帮他搜罗到的），维吉休斯（Vegetius）、奥古斯丁和伊西多尔的作品，几本圣徒生平，两三本历史书，等等。这些书绝大部分不是写于9世纪的，但它们和那些9世纪作家的作品一样，引起了当时读者的极大兴趣。当时存在一个知识共同体，其范围远远超过了那一时期的作家群体。

这个共同体能够在理论上对现实世界带来相当复杂的影响。828年年末，虔诚者路易宣布来年要召开4次教会大会，地点分别在美因茨、巴黎、里昂和图卢兹。会议的内容是讨论“上帝的愤怒”——一些没有特别指明的自然灾害——以及如何才能平息上帝的怒气。根据帕斯卡修斯·拉特伯都在《阿色纽斯的墓志铭》(*Epitaph of Arsenius*，这是一本对话体的瓦拉传记，其中的记述往往晦涩不明)中的记载，路易为这个议题专门寻求了他人的建议。瓦拉适时地给出了一份日程表(schedula)，并在829年的一次教会大会中正式呈上：其内容似乎是批评那些未经教会许可的主教选举，以及世俗势力对教会土地的控制。有趣的是，艾因哈德也在几乎同一时间给路易呈上了一本文集，这也极有可能是对路易大范围征求意见的回应。我们没有这两个人呈上的文本，但我们有艾因哈德在同一时期所写的一本类似小册子的概要。[18] 他在那本小册子里谴责了压迫行为，以及所有被公认为罪恶的行为，尤其是仇恨和不信任。这种对错误行为的泛泛之论固然正确，但可能对路易来说没有太大用处。不过从艾因哈德的角度来讲，他写这些话肯定也是出于真心。艾因哈德的这两本书都比较诡异，据他说，其中的第二本是一个叫维戈(Wiggo)的魔鬼附身在一个小女孩身上说出来的，而交给路易的那本文集则是大天使加百列(Gabriel)的作品，而加百列(以圣玛策林的形象)把它托梦给了一个刚刚在塞利根施塔特重获光明的盲人男子。路易广开言路的决定使他得到了一些很不寻常的人物的批评意见。

我们一定不能夸大这种漫无目的的动议的实际作用。艾因哈德十分悲伤地写道：“那本小书里要求或催促(路易)去做的事，他几乎一件都没试着去做。”829年在巴黎召开的大会列出了很多法兰克人民和国王能够做也应该做的事情，但路易实际上做的却是任命塞蒂马尼亚的伯纳德为宫廷主管。对于绝大多数旁观者来说，这无异于用比疾病本身更致命的手段去治病。瓦拉（并不是艾因哈德）投奔了另一个阵营。到了双方在“谎言之地”交战时，他和帕斯卡修斯都在洛泰尔一边。不过，虽然路易被暂时推翻了，但瓦拉一点都不能安心。帕斯卡修斯描写他和瓦拉因看到路易的军队被轻易击溃而目瞪口呆时写道：“他们四散奔逃，就像扑着翅膀的鸡……没有认真的指挥，也没有精心的安排……”最糟糕的是没有听从瓦拉的建议！贵族们并没太把知识分子的建议当回事，他们只是参与政治而已，并没有考虑道德层面的影响。在后来的历次政治变动之中，知识分子也总是发出类似的哀叹。无论怎样，学者们在833—834年间还是为双方都设计了复杂的重要仪式：路易833年被迫忏悔的那次，里昂的阿哥巴德起草了对路易的指控的核心部分。路易重登帝位之后，他让自己手下的主教和修道院院长们以他的立场记述了833—834年的那场危机[19]，并且在835年于蒂翁维尔举行的大会上正式宣读。同时，拉巴努斯·毛如斯在834年起草了一份关于皇子的责任的文章，路易在836年写信给洛泰尔下指令的时候原文照搬。不管巨头们是不是主要以现实政治的方式来统治国家，他们总觉得有必要用道德化的语言来表达政治决策。因此，作家们便试图和统治者争辩。到了后来秃头查理的执政时期，尼塔尔、卢普斯和辛克马尔也做了同样的事情。

***

加洛林精英们越发复杂的教育体系是包容的还是排外的？答案不

是特别清晰。受教育阶层所使用的拉丁语越复杂，和帝国西部和南部绝大多数人口所说的罗曼语族语言就越不一样。正是在加洛林时期，原始法语第一次被作者们认为是一门独立的语言。还有相当比例的加洛林精英说德语。此前没有的情况是，9 世纪的文字资料经常提到某个人会两种语言[20]，包括查理曼、虔诚者路易和瓦拉，这意味着很多人只会一种语言。（艾因哈德最为震惊的事情就是恶魔维戈竟然说拉丁语，因为他附身的那个女孩只会说德语。）我们所看到的用复杂的拉丁文写成的文本可能只是一种宫廷和教会语言，相当于“官话”。在盎格鲁-撒克逊人阿尔昆的影响下，这种语言的发音离法语越来越远，因而也就刻意地把大多数人隔绝在外，甚至包括大多数贵族。[21]但是，至少在贵族阶层中有充分的证据表明很多人的拉丁文水平不止于此。9 世纪 30 年代，费里耶尔的卢普斯可以在富尔达进修好几年而完全不用学德语。这个庞大的修道院学校在德国中部，而且有很多世俗学生，但拉丁语却是其中占统治地位的语言。埃弗拉德的藏书则显示出了一个贵族能读或至少能听的拉丁文有多少（今天的人能读的拉丁文就少多了）。值得一提的是，埃弗拉德把他的藏书遗赠给了女儿们，希望她们也能读这些书：尤迪丝得到了一些奥古斯丁和阿尔昆的书，以及伦巴第法典。远在于泽斯的多达写的《人生指南》（*Handbook*）则显示出她看遍了加洛林时期的典籍：她不仅能读《圣经》、一些教父的作品和一些拉丁文的基督教文献，还能够高度熟练地运用它们。[22]这本书给她儿子可能是浪费了（详见下文，第 21 章），但是它能流传下来，说明多达的儿子还是保存下了母亲的文字。多达也被认为出身于帝国贵族中的上层，因为她于 824 年在亚琛嫁给了塞蒂马尼亚的伯纳德；但她给儿子列出了一份亲戚名单，要求他为这些人祈祷，而名单里居然完全没有她自己的家人，这不免叫人怀疑她的出身。不管怎样，我们可以确定的是，到公元810年左右，也就是加洛林时代的学校教育刚刚开始25年的时候，一个世俗女性就可以接受精深的文学教育。考虑到当时的家族价值观，我们几乎可以肯定这样的教育对于贵族男性来说是很平常的，而且并不是只有出身顶级家族的人才能享受到。

但是，从另一个方面来说，教育又完全是只属于精英阶层的事。加洛林王朝确实也曾几次考虑发展大众教育，但是从来都没有认真地去做。与之类似的是，曾有一些人试图把《圣经》翻译成德语（虽然肯定不是翻译成原始法语），但是他们只完成了《创世记》和福音书，而且大部分是诗歌化的版本。实际上，广阔的农民世界可以说不在任何一位加洛林国王或知识分子的视野之中，除非是为了传道（他们对传道的态度是真诚的，但实际上只接触到了人口中的很小一部分），或者是慨叹这些人的无知。[23] 例如，里昂的阿哥巴德曾狂怒批判当地人对天气巫术的信仰。我们也不能过于夸大隔阂的程度。阿哥巴德还猛烈攻击过一个很多人都深信不疑的愚蠢传言，其内容是说当地的牛瘟是由贝内文托大公格里摩尔德四世（Grimoald IV）所带来的有害的灰尘造成的，但是帕斯卡修斯·拉特伯都偶然记录下的一个情况表明，科尔比的知识分子也被这则传言吓得够呛。[24] 与之类似的是，艾因哈德描述了圣玛策林和圣伯多禄带来的神迹和异象，这些记载表明他的感知能力和塞利根施塔特附近的农民们完全没有差别。教育并不会把人与他身边的宗教文化相隔离，而宗教文化从6世纪到10世纪并没有发生根本的变化（见前文，第8章）。但是，“修正”活动和教育需求都被限制在了贵族阶层以及教士和政治人物的范围之内。这一时期内，随着乡村教堂的增多，地方神父的人数也在增长，而这个群体就是教育系统在社会中所能接触到的最底层，而且还只是在理论上能接触到。有些迹象（例如一些意大利档案中的签名[25]）表明地方神父至少会写字，而主教们肯定期望他们至少受过基础的教育，这种教育通常是在教堂学校里完成的。教会法规中最常见的假设就是神父们都知道诗篇集（Psalter），但这对大多数人来说未必属实，对神父们日常活动和文化的细节控制在实践中也几乎不可能做到。绝大多数神父来自地方的精英阶层，他们的社交关系网也在当地，而与那些想要指挥他们的主教无关。[26] 加洛林王朝的事业是通过公共司法体系而非道德改革来触及地方社会的。

尽管如此，受过教育的政治世界仍然充满了形形色色的人物，也分很多层级，尽管这些人都来自精英阶层。这个过程始于查理曼时期，朝廷中的作者们撰写了各种法律条文、神学作品、《圣经》注释和诗作。到了路易和他的儿子们的时代，受过教育的作者所写出的著作发展出了更多的种类，包括祷文、历史文献和政治理论著作。这些作品被后来的人广为阅读。拉巴努斯·毛如斯是9世纪20—50年代之间最伟大的《圣经》注释家，他把自己（非常难懂）的书献给王后和国王们，其中一本《友弟德传》（*Book of Judith*）注释是在关键的834年送给皇后尤迪丝的。[27] 加洛林时代的人还抄写了数量巨大的文本，其中大部分是早期的基督教作品，但也有基督教传入之前的拉丁文作品（这些作品在加洛林时代抄写的文本中只占一小部分，但正是这一部分抄本让大部分的古典拉丁文作品流传至今）。[28] 学者们互相写信以求得文本来抄写，费里耶尔的卢普斯在9世纪30—50年代的信件中有十几封都是向对方要书的，其中一些要求非常具体。例如，他在给教皇本笃三世（Benedict III，855—858年在位）的信中向对方索要耶柔米的《耶利米书》注释，并注明要“从第七书开始，一直到最后”——很多文本都有残缺或佚失的问题，知识分子寻找这些书既是为了补全它们，也是为了找到最好的版本。这时的一项技术进步对他们起到了帮助作用，那就是“加洛林小写体”的发明。与 8 世纪后期的老式花体字相比，这种字体抄写速度快，也更易读。因此，到了 9 世纪初期的时候，加洛林小写体已经成为几乎整个帝国范围内的标准字体。世俗人士的藏书量最多能达到 50 本，就像弗留利的埃弗拉德那样，而修道院的图书馆就大得多了，藏书量可以达到数百本，其中很多作品都有不止一种版本。这种情况让文化共同体的存在变得更加明显，因为帝国各个地区的作者们可以越来越多地假定其他人手中也有同样的书。

神学辩论的重要性日益提升，上述情况是该现象的重要背景。8 世纪 90 年代就出现了相关迹象，当时加洛林政界正为“嗣子说”而惊慌不已。“嗣子说”是西方世界近 4 个世纪以来的第一个新异端，其与两位西班牙主教有关，即托莱多的以利班德（Elipand of Toledo）和乌赫尔的菲利克斯（Felix of Urgell）。这种学说认为圣子是圣父的养子，以此来解释耶稣身上的人性。此外，加洛林人对拜占庭在 787 年的尼西亚大会（见前文，第 11 章）上做出的放弃反圣像运动的决定也非常不满。加洛林的神学家对拜占庭的辩论并不完全了解，也不清楚辩论的核心议题是什么（在加洛林时期的法兰克，懂希腊语的人相对较少），但是拜占庭神学不断出现的新情况还是引起了人们对这个议题的注意。奥尔良的狄奥多尔夫在《加洛林书》（*Libri Carolini*）中还用了不少篇幅抨击 790—793 年间的崇拜宗教形象现象。在 794 年于法兰克福召开的教会大会上，上述两种学说均被正式否定。阿尔昆又在公元800年写了一篇长文来反驳嗣子说，这样才能在著作方面和自己的对头狄奥多尔夫相媲美。我们必须强调，上述争论其实没有形成多大的影响力。加洛林的土地上（除最南边以前属于西哥特人的地区以外）所有支持嗣子说的人加起来恐怕都不够一打，立场强硬的反圣像者人数也差不多如此。但是，他们对国家和理论家来说是有影响的。狄奥多尔夫还专门在自己位于奥尔良附近的圣日耳曼德佩的私人礼拜堂的后殿里创造了一组反圣像主义的形象（详见第10章）。这个后殿现在仍保持着当时的样子。反圣像运动理论家（大部分来自西班牙）一直争论到9世纪20年代，最出格的是都灵主教克劳迪乌斯。他抨击朝圣、崇拜十字架和遗物的行为，认为它们都属于偶像崇拜，但是他的说法太过头了，最后自己也遭到了猛烈的抨击。[29]

加洛林时代的思想从来没有被认为是新鲜的。实际上，就像绝大多数罗马晚期、拜占庭和中世纪中期的思想一样，加洛林时代的思想也和“新鲜”完全相反，只是回归更早时期的正统思想而已，加洛林时期的著作经常大段引述这类思想。但是，查理曼和阿尔昆在亚琛聚拢了足够数量的知识分子，并且让他们辩论，这就使得神学和政治思想开始向新的方向发展，无论这些作家们自己喜欢（或者知道）与否。到了9世纪，大修道院和教会学校之间互通有无，形成了一个“虚拟”的共同体，从而继续支撑思想的发展。政治精英看重理论，相关辩论总在公众的注视下进行，这无疑鼓励了这种发展。人们有时候会做出独特的选择，例如助祭博多（Bodo）[30]，这位宫廷学者在839年改宗犹太教并逃往西班牙，令虔诚者路易及其侍从们大为惊恐。还有太多的学者在辩论中言辞越界，因而遭到教会大会的谴责。例如，梅斯的阿马拉里乌斯（Amalarius of Metz）[31]在839年的基耶尔济大会上因自己对礼拜仪式的看法而遭到谴责，而哥特沙勒则在 848 年的美因茨大会和 849 年的基耶尔济大会上因自己对预定论的看法而遭到谴责（《富尔达年代记》和《圣伯丁年代记》都着重记载了此事）。[32] 这值得我们注意。

梅斯的阿马拉里乌斯（850 年去世）先后在特里尔和里昂担任大主教，是 9 世纪初期主要的礼拜仪式专家，间或受查理曼和路易的庇护。他在 9 世纪 20 年代从教会职务上离开时写下了《论礼拜仪式》（*Liber Officialis*），详尽解释了礼拜仪式上每一个步骤的重要寓意。他把这本书广为传播，并且在之后 10 年左右的时间里根据读者的质疑、批评以及从罗马传出的新信息而对此书进行了 3 次修订。这使他重新获得了王室和教会的关注。835 年，阿哥巴德因支持洛泰尔而被从里昂流放，阿马拉里乌斯就被任命为阿哥巴德的继任者。这算是好运，也算是厄运，因为里昂似乎坚定地站在了阿哥巴德一边。当时还留在城里的大学者里昂的弗罗鲁斯（Florus of Lyon）已经认为，阿马拉里乌斯那套寓意解释的方法是对智力的极大侮辱。寓意解释应该只能用于上帝的话语，即《圣经》，而礼拜仪式并不属于这个范畴。而且，阿马拉里乌斯一些寻找象征意义的做法实在是太古怪了，甚至可以归为异端。阿哥巴德和弗罗鲁斯都写了反对阿马拉里乌斯的小册子，凶狠地指出他的错误。因此，阿马拉里乌斯于 838 年被要求在基耶尔济的教会大会上回应那些批评他的言论，并且用权威来证明他的言论是正确的。阿马拉里乌斯的回应是："不管我写了什么，我都在自己的灵魂深处诵读过。"换句话说就是他没有权威。这下就致命了，他被谴责为异端，被从里昂放逐，但是他的作品仍然广为传播（无论如何，礼拜仪式还是需要详细解释的）。

哥特沙勒是个更认真一些的学者。他试图理解奥古斯丁关于预定论的神学理论。他肯定想要诉诸权威，却用了一种新的解读方式：他认为有些人被预定得救，而另一些人则被预定受诅咒，基督被钉十字架上只对前者有影响，对后者没有影响。哥特沙勒本人在848—849年遭到谴责，但他的理论仍然割裂了9世纪40—50年代的知识分子世界。至少在某种程度上支持哥特沙勒的有弗罗鲁斯、科尔比的拉特兰（Ratramn of Corbie）、特洛伊的普鲁登修斯、费里耶尔的卢普斯，激烈反对他的则有辛克马尔和拉巴努斯。苏格兰人约翰也站在反对的一边，但他自己在这个问题上的著作也有争议。到了9世纪50年代，这场辩论已经失去控制，至少有5次教会大会对这个问题采取了不同的态度，直到860年，秃头查理和洛泰尔二世才彻底解决了争议。他们在图希举行的教会大会上否决了哥特沙勒的几个关键立场。这次裁决和阿马拉里乌斯的那次一样，显然把晦涩的理论争议变成了高层政治问题。法兰克一度成了尼西亚和卡尔西顿会议时代的东罗马，因为对二者来说，正确的理论对国家稳定都是至关重要的。

阿马拉里乌斯事件所造成的政治影响很简单：他既是833—834年那场风波的受益者，也是受害者。实际上，他被从里昂驱逐之后，阿哥巴德就被叫了回来。而且，人们很难不这样设想：如果不是虔诚者路易想重新团结老对手们，阿马拉里乌斯的结局可能就不会是后来那样。但是，很重要的一点是，这场公开辩论仍然是一场纯粹的理论之争。弗罗鲁斯毫无疑问真诚坚持了自己的观点（他曾在蒂翁维尔的大会上抗议对阿马拉里乌斯的首次任命），而当阿马拉里乌斯不得不回应批评时，他所选择的回答必定会导致他被打倒，无论当时的政治局势如何。拜“修正”运动中密集的道德元素所赐，“实用”政治和抽象的神学辩论可以并行不悖，互相支撑。围绕哥特沙勒的争议则是另一回事，因为它并没有直接将矛头指向其他的政治对手。不过，预定论的问题侵蚀了支撑加洛林改革计划的整个知识分子体系。权威在这里根本就不是问题（双方的理论都来源于奥古斯丁）。但是，哥特沙勒的强硬预定论无视信心和善行——也就是人的行为——的作用（这和他许多支持者的观点都不同），如果这种观点在辩论中获胜，那么加洛林的大部分改革计划就会成为无稽之谈。这是辛克马尔最担忧的一点。而且，尽管辛克马尔的长篇大论并非总能自圆其说，但他对此问题的顾虑，以及他个人对秃头查理的影响力，使得他最终获得了辩论的胜利。他在辩论中实际表达的观点是：加洛林的计划不能被一场抽离社会的学术争论毁掉。当然，很多人不同意他的观点，但是包括哥特沙勒本人在内，他们所有人都认为这个计划是神圣不可侵犯的。改革的道德目的从根本上来说和这些人的神学利益是一致的，无论他们各自得出的神学结论究竟为何。

加洛林政治文化世界中的一个关键元素是罗马。对于我们刚才所说的那些学术争论，罗马元素并没有什么贡献，但它是加洛林家族最初的王权合法性来源，国王和皇帝们也格外小心地维护它：毕竟绝大多数皇帝是在罗马加冕的。首先，罗马这片地方——“圣彼得教产”（Patrimony of St Peter）——并没有被正式并入帝国版图。加洛林王室和像斯波莱托侯爵这样的地方势力都依靠罗马，但是从来没有彻底控制过罗马，而且对教皇的选举几乎没有发言权（尽管他们曾经尝试干预）。罗马当时有 2 万~2.5 万人，按照西方的标准可以算是一座巨大而富裕的城市。它有一套自己的政治程序、一套复杂程度不亚于亚琛的仪式体系、一个同样复杂的官僚阶层系统，以及一个派系林立的政治环境。加洛林王室公开承认自己并不理解罗马的政治是如何运作的。他们不断派代表到罗马去，希望能把事情搞清楚，却往往事与愿违，就像《王室法兰克年代记》在记载823年的历史事件时所说的那样，他们“无法判断到底发生了什么”。教皇走马灯般更换（9世纪一共有21个教皇），因此他们在每一次选举过后都要了解新的派系斗争形势。另外，一些作风强硬的教皇的政治立场往往难以预测，至少对于法兰克人来说是如此。这样的教皇有哈德良一世（772—795年在位）、帕斯加尔一世（817—824年在位）[33]、利奥四世（Leo IV，847—855年在位）、尼古拉一世（858—867年在位）[34]、若望八世（John VIII，872—882年在位）等。哈德良及其继任者利奥三世（Leo III，795—816年在位）和查理曼走得很近，而且乐于满足查理曼的要求，以换得对方在罗马和意大利中部的免费支持（如果需要的话，可以是武力支持）。后来的多位教皇也秉持同样的立场。格列高利四世（827—844年在位）出现在了“谎言之地”的战场上，这很可能是他自己的决定，但他也是洛泰尔的支持者。与之相反，帕斯加尔一世似乎在823年（与刚才引述的《王室法兰克年代记》中的片段出自同一年）处决了两名支持洛泰尔的官员。帕斯加尔大兴土木修建教堂，在当地颇具争议，但是在试图破坏加洛林王权这方面，他大概是争议比较小的一个。至少在他在位的那些年里，加洛林的王权和罗马的关系过于接近了（详见前文，第10章）。帕斯加尔死后，洛泰尔重拾权力，但是从那以后，加洛林王室在实践中通常会尽量不参与罗马的派系斗争，这些斗争太难控制了。

教皇权威和法兰克人之间的具体关系时有起伏。总的来说，加洛林王室并不比墨洛温王室更在乎教皇的想法，他们要的只是维系加洛林统治的合法性，而这一点是毫无疑问的。例如，教皇对反圣像运动的敌意在阿尔卑斯山以北毫无影响。而且，由于不理解罗马事务的复杂性，法兰克人很容易轻视其重要性。[需要承认的是，法兰克人有时候是对的，896 年圣诞节的恐怖事件就是一例。当时，教皇福尔摩赛（Formosus）的尸体被他的仇敌和继任者斯德望六世（Stephen VI）从坟里挖出来受审。但是，这事把罗马人也吓坏了——斯德望没撑过一年就被杀死。一般情况下，对于这种以暴力对待失败者的行为，罗马人自有一套冠冕堂皇的逻辑。] 但是，由于 9 世纪下半叶加洛林王朝频繁出现神学辩论，再加上教会政治一直保持着在教会大会上解决问题的习惯，教皇就以整个拉丁教会终审法官的身份拥有了新的影响力。尼古拉一世在位时，需要他来裁决的事情格外多，比如主教职位的免除、婚姻官司的判定（我们马上就会讲到），以及神学理论的争议——例如，哥特沙勒就在图希的大会结束后向尼古拉一世申诉，不过尼古拉还没来得及听取他的申诉就死了。反过来，尼古拉在和拜占庭的冲突中也寻求并得到了辛克马尔和其他法兰克主教的支持，他们甚至还为尼古拉写了论文。这些冲突包括佛提乌担任宗主教的合法性问题以及保加利亚的改宗问题（见前文，第 13 章）。由于罗马一直保持着与东方宗主教系统的联系，这些国际性问题实际上只与罗马有关。加洛林世界对这些问题的态度十分一致，而尼古拉则让教皇职位在法理上的权威性发挥了相当大的作用。他的继任者却没有继续发挥这种作用，至少是没有发挥到他的程度。若望八世在路易二世于 875 年去世后试图自己任命皇帝（他应该是想劝说皇帝们去意大利南部攻打阿拉伯人），但是，他可以给皇帝加冕，却控制不了谁当皇帝。到了 9 世纪末，随着加洛林计划的萎缩，国际上支持教皇的力量也就再次衰退了，尽管教皇的合法性权力仍在。

上述各种趋势在857—869年间洛泰尔二世和杜特贝加的离婚风波中汇合到了一起。这件事本来应该很简单。杜特贝加出身于显赫的贵族家族“博索家族”（Bosonids）。洛泰尔855年和她结婚，但很快就反悔了，并于857年试图回到旧情人瓦尔德拉达身边。瓦尔德拉达已经给他生了一个儿子，名叫于格。然而，9世纪的婚姻法比以往更加严格，查理曼可以随便休掉妻子，而洛泰尔却需要理由。他声称杜特贝加和她的兄弟于贝尔（Hubert）肛交，并因此怀孕（当然，这是不可能的。洛泰尔的支持者把这解释为巫术的作用），然后又让胎儿流产：这一下就犯了乱伦、鸡奸和杀婴三宗罪。858年，杜特贝加在“神判”（ordeal）中被证明无罪，但是洛泰尔又于860年在亚琛的一次大会上组织了公审，逼迫杜特贝加认罪并退隐到一座修道院里去。[35]这一结果在862年的一次教会大会上得到了谨慎的批准，瓦尔德拉达则在同时被封为王后。次年，教廷使节在梅斯同意了这一决定，杜特贝加再次认罪。之后，洛泰尔手下的两名资深大主教——科隆的贡特尔（Gunther）和特里尔的杜特高德（Theutgaud）——在863年前往罗马，寻求教皇对此事的最后批准。[36]但是，尼古拉一世拒绝支持他们。事情发生了戏剧性的反转，尼古拉一世宣布梅斯大会的决定无效，要求洛泰尔迎回杜特贝加，然后又把那两位大主教解职。洛泰尔始终没能如愿离婚，并于869年因发烧而死在了意大利。当时他正在和自己的哥哥（意大利的路易二世）一起劝说教皇哈德良二世（Hadrian II，867—872年在位）改变裁决。哈德良二世是尼古拉的继任者，态度可能柔和一些。[37]

洛泰尔和幕僚们为杜特贝加发明的种种恶意羞辱的招数实在太

过极端，人们很难不为他们的失败而感到欣慰。但除此之外，这桩离婚案还有重要的意义。首先，这桩官司牵涉到了现实政治：如果洛泰尔没有合法的男性后代，那么加洛林家族的其他成员就会接管洛泰尔尼亚。事实上，洛泰尔的两个叔叔——秃头查理和日耳曼人路易——在869—870年就做了这样的事。这两个人理所当然地站在杜特贝加一边。查理收留了她和她的兄弟，他手下的重要理论家辛克马尔则写了一篇长文来为杜特贝加辩护，以回击洛泰尔尼亚诸位主教讨伐她的檄文。但是，这里还是有一些原则性的问题，比如婚姻的神圣性，神判的终结性（辛克马尔和尼古拉认为在858年的神判之后，这桩官司就应该结束了），王后供认如此罪行所带给国家的灾难［洛泰尔的支持者、梅斯主教阿德文提乌斯（Adventius）认为，仅凭杜特贝加供认其罪行这一点，就足以使她被剥夺担任王后的资格］，国王孱弱到陷入这种婚姻纠葛所带给国家的灾难，以及教皇在西方的最高审判官权利，等等。除了最后一个问题以外，上述原则问题都在此前的几十年间得到了加洛林人的理论化论述，有些论述十分清晰，有些则比较模糊。而且，就像9世纪30年代的那场危机以及阿马拉里乌斯的危机一样，这些理论性的问题是辩论之中双方争论的焦点，辩论的胜负也是由理论的高下决定的。尼古拉一世决定不了洛泰尔尼亚的继承权归谁，但在9世纪60年代的政治环境里，他对洛泰尔的强烈谴责（他说洛泰尔错误对待了两个女人，而不是一个，这倒是说对了）、他所召开的大会和手下大主教的影响是无法忽视的。法兰克的人都没想到事情会发展成这样。尼古拉确实是想在现实政治中扮演权威的角色，至少是在法兰克政治中那些已经进入教会权力范围的部分，而我们已经看到，这一部分的面积相当大。科隆的贡特尔对尼古拉一世的裁决感到狂怒，我们可以看到他对这一裁决是如何拒绝的：“这一侮辱性的判决……不利于我们，既无正义，也无理由，更违反教会法律。”辛克马尔并不同情贡特尔，但是尼古拉于865年更进一步，用傲慢的语气给查理和路易写信。在另外的场合，尼古拉还驳回了对苏瓦松一名主教的解职决定，而这一决定正是由包括辛克马尔在内的法兰克高级神职人员做出的。从那以后，辛克马尔的语气就大大改变了。但是，当时的法兰克精英对正确的合法程序过于执着，既然这位强硬的教皇坚持他的合法决定，而这些决定又是法兰克人自己要求他做出的，那么法兰克精英们也就别无他法了。至少在尼古拉死前是这样，因为尼古拉是这一时期的教皇中独一无二的。哈德良二世试图阻止查理和路易接管洛泰尔尼亚，但彻底失败。871—872年，他又在另一位被解职的主教——拉昂的辛克马尔——申诉之时选择了逃避。不管怎么说，在这段时间里，理论问题的辩论已经给王国蒙上了阴影。

***

9世纪的三大政治系统——法兰克、拜占庭和哈里发国——都有知识分子化的政治成分，只是表现形式各有不同。我们有必要在此将三者做一比较。虽然三者几乎是同时出现的，但是我认为这可能只是一种巧合。查理曼取得了军事成功，认为自己负有宗教使命；面积缩小了的拜占庭在8世纪保持稳定，帝国首都的著书之风得以在800年左右复兴；阿拔斯时期的财政集中化使巴格达有资金支持大规模的知识分子活动。这三者之间并没有什么联系。但是，三者同时发生至少让我们很难将它们每一个都看成独一无二的现象，而历史学家却往往这么做。典型的中世纪政府往往认为自己的合法性来源于其在宗教道德方面的至高无上（现在的政府仍然这么认为），而像上述三者这样强大的政府更是可以在道德和学术方面做出相当大的动作。但是，这并不意味着三者是一样的，他们之间的差异实际上比共性更值得注意。

在拜占庭，受过教育的统治阶层在9—10世纪稳步发展。这个阶层基本上由世俗精英组成。拜占庭的教育和9世纪的一些制度改革（尤其是在法律领域）的目标都是复兴希腊-罗马传统，其中包括一种理念，即国家的统治阶级内应该有一种发达的书写文化。但是到了这个时期，这种文化中已经有了很强的宗教因素。这与拜占庭皇帝在宗教上的重要性不无关系。皇帝是正教的核心，也是复杂的政治仪式的焦点。我们在第13章已经看到，拜占庭在政治和道德方面并没有加洛林道德“修正”计划中所表现出来的那种急迫性。那种急迫性可能部分来自加洛林家族相对较浅的历史根基。拜占庭人知道自己已经掌握皇权长达千年之久，所统治的范围则包括半个基督教世界，因此自己只要能复兴罗马过去的辉煌就已经足够了。法兰克人的宗教自信则直到8世纪后期才建立起来，而且这种自信大部分来自查理曼和虔诚者路易，前者相信自己是独一无二的，后者对自己的道德使命颇为自得。当然，拜占庭的国家机构也比法兰克坚固得多，可以用几个世纪的时间去逐渐构建书写文化，而只有三代人历史的加洛林人只能选择不寻常的道路。在拜占庭人自己的意识中，他们只是在重新发现罗马人过去的辉煌。从这个意义上讲，他们没有那么强的紧迫感也算不上错。

总体来说，阿拔斯王朝与加洛林和拜占庭人一样相信自己是人类宗教拯救活动中的主角，但哈里发国的政治宗教关系与另外两国并不相同。哈里发本人在宗教中的中心地位在公元750年之后开始滑落（见前文，第14章）。只有马蒙在833—847年试图通过“米哈奈”来重塑国王的地位，但未能成功。伊斯兰教没有专门的神职人员系统，穆斯林信仰的诠释者们往往被大致定义为一群受过教育的人，也就是“乌理玛”，这群人到850年的时候已经成了伊斯兰教的唯一捍卫者。教育在9世纪的哈里发国和9世纪的拜占庭一样，都教人治国之术，这体现在越发复杂的“阿达卜”传统之中。但是，哈里发国的教育也教给人宗教的权威，这往往是与教授治国之术同时进行的。另一方面，伊斯兰教并没有一个正式的层级系统来把权威赋予个人。一个人成为宗教领袖，靠的是知识和哲学性的修辞技巧，而不是靠皇帝、宗主教/教皇、主教或修道院长等身份。于是，宗教界总有不同的声音。在最好的情况下，这可以大大激发思想的发展，但其结果是整个国家在847年之后几乎没有往哪个方向前进过。实际上，哈里发和其他政治领袖从那时候起就基本上与道德化的政治无关了，只有法蒂玛哈里发国除外。这样，虽然包括宗教教育在内的教育能够对一个人的政治生涯和宗教地位提供最关键的训练，但它并没有生产出类似于加洛林宫廷中的那种政治知识分子群体，其原因就是参与朝政对于这些道德家来说并不是那么重要。伊斯兰世界里当然也有一些在政治上很有权势的知识分子，例如尼扎姆·穆尔克（Nizam al-Mulk，1092年去世）。他是塞尔柱突厥人的维齐尔，也是政府中的重要理论家。他这样的人可以和拜占庭的佛提乌，当然还有法兰克的阿尔昆和辛克马尔这样的人相提并论。但是，政治权力并不是穆斯林知识分子必须拥有的东西，它只是最有利可图的一条职业路径而已。道德改革并没有像在拜占庭那样，因为皇帝处于宗教系统的中心而得以在全国范围内推行，同样也没有像在西方一样推行。阿拉伯的政治仪式虽然和君士坦丁堡一样复杂，却少了很多宗教元素，也没有拜占庭和法兰克那样形成系统性的明文规范。

拜占庭和阿拉伯政治系统都很强大（二者都植根于复杂的税收体系，而西方则没有这样的体系），而阿拉伯的系统则因为哈里发（以及哈里发之后的政治系统）和宗教拯救问题的稳定分割而更加稳固。因此，教育可以帮助一个人实现政治成功的观念就有了很大的空间。但这并不意味着精英阶层接受某种特定的宗教教育会对国家的生存起关键作用，也不意味着国家的使命在很大程度上就是拯救国土之内的人群，而这正是加洛林道德修正计划的初心。实际上，加洛林王朝在超过 100 年的时间里一直都是非常成功的，而且非常相信拯救的使命真的有可能完成。围绕着加洛林家族三代统治者的知识分子群体正是为这个目标而存在的。政治仪式的公共空间也是一样，这些仪式尽管没有东方那么复杂，但至少也是有寓意的。公众们就像在拜占庭一样观看仪式，分析寓意。而且，在关键的时候（833—834 年的危机就是明显的一例），这些仪式的作用可能会更大。在 9 世纪的法兰克，所有重要的政治事件都被理论化、道德化了，而且往往有多种互相冲突的解释。纯粹的政治知识分子在法兰克是有生存空间的，他们对国家来说很重要。这些知识分子有资格在大会上发言，完全是因为他们拥有的知识和智慧，甚至完全不必担任过行政职务。艾因哈德和费里耶尔的卢普斯都是如此。这种情况在拜占庭和阿拉伯世界几乎闻所未闻。而且，在一段时期内，法兰克境内的伊尔杜安们和辛克马尔们要远远多于拜占庭的佛提乌们和阿拉伯的尼扎姆·穆尔克们。他们既有官职，又在政治或道德层面扮演重要的角色。

如果我们站在中世纪早期西方世界的角度去看加洛林的道德改革，就会感到这种改革有时像是国家层面的事情：加洛林王朝是欧洲说拉丁语的部分在公元400—1200年间最成功的政体，而道德改革就是这个成功政体的产品。因此，加洛林人自己对改革的自信并不出人意料，其所带来的巨大的文化震动也是可以想象的。但是，如果我们站在同时期君士坦丁堡或巴格达的角度去看同一场改革，就会感到它似乎过于焦虑、震动过大、根基浅薄，而且必然只是一阵风似的运动。实际上，考虑到中世纪西方所有政体的基础机构都很薄弱，这后一种视角所看到的才是真实情况。（过于焦虑也是可以原谅的。加洛林人相信上帝会观看他们的一举一动，但上帝恐怕很难那么有耐心。）但是，加洛林人能取得如此高的成就，的确会引发人们的兴趣，也让人惊讶。在法兰克政治的道德化进程中、至少两代世俗贵族的教育过程中，以及政治不断发展的系统化进程中，加洛林人取得了某种效果：不同于拜占庭人和阿拉伯人，但不管怎样仍是取得了效果。

***

加洛林的改革计划在9世纪80年代开始衰退，衰退甚至在胖子查理于887年倒台之前就开始了。去世于882年的辛克马尔是最后一位真正对理论有所钻研的政治领袖，而秃头查理则可能是最后一个有兴趣读这些理论的国王——这一点可能是最关键的。到了10世纪，法兰克主教们开始主持改革大会，但是他们绝大部分只在当地活动，与王室政治的关联大不如前，只有10世纪后期的德国偶有例外出现。教育（以及文本抄写工作）仍然在修道院和教会学校里展开，但是在9

世纪 70 年代之后就失去了对政治决策的影响。换句话说，宗教世界并没有多大变化，但它和政治的关系发生了根本的改变。加洛林家族在 9 世纪时所表现出的乐观和自信，以及那种“法兰克政治家的决定都和上帝有关”的思想是当时支撑改革向前发展的动力。王朝在 877—887 年间陨落之后，继起的各个国家都由非加洛林家族的人统治，其政治的意识形态色彩也大大淡化了。这样，改革也就被迫降格到了地方，成为一种乡野地区的宗教活动。

尽管如此，成功的政治体系还是可以部分重拾加洛林的道德改革计划。在 11 世纪早期的德国，以及 10 世纪后期的英格兰，高层政治中都出现了局部的道德改革复兴。也就是说，这个计划一直摆在那里等待被人启用。不过，小一些的政体可能无法再像 9 世纪中期那几十年的加洛林王朝一样聚起那么多学者，并让他们在理论问题上展开竞争。道德改革计划的回归需要一个新的环境，那就是 12 世纪的城镇和货币经济。道德改革中的一个政治观念在西方政治中仍被普遍认可，至少也是被认可为一种愿景。这个观念就是：国王和主教应当合作，国王可以选择主教，但主教也有权利“纠正”国王；这既有助于有效且合乎道德的统治，也有助于当下世界和未来世界的繁荣。这种观念一直持续到至少 11 世纪后期，在很多方面延续的时间更长。它是被加洛林家族推上中心舞台的，而且影响深远。

第 18 章

10 世纪的继起国家

欧里亚克的热尔贝（Gerbert of Aurillac）的一生颇有成就，被很多人认为是 10 世纪知识分子中的领军人物。[1] 热尔贝大约出生于 940 年，家庭出身似乎并不是贵族。他在家乡欧里亚克的圣热罗修道院接受教育。这座修道院是一个地区性的朝圣中心，其与外界的联系被法国中南部的群山阻隔。967 年前后，巴塞罗那伯爵博雷尔（Borrell）发现了热尔贝的才华，把他送往加泰罗尼亚培训了几年。970 年左右，热尔贝陪博雷尔前往罗马，继而成为教皇若望八世和皇帝奥托一世（936—973 年在位）的手下，担任数学、天文学、逻辑学和修辞学的教师——这几门功课是中世纪中期课程表里的基础科目。[2] 他以教师的身份在 972 年移居兰斯，在那里生活了 20 年。在这期间，他既是享有盛名的教师，也是大主教阿达尔贝罗（Adalbero）的私人秘书。982—984 年，皇帝奥托二世（Otto II，973—983 年在位）赏识热尔贝在哲学和辩论方面的造诣，任命他为意大利博比奥修道院的院长。这件事是热尔贝的学生、历史学家里歇尔（Richer）记载的，我们关于热尔贝生平的大部分信息都来自他的记述。但是，热尔贝在博比奥得罪了既得利益阶层，在奥托二世去世时逃回了兰斯。从他存留至今的983—997年的书信集来看，他从那以后就一直是活跃的政客，有时代表他的庇护人阿达尔贝罗活动，有时则是代表自己。他积极活动，支持东法兰克和意大利的年幼君主奥托三世（Otto III，983—1002年在位）以及摄政太后狄奥凡诺（Theophanu），还支持西法兰克的公爵于格·卡佩（Hugh Capet）——西法兰克国王洛泰尔（954—986年在位）的主要敌人。他辅助阿达尔贝罗帮助并无王室血统的于格·卡佩继位成为西法兰克国王（987—996年在位）。阿达尔贝罗于989年去世后，热尔贝可能认为自己能继任大主教，但于格选择了洛泰尔国王的私生子阿努尔夫。他的这一决定主要是为了削弱洛泰尔的弟弟、下洛泰尔尼亚公爵查理的势力，后者当时正为夺回王位而战。但是，于格的这一招出现了误算。阿努尔夫几乎刚刚上任，就立刻把兰斯拱手送给了查理。于格在990年抓住了查理和阿努尔夫，然后在韦尔奇的圣巴斯勒召开的大会上以叛国罪为由将阿努尔夫解职。这次大会的组织者正是热尔贝，他现在已经接替阿努尔夫成为大主教（991—997年在位）。但是，于格在做出解职决定前并没有咨询教皇的意见，而教皇对此是持反对态度的。西法兰克的主教们争辩说这次解职是符合教规的，但热尔贝还是感受到了压力。于格死后，热尔贝离开兰斯去了萨克森，加入了奥托三世的朝廷。[3] 皇帝那时很年轻，热尔贝在997年当上了他的老师，随后便从兰斯大主教升职为拉文纳大主教，最后于999年成为教皇。他在1003年以教皇西尔维斯特二世（Silvester II）的身份去世。

热尔贝的一生受过几次严重的挫折，但他总能在贵人的帮助下东山再起。从他的信件中我们可以感到，热尔贝是一个充满自信的玩家，在一场复杂的政治游戏中为自己和阿达尔贝罗而战，后期则只为自己而战。他确实一直坚定支持奥托家族的国王和皇帝（即便是他在西法兰克的时候也如此）以及于格·卡佩，而且对后者的支持越来越笃定。但是，他离政治旋涡实在太近了。如果我们不知道他最后能当上教皇，那么我们肯定有很多次会认为他将被旋涡吞没：一个没有社会背景、全靠庇护者的人，在政治风向复杂多变的年代置身于高层政治，又在怀疑的目光中登上大主教之位——我们在第17章已经看到，兰斯的埃勃就是被这样的处境摧毁的，而热尔贝却靠惊人的好运屹立不倒。拯救他的，是他的学者身份：热尔贝总是以宫廷知识分子的身份受到欢迎。他和150年前的费里耶尔的卢普斯一样，经常写信索求抄本［尤其是数学方面的著作，以及西塞罗（Cicero）的作品］。他的技能让他可以在加洛林帝国的故土上随意游走。热尔贝在很多方面都是一个很好的例子，它说明我们在上一章中所描述的9世纪政治和知识分子行为方式在一个世纪之后仍然没有过时。

但是，两个世纪之间还是有区别的。第一个区别是加洛林王朝道德改革的命运。在9世纪的时候，即便是卢普斯这样的二流学者也有机会给国王讲授他们的道德义务，而到了奥托三世写信邀请热尔贝当老师的时候，热尔贝在回信中并没有提出什么道德方面的建议，而是热情地介绍起了自己可以教授的数学知识。［萨克森历史学家、梅泽堡主教蒂特马尔（Thietmar，1018年去世）曾回忆，热尔贝在马格德堡为奥托造了一座天文钟。］热尔贝在信件中从不劝诫当权者，而只是给他们提供信息，提出可操作的建议，并博取他们的青睐。奥托家族虽然在很多方面都和加洛林家族一样充满野心（蒂特马尔把奥托和查理曼相提并论[4]），却没有继承他们的道德化政治，只有公元1002年之后的亨利二世在某种程度上是一个例外。奥托家族几乎从不颁布法律。统治者的话语体系发生了变化，其覆盖范围也与以前不同了。在王室以外的政治活动者中，像阿达尔贝罗和热尔贝这样对不止一个国家感兴趣的人此时已经十分罕见了（兰斯接近边境，而且阿达尔贝罗在洛泰尔尼亚有近亲）。历史学家显然对其他国家不感兴趣。10世纪西法兰克的历史学家弗洛多尔德（Flodoard）和里歇尔几乎没有记载东法兰克和意大利发生的事情，而东边的萨克森历史学家维杜金德（Widukind）和蒂特马尔也只记录东法兰克的事，仅在奥托一世于962年征服意大利的时候略显潦草地提到了意大利几句。唯一的例外是克雷莫纳的柳特普兰德（972年去世），这位意大利的历史学家也关注了东法兰克政治（但是没有关注西法兰克），因为他的著作是他在法兰克福流亡期间写给奥托一世看的。[5]

后来分别成为意大利、法国和德国的这几个地区那时已开始分道扬镳，不过热尔贝的经历说明这个过程当时还没有完成。我们还会看到，奥托一世也不仅仅是占领了意大利，他在西法兰克的政治活动中也占有一席之地，而且并不认为这有什么不妥。彼此独立的“法国”和“德国”的概念当时还不存在[6]，现代历史学家们所用的“西法兰克”和“东法兰克”的说法在那时也只是偶有提及。更常见的用法是把东边的王国称为“法兰克”或“法兰克和萨克森”，以显示奥托家族的老家和政治根据地在萨克森。[“法兰西”（France）就是法语中的“法兰克”（Francia）。而在德意志的土地上，法兰克人的核心区域只是以前萨克森、阿勒曼尼亚和巴伐利亚的各个民族地区中的一个。因此，一个包含上述所有地区的名称逐渐出现了，那就是“德意志王国”（regnum Teutonicum），但这已经是11世纪的事情了。] 但是，历史学家对邻国的冷漠反映出这三个地区在文化上已经在缓慢地分离。对于弗洛多尔德和里歇尔来说，“真正”的法兰克就是法国（北部），而东法兰克人则是“来自莱茵河那边的人”（Transrhenenses），或者“日耳曼尼亚”的居民，后者是以前罗马时期的地理名词。与之相似的是，对于维杜金德来说，西法兰克是“高卢”（Gallis），原始法语是“高卢语”，而真正的“法兰克”则在东方。蒂特马尔曾说过“被外国人统治是最大的惩罚”，他所指的外国人肯定也包括西法兰克人。因此，我们将分别讨论这三个地区的政治历史。但是无论如何，此时政治行为的范式还没有出现特别明显的分野。我会在本章的最后一部分讨论这个问题，届时我将把加洛林故土上的所有地区看成一个整体。

***

在所有的继起国家之中，东法兰克[7]无疑是最强大的，但这并不是因为它的基础设施比其他国家更好。东法兰克的国土森林密布，尤其是在中部和南部。各地区之间的联系主要靠河流：在好几个世纪的时间里，除了个别专家级旅行者可以另辟蹊径外，唯一可靠的南北通路就是王国最西部的莱茵河走廊。这个地区也是前罗马帝国疆域内的主要地区，有道路，还有东法兰克的主要城市科隆和美因茨。萨克森和巴伐利亚之间有一个月的路程，这两个地区彼此之间几乎没有联系。统治者无论把基地放在哪里，都意味着对另一个地区放任自流。但是，日耳曼人路易所创造的地区政治体系基本上度过了公元900年前后几十年间的危机，直到奥托王朝时期仍在发挥作用，甚至从那以后又存在了一个世纪乃至更长的时间。

卡林西亚的阿努尔夫（Arnulf of Carinthia，887—899 年在位）从他的叔叔胖子查理那里夺取了权力，然后从巴伐利亚施行统治。那个时候，他显然是加洛林土地上各个统治者中最年长的一位。阿努尔夫是勃艮第国王鲁道夫一世（888—912 年在位）和意大利国王贝伦加尔一世（888—924 年在位）的宗主，甚至还有可能在 888 年被邀请担任西法兰克的国王。894—896 年，他曾短暂占领意大利并自立为皇帝，但是他在 896 年中风，很快就去世了。阿努尔夫年幼的儿子孩童路易（Louis the Child，900—911 年在位）继位。他是加洛林家族在东部的最后一位国王，始终没有什么作为。因此，东部王国在 896—911 年间出现了权力真空。填补真空的是新出现的地方统治者，他们都有着公爵称号：巴伐利亚公爵［（尤其是“柳特波德家族的”阿努尔夫公爵（‘Liutpolding’ Arnulf，907—937 年在位）］、阿勒曼尼亚（此时已越来越多地被称为斯瓦比亚）公爵、萨克森公爵［尤其是“柳道夫家族的”奥托（‘Liudolfing’ Otto，912 年去世）］，以及洛泰尔尼亚公爵［至少从 903 年开始，统治者为“康拉德家族的”格布哈特（‘Conradine’ Gebhard），910 年去世］。到了 906 年左右，东法兰克核心地区的权力似乎都聚拢在了一个公国手里，其统治者是格布哈特的侄子康拉德（Conrad）。巴伐利亚和斯瓦比亚都曾是加洛林王朝统治下的王国，有着自己的地方政治体系（而且曾经在政治上实现过自治）。从这两个地区，尤其是巴伐利亚，我们可以轻易看出一个地方统治者可以怎样从“（巴伐利亚）境内的公爵”变成统治该地区的公爵。阿努尔夫主持整个巴伐利亚的大会和军队，自己任命主教，甚至还在 918 年短暂称王。萨克森的情况要复杂一些，因为这里从来没有形成过统一的自治地区，而且奥托公爵的父亲柳道夫（Liudolf,

866年去世）和兄长布伦（Brun，880年去世）虽然都被称为“公爵”（dux），但实际上只是边疆将领而已。[8]不过，他们在担任将领期间击败了斯克拉文人（斯拉夫人）和一台战争机器（维京人——译注）。奥托在去世之前已经基本上控制了整个萨克森地区。他把这块领土遗赠给了自己的儿子亨利（Henry）。加洛林家族在洛泰尔尼亚和法兰克核心区域的统治时间更长一些，因为这是他们最重要的领地，亚琛和美因茨周边聚集着大量的王室地产。但是，有迹象表明，到孩童路易死的时候，公爵的势力在这里也多少建立起了霸权，说明公国政治权力的概念已经形成。法兰克人康拉德统治着最具“王室色彩”的公国，他自然而然地成为路易的继任者，是为康拉德一世（Conrad I，911—918年在位）。但是，他没能像自己预想的那样，取得以前同为公爵的同僚们的支持，尤其是萨克森的亨利和巴伐利亚的阿努尔夫。他还被西法兰克国王糊涂查理（898—923年在位）夺去了洛泰尔尼亚。康拉德去世的时候，法兰克和萨克森的诸侯拥立萨克森的亨利为新任国王（Henry I，919—936年在位）。[9]这个任命可能还是康拉德自己建议的，而且肯定得到了康拉德的弟弟兼继承人、法兰克公爵埃伯哈德（Eberhard，939年去世）的同意。但是，斯瓦比亚人和巴伐利亚人缺席了这次王位推选。

东法兰克此时已经明显（至少）一分为三，重现了876年时的形势。南方的两个公国都有各自的传统，毕竟国王所在的萨克森实在太远，而且这个国王也不是法兰克人，并不比斯瓦比亚人或巴伐利亚人更“像”王室成员。亨利继位之后十分谨慎，他可能没有经过受膏，因此也没有太宣扬自己的权威，而是和其他公爵缔结了“友好”[10]协议，暗示他们彼此之间大致平等。但是，这些公爵已经准备好要拥护亨利，亨利自己也在10世纪20年代收复洛泰尔尼亚后建立了信心。此外，萨克森军队一直非常活跃。他们的对手有斯拉夫人，但最主要的是马扎尔人，或称匈牙利人。这个半游牧部族在894年之后的10年间推翻了摩拉维亚人的势力，在现在的匈牙利境内建立起了根据地。10世纪初，马扎尔人在欧洲中部的大部分地区和意大利到处扫荡，如入无人之境。亨利在933年击败马扎尔人，并让他们臣服了20年。这次胜利也让亨利获得了极高的地位（不仅仅是在战争的前线巴伐利亚）。像阿努尔夫一样，亨利的霸权在勃艮第也得到了承认（但没有在意大利得到承认）。亨利的儿子奥托一世于936年继位时，他已经可以自导自演一场选举，并安排自己在亚琛加冕了。[11] 这次，奥托一世在一场非常正式的仪式中被美因茨大主教受膏。回到家乡萨克森公国后，奥托又邀请所有四位公爵赴宴，让他们和自己的副王（rege secundus）一起伺候自己吃饭。这清晰地反映了国王和公爵们之间的主属关系。

奥托继承王位的时候还有兄弟在世，这在东法兰克王国还是9世纪70年代以来的第一次（也是1190年之前的最后一次）。亨利剥夺了他们的继承权，他在经过深思熟虑后才做出了这一背离加洛林传统的决定。939—941年，奥托的两个兄弟唐克马尔（Thankmar）和亨利造反，（对于奥托来说）幸好两人没有在同一时间起兵。这两人在其他公爵那里和萨克森内部都得到了广泛的支持，只有斯瓦比亚的赫尔曼（Hermann，926—948年在位）始终忠于国王。赫尔曼出身康拉德家族，是由亨利一世扶持上位的。奥托最终赢得了战争，趁势剥夺了所有公爵的权力。在法兰克的核心地区，他与埃伯哈德和赫尔曼打了一仗，埃勃哈德战死。此后奥托取消了法兰克公爵的头衔，自己统治那里。从那时起，奥托经常自己决定公爵的人选。这些人几乎都来自已经出现在政治版图上的公爵家庭，因而奥托的选择面并不宽。奥托家族和加洛林家族不同，他们无法创造出一个新的帝国贵族阶层，无论这个阶层的规模大小。但是，奥托经常会选择自己的亲戚担任公爵。他把此前造反但后来又与自己冰释前嫌的弟弟亨利任命为巴伐利亚公爵（947—955 年在位），把自己的儿子柳道夫（948—953 年在位）任命为斯瓦比亚公爵，又把自己最小的弟弟、科隆大主教布伦任命为洛泰尔尼亚公爵。在这些人之后，奥托才又开始从更具本地背景的家族中寻找公爵人选。

柳道夫在 953—954 年间也起兵造反了。这次行动虽然得到了很多人的支持，却被匈牙利人的最后一次大规模入侵破坏了。955 年，奥托在斯瓦比亚边境奥格斯堡城外的莱希费尔德击溃匈牙利人。从此，他的霸权再也没有受到挑战。奥托的势力扩展到了西法兰克，其例证就是 948 年在英格尔海姆召开的大会。[12] 在那次大会上，国王路易四世（Louis IV，936—954 年在位）向奥托控诉伟大的于格（Hugh the Great，956 年去世）公爵，并让这位东法兰克国王和教廷代表一起做出裁决。奥托的势力也扩展到了意大利。首先，他的霸主地位在 951—952 年得到了贝伦加尔二世（950—962 年在位）的承认。然后，他又在 961—962 年吞并了意大利王国，加冕称帝。奥托此时已经很有实力，可以在自己统治生涯的后期几乎都待在意大利。而且，在他生命中的最后 20 年里，他已称得上是 10 世纪以来最有权势的统治者——蒂特马尔把他和查理曼相提并论并没有错。奥托的儿子奥托二世（973—983 年在位）的统治相对来说就黯淡多了。他四处出击，但结果不尽人意：978 年战败于巴黎郊外，982 年更是在意大利最南方的克罗托内附近败在阿拉伯人的手下，那是他败得最惨的一次。奥托二世的儿子奥托三世（983—1002 年在位）继位时只有 3 岁，王国因此长期处于幼主的统治之下。[13] 但是，奥托一世打下的政治基础十分牢固，历经奥托二世和奥托三世的统治后仍在发挥作用。这两位小奥托都有人照顾，照顾他们的是奥托二世的母亲阿德莱德（Adelaide，999 年去世）和妻子狄奥凡诺（991 年去世），这两位摄政太后都十分严厉，仿佛是从墨洛温王朝的模子里刻出来的。她们的当权也证明柳道夫 / 奥托家族此时已经以东法兰克王室的身份建立起了中央集权。奥托三世去世时没有子嗣，东法兰克的诸侯在两个继承人选之间犹豫不定，其中一个是斯瓦比亚的赫尔曼二世（Hermann II），另一个是萨克森边境地区麦森的侯爵埃克哈德（Ekkehard）。最后，他们突然选择了巴伐利亚的亨利四世（Henry IV，在东法兰克称为亨利二世，1002—1024 年在位）。他是奥托一世的侄孙，也是奥托三世的男性继承人。这些王位继承的选择过程无疑表明东法兰克此时已经形成了单一的政治体系，而且将意大利也包括在内。

这个体系的运作情况就没有那么显而易见了。按照墨洛温和加洛林的传统，大会是政治生活中的大事，这一习惯肯定保留了下来，实际上还得到了强调：新的萨克森王室中心在马格德堡和奎德林堡。每到复活节，这两个地方就会吸引王国各地的贵族和主教前来。王室颁发的证书也说明，王室授予的土地和权利的合法性在整个王国之内都非常重要。但是，和前辈们比起来，奥托王朝在对地方的控制上更为间接。国王 / 皇帝决定公爵的人选，但是南方斯瓦比亚和巴伐利亚两个公国的公爵却控制着所有之前属于王室的土地。实际上，奥托一世的儿子柳道夫为了继承赫尔曼的斯瓦比亚公爵之位，必须和赫尔曼的女儿伊达（Ida）结婚。按照维杜金德的说法，只有这样才能“得到公爵之位和他的全部地产”。[14]也就是说，假如赫尔曼有儿子的话，柳道夫可能会成为一个没有土地的公爵。公国境内的大会、军队和司法全都在公爵的掌控之下。在加洛林时代的东法兰克，王室从来没有往地方派出过太多钦差，而奥托王朝向地方派出的宫廷教士往往都是非常临时性的代表。[15]国王也亲自决定主教的人选，主教往往产生于宫廷教士。国王的臣属包括主教，这一点是很重要的，主教们也可以在回到各自的公国后维护王室的利益。但是，除了科隆和美因茨这两个最重要的大主教以外，主教们多数也是来自当地的家族。国王能做到的最多也就是破坏公爵的权力，这有时是通过分割公国来实现的（976年，卡林西亚被从巴伐利亚分离出去，洛泰尔尼亚则在10世纪50年代后期被分成上下两部分），更多的时候是通过怂恿主教和其他地方诸侯争取更多自治权，尤其是通过授予他们司法豁免权这样的手段来实现。最后，奥托王朝对各个边远公国和意大利的标准政策就成了简单的“分而治之”。此外，王室还经常举行大会仪式，并在各地巡游——奥托家族的国王总是到处巡视，频率比加洛林国王们高得多。他们巡视的地方几乎包括巴伐利亚之外的所有地区。上述做法构成了奥托政府政治谋略中的一大部分，至少在萨克森以外的地区是如此。

无论如何，奥托家族都拥有强大的实力：这些实力来自王室的土地、亚琛和美因茨—法兰克福周边那些残存的加洛林核心地区，以及他们自己在萨克森南部希尔德斯海姆和梅泽堡间的核心地区；实力也体现于他们所庇护的采邑、公国、主教区等，这些区域的中央机构仍然像加洛林王朝时期一样，扮演重要的政治权力分配中心的角色；他们的实力也来自790年左右在萨克森王室核心地区戈斯拉尔附近发现的银矿，这些银矿提供的财富让国王们享用了近200年。[16]当然，实力最大的来源还是他们那庞大的军队。军队的核心根据地是萨克森，其东部的若干边疆地区更是对提升军事实力起到了关键作用。这些地区在亨利一世和奥托一世统治期间成为组织严密的军事区域，有助于王国向东方扩张。易北河—奥得河一带（大致相当于1945—1990年间的东德）的斯拉夫人已经大致臣服，他们东边的邻居们也向法兰克人纳贡。萨克森贵族从中获利颇丰，这也使他们中的大部分人对王室保持了忠诚，但国王/皇帝始终控制着整个过程。（柳道夫/奥托家族在10世纪称王之后，萨克森的各个公爵又发达起来，但他们的主要根据地都在东部边疆地区，并没有取代王权的直接控制。）奥托王朝四处征战的时候，萨克森军队得到了来自东法兰克王国各个地区的兵源补充。10世纪留存至今的行政文献十分少见，其中有一份叫作《武装士兵名册》（*Indiculus Loricatorum*）的文件，收录了奥托二世于981年在南意大利时为加强防御而征召的士兵的名单。[17]从这份文件中的信息来看，当时各地征来的士兵主要来自教会所拥有的土地。奥托家族始终没有失去对整个王国的征兵权。奥托在意大利战败后，斯拉夫人于983年发动了大规模的叛乱，把萨克森人从易北河以东的大部分地区中赶走，并且把这一战果维持了一个世纪。[18]但即便如此，奥托家族仍然没有失去对萨克森前线和军队的控制。由于以上因素，奥托家族统治范围内大部分地区的政治结构虽然相对简单，但他们仍能建立起霸权，而且在公元1000年以前都没有显示出衰退的迹象。

***

意大利王国[19]的情况和东法兰克正好相反，这里的政权结构完善，而国王却很弱势。王国的领土沿着亚平宁半岛一直向南延伸到罗马，首都仍然设在帕维亚。这里是王室朝廷所在地，其作为司法活动中心的作用也越来越明显。意大利的法庭记录直到11世纪后期之前都十分详细，而且相对标准化。这些记录显示出，当时案件上诉到帕维亚是很常见的事。这类法庭记录所记载的大多是各个伯国的司法大会的情景。这种大会是公开进行的，每年举行三次，由伯国的伯爵或王室钦差（钦差在意大利仍然存在，只不过这个官职已经成了地方官职）主持，地点一般设在意大利强大的城市联盟中。这和东法兰克的大会政治有相似之处，但比东法兰克更地方化、常规化，而且更侧重于司法活动。参加这类大会的除了世俗的司法人员外，还有很多半专业的世俗法官（iudices），他们大多有读写能力。意大利政府的税收和来自王室土地的收入比德国更多，也更系统化，至少和萨克森边疆地区以外的地方相比是如此。收入最多的就是王室在首都周围的核心区域，此时已被称为伦巴第和艾米利亚。在962年，意大利是一个值得征服的地方，就像它在773—774年时一样。

与完善的政治结构同时出现的，是趋于地方化的政治。8世纪时伦巴第王国的贵族就是地方化的，财富水平也不高。加洛林王朝时期，来自北方大贵族家族的法兰克人涌入意大利，这些人拥有的财富规模就大多了，比如我们在第16章时看到过的南方斯波莱托公国的“维多家族”，还有苏柏家族（路易二世的王后安吉尔贝尔加的亲族）。但是，这些家族到10世纪早期时就或是衰落，或是局限于地方，或是二者都有。例如，卢卡伯爵博尼法乔家族（Bonifacian）来自巴伐利亚，812年第一次见于意大利的文献记载。846—931年，这个家族的成员在托斯卡纳担任侯爵，其势力已经完全集中在当地。此后，该家族被推翻，最终绝嗣。加洛林时代初期，外来者几乎把持了所有的世俗官职，但伦巴第当地的家族在9世纪后期重新崛起，并且可能获取了大量的土地和官职。例如托斯卡纳南部的阿尔多布兰德斯齐（Aldobrandeschi）家族[20]，受洛泰尔一世和路易二世的庇护，还有艾米利亚东部的卡诺萨（Canossa）家族，受于格和奥托一世的庇护（见第21章）。但是，这些家族的利益范围通常也就是在三四个互相比邻的伯国之内，而到了10世纪，绝大多数贵族的利益范围只局限在一个伯国里。意大利和东法兰克类似，王室核心区域之外的领土也被分割为若干公国和侯国：东北部有弗留利，南部有斯波莱托，中部有托斯卡纳，西北部先有伊夫雷亚，然后是都灵（弗留利和斯波莱托的渊源都来自伦巴第，其他地区都是在加洛林时期或之后才诞生的）。这些地区和阿尔卑斯山以北的同类地区相似，都有半自治的政治结构和军队。但是，意大利的独特之处在于大多数伯国内部十分团结。这些伯国往往和当地主教辖区的边界重合，且都以某一个城市为中心。当地几乎所有政治人物都住在中心城市里，这样，世俗和宗教贵族就可以非常容易地把主要的注意力集中在单一的城市领地内，甚至可以越过侯国这一级。到了10世纪，各个地区都有了各自独立的历史，不仅弗留利和托斯卡纳如此，他们各自的组成部分，如维罗纳、帕多瓦和比萨——以及王室核心地区的帕尔马、贝加莫、米兰——等地都是如此。他们在政治结构上与帕维亚有关联，但主要集中在城市范围内的身份认同和彼此之间的竞争关系更加重要。这些地方化的领地比东法兰克的大部分地区都更团结，而与西法兰克相比，单个家族统治一个地区的现象也要少很多。因此，这些领地吸收了更多来自地方势力的利益，而国王甚至侯爵都基本上只能从外部对他们实施干预。在这些城市组成的网络外，只有托斯卡纳一直到 11 世纪都还是保持完整的地区领地。

以上就是 10 世纪政治变迁的背景。胖子查理被推翻之后，弗留利侯爵贝伦加尔成为第一个自己称王的人。在长达 35 年的统治中，他遭遇过至少五个敌人的挑战，其中包括我们已经提到过的北方的阿努尔夫，还有斯波莱托的盖伊（889—895 年在位）和兰贝特（891—898 年在位），以及稍后出现的普罗旺斯国王路易三世（Louis III）和勃艮第国王鲁道夫二世（Rudolf II）。贝伦加尔一世[21]熬死了前三位，弄瞎了第四位。905—922 年，他的权力达到顶峰，没有其他国王可与之竞争。但是，他在自己位于意大利东北部的根据地之外的地方其实并不怎么受欢迎（除了阿努尔夫之外，他的所有敌人都在西北部得到了积极的支持，而托斯卡纳一般保持中立）。他也不是一个伟大的军事领袖（他先是被匈牙利人击败，然后又输给了勃艮第的鲁道夫）。他在 10 世纪初引领了兴建地方防御体系的潮流，其焦点集中在城市或者私人拥有的堡垒。他经常授予这些堡垒司法豁免权。盖伊和路易三世还把城墙之内的伯爵权利授予主教，从而进一步分解了伯爵的司法权。贝伦加尔随后也采取了这样的做法。应该说，贝伦加尔这是实行了一套设计合理而且大体成功了的政治谋略，以回报那些在自己领地以内和以外的支持者。但是，这也同时加强了刚才提到过的地方化趋势。在贝伦加尔的统治之下，我们很难看到阿尔卑斯山以北的加洛林王朝那种程序化的政治，或是加洛林及奥托王朝那种仪式性的王室大会。即使是从大约 915 年开始出现的歌颂贝伦加尔的诗篇（这类诗作不常见，但也不是绝无仅有的。查理曼和奥托一世都有类似的歌颂诗篇）都不曾提及这些举措。贝伦加尔的结局十分悲惨，他的匈牙利雇佣兵再次叛变，鲁道夫又率军入侵，匈牙利人随后洗劫了帕维亚。924 年，贝伦加尔被谋杀，君主这种死法在那个时代是十分少见的。

意大利诸侯仍在寻找一位能干的统治者，他们在 925 年找到了阿尔勒伯爵于格。他精力充沛地统治了 20 年，从 926 年到 947 年。于格自己没有地方上的权力根据地，他从帕维亚周边的王室核心地区施行统治，并试图通过挑选侯爵人选去系统控制各个侯国。在这方面，他的统治方法几乎和比他小一些的同时代统治者奥托一世一模一样：他把已经拥有一定基业的家族调到其他地方去（实际上调动的次数比奥托还多），然后换上自己的亲族。例如，于格的兄弟博索和私生子于贝尔就曾接连担任托斯卡纳侯爵（931—969 年）。他还在很大程度上依赖于各地主教组成的网络，无论这些主教是他的亲戚还是来自当地家族。这些人拥有相当大的权力［例如，他的儿子、皮亚琴察主教博索也是帕维亚的大官长］。需要再次说明的是，我们掌握的证据无法说明当时存在一个更加公开、以大会为基础的政治制度（除了法律领域以外），虽然这可能至少在帕维亚是比较正常的。我们关于于格的主要史料都来自克雷莫纳的柳特普兰德，而这位忠于庇护者奥托一世的作者在讨论意大利国王的时候，总是系统性地忽视那些能够显示王权合法性的标准特征。[22] 但是，我们在其他史料中也找不到能显示当时存在王室经济，或者能表明在于格周围聚集着许多政治人物的证据。所以我们倾向于认为，对于在意大利占主导地位的地方政治来说，于格仍然是一个局外人，而且最后他也被推翻了。945 年，流亡在外的伊夫雷亚侯爵贝伦加尔和一支东法兰克军队入侵意大利，于格此时发现没有人支持自己。贝伦加尔二世从951年开始在奥托一世的霸权之下统治意大利，然后在962年被轻易废黜。

如果一个政治体系在财富和制度两方面都很完整，而统治者在政治上却相对边缘化，其所获得的军事支持也很小，那么这个政治体对外人来说就很有吸引力，也很容易征服。鲁道夫、于格、贝伦加尔二世和奥托一世相继发现了这一点。不过，我们也有理由认为奥托王朝的统治到此时为止是最适合意大利的。奥托一世和奥托三世[23]分别在意大利待了9年和5年，但是在962—1000年之间，国王出现在这个王国里的时间加起来也不到总时间的三分之一。到了11世纪，这个数字更是急剧下降。奥托家族在伯爵强势的地方授予主教豁免权，在主教强势的地方任命并扶持伯爵：这种临时性的做法是为了在阿尔卑斯山的那一边削弱地方性的权力根据地。除此之外，他们没做多少事。他们没有引入新的家族。当他们出现在意大利的时候，他们的军队也没有明确地树立过什么敌人。不过，奥托三世在罗马遇到了不小的麻烦。他在998—1001年间想把罗马当作自己的政治根据地，并且提出了一个浪漫且基本上属于空想的罗马帝国“创新”计划。但是，他们大部分时间不在意大利，这样意大利主教和城市贵族所组成的地方政治就可以在少有外部干扰的状态下继续运作，并且通过以帕维亚为中心的司法大会体系，以及频繁到阿尔卑斯山那边寻求国王/皇帝授予土地证明的方式保持彼此间的实质性联系。这个现象将一直持续到11世纪80—90年代的内战时期，那次战争迫使意大利各城邦开始考虑自己统治自己。另一方面，从公元1000年开始，很多比城邦规模更小的领主领地开始出现，这些拥有政治自治权的领主权力不断集中，破坏了城市领地原有的完整性（详见下文，第 21 章）。

奥托一世和三世都直接干预过罗马的政治，而三代奥托都曾试图干预罗马以南的地区。独立的贝内文托大公国曾阻挡查理曼南下的步伐。但是经过 10 年的内战后，这个大公国于 849 年一分为二，变成了贝内文托和萨勒诺。到了 9 世纪 60 年代，卡普亚又从萨勒诺中分离出去。在那之后的两个世纪里，这三个大公国一直频繁地分分合合，互相攻击，还攻击同一区域内的那不勒斯、阿玛尔菲和加埃塔等前拜占庭城邦。这几个政体的内部都不是很团结，因为到 10 世纪中期时，它们各自都已被分割成更小的领主土地，只有萨勒诺除外。这些国家的军事实力也很弱：路易二世在 9 世纪 60—70 年代已经试图统治它们，只是未能成功；拜占庭人也做了类似的尝试，而且更有成果，他们在 9 世纪 80—90 年代吞并了萨勒诺和贝内文托的南部地区，其中对后者的占领尤为重要。因此，在奥托王朝看来，南方的这几个大公国很适合作为新的征服对象。而且，如果它们没被征服，那也只是因为它们离奥托家族的权力根据地实在太远，也因为奥托二世在 982 年的那次失败太伤元气。

然而，与之相反的是，意大利南部那些独立大公国依靠本地王朝统治的政治模式始终未受挑战。[24] 毫无疑问，这也是罗马经历狄奥菲拉特（Theophylact）家族连续四代的统治（约 904—963 年）而逐渐向王朝式政治模式发展的原因。[25] 这种模式根深蒂固，人们甚至可以容忍一位独立的女性统治者，她就是拥有“女元老院成员和女贵族”（senatrix et patricia）头衔的玛洛齐亚（Marozia，约 925—932 年在位），10 世纪的少数几位女性统治者之一（其他几位都在麦西亚和罗斯。我们将在稍后讨论她们）。她的儿子阿尔贝里克（Alberic，932—

954 年在位）推翻了她，然后自封大公，显然是在模仿南方的那几个大公。这些统治者自己决定主教人选，就像卡普亚－贝内文托和萨勒诺，以及北方的奥托王朝的统治者们一样，只不过这里的主教就是教皇。然而，阿尔贝里克破坏了这个规律。他不仅让自己的儿子屋大维（Octavin，954—963/964 年在位）继承了大公之位，还事先说服罗马贵族在后来的选举中任命屋大维为教皇。这些贵族在 956 年遵令执行，让屋大维成为若望十二世（John XII）。罗马的官僚阶层一直以教皇为中心，这一传统使得宗教领袖从长期来看比大公更适合做统治者。但是，若望被奥托一世推翻之后，新的不稳定局面出现了：互相敌对的家族各自支持互相敌对的教皇，这种情况一直持续到该世纪末。奥托一世和三世都曾短暂地用高压和暴力的手段介入纠纷，结果只是使局势更加激化。但是，虽然国王 / 皇帝们可以放弃意大利南部，但他们不能放弃罗马，因为他们需要在那里加冕为帝。奥托三世曾想挑选意大利以外的人（包括热尔贝）担任教皇，以解决罗马的派系斗争问题。这一举动是 8 世纪中期以来的第一次，却以失败告终。亨利三世在 11 世纪 40 年代再次尝试，结果给后世带来了始料未及的影响。

***

西法兰克毫无疑问是后加洛林时期诸王国中最不成功的一个。即使是罗讷河谷中弱小的勃艮第王国[26]都能在 888 年到 1032 年被东法兰克王国 / 帝国吞并之间的时期内顽强自保（除了被阿拉伯人劫掠的南部以外），并维持王朝的统治，而西法兰克连这一点都没做到。这个国家既有东法兰克奥托王朝那样的个人化王权，又有 10 世纪意大利式的动荡——二者的结合是致命的。[27] 西法兰克的国王们到 10 世纪 40 年代时就已没有任何权威了，在随后的 150 年内也没有什么起色。

888 年，“罗贝尔家族”的巴黎的奥多（‘Robertine’ Odo of Paris，888—898 年在位）夺取了西法兰克的国王之位。加洛林家族在西法兰克的唯一幸存者糊涂查理当时还是个孩子，而国家需要一位成年领袖来对抗维京人。889 年，奥多召开了许多大会。与会者包括各地的伯爵和主教，最远的来自巴塞罗那和尼姆。但是，由于没有加洛林家族的血统，奥多没能在南方的卢瓦尔、阿基坦和其他地方建立起权威。到了 893 年，由于奥多对维京人缺乏胜绩，兰斯大主教福尔克（Fulk，900 年去世）另立查理为王，反对奥多，由此掀起了内战。奥多和查理在 897 年议和，查理被承认为奥多的继承人，以此换取奥多的弟弟罗贝尔被承认为塞纳河和卢瓦尔河之间以及巴黎周边地区，其家族所有的伯国和修道院的唯一控制者。于是，查理继位称王（898—923 年在位）后就把巴黎地区一大块传统上属于王室的土地割让给了罗贝尔。巴黎以北瓦兹河地区的大部分王室地产也被韦芒杜瓦伯爵埃里贝尔一世（Heribert I，约 905 年去世）和他的儿子埃里贝尔二世（Heribert II）占据。这两人算是加洛林王室的远亲，因为埃里贝尔一世是意大利的伯纳德的孙子。查理只剩下东北部的拉昂作为自己的政治根据地，有能力的时候则把势力范围拓展到兰斯。他在 10 世纪第二个十年一直忙于控制洛泰尔尼亚，这并不出人意料，因为亚琛附近的王室地产有助于大大增加他的财富和政治影响力。但是，他的雄心壮志并没有得到西法兰克贵族的全力支持，而且这些人似乎很讨厌查理的那些洛泰尔尼亚幕僚。920 年，几乎所有的西法兰克伯爵都在兰斯的弗洛多尔德的[28]带领下起兵造反。他们在 922 年拥立罗贝尔为国王。罗贝尔在次年的一场战斗中被杀，但法兰克人仍不肯迎回查理，他们又选择了罗贝尔的女婿、勃艮第公爵鲁道夫（923—936 年在位）。查理被韦芒杜瓦的埃里贝尔二世擒获，并于 929 年死于狱中。

查理并不是一个毫无能力的国王。他在洛泰尔尼亚的活动至少是个合理的战略，只不过是孤注一掷罢了。在和塞纳河上的维京人打交道时，他也展现了谋略，他承认了这些人，并且在 911 年封他们的领袖罗洛（Rollo）为鲁昂伯爵。塞纳河上的维京人［拉丁文中称为“诺曼人”（Nortmanni）］对这一交易基本上还是尊重的，后来也不再攻击法兰克人。他们定居下来，很快就表现得和其他法兰克诸侯差不多了。他们所占有的诺曼底地区虽然有陷入内战的风险，但还是比较牢固地掌握在他们的伯爵 / 公爵手里。但是，查理有几个无法克服的问题。第一，查理在整个西法兰克中拥有的土地实在太少。在公元 898 年之前的 20 年里，北方和南方的伯爵和公爵们为了自己的利益而占领了大部分国土，只留下了巴黎附近的核心区域，而查理还要同罗贝尔和埃里贝尔再瓜分这个区域。第二，查理和他的继任者们没有权力选择伯爵和公爵，这一点与东法兰克和意大利不同。所有 10 世纪的西法兰克国王在主要伯国和公国的继承人问题上都没有太大影响力，除非这些统治者死时没有继承人选。国王的这项权力是刚丢掉不久的，因为胖子查理在 9 世纪 80 年代还行使过它，但它现在已经没有了。由此带来的结果就是西法兰克领土上的政治棋局完全失去了战略控制，只有战争才能解决问题。一般来说，国王能够选择的只有北方一些地方的主教和修道院院长，其中包括地方权力重镇兰斯。第三，西法兰克诸侯自己把自己地方化了。898 年时，罗贝尔、埃里贝尔一世、佛兰德伯爵鲍德温二世（Baldwin II）、兰斯的福尔克、勃艮第公爵正义理查（Justiciar duke）、东阿基坦公爵虔诚者威廉（William the Pious）和图卢兹伯爵奥多等人的兴趣只局限于他们各自控制的伯国和近邻，而不是把整个王国都纳入考虑范围。这和东法兰克及意大利的情况很像，而查理的任务就是要像萨克森的亨利一样，把他的大会打造成政治权力的中枢。可是，他并没有土地资源来实现这个目标，而他创造资源的努力也没有获得支持。

鲁道夫国王至少在923年有了一个新的根据地，也就是勃艮第公国，而且他在那里的势力还很强。但是，他基本上也就局限在那里了。弗洛多尔德在《年代记》中提到，韦芒杜瓦的埃里贝尔或罗贝尔的儿子伟大的于格（956年去世）需要让鲁道夫去打仗的时候，就会把他"召唤"到离勃艮第不远的法兰克核心地区。[29]鲁道夫于936年去世后，于格把流亡在英格兰的查理之子路易四世（Louis IV）召回，以实行统治。路易既没有地盘，也没有权力，他为了不再依附于格而进行了不懈的努力，但未获成功。于格则在936年成为"（西）法兰克公爵"。他甚至还在945—946年把路易投入了监狱，这使奥托一世更明确地参与了进来。结果，路易在948年出现在英格尔海姆，希望奥托对他和于格的纠纷做出裁决。（于格因此于当年被处以绝罚。他对此毫不在乎，但也确实在950年同路易讲和。）路易在954年去世，他13岁的儿子洛泰尔（954—986年在位）继位称王。洛泰尔的母亲热尔贝加（Gerberga）摄政了几年。于格在956年去世，让洛泰尔长出了一口气，因为于格的长子于格·卡佩当时只有十几岁。热尔贝加和于格·卡佩的母亲哈德维格（Hadwig）是姐妹，她们也是奥托一世的姐妹。奥托在西法兰克的势力在那几年达到了顶峰，而代表他行使权力的则是他们的弟弟科隆的布伦。在之后的10年里，布伦在西法兰克十分活跃。

在他的安排下，于格·卡佩的公爵称号在960年得到了批准。洛泰尔在逐渐长大的过程中不仅与于格·卡佩不和，跟奥托一世和奥托二世也产生了矛盾，并且在978—980年间和奥托二世打了一仗。与60年前的查理一样，洛泰尔打这一仗的目的也是夺回洛泰尔尼亚。但是，他越发膨胀的野心并没有越发强大的实力做基础。[30] 987年，洛泰尔的儿子路易五世（Louis V）早逝，兰斯大主教阿达尔贝罗成功说服洛泰尔同意让于格·卡佩当继承人。[31] 这一点我们之前已经讲过。990年，洛泰尔尼亚的查理（Charles of Lotharingia）被俘，加洛林家族和罗贝尔家族绵延多年的敌对关系就此结束，卡佩家族（Capetians）的男性开始统治西法兰克/法兰西。他们的统治没有过明显的间断，一直维持到1792年。就我所知，这一记录在除日本之外的全世界的历史中都没有能比的。

但是，王室的麻烦并未到此结束。阿达尔贝罗（或者热尔贝）在985年的时候就已经可以写下简短的"匿名密信"——收信人可能是这位大主教在洛泰尔尼亚的族人——说"洛泰尔只是名义上的法兰克国王；于格确实没有名分，但实际上他才是国王"。这种情况完全是公元751年的再现，而且是公开化的。但是，罗贝尔家族也没有一直维持在顶峰状态。伟大的于格的权力根据地包括巴黎和奥尔良之间的大约20个伯国，向西一直延伸到昂热：按照10世纪西法兰克王国的标准，这片土地的面积已经非常可观了。但是，在于格·卡佩还未成年的时候，这片土地的西半部，尤其是昂热和布洛瓦那些原本臣服的伯国获得了实质上的独立地位，并开始发展出自己的地方和地区政治。安茹（意为"昂热的土地"）伯爵福尔克·内拉（Fulk Nerra，987—1040年在位）以不服从于格·卡佩的儿子罗贝尔二世（Robert

II，996—1031 年在位）而著称，布洛瓦的奥多二世（Odo II，995—1037 年在位）也在 1021 年左右占领了香槟，从而一度对卡佩家族的核心地带形成了两翼夹击。弗洛多尔德在 10 世纪 20 年代的《年代记》中就已经提到，当时的政治和军事活动基本都在很小的地理范围内进行。到了 11 世纪，这些活动就算仍然存在，其范围也更小了。大会和军队集结等王室传统的影响力在公元 1000 年之后甚至还不如之前。卢瓦尔河以北的西法兰克在面积上和萨克森基本相当。到 1025 年时，除了位于中央的国王和边缘的兰斯大主教外，这片土地上已经有了六七个实质上独立的“大公国”，包括布列塔尼、安茹、诺曼底、布洛瓦-香槟、佛兰德等。[32] 卢瓦尔河以南的政治分裂程度还要深。

墨洛温-加洛林式的伯国体系在西法兰克比在东法兰克稳固，而且西法兰克在传统上也没有很大的民族差异。只有布列塔尼是个例外，这个此时已改称诺曼底的地区在混乱的 10 世纪终于被吸收进了法兰克的政治体系。东法兰克那种按民族划分公国的方式在这里没有什么影响力。凡是面积大于一个伯国的政治体，都是一点一点艰难扩张来的，卢瓦尔河以北那些面积较小的大公国就是这样，其内部的组成部分随时可能再度分裂，就像罗贝尔家族的土地在 987 年时的遭遇一样。在南方，“纪尧姆家族”（Guilhelmid，见第 21 章）的奥弗涅伯爵们到公元 900 年时已经在阿基坦东部占领了一系列伯国，他们称自己为“阿基坦公爵”。但是，阿基坦西部的人，尤其是普瓦捷伯爵们，并不认可他们的权威，而他们并没有什么真正的反对理由。到了 927 年，奥弗涅公爵家族人丁凋谢，无人继位，普瓦捷伯爵就接过了公爵的称号，但他们在奥弗涅只能靠武力来行使权力。实际上，普瓦捷公爵在这方面做得很成功，威廉四世（William IV，963—993 年在位）和威廉五世（William V，993—1030 年在位）[33] 都一度把势力范围扩张到比当时卢瓦尔河以北的任何一个政体都大。10 世纪下半叶，阿基坦的地方教会大会布道反对贵族暴力，并主张“上帝的和平”，但威廉五世在 994 年部分接管了大会的权力，并且有效地把它变回了加洛林式的参与者众多的大会。这是西法兰克到 10 世纪末时仅存的大会制度。但是，威廉权力和土地的核心还是在普瓦图，而在其他地方，他就必须以强力胁迫、仪式或规劝的方式获得当地伯爵和领主的忠诚。这样的忠诚需要反复巩固。我们现在可以看到一份从大约 1025 年留存至今的协议，缔约双方是威廉和吕西尼昂的于格（Hugh of Lusignan，普瓦图本地一位很有势力的领主）。协议非常详细地描述了双方在达成和解之前所经历的紧张对峙、互相挑衅以及武力示威。这种情况在当时常有。佛兰德伯爵、诺曼底伯爵 / 公爵、安茹伯爵、图卢兹伯爵和巴塞罗那伯爵各自都统治着多个伯国，其中一些面积还很大，但他们都成功地在各自的大公国内的各种势力之间建立起了真实且持久的霸权。但是，其他的统治者最多也只能算是断断续续地称霸而已。到了大约公元 1000 年以后，西法兰克的大部分地区出现了进一步的权力退化，各个伯国内部分裂成若干更小的领主领地，每一块领地都有自己的本地化政治、军事和司法权力：查理曼时期所有覆盖庞大帝国的政治体系都坍缩到了只在几个村子里有效。这个进程就是所谓的“封建革命”，我们会在稍后继续讨论。

20 世纪后期，法语著作在关于中世纪中期历史的研究中占据了统治地位，这容易使人们感到西法兰克的情况在后加洛林时代是很典型的。这种历史写作从公元 1000 年左右或更早一些的时候就已经开始了。但是我们需要明白地告诉本章的读者，实际情况并不是这样。我们还会看到，“封建革命”的典型性还要更低，因为它只影响到了西法兰克的部分地区。各个地方的权力体系都越来越地方化，并建立在土地、权利、军队和宣誓效忠之上，这是没错的。而且，在意大利甚至东法兰克的部分地区，这种地方化的程度在1000年的时候比900年时还要高。但是，在绝大部分地方，贵族的地位和身份仍然在很大程度上取决于其与国王之间，或至少是巴伐利亚公爵、托斯卡纳侯爵或佛兰德公爵这样的地方强权势力之间的亲密程度。意大利的贵族身份虽然和城邦领地紧密相连，但王国的制度力量仍然存在。这是继承了伦巴第和加洛林时期的传统。加洛林时期常见的各种政治行为也在加洛林故土的各个地方延续了下来，而且在公元900年之后只被部分调整过，即便是西法兰克也是如此。在本章的最后，我们来看看其中一些政治行为是如何得到继承和发展的。

***

加洛林式的政治神学在10世纪时已经没有多少市场了。还有一些人在坚持，特别是弗勒里的阿博（Abbo of Fleury，1004年去世）。[34]他可能在于格·卡佩和罗贝尔二世面前称颂过加洛林的法律，但赞同他的人似乎很少。（对于他的这些观点，公元1000年前后的西法兰克国王们也不是最合适的听众。阿博在英格兰也得到了庇护，那里的情况就不一样了，我们在下一章会具体介绍。）但是，如果我们因为这种情况就认为10世纪的人们不再重视书写，那我们就错了。9世纪的教育传统在圣加伦、科维和兰斯等加洛林时期的教育中心得到了延续，甚至还在地理范围上有所拓展，触及了一些偏远的地区，例如热尔贝所在的欧里亚克，以及萨克森东南部新形成的王室核心地区，包括奎德林堡、甘德斯海姆和马格德堡等。由此产生的一些成果引人注目：洛泰尔尼亚人、维罗纳主教拉瑟（Rather，974年去世）的韵律诗，萨克森历史学家科维的维杜金德（Widukind of Corvey，973年后去世）大量引用萨卢斯特的著作，克雷莫纳主教、意大利人柳特普兰德（972年去世）对希腊语的了解（和滥用），以及甘德斯海姆的赫罗斯维塔（Hrotsvitha of Gandersheim）的维吉尔式诗歌和受泰伦斯风格影响的戏剧，最后这一种作品是最不寻常的。[35]赫罗斯维塔和她的庇护者、女修道院长热尔贝加（奥托一世的侄女）的经历表明，萨克森贵族阶层中的女性也可以得到很高程度的教育。而且，这一段中提到的所有人物虽然都肯定是在宗教环境中受训的，但也都与宫廷人士有所来往，通常是与奥托家族，但也包括其他人。

与9世纪相比，10世纪的史料中，求助于翻译的情况明显增多了，甚至对国王和公爵来说也是如此。例如，有些人认为奥托一世不懂拉丁语，因为柳特普兰德曾于963年在罗马为他翻译。但是，当时的情况更有可能是：奥托只是不想让别人知道自己的拉丁语还没有好到可以公开演讲的程度，而且他也想用此举在政治上表明态度，强调自己这个罗马的新统治者是一个讲萨克森语的人。[36]赫罗斯维塔认为值得把自己的诗作《奥托传》（*Gesta Ottonis*）献给奥托（以及他的儿子奥托二世，后者肯定受过教育）。[37]而且，奥托庇护了那么多作者，很难想象他连这些作者的文字都读不懂。此外，（用拉丁语）写作在10世纪时也是一种常用的政治联络手段，和口头交流同时使用。这和9世纪乃至更早时候的情况是一样的，即使是在世俗书写教育非常普及的意大利之外也是如此。热尔贝的书信集（当时可能用于工作目的，尽管他后来将其出版）表明了10世纪80年代时政界的通信活动可以频繁到什么程度。热尔贝的通信对象包括阿达尔贝罗、于格·卡佩、洛泰尔的妻子艾玛（Emma）王后等，他们互相之间以及各自和其他重要政治人物之间都保持着相当高频率的通信，信的内容简洁、实用。例如，已经当上国王的于格在988年12月给皇后狄奥凡诺写信，询问她的健康状况，承诺保持和平，并提议在下一个月举行外交会晤。[38] 整封信只有8行。当时的大多数贵族很可能已不再具备良好的读写能力，也不像9世纪的贵族那么普遍地重视读写。但是，这并不代表10世纪就像某些浪漫主义史学家所说的那样，只有“口头文化”，除非把迄今为止的所有文化，包括我们自己的在内，都视为口头文化。而且，无论有没有使用书写的手段，10世纪政府在一些方面的工作中（用中世纪早期西方的标准衡量）都有严密的组织和监督。[39] 伊夫雷亚的贝伦加尔在947年征收人头税给匈牙利人的经过就是一例。另一个例子可能更有冲击力，那就是奥托三世在997年决定守卫萨克森边境上一座重要的城堡——阿尔讷堡。领导这场防御战的是当地重要的贵族，他们轮流上阵，一共坚守了4个星期。最后他们在一次交接班中出了问题，城堡被斯拉夫人攻陷。皇帝要求这些贵族出具一份报告来说明此事。在之后的10年中，法兰克人以类似的方式固守着麦森。这说明至少在萨克森存在着系统性的政府管理行为，而且这些行为所涉及的不仅是神职人员，也包括世俗贵族。

除了这种日常的联络外，10世纪的各个政体还保持着加洛林时代那种在公开场合举行的大规模政治活动。西法兰克的大会[40] 可能规模较小，无论这些大会是用于政治还是司法目的。实际上，到了公元1000年左右，司法大会在西法兰克王国的许多地方就已经绝迹了。

987年，各路诸侯召开大会，选举于格·卡佩为国王。里歇尔把这次大会称为“curia”，就是“朝廷”的意思。相比于在意大利仍存在的大型司法集会“placitum”（大会），以及维杜金德经常提起的在东法兰克土地上举行的“universalis populi conventus”（全民大会），curia这个词指代的范围要小得多。不过，即使是在西法兰克，阿基坦的威廉五世和其他人举行的和平大会有时也会重现各界公众参加的场面。在其他地方，地方乃至整个王国的政治社群的成员都可以一起集会，成为政治活动的观众。这些活动的效力正来自观众的数量。

这些活动可以相当复杂。我们已经提过的奥托一世的加冕典礼就是一个例证，它强力宣示了加洛林王朝的合法性和霸主形象。很多仪式都带有威严性，很讲规矩，格尔德·阿尔托夫（Gerd Althoff）称之为“游戏规则”（*Spielregeln*）[41]，这种说法很有影响力。阿尔托夫说，这种规则是社群中的每一个人都知道的，有助于避免在公共场合出现意见不合的情况。考虑到加洛林世界里单一的朝廷层级体系已经瓦解，这种规则的存在就更有必要了。此时，政治游戏里的玩家增多了，他们彼此间的位置也不能像以前一样由上层决定了。为表现国王之间是平等的，仪式经过了仔细的设计，例如奥托一世和路易四世于948年在英格尔海姆的教会大会上同时坐下。国王们在王国边境见面的时候也有特别的安排。[42]例如，921年，在各自的随从注视下，糊涂查理与亨利一世会面。他们各自乘船前来，然后相聚在莱茵河的一条船上。另一个例子是924年，西法兰克的鲁道夫和阿基坦公爵威廉二世决定在卢瓦尔河上会面，当时鲁道夫威胁威廉，要求后者臣服于自己这个国王，否则就要开战。双方的信使一整天都在两岸穿梭谈判，然后威廉在夜里渡过卢瓦尔河，下马，步行觐见仍然甲胄在身的国王，得到了国王的和平之吻。标志归顺过程开始的要素包括具有象征意义的渡河，以及表示臣服的姿态，但这一切都是在夜里进行的，这样就可以减少在公众面前的曝光（谈判的内容肯定大部分是关于这个问题的）。臣服者经常要以屈膝礼面见主公，甚至俯卧在地（国王们也会在圣坛前行屈膝礼或俯卧），尤其是在请求主公给予帮助的时候，但是即使是普通的会面也有人如此行礼。鲁道夫·格拉贝（Rodulf Glaber，1047 年去世）曾记载：923 年，不忠诚的韦芒杜瓦的埃里贝尔二世对糊涂查理行俯卧之礼，换来了后者的和平之吻。而且，当国王（后来甚至连伯爵也是如此）抵达城市的时候，当地一般会用入城式[43]来欢迎，这是从罗马帝国时代遗留下来的传统，而且一直留存到了现代。罗马的入城式在当时是最复杂的，凸显出了罗马的地位，但所有城市都有自己的入城式。例如，按照柳特普兰德的记载，国王于格在约 930 年造访帕维亚时，当地的"公民领袖"（cives fortiores）就"按照惯例"出外迎接。里歇尔也记载，路易四世于 936 年访问拉昂和附近的城市时都受到了正式的欢迎。上述这些后世的记载都经过文学修饰，但是其描绘的场面是可信的，而且相当震撼。仪式还可以用来羞辱。俯卧礼在人们承认罪行或寻求庇护的时候尤其常用。国王还可以对羞辱的方式提出特别具体的要求。例如，937 年，法兰克公爵埃伯哈德在一场小规模叛乱后被召进马格德堡，他的主要随从则被要求背着狗进城。[44] 这种方式在加洛林时期是有先例的（意大利的路易二世以让人背马鞍的方式羞辱人），它能显示王权、臣服，以及对罪行的忏悔，其效果肯定非常不错。

复杂的规则系统的另一方面意义在于，人们可以通破坏规则来表达某种态度。[45] 有些时候这个工作是由历史学家完成的。例如，诺曼编年史学家圣昆廷的杜多（Dudo of Saint-Quentin，约 1020 年去世）记载，911 年，诺曼底的罗洛派一个亲信去亲吻糊涂查理的脚，以表示罗洛的维京人正式向查理臣服。结果这名亲信把查理的脚抬起来指向天，然后才去亲吻。杜多在这里就是想表达维京 / 诺曼人主张平等地位的姿态和对查理的不尊重。还有更复杂的例子。968 年，萨克森公爵赫尔曼·比隆（Hermann Billung）决定在奥托一世的城市马格德堡召开一次大会，他在那里得到了大主教的迎接，在皇宫里用了餐，还睡在了奥托的床上。1002 年奥托三世去世后，麦森侯爵埃克哈德想要继承王位，于是来到维尔拉的选举大会，他意识到自己输掉选举后就进入宫殿，强行征用了正为奥托三世的姐妹们举办的宴会，然后自己和盟友们独享了那些美食。这两个故事是梅泽堡的蒂特马尔记载的，而且他不可避免地会有自己的目的，但是在两个故事中，蒂特马尔都有近亲作为目击证人，他们为当时发生的事感到焦虑。赫尔曼和埃克哈德显然都在表明某种态度：奥托家族是可以取代的（在埃克哈德的故事里，这个态度是非常肯定的）；奥托一世跑到遥远的意大利并不正确，而且萨克森公爵声称自己拥有或应该拥有相当大的正式权力（在赫尔曼的故事里，这表达得较为隐晦）。旁观者知道当事人表达的态度是什么。埃克哈德为此掉了脑袋，而马格德堡的大主教（并不是赫尔曼本人，这很值得注意）则被愤怒的奥托一世重罚。与加洛林时期一样，公共行为总是有观众的，当事人希望让观众接受自己的观点，于是别出心裁地重新编排观众们熟悉的仪式套路，希望以此来让他们信服。这样做的结果就是产生了新的仪式和公共程序，例如“上帝的和平”[46]大会：我曾经提过，这种大会在加洛林时期是有先例可循的，但是它也被视为宗教界对于贵族暴力的集体回应。大会都是在各个地方组织的（和暴力的覆盖范围一致），因而并不一定是传统政治阶层体系的产物。从 10 世纪进入 11 世纪之后，人们对地方政治人物的公共行为的解读可以发生很大的变化，至少在西法兰克的土地上是这样。

罗马仍是合法性的来源之一。这里仍是朝圣中心，也是皇帝加冕的地方。绝大多数重要的政治人物总会在某个时候来到这里。教皇也还在一定程度上维持着加洛林后期的权威，至少在法律领域如此。兰斯的阿努尔夫在 991 年被解职后，若望十五世（John XV）和格列高利五世（Gregory V）都要求取消这一决定，最后也达成了诉求（阿努尔夫的敌人热尔贝在 999 年以教皇西尔维斯特二世的身份将他官复原职）。在此之前，当阿努尔夫的前任于格在 947 年被解职时，教皇阿戈培二世（Agapitus II）至少一开始也曾要求取消决定。他在 949 年被人说服，决定改变立场，但是他的意见还是很重要的，解职的决定也需要得到他的认可。[47] 这一时期被解职的主教并不多，但是在所有王国之中，这些主教在政治上都非常重要，对于罗马方面提出的要求，他们也会在一定限度内予以尊重。10 世纪的教皇大部分没有太大的影响力。他们的实力很弱，基本上只能在罗马城内发挥作用。而且，他们并不主动做什么，而只是对外来的要求做出反应，通常是满足各种强权势力的要求。但是，一旦他们真的自己做出决定，而且是有损于强权势力的利益——就像在兰斯的阿努尔夫的事情上那样，阿努尔夫在世俗世界中并没有强大的支持者——那么强势人物想要强迫他们改变主意就很难了，有时只能让步。拉丁教会由此大致保住了从加洛林时期开始拥有的最基本的“国际”价值和程序。

政治行为还有一个变化，那就是它变得更加王朝化了。这也明显是从加洛林时代继承而来的。加洛林家族自己就有很强的王朝意识，那些“帝国贵族”也对自己的土地继承权十分在意，而且就像我们在第16章说的，这些家族总是认为当父亲去世时，儿子可以至少在某个地方继承爵位。但是，到了10世纪的时候，加洛林时期的贵族大家族中至少有9个获得了王室头衔，至少在一段时间内如此，其他家族也肯定觉得自己也有资格染指王位。还有很多家族在公国、侯国或几个伯国的范围内获得了实质性的自治，这些人也认为，这种自治权在正常情况下可以传给他们的继承人。他们借用了上文中描述过的一些公共仪式，也借用了对于继承权的认识，而且比9世纪贵族们的认识要直接得多。我们已经讲过，西法兰克的国王完全无法干预公爵和伯爵的继承问题，即使是奥托王朝也只能略为关心一下，或是在发生叛乱时介入，或是在贵族没有子嗣的情况下操纵联姻。结果，历史上第一次出现了公爵和伯爵的爵位可能由小孩继承的情况，而且国王的继承也是如此（东方有奥托三世，西方有洛泰尔），而这在9世纪是不会出现的。我们已经看到，王太后在这个时期再度成为公认的重要政治势力，而且其面临的权力斗争不如9世纪的一些强势太后所遇到的那么激烈。即使在国王是成年人的情况下，女人有时也会很有权势：奥托三世在998年去意大利时，就让自己的姑妈、奎德林堡的玛蒂尔达（Matilda of Quedlinburg，999年去世）在北方摄政。而且，值得注意的是，这个时期还出现了不少活跃的公爵之母和伯爵之母，这些人强势地为她们的亡夫所在的家族进行政治活动，例如贝塔（926年去世）于915年后在托斯卡纳为她的儿子盖伊摄政，伟大的于格的遗孀哈德维格在956—960年间在政治上都很活跃，她的女儿比阿特丽斯（Beatrice）则在自己的丈夫于978年去世后统治上洛泰尔尼亚长达10

年。[48] 值得注意的是，我们的史料作者们虽然满脑子男强女弱的思想，但他们在作品中却极少表现出对这些女性统治者的敌意。克雷莫纳的柳特普兰德是一个例外，他是一个选择性的反对女性者，经常把女性获取权力解释为性放纵的结果。但是，他主要针对的还是意大利人，而他的上述说法与他极力否认意大利独立各个方面的合法性的诉求有关。在除柳特普兰德外其他人的作品中，随着加洛林时期高度道德化的政治逐渐衰落，对女性权力的怀疑和责难可能也逐渐减少了。

政治框架的进一步王朝化也意味着政治越来越植根于对特定土地的控制。贵族仍然需要“近王权”，以保持自己的权力和财富，并希望能得到更多。只有西法兰克的情况越来越偏离这个轨道，那里的贵族现在都有界定非常清晰的地方根据地，这些根据地的地理位置极少发生改变，即使有所增长，也只是在对内的统治力方面有所加强而已。至于这种变化对贵族身份认同以及地方统治结构的影响，我们会在第 21 章详细讨论，那一章将专门用来讨论贵族。这种变化对更广义上的政治同样造成了影响。我们已经看到，地区性利益的增长削弱了西法兰克国王的控制力，而意大利的贵族们也越来越习惯于国王的缺位，而把更多的注意力放在本地的敌人身上。即使是在东法兰克，奥托家族也需要和 5 个各自独立的政治网络打交道。这 5 个网络分别是巴伐利亚、斯瓦比亚、法兰克、萨克森和（成形较慢的）洛泰尔尼亚，它们各有各的身份认同和效忠对象，而且都对邻居（相对）缺乏兴趣。蒂特马尔很少提到意大利和西法兰克，但他实际上连巴伐利亚和斯瓦比亚都不怎么关注，远不如对波兰人这种萨克森最直接的那些敌人那么关心。如果奥托一世 10 世纪 60 年代时不是在意大利，而是在巴伐利亚，那么赫尔曼·比隆可能还是会在马格德堡举办那场具有批评意义的仪式。身份认同本地化的趋势对所有地区都造成了一种长期影响，那就是觐见国王或者公爵、侯爵、伯爵不再是贵族们获取地位和合法性的必要手段。在关键的时候，贵族完全可以自封一个头衔。王权在东法兰克的地位仍然不可动摇：权贵们还是需要官职和近王权（或者近公爵权），这种情况还会再持续一个多世纪。但是，贵族们现在至少已经可以想象其他的选择了，即使在东法兰克也是如此。在西法兰克，从10世纪开始已经有人自立山头，到11世纪时这种人就更多了。他们做出这样的选择后，政治权力的要素也随之改变。

***

历史学家们对10世纪有两种截然不同的看法。一种是把它看成“后加洛林”的世纪，因为它延续了9世纪的政治结构和价值观（不过，有些人认为这种延续不是很有效）；另一种则把它看成1000年或1050年之后那个时代的“前奏”，而那个时代的政治和论战主题与加洛林时代的差异极大。像本书这样只讲到1000年为止的著作，恐怕不可避免地要把注意力更多地集中在第一种观点上。我也确实是这么做的。但是在我看来，10世纪确实更接近于加洛林时期，而不是11世纪，包括四分五裂的西法兰克也是如此：在西方，即使是像安茹或者加泰罗尼亚这样的小型大公国，在10世纪后期时也仍在使用很多加洛林时期的公共程序；托斯卡纳和萨克森乃至整个奥托王国/帝国则几乎全套沿用了这些程序。我在这里并不想说10世纪维持了一种简单而一成不变的稳定局面，而且我在前几页里其实是在表达相反的观点。但是，在我看来，10世纪世界里的政治要素，包括它所带来的暴力，以及相当程度上的犬儒主义和投机主义更像之前的那个时代，而不是之后的那个时代——如果非要让我在二者中选择一个的话。首先，10 世纪十分强调由大会和大规模集体仪式所组成的公共世界，而这种倾向在之后将逐渐弱化。在 10 世纪的最后几十年里，这种公共世界在西法兰克已经开始消失，而它在意大利又存在了一个世纪，但是在 1100 年之后就迅速销声匿迹了。在东法兰克，公共世界在王国层面持续的时间很长，但是在一些地方则消逝得很快。大会政治逐渐转变为王室和大公的朝廷政治，政治社群的代表们（虽然在实践中基本只有来自贵族群体的代表）逐渐被统治者选择的小团体取代。随着这些变化的发生，归属感、忠诚和阶层的概念都变得更加个人化，领主-附庸的关系则逐渐走上前台，并演化出更为复杂的仪式和礼节。这些都是中世纪中期的特征，不是中世纪早期的特征，而且这些特征也不是在公元 1000 年中世纪中期刚开始时就都已经出现的。

上述变化带来的一个结果是，11 世纪的人很少会回顾 10 世纪的事情。[49] 这种情况至少发生在西法兰克，而意大利在某种程度上也是如此。公元 1000 年后意大利的历史写作非常地方化，几乎不关心王国层面的政治。10 世纪只有一些小的趣闻逸事还会被人记起，例如于格很好色，奥托一世的第二任妻子阿德莱德是他从贝伦加尔二世的手里救出来的，等等。西法兰克的鲁道夫·格拉贝只比里歇尔晚一代人的时间，他至少对自己所处时代的国王还是有兴趣，但是对 10 世纪 90 年代之前的事情就几乎不了解了，而且也只能讲出一些彼此无关的故事，例如糊涂查理擒获埃里贝尔二世、洛泰尔与奥托二世开战，或者阿拉伯人在 972 年抓住克吕尼修道院院长迈奥卢斯（Maiolus）。他对自己所处时代的历史记载得非常详细，而且并不需要之前的历史背景来解释当时的事情，也许在他看来根本就解释不了。这种历史认知的重构说明，在法兰克人土地上的西部和南部，加洛林的政治世界及其传统的合法性手段都已失效：过去的事情再怎样也无法影响未来。只有查理曼的影响还在延续，他变得越来越像神话人物而非历史人物。[50]在西法兰克的一些地方，人们把查理曼和丕平三世以及克洛维相提并论：他们在遥远的过去是安全的象征，在当下是合法性的来源，但并不能解释当下。这样，10世纪就变得越来越晦暗，当时的一些重要人物至今都很难让人轻易理解。但是，在公元1000年的时候，人们并没有这种想法。无论是对热尔贝还是蒂特马尔来说，世界即便是危险且不可预测的，也仍然运转良好。

第 19 章

“加洛林的”英格兰，800—1000

990 或 991 年，一个名叫温弗莱德（Wynflæd）的地主向英格兰国王埃塞尔雷德二世起诉一个叫利奥夫文（Leofwine，可能是温弗莱德的继子）的人，事关伯克郡两块地产的产权。[1] 她的证人团队阵容相当豪华，包括国王那强势的母亲艾芙瑞（Ælfthryth，详见下文）、坎特伯雷大主教塞格里克（Sigeric），以及一位主教和一位郡长——盎格鲁-撒克逊世界里的郡长相当于欧洲大陆的公爵或伯爵。利奥夫文坚持认为这件事应该先在郡大会（scirgemot）上审议——盎格鲁-撒克逊世界里的郡大会相当于法兰克人土地上的大会（placitum），只不过是在郡一级的层面上。这是合乎法律的，但对利奥夫文来说可能也很重要，因为虽然艾芙瑞在 993 年之前的那段时间里不在国王的朝廷之内，但时年 25 岁的国王恐怕还是很难做出对自己母亲不利的判决。不过，更换审议地点并没给利奥夫文帮上太大的忙。埃塞尔雷德正式把案子委托给了伯克郡大会，还附上了自己的印章和（应该是口头的）指示。在审议的时候，王太后本人和 24 个录有真名实姓的男女到场宣誓，然后做出对温弗莱德有利的证词。大会上有人向利奥夫文指出，如果案子到了宣誓决诉的时刻，那么他就可能会面临巨额罚款，而且双方的“友谊”将彻底破裂（不过感觉上早就破裂了）。于是，利奥夫文让步了，他交出了土地，换得了（他母亲温弗莱德仍然保有的）他父亲的黄金和白银。温弗莱德很不情愿交出这些钱物，当初利奥夫文只有那两块土地可能就是因为她的这种态度。但是关于这桩官司的档案（原始记录）到此就结束了，我们无法得知双方后来又发生了什么事情。

英格兰的法庭案件通常以当事人达成协议而告终。考虑到证人的证词对他严重不利，利奥夫文能够最后取得这样的结果已经相当不错了（他甚至还可能被判拥有得到那笔钱的权利，法庭后来准备对此做出仲裁）。但同样重要的是，这个协议是在公共场合达成的，也就是伯克郡的司法大会。到 10 世纪后期的时候，英格兰和加洛林故地一样，都有一套公共大会体系，其主要功能就是在大量当地强势人物面前公开审议纠纷。按照法律规定，旁观者应该包括当地的主教和郡长，就像法兰克的通常情况一样。在利奥夫文的案件中，两位主教和一位修道院院长主持了审理，国王的治安官埃夫加尔（Ælfgar）也在场［他可能是伯克郡的治安官（shire reeve，加起来也就是英语中表示“郡治安官”的“sheriff”这个词），郡治安官此时已经成了国王在地方的直接代表，更直接地对国王负责，而不是对郡长负责］。而且，从温弗莱德庞大的证人团队就能看出，这场大会的规模是相当可观的。与会者应该包括伯克郡所有能前往会场的地方名流，档案中管这些人叫“善人”（good men），包括贵族和乡绅。这次大会审议了地方的纠纷，也包括王室的官司。这起案子本身来源于王室，而且最后的裁决结果肯定也符合国王本人的意愿，但他的意愿是由整个郡的政治社群共同执行的。这种王室权力和集体裁决的平衡非常符合加洛林王朝的风格。还有一点和加洛林王朝十分相似，那就是宣誓决诉的败诉者将面临严厉的惩罚。我们将会看到，英格兰有可能是受到了加洛林的直接影响。但是，我们现在所讲述的事件发生时已经是 990 年了，这种常规的王权控制下的公共政治已经在加洛林土地上的绝大部分地区消失。这或者是因为国王们自己实力弱小，例如西法兰克，或者是因为此时的地方大会和法庭已不再一直保持和国王的关系（这一点在意大利尤其明显，东法兰克的一些地方也是如此）。查理曼关于地方司法大会应该如何运作的设想现在只存在于英格兰了，尽管英格兰完全没有被加洛林王朝统治过。我们将在本章讨论这个矛盾的现象：我们首先讲述 9—10 世纪的英格兰政治，然后讨论其政治结构以及加洛林王朝的影响，最后再分析英格兰和加洛林的区别。毕竟，无论欧洲大陆的影响有多大，英格兰社会的结构总是保持着独特性。

我们对英格兰历史的讲述还停留在第 7 章，当时讲到麦西亚在奥法和森伍尔夫的统治下在亨伯河以南建立起了霸权。然后，森伍尔夫一死，麦西亚的霸权就在一连串短命国王的统治下瓦解，其中的第四位——威格拉夫（Wiglaf，827—840 年在位）——在 829 年被韦塞克斯的爱格伯特（Ecgbert，802—839 年在位）击败。威格拉夫 830 年重登王位，到 836 年时已经能像 8 世纪的麦西亚国王们一样，把英格兰南部的所有主教都召集到自己的朝廷。但是，从此时开始，南方就出现了麦西亚和韦塞克斯两强并立的局势。到了 840 年，英格兰事实上大体回到了 700 年时的情况，即 4 个实力大致相当的王国并存。除了刚才讲到的两个以外，还有东盎格利亚和诺森布里亚。前者的文献记录十分匮乏，但从现在我们掌握的情况来看是所有王国中经济结构最复杂的，后者内部在 9 世纪早期伊德伍尔夫（Eardwulf，796—约 810 年在位）和他的儿子伊恩瑞德（Eanred，约 810—840 年在位）在位期间曾有过一段相对和平的时期。麦西亚的霸主地位使其王权的结构大为发展，也使神职人员的体系与政府的关系更为紧密。霸权还造成小王国最终衰落，赫威赛此时终于被麦西亚吞并，埃塞克斯、苏塞克斯和肯特一开始并入麦西亚，但是从 825 年之后就被韦塞克斯牢牢控制住。[只有肯特在由森伍尔夫的兄弟库斯雷德（Cuthred，807 年去世）统治时保留了一定的自治权。库斯雷德死后，肯特的实际控制权落入坎特伯雷大主教伍尔夫雷德（Wulfred，832 年去世）手中。公元 825 年之后，肯特由三位西撒克逊国王的儿子相继统治。] 但是，8 世纪麦西亚的霸权并没有改变英格兰的地缘政治，战略格局仍然可以轻易地回到传统的四国分立状态。诺森布里亚在 8 世纪中叶重新陷入内战，麦西亚和韦塞克斯的两强地位越来越明显。在伯特伍尔夫（Berhtwulf，840—852 年在位）和可能是他儿子的伯格里德（Burgred，852—874 年在位）统治麦西亚，以及埃塞尔伍尔夫（Æthelwulf，839—858 年在位）统治韦塞克斯的时候，这两强偶尔还会紧密合作。埃塞尔伍尔夫把自己的女儿嫁给了伯格里德，并且帮他攻打威尔士人。埃塞尔伍尔夫的声望也不仅限于英格兰，因为他在晚年迎娶了秃头查理的女儿尤迪丝。但是，他还是乐于集中精力控制英格兰南部，其扩张充其量也不过是啃食麦西亚的边界，他在 9 世纪 40 年代接管了伯克郡，但是他从伦敦撤出，留下了这座城市和它的财富，让它成为麦西亚统治范围之外的一个孤立地区。[2]

改变英格兰政治格局的是维京人。[3] 他们从 9 世纪 30 年代中期开始不断袭扰英格兰海岸，就和他们在西法兰克和其他地方所做的一样。维京人在肯特和东盎格利亚尤其活跃，并且在9世纪50年代加强了攻势。那时他们已经有了一些越冬的据点。但是，在法兰克，每当王室的军队出现，维京人总会暂避锋芒，而不列颠岛上的政权和军队规模都要小得多，盎格鲁-撒克逊的军队是有可能败给维京军队的。例如，麦西亚的伯特伍尔夫在851年就输给了维京人，一支肯特军队也在853年败北。维京人最后终于意识到自己有机会获得一些永久性的收益，因为丹麦的维京领袖们正是于865年在英格兰集结成了一支“大军”。用古英语写成的《盎格鲁-撒克逊编年史》将这支军队称为“micel here”（大军）。早期维京人劫掠小队的人数一般数以百计，而“大军”的规模则有数千人，比任何一支盎格鲁-撒克逊军队都要庞大。这支军队由领袖集体领导，但能够形成强大的战斗力。他们在866—867年间征服了诺森布里亚，杀死了两个殊死抵抗的国王。869年，这支军队又占领了东盎格利亚，杀死国王埃德蒙（Edmund），埃德蒙后来被视为殉道者封圣。870—871年，“大军”进军西撒克逊。埃塞尔伍尔夫的儿子埃塞尔雷德一世（865—871年在位）和阿尔弗雷德（871—899年在位）[4]只能勉强抵挡一段时间。837—877年，“大军”又占领了麦西亚的半壁江山，只给塞奥尔伍尔夫二世（Ceolwulf II，874—878年在位）留下了王国的西北部和南部。876—878年，“大军”再次进攻韦塞克斯，把阿尔弗雷德逼进了萨默塞特的沼泽里（那个地方后来因为“阿尔弗雷德与蛋糕”的故事而闻名于世，但是在11世纪，这个地点只意味着悲伤），但阿尔弗雷德设法在878年把军队召集在一起，并在维尔特郡的爱丁顿击败了维京人。这对韦塞克斯来说是关键的一战。维京领袖古斯鲁姆（Guthrum）被迫议和，甚至同意受洗，然后撤退到东盎格利亚。他在那里建立了一个稳定的维京王国，战事从此平息了超过10年。

阿尔弗雷德控制了他父亲留下的所有领土，又在886年把伦敦收入囊中。这样，他的韦塞克斯就成了唯一一个在维京人的攻势中完整幸存的王国。阿尔弗雷德本人去世时也可能是当时唯一的盎格鲁-撒克逊国王。塞奥尔伍尔夫的继任者、麦西亚的埃塞尔雷德二世（Æthelred II of Mercia，约879—911年在位）是阿尔弗雷德的女婿。他偶尔会被称为国王，但在我们的史料中一般被称为“公爵”（dux）或郡长。[5]麦西亚的地位下滑，成了韦塞克斯的附庸王国。这肯定是阿尔弗雷德做出的政治选择。除此以外，唯一一个保持自治的盎格鲁-撒克逊统治者是诺森布里亚北部伯尼西亚的伊德伍尔夫（Eadwulf，912年去世）。维京人没有打到他那里，他的家族统治在诺曼人的征服行动中时断时续，但他们可能没有自称国王。当然，丹麦人中是有国王的，包括东盎格利亚和约克的国王（此外，丹麦人控制下的麦西亚五市镇似乎都实行了集体领导制度）。我们对他们的政治制度所知甚少。在丹麦，国王的权力肯定不及英格兰的任何一个地方，所以这些丹麦人想必并没有带来什么强势的统治传统。在我们掌握的史料（大部分是西撒克逊的史料中）里面，只有约克国王让人印象较深，而且还是在公元919年之后。当时的前后两任国王龙格瓦尔德（Røgnvald，约920年去世）和西格特里格（Sigtryg，927年去世）都来自一个根据地在都柏林的家族。事实上，“大军”从征服转为统治之后，其战略地位就开始衰落。这支军队曾经被迫分裂，这可能是阿尔弗雷德能够幸存下来的原因之一，因为古斯鲁姆和那些在诺森布里亚建立起根据地的维京人并没有联合起来。英格兰的维京人不但再也没有统一，而且他们所建立的政权似乎还越来不稳定。相比之下，英格兰西部和南部的西撒克逊（以及麦西亚）王国的凝聚力却越来越强。阿尔弗雷德在 878 年的成功可能有运气成分，但是他在随后的 20 年里以这次成功为基础做出了系统性的建设，这首先——也必然——体现在军事准备上：他似乎从民众之中征召了一支庞大的军队，而且肯定建设起了一套密度很高的公共防御设施的网络。这种被称为“burhs”（防御市镇）的防御设施遍布英格兰南部，由公众负责守卫，并且在 892—896 年有效地阻挡了维京人的第二次大规模进攻。阿尔弗雷德死时被称为“盎格鲁–撒克逊人的国王”，《盎格鲁–撒克逊编年史》则称他为“除了丹麦人统治的区域以外的全英格兰人民的国王”。他可能是第一个将自己放在“英格兰人”，而不是西撒克逊或麦西亚人的视角上考虑问题的国王。他对麦西亚的埃塞尔雷德的自治所做的精心工作表明了这一点。但是，让他的这种选择成为可能的恰恰是维京人。

阿尔弗雷德的儿子“长者”爱德华（Edward ‘the Elder’，899—924 年在位）[6] 上任后开始反击，先是发动边界战争，到麦西亚的埃塞尔雷德死后就开始系统性地进攻。埃塞尔雷德的继任者是他的妻子埃塞尔弗莱德（Æthelflæd），她也是爱德华的姐姐，继位后称麦西亚人的女领主（Lady of the Mercians，911—918 年在位）。911 年，爱德华和埃塞尔弗莱德一起向东进军。到埃塞尔弗莱德去世前，他们已经占领了东盎格利亚和麦西亚五市镇。在此期间，韦塞克斯和麦西亚之间仍维持着接近平等的盟友关系。但是，爱德华在 919 年也将英格兰人的麦西亚彻底吞并，并废黜了埃塞尔弗莱德的女儿埃尔夫温（Ælfwynn）。英格兰王国的内核在 10 世纪第二个十年里逐渐成形并定型，在之后的一个世纪里，阿尔弗雷德的王朝再没有失去过对麦西亚和东英格兰的控制。唯一的例外是，东米德兰地区曾在 940 年被都柏林和约克国王奥拉夫·古思弗里森（Olaf Guthfrithscn）短暂占领，但这块失地942年就得到了收复。诺森布里亚的情况有所不同：英格兰国王们和两个挪威家族在927—954年近30年的时间里征战不休，直到约克的最后一位斯堪的纳维亚国王“血斧”埃里克（Eirík ‘Bloodaxe’）于954年在斯坦莫尔被杀。但是，在此后的两个世纪里，诺森布里亚的绝大部分地区只是英格兰王国的外围地区，王国政府对它的控制并不彻底。而且，实际上，在那之后的很多年里，许多人都认为这些战争并不真的仅仅是为了争夺日益富庶起来的贸易枢纽约克。对于爱德华的儿子埃塞尔斯坦（Æthelstan，924—939年在位）[7]和他的继任者们来说，战胜威尔士和苏格兰国王们并在那些地区建立霸权，似乎确实和他们在诺森布里亚的统治一样重要。这一点体现在文献记录中越来越夸张的用词之上：埃塞尔斯坦从931年起称“全不列颠的国王”，938年改称“英格兰人和所有周边人民的巴昔琉斯（basileus）”。从那时起，“皇帝”（imperator）这个词也越来越常用。总而言之，除了约克以外，截至919年，英格兰王国的诞生这一10世纪的重大变迁在军事和政治的意义上已经彻底完成。

爱德华和埃塞尔弗莱德对米德兰和东英格兰的征服主要是一场西撒克逊人的征服运动。西撒克逊的贵族阶层在其中的参与程度几乎不亚于国王，而且下一代东盎格利亚的郡长家族就大部分是来自西撒克逊了，麦西亚的情况更是如此。在王位继承出现紧张局面或兄弟之间出现争议的时候，以麦西亚人为重心的友好关系较为明显，也能起到明显的作用。例如，在924年和957—959年的两次兄弟间的王位继承纠纷中，最后都是得到麦西亚人支持的那一位当上了国王。但是，战略优势还是在西撒克逊人这边，他们的贵族不断占据重要职位更是使这种优势不断加强。这样，韦塞克斯王朝就创造了一个加洛林式的“帝国贵族”阶层。这一点就连同时代的奥托王朝都没有做到。埃塞尔斯坦之后的数任国王——包括他的兄弟埃德蒙（939—946年在位）、埃德雷德（Eadred，946—955年在位），埃德蒙的儿子埃德威格（Eadwig，955—959年在位）、埃德加（Edgar，957—975年在位），以及埃德加的儿子“殉教者”爱德华（975—978年在位）、埃塞尔雷德二世（978—1016年在位）——除了埃德雷德以外，继位时都不到18岁。但是，这种情况并没有造成政治系统的衰弱，这在历史上是非常罕见的。王太后的影响力很大，有助于王权的延续，这一点和法兰克常见的情况很相似。[8]最有权势的王太后包括埃德蒙和埃德雷德的母亲埃德吉芙（Eadgifu，966年后去世），以及埃塞尔雷德的母亲艾芙瑞（约1000年去世）。但是，郡长中的领袖对国王的忠诚也是非常重要的。在埃德吉芙掌权期间（包括埃德蒙、埃德雷德和埃德加在位期间），一位名叫“半王”埃塞尔斯坦（Æthelstan“Half-king”，956年去世）的东盎格利亚郡长和他的家族崛起，统治了麦西亚和东盎格利亚。埃德威格的短暂统治期内，一个与之敌对的家族出现了，这就是麦西亚的郡长埃菲尔（Ælfhere）的家族。这两个西撒克逊人的家族从此之后与数个互相联姻的郡长家族共享权力。我们可以把他们看成一个寡头阶层，在一系列小国王当政期间实行统治，并保持着相当的协调性。他们也需要保持协调。由于长者爱德华的征服行动，以及此后王室的慷慨封赏，这些家族各自占有的土地和官职在地理范围上都相当分散，遍布英格兰南部、中部和东部的大部分地区。所以，如果英格兰的政治系统发生分裂，这些家族就无法再像以前一样保持强势。

这种协调并不一定意味着友好。埃德威格在位期间似乎特别希望改变联盟的格局。他十分慷慨地给出大量王室赠礼，导致许多新的家族出现。为了制衡他，埃德吉芙和“半王”埃塞尔斯坦在麦西亚扶持起了埃德加。不过，和同时代的法兰克王位继承纷争不同的是，这次纷争似乎并没有诉诸暴力。两兄弟共同统治了两年，直到埃德威格去世。受埃德威格庇护的埃菲尔实际上投靠了埃德加，他这么做可能是为了保住自己在麦西亚所庇护的人。随后，埃德加和他的支持者们发起了一个大规模的修道院改革运动。到了 964 年以后，甚至连主座教堂都被改造成了修道院。领导改革运动的包括坎特伯雷的邓斯坦（Dunstan，988 年去世）、温切斯特的埃塞尔沃德（Æthelwold，984 年去世），以及伍斯特和约克的奥斯瓦尔德（992 年去世），这几个人都兼具修道士和主教的身份。[9] 国王和贵族们还创立或赞助了一批独立运作的修道院，包括芬兰区（Fenland）两家敌对的修道院——拉姆西（968 年）和伊利（970 年）。这些修道院日益富裕，形成了本身就充满争议的以土地为基础的政治，到了殉教者爱德华统治期间，问题就十分明显了，其表现就是贵族拿走或收回修道院的土地。爱德华在 978 年被谋杀，具体情况不明。对于继位的埃塞尔雷德二世[10] 和他的母亲艾芙瑞（但她不是爱德华的母亲）来说，这并不是一个好的开始。但是上述紧张局面最多只造成过零星的暴力，而且由郡长阶层组成的寡头统治一直延续到了 10 世纪 90 年代。埃塞尔雷德二世那时已经足够强大，于是终结了寡头统治的局面。他在 985 年以叛国罪为名驱逐了埃菲尔在麦西亚的继承人埃弗雷克（Elfric）——此人可能是埃菲尔的妹夫。在东盎格利亚，“半王”埃塞尔斯坦的儿子埃塞尔温（Æthelwine）仍然很强大，但他

992 年去世之后却并没能把位子传给自己的儿子。截至 1006 年，所有的旧家族都下台了，其中大多数家族永远退出了历史舞台。此时，埃塞尔雷德二世果断地打破了 10 世纪 30—40 年代由埃塞尔斯坦和埃德吉英建立起的政治体系。在统治的后期，他所庇护的人全都是新人，可惜这些人似乎能力弱了一些。埃塞尔雷德统治期间，维京人又开始了劫掠活动。他们从 980 年开始偶有进犯，到 990 年以后变为狂攻不止。公元 1009 年以后，侵略者的军事行动越来越成功，英格兰人的防御越来越脆弱。丹麦国王斯韦恩（Svein，1014 年去世）早年间就领导过数次袭击，他在 1013 年掀起了对英格兰整体的征服战。他的儿子克努特（Cnut，1016—1035 年在位）在 1016 年完成了这一使命。

英格兰南部本已设法在 100 年间躲过了战争和动荡，但是战争和动荡还是在 12 世纪的第二个十年回到了这里，并且延续了下一个 100 年。《盎格鲁-撒克逊编年史》对这段历史的记载充满了苦涩，政治崩溃的感觉显而易见。这在从那时开始直到现在的整个英格兰历史中都很难找到第二例。不过，克努特还是从埃塞尔雷德那里继承了一个富饶而稳定的王国。我们一定不能低估这个王国中的压力和派系斗争，或许还不应低估让所有对地方势力更忠诚的人都能认同“英格兰人”身份的难度。但是，这个王国确实在从长者爱德华开始的数代人时间里建立起了一个协调的体制，让它可以在埃塞尔雷德摧毁统治精英阶层之后，以及其后数任统治者军事实力弱小的情况下存续下去。本章的剩余部分就将讨论这一切是怎么发生的，以及为什么会发生。

***

政府的结构在9世纪早期没有发生多大变化，只是这一时期的王室官员组成似乎比以往更加复杂。在全国各地巡察的官员多了起来，需要更多的钱来供养。更大的变化是在阿尔弗雷德在位时发生的。我们无法完全知晓当时的具体情况。盎格鲁-撒克逊的史料一向匮乏，即使按中世纪早期的标准来看也是如此。阿尔弗雷德的相关史料虽然在数量上多于他父亲和儿子的，但是大部分是出自他自己之口，因为他不光庇护史料作者，而且还亲自执笔。他很清楚政治风云变化莫测，显然善于给龌龊的政治较量披上一层道德化的伪装。[11] 但是，有一点很清楚，那就是加洛林宫廷的政治价值观对阿尔弗雷德的影响很大。他从法兰克搜罗知识分子。我们有一封兰斯大主教福尔克写给阿尔弗雷德的信，后者在886年邀请圣伯丁的格林鲍尔德（Grimbald of Saint-Bertin）去英格兰，而福尔克却不太愿意批准这一请求。艾因哈德的《查理大帝传》流传到了英格兰。受阿尔弗雷德庇护的威尔士人阿瑟尔（Asser）在撰写《阿尔弗雷德大王传》（*Life of Alfred*）时，这本书也是他参考的模板之一。这本传记是在阿尔弗雷德在世时撰写的，其中对阿尔弗雷德形象的塑造深受圣徒传记的影响。例如，书中说阿尔弗雷德患有一种疾病（痔疮），帮助他在年轻的时候保住了童贞，然后又说他晚年因另一种病而逐渐衰弱（这些疾病很有可能是真的，但是它们在阿瑟尔书中所起的作用和圣徒传记的风格一致）。此外，传记中还特别强调阿尔弗雷德的好学和宗教虔诚。阿尔弗雷德的受教育水平确实非常高，即使放在加洛林王朝也很突出。他认为有必要赞助学者把一些基础的中世纪早期拉丁文基督教作品翻译成古英语，例如大格列高利的《教牧关怀》(*Pastoral Care*)，好让盎格鲁-撒克逊的精英阶层能够接触到这些作品。他本人还翻译了其中的三本。他翻译（其中有不少意译）了波爱修斯的《哲学的安慰》(*Consolation of Philosophy*)，显示出这位国王十分熟悉《圣经》和神学理论中关于王权的概念，他既讲求实际（国王需要资源），也要有自知之明（当一个有权有势的人来到国外，发现谁都不认识自己的时候，他才会明白一个人地位在很大程度上来自“愚人的赞美”）。[12] 阿尔弗雷德系统地研究过《圣经》。他在法典中引用《圣经》甚至比查理曼还频繁。这些引用是以序言的形式出现的，内容则是《出埃及记》中的摩西律法，这些引文显然至少能起到“超法律”(meta-legal)的作用。[13] 在阿尔弗雷德之前，英格兰从来没有拥有过如此学理化的意识形态的国王，他的意识形态直接扎根于虔诚者路易和秃头查理的思想世界。

加洛林王朝的改革运动于几十年间在法兰克逐渐偃旗息鼓，却在同时于英格兰扎根。阿尔弗雷德也借鉴了法兰克世界的政治行为方式。其中最明显的就是阿尔弗雷德法典中的第一条，即臣属集体向国王宣誓效忠。这简直就是加洛林法律的翻版［阿尔弗雷德在那条法律之前写道，他“不敢妄自坐下来写完所有的（法律）”，但这只是他惯常使用的“烟幕弹”手法］。这个法条在 10 世纪得到了数次修订，其中一次是在大约 943 年颁布的埃德蒙法典中，里面直接引用了 802 年的一篇法令集中的内容。实际上，英格兰人对这个法条的解释比法兰克人更严苛。在之后的一个世纪里出现过数次贵族因为违反宣誓内容而丧失全部土地的事件，而这种事在加洛林和奥托王朝是极少发生的。[14] 温弗莱德和利奥夫文的官司中对誓言如此强调，大概也与此有关。从目前我们所掌握的情况看，阿尔弗雷德自己的政府和军事改革更多地参照了盎格鲁-撒克逊的过去，而不是英吉利海峡的另一边。但是，他所创下的先例使他在10世纪的继承人们能够在任何需要的地方借鉴法兰克人的经验，再加上对本土做法的拓展，最终使英格兰南部的国家变得越发团结而自信。[15]长者爱德华和他的继承人们把西撒克逊的行政区域划分方式传播到麦西亚，把麦西亚原有的地区划分彻底推倒重来（其中最明显的一步大约发生在10世纪20年代，当时麦西亚传统的王室中心塔姆沃思被沃里克郡和斯塔福德郡的边界从中间割开，其政治地位从此一蹶不振）。韦塞克斯的防御市镇网络早在10世纪的第二个十年就扩展到麦西亚，但是后来的研究越来越倾向于认为麦西亚人在那之前就拥有一套类似的防御中心系统。而郡以下新设立的行政单位“百人邑”（hundred）却似乎不属于西撒克逊传统，而是从法兰克引进的舶来品。这件事也是在10世纪完成的。与之相似的是，10世纪的大会政治（国王自己的大型咨询会、郡大会、百人邑大会[16]）的根基也来自盎格鲁-撒克逊人——确切说是日耳曼人共有的——传统。但是，这些大会上的司法活动越来越多，而且国王还会用印章或在卷宗中附上指令等方式来指导这些活动，这就脱离了法兰克人的影响。刚才我们讲过，王室的立法行为也有法兰克的印记。阿尔弗雷德重拾加洛林法律本身可能说明他很了解加洛林的立法行为，而且920—1020年间颁布的大量法典与法兰克人的法令集很相似，有的时候几乎一模一样。除了埃德蒙在943年颁布过直接引用加洛林法令集的法典外，埃塞尔雷德二世在1009年也有过直接模仿查理曼的举动。当时，他在自己颁布的第七部法典中下令禁食三天，还做了详细规定，以此回应维京人当年发动的大型攻势。[17]

法兰克人对英格兰的影响并不出人意料。（真正让人意外的是，

20 世纪 70 年代之前竟然没什么人注意到这一点。）加洛林时期的法兰克比英格兰的任何一个王国都强大太多，其组织政府的方法也要精细得多。因此，一旦从法兰克借鉴而来的理念在英格兰得到发展，往往就能持续很长时间。我们在这里还需要指出一点，那就是 10 世纪时西撒克逊王朝与欧洲大陆政治的整合度越来越高。长者爱德华是第一位系统性地通过联姻与外国结盟的国王。他的几个女儿分别嫁给了糊涂查理、伟大的于格和奥托一世。埃塞尔斯坦介入了西法兰克政治，在他的外甥路易四世流亡的数年间给予其庇护，并两次派兵到欧洲大陆。[18] 法兰克人越来越重视英格兰国王在政治上的影响，双方的兴趣交集也在扩大：阿瑟尔和《盎格鲁-撒克逊编年史》都记载了 887—888 年间的法兰克王位继承危机，弗洛多尔德和蒂特马尔则在各自的编年史中记载了（少量）发生在英格兰的事件。文化关系也得到了发展。英格兰的神职人员有时会在欧洲大陆的修道院中逗留，例如奥斯瓦尔德在弗勒里、邓斯坦在根特（埃塞尔沃德也曾派一名修道士到弗勒里学习当地的做法）。欧洲大陆的知识分子也会到访英格兰，例如 9 世纪 80 年代的格林鲍尔德和 985—987 年的弗勒里修道院院长。约克大主教伍尔夫斯坦（Wulfstan，1023 年去世）曾为埃塞尔雷德二世和克努特起草过几部法典，自己也写过几本文集。此人是活跃的社会和政治评论家，简直就是英格兰版的辛克马尔。他的作品也明显受到了加洛林“修正”运动中所使用的语言的影响。英格兰修道院在 10 世纪后期的改革是对戈尔泽修道院改革的模仿，而且受到了克吕尼修道院院长们的赏识（详见下文，第 21 章）。埃塞尔沃德在 10 世纪 60 年代后期起草了新的英格兰国家修道院规则，即《修道院规章》（*Regularis Concordia*），其中明确引用了同时期根特和弗勒里的修道院规章，其统一所有修道院行为方式的宏伟目标也可追溯到虔诚者路易从816年开始的一系列努力。[19]

10世纪，英格兰的国际交流十分活跃，但这也引发了矛盾，因为如本章开头所说，10世纪的法兰克早已不像加洛林王朝时那样雄心勃勃了。在阿尔弗雷德统治期间，秃头查理和辛克马尔的价值观仍然存在，但是到了埃塞尔斯坦和埃德加在位的时候，这些价值观在欧洲大陆的影响就已远不如从前。加洛林的制度、仪式和价值观并不是（或并不只是）通过英格兰人对其行为的观察和模仿传入英格兰的，而是通过书本。伍尔夫斯坦有一套安日苏西的法令集的抄本，而且这套抄本很有可能从阿尔弗雷德时代开始就已经存在于英格兰了。[20]在英格兰，知道阿尔昆（当然，他本人就是盎格鲁-撒克逊人）的人肯定很多，狄奥多夫和阿马拉里乌斯的作品也能读到。辛克马尔的书可能也有，至少有二手的版本。不过，英格兰人对著作如此认真，仍然令人吃惊。这可能在一定程度上是阿尔弗雷德将王权高度道德化的结果，也肯定是10世纪政治共同体的自信所带来的副产品。这个共同体中的成员无论多么暴躁，都一起维系了自罗马人离开后英格兰最大、最强、内部最稳定的政体，他们也为此感到骄傲。

10世纪英格兰政府的协调性在有些方面强于加洛林政府，有些方面则弱一些。立法和大部分神学著作所使用的语言是古英语，而不是拉丁语，这说明这个国家有一种向外传播的意愿。但是，英格兰朝廷似乎一度较少使用书面的交流方式。[21]在整个10世纪内，王室的命令大部分（尽管不是总是）都是口头传达的，只有埃塞尔雷德二世在位期间才有书面命令明确保存至今。10世纪的立法活动很多，但保存至今的法庭判例却从未明确提到法律条文，甚至连暗示都很难找到。

虽然埃塞尔斯坦和之后的几位国王在立法过程中有意识地做了一些创新，但这些法律往往更符合查理曼在位期间的政治神学理论，而不是他实际执政时做出的制度变革。近年来的一些历史著作对英国政府组织的复杂性做了大量描述，但我们必须把它与一些相对粗糙的“行政”措施对立起来看：969 年，萨尼特岛的居民抢劫了一些约克商人，埃德加的处理方式是洗劫萨尼特岛；与之相似的是，埃塞尔雷德二世也在 986 年洗劫了罗切斯特主教区；后来，哈德克努特（Harthacnut，1040—1042 年在位）又在 1041 年洗劫了伍斯特郡，原因是两名征税官在伍斯特的大教堂里被杀。[22]

与之相对，国王的力量有清晰的证据可以证明。在那个时期，对国王宣誓效忠的重要性极大扩展了“叛国”的覆盖范围，而且英格兰人似乎比其他任何地方的人都更容易因为国王的不悦而丢掉土地和生命。修道院的改革严重依赖王权，而改革后的修道院又反过来增强了王权。此外，埃塞尔雷德二世在 10 世纪 90 年代时为了用钱打发维京人，还设立了一套税收系统，并在短短几年内就征收到了总额相当可观的税款。[23] 这比加洛林时期的任何一次征税行动都要成功（秃头查理也启动过同样的程序，但是只尝试了两次就放弃了）。如果要分析盎格鲁-撒克逊国家是如何完成这一任务的，我们就必须先掌握各方面的情况，然后才能细致评估。但是，由于当时行政机构还没有充分建立起书写的习惯，国家也不断面临军事失败和道德堕落，因此我们现在还无法给出答案。但是，征税行动是成功的。英格兰 11 世纪税收体系的复杂程度，已经超过了罗马帝国西方故地上任何一个国家在公元 1200 年前后的税收体系。这个体系还催生了很多新事物，其中包括中世纪后期最系统化的政府普查，其成果是 1086 年的《土地调查清册》(*Domesday Book*)。税收的组织工作十分严厉，交不起税者的土地会被划拨给能交税的人，集体抗税则会招致报复。上文提到的伍斯特郡1041年发生的事情就是一例。后期的盎格鲁-撒克逊国家和当时的其他国家一样，都奉行严酷的统治，而且没有明显的善举。但是，税收系统仍在继续工作。克努特的征服行动完成后，征收上来的税款留在了英格兰，扩大了王室的财富和权力。而且，这可能也有助于英格兰国家在被征服后仍然保持稳固。这在斯韦恩和克努特在1013—1016年间的征服和威廉一世(William I)在1066年的征服后都有体现。

我们已经讲过，贵族阶层在10世纪的英格兰是相当富有的。他们认为自己的身份和政治前途在相当大程度上和西撒克逊王朝的成功捆绑在一起。这个阶层在韦塞克斯以及英格兰人的麦西亚有较深的基础，但是在整个国家的大部分地方是完全的新势力。他们在丹麦人的麦西亚和东盎格利亚的财富来自长者爱德华在911—918年的征服行动，以及对那些地方政治精英一部分财富的征收。这些政治精英中的绝大多数也是刚刚获得权力不久，他们的权力来自维京人在869—878年的那次征服。然而，有个值得注意的现象：虽然那次征服行动对英格兰南部国家的诞生起到了非常重要的催化作用，但维京人自己对国家的影响却难觅踪迹。[24]我们不清楚丹麦人(在英格兰西北部)和挪威人的定居点是否分布广泛。很多地区的斯堪的纳维亚语地名十分密集，尤其是在丹麦人的麦西亚和约克郡。但这可能只是新的地主给自己的地产起的新名字而已，并不意味着有大规模的农民迁移过来。考古挖掘中也很难找到的独特的斯堪的纳维亚物质文化的痕迹。这些移民似乎很快就变成了基督徒。就连法律也是如此。英格兰北部和东部后来出现了“丹麦法适用区”(Danelaw)这个单词，说明丹麦人是有法律的。史料中对丹麦法提及甚少，但是从提及的部分来看，其内容也和其他地方的盎格鲁-撒克逊法非常相似。英格兰在10世纪后期肯定有一些社群有丹麦人的文化和身份认同，也肯定有相当多的贵族是丹麦后裔（奥斯瓦尔德就是其中之一），但是总体上来说，东部的“丹麦法”与韦塞克斯或英格兰人的麦西亚的法律的区别，比后两者与诺森布里亚法律的区别还要小。维京人给后来的西撒克逊人留下的是一个复杂且碎片化的土地所有结构，拥有土地的农民所得到的空间更大（但是这也可能是在“大军”到来之前就已存在的了）。维京人的遗产还包括：诺森布里亚最南边的地区表现出了一种明显的开放心态，10世纪时的约克与很多距离很远的地方都保持着联系。除此之外，西撒克逊的贵族阶层还是最为醒目的，盖过了维京时期的影响，至少在亨伯河以南是如此。

有一首被称为《马尔顿之战》的诗，是诸多讲述英格兰王国10世纪后期失败故事的作品之一。[25] 这个王国的凝聚力或许在这首诗里得到了最好的体现。诗歌记述的是991年新入侵的维京人和英格兰人在马尔顿发生的一场战役，歌颂了在战斗中奋战至死的郡长埃塞克斯的布莱特诺斯（Byrhtnoth of Essex）和他的部下。布莱特诺斯是“半王”埃塞尔斯坦家族的盟友，从埃德加当政开始就是王国中的重要人物，也是伊利修道院的重要庇护者。他的死引起了相当强烈的震动。这首诗作者姓名不详，大概写于战斗结束后不久（这个观点存在争议），是用典型的英雄体风格写就的。与以前的诗作中描述的英雄部队一样，布莱特诺斯的军队也是依附于他个人的，但二者又有一些区别。第一，除了一部分对他个人效忠的部下之外，布莱特诺斯手下还有从韦塞克斯带来、由国家募集的士兵，这套国家的征兵体系是由阿尔弗雷德的集体防御征兵体系演变而来的。第二，布莱特诺斯死后，他的士兵继续奋战，还发表了自豪的演讲，而这些士兵来自英格兰的不同地区（一个麦西亚贵族、一个诺森布里亚来的人质，以及韦塞克斯人）和不同阶级（有纯粹的农民，还有老仆人），他们所代表的身份认同和所效忠的对象并不仅仅局限于韦塞克斯，而是覆盖了英格兰的各个层面。他们也显然不仅仅是在为布莱特诺斯战斗，而是为了“埃塞尔雷德的王国、我的主人的人民和他的国家”。这种整个王国的身份认同（按马尔顿的那位诗人所述）在11世纪第二个十年初的那场混乱之中曾短暂动摇。按照《盎格鲁-撒克逊编年史》的说法，“到最后，没有一个郡会帮旁边的郡一把”。但是，在那之后，这种身份认同又恢复了。至少在英格兰南部，地区之间再没有出现过永久分裂的情况，也没有出现类似于欧洲大陆那种侯国、公国和伯国的独立性不断增强的局面。私人领主的权力也没有扩大，郡一级和百人邑一级的大会控制了几乎全部的司法权，直到诺曼人征服英格兰。到1066年时，就连诺森布里亚都开始整合进王国的政治系统（尽管并不容易）。当时，各个地方之间还是有差异的，而且仍然有地方性的忠诚和敌对关系。但是，正如《土地调查清册》显示的那样，10世纪时郡长精英们所拥有的土地在地理范围上分布甚广，这一特点保持到了11世纪，而且到1066年时显然已经延伸到了下一个阶级，也就是整个国家贵族系统中的底层——乡绅阶层。[26] 除此之外，教堂和修道院的土地分布范围也很广，这样就把整个国家凝聚在了一起。新创造的税收体系就是建立在这样的凝聚力基础之上的。

***

英格兰可能是把加洛林王朝当成了榜样，但长者爱德华在位期间的长期政治稳定局面却是在欧洲大陆上几乎没有出现过的，因此我们无法把它完全归因于对加洛林榜样的系统学习。我们对这种现象的真正原因只能推测，我们所掌握的晚期盎格鲁-撒克逊英格兰史料还不够，无法形成确定的观点。但是，我自己会把它和9世纪另一个方面的发展联系起来，而这个方面与维京人的征服和阿尔弗雷德的意识形态无关，那就是土地财产排他性权利的形成。我们在第7章已经讲过，对于早期盎格鲁-撒克逊的土地单元，最准确的看法就是把它们看作国家的一块块领土，国王、一部分贵族，以及国王授权的教会和修道院都可以从这些领土中收取贡金，但是贡金的数额可能很小。这样的一块领土往往面积很大，相当于后世的十几个村庄，有些甚至更大。居住在领土内的有从贵族到农民的各种各样的人，而且这些人的财产所有权似乎也各不相同。可能只有没有人身自由的人才需要向领主或主人付出高额的租金或劳役。这是7世纪后期的情况，也是我们开始掌握土地档案的年代（最初的档案记载的都是国王将土地赠予教会的情况）。但是，汉普郡赫斯特本普赖厄斯留存至今的一份公元900年的地租表显示，在那个时候，村庄里的土地租金负担比7世纪时沉重得多：自由农（ceorlas）需要以货币或实物的形式缴纳地租，同时也需要付出劳役，包括耕地和牧羊。[27] 这些具体的要求显示出对农民的紧缚，也是英格兰标准地主-佃农关系形成的最初证据：准确地说，赫斯特本的自由农应该被视为土地所有者（我们现在已经可以用“所有者”这个概念了），即温彻斯特主教的佃农。到10世纪后期及11

世纪初期时，这种关系在米德兰西部和萨默塞特似乎已经相当普遍，因为正是在这一地区内出现了一份名为《个人权利》(*Rectitudines Singularum Personarum*)的文件，文件记载了一块未具名地产上几个不同阶层的人所需缴纳的租金标准。这份文件的作用似乎是指导地主如何进行土地管理。到了《土地调查清册》问世的 1086 年，这种土地模式已经遍及全国，而且在以前由维京人统治的地区的分布并不比英格兰西部和南部少。从这时开始，全世界由地租和劳役而产生的财富已经积累到了相当大的数量，而且有了相当具体的描述和记载。

这些变化标志着一场土地所有制的革命。在这场革命中，农民结束了只向领主或统治者缴纳贡金的历史，而是开始向地主缴纳地租。不仅非自由农民需要这样做，自由农民也要如此。重要的是，地租的金额比以前的贡金高得多。我们在历史档案中并没有发现任何农民在这一过程中的抵抗行为，这说明这个进程可能很缓慢，而且肯定是从(数量众多的)非自由农民开始，然后可能再稳步拓展到自由农民阶层中的各个不同群体，首先收取中心地块的地租，然后再把边缘和外围地块包括进来。直到中世纪中期，这些边缘和外围地块上的居民地租和劳役负担都是相对较轻的。与之形成对比的是，在绝大多数的早期盎格鲁-撒克逊领地上，那些较有影响力的居民最后并没有变成佃农，而是成了领主。随着时间的推移，这些领地不断被分割，一个能够将后来的十几个村庄包括在内的地块可能会变成十几个小地块。我们现在可以把这些小地块称为地产，每一块地产都包括一个村庄的领地。如果这些领地是私有的，那么它们实际上就是在乡绅阶层手中，无论这些地块是他们直接拥有的（可能来自国王或前领主的赠予），还是从教会租来的。后一种土地所有关系在伍斯特大教堂的土地档案中得到了非常详细的记载。[28] 大教堂保留了当时的租约，并把其中的内容记入了 12 世纪的两本档案。我们无法轻易确定地块变为地产的关键时间段，因为这些档案中所使用的术语并没有多少变化。但是，从这些档案提供的证据来看，大地块分解为村庄大小的地块的时间应该在 9—10 世纪之间。[29] 米德兰和英格兰中南部也在同一时期出现了定居点普遍集中、每一地块中心都形成一个村庄的现象，这一进程较为缓慢，但可能与大地块分解为小地块的进程有关联。因此，赫斯特本的档案无论多么孤立，都代表着一个当时很普遍，甚至可能已经接近完成的变化：由一块块地产所组成的土地所有形式诞生了。这种形式在很长时期内都是欧洲大陆西部的典型现象，但是在英格兰，这种形式在罗马人离开后还是第一次出现。

这一变化是根本性的，但档案记录并不丰富。我在前两段中对它的具体描写只能说是一种假设。但是，变化所造成的结果就要明显得多了，其中有几点是很重要的。第一，可支配的财富急剧集中，包括国王、大小贵族和教会在内的掌握财富者的数量减少了。这样，10 世纪时的交换经济和分工较为细化的生产活动就要比 8 世纪时明显得多了。在 8 世纪，交换活动还主要集中在南安普顿、伦敦、伊普斯维奇和约克等少数几个港口，而到了 10 世纪，约克的规模急剧扩大，这与约克和海外维京世界的联系有关（我们会在下一章介绍），但也和它与伦敦、塞特福德、斯坦福德、切斯特和温彻斯特等内陆中心组成的网络有关。[30] 还有一个影响相对较小的因素，那就是阿尔弗雷德、长者爱德华和他们的丹麦敌人所建立起来的防御市镇，这些市镇分布广泛，其中一些乡村集镇所形成的网络和约克的关系尤为明显。这些集镇包括莱斯特、伍斯特、什鲁斯贝里和牛津。这种网络可以被视为毛细血管式的城市网络，每个郡至少有一个，通常还更多。从生产的方面看，从900年左右开始的几十年间，拥有较大分销范围的轮制陶器开始出现，最初是在东米德兰，然后到斯坦福德、塞特福德、圣尼茨，再到其他各个地方。英格兰在中世纪中期的主要出口商品羊毛的出口能力也是从10世纪末期开始显现的。这个世纪内，国王们显著地增加了货币供给，到10世纪90年代，交易活动的分布也十分广泛，因此我们可以假定当时所有的税收都可以用银币来支付。这些财富可能有一部分被丹麦人掠走了，至少在一开始被掠走不少，但其规模仍然不小。考古人员在北安普顿郡的朗兹和林肯郡的戈托都发掘出了少见的乡绅住宅，这些遗迹表明8世纪时已经明显出现了财富集中的趋势。[31] 盎格鲁-撒克逊晚期的私人教堂也在积累财富，这种教堂第一次达到了数量可观的程度，而且从1000年开始，用石头建造的教堂也越来越多了。

土地所有模式形成带来的第二个结果是，土地在地理上被彻底瓜分，使财富集中的现象愈演愈烈。英格兰的绝大部分地区被分割成一个个村庄大小的地块，有些则只有半个或四分之一个村主那么大，自由农拥有土地的空间已经完全消失了。这种现象在实施丹麦法的部分区域相对少见，尤其是在东米德兰。在那里，仍保持人身独立的农民群体比其他地方更多［《土地调查清册》中把很多这样的人被称为sochemanni（“sokemen”，农役租佃制度下的佃户），这些人有权寻求司法正义，而且有一些相对于领主的自治权，即使他们的身份是佃农时也是如此］。丹麦法的实施范围从约克郡一直到东盎格利亚，这片区域内的土地分割也更为碎片化，这本身就为农民拥有土地提供了更多的空间，也使那些地主土地之外的人有了更多的自主权。[32] 但是，即便是在这个地区，土地所有模式形成的进度也并不慢于其他地区，而且在这一地区的农民之中，拥有土地者的比例也比欧洲大陆的绝大部分地方都低。英格兰在公元700年时还是前罗马帝国各行省中农民自由程度最高的一个，而到了至早公元900年、至迟11世纪的时候，这个国家大部分地区内农民丧失自由的程度在整个欧洲都是最彻底的，比例也最高。法国那种建立在私人司法权基础上的领主制度并没有在英格兰得到发展，但是英格兰也几乎不需要这种制度。农民已经终身完全依附于领主，很多人没有人身自由（这一点和法国不一样，详见第22章），因此也就没有公共的司法权利。

第三个结果，就是以土地为基础的权力开始集中，与之相伴的是农民缴纳的地租大幅增加，这种情况大大有利于国王。之前，国王有权对王国内绝大部分的土地——除了他们送给教会的土地之外的全部土地——征收小额的贡金。现在贡金变成了地租，教会和世俗贵族发现，自己在地方所控制的村庄地块中的权力（和他们自己的财富）更稳固了，但国王仍是主要的受益人。到了10世纪，国王直接控制的土地达到了相当高的比例。尽管这个比例在各个地区不尽相同，但总的来说，10世纪英格兰南部的国王在王国内所控制的土地比例已远远高于查理曼。法兰克的国王/皇帝肯定要比英国国王富有得多，但这只是因为他们所统治的土地比埃塞尔斯坦的疆域要大上10倍还多。英国国王因此在欧洲拥有了独特而有利的地位：他们可以极度慷慨，创造出一个新的贵族阶层，并且赏给他们迄今为止还搞不清楚具体数量的财富，无论这些财富的规模是大（“半王”埃塞尔斯坦、麦西亚的埃菲尔）还是小，他们都可以继续掌控全局，因为他们仍然拥有大片的土地。这样，他们在战略上就占了先手，而这一优势在税收系统创立后又得到了进一步巩固。我们已经讲过，10 世纪中后期的连续数任国王继位时都很年幼，大权旁落于王太后和她手下的贵族首领，但是即便是在这个时期，王室的朝廷和权力依然保持着中央地位，这正是大大得益于王室在土地所有上的巨大优势。从埃德威格在 956—959 年的土地赠予记录来看，中世纪早期的欧洲再没有比他更慷慨的人了。但是，他继承人的势力并没有被削弱，而且埃塞尔雷德二世刹住了这股慷慨封赏的势头，重新开始剥夺郡长精英们的官职，很多时候还包括他们的私人地产。克努特的征服行动使更多的贵族家族失去了原先拥有的土地，威廉一世则做得更彻底。[33] 英格兰的国王可以一直在所有的政治较量中扮演关键角色，这完全是因为他们的庇护权力从未衰减。在英格兰所有不同于加洛林的特征之中，这一点是最重要的，也正是这一点使英格兰后来的发展轨迹不同于加洛林王朝的任何一个继起国家。这里的“土地政治”显然是有利于国王的，最终也是有利于中央政府的。

英格兰的另一个特点使土地政治对国王更加有利，那就是我们之前提过的，10 世纪历任国王与自由民群体一直保持联系。农民的土地所有权被剥夺，有可能导致他们同时也被公共世界排除在外。这种现象实际上在西法兰克以及加洛林世界的很多地方都发生了。我们刚刚讲过，在英格兰，依附于国王的佃农比其他地方都要多。这些人似乎比其他佃农拥有更多的权利（中世纪稍晚一些的时候仍然如此），而且他们至少不是依附于私人领主。而传统上属于自由民的公共义务仍然存在。阿尔弗雷德在位时期，国家出现紧急情况，比欧洲大陆更需要大量民众参与军事行动。建立防御市镇体系扩大了这种需求。从此，这类公共义务稳步增加，贵族阶级的军事力量也更为训练有素，一旦有国防需要就会投入使用。与之类似的是，即便是郡一级的司法大会也给自由农民留出空间，而为百人邑一级的大会所制定的法律则预设自由农民与会是正常的。[34] 从那以后，自由民在公共世界里始终有一席之地，未曾间断，而这在加洛林世界的绝大部分地区均未能实现。

因此，英格兰的发展仍然是自相矛盾的。一方面，贵族阶层以地产所有权为基础的霸权是整个欧洲发展得最完全的，另一方面，国王对传统（大会、军队）和新（宣誓、税收）政治结构的控制又是所有后加洛林时代国家中最彻底的。但是，我认为这个矛盾是有合理解释的，它的形成是两方面原因共同作用的结果：一是寡头政治的冲击，正是这种冲击帮助西撒克逊在 10 世纪第二个十年征服了英格兰南部的其他地区；二是从 9 世纪开始并持续到 10 世纪的地产权集中化过程。英格兰是中世纪欧洲立国时间最久的国家，它的历史正是从这里开始的。

第 20 章

欧洲边缘地区

安斯卡尔（Anskar）是虔诚者路易派往丹麦和瑞典的传教士。他从 826 年开始到 865 年去世一直断断续续地在那里传播基督教。比他小一些的同时代作者、博学的林贝特（Rimbert）为他撰写了圣徒生平。[1] 这本书罕见地记载了一次不成功的传教。安斯卡尔在丹麦可能取得了一些成果，这要感谢国王霍里克一世（Horic I，827—854 年在位）和霍里克二世（Horic II，854—约 870 年在位）的庇护，他们不是基督徒，但对基督教抱有一定同情。但是，传教活动只得到了庇护（庇护者既有王室成员，也有贵族），却没能争取到任何有权或有志于基督教事务的人转变信仰。真正改信基督教的只有海泽比的一些商人。在霍里克二世去世后的动荡之中，安斯卡尔的活动彻底失败了。在瑞典，安斯卡尔的重要行动包括大概 9 世纪 40 年代时在贸易重镇比尔卡与国王奥拉夫（Olaf）的会面。奥拉夫在会面中说，要他接受传教，首先要通过抽签的方式询问他自己信仰的诸神，还要在大会（林贝特用的拉丁文单词是 placitum）上征求意见，“因为（瑞典人的）惯例是，任何公共事务之中，全体人民（populus）的一致意见要比国王的权力更有分量”。抽签的结果是拒绝传教，但是在大会上，一位长者发言称，基督教的上帝可能会保佑他们在海上的平安，人民也同意接受传教。瑞典这种大会政治的力量似乎要大于丹麦（虽然丹麦肯定也有大会），但是我们必须指出一点，那就是两个王国所讨论的都只是要不要接受基督教传教活动的问题，而不是要不要真的集体改宗的问题。实际上，两个国家都没有集体改宗。有些国王自己是基督徒，如挪威的哈康一世（Håkon I，约 934—961 年在位）[2]，但即便如此，他们仍不能轻易要求国民们都改信基督教。在大概写于哈康一世在位期间的一首诗里，作者还赞颂了哈康一世没有要求国民改宗的行为。大规模的改宗是在 10 世纪后期才在丹麦开始的，在瑞典和挪威开始的时间更晚：其中一部分原因是王权的加强，不过按照欧洲大陆的标准也只是强了一点点而已。

想理解欧洲西部和南部的罗马帝国故地以及加洛林诸王国（也包括它们盎格鲁–撒克逊效仿者）之外的欧洲社会，就需要先认识到这些地区政治结构的孱弱。直到 10 世纪后期之前，王室政治在斯堪的纳维亚和斯拉夫人的历史中都没有发挥过持续的重要作用，我们甚至都不确定那些统治者有没有持续使用类似“国王”的称号，尽管像安斯卡尔的圣徒生平这样的外部史料对此有明确的记载。例如，挪威北部特隆赫姆地区的“jarlar”（意为“贵族”或“伯爵”）一直到公元 1000 年之后仍然是独立存在的势力，而斯拉夫人对统治者似乎有一套混合的称呼。这可能是因为这两个族群内部的“国王”和“贵族”首领之间还没有清晰的界限，或者说，独立的统治者、通常不独立但保持自治的统治者、臣属性更强的政治领袖，三者之间没有明确的区别。贵族也可能在很长一段时间内都指的是跟随者的领袖，而不是佃农的地主。我们在第 7 章时已经讲过，威尔士、苏格兰和爱尔兰在公元 800 年以前的统治者一般都在史料中被称为“国王”（reges），但是他们统治的王国都非常袖珍（除了苏格兰以外），他们的权力更接近于斯堪的纳维亚的小型政权的统治者和贵族，而不是盎格鲁 - 撒克逊国王，更不用说法兰克的国王了。到本书描述的时代快要结束的时候，也就是 950—1000 年之间，欧洲边缘地区中有一些地方开始形成权力更加集中的政治体系和更强大的统治者，包括波兰、波希米亚、现在的俄罗斯的核心地区，以及丹麦。相比之下，在挪威、苏格兰、威尔士和爱尔兰，“国家建构”的过程当时还远未完成，而在瑞典（以及一些较小的斯拉夫社群），这个过程甚至还没有开始。

这个过程是缓慢的，而且完全谈不上连贯。例如，公元 800 年的丹麦国王们比 900 年时还要强大。但是，在这些加洛林势力以外的地区，国王的权力大小确实可以作为一个参照。它也让我有了正当理由去把这些彼此不同的文化放在一起探讨。我这样做，部分是为了避免本书出现一系列支离破碎的章节，因为和法兰克、意大利和英格兰相比，这些地区在公元 1000 年以前的史料都少得可怜，如果每个地区都独立成章的话，那么每一章都会非常短。不过，“欧洲边缘地区”确实也是有共同点的，我们很快就会看到。西哥特时期之后的西班牙北部也是如此，这一地区虽然在历史上和本章所述的其他地区有巨大差异，但也还是有共同之处，因此本章也会把这一地区纳入讨论范围。我所说的共同点之一是维京人，他们在俄罗斯、苏格兰、爱尔兰和威尔士影响巨大（在英格兰也是如此，我们之前已经讲过）。斯堪的纳维亚内部的历史不能等同于维京人的历史，但不可否认的是，至少维京人是从斯堪的纳维亚出来的。所以，我们就先从斯堪的纳维亚讲起，然后再讲斯克拉文人或斯拉夫人的地区，最后再看向西边，关注不列颠、爱尔兰和西班牙的情况。

***

从农业的角度来说，丹麦是到那时为止斯堪的纳维亚最富裕的地区——这里属于欧洲北部平原的延伸，森林覆盖面积也不像瑞典和挪威那么大——也是北方经济和政治最复杂的地区，直到公元1000年之后的相当长一段时间内都是如此。考古发现表明，早在5世纪至6世纪初的时候，这里就出现了一些非常富裕的中心区域，尤其是菲英岛中部的古德姆[3]。那里已经发掘出了数十座住宅和一座大厅，墓地和其他地方还发现了不少金器。这种级别的发现目前在北欧还是无可匹敌的。这些器物有些是在当地制造的，另外一些则是从罗马帝国进口的。古德姆很有可能是一个国王或大公领地的中心：虽然不是丹麦唯一的一个，却是展现出丹麦统治者已经拥有的财富水平的那一个，至少在西罗马危机时期是这样。

财富的集中是从公元550年以后开始的，在之后的150年里，丹麦的权力结构较从前更为无力，可能也更为分裂，权力的焦点集中在一个个孤立的“富人农场”和乡村之中。但是，到了大约700年的时候，我们已经可以看到一些迹象，表明在丹麦西部的日德兰半岛南部出现了一个较大的政治系统。这个某种意义上的中央政权在705—710年之间建立起了里伯。这个贸易城镇相当于8世纪英格兰作为国王根据地的商业中心（emporia）。737年，这个政权又大规模地重建了横跨半岛南部的防御性墙体——丹麦边墙（Danevirke）。（如此精确的年份在考古学中并不常见，这是根据树木的年轮判断的。）法兰克史料从8世纪70年代开始将日德兰南部称为“丹麦国王”（reges Danorum）的政治区域。到了戈多弗里德（Godofrid，约800—810年在位）在位时期，国王的霸权似乎已经覆盖了整个中世纪丹麦的领土（包括现在的瑞典南部），并向北延伸至挪威南部奥斯陆周边的西福尔地区，向南延伸至斯克拉文部族阿博德利人的领土境内。戈多弗里德甚至还直接面对查理曼，进攻法兰克人的弗里西亚。他也建立了自己的贸易城镇，地点在海泽比。霍里克一世是戈多弗里德的儿子，他用了15年的时间才平息了内乱和动荡的局面，巩固了自己的地位。但是，从名字来看，霍里克的那些对手全是他的亲戚，这表明他们所在的家族已经建立起了相对稳固的霸权。然而，丹麦王国在9世纪70年代以后解体了。[4]我们甚至不知道在接下来的半个多世纪里，那些互相敌对的国王姓甚名谁。前一个世纪的统一局面很可能彻底瓦解。到了戈姆（Gorm，958年去世）和他的儿子蓝牙哈拉尔德（Harald Bluetooth，958—约987年在位）在位时，一切又得重新开始。他们的根据地也在日德兰南部（地点在耶灵，哈拉尔德在那里为自己的父亲立起了一块写满自夸文字的如尼文大墓碑），但他们可能并不属于戈多弗里德和霍里克的家族。无论怎样，哈拉尔德成功地将自己的势力范围扩展到整个丹麦，重现了霍里克时期的辉煌。[5]而且，此时他的政权的组织化程度明显更高了。在王国内有五处明确可追溯至980年前后的遗迹，其中四处有几乎一模一样的环形军营，这表明此时已经存在常规的军队和海军，而这几乎肯定是由哈拉尔德本人创立的。哈拉尔德在挪威也建立了霸权。他受洗成为基督徒（约965年），而且开始在整个王国推行基督教。他的儿子斯韦恩（987—1014年在位）在1013年征服了英格兰，我们在上一章已经讲过。这清晰地表明哈拉尔德的军事重组绝不是空想。斯韦恩的儿子克努特统治了英格兰和挪威。在 11 世纪 20—30 年代，他是西欧范围内仅次于日耳曼皇帝的第二大势力。

挪威和瑞典没有达到这样的发展程度，瑞典的发展最慢。我们现在已知的瑞典国王根据地都在老的仪式和祭祀中心乌普萨拉（离同在他们控制之下的富裕贸易城镇比尔卡不远），但他们的统治范围也就限于这一区域了。我们不知道公元 1000 年前绝大多数国王的名字，而且即使是在他们的核心地区，似乎仍有不同类型的统治者共存于安斯卡尔所发现的那种大会政治体系之中，瑞典人（未来）居住的其他区域就更是如此了。挪威的情况也是这样。挪威是一个山脉纵横的区域，少数几块土地肥沃的地区（西福尔、西南峡湾，以及特隆赫姆地区）之间基本只能依靠海路联系。这些地区的历史在相当长的一段时间内都极不相同，各有各的统治者和大会。从当地的生态和考古发现来看，这些政权之中肯定有一些规模相当小。同样依赖海运的丹麦人（丹麦基本上是由岛屿组成的）可以轻易地在挪威的部分地区建立霸权，从戈多弗里德到克努特时期的历史文献断断续续地对此做了记载。只有在丹麦人相对处于弱势的一个时期，才有一位挪威国王“金发”哈拉尔德（Harald“Finehair”，约 932 年去世）试图称霸。他把他在西南部的霸权拓展到最北到特隆赫姆的整个挪威，并且要求所有地区向他纳贡。哈拉尔德不可能有这么强的实力，而且他的儿子和孙子们都在当地面临激烈的竞争，或是被驱逐：血斧埃里克（约 932—934 年在位）被放逐后跑到约克当了国王（948—949 年、952—954 年在位），最后死在任上。他的弟弟哈康一世则被侄子杀死，后者自己也在 970 年左右被杀。后面的两任挪威国王都是冒险之徒，一位是奥拉夫·特里格瓦松（Olaf Tryggvason，995—1000 年在位，在和丹麦国王斯韦恩的战斗中阵亡），另一位是他的亲戚奥拉夫·哈拉尔德松（Olaf Haraldsson，1015—1030 年在位，在试图于挪威建立霸权的过程中被克努特所支持的对手杀死）。这些国王也是和强势的贵族并存，尤其值得一提的是（前面提过的）特隆赫姆地区的拉德（Hlaðir）贵族。他们在 10 世纪后期占统治地位，而且乐于放弃称王并接受丹麦人较为松散的霸权。两位奥拉夫把基督教带到了挪威，但是挪威直到 11 世纪中期甚至更晚的时候才建立起了稳定且无可争议的王权。

值得注意的是，这些挪威国王激起了非常激烈的反抗。事实上，稍晚时候的冰岛传说中一直认定诺尔斯人定居冰岛是为了逃脱“金发”哈拉尔德的残暴统治。但是，从年代的角度讲，这种说法不可能是真的，因为诺尔斯人在冰岛的定居始于 870 年左右，而那时哈拉尔德还不是国王，而且他当国王的时候也很有可能并不怎么强势。但是，至少有一点是真实的，那就是大部分来自挪威西部的冰岛人（还有一些是居住于苏格兰的挪威人，他们带着爱尔兰奴隶一起移居冰岛）在他们新定居的这个岛上建立政治体系时，明显试图避免权力的长期集聚。[6]这个体系包括一系列不同层级的法律大会，即古诺尔斯语中的“庭”（thingar），最高级的是一年一度的冰岛全体大会“阿尔庭”（Althing）。每一庭都由 3—4 位当地政治和宗教领袖掌控。这些被称为“头领”（goðar）的人都是异教徒，他们肯定是当地最有权、最富有的人物。每个“头领”都有拥有人身自由的属下（thingmenn），这些人在大会上由首领代表。但是，属下可以离开自己的头领，转投头领的敌人，这就可以避免领袖们的势力变得过于强大。再晚一些时候的冰岛传说则清楚表明，强势的头领［如公元 1000 年，也就是冰岛接受基督教的那一年前后，较为强大的头领有西部的史诺里头领（Snorri goði）、东部的西达的哈尔（Hall of Sida），以及北部的“强人”古德蒙德（Guðmund“the Powerful”）］只能依靠自己的领袖魅力和政治技巧建立起暂时的霸权，这种霸权在他们死后就会衰落。缓慢发展的基督教会大体上也适应了这样的政治模式。

挪威的贵族权力比冰岛的稳定。但是在稍晚时期，西部峡湾地区的古拉庭法（Gulathing's law）和特隆赫姆地区的弗罗斯塔庭法（Frostathing's law）都表明大会再度占据了权力中心，与贵族（和王室）庇护关系所形成的阶层形成制衡。我们最好认为政治层级是由无处不在的庇护关系构成的，这一点在挪威和冰岛都是一样，庇护者（有多种称呼，包括 jarlar、hersir、hauldar、thegnar 和 goðar）都是贵族，而被庇护者通常拥有自己的自由农。这并不是一个平等的社会，自由农也拥有农场里的劳工以及仆人，这些人的身份都是奴隶。[7] 但是，王室的势力并不在这个阶层体系之内，而且这个体系也在相当长的一段时间里抵制王室势力的渗入。实际上，丹麦王权在 9 世纪后期到 10 世纪初期的短期衰败可能也是出于这个原因。丹麦至少有一些有影响力的地方性政治和仪式领袖，如尼文石刻中有时把他们称为“头领”（goðar），和北方的称呼一样。和挪威的头领们比起来，丹麦的头领可能更加依附于国王（而且可能在土地方面对他们的属下有更强的控制），但是在有机会的时候，他们仍然有可能实现自治——不过他们的身份仍然是庇护者，还不是拥有土地或庄园的领主。

诺尔斯语的文字作品出现得很晚（绝大部分写于 13 世纪），但有些作品中保存了来自更早时代的素材：至于具体有多早，人们还没有形成一致的看法。有一组名为《高人的箴言》[8]（*Hávamál*）的诗歌体劝世录，可能来自挪威。这部作品中的一些实用建议大概可以追溯到 10 世纪，其中传递的价值观在我们掌握的史料中都有体现。“在你举步欲进厅堂时，目光务须锐利心要细。每扇大门都要瞧个遍，决不放过一扇门背后。皆因你无法弄得清楚，哪个角落仇敌匿身藏。”“蠢人以为逢人皆是友，只因个个朝他露笑脸。可是他来到庭的大会，才发现事情十分蹊跷，竟没有人愿为他说话。”“出门须把随身兵刃带。”“若是前去图财害命，非要赶个大清早不可。”“女人往往虚情又假意，就像骏马蹄上不掌钉，由它拖着在冰上驰骋（怀里抱着两岁的娃娃，又哭又闹摔了个正着）。又像风急浪高夜出海，船上无舵任凭它漂流。又像瘸子跛足狂奔跑，攀山缘岭把麋鹿追赶。”* 这些诗句体现出了后几个世纪中斯堪的纳维亚农民文化中的谨慎、多疑、男子气、讲实际等特点。种种迹象表明，这些特点在之前就已存在。

但是，斯堪的纳维亚还产生了维京人。在 9—10 世纪，他们是这个地区最著名的“出口产品”，现在也绝对是如此。如果我们认为维京人和《高人的箴言》以及后来的一些诗歌（如冰岛的家族萨迦）中所描写的那些谨小慎微的农民很不一样，那我们就错了。很多农民经常喜欢从手无寸铁的人手里抢夺财物，尤其是他们手边有武器的时候，而斯堪的纳维亚人手边一般都有武器。对于公元 800 年之后两个世纪里的那些维京强盗团伙，我们最好是把他们视为几种不同因素的产物。所有这些因素都来自斯堪的纳维亚社会内部，其中一个很关键的因素就是造船技术的进步。丹麦人、挪威人和瑞典人各自基本的内部沟通都依赖船只，船帆和改进后的龙骨则使远洋航行逐渐成为可

* 译文引自石琴娥、斯文译《埃达》(译林出版社，2017 年)。——译者注

能。挪威人在9世纪初期靠这项技术在苏格兰的众多岛屿上建立起了殖民地（这些岛屿人烟稀少，因此无法抵抗殖民者），又在9世纪后期至10世纪初期于几乎无人居住的冰岛沿海地区建立起定居点。9世纪30年代以后，挪威人开始大规模地从苏格兰的基地出发，劫掠苏格兰、威尔士等地，对爱尔兰的劫掠则最为严重。他们发现那里的政权在政治上十分虚弱，很适合从海路对他们实行“打了就跑”的侵袭战。差不多也是从9世纪30年代开始，丹麦人的海盗船［诺尔斯语中的“维京”（víkingr）就是“海盗”的意思］从里伯和海泽比出发，沿着贸易路线进犯多雷斯塔德、伦敦、约克，并开始劫掠法兰克和英格兰。我们在第16章和第19章已经介绍过相关情况。

我们不应认为商人和海盗是两个泾渭分明的概念。海盗如果发现港口的防御非常严密，就可能把自己的身份变成商人。同时，如果很多商人聚集在一起（所有商人肯定都有武器，目的是提防其他海盗），他们就会顺手劫掠那些看起来防御力量薄弱的港口或其他沿海定居点，然后再到别的地方兜售战利品。可以说，商人和海盗之间的关系是维京强盗出现的第二个原因，因为海盗行径可以部分归因于商人对利润的渴求。公元830年之后，法兰克在政治上遇到困难，其军队的注意力集中在其他地方，维京人正是在此时乘虚而入以谋求利益的。瑞典人向俄罗斯的扩张也是这样，当时瑞典人抓住机会在俄罗斯北部的河流沿岸建立了一系列贸易殖民点，只不过维京式的劫掠行为相对少了一些。此外，还有第三个原因，那就是船只可以把那些渴望光荣和战利品的年轻人从斯堪的纳维亚带走，让他们不用在父辈的农场继续当农民。第四个原因是——尤其是在丹麦——霍里克一世和二世为扩张王权而展开内斗，产生了一批流放者和政治失败者，他们中的很多人愿意到海外去碰运气。这些流放者肯定出身于贵族或王公之家，还带着随从。[9]在9世纪的时候，只有丹麦有这样的流放者。他们可能有一种更崇尚暴力（或者说是“英雄主义”）的气质。入侵法兰克和英格兰的维京军队之所以规模比以前更大（爱尔兰的维京军队规模一直都不大），这些人的参与也是原因之一。但是，他们只是驱动劫掠行为的一个辅助性因素，最关键的因素还是那些对于商人乃至农民来说都唾手可得的利润的诱惑。然而，类似因素在法兰克和盎格鲁-撒克逊社会中都有，让维京人与众不同的只有他们的船（有船就可以进行突袭，然后快速撤退），也许还有王室强权的缺席。由此可见，彼得·索耶（Peter Sawyer）对维京人劫掠的著名描述是合理的，他说那是“黑暗时代常见行为的延伸，在特殊的情况下成为可能，并有利可图”。[10]

但是，维京人的劫掠在不同地区的影响非常不同。在爱尔兰，斯堪的纳维亚人的数量不足以支持大规模的领土征服，他们袭击的结果是催生了一个贸易城镇组成的网络。这个网络嵌入了四分五裂的微型王国所组成的既有政治体系。与之相反的是俄罗斯，那里的地方政治结构不协调，导致相对数量很少的斯堪的纳维亚人最终形成了一个新的统治阶级。但是，在法兰克和英格兰，很多9世纪中期的维京领袖都选择从抢劫过渡到定居，在英格兰更是于公元865年后发展为全面的征服。我们已经看到，完成这样的转变并不需要太多的人——是数千，而不是数万——但是从规模上来说，这还是比前几十年的劫掠行动大了很多。

在法兰克和英格兰，维京人不再满足于在更为“正常”的中世纪早期边界关系中扮演沿海桥头堡的角色，而是开始为自己争夺权力。

很重要的一点是，丹麦王国正是从那时起瘫痪了两代人的时间。我们不知道具体的原因，但很有可能的是，塞纳河、卢瓦尔河和泰晤士河河口殖民地的维京人现已成为职业战士，他们对祖国的王权稳定性构成了负面的影响，就像他们对英格兰东部王权构成的影响一样。也正是在这样的背景之中，维京人中第一个在海外谋求独揽政治权力的家族出现了，那就是伊瓦尔（Ívar，873 年去世）[11] 和他的继承人们（爱尔兰人将这个家族称为“Ua hImair”）。伊瓦尔可能是 9 世纪 60 年代英格兰那支维京“大军”中的一名将领，他还从 9 世纪 50 年代开始统治诺尔斯人在爱尔兰建立的主要贸易城镇都柏林。他的后代一直占据着都柏林，直到 1036 年或 1052 年，他们还在 10 世纪初期的大部分时间里控制着约克和诺森布里亚南部。伊瓦尔在西方最成功的模仿者就是公元 911 年之后的诺曼底的罗洛。他们两人都属于新势力，都是在并无政治根据地的情况下，纯粹靠武力破坏了中世纪早期的地缘政治格局。他们还可以被视为重现了 5 世纪的情景，因为真正可以和他们相提并论的新势力恐怕是那个时代的盖萨里克和克洛维。

这是这一时期政治发展方面真正的新动向。但是，不管怎样，这个新动向也是有其局限的。维京人在苏格兰北部和冰岛大规模定居，成为文化上的主导力量，但是在这些地区之外，维京人的政治产物只有都柏林和诺曼底留了下来。在爱尔兰和西法兰克 / 法兰西，维京人被当地的社会–政治现实同化，很快就几乎完全失去了自己的文化特性。有观点认为，维京人主要的政治遗产恰恰对他们自己构成了直接威胁，这个遗产就是阿尔弗雷德和长者爱德华所创造的英格兰王国。斯堪的纳维亚人在政治上掀起的另外两次重大波澜分别是从 11 世纪第二个十年开始到 11 世纪 40 年代丹麦人对英格兰的短期征服，以及现在俄罗斯和乌克兰境内的罗斯国的形成。但是，维京人在这两次事件中都没有采用他们惯常的做法。英格兰的事件很简单，就是一个王国取代了另一个王国，而罗斯形成，则在于商业冒险家们按照突厥人的模式逐渐聚拢出了政治权力。在10、11世纪，斯堪的纳维亚人确实一度可以从北极圈出发，一路穿过由说诺尔斯语的人或他们的直接后代所统治的政体，一直旅行到接近君士坦丁堡的地方。他们之中偶尔也确实有人这样做，例如挪威国王“无情者”哈拉尔德三世·哈德拉达（Harald III Hardráði，1046—1066年在位）[12]。他曾分别为罗斯大公和拜占庭皇帝效力，去世前还试图征服英格兰。但是，维京人的这种国际化现象很快就消散了。现在，斯堪的纳维亚人的权力政治基本集中在斯堪的纳维亚，维京人的功绩也早已雨打风吹去，只剩下一段浪漫的回忆。

***

我们研究斯拉夫人时面临的问题比研究斯堪的纳维亚人时还要大。斯拉夫人占据了中欧和东欧一片幅员辽阔的区域，但是由于文字史料和考古发现都很匮乏，我们并不知道他们是何时或怎样占据这一地区的。更大的问题是，他们的起源问题模糊不清，敌对的民族团体对此各执一词，将其作为意识形态较量的工具。在整个20世纪，这一问题在欧洲绝大部分地区都是民族主义者之间争论最激烈的（也是导致暴力行动最多的）问题。我们在此更需要区分以下三者[13]：一是希腊和拉丁语作者们用“斯克拉维诺伊人”（Sklavēnoi）/“斯克拉文人”（Sklaveni）/“斯克拉维人”（Sclavi）等类似称呼描述的那群人的分布，二是在西起易北河、东至第聂伯河、南达多瑙河的广大区域内各个考古遗址中发现的具有共性的文化特征的分布，三是说各种早期斯拉夫语言的人群的分布。这三者的分布是不一样的，却往往被混为一谈。尤其需要指出的是，9世纪之前东欧和中欧绝大部分地区的人所说的语言现在已经很难考证。但是，就像本书所述的时代里所有地区的情况一样，语言并不能与身份认同画等号，因此，语言的分布在上述三种分布里是最不重要的。最好的办法就是把说斯拉夫语的人群看成一个整体。这个巨大的整体由若干小规模的农业定居者社群组成，分布于从波罗的海到多瑙河的广大区域内，并逐渐向南移动到拜占庭帝国的巴尔干地区。与他们相邻的群体说的是斯拉夫语之外的语言，包括日耳曼语、罗曼语（罗马尼亚和其他地方）、希腊语（巴尔干南部）、波罗的语（白俄罗斯及白俄罗斯以北地区）、芬兰语（俄罗斯西北部）和其他语言，但是这并不意味着他们彼此间在物质层面上有很大的不同。

从另一方面来说，我们通过考古研究发现，从6世纪起，这一地区在越来越大的范围内表现出一系列互相关联的特征。这些特征包括：由少数几栋住宅组成的村庄，只有一个房间的住宅，包括部分下沉的地板以及一个石炉或石灶（不过，中世纪早期的其他小规模社会里也有上述类似的特征），妇女的骨针和头饰，火葬的倾向，以及较少的社会分化迹象。研究发现，拥有上述共同特征的地区范围一直在稳步扩大。例如，在易北河谷的部分地区，有下沉地板的住宅最早出现于6世纪晚期或7世纪，并且在很多地区取代了那种更接近法兰克/撒克逊/阿勒曼地区的带有墓地的定居点。这类定居点里的社群看起来没有很明显的社会和政治阶层化特征。[14]这和考古遗址中较少出现阶层分化特征的情况吻合，也和6世纪及以后的罗马/拜占庭作家的记载吻合，他们在作品中反复强调，居住在巴尔干边界地区这一文化区域内的“斯克拉维诺伊人”的政治领导力较弱。毫无疑问，这种情况说明这些定居者的组织形式还是规模非常小的政治-社会群体或部落，而且我们也知道对他们的各种称呼（当然，我们只知道其中一些），这些称呼也在不断变化。就像4世纪罗马帝国以北的“日耳曼人”（见前文，第2章）一样，只有对他们知之甚少的外部观察者才会把他们当作一个整体来看待。无论是在中世纪早期还是在稍后的时期，普遍的“斯拉夫人”身份认同并不存在。在本书所讲述的时代里，这些人只有对当地部落效忠的概念。能够把这些人联系在一起的只是刚才所讲到的那些物质文化方面的共性。从另外一方面来说，这些小群体的军事和政治实力并不弱，这从他们的扩张行动中可见一斑。在西方，他们可能一直都在向人口相对稀少的区域迁移，直到7世纪抵达墨洛温世界的边缘时为止。而在南方，他们在公元600年后从拜占庭手里抢走了巴尔干半岛的相当大一部分。我们在第11章已经讲过这一过程。

大多数学者把这些人笼统地称为“斯拉夫人”。然而，在我看来，这和把5世纪那些说日耳曼语的族群或者所有的“蛮族”都统称为“日耳曼人”一样成问题：这些称谓都是后来才诞生的，那时已经有了语言和身份认同的概念，但把这些概念套用在从前那个时代并不合适。与前面一些章节一样，我在这里用“斯克拉文”这个称谓来统称存在前面几段中所讲述的物质文化特征的所有地区。实际上，法兰克人和拜占庭人都把他们的邻居笼统地称为“斯克拉文人”，尽管并不是本文定义的所有的斯克拉文族群都会被称为斯克拉文人——即使是法兰克人和拜占庭人也未必这么叫，而且也没有一个斯克拉文人自己会用这个词来称呼自己。但是，无论如何，斯拉夫语确实在这个广阔的文化区域内得到了绝大部分（但从来不是所有）族群的使用。早在9世纪初期，艾因哈德就已声称，加洛林王朝边境上的人“说的几乎是同一种语言”[15]，他所指的大概就是斯拉夫语。到了10世纪的时候，我们就更能确信斯拉夫语系已经是这一文化地区的一个普遍特征。因此，在谈到这个时代以及更晚一些的时代时，我会更大胆地使用“斯拉夫人”（Slav）这个词。[“斯拉夫语”（Slavic）只会用来指斯拉夫语族。斯拉夫语言，尤其是南方和东方的斯拉夫语言，还经常被称为Slavonic，但是本书中只有在提到拜占庭传教士引入的祷文时才会使用这个词。]

直到8世纪初，斯克拉文社会中都是一大堆微型政权并存，这种状态在很多地区持续到更晚的时期。君士坦丁七世在10世纪中期时曾提到居住在亚得里亚海边的“祖帕尼埃人”（zoupaniai）[16]。这些部族里有一些后来融入了现在的克罗地亚，有一些则没有，而在当时，每一个小部族的规模都不会超过几个村子，甚至比这更小。这种类型的部落有时会组成临时联盟以发动军事攻击，就像罗马帝国晚期那些日耳曼部族的做法一样。例如，在7世纪第二个十年中，曾有5个名称各不相同的部族联手围困塞萨洛尼基[17]。部族统治者看起来最多也就是酋长的级别，可能就是“强人”或者地方领袖 / 庇护者，就像冰岛的“头领”一样，靠小额的贡金供养。考古研究发现，到8世纪后期时，这片地区已经开始出现军事要塞，尤其是在现在的德国东部、波兰和乌克兰西部。这些土木结构的堡垒表明当地社会出现了更复杂的组织阶层（虽然规模未必很大），还可能出现了终身制的领导人。这种碎片化的政治结构使得斯克拉文社会很容易受到法兰克人的攻击，后者在现在德国中部和南部的权力在6世纪后期开始发展。到8世纪丕平三世和查理曼在位时期，法兰克人重新开始对外侵略，一直推进到斯克拉文人文化区域的边缘。两者的边界线从波罗的海边的阿博德利延伸到亚得里亚海边的卡兰塔尼，纵贯整个欧洲。加洛林时期的法兰克人从来都没有试图永久征服斯克拉文部族，但是他们经常袭扰后者。在加洛林时期，sclavus成了指代“奴隶”的新词。奴隶贸易，特别是欧洲和阿拉伯世界之间的奴隶贸易，也在9世纪成为重要的经济活动。[18]亚得里亚海边新出现的重要港口威尼斯就是靠奴隶贸易繁荣起来的，我们会在第22章详细讨论。与此同时，拜占庭人改造了自己的权力结构，并且从8世纪中期开始不断侵犯巴尔干中部和南部的斯克拉文族群。面对这些新的威胁，斯克拉文人如果不能把自己有效地组织起来，就有大麻烦了。他们是用两种途径实现自我组织的：一是接受外来的宗主，二是通过内部重组建立起更强大的政治结构，这个过程经常是在他们的拜占庭和加洛林邻居的影响下完成的。我们下面会依次讨论这两种途径。

在斯克拉文世界里建立大范围霸权始终是可能的，这种霸权往往由说突厥语的游牧部族建立。他们从西边的中亚地区进入俄罗斯南部/乌克兰大草原，有时还会再进入多瑙河盆地。这些部族可以在短时间内保持强大的军事能力。我们已经讲过，这类部族中第一个出现在中世纪早期历史中的是匈人，当时在欧洲这部分地区占统治地位的是哥特部族。在6世纪和7世纪初期，阿瓦尔人又出现在了历史舞台上。他们在巴尔干的斯克拉文部落中建立起了大范围的霸权，还于626年和波斯人组成松散的同盟，一起围攻了君士坦丁堡。和匈人霸权一样，阿瓦尔人[19]的霸权没有维持多久，到7世纪中期的时候，其控制范围就已收缩至阿瓦尔的核心地区潘诺尼亚高原，也就是现在的匈牙利。[20]它在巴尔干东部的霸主地位被保加尔取代，后者也是随后突厥部族中维持时间最久的。保加尔人从680年开始在多瑙河南部建立霸权，并于9世纪建立起了一个永久性的国家。我们在第11章和13章中已经讲过，保加尔人全盘照搬了拜占庭人的政治行为方式。他们离君士坦丁堡很近，因此要做到这一点相对容易，而如果他们不这样做的话，复苏的拜占庭人就会破坏他们的权力。这种可能性最终成了现实，巴西尔二世在1014—1018年征服了保加尔人。但是，保加尔人之所以能一直维持到那个时候（并且在两个世纪后复兴），主要就是因为他们直接模仿了那些强大的邻居。从属于他们的斯克拉文部族可能乐于接受保加尔大汗（913年以后改称沙皇）的霸权，因为这总比承受外来攻击、掠夺和奴役要强得多。

建立霸权者中也有不说突厥语的人，其中第一个也是霸权最短暂的一个就是萨摩。7世纪的时候，这位法兰克商人在大致相当于现在的捷克共和国的地方联合了一些西斯克拉文族群，并在阿瓦尔人和达戈贝尔特一世及其继承人们的眼皮底下将这种联合维持了一代人的时间。萨摩的权力在他死后就消散了，而且我们也不大清楚他的根据地到底在哪里［法兰克史料中把萨摩领导的人群称为“文德人”，但是这个词的指代对象几乎像“斯克拉维努人”（Sclavenus）一样宽泛］。不过，有一点是很清楚的，那就是他建立霸权，大体上是为了应对法兰克人的威胁。值得注意的是，在西斯克拉文的土地上，即使是这样一个短期的大规模政治结构也是在一个外国人的领导下建立的，至少在那个较早的时代是这样。从这个角度说，下一个抵达潘诺尼亚的大型游牧族群匈牙利人也有同样的属性，因为他们说的不是突厥语，而是乌拉尔语，尽管他们在很多方面复制了阿瓦尔人的霸权，并将其维持了很久。与我们在这里讨论的其他外来统治族群相比，匈牙利人在文化上的存在时间最长，这是因为当他们在10世纪后期及11世纪定居下来，并开始按照波希米亚人/波兰人（进而引申至法兰克人）的方式组织政治系统的时候，他们仍然说的是乌拉尔语，而不是斯拉夫语。直到今天，匈牙利人说的还是乌拉尔语。

到这里为止，非突厥语族群中最成功的长期霸权建立者是罗斯人。[21] 他们最初是一群瑞典商人，定居在现在圣彼得堡附近的河谷之中。我们还发现了他们的一些贸易定居点，其中最重要的就是8世纪的旧拉多加和9世纪的戈罗季谢（后者在10世纪中期之后被邻近的诺夫哥罗德取代）。考古人员在这些贸易定居点中发现的手工艺品和比尔卡等地所发现的物品相似。这些瑞典定居者想必就是《圣伯丁年代记》中记载的出现于839年的“罗斯人”（Rhos），之后那个世纪的拜占庭史料也用这个词称呼他们。《圣伯丁年代记》的编者还将罗斯人称为瑞典人。而且，在与罗斯人语言最接近的芬兰语系语言，即爱沙尼亚语中，“瑞典人”这个词的拼法就是Root’si。罗斯人擅长皮毛贸易，依靠俄罗斯森林中盛产的珍贵皮毛动物而获利颇丰。他们还在伏尔加河沿岸的保加尔商人定居点中扮演中间商的角色，一开始主要从事越发重要的皮毛贸易，后来又涉足奴隶贸易。他们将奴隶沿着俄罗斯境内的若干大河运送至伊朗以及现在的乌兹别克斯坦，换回伊斯兰银币。人们在瑞典境内发现了大量这样的银币。839年的时候，他们的领袖称为“查卡努斯”（chacanus），这就是“汗”的意思，是突厥语中用来称呼统治者的标准词语。这说明他们当时已经有了一些地方的政治组织，可能还建立起了覆盖若干当地部落（可能是当地说芬兰语的族群）的霸权。罗斯人野心十足，他们获取毛皮的森林范围越来越大，而且从购买毛皮逐渐转为要求当地人进贡毛皮。我们不知道这一转变是什么时候发生的，但这很有可能是在他们准备进攻君士坦丁堡的时候。这次发起于860年的行动没有成功，但是极为大胆，毕竟从北方河流地区到君士坦丁堡的路途十分遥远。他们还把自己的霸权向南扩张至说斯拉夫语的地区（向东则被伏尔加流域的保加尔人所阻挡），先到格涅兹多沃（在现在的斯摩棱斯克附近），然后于900年前后来到基辅，再向南沿第聂伯河上的水路朝拜占庭方向扩张。他们在10世纪时和拜占庭签订了利益丰厚的贸易协定。

拜占庭和法兰克史料中对基辅统治者的第一次可靠记载出现在10世纪，他们在两者的史料中分别被称为罗斯的"kagani"或"knyaz'i"，一般都翻译为"大公"。《往年纪事》（*Russian Primary Chronicle*，一译《古编年史》）可能开始编写于11世纪后期，至少不晚于12世纪初期。这本书也对10世纪的罗斯统治者做了记载，这些人包括于941年再度进攻君士坦丁堡的伊戈尔（Igor，约945年去世），伊戈尔的遗孀奥丽加（Ol'ga，约945—965年在位，替她的儿子斯维亚托斯拉夫摄政），成年后的斯维亚托斯拉夫（约965—972年在位），以及他最成功的儿子弗拉基米尔（Vladimir，约978—1015年在位）。[22]那时，他们的统治范围已从诺夫哥罗德延伸到乌克兰大草原的边缘，他们还向东进攻伏尔加河流域的保加尔人，向南进攻顿河上的哈扎尔人，并进入巴尔干地区的保加利亚，向西抵达波洛茨克［弗拉基米尔在那里消灭了敌对的斯堪的纳维亚统治者罗格沃洛德（Rogvolod）］，并朝现在的波兰境内进发。弗拉基米尔去世前，其控制的疆域已经非常辽阔，大约相当于东法兰克奥托王朝的控制范围，只不过人口要少很多。这是因为弗拉基米尔的国土绝大部分是森林，只有河流沿岸分布着一些定居点。与刚刚讨论过的那些霸权不一样，弗拉基米尔的霸权保持了稳定。他之后的众多继承人使其家族一直保持对俄罗斯核心区域的绝对控制，直到 1237—1240 年间蒙古人入侵为止。尽管这些继承人各自创建了许多大公国，并且互相争斗厮杀，但是在罗格沃洛德和蒙古统治者拔都（Batu）之间，没有一个该家族之外的人统治过罗斯人的土地。伊戈尔的霸权实际上可以追溯到其最早被史料记载的时期。女大公（kniagina）奥丽加在位时间很长，而且只是在名义上与她儿子有关。她的统治似乎没有遇到什么挑战，而且非常有效，这表明当时王朝权威已经稳定下来。10 世纪的欧洲出现了好几位不同类型的女性统治者，包括玛洛齐亚、狄奥凡诺和埃塞尔弗莱德等，而奥丽加很可能是她们之中权力最大的一位。

罗斯的领土上不太可能有很多斯堪的纳维亚人：除了北方的贸易市镇以外，只有少数 10 世纪大公的直接属下才有斯堪的纳维亚语的名字。而且，在伊戈尔［英格瓦（Ingvar）］和奥丽加［赫尔加（Helga）之后］，大公们自己都开始改用东斯拉夫语[23]，也就是古俄语 / 乌克兰语的名字。我们掌握的所有证据都表明，东斯拉夫语是在基辅占统治地位的语言，并且稳步向北传播。第一批写在桦树皮上的书信和档案是由考古学家们在早至 11 世纪的土层中发掘出来的，在那个时候，东斯拉夫语甚至在诺夫哥罗德都占据了统治地位。罗斯政权中的斯堪的纳维亚元素大概只有其王朝统治的紧密性和攻击性，这也加快了其领土扩张的速度。与之相对，罗斯政权对领土的主要统御方法实质上借鉴自同时期的突厥霸权。这些霸权包括伏尔加河流域的保加尔人，以及乌克兰大草原南部 7—10 世纪的主要统治者哈扎尔人。罗斯统治者的头衔“汗”就来自保加尔人或哈扎尔人，而他们对臣属的芬兰语和斯拉夫语部族的基本统治方法——收取贡品——也是突厥人历时已久的传统。西欧那种贵族或王室对土地的所有权直到中世纪早期之后的时代才逐渐出现。弗拉基米尔在基辅地区建起了由长距离防御堡垒组成的大型网络（这一工程也体现出了他对当地劳动力的控制），而这也有保加利亚的先例可循。从10世纪后期开始，罗斯人有系统地修建了一批大型堡垒城镇，作为地区性的政治中心，这也为他们在一些斯堪的纳维亚史料中赢得了“加达里克”（Garðaríki，意为“城镇的土地”）的称号。[24] 这种做法似乎在斯克拉文也有先例，那就是我们之前提过的西部的斯克拉文堡垒。“近卫军”（druzhina）可能也是如此，互相敌对的大公们各自都有这种军事随从人员，他们也是大公权力的基本保障。当然，这样的随从人员在此类社会中普遍存在，在日耳曼和突厥社会里也有类似的例子。但是，一旦罗斯政权发展到一定程度，不再仅仅是一个军事霸权的时候，它就不可避免地要从人口的主要组成族群中吸取更多的社会组织方式，而斯克拉文/斯拉夫人作为主要族群的地位则越来越明显。这种社会演进规律在此后变得越来越稳定。

最后还需要说明一点：到了本书所述时代即将结束的时候，基辅大公国又出现了一个新的政治元素，那就是拜占庭基督教。罗斯人最初曾向南方侵袭劫掠，但后来逐渐全面接受并融入了拜占庭的外交体系。我们在第13章已经讲过，斯维亚托斯拉夫在967年进攻保加利亚，很有可能就是受了君士坦丁堡的怂恿。此外，弗拉基米尔的军队在巴西尔二世于989年所取得的政治成功中起到了至关重要的作用。这也是宗教变迁的发生背景。哈扎尔人的统治者是犹太教徒，这就为罗斯人接受新的信仰提供了模板。但是，罗斯人似乎认为自己需要一个和哈扎尔人不同的信仰，而且他们本来就在政治上离拜占庭很近，这样，接受东正教就成了顺理成章的一步。奥丽加自己于955年前后在君士坦丁堡改宗，弗拉基米尔则代表他的全体人民于988年正式接受基督教。改宗行动由宫廷内部向外扩散的进程十分缓慢，但是宫廷接受基督教就意味着教会体系可以开始建立，而合法统治者的基督徒形象也稳步扎根于罗斯传统。基辅的众多教堂十分雄伟，11世纪初期由拜占庭工匠修建的圣索菲亚教堂是现存的11世纪拜占庭教堂中最大、装饰最完整的一座。君士坦丁堡的行政和手工艺传统也被借鉴到基辅，在那里得到了进一步发展。罗斯在接受上述拜占庭的影响的过程中并未面临保加尔人所面临的危险，因为罗斯离君士坦丁堡太远，无须担心被对方征服，也可以在接受对方影响的时候根据自己的喜好随意创新。罗斯政权混合了突厥、斯克拉文和拜占庭的风格，还有一点斯堪的纳维亚元素。它从此开始保持实质性的稳定，并一直是东欧最强大的政治势力。

西斯克拉文人没有这样的外在霸权，但他们在9—10世纪也开始在内部发展的基础上组织起了相当大的政治群体，其规模超过了此前的任何时期。第一个这样的群体是摩拉维亚。[25]我们在第16章已经讲过，这个国家在9世纪时是东法兰克人最主要的对手。史料中第一次出现摩拉维亚人的记载是在9世纪20年代。莫吉米尔（Mojmír，约830—846年在位）、拉斯蒂斯拉夫（846—870年在位）和斯瓦托普卢克（870—894年在位）三代强大的统治者大大拓展了权力范围，统治了现在的捷克共和国、斯洛伐克、匈牙利和更远的地方。关于他们的政治中心到底在哪里，最近还有一番争论。有人认为，根据君士坦丁七世所写的一些民族志著作，以及《富尔达年代记》中对一些战争的描写来看，摩拉维亚公国的核心地区应该在非常靠南的西尔米乌姆。[26] 这个地方位于今天的塞尔维亚北部。但是，9 世纪的大型堡垒式定居点主要还是集中在现在的摩拉维亚境内（捷克共和国东部），包括其中最重要的斯塔雷梅斯托和米库勒茨采，而且这些定居点内还发现了金银器物和更加复杂的铁器和陶器的生产活动。这十分清晰地说明这一地区发展出了强大的政治权力和发达的社会分工。因此，认为这里才是 9 世纪摩拉维亚人的核心地区的传统观点现在看起来仍是最可信的。摩拉维亚政治权力的物质基础是从前一个世纪中的众多小型要塞社群中发展出来的。在阿瓦尔人的霸权烟消云散之后，这些社群终于得以谋求自治。不过，催动政治权力聚合到这种程度的因素肯定还是法兰克人的威胁。这个因素的存在可能也使摩拉维亚有正当的理由去发展出更稳定、更有野心的政治层级体系。法兰克人的竞争可能还推动了摩拉维亚人从 9 世纪 30 年代开始逐渐接受拉丁基督教的进程。这一进程只在 863—865 年间因拜占庭传教士西里尔和麦瑟迪乌斯的到来而被暂时打断，我们在第 13 章讲过这件事。摩拉维亚大公国对加洛林的政治影响充满敌意，但他们大可以沿着加洛林的发展轨迹成长为一个组织良好的国家，就像保加利亚沿着拜占庭的轨道发展一样。越来越多的证据表明，这一论断对于相对较小的克罗地亚公国 / 大公国也同样成立。[27] 这个国家于 9 世纪 20 年代前后在现在克罗地亚南部的达尔马提亚沿海地区形成，得到了加洛林王朝的直接庇护。与摩拉维亚一样，克罗地亚 9 世纪的物质文化也比之前的时代明显复杂了许多，并表现出法兰克金属加工工艺和意大利石刻工艺的强烈影响。9 世纪 40 年代及之后的一系列拉丁语文献甚至体现出了意大利土地所有观念的影响，以及加洛林式朝廷官员的存在。匈牙利人在894—905年间摧毁了摩拉维亚人的权力，但克罗地亚大公国继续存在了下去。托米斯拉夫（Tomislav，约910—929年在位）甚至在925年被教皇若望五世承认为国王（rex）。

波希米亚是捷克的核心区域。与摩拉维亚相比，这里和法兰克的距离更近。但是，波希米亚的西部是一片森林茂密的山区，这一地理特征保护了波希米亚。事实上，这条政治边界线从7世纪一直存在到了今天，并基本上保持原样。波希米亚地区在9世纪也出现了山丘堡垒型要塞稳步增多的局面，这表明社会阶级分化加剧了。在摩拉维亚的庇护下，波希米亚也在博日沃伊一世（Bořivoj I，约890年去世）的统治下逐渐走向统一。到了10世纪初期，这个早期捷克政权逐渐在布拉格附近聚结成形，并犹犹豫豫地（中间反复了好几次）接受了拉丁基督教。这一进程主要发生在瓦茨拉夫一世（Václav I，921—约930年在位，绰号“好国王”）以及他的弟弟、谋杀了他的博莱斯拉夫一世（Boleslav I，约930—972年在位）在位期间。博莱斯拉夫的权力范围扩展到了摩拉维亚和现在的波兰南部，但这一势力范围在他的继承人们在位期间再次土崩瓦解。这主要是因为贵族的抵制，而最后的结果（暂时）有利于波兰人。瓦茨拉夫被迫接受了东法兰克的霸权，这也导致了他的死亡，而博莱斯拉夫则拒绝接受。但是，无论怎样，波希米亚都有拉丁宗教政治的特征，并断断续续地承认奥托-萨利安王朝的宗主地位。

在波希米亚之后形成的又一个政权是位于其北方的波兰。[28]就像斯克拉文（我们现在可以称其为斯拉夫）的其他地区一样，这片覆盖了现在波兰领土的地区上也存在着众多的部落。波兰中部格涅兹诺和波兹南附近的部族并没有什么独特之处，但是他们在梅什科一世（Mieszko I，约962—992年在位）的领导下迅速占据了统治地位，并将势力范围扩展到波罗的海沿岸。这一政治权力的集聚过程比摩拉维亚和波希米亚的速度都要快。9世纪时存在于现波兰境内的许多部落堡垒到10世纪后期时都已被废弃，这说明当地的政治权力结构发生了剧变。梅什科和他的继承人被统称为皮亚斯特王朝，他们建立了新的堡垒。梅什科倾向于和奥托王朝以及其内部的萨克森公爵、侯爵们结盟，因此，这些人对波兰的威胁不如对波希米亚的威胁大，梅什科的权力根据地也未受10世纪萨克森征服运动的影响。他在966年接受基督教，并在968年允许波兹南设立主教。983年西斯拉夫人发动针对萨克森人的叛乱之后，波兰和法兰克人的同盟依旧保持了下去。到那个时候，这一同盟已经成为掩护皮亚斯特王朝进一步政治扩张的幌子。在“勇敢者”博莱斯瓦夫（Bolesław Chrobry，992—1025年在位）的统治下，皮亚斯特王朝的权力延伸到了波希米亚，并朝东方的罗斯发展，11世纪初则直截了当地把矛头指向萨克森境内的各个侯国。在摩拉维亚和波希米亚，波兰的霸权并不持久。而且，皮亚斯特政权在到11世纪30年代时就已经遇到了麻烦，不过这个梅什科创建的王朝后来又一直坚持到了14世纪。到了那个时候，波兰已经成为一个更加团结的长命王国。

摩拉维亚、波希米亚，还有波兰的皮亚斯特王朝都存在同一个问题，那就是相对于其主要建立在贡金基础上、非常简单的政治基础结构来说，它们的扩张速度都太快了，统治者和他们的近卫军都跟不上节奏。这样，这几个政权的稳定性就远不如在其他方面都十分相似的罗斯政权。这可能是因为罗斯效仿的突厥模式更为成功，但也可能是因为西斯克拉文/斯拉夫土地上的政治权威所承受的压力和危险（法兰克人的威胁）要比罗斯更大。不过，教会阶层体系最终还是在公元1000年后建立了起来，成为统治者们可以动用的基础资源中的一项。其他资源还包括复杂的政治庇护体系，以及建立在私有土地庄园基础上的王室或大公的财富。所有这一切都受到了法兰克先例（我们现在可以改称法兰克为德意志）的影响。波希米亚和波兰在随后的11世纪所进行的统一尝试都比先前更为成功，这一点非常重要。事实上，到了那个时候，波希米亚和波兰才能真正被看成独立的实体。尤其是波兰，组成这个国家的众多部族与它们的邻居之间并没有天然疆界，它完全是由皮亚斯特家族一手创造出来的。

在公元1000年的时候，斯拉夫世界里普遍出现了稳定阶层分化缓慢发展的趋势，这种趋势也蔓延到了匈牙利。伊什特万一世［István（Stephen）I，997—1038年在位］和梅什科以及弗拉基米尔一样，以统治者的身份接受了基督教。领导人变成了领主，头领变成了大公或国王，堡垒变成城镇，贡金变为地租。我们稍早时候在西日耳曼和盎格鲁-撒克逊的英格兰看到了这样的进程，丹麦和挪威在11世纪也出现了类似的情况，只是进展较慢。这种阶层和政府管理体系的变化通常是受拜占庭、法兰克或突厥邻居的影响，而且往往影响很深。在很多情况下，这种变化是对拜占庭或法兰克的威胁做出的直接反应，例如摩拉维亚和保加利亚，丹麦在某种程度上也是如此。我们还可以再加上说凯尔特语的布列塔尼[29]。在9世纪中叶的时候，这里的独立国王们，尤其是萨洛蒙（Salomon，857—874年在位），都很明确地使用了法兰克人的管理手段，直到这个王国在维京人的袭击中覆灭。但是，这种变化往往更多来自内部的发展（有时还很突然），是那些大胆的政治领袖在外部威胁较小的国度里，趁着军事成功的势头而做出的变革。他们还在那之后借用外部的模式来稳定权力。罗斯、波兰、日耳曼世界、麦西亚都是如此，可能还包括挪威。

最后，我们还要说明一点：在波希米亚、波兰以及挪威的一些地方，这种政治权力的聚合过程也遇到了抵抗，至少在领土扩张遇到障碍时是如此。有些抵抗来自其他的领导人家族，有些则来自不愿失去自己身份和传统的较小部族。实际上，波兰在11世纪30年代出现了部族身份认同回潮的现象，有些地方的人还放弃了基督教信仰。这次回潮在10世纪80年代发生的斯拉夫人暴动中就已可见端倪。当时，奥得河入海口附近的波罗的海沿岸地区出现了一个叫作柳提基（Liutizi）[30]的部落联盟，他们拒绝再向萨克森纳贡，也拒绝再让教会拥有土地，还抛弃了所有的基督教元素。梅泽堡的蒂特马尔愤怒地记述了他们那些异教活动的细节，也描写了他们对大会政治的依赖和避免产生单一统治者的意识。这一点非常重要，因为这意味着他们所抵抗的并不仅仅是萨克森的统治，而且是斯拉夫人自己的土地上不断发展的阶层分化。我们之前已经讲过，冰岛也出现过类似的抵抗行为，但是冰岛远在大西洋北端，地理位置很安全，柳提基则在萨克森和波兰两个方向上都面临着威胁。不管怎样，波罗的海沿岸地区的政治机构一直较弱，这种情况一直持续到中世纪中期。

***

斯堪的纳维亚和斯克拉文/斯拉夫地区接受基督教的时间比较晚，我们关于他们的信息也都来自法兰克和拜占庭的史料或考古发现。因此，对于他们的研究只能从外部建构，可用的证据也不成体系。不列颠和爱尔兰说凯尔特语的地区的情况就不一样了。我们在本章是从公元 800 年开始讲述这些地方的历史的，而那时基督教的根基已经十分牢固。此外，除了苏格兰以外，这些地方也有自己的文字史料。不过，不管怎样，这些地方也出现了我们刚才讲过的种种发展趋势，尤其是在布列塔尼。

我们在第 7 章讲到，威尔士在公元 800 年时有 4 个主要的王国，但它们的政治-行政体系都非常简单，主要功能是为彼此间的小规模战争服务。国王和属下们之间存在宴请享乐的文化，国家还从依附者和臣服的领土上收取（可能金额非常有限的）贡金。在之后的两个世纪里，这些基本的情况仍然存在，但是也出现了朝两个相反方向进行的新发展。

第一，有证据显示政治权力正在聚合。这时的威尔士虽然政治上四分五裂，但有一个概念上的统一体，即“Cymry”（威尔士人）。威尔士南部有一部名为《不列颠大预言》（*Armes Prydein Vawr*）[31] 的文字作品，诞生时间在 930 年前后。这本书热情地预言了威尔士的统一和对英格兰人的驱逐：“威尔士人会在战斗中胜利，装备精良、全体一致，言辞和信仰都如同一人。”书中还预言，威尔士人将在爱尔兰人、苏格兰和都柏林的维京人的帮助下重新统一哈德良长城以南的不列颠，将这片土地纳入他们的统治。这种身份认同是一种文化意义上的认同（这与比德所说的“盎格利人”，以及塔尔苏斯的狄奥多尔建立的全英格兰大会体系所秉持的身份认同属于同一类型），而我们在史料中到处都可以看到这种认同。威尔士人可能正是因为英格兰人的威胁才找到了自己的定位，而且他们普遍认为自己本应是整个不列颠的主人，只是被从自己的土地上不正当地赶了出来而已：11 世纪的威尔士诗歌虽然在形式上十分天马行空，却总是把中心人物称为“这个岛”或“不列颠岛”的国王。

因此——或者说，从另一个方面来讲——我们发现国王们的领土野心从 9 世纪开始逐渐增大。罗德里大王（Rhodri Mawr，844—877 年在位）是第一个颠覆原有格局的人：他的根据地在西北部的格温内思，这也是长期以来最有影响力的王国。他从这里起兵，在 855 年吞并了东边的波厄斯，872 年占领了锡尔迪金，从而统治了威尔士。此外，他还频繁地袭扰威尔士南部。877 年，他被维京人击败并被流放至爱尔兰，一年后又被英格兰人杀死。但是，他的儿子们在安纳劳特（Anarawd，916 年去世）的带领下维持住了他的霸权。安纳劳特的侄子、“好人”海韦尔［Hywel Dda，阿普·卡德尔（ap Cadell），950 年去世］在 904 年娶了西南方德韦达（Dyfed）王朝的国王之女，因而被承认为德韦达的国王。此后，他和格温内思的堂兄弟们互相攻杀，并于 942—950 年占领了他们的土地，进而控制了威尔士全境的四分之三。这一霸权在他的孙子马雷迪斯·阿布·奥瓦因（Maredudd ab Owain，986—999 年在位）[32] 在位期间可能又一次得到复兴。另一次更为确定的复兴是在 1055—1063 年另一位格温内思国王在位期间。他的名字叫格鲁菲斯·阿普·卢埃林（Gruffudd ap Llywelyn），他的父亲娶了马雷迪斯的女儿（威尔士的宗室继承法则比英格兰和爱尔兰更接受母系继承人）。格鲁菲斯还在 1055 年降服了威尔士东南部一直保持独立的罗德里王朝，成为第一位统治威尔士全境的威尔士国王（也是除亨利七世之外唯一的一位），并在这一宝座上坐了 8 年。

威尔士可以（并且确实已经）由此开始稳步的国家统一进程，只是这个进程被英格兰人［哈罗德·戈德温森（Harold Godwineson）于1063年摧毁了格鲁菲斯·阿普·卢埃林的霸权］以及后来的诺曼人破坏了。我们可以说，威尔士王权逐渐增大的趋势得到了法律力量的巩固。[33]留存至今的威尔士法律最早只能追溯至13世纪，但是这些法律条文都把好人海韦尔作为立法者。这一传统很可能在某种程度上反映了真实情况（但是法律的内容肯定是后来人编纂的）——海韦尔曾在英格兰国王的朝廷中待过，而且很可能从像埃塞尔斯坦那样的国王那里借鉴了一些想法。我们掌握的教会档案中也显示出了一些迹象，表明10世纪末时统治者的权力更加稳固，有了地方的兵役制度，贡金的征收可能也更系统化了，司法权利也在发展。例如，东南部兰达夫主教区正是通过司法权利得到了豁免权。那个时候，威尔士人可能和丹麦人、波希米亚以及保加尔人一样，都是从一个远比自己强大且危险的邻居那里学习各种统治方法。当然，有一种统治方法不是从英格兰人那里学到的，这就是基督教教会，因为威尔士早已接受了基督教。

不管怎样，这种统治力的提升在公元1000年（或1063年）之后并没维持多久，同时还出现了几个相反的趋势。首先，上述所有影响范围较大的霸权都非常短命。除了罗德里大王之外，没有任何一个国王能把自己的征战成果遗留给继承人，而且绝大多数建立霸权的统治者终其一生都在为维持霸权而战。另一个趋势就是外部力量的干预。虽然《不列颠大预言》有很多反英格兰的内容，但在它的作者所生活的那个年代，国王们通常臣服于英格兰国王，还要向其纳贡。这是诗人愤怒的原因之一，也是好人海韦尔出现在英格兰宫廷的原因之一。从阿尔弗雷德到埃德加（但不包括埃塞尔雷德二世和克努特）的历任英格兰国王都要求威尔士国王这么做。维京人有时候也向威尔士索要贡金。虽然罗德里大王的倒台是一次意外事件，但维京人确实经常在沿海地区劫掠。而且，有一些证据表明，都柏林或马恩岛的诺尔斯统治者曾在 10 世纪后期到 11 世纪初期在格温内思建立过压倒性的霸权。[34] 第三个趋势是统治者的头衔越来越不统一。与斯堪的纳维亚和斯拉夫世界的趋势十分不同的是，威尔士自称“国王”（拉丁文的 rex）的统治者在约公元 950 年之后便越来越少，而以威尔士文书写的头衔名目则越来越多。12—13 世纪的威尔士统治者自称“大公”，其源头就在这里。不过，像格鲁菲斯·阿普·卢埃林这样最伟大的统治者还是肯定可以使用“国王”的称号（或被称为国王）的。[35]

不再使用国王的称号并不代表威尔士人已经臣服。倒不如说，这一趋势反映出了一个矛盾：威尔士政权越来越大，但它们的稳定性和组织水平却并没有显著的提升。国王和他们的随从（teulu）仍然是王国的中心。王国里也有雇佣兵，但地方官员极少。司法的组织虽然更严密，但也基本上仍由地方长老或名流掌控。而且，地方教会对司法的影响似乎要比绝大多数国王都要大（我们关于矫正错误行为的知识大部分都自教会和圣徒的叙述，叙述要求国王们解释自己的错误行为）。由于威尔士政权总体上缺乏基础设施，约公元 850 年之后不断增多的大型短命霸权并没有集中权力，也没能平息矛盾，反而造成了不稳定的局面。从这个角度讲，威尔士并不适用于丹麦的发展路径。直到公元 1200 年左右，格温内思的大公们持续借鉴英格兰的做法，威尔士才出现了权力集中的趋势，而那时威尔士的战略处境已经比之前困难多了。

苏格兰有一个较大的核心王国，即阿尔巴王国。我们在第 7 章的最后已经讲过，这个王国在 9 世纪 40 年代时被亚尔宾之子肯奈斯统治，他把王国的领土从福斯湾向北扩展，几乎包括了整个苏格兰大陆部分。[36]我们知道从肯奈斯开始的历任国王的名字。这些国王都是他的后代，只有一位除外［麦克白（Macbeth，1040—1057年在位）］，不过这些同族之人也像爱尔兰的那些国王一样分成了两三个敌对的支系，彼此间为争夺王位而互相厮杀。阿尔巴王国的心脏地区是以前皮克特王国的领土（“阿尔巴”这个名字在公元900年之后才出现），但是从9世纪90年代开始，我们就可以见到越来越多的爱尔兰文化和爱尔兰教会组织的迹象，皮克特语言的使用则似乎越来越少。不过，阿尔巴的国王们并没有控制现代苏格兰的全境。群岛地区和大陆部分的最北端一直在斯堪的纳维亚人的统治之下，奥克尼群岛和设得兰群岛（包括凯斯内斯）则已彻底斯堪的纳维亚化。从10世纪开始，斯堪的纳维亚贵族（jarls）就成了奥克尼群岛非常重要的势力，其中最值得一提的是“矮胖子”西居尔（Sigurd“the Stout”，1014年去世）和他的儿子“强人”索尔芬（Thorfinn“the Mighty”，1065年去世）。他们的统治范围南至马恩岛。福斯河和克莱德河以南还有威尔士人和英格兰人的政权，包括格拉斯哥地区和西南地区的威尔士国王，其根据地位于斯特拉斯克莱德，还有洛锡安地区的诺森布里亚国王，后来成为班堡领主。不过，上述这些政权的统治范围都在苏格兰国王的挤压下不断缩小。大约10世纪70年代以后，最迟于11世纪第二个十年，苏格兰稳步吞并了洛锡安，斯特拉斯克莱德的国王们在1018年以后就再没见到明确的记载。到那时为止，苏格兰大陆上的王国已经大体成形，这主要是君士坦丁二世（Constantine II，900—943年在位）、肯奈斯二世（Kenneth II，971—995年在位）和马尔科姆二世（Malcolm II，1005—1034年在位）等几位长寿且有影响力的国王不懈努力的结果。

但是，我们在这里也必须小心。我们对苏格兰王国的内部运作几乎一无所知。北部的莫瑞地区占据了这个王国领土的三分之一，而这一地区肯定存在半独立的“大首领”（mormaers，爱尔兰语史料中有时也称他们为“阿尔巴国王”），他们有自己的世袭王朝——实际上，麦克白就是其中的一员。其他地区也有大首领，其身份是地方贵族和军事领袖。我们不太确定他们的自治程度有多高，或者是否存在世袭王朝（以及有多少是皮克特人），但是我们恐怕不能假设国王对他们有完整的控制权。按照爱尔兰（乃至威尔士）的标准，早期苏格兰王国的面积堪称巨大，其内部也大体保持稳定，只是继承权问题经常引发争议而已。然而，苏格兰王国几乎没有文字档案，这难免让人认为王室的权威实际上比较弱。与其他地区一样，苏格兰也是到很久之后才出现更为协调的政治权力结构的，确切地说是在 12 世纪。而且，这个权力结构的出现还伴随着一项自觉执行的政策，那就是接受英格兰人（或“诺曼人”）的影响甚至定居：这和丹麦或波希米亚的发展模式如出一辙，只不过苏格兰已经完成了基本的领土扩张，政治体系相对安全而已。

在这些说凯尔特语的政治体系中，爱尔兰是文字档案最为丰富的一个，实际上，从很多方面来说，它都是本章所讲述的各个社会中文字档案最丰富的，但这并不能意味着解读它的历史很容易。爱尔兰的贡金层级网络并不稳定，但这种不稳定至少是建立在所有五个省份都清晰可辨的政治规则的基础上的。到 8 世纪时，由于国王的野心越来越大（如第 7 章所述），这种层级网络开始解体，维京人的影响则进一步将其撕裂。国王们从 8 世纪开始攻击那些已经演变为财富和权力中心的大修道院。势力大一些的国王开始接受弱小的国王们的依附，将后者的领土作为自己政治根据地的永久性组成部分［在拉丁文编年史的记载中，弱小的国王从750年开始被称为“公爵”（dux），而不再称“国王”（rex）］。此外，在一些地区，成功的王国不仅要求较弱小的王国缴纳贡金并提供人质，还要侵占他们的领土。例如，乌伊布里翁布雷夫尼（Uí Briúin Bréifne）王国在8世纪后期从他们位于利特里姆郡南部的根据地向东方和北方扩张，进入卡文郡。在他们之前一代人的时间，迪斯·图埃斯基尔特［Déis Tuaiscirt，后来改称“达尔·凯斯”（Dál Cais）］王国也从利默里克郡东部向北扩张，进入克莱尔郡东部。这两个王国都非常小，不在西阿尔斯特和米斯的尼尔王朝以及芒斯特的欧根纳赫特这两个主要的政治体系之内，他们的领土扩张幅度也很小。但这些故事表明，爱尔兰众多部落王国的版图划分并不是一成不变的。

从某种程度上来说，维京人只是把这一进程体现得更明确了。最初，也就是公元795年之后，维京人仅劫掠沿海的定居点，这些定居点大多是修道院。9世纪30年代之后，他们的攻击范围开始扩大，但即便如此，他们的行动也仍然只是类似于爱兰人非常熟悉的那种一年一次、局限于王国内部的劫掠行动。之后，他们9世纪40年代开始在阿尔斯特的内伊湖、米斯的都柏林以及爱尔兰岛中央的里湖等地越冬，然后又开始建设更固定的定居点，包括都柏林以及后来的科克、沃特福德和利默里克等。对于我们上面描述的那些野心勃勃的小型王国来说，维京人带来了很大的麻烦。实际上，维京人在利默里克的定居点基本上就是侵占了迪斯·图埃斯基尔特/达尔·凯斯王国的南半部，把王国的人向北赶入了克莱尔郡。在这些新兴的政治体中，都柏林是最强、最危险的一个。到了9世纪50年代，以都柏林为中心的地区内已经有大量的军队驻守。不过，维京人在爱尔兰从来没有发动过大规模的领土征服行动。这一方面是因为爱尔兰遍地是微型王国，征服行动的难度太大，另一方面也是因为这些微型王国可供劫掠的财富太少，即使征服了也无利可图（与东欧的情况一样，爱尔兰最值钱的可出口商品也是奴隶）。都柏林的政治野心主要瞄准它的东方，也就是爱尔兰海和约克（见前文，第 19 章）。到了 9 世纪 60 年代，都柏林的维京人已经整合进了爱尔兰的政治同盟，并且一直保持在同盟之中，只有在 902—917 年这段短暂的时间内被彻底排除在外。10 世纪的第二和第三个十年，维京人的劫掠行动再次抬头。都柏林还有另一个身份，或许也是最主要的身份：它是爱尔兰第一个真正意义上的城镇（维京人的其他定居点也属于最早出现的城镇，只不过发展程度不如都柏林）。它是一个重要的贸易点，其中一部分现在已经得到了考古发掘。[37] 发掘结果表明，当时都柏林已经出现了大量的手工业生产活动，产品包括骨制品、皮革制品、木制品（包括船只）和衣物：都柏林相当于爱尔兰的约克和海泽比。

不过，从政治的角度来看，维京人在两个方面起到了催化剂的作用。第一个方面是，为了击败维京人，爱尔兰人必须建立起同盟，比之前的地方战争同盟更大。此前爱尔兰已经出现了一种趋势，即最有野心的国王希望建立自己的交战规则，同盟规模的扩大加强了这种趋势。第二个方面是，都柏林恰好处于爱尔兰的传统政治核心区域（也是农业最发达的区域）之一——米斯，也就是尼尔家族诸王国的南部地区。这一权力根据地的长期战略地位遭到削弱，最终引发了尼尔家族的解体，不过那已经是 11 世纪的事情了。与此同时，如果那些省内的霸主王朝——本时期最重要的是克兰·乔梅因家族——想要维持他们在没有外力干扰时的那种重要地位，他们就需要采取比之前更有创造力的手段。

在上述背景之下，一些国王开始向新的方向发展。我们在这里举3个例子，展示一下各种发展的可能性。第一个例子是克里梅恩之子费德里米德（847年去世）[38]，他来自欧根纳赫特家族的卡舍尔。他在820年夺取了卡舍尔的王位（也是芒斯特地位最高的王位），并且在芒斯特和伦斯特建立起了范围异常之大的同盟。830—831年，他向北进军，攻入了康诺特和米斯。到了840年，他已在米斯大肆破坏，并驻扎在尼尔家族最高王权的所有地塔拉。这也显示出了芒斯特国王新的政治野心。费德里米德还认识到了宗教政治的重要性，试图与爱尔兰北部主要的修道院中心阿尔马建立联系。他在836年当上了科克修道院的院长，又在838年成为康诺特的克朗佛特修道院院长。他还是主张苦行主义的凯力德（Céli Dé，意为“上帝的代理人”）运动的主要庇护者。可是，他在对待敌对的宗教势力时十分残忍，烧毁了杜罗和基尔代尔的修道院。对于克朗佛特的邻居——克隆马诺伊修道院，他甚至烧了三四次。后世之人认为费德里米德是一个虔诚的信徒，而他和爱尔兰的其他国王比起来可能也确实算得上虔诚。但是，他所做的只是按照自己的意愿去创造属于自己的政治-宗教框架，而且这个框架看起来也只是瞄准了爱尔兰的至高王权这一个目标。

至高王权是一个新概念，在这个时代之前很少出现。这个概念的具体含义也不是很清晰。它的霸权肯定覆盖了卡舍尔和塔拉。传统上，这两个地方分别是欧根纳赫特和尼尔家族统治的象征性中心。但是，除此之外呢？每一个爱尔兰国王都要向至高王臣服吗？费德里米德甚至都没能安全地获得卡舍尔和塔拉的霸权，就更别提对其他爱尔兰国王的霸权了。但是，这个概念此时至少是摆到台面上来了。第一个自称至高王并大致拥有相应实力的人来自费德里米德的下一代人，他就是克兰·乔梅因家族的迈雷·鲁阿内德之子迈尔·塞奇奈尔（Máel Sechnaill I mac Máele Ruanaid）[39]，他先是成为塔拉的国王，然后又从 846 年开始建立起了覆盖尼尔家族的霸权。迈尔·塞奇奈尔在对抗维京人方面表现强悍（这一点和费德里米德不同），他在 849 年洗劫了都柏林，并在 9 世纪 50 年代击退了维京人的援军。这样，他就有很好的条件去降服伦斯特和康诺特，以及阿尔斯特东部易受维京人攻击的乌利德诸王国。对后者的降服是相当罕见的事情。布雷加国王投靠了维京人，迈尔·塞奇奈尔在 851 年用溺亡这样的“酷刑”处死了他。他在 845 年处死维京领袖土尔格齐［Turgéis，或称“托尔吉耳斯”（Thorgils）］时，用的也是同一种方法。他还数次从北向东进入芒斯特，并于 856 年从每一个省份都掠夺了人质，然后在 858 年进军到海边。正是因为这些战果，《阿尔斯特编年史》（*Annals of Ulster*）在四年后他死时称他为“全爱尔兰的国王”：他的霸权不如费德里米德那样有开创性，但是完成度更高。他和他的前任一样，体现了这个时代新出现的可能性。

比他更进一步的是肯尼迪格（Cennétig）之子布莱恩·博拉玛（Brian Bórama），他通常被称为“布莱恩·博茹”（Brian Boru），在 976—1014 年任达尔·凯斯的国王。[40] 从迈尔·塞奇奈尔一世开始，尼尔家族的国王们都多多少少地拥有大人物的身份，虽然不如迈尔·塞奇奈尔那么显赫，但是比 8 世纪的绝大多数塔拉国王都更有影响。布莱恩一开始只拥有一个全爱尔兰最小的自治王国，而且和任何一个强盛的王朝都没有关系，但他最后不但重现了迈尔·塞奇奈尔的辉煌，甚至还超过了他。编年史作品《爱尔兰人与维京人的战争》(*War of the Gaedhil with the Gaill*)以热情而充满想象的笔调记述了布莱恩的崛起。这本书写于布莱恩死后约一个世纪，是为他的孙子而作的。书中的叙事主线得到了一些较为严肃（也较为乏味）的编年史的佐证。布莱恩与维京人打了很多仗，这不足为奇，因为他所统治的是距离利默里克最近的王国之一。967 年，他和前任国王、自己的哥哥马斯格蒙(Mathgamain，953—976 年在位)一起洗劫了利默里克。在国王任上，布莱恩与周边的芒斯特国王以及他们的诺尔斯盟友们作战，并且似乎在 978 年取代了欧根纳赫特家族，成为芒斯特的至高王。他的哥哥也可能先于他担任过这一职位。克兰·乔梅因 / 尼尔家族的塔拉国王邓姆奈尔之子迈尔·塞奇奈尔二世（Máel Sechnaill II mac Domnaill，980—1022 年在位)也是那个世纪里权力较大的国王之一，他于 982 年先发制人，扫荡了达尔·凯斯。布莱恩在 10 世纪 80 年代初期进入康诺特，向迈尔·塞奇奈尔发起反击。之后的 10 年里，他在康诺特和伦斯特树立起了自己的权威，迈尔·塞奇奈尔本人也在 1002 年承认了布莱恩的权威。最后，布莱恩进军阿尔斯特，在 1005—1008 年之间降服了那里的绝大多数国王。1011 年，最后一个王国森内尔康奈尔也表示臣服。这样，布莱恩就成了有史以来第一个得到所有人承认的“爱尔兰之王”。实际上，他的文书在记载他 1005 年对阿尔马进行的一次高度仪式化的访问时还用了“爱尔兰人的皇帝”这样的说法。但是，从第二年的伦斯特开始，各地的叛乱就不断发生。1014 年，布莱恩带去平叛的军队大幅缩水（尼尔家族的国王们并不支持他），而他面对的军队则来自伦斯特和都柏林，还有最远从奥克尼等地赶来的援军。双方在克朗塔夫打了一仗，布莱恩一方获胜，但这位 27 岁的国王本人却被杀死。伦斯特国王中的领袖和奥克尼头领西居尔同样战死。达尔·凯斯的霸权立刻土崩瓦解，迈尔·塞奇奈尔夺回了塔拉的王位，至死都没有再丢失。

我较为详细地讲述布莱恩的生平（不过还是漏掉了很多：布莱恩经常一年内打两三次仗），只是为了说明在爱尔兰想要建立（准确地说是“创造”）霸权需要做多少工作，而这样辛苦建立起来的霸权并没有持续很久，也无法持续很久。史料中没有提到布莱恩发明过什么新的统治方法。他在降服利默里克和都柏林之后使用了那里的财富和人力[41]，但是都柏林有自己的政治策略，而且还对最终结束布莱恩的霸权有所贡献。《爱尔兰人与维京人的战争》急切地罗列了布莱恩的短命霸权带来的种种好处：和平、正义、更多的贡金、教堂的修复、教育、道路和要塞，还有人民的好客之风。其中，关于教育和要塞的说法可能部分反映了12世纪的发展状况，但其意象仍是陈旧的，其他的几项则是纯粹的老调重弹。布莱恩的辉煌经历最重要的意义在于，它说明有政治野心的人凭借技巧和无情就有可能统治整个爱尔兰，而且任何一个国王都可以做到。接下来两个世纪的历史证明了这一点。来自伦斯特和康诺特的国王首次成为爱尔兰霸主，他们的敌人则是布莱恩的后裔以及北方的尼尔家族。但是，由于缺乏稳固的政治结构，这种争霸态势所带来的仍然是我们在威尔士已经看到过的动荡局面。我们在11世纪的爱尔兰历史中看到，较大的王国内确实逐渐出现了更多的王室官员，而到了12世纪，地方性的领土管理机构也开始出现。越来越多的小王国失去了自治权和身份认同。但是不管怎样，爱尔兰还是一个众多王国并存的岛屿，直到英格兰人最终于1169年入侵。

***

“基督教的西班牙”指的是伊比利亚半岛北部边缘一窄条土地上的各个政权，在阿拉伯人于8世纪第二个十年发动的征服运动之中，只有这一小片区域没有落入阿拉伯人之手。这里从西哥特时代起就已经在政治上被边缘化了（见前文，第6章）：到了9世纪初，比利牛斯山以南的所有西哥特中心城市中，没有被穆斯林占领的只剩下巴塞罗那，这还要感谢查理曼在785—801年间对现在的加泰罗尼亚北部的征服。这一片加泰罗尼亚飞地从9世纪后期开始由当地的一个伯爵王朝所统治，在它的西部还有两个独立的王国，一个是潘普洛纳，或称纳瓦拉，另一个则是阿斯图里亚斯。潘普洛纳是一个藏身于比利牛斯山脉中的小王国，9世纪初期时第一次见于史料记载。当时的统治者是伊尼格·阿里斯塔（Iñigo Arista，851年去世）。他是基督徒，但是与邻近的埃布罗河流域的穆斯林王朝巴努·卡西之间有亲缘关系。在立国后的一个世纪时间里，潘普洛纳的历任基督徒国王的权力甚小，比安达卢斯各个侯爵领地上那些自治的穆斯林领主（见前文，第14章）强不了多少。阿斯图里亚斯王国建立于720年前后，是一位名叫佩拉约（737年去世）的贵族在偏远的北部山区发动反对穆斯林统治的叛乱后建立的。这个王国一开始也很小。第三任国王阿方索一世（Alfonso I，739—757年在位）建立起了一个王朝，这个王朝一直持续到1037年，并常常对南方的阿拉伯政权持更为敌对的态度。

阿斯图里亚斯的王位继承制度一开始非常随意。阿方索一世的儿子弗鲁埃拉（Fruela，757—768年在位）死后，他的堂弟、妹夫、同父异母的弟弟和另一位堂弟先后继承王位，然后才轮到他的儿子阿方索二世（Alfonso II，791—842 年在位）。父死子继的规矩直到公元 850 年以后才建立起来。8 世纪的历任国王都在阿斯图里亚斯各山谷中的小型中心定居点施行统治，但是到了阿方索二世在位的时候，他把自己的政治根据地奥维耶多建设成了一个对标西哥特首都托莱多的都城，里面有多座雄伟的宫殿和教堂，其中一些一直保留到了今天。[42] 他的继任者拉米罗一世（Ramiro I，842—850 年在位）也建造了一些建筑。在立国后的一个世纪时间里，阿斯图里亚斯的历任国王将权力范围沿北部群山向东西两个方向拓展，东边到达埃布罗河上游的阿拉瓦（这里后来成为卡斯提尔伯国北部的核心地区），向西则直抵半岛西北角的加利西亚。他们还经常趁阿拉伯人陷入政治危机的时候向南侵袭，翻过群山进入广阔的安达卢斯边境地区。阿方索一世在 8 世纪 40 年代的侵袭行动最为系统，当时阿拉伯人正陷入内战。那次内战之后，阿拉伯人似乎就没能再控制面积广阔的杜罗河台地。这一地区位于阿斯图里亚斯南边，在之后的一个多世纪里都在所有政治势力的有效统治范围之外。

奥多尼奥一世（Ordoño I，850—866 年在位）是第一位永久性迁移至群山以南的阿斯图里亚斯国王，他在 9 世纪 50 年代占领了莱昂和其他城市。他的儿子阿方索三世（Alfonso III，866—910 年在位）系统性地向南推进到杜罗河畔，将国土面积扩大了一倍。直到 11 世纪之后很久，杜罗河仍然大致是安达卢斯和阿斯图里亚斯的边境线。国王们向南进入富饶的杜罗河平原地区之后，他们待在奥维耶多的时间就越来越少了。910 年，阿方索三世的儿子们合力推翻了日渐老迈的父亲，莱昂从此成为王国的主要中心，而王国本身也逐渐被改称为莱昂王国。这座城市很快建起一系列不逊于甚至超过奥维耶多的建筑。

阿方索之所以能扩张领土，主要是因为安达卢斯陷入了新一轮内战，但是这次内战到10世纪20年代就平息了。在这个世纪剩余的时间里，阿方索的继承人们由进攻方转为了防守方。拉米罗二世（Ramiro II，931—951年在位）是其中最成功的一位，他至少抵挡住了新任哈里发阿布德·拉赫曼三世在930—940年间发动的进攻，并且还在939年的西曼卡斯大战中击败了对方。但是，在959年的一场未遂政变之后，桑乔一世（Sancho I，956—966年在位）能在王位上全靠阿布德·拉赫曼。于是，拉赫曼成了莱昂王国的庇护者。981—1007年，阿拉伯人在曼苏尔的率领下重拾攻势。他们在988年攻陷莱昂，在997年占领了重要的宗教圣地——圣地亚哥-德孔波斯特拉。要不是哈里发国在公元1009年之后的内战中解体，莱昂王国能否继续生存下去就是个问题了。实际上，对哈里发国的内乱反应最为敏捷的是纳瓦拉国王桑乔三世（Sancho III，1004—1035年在位），而他的成功有部分建立在莱昂王国的损失之上——他把现已覆盖整个杜罗河上游的卡斯提尔侯国并入了自己的王国。他的儿子、卡斯提尔侯爵费尔南多一世（Fernando I，1028—1065年在位）于1037年占领莱昂，建立了自己的莱昂-卡斯提尔王国，并且靠从陷入战争之中的众多穆斯林泰法王国那里收取贡金而积累了大量财富。11世纪晚期，莱昂-卡斯提尔王国第一次认真地准备起了对安达卢斯的征服行动。

阿斯图里亚斯和莱昂的国王们向我们展示出了两副面孔。其中之一是他们的西哥特传统。国王们刚刚在奥维耶多扎下根据地，就立刻竭尽所能地想在景观和建筑方面把首都复刻成托莱多的模样。这并不意味着小小的奥维耶多和托莱多有任何相似之处，就连风格也不像（奥维耶多的教堂充其量也只能代表当地的传统，尽管其中的一座带有明显的晚期罗马风格）。无论如何，对于这样一个土地贫瘠的小王国来说，奥维耶多留存至今的建筑仍然称得上出类拔萃。圣地亚哥也是如此。这里有一座据说埋葬着使徒雅各的墓，从 9 世纪初期开始，墓地周边逐渐发展出了一个朝圣中心。阿斯图里亚斯王国在这里建起了城市，其中阿方索三世的贡献最大。莱昂则在 10 世纪被建立起来。王国占领杜罗河流域的新领土时，这片区域已经有了城市网络的基础，其中包括阿斯托加这样的罗马城市、萨莫拉这样的西哥特城市，以及布尔戈斯这样的新城市，此外还有一系列快速扩张的修道院，包括卡德尼亚、萨阿贡和塞拉诺瓦。这些修道院很快就开始资助大规模的图书誊写工作。这个王国认为自己是由西哥特法律所治理的，加泰罗尼亚也是如此（纳瓦拉在这方面的情况不是很明确）。加泰罗尼亚和莱昂从 10 世纪开始数量颇多的档案之中都保留着关于细致的西哥特法律实践程序的记载，其法律实践程序比法兰克和意大利都要复杂。[43] 国王们在王宫中也有臣僚[44]，不过人数实际上非常少，但至少还是在名义上复制了托莱多的传统。阿斯图里亚斯和莱昂王国还有一个与本章描述的其他政权都不一样的特点，那就是在王国内部，国王和贵族之间在政治上相互制衡。这一点无疑也可在西哥特找到先例，也和同时代的法兰克世界相仿。王国内有阿拉维斯派和加利西亚派，到 10 世纪又出现了卡斯提尔派。国王们需要和这些派系斗争。10 世纪时的卡斯提尔侯爵们［尤其是费尔南·冈萨雷斯（Fernán González），931—970 年在位］就是典型，他们的势力作为臣服者来说过于强大，因而总是希望实现自治。与比利牛斯山以北的地区一样，土地政治在这里也很重要。从我们掌握的档案来看，国王有时会将地产永久性地让给贵族和修道院，不过，和加洛林王朝一样，国王也可以没收不忠于国王者的土地，而且显然也确实这样做过。因此，从以上方面来说，阿斯图里亚斯-莱昂与10世纪英格兰或意大利南部的大公国较为类似。它们都模仿了法兰克人的做法，但也都在各自早期传统的影响下大幅改动了这些做法。从早期传统的角度来说，阿斯图里亚斯-莱昂又是所有罗马-日耳曼王国中罗马化最彻底的一个。

不过，这并不是阿斯图里亚斯-莱昂仅有的一面，否则我们就应该把它放到第18章去讨论。国王和贵族的权力根基并不像上一段所暗示的那么确定。在西哥特时期，阿斯图里亚斯是一个偏僻而贫穷的地区，其罗马化和城市化的程度几乎比半岛上的其他所有地区都要低——也许只比邻近的巴斯克高，但是西哥特人从来没有完整地征服过巴斯克。纳瓦拉王国[45]在某种程度上也是一个巴斯克王国，但是罗马化（或西哥特化）的程度相对较高。直到11世纪时，纳瓦拉的西面还有一些保持独立的巴斯克部族社群，再往西的山谷地区通常臣服于阿斯图里亚斯，而那里可能也存在部族社会的结构。我们还通过早期（9世纪）的档案发现，即使是在奥维耶多附近那些惯常使用罗马式地产法的核心地区，贵族的数量也极少，而拥有土地的农民则为数众多。

在新征服的杜罗河地区，这种情况在之后那个世纪更为突出。传统上，历史学家们倾向于认为杜罗河谷本是一个人烟稀少的地区，直到奥多尼奥和阿方索三世开始向这一地区移民之后，人口才逐渐多了起来［持这一理论的人大多受到了12世纪中叶历史学家克劳迪奥·桑切斯-阿尔沃诺斯（Claudio Sánchez-Albornoz）的影响[46]］。但是，随着考古和地质研究者在该地区发现了越来越多的人类持续定居迹象，上述观点被抛弃了。不管怎样，杜罗河谷确实在很长一段时间内都缺乏有组织的政治系统。当政治系统终于在10世纪的档案记录中初露端倪的时候，这一地区基本是由拥有土地的农民社群所组成的。这些农民通过内部协调一致的农村社会来进行组织，有时还有自己的决策机构，即“议会”（concilia）。如果当时存在一个把所有土地都联结起来的政治结构，那么这个政治结构可能是一个由一系列建有防御工事的定居点所组成的网络。这些定居点在现代西班牙语中被称为“城堡”（castros，本书所述时代的拉丁语文献有时也用这个词）[47]，体现出当时的社会结构中至少存在一些集体主义的元素。在这些由农民组成、有部分集体主义元素的社会之中，越往南的社会力量就越强大，这是因为南方是王国的前线，需要组织力量进行防御。在莱昂南部和卡斯提尔南部——加泰罗尼亚南部也是如此——农民在很长时间内都要扮演军人的角色，他们在政治和经济上的自治权因此更加稳固。卡斯提尔有一个建有防御工事的定居点叫卡斯特罗赫里斯[48]，这里留存下来一份大约写于11世纪初期的王室特许状（fuero），其中对所有男性居民都授予了相当大的特权（包括免交贡金），以此作为他们执行前线防御任务的回报。加泰罗尼亚的卡尔多纳一份于986年颁发的特许状也是如此，其中一句改编自根据《路加福音》经文的话令人印象深刻：“那想要在上的（maior），就要在下（iunior）。”把杜罗的那些社会称为“部落”恐怕并不准确，甚至对绝大多数的阿斯图里亚斯社会来说也不准确。但是，相对于法兰克以及此时的英格兰来说，那些社会的结构是异常扁平化的，其中的农民有高度自治权，其与斯堪的纳维亚和一些斯拉夫地区的农民之间的共同点，要比他们和加洛林世界里的农民的共同点更多。

历史编纂学家在阿斯图里亚斯王国的问题上分裂成互相敌对的两

派，一派强调它的西哥特（或天主教）特征，另一派则强调它的去罗马化（或部落化）属性。然而，这两种看法都有道理。我们有理由认为，从他们所拥有的物质基础来看，至少从阿方索二世开始的历任国王都有惊人的野心。而且，虽然这个王国最初基本由农民组成，但这一特征很快就弱化了。国王奥雷利奥（Aurelio，768—774 年在位）在阿斯图里亚斯的某地镇压过一场农民起义，这说明权力关系肯定发生了某种变化。加利西亚地区在 9 世纪时就已较明显地出现了贵族阶级，到了 10 世纪的时候，贵族们已经开始像他们在比利牛斯山以北的“同僚”们一样运作起了土地政治。例如，卢戈一位很有影响力的贵族寡妇就资助了教会，并将其置于自己家族的掌控之下。这位名叫伊杜阿拉（Ilduara，约 960 年去世）[49] 的寡妇建造了塞拉诺瓦修道院，还让自己的儿子——主教罗森多（Bishop Rosendo，约 980 年去世）——担任首任院长。在莱昂南部和卡斯提尔，贵族势力的出现时间要晚一些。他们的权力主要来源于王室让给“要人”（magnates）和“长者”（seniores）——以及修道院——的土地和权利。农民阶级的利益也包括在内，地方贡金落入贵族手中之后往往就变成了地租。这一点和 9 世纪的英格兰十分相似。农民阶层中最富裕且最军事化的阶层在地方的影响力越来越大，很快就有能力成为地方的主宰，这些人也是贵族的来源之一。势力较小的贵族（infanzones）有些来源于大“要人”的幕僚，有些则来自富裕的农民 / 民兵（milites）家庭，有些则兼具这两种身份。这些人从 11 世纪开始获得了一种可以世袭的特权，从而拥有了与那些不是贵族的邻居所不同的身份。要统治杜罗地区的村庄，就需要用压力，有时还要抗争；也因为如此，该地区的人们直到中世纪中期之后还保持着分外一致的身份认同。[50] 但是，莱昂-卡斯提尔王国到11世纪时已经拥有了一个强大而且划分为多个层级的贵族阶级，其存在基础则是土地所有权。贵族们在地方政府内任职，为国王工作，他们已经准备好了，要从日渐衰弱的安达卢斯诸王国中攫取最大化的利益。

拥有土地和官职的贵族阶层在10世纪之内基本成形，这使得王国与后加洛林世界越发相似。从这一点来说，莱昂-卡斯提尔也复制了我们在第19章讲过的英格兰社会的一些变化，只不过比英格兰晚了一个世纪而已。[51] 但是，基督教西班牙的政府结构和政治层级体系并不是从法兰克或安达卢斯这样的外部势力那里借鉴来的，这一点和本章所讲述的其他发展中的国家不同。基督教西班牙的政治结构很大程度上取自西哥特的历史，那段历史还没有被完全遗忘。

***

本章描述的政治和社会体系覆盖了半个欧洲，不同体系的情况千差万别。斯克拉文 / 斯拉夫人的土地尤其广阔，几乎没有档案或者叙述体的史料，因此，我们对他们的了解非常粗略。这种情况直到本书所讲述的时代快要结束的时候才有所改观。正因如此，我们才只能在本书中对他们一笔带过。但是，从总体上来说，所有这些社会都存在一些共同的趋势。公元1000年左右，每一个地区的国王和大公们都比750年左右的人更具野心：他们统治着比之前更大的土地，至少意图在更大的范围内建立霸权，有的人还建立复杂的政治结构以支撑自己的统治。他们与地方社会的关联也加强了，其统治也因此比之前更深入、更广泛。对于各个政治体，我们掌握的史料互有区别，凸显出不同的问题。于是我们看到，西班牙北部有一种地方强势地主演变为贵族的趋势，这种趋势在英格兰也能找到。但是，在凯尔特、斯堪的纳维亚和斯拉夫人的土地上，这一进程就没有那么彻底了。这些地方的贵族-农民往往属于庇护者和被庇护者的关系，或者进贡者和纳贡者的关系，或者兼具这两种关系，直到我们所讲述的时代结束之后仍是如此。这个区别是真实存在的，只不过可能有些夸大，因为在我们掌握的关于土地所有情况的档案中，来自西班牙（和英格兰）的材料要比其他地方多得多。这样就很有可能存在如下情况：在类似波希米亚这样的地区，贵族在10世纪时——而不是在我们现在所确定的很久以后——就也已经成为地主。我们无法判断波希米亚的情况究竟如何，因为现在掌握的史料还很不充分。但是，我们有证据表明另一个与法兰克接壤的地区——克罗地亚——的情况确实如此。不过总的来说，政治权力的拓宽和深入似乎是建立在两个发展趋势之上的。其一是贵族权力的发展，以及随之而来的政治依附层级体系的发展。这一体系从国王和大公向下，一直延伸到地方。其二是统治和控制方法的发展。这种发展通常（除西班牙和爱尔兰之外）是从邻近的政治势力那里借鉴的：那些邻居有更专业化的王室官员，更复杂、上下组织更严密的司法系统，以及推行兵役制度的能力，榨取劳动力以建造各种类似的防御工事的能力，还有那些新近接受基督教的地区中越发严密的教会官职体系。我们在不同的地区都能看到上述发展的一些迹象。但是，如果要把这些零散的发展迹象全部梳理一遍的话，就需要另写一本书了。

大体而言，在上述发展趋势之中，一个统治者能接触到的越多，其统治就会越稳固，他（罗斯还有一个“她”）的野心也会越大。罗斯的政治权力的聚合程度也许是最高的，而在保加利亚、丹麦和阿斯图里亚斯-莱昂等小一些的地区，政治权力也出现了聚合。到本书所述时代结束的时候，克罗地亚、波希米亚、波兰，可能还有挪威等地的权力聚合进程也已经开始了，只是还不够稳定，竞争形势也更激烈。苏格兰也是如此（但是我们对那里的情况了解得最少）。然而，在威尔士和爱尔兰，以及瑞典，政治基础设施的发展还很落后，跟不上王室野心的膨胀速度。这样，王国的扩张所带来的就不是更为坚实的政府根基（波希米亚和波兰在一定程度上也是如此），而是更大的不稳定性。在波罗的海沿岸和冰岛等地区（挪威有时也包括在内），这样的扩张被有效阻挡了一段时间。上述这些代表了扩大政治权力的几种路径。政治权力并不是在所有地区都扩大了——当然，也不是所有人都欢迎这种扩大，至少对构成人口大多数的农民来说是如此。无论是在什么地方，政府的权力越大，对农民的控制就越紧，剥削也越重。

但是，尽管存在这些区别，但是在我们所讲述的时代的后半段，欧洲还是到处都出现了政治权力扩大的趋势，其普遍性令人惊讶。在400年的时候，强大而稳定的政治体系还只存在于罗马帝国的莱茵河—多瑙河边界线以内。到了750年，这条界线也没有向外拓展多少，只是新增了德意志中部和南部一些处于法兰克霸权之下的地区，而在巴尔干和不列颠，政治权力还出现了萎缩。但是，到了1000年的时候，欧洲的绝大部分地区——东至伏尔加河，北抵说芬兰语的狩猎-采集社会——已经出现了权力聚集而成的政权。当然，这些政权没有罗马帝国那么强大，但也都拥有可以长期保持的权力——实际上，现代欧洲国家中的一半，包括绝大多数大国，都可以追溯到这一时期已经存在的王国或大公国，尽管有一些追溯属于生拉硬拽。那么，这样一种波及全欧洲的发展趋势肯定至少要有某种共同根源了吧？公元750年之后的这一时期有个重要的特征，那就是法兰克和拜占庭这两个欧洲最强大的政治体系都保持了稳定并开始扩张。它们对各自的邻居都构成了威胁，这些邻居只能变得更强，否则就会被征服。为了变强，他们就需要以法兰克和拜占庭为榜样，因为我们刚才所提到的所有的统治方法都是在这两个体系内更为发达。英格兰把法兰克作为榜样，到了10世纪的时候，它自己也对凯尔特邻居们构成了威胁，同时也成了后者的榜样。丹麦在法兰克的压力和影响下出现了权力聚集的趋势，到1000年时也在斯堪的纳维亚世界里成了其他社群的威胁和榜样。乌克兰大草原上的哈扎尔霸权对罗斯也有类似的作用。这样，更强力的统治模式终于越过了莱茵河—多瑙河一线，稳步向北方、西方和东方拓展。这个发展过程并不简单，而且还有其他的根源。而且，这个过程也不是连续的，就像（例如）丹麦的历史所展现的那样。但是，它为地方上的更多发展打下了基础，而且提供了一种覆盖全欧洲的一致性。这种一致性最终会持续下去。

第21章

加洛林世界与“封建”世界之间的贵族

967年，萨克森贵族维希曼·比隆（Wichmann Billung）[1]遭到了波希米亚人的偷袭，后者是维希曼的敌人波兰大公梅什科的盟友。维希曼当时正率领两个较小的斯拉夫部族（瓦格里人和阿博德利人）和他的叔叔（萨克森公爵赫尔曼）作战。梅什科在一年前刚刚改宗基督教，和赫尔曼及奥托一世组成了联盟。赫尔曼在国王/皇帝的支持下成为家族中最为显赫的人物，而维希曼则和自己的父亲一样，从来没有原谅过赫尔曼，并且和他结成了世仇。维希曼想要逃脱斯拉夫人的攻击，却被对方包围，一直打到精疲力竭。斯拉夫首领弄清维希曼的身份之后劝他投降，表示会保证他的安全。但是，维希曼“没有忘记自己曾经的高贵和美德”（这句话来自维杜金德，而他说自己是引用了萨卢斯特的话），因而拒绝向社会地位低于自己的人投降。他要求对方把他送到梅什科那里，这样他就可以向大公本人交出武器。对方同意了，但是由于双方在等待的时候并没有停止厮杀，维希曼自然也就没有放下武器，结果最后被当场杀死。

这种死到临头还要坚持维护阶层地位的行为在我们看来可能十分

荒谬，但是这在9—10世纪却是非常正常的做法。维杜金德虽然为维希曼的死感到高兴，但他自己在记述这件事的时候也不可避免地把维希曼描绘成了英雄。贵族们确实认为自己和社会中普通的自由民阶层完全不同。这一点我们甚至在欧里亚克的杰拉尔（Gerald of Aurillac，909年去世）[2]的圣徒生平中都能看到。这本书由克吕尼修道院的院长奥多（Odo of Cluny）写于930年左右，是第一本主人公身份为世俗贵族的圣徒生平。奥多笔下的杰拉尔非常高尚，高尚到破坏了世俗社会的所有规则。只有这样，奥多才有可能把这样一个富裕、可能有伯爵身份（这一点不确定）、没有加入过宗教团体的地方领主描绘成一个圣徒。书中间接阐述了当时的一些社会规则。杰拉尔从来不穿戴金银饰物，不接受穷人的礼物，除非他帮助过他们，他还允许穷人在自己面前坐下。他厌恶酗酒，也不会醉醺醺地主持法庭审判。卷入当地的战事时，他不允许自己的手下在乡下烧杀抢掠，他还坚持从农民手里购买樱桃，而不是直接拿走。杰拉尔曾有一个手下流亡到了另外一个地区，后来他在去罗马的路上遇到了这个人，发现他假扮成了一个富有而且社会地位很高的人，但杰拉尔并没有戳穿他的身份——在奥多看来，这一做法尤其令人惊叹（“除了杰拉尔以外，还有谁会这样做？”）。杰拉尔曾受一名奴仆的女儿的诱惑，就在两人快要发生关系的时候，神迹出现了，保住了他的童贞。奥多用了很长的篇幅来赞美他的守贞，可是，杰拉尔随口跟女孩的母亲说，要女孩准备好等他来，这是当时的领主都享有的特权，奥多对此却没做什么评论。杰拉尔在和邻居们的战争中总是防守的那一方，因此被视为穷人的守护者（他不仅禁止烧杀抢掠，还禁止打伏击战）。他只承诺参与“正义的武装力量”，而这只是因为他的手下人经常为他不平——“这样一个大人物竟受到地位低下者的暴力伤害，让他们破坏自己的财产”，还从不复仇。

类似这样的行为还有很多，再加上大量的神迹，使杰拉尔成为一名圣徒，至少在奥多的笔下如此。这本传记在10世纪30年代引起了读者的强烈反响，人们开始膜拜杰拉尔——到了这个世纪中叶的时候，他在欧里亚克拥有的圣皮埃尔修道院就改用了他的名字，变成“圣热罗”（Saint-Géraud）修道院。我们在第18章的时候讲过，这座修道院后来成了一个朝圣中心，热尔贝从中受益匪浅。这样，我们对势力较小的贵族的行为标准就了解得比较清楚了。这种标准适用于并非圣徒的人，无论他们是生活在9世纪后期的杰拉尔的同辈人，还是930年左右奥多的同辈人（奥多自己也出身于势力较小的贵族家庭，比杰拉尔晚约一代人的时间。而且，他和杰拉尔一样，都受阿基坦公爵虔诚者威廉的庇护）。克吕尼的奥多预设（实际上是批评）的贵族价值观包括：对小规模地方战事习以为常，认为军队人员实际上有权抢走农民的任何财物，经常发怒（或者喝醉），经常对其他人施以暴力，以严酷而自以为是的方式监督社会阶层之间的界限，包括自由人与非自由人、无军事身份的自由人与贵族，以及富人与穷人之间的界限等。加洛林和后加洛林时期的社会精英都践行这样的价值观，而在那之前和之后，这套价值观也没有太大变化。

因此，贵族的恶行并不是11世纪的“封建革命”（见下文）之后才有的事。不过，上述这些差不多每个时代都有的标准做法，和我们在前文中看到的关于贵族的其他信息并没有真正的冲突，例如，他们一般来说与国王和其他重要政治人物有联系（甚至效忠于他们），他们虔信宗教，甚至吸收了加洛林时期的教育和“修正”行动中的价值观。本章的目标是在我们所掌握的史料许可的范围内，从这些贵族自身的视角，而不是从统治者或史书作者的视角去审视他们的行为，然后再到公元 750 年之后变化多端的西欧环境中去探讨这些行为对贵族来说意味着什么。我们先做 4 个简短的案例研究，看看在欧洲不同的地区，不同的家庭是如何应对这一时期的政治变化的。然后，我们再来探讨 3 个互相关联的主题：地方权力结构、依附关系，以及维希曼和杰拉尔的故事中反映出的贵族价值观。

***

勃艮第的“纪尧姆家族”[3]可能是丕平家族的远亲。该家族在查理曼时期逐渐崛起，位列“帝国贵族”。这个家族中第一位算得上声名显赫的人物是热洛讷的威廉（William of Gellone，812 年去世）。他在 8 世纪 90 年代被派往南方，统治图卢兹和塞蒂马尼亚。他在后一个区域内接近现在的蒙彼利埃的地方创建了热洛讷修道院，并于 806 年在那里隐退，成为一名修道士。他的儿子塞蒂马尼亚的伯纳德（844 年去世）在 9 世纪 20 年代担任巴塞罗那（以及其他地方的）伯爵，然后于 829—830 年间在虔诚者路易的朝廷中担任宫相，但引起了很大的争议。他的妻子多达（约 843 年去世）我们也介绍过了，她在 841—843 年间给儿子威廉写了一本《人生指南》。这本书是加洛林时期世俗神学作品中的经典，其中强调要经常祈祷，行为要温和，而且要对伯纳德、整个纪尧姆家族和秃头查理保持绝对的忠诚。但是，不管事实究竟如何，我们至少可以说纪尧姆家族的忠诚并不是非常可信。伯纳德在 9 世纪 40 年代的内战中扮演的角色非常模糊，他于 844 年被查理以叛国罪处决。威廉至少是忠于国王的，只不过他效忠的对象不是查理，而是小丕平，他因此在 5 年后被杀。在那些年里，这个家族显然很不受欢迎。伯纳德的兄弟格兹海姆（Gozhelm）也被处决，而他的姐妹热尔贝加则在 834 年被皇帝洛泰尔当作女巫淹死。

虽然多达强调了忠诚等价值观，但是那个时代恐怕很难再找出比纪尧姆家族更悲惨、更耻辱的政治失败者了。不过，这个家族并没有从他们的发迹之地勃艮第消失。伯纳德的小儿子伯纳德（886 年去世）在一本史料中被称为“毛爪子”（Hairy-paws，意为“狡猾的”），他于 9 世纪 60 年代初期在勃艮第担任奥坦伯爵。864 年，不知出于何故，他试图谋杀强人罗贝尔或秃头查理本人。他为此立即丢掉了几乎所有的爵位，两年后又丢掉了奥坦的爵位。不过，他的家族土地得到了保留，他本人到 872 年时也已回到查理的朝廷，杀死了政敌，并重新开始累积爵位，其中可能就包括奥弗涅公爵之位。奥弗涅后来成了他的权力中心，直到他去世为止。878 年，他从反叛者哥特亚的伯纳德那里接收了很多爵位，包括失而复得的哥特亚侯国（塞蒂马尼亚）。到了 879 年，他成了新任西法兰克国王路易三世的监护人。他在去世之前统治着从卢瓦尔河到比利牛斯山范围内的一连串伯国，其中绝大多数直接遗赠给了他的儿子虔诚者威廉（918 年去世），后者自称阿基坦公爵。威廉在阿基坦东部以一个地方自治政权统治者的身份活动了 30 年，虽然是伯爵，但其裁断官司的方式和国王别无二致，他还希望让王室的封臣们（包括欧里亚克的杰拉尔）不再效忠国王，转而效忠自己。威廉死后，他的两个侄子相继接任阿基坦公爵。这两个人也去世之后，这个家族到 927 年便后继无人了。但是到此为止，我们已经可以遍览“帝国贵族”家族各种富有创造性的投机行为：这些家族在

9世纪80年代以前一直在加洛林王朝的规则下行动，之后便自行其是。值得一提的是，虽然这个家族在9世纪40年代遭到沉重打击，但是到了一代人之后，他们仍是王室庇护者的天然人选。家族对王室利益的渴求是难以消退的。另外值得一提的是，“毛爪子”伯纳德重建权力的地区正是在其父亲和祖父的根据地的基础上向南延伸而成的。这块土地固然是国王赐予的，但这也说明家族的政治野心具有很强的延续性。而且，到了10世纪20年代的时候，即便纪尧姆家族已经实现了自治，他们也还是在一套加洛林式的政治体系下运作，包括以伯国为单位的法庭系统，以及对王室修道院院长的控制权（国王奥多在893年将奥弗涅主要的修道院——布里乌德修道院——赐予虔诚者威廉）。纪尧姆家族控制的所有伯国领土总体呈长条状，南北长达600千米，东西宽度却基本不超过150千米，这一特点也是在加洛林的政治体系中才最说得通。威廉在其生命即将结束时在地方问题上遇到了麻烦，之后这片地区的政权面积都相对较小。

如果我们将时间推后到10世纪，再去看那些王权仍然保持强势的地区，就会发现那里的家族不管多有野心，也都还在王室的规则下行事。英格兰的“半王”埃塞尔斯坦和埃菲尔家族就是典型的例子。在萨克森，这样的例子也有很多，其中之一是马格德堡以西的瓦尔贝克（Walbeck）伯爵家族。[4] 梅泽堡主教蒂特马尔就是这个家族的一员，因此这个家族的情况在他的《编年史》（*Chronicon*）中得到了详细的记载。柳塔尔一世（Liuthar I）于929年在为亨利一世与斯拉夫人作战时被杀。在10世纪40年代初期的内战期间，他的儿子柳塔尔二世（Liuthar II，964年去世）于941年卷入一场反对奥托一世的阴谋，失去了自己的全部土地。次年，他在赔偿了巨额现金和土地后把自己的这些土地又都拿了回来。然后，他在瓦尔贝克捐建了一座教堂来赎罪。柳塔尔二世死后，他的儿子们瓜分了家产，齐格弗里德（Siegfried，991 年去世）成为瓦尔贝克伯爵（继承他爵位的是他的儿子亨利，也就是蒂特马尔的哥哥，两人都是亨利二世皇帝的臣属）。齐格弗里德的哥哥柳塔尔三世（Liuthar III，1003 年去世）虽然不是一直都和奥托的朝廷走得很近，但也在公元 985 年之后成为北边疆区侯爵，因而也在 983 年的斯拉夫叛乱的余波中成为萨克森的重要人物。1002 年，他以这个身份拥立了国王亨利二世。他支持亨利最主要的目的是打击自己的对手——麦森的埃克哈德。埃克哈德曾撕毁自己女儿柳德加德（Liudgard）和柳塔尔的儿子维尔纳（Werner）的婚约，又在维尔纳（在她同意的情况下）拐走柳德加德之后于 999 年的一次大会上当众羞辱了维尔纳。埃克哈德 1002 年去世后，维尔纳和柳德加德成婚，并在一年后继承了他父亲的侯国。但是，维尔纳也很愚蠢。他为反对德迪伯爵（Count Dedi）针对他的阴谋而在亨利的朝廷上杀死了德迪，结果丢掉了侯国、采邑和国王的青睐。1013 年，维尔纳转而与波兰的“勇敢者”博莱斯瓦夫合谋，并且在给亨利缴纳一大笔罚款后保住了自己的地产。到了 1014 年，他拐走了另外一个女人，这一次对方并不情愿被拐（柳德加德已在 1012 年去世）。他在这次纠纷中受伤而死，即便不死，他也很可能被处决。这让德迪的儿子迪特里希万分失望，因为他无法给父亲复仇了。在这个例子中，尽管蒂特马尔的记述明显偏袒自己人，但我们还是又一次看到了大贵族们的野心、世仇和普遍的恶行。此外，我们还看到了一个围绕国王运转的政治体系中一系列事件发生的全过程，这一点和“毛爪子”伯纳德及他父亲的经历有相同之处。我们还要说明一点：蒂特马尔的世界主要是由伯爵和侯爵（以及主教）组成的，更低级别的领主在他的笔下几乎不存在。这说明加洛林式的政治结构在这里至少一直存在到 11 世纪的第二个十年，实际上这个时间还要再往后推很多。

纪尧姆家族和瓦尔贝克伯爵都拥有家族土地，并在此基础上积聚伯国 / 侯国和采邑。意大利的卡诺萨家族[5]也是如此，但结果略有不同。卡诺萨是一座城堡，修建在雷焦艾米利亚旁边的亚平宁山脉上。10 世纪 60 年代，奥托一世封城堡的主人阿达尔贝特–阿托（Adalbert-Atto，989 年去世）为雷焦、摩德纳和曼托瓦伯爵，以表彰他对奥托在和贝伦加尔二世的战争中的支持。但是，阿达尔贝特–阿托却把这个爵位主要用于进一步积聚土地。这些土地中有些是买断的，有些则是租来的，或是从教会和修道院那里收来的采邑，其范围遍布波河流域的所有伯国（以及其他地方），还有少量在亚平宁山脉。这些土地成了卡诺萨家族在之后那个世纪的权力基础，其作用远超他们拥有的伯国本身。阿达贝尔特–阿托和他的儿子泰达尔德（Tedald，约 1010 年去世）以及孙子博尼法斯（Boniface，1052 年去世）在这些土地上到处修建城堡。而且，不管卡诺萨家族是不是当地的伯爵，他们都在自己的土地上完全享有和伯爵一样的地方权利。这个事实上的强权和我们前面讲到的几个例子有本质上的不同。泰达尔德在父亲遗留下来的土地的基础上又取得了布雷西亚伯国的土地，不过他自称侯爵，而这个称号似乎是他自封的。卡诺萨家族没有抛弃加洛林式的公共权力。1027 年，皇帝康拉德二世将托斯卡纳侯国赐予这个家族。该家族热忱地以传统的加洛林方式管理这个强大的政治单元，直到 1115 年家族绝嗣。但是，在艾米利亚的核心地区，他们是以一种非常不同的方式实行统治的，其基础就是家族拥有的大量土地，以及在这些土地上拥有的非正式政治权力。历史学家们把这种权力称为“领主权”（seigneurial，见下文）。卡诺萨家族依靠奥托一世崛起之后，他们便不再那么需要王室的庇护了。他们倾向于对国王 / 皇帝保持忠诚，对封赏来者不拒，至少在 1027 年是如此。但是，他们远不像其他家族那么追求王室的恩宠，哪怕国王 / 皇帝在意大利仍拥有制度上的强势地位。这个家族发展成了一个连国王都要费心对付的地方势力，而且在波河流域，他们并不是特别需要伯爵的职位来维系权力。这种状况最晚持续到 1000 年。

世俗贵族没有伯爵（或领主）职位也可以很强大，这是一个新观念。当然，任何人都有可能在某一时段内不享有伯爵称号，例如“毛爪子”伯纳德在其政治生涯的前半段中几乎一直不是伯爵，但贵族们一直都希望成为伯爵，以使自己的地位合法化，因而也就不可避免地和王室庇护体系捆绑在一起。当然，卡诺萨家族的崛起要拜国王们所赐，而且他们从 962 年开始就再也没有丢掉过伯爵或侯爵的爵位。从这方面来说，他们和 9 世纪的那些贵族很相似。但是，他们的利益和国王们还是不一样的。其他地方也有类似卡诺萨家族的情况。10 世纪后期出现了很多家族，尤其是在西法兰克。这些家族和卡诺萨家族一样把兴趣集中在土地、地方实权和建造城堡之上，只是规模远不及卡诺萨家族。于克赛莱[6]的领主就是其中一例。于克赛莱位于马孔伯国内，一度为虔诚者威廉控制，但在 10 世纪 20 年代以后就落入了一个地方伯爵家族的手里。奇怪的是，这个伯爵家族和意大利国王贝伦加尔二世的家族结了亲。这样，后者的男性后代就在 11 世纪控制了马孔地区。他们之中的第一位是贝伦加尔二世的孙子——奥托-威廉（Otto-William，1026 年去世），他执迷于一个野心勃勃的政治计划，结果挑起了地方争端，自己在当地的地位显著下降。若斯朗一世（Josseran I，约990年去世）拥有于克赛莱庄园。他的后代一直守着这座城堡，这可能是马孔伯爵同意的。他们在当地享有伯爵的一些权利，例如司法权和征税权。这些成了这个家族的世袭权利，而他们在同一地区所拥有的大片家族地产则使这些权利更加稳固。从1000年到1030年前后，伯爵失去了对他们的控制权。到11世纪的第二个25年，若斯朗的孙子伯纳德二世（Bernard II，约1050年去世）已在于克赛莱周边建立起了一个权力体系。这个体系一方面建立在家族土地的基础上[7]，另一方面则建基于与城堡联系在一起的私有化司法权力。最终，他们的权力扩大到了可以收取所有军事和日常税费的地步，缴费者既有他们的佃农，也有拥有土地的邻居们，这些税费大部分是于克赛莱的领主们自己创造出来的。这和卡诺萨家族在家族土地及周边地区的情况是一样的，我们还是将其称为“领主权”。但是，于克赛莱的领主权范围只有大约100平方千米，而且这些土地还并不都在他们的直接控制之下。这种政治实体微小的规模（仅在马孔，这样的实体就还有十几个）说明从上面列举的那些家族到于克赛莱家族，形势已经发生了剧烈的变化。此外，这种权力绝大部分是自下而上构建的。于克赛莱的领主们一般来说都不需要和国王打交道，因为在这一地区，国王直到公元1000年都还只是外部势力。但是，从那时开始，他们连跟伯爵打交道都很少了，因为伯爵不过是另一个拥有领主权的领主，其土地和权力局限于马孔西边的一个地区。马孔是一个相当有名的地方，因为这里是10—11世纪整个欧洲文献资料最丰富的地区之一。这主要归功于克吕尼修道院收藏的数以千计的特许状（见下文），以及乔治斯·杜比在1953年做出的具有划时代意义的地区研究。但是，这种伯国政治结构的崩溃，以及私人土地拥有者家族对所有国家公共传统的接管，在公元 1000 年左右的西法兰克几乎处处可见。到了后面几个世纪里，欧洲的其他地区也都出现了同样的情况。

***

各地贵族的情况虽然很不相同，但还是有一些基本的共同点。第一个共同点在中世纪早期的欧洲完全不出人意料，那就是土地：在公元 1000 年以前，任何人要想获得政治权力，就必须在当地拥有大量的地产，即使在面积非常小的地区也是如此。这些地产有些完全属于贵族自己，有些则来自教会和国王的长期赠予。加洛林和后加洛林时代的一个特点就是贵族拥有的土地比之前更多，而不属于贵族的土地则越来越少。这一变化在英格兰尤其重要，我们在第 19 章已经讲过。在萨克森，这一变化甚至更为剧烈。查理曼的征服行动导致先前属于农民的土地在短时间内被接管。新的土地拥有者包括国王自己、教会和修道院、新来的法兰克领主，以及（可能是所有土地所有者中人数最多的）幸存的萨克森本地贵族。这一急速的社会变化激起了中世纪早期欧洲最大规模的农民起义，这就是加洛林内战期间发生于 841—842 年的斯特林加起义[8]。但是，这次起义失败了，新的政治势力则继续积聚土地。萨克森贵族权力是新生的，而且和王室的权力关系密切，这两个特点可能有助于解释奥托王朝的政治体系为何在萨克森如此稳固，也肯定可以解释英格兰王室权力的稳定性。在法兰克和意大利，公元 750—1000 年也是一个贵族财富和权力稳步增长的时代[9]，这主要归功于查理曼及其继承者们给成功的贵族提供的政治机会。而农民阶级虽然仍然存在，却为贵族势力的扩张而付出了代价。对上述进程的研究至今仍很不全面，但我们可以看到其结果，那就是到了公元1000年的时候，拥有土地的农民在整个法兰克和意大利境内都要比750年时少了很多，在有些地区甚至完全绝迹了。我们会在下一章再来探讨这个问题，但是在本章中，这个问题也是解释贵族在政治层面的诉求的关键背景。领主们拥有了更多作为政治筹码的土地——对于那些最成功的修道院以及“帝国贵族”来说，他们手中的土地不是比以前多出一点，而是多出太多。公元850年左右之后贵族阶层的地区化趋势并没有影响上述土地积聚的过程。这一过程只是意味着领主们越来越多地在地区政治中运用土地元素，就像他们在王国政治中所做的一样（或者说把在王国层面的做法挪到了地区政治之中）。

世俗贵族的土地还可以配上爵位，即王室承认的官职，形成伯国、采邑等。爵位由国王授予，而且在很长时间内也可以被国王剥夺。北边疆区侯爵维尔纳就是这样一个例子：他在1009年失去了官职和采邑，但保住了地产。不过，这也不是因为国王／皇帝不能没收他的地产。实际上，国王在1013年差点儿就这么做了。但是，在正常的情况下（所谓正常，就是除了叛国之外的任何情况。有的时候，甚至叛国也算是正常情况），贵族就算失宠并丧失其他一切，国王也还是会让他保留所有的地产。我们在前面几章已经看到，包括查理曼的统治时期在内，贵族们总是想方设法把伯国或采邑留给自己的儿子，而且往往都能成功实现这一目标。但是，在继承成为一项权利之前，国王一直对这一贵族财富和权力的重要来源保持着战略上的控制权。公元1000年之前，在英格兰和绝大多数后加洛林王国之中，这种对伯国／郡和采邑的自动继承权都只存在于政治上的边缘地区，例如英格兰的诺森布里亚，意大利最南边的斯波莱托侯国的部分地区和西北部的皮埃蒙特。最大的例外是西法兰克。早在公元900年前后的几十年间，这里的此类继承权就已经在事实上扩展到了几乎所有的公爵和侯爵身上，并对王权造成了灾难性的后果。当然，在这个“世袭化”进程出现的时候，贵族对财富的实际控制权和地方庇护权力都大大增加了，因为他们现在可以把之前属于王室的土地和地方政治权利叠加到自己的地产之上，只要他们在地方权贵的较量中保住这些成果即可，而国王则不再在这种较量中起到调停作用。

由一个家族控制的地产和权利在分布上并不均匀，往往是分散的（即使如我们刚才所说，地产和权利越来越多地集中在同一个地区），而且在此后还会因为婚姻造成的财产迁移和儿子们对父亲财产的瓜分而变得越发分散。（这些情况在11世纪初之前非常普遍，但伯国和采邑除外，那里的分散化趋势延续到一代代继承的家产至少无法再从内部分割为止，而这往往是较晚发生的事。）家族希望系统化管理自己的地产和权利，方法之一是建立一个家族修道院。这种做法在7世纪的法兰克就已经很流行，此后又稳步扩展到其他地区。到10世纪的时候，除了最为弱小的贵族之外，所有的贵族势力都有一个自己的修道院。这类修道院的典型特征就是完全由家族所有，而且在大多数情况下由家族成员出任修道院院长（或者女修道院院长——在欧洲的一些地区，尤其是萨克森，很多家族修道院都是女子修道院）。[10] 但是，家族往往可以通过庇护权来保持对修道院的有效控制，即使这些修道院经常在主教或更大（也更有声望）的修道院集团的影响下疏远了和家族的关系，包括我们将要讲到的经过“改革”的修道院。在典型的家族修道院中，所有权和庇护权都由所有家族成员共享，这在家族人数不断增多的时候会成为一个巨大的优势，因为它代表了一种由家族控制、不可分割的核心权力。例如，1030年时，托斯卡纳的丰特博纳修道院似乎是由贝拉尔登戈（Berardenghi）家族的6名男性成员共同控制的。到了1060年，控制人增加到了11个。那时，修道院已经是把家族成员维系在一起的关键因素。

10世纪时，城堡[11]也是一种资源。这些贵族建立的有防御功能的设施遍布欧洲各地，其起源目前仍众说纷纭。在欧洲的一些地区（例如当时地理上四分五裂的意大利），有防御功能的设施早在6世纪时就已经很普遍了，但那些绝大部分是公共设施，由国王和他们手下的官员控制。而且，这些防御设施围墙内的面积往往很大，更像是有防御功能的村庄，而不是精英阶层的住宅。这种做法缓慢地扩展到整个欧洲，尤其是在那些饱受维京人或其他入侵者袭扰的地区，例如10世纪的萨克森人和他们的对手斯拉夫人的城市（urbes），或10世纪英格兰的防御市镇。弗洛多尔德在《年代记》中记载了10世纪20—60年代发生于塞纳河谷的地方战事，其中防御市镇的作用十分显著，因为当时对这些市镇的控制权已经从国王那里下放到了伯爵和主教阶层，而这些人往往会相互攻击。但是，这个例子又引出了一个新的问题：贵族能否自行修建城堡？秃头查理肯定认为他们有这么做的可能。他在864年颁布的《皮特雷斯敕令》中规定，没有他的允许，任何人都不能修建城堡或要塞（castella et firmitates），因为这些设施往往成为“他们的邻居多次掠夺或侵扰”的目标。他还要求贵族们把已经建成的城堡拆掉。不过，这类法令很少奏效，而欧里亚克的杰拉尔在9世纪后期拥有一座几乎可以肯定是私人所有的城堡。但是，事实上，考古发掘和文献资料都表明，私人城堡还是在10世纪才发展成一个现象的。而且，在绝大多数情况下，城堡在由伯爵和主教所代表的政治阶层之外的发展也十分缓慢。势力较小的贵族到了 11 世纪才开始广泛修建城堡。尽管如此，在欧洲大陆的绝大部分地区，大贵族在 950 年左右已经基本都拥有城堡了，很多人还拥有多座城堡，并将城堡作为其伯国和地产的标志。显然，这些城堡守护的是地方权力（包括合法的和非法的）。与修道院类似，城堡也是家族凝聚力的中心。（11 世纪，姓氏逐渐出现在人名之中，许多家族把自己主城堡的名字拿来作为姓氏。）地缘政治的流动性越来越低了，因为城堡把贵族拴在了固定的区域之中，其捆绑作用比逐步地方化的政治利益更为明显。

城堡成了领主权力的典型根据地。这个过程未必是一蹴而就的，但领主权力确实从公元 1000 年前后或稍晚一些的时候开始越来越集中。这种情况在西法兰克最明显，但意大利的很多地区也差不多。伯爵家族或地位低一些的领主都开始获得在自己或邻居的地产上处置多种事务的权利，这种权利此时已被视为私人特权。这些事务包括：要求农民承担防卫城堡或为军队提供食宿的义务，向农民收取道路通行费、码头费、参加集市的费用和在公共森林中砍伐树木的费用，要求农民在每年的特定日子里使用强制性的马车服务，强制要求农民使用领主的磨坊并缴纳费用，以及最重要的一点，即获取日益私人化的司法事务所带来的利润。在现代学者的话语体系中，这一系列权利（在不同的地区有不同的侧重点）被乔治·杜比命名为“领主强制权”（seigneurie banale）——之所以用“banale”这个词，是因为这些权利中有很多都是原本属于国王的，即加洛林史料中所说的国王的“强制权”（bannum）。[12] 不过，在不同的地方，领主这些权利的来源各不相同。于克赛莱的领主权往往是通过把领主对佃农或邻居的新老权力创造性地拼合在一起，并依靠强力和协商两种手段建立起来的。到了12世纪或稍晚一些的时期，西法兰克一些地区的领主权已经开始比收地租更有利可图，但是这一发展过程在公元1000年时还没有开始。

城堡和领主权标志着贵族对地方统治权开始产生兴趣。这种兴趣在公元900年前后的加洛林王朝故地上开始明显出现，并且在公元950/1000年之后越发地方化。我们在前面的章节中已经讲过，在此前的时代里，贵族的主要精力还是集中在谋取国王或至少是公爵的庇护上，他们希望以此获得身份和地位。他们需要土地来获取在那个层级上活动所必需的财富，并供养对王室政治来说同样重要的随从武士。就谋求王国层面的地位而言，在自己的邻居中是否有统治权并不是那么重要，而且贵族们也有可能因为王室的需要而频繁在各地之间调动。然而，随着时间的推移，尤其是在10世纪，贵族越来越看重自己在地方的权力基础。如果有人不重视它，那么他的权力基础就可能瓦解。我们很快就会讲到这方面的例子。但是，这种现象的出现还有另外一个原因，那就是贵族在各地之间的调动确实减少了，这可能促使他们越发将自己在地方的根据地视为需要长期维护的利益基础。此外，对城堡的防卫，以及复杂的领主权和私人化的司法事务，都说明政治活动的地方化程度相当之高。不过，并不是所有地区都出现了这种情况，英格兰就是一个显著的例子。10世纪的史料表明，在那里，即使是一些势力较小的贵族，其利益范围也呈现出相当惊人的广阔性和潜在的可变性。例如，伍斯特主教奥斯瓦尔德的家族拥有从伍斯特郡到沼泽地区的土地。奥斯瓦尔德又名埃尔菲姆·波尔加（Ælfhelm Polga），他在10世纪80年代立下的遗嘱显示出他拥有的土地遍布从埃塞克斯到亨廷顿郡的地区，而且没有任何政治中心，甚至连主要的家族居所都没有。但是，贵族利益地方化的趋势还是基本覆盖了整个后加洛林时代的欧洲大陆，一些正在经历政治权力聚集过程的斯拉夫和斯堪的纳维亚政治体也是如此，而且这些政治体本身的规模还相当小。

***

我们可以从贵族依附性的角度把上述进程重新审视一遍。大贵族需要一班随从武士，这些人一开始被称为“忠臣”（fideles），8 世纪后期开始改称“封臣”（vassals），他们都要宣誓效忠于贵族，而且可能往往要用某种仪式来显示他们和贵族之间的依附关系。[13] 随着公共权力在很多地方逐渐衰弱，这样的仪式越发复杂和程式化，因为这种人身依附关系已经越来越明显地成了拥有政治实权的关键。这种依附关系也越来越多地和军事身份本身产生联系。在查理曼的统治时期，所有自由男性在理论上仍有服兵役的义务，但即便是在那个时候，打仗的实际上也是职业军人（milites），这些人大部分是宣誓效忠于领主的随从。从 9 世纪开始，军事身份被越来越多地视为精英阶层的特权，想得到这种身份也要先经历某种仪式，而且这种仪式中的宗教成分越来越重。这种仪式体系强化了公元 1000 年后的历史学家们所说的“骑士身份”，而且有人认为拉丁词“军人”（miles）不应仅仅翻译为“士兵”（soldier），而应翻译为“骑士”（knight）。[14]

这种骑士的意象实际上应该属于比本书所述时代更晚的时期。尽管如此，在 10 世纪的时候，“军人”的称呼在一些地方已经与较高的地位相关。不过，萨克森还不是这样。在蒂特马尔的著作里，“军人”往往（甚至总是）是次一级的人物。但是，在西法兰克以及意大利，“军人” 在10世纪后期时已经是非常重要的角色。这些人成了贵族体系中最低的一个阶层，与伯爵的关系更接近，而不是像以前那样与农民中的上层更接近。这一次，英格兰和西法兰克有了相似的地方，因为那里的“军人”虽然往往仍代表地位低下的士兵，但同时也是拉丁词“塞恩”（thegn）的标准译法之一。塞恩是晚期盎格鲁-撒克逊贵族体系中最低级的一层，这个阶层的人往往相当富有［每个塞恩理论上可以拥有5海得（hide）土地的完整所有权，大约相当于2平方千米。这个面积不算小。埃尔菲姆·波尔加似乎曾经是一位国王的塞恩，而他拥有的土地面积还要远远大于这个数］。[15] 公元1000年左右，于克赛莱的领主们比英格兰的塞恩们更富裕，他们的身份也是军人［同时也是贵族（nobiles），这一点很重要］。在意大利，康拉德二世在1037年颁布了一部著名的法律，授予所有军人继承采邑的权利。[16] 而且，授予他们采邑的不仅仅是国王，也可以是伯爵或主教。如果他们做出违反某些规定的行为，也还有可能失去这些采邑，但拥有完整所有权的土地和采邑之间在法律层面上的区别仍在逐渐缩小。实际上，在意大利的很多地方，军人们自己分化成了两个层级，上层（capitanei）和下层（valvassores）。但即便是下层的军人也可以在社会上拥有重要的影响力，并在12世纪时成为各个城市的统治阶级。至于上层军人，按照当时意大利的标准，他们最迟到公元1000年时已肯定成了政治领袖。[17]

上述进程的实际意义在于，能被我们划入“贵族”阶层的人比以往更多了。在加洛林时期，拉丁词“nobilis”实际上可以翻译为“贵族”，这个词所指称的人群有特定的财富水平和生活方式。[18] 这并不意味着法律对贵族的身份有准确的定义，但贵族确实是一个相对封闭的特殊群体，其成员包括拥有大量土地的人、帝国贵族，以及可能渴望得到伯爵头衔的人。这种情况在10世纪后期发生了变化，军人拥有的土地多集中于本地，就像于克赛莱的领主们一样，这些人现在也可以被称为"nobilis"，他们的行为方式可以与较为富裕的贵族看齐，而且越来越多地被伯爵们视为和自己几乎平起平坐的人。当然，这个地位较低的贵族阶层实际上还是更接近农民，这只是因为他们没有那些大的"帝国贵族"家族富有。"军人"家族可能是大贵族宗族中的旁门支系，也可能是加洛林伯爵和主教的封臣们的后代，但他们也可能是8世纪中等规模的土地所有者的后代。这些家族在地方上地位显赫，和农民邻居们关系密切，并一直扮演职业军事人物的角色。因此，军人也很有可能对在地方建立统治地位更感兴趣，因为他们和地方这一层次的关系更近。领主强制权中的许多内容都是在这些军人的率先尝试中逐步细化的。贵族 / 军人阶层和占人口大多数的农民之间的严重分化导致了紧张局面，更强化了上述趋势。9世纪后期，阿尔弗雷德国王就对这种分化做出了理论化的描述，到了11世纪早期，西法兰克政治著作中提到这种"打仗的人和干活的人"之间区分的地方大大增多。这种严重的分化说明了贵族阶层和农民之间的根本区别，也使拥有城堡的领主对地方的统治权得以合法化，即使是那些势力很小的领主也包括在内。[19] 但是，上述情况同时也意味着，公元1000年存在于马孔地区和西法兰克其他地方以及意大利的那些拥有城堡、建立了领主权的地方领主们，不管他们自认为（或当时的其他人认为他们）有多"贵族"，对于墨洛温王朝的"显赫之人"（vir inluster）或加洛林王朝的"帝国贵族"来说，这些领主根本就不值一提。不仅是拥有贵族身份的人大大增多了，拥有建立独立政治系统的权利的人也比以前增加了很多，尽管这些人在人口总数中所占的比例仍然很低。

与公元750年之前的时代一样，加洛林的领主们对那些为自己效力的军事人物也有多种回馈的方式：或直接赠予土地，或给予世袭租约，或授予可收回的采邑，其中后两者之间的差异并不总是很大。与高层贵族不同的是，势力较小的忠臣和封臣即使被伯爵、主教或修道院院长剥夺了所有的地产，也不能明确表达自己的愤怒。就像世俗贵族以及主教和修道院院长不断扩充自己的土地一样，领主们不断扩大自己的随从——也就是军队，而扩充的方法就是不断送出更多的土地。在10世纪的时候，领主们会让自己手下最优秀的军人镇守城堡，掌管与镇守城堡相关的地方政治权力。这种做法在9世纪是安全的，因为任何一个军人要想脱离领主自立都将面临毁灭的危险。但是，到了10世纪后期，欧洲一些地区的“军人”阶层已经获得了贵族身份，拥有了一定的政治势力，领主们再这么做就有风险了。既然伯爵可以自立于国王，那么城主自然也可以自立于伯爵。于克赛莱的领主们和马孔的伯爵们的关系就是这样。如果伯爵和主教失去了对手下城主的控制，那么整个权力基础就可能瓦解，事实上也往往如此。在这里，“土地政治”逐渐将政治分裂的局面引向了极端，这种情况在公元1000年之前还很少见，但到1050年时就很普遍了。整个政治气候也可能发生变化，加洛林王朝的公共世界可能消失了——在某些地区，除了极其弱小的私人领主权之外什么都没剩下。

近年来，许多历史学家把这个进程称为“封建革命”（或“突变”），他们还围绕这个问题激烈辩论。[20] 实际上，一些历史学家（尤其是法国历史学家）把“封建革命”当成了时代变化的分水岭，其中最极端的人把它当成古代世界结束的标志。我们无法在这里重述辩论过程（这场辩论主要集中在对11世纪的研究上），但是可以对其中的议题提出几个观点。第一，许多历史学家所持的“浩劫论”调子已经过时了。例如，公元11世纪新出现的“封建”世界可能确实比之前的时代更为暴力，但这只是程度上的区别，而不是性质上的变化。任何读过弗洛多尔德的《年代记》或奥多的《杰拉尔传》（就这个问题而言，还可以看《圣伯丁年代记》）的人都会意识到这一点。各种类型的军事贵族无论什么时候都是非常暴力的，即使是在级别较低的军人成为贵族之后，这种情况也没有改变。但是，这个时代的确发生了一些真正的变化，有些变化发生的速度还很快：加洛林王朝的统治权被领主权取代，公共大会最终消失，依附关系更加明显，权力更加个人化——即使掌握权力的还是原来那些人。在10世纪的时候，自治伯国中伯爵的权力模式往往与加洛林王朝的模式十分接近，但11世纪出现在地方的领主强制权却并不是加洛林政治体系的缩小版。就像我们之前所说过的那样，上述变迁使得11世纪的政治世界在结构上不同于10世纪，至少在欧洲那些出现这些变迁的地区是如此。

当然，上述结论并不适用于所有地区。“欧洲边缘地区”肯定没有出现那些变化，因为除了莱昂-卡斯提尔之外，贵族权力还没有那么大。在公元1000年时的盎格鲁-撒克逊人的英格兰，以及东法兰克的奥托王朝，也没有证据表明那些变化即将出现。实际上，这些变化在盎格鲁-撒克逊人的英格兰始终没有发生（在接下去的几个世纪里，英格兰类似于领主权的权力只局限于领主自己的土地，而且只能支配没有人身自由的依附者）。在现代德国领土范围内的绝大部分地区里，类似的进程在公元1100年前几乎没有出现，即使在那之后，这些地区也始终没有发生现代法国境内所发生的那种形式的变化。在意大利，虽然领主权的分割往往极为细碎，但半岛上绝大部分地区的城市始终保持着权力中心的地位，这就说明那里的政治秩序中始终存在与地方领主权并列的另外一种体系，不管这种体系有多么非正式。在米兰、卢卡[21]这样的城市里，“军事”阶层到11世纪时已经在乡村的土地上拥有城堡和领主权，但即便如此，他们也大体上仍然居住在城市里。这样，覆盖整个城市领土范围的政治共同体得到了保持。我们还没有提到这些“革命性”变化的根据地法国。但是，即使是在法国，这些变化也并没有出现在所有地区。我们很快就会讲到，在佛兰德、诺曼底、安茹和图卢兹，伯爵们仍然控制着手下的城主，并且把加洛林政治制度的大量元素保留到了12世纪以后。“封建革命”最为激烈的地方是马贡，还有一些权威人士认为是加泰罗尼亚。这两个地方的“革命”形式都无法作为模板大规模复制到欧洲的其他地方，甚至无法影响到法国的大部分地区。

我们必须强调，国王和其他领主是很难在“土地政治”中一直保持优势的，他们可能会陷入零和博弈。在这场博弈之中，国王和领主封赏出去的土地越多，他们以后能再给出去的就越少，他们的庇护也就越发没有吸引力。马克·布洛赫（Marc Bloch）在1940年将这种现象称为“权力的碎片化”[22]，这个概念所表述的意象仍然有效。大型政治体系至少在边缘地区存在着分解为小型政治体系的潜在趋势，而在一些极端的例子（如10世纪的西法兰克）中，这些大型体系的中心也存在同样的趋势。但是，这个潜在的趋势并非不可避免。在墨洛温王朝和加洛林王朝——以及伦巴第、西哥特和公元750年后的盎格鲁-撒克逊——王室宫廷是所有政治势力都不可忽视的枢纽。那些没能触及宫廷以及没有尝试触及的人都失败了，没有宫廷支持的人几乎无法生存。即使是在10世纪的西法兰克，也仍有伯爵能阻止权力分解的趋势，他们所采取的手段包括避免内战，严密监视手下的城主，打赢对外战争并把战利品和有时能够获取的额外土地封赏给军人，控制司法，用尽可能复杂的仪式系统强化自己和手下军事依附者的关系，以及用最暴力和最残酷的方式打击任何试图背叛自己的人。在10世纪即将结束的时候，做到上述这些的人有安茹的福尔克·内拉、诺曼底的理查德二世（Richard II in Normandy）和佛兰德的鲍德温四世（Baldwin IV）。[23] 他们都成功地将权力的天平维系在倾向于伯爵的一方，而他们的一些邻居则没能做到。奥托家族和西撒克逊的国王们完成这项任务就更轻松了。“封建革命”之中并没有什么不可避免的趋势。

***

贵族身份有很多种来源：高贵的出身、土地、官职、王室的青睐、生活方式、同僚的尊敬等。没有人理论化地比较过这些因素的重要性，人们“只是知道”这些因素是如何相互制约的，而且，对于它们的重要性和对个人的适用性，不同人的看法也不尽相同。德根谴责兰斯大主教埃勃时说过，虔诚者路易“给了你自由，但没有给你贵族身份，这是行不通的”（参见前文，第17章）。[24] 他在这句话里提出了一个绝对的标准，而在那个时代里，很少有人会以如此尖锐的方式把这个标准提出来。埃勃可能是出身于奴隶阶层，但是另一些同样因“出身卑微”而受到抨击的政治人物却似乎来自地位较低的贵族家庭，而这些人很有可能已经将自己视为贵族了，例如里歇尔笔下的糊涂查理的谋士赫格纳（Hagano），以及蒂特马尔笔下的那位曾在奥托一世手下担任宫相的美因茨大主教威利吉斯（Willigis，975—1011年在职）。所以，当时并没有一个按照血统划分、牢不可破的贵族“种姓”，这种情况到了中世纪晚期才出现在欧洲的部分地区。在贵族与非贵族之间，有一个可以讨价还价的灰色地带，每个阶层中地位较高的人物都觉得自己比同阶层的人更为高贵。在欧洲的一些地区，这个灰色地带中的军人开始逐渐按贵族的方式穿戴，并且声称自己拥有实际上并无资格拥有的社会地位，而到了公元1000年左右，统治者们已经准备好把这样的社会地位赐予这些人了。但是，为了真正获得贵族身份，这些军人还需要在行为方式上向那些比他们更富有、地位更牢靠的贵族看齐。

我们在第8章介绍过公元750年之前贵族的行为方式。从很多方面来说，这些行为方式并没有发生太大的变化。贵族身份的基本标志仍然是丝绸衣物、金银首饰、军事技能和狩猎权，以及随时准备使用暴力——在克吕尼的奥多对欧里亚克的杰拉尔的描述之中，上述标志隐约可见。奥多说杰拉尔所受的教育是“贵族男孩按惯例都要进行的世俗技能的练习”，包括狩猎、射箭、驯鹰等，但他所受读写教育的水平只够让他读懂《诗篇集》（只不过后来杰拉尔生了一次特别严重的痤疮，之后他的父母便决定让他接受完整的读写教育，这样以后就可以成为神父）。[25] 如果奥多所写的确实是9世纪60年代杰拉尔年轻时的情况，而不是他自己所处时代的情况，那么加洛林王朝的教育体系恐怕已经比之前衰弱很多了——尽管杰拉尔充其量也就是处在贵族阶层的边缘，居住的地方也十分偏僻。无论怎样，杰拉尔和《诗篇集》的故事还是提醒我们，那个时代与之前的时代一样，人们认为贵族天生的美德不仅体现在军事行动中的勇猛上，还体现在（至少在人们的概念中）特殊的宗教魅力和宗教的热忱上。我们稍后会详细讨论。人们还认为，贵族理应热情、慷慨——至少应该这样对待彼此。[26] 蒂特马尔记载，在成为东法兰克国王之前，亨利一世曾邀请他的邻居参加在梅泽堡举行的婚宴，并“非常亲切地招待他们，让他们把他当朋友一样喜爱，当领主一样拥戴”。一些叙事体史料夸赞了贵族的“快乐”（hilaritas），我们不知道这种“快乐”是否等同于《杰拉尔传》批评的那种喝醉酒后拿下等人取乐的行为，但看起来很多时候二者指的就是同一回事。实际上，我们的史料中反复强调，惯于对下等人使用暴力正是贵族生活方式中的一个关键元素。对于那些地位最高的贵族来说，这种行为是天经地义的。我们常常感到，与当年的加洛林“帝国贵族”相比，西法兰克地方军事阶层权力的增长似乎伴随着更多对他们暴力行为的控诉。我们有这种印象，可能不仅仅是因为军人阶层在建立领主权的过程中滥用暴力，也是因为这个阶层还没有像那些更“高贵”的人物一样建立起使用暴力的合法性。当然，这种合法性随后很快建立了起来。

我们在第18章已经讲过，10世纪贵族阶层对王朝家族的认同感要比之前更强。但是，我们也不宜过高估计这一变化的程度。我们可以在10世纪看到这样的趋势：家族对官职的垄断程度加强，女性因此更多地在官职的代际传承中扮演承上启下的角色，作用也就更明显。但是，家族内部的结构仍然相当有弹性，各种类型血缘关系的力量此时都有增强。[27] 男人和女人都没有按照单一的父系族谱来确定身份认同，姓氏也还几乎不存在。蒂特马尔的母亲属于施塔德伯爵的家族，父亲来自瓦尔贝克伯爵的家族，而他给予两边的关注几乎一样多。而且，如果母系祖先比父系祖先的地位更高、政治影响力更大，那么他们的后代往往会更强调母亲这一边的血统。例如，梅斯主教阿达尔贝罗二世（Adalbero II，1005 年去世）的传记作者康斯坦丁（Constantine）在 1012 年左右时曾强调，阿达尔贝罗是东法兰克的亨利一世的后代，亨利一世是他的太姥爷。相比之下，阿达尔贝罗的父亲、上洛泰尔尼亚公爵弗雷德里希（Frederick）就没有把自己的祖先列出来，大概是因为这些人都不太有名。不过，在其他情况相同时，父系血统的意义还是最大的。绝大部分土地是按照父系血缘关系来继承或分割的，这有时会导致家族成员彼此反目成仇。随着官职对贵族身份的作用逐渐减弱，土地的作用逐渐增强，父系血缘的重要性更是越发明显。

家族之间的世仇也在延续。叙事体史料中频繁出现关于“世仇”（faida）或更宽泛的说法“战争”（bellum）的记载，例如 10 世纪初莱茵河中游地区巴本堡家族（Babenberger）[28] 和康拉德家族之间的战争。巴本堡家族的亨利在 902 年被杀，他的兄弟阿达贝尔特随即杀死了康拉德。这个康拉德是未来的国王康拉德一世的父亲。之后，国王孩童路易介入了这场纷争，并于 906 年处死了阿达贝尔特。不过，并不是所有的世仇都会强化父系家族的重要性：公元 892 年，洛泰尔尼亚的重要人物伯爵梅金高德（Megingaud）被阿尔贝里克谋杀。他的遗孀再嫁，而她第二任丈夫的叔叔则在 896 年杀死阿尔贝里克，为梅金高德报了仇。史料中对复仇的记载颇多，而且对仇恨的描写颇为深入，但是，这些争斗虽然表现为血亲家族之间为表示各自身份认同而进行的“荣誉之战”，但实质上还是地区联盟间为争夺霸权而展开的较量。事实上，在最高级别的政治较量中，家族的界限是可以打破的。我们在本章开头已经看到了奥托王室的庇护是如何让比隆家族内部的成员反目成仇的。再举一个范围小一些的例子：公元1002年，蒂特马尔发现他的叔叔柳塔尔侯爵十分不愿意让他接掌位于瓦尔贝克[29]的家族教堂，直到蒂特马尔给了柳塔尔一大笔赔偿款（同时赔偿了柳塔尔扶持上台的前任）之后才同意让出教堂。当然，这件事可能纯粹是遗产分割时产生的紧张气氛的产物，而这种气氛在任何一次遗产分割中都会出现。实际上，遗产分割在历史上曾经破坏很多本来很团结的家族，在9—10世纪，这种事肯定也少不了，也就是说，我们绝对不能过高估计家族的团结性。家族可以解体，也可以被重新定义。亲属关系在任何时候都只是所有可利用的社会关系中的一种，其他的社会关系还包括个人对国王或其他领主的依附，以及其他类型的政治/派系联盟等等。但是，不管怎样，血缘关系对贵族还是很重要的，而且用处很多。当一个人被杀死的时候，只有死者的亲属才能决定是接受赔偿，还是让世仇继续（我们在查理曼的法令集中已经看到了这样的例子，他想强制性地要求人们接受赔偿[30]）。家族和血缘的纽带构成了所有继承权的基础，并且在许多政治谋略中发挥着作用，同时也在贵族身份认同的各种来源中占有越来越高的权重。

我们已经讲过，贵族的“美德”还带有宗教色彩。家族修道院维系着这种宗教上的优越性，同时也有助于家族的团结。在加洛林时期的欧洲，贵族向各种各样的教堂大量捐赠土地成了8世纪后期的标志性现象。这种做法消失一段时间以后，又在10—11世纪重新出现，并且起到了和家族修道院一样的作用。贵族对修道院的控制经常被视为对修道院“改革”的抵制，因为“改革”的目标是摆脱家族控制，建立（或重新建立）严格而自治的宗教社团，由宗教社团自己决定修道院院长的人选，不依附于任何人。在一些关于修道院改革的文献记录中，我们确实看到了这种抵制的声音。这些文献强调了改革行为在世俗世界中遭到的反抗，还（尤其是在11世纪）经常把来自世俗世界的控制视为对修道院属灵生活的污染。但是，贵族们自己并不这么看，实际上，绝大部分修道士也不这么看。梅斯主教阿达尔贝罗一世是阿达尔贝罗二世的叔叔，他于933—934年对洛泰尔尼亚规模庞大的戈尔泽修道院[31]进行了改革。他对这座修道院此前信仰缺失的情况大加批判，辞藻华丽，多少有些言过其实。随后，他任命著名的苦行者——戈尔泽的约翰（976年去世）——为院长。但是，这次改革的进程也可以理解为阿达尔贝罗的家族从对手［梅斯伯爵马特弗里德家族（Matfridings）］那里夺取对戈尔泽的控制权的进程。有的家族自己对修道院进行了改革，并依照《圣本笃会规》（*Rule of St Benedict*）建立起了院长选举制度，但仍然维持对改革后的修道院的庇护。这类贵族可以从修道院的属灵改革中获得很大好处，因为修道院为家族献上的祷告将会更加灵验。不仅如此，就像8世纪时一样，修道院的宗教声誉越高，其他人的捐赠就越慷慨，教堂的财富也会越来越多，而教堂仍然保持着最初和家族之间的联系。在10世纪后期英格兰的修道院改革进程中，我们在王室层面也可以看到这种宗教/政治考虑。改革的主要目的是让国王、王后和郡长中的强权人物获得宗教和政治上的好处。从这个意义上来说，9世纪的加洛林王室也是如此。他们一边热心地在全国境内强制推行《圣本笃会规》，一边逾越会规，处置修道院的财产并任命院长。

在我们所讲述的时代即将结束的时候，有一个修道院改革的典型案例，那就是位于马孔伯国境内的克吕尼修道院。[32]这座修道院由虔诚者威廉在909—910年建立，但他并没有将修道院置于自己家族的庇护之下，而是让教皇直接庇护，以使它不受任何世俗势力的直接控制。修道院并未被世俗势力控制。马孔位于纪尧姆家族势力范围的边缘地区，而且这个家族到 927 年就消亡了。连续多任修道院院长肯定都有贵族背景，但是他们所在的家族对修道院并无控制权。（当然，教皇也没有控制权。我们已经讲过，在 10 世纪政治世界中的绝大多数层面，教皇都只是一个边缘化的人物。）克吕尼修道院与世俗权威正式隔离开来，这在当时是很不寻常的。这个修道院的院长想必异常强势，才能维持住这种状态，事实也确实如此。但是，随着修道院声名鹊起，逐渐成为有组织的宗教活动的中心，世俗世界捐赠给它的土地也是同时代欧洲其他任何修道院都无法比拟的。仅在 10 世纪，修道院收到的土地捐赠书就达 1 000 份之多。这些土地并不来自控制，而是来自关系，其中既包括与贵族的关系，也包括与地位较低的邻居（乡绅、农民之类，这些人都给克吕尼捐赠土地）的关系。他们捐赠土地是为了获得宗教上的好处，而他们把土地捐给克吕尼则是因为他们认为克吕尼在宗教上的水平最高，最有权威。这样，克吕尼就成了堪与马孔境内其他地主相比的土地所有者，而且比他们中的绝大多数都要富有得多。它获取的土地并不是靠对贵族进行宗教恐吓得来的，而是靠吸引、说服他们。毕竟，《杰拉尔传》的作者奥多（927—942 年在任）就是这座修道院的第二任院长，而这本书则是将贵族描写为宗教圣徒的开山之作。奥多成了修道院改革的专家，获得了西法兰克境内各个地方的邀请，其中甚至包括罗马亲王阿尔贝里克。克吕尼修道院与 10 世纪社会中种种饱受批评的现象形成了对立：在许多方面，克吕尼都是贵族价值观最完美的产物，包括本章所讨论的宗教方面的价值观。

第 22 章

农民阶层的囚笼化，800—1000

> 859 年，丹麦人到斯海尔德河流域以南的地方烧杀抢掠。一些居住在塞纳河和卢瓦尔河之间的老百姓（vulgus）宣誓结盟（coniuratio），并勇敢地在塞纳河上与丹麦人展开了战斗。但是，他们在结盟时并没有经过慎重的考虑（incaute），因此他们很快就被我们实力更强的人杀死了。[1]

《圣伯丁年代记》描写了加洛林时期唯一一次由普通民众组织的抵抗维京人的行动及其结局。当然，这段简短的记载中还有很多没解释清楚的地方。“没有经过充分的考虑”到底是什么意思？是说宣誓结盟本身就是造反性质的行为吗？不管怎样，查理曼确实对宣誓结盟下了禁令，因为结盟者的誓词对向国王效忠的誓词（见前文，第 16 章）形成了潜在的威胁。但是，不管这是不是最重要的问题，可以肯定的一点是，859 年的时候，农民在加洛林的政治体系中是自行其是的。因此，他们的行动往好了说也是可疑，往坏了说就是相当危险。能够感知到这种危险的不仅是那些摧毁了他们的地方贵族，还包括整个政治阶层。而且，法兰克社会在这个世纪的下半叶所走的发展路径更是大大提升了危险的程度。拥有自由的农民在传统上都是可以为国王的军队服役的，我们在查理曼的统治时期仍可找到关于这种兵役的法律条文。而且，虽然真正服役的农民并不多，但这种资格本身是其拥有自由的标志之一，其他标志还有参加公共大会，尤其是法庭审判的权利等。但是，到了 9 世纪 50 年代，尽管维京人的军事威胁始终存在，但军队的构成越来越贵族化，服兵役也慢慢成了一项贵族特权。这一点我们在上一章已经讲过。塞纳河-卢瓦尔河地区的农民可能认为，他们在军情紧急的时候聚集到一起组织战斗只是在效法祖辈们曾经做过的事，但在秃头查理治下的贵族们看来，农民们根本不应该有参与军事活动的准备。而且，农民们是在没有正式召集令的情况下自作主张参战的，那罪过就更大了。他们也因此送了命。但是，如果拥有自由的农民不再服兵役，那么他们的自由还剩下什么呢？他们对国王的用处远不如以前那么大，国王可能也就远不像以前那样担心农民的其他自由受到威胁。这是西欧在 9—10 世纪的总体发展趋势：农民们被缓慢、稳步地从公共空间中排除出去，用更通俗地话说，就是他们越来越明确地从属于大的私人土地拥有者——贵族和教会。

上述趋势在西欧各个地区的发展方式和程度都不尽相同，涉及多达 5 种彼此独立的社会经济变化。第一，在一些以前不属于加洛林王朝统治范围的地区，9—10 世纪是一个土地所有权由分散走向集中的时期，出现了第一批真正称得上富有的贵族阶级。第二，在加洛林王朝的故地上，贵族和教会用强力等手段从农民邻居手里聚敛土地，从而减少了不从属于地主的农民的数量。第三，从属于地主的农民和佃农都要面对不断上涨的地租，以及对他们劳动力的不断加强的控制。

第四，农民被越来越多地排除出由军队和大会所组成的公共世界，因而也就脱离了国王们的视野和兴趣范围。第五，在欧洲的一些地区（最明显的是法国，但也包括意大利的很多地区），这种排除现象到公元1000年时已经发展到了这样的程度：在领主强制权的框架之内，农民社群直接从属于地方地主控制的司法体系。上述5种变化大体上是彼此独立进行的，但最终都指向了同一个结果。总之，第9章提到的那种中世纪早期农民享有的相对自治状态，在这个时期的最后两个世纪内逐渐丧失殆尽。我把这个进程称为农民阶层的“囚笼化”：构成西欧人口大多数的庞大的农民群体一步步分裂为地方化的群体，同时越来越深地被地方领主控制。“囚笼化”（caging）是对罗贝尔·福西耶（Robert Fossier）所用法语词“encellulement”的粗略翻译，该词字面意思是把社会分割成一个个囚牢的过程。[2] 他认为这是中世纪由早期到中期的过渡中一个关键的特征。促成囚笼化的力量与造成“封建革命”的力量间关系十分密切。严格讲，这种力量只与我刚才所讲的5种社会经济变化中的最后一种有关。但是，欧洲各地都出现了农民自由越来越受限制、越来越囚笼化的系统性变化，这是上述所有5种社会经济变化共同作用的结果。我们将依次讨论这5种变化，然后站远一点，讨论较宏观的经济背景和它们造成的影响。

***

我们在第20章已经讲过，公元800年之后，欧洲除加洛林王朝故地之外的绝大部分地区里，统治者的力量都在缓慢增强。从总体上来说，贵族的势力也随之增强了。在8世纪左右的时候，斯堪的纳维亚、爱尔兰和布列塔尼的贵族是他们那些自由农邻居的政治庇护者；英格兰以及稍晚一些时候的罗斯贵族则从原来有自治权的从属者那里收取贡金，这和土地的绝对拥有者向没有土地的佃农收取地租是不一样的。英格兰的大部分地区都是在9世纪时逐渐出现地主阶层的。在西班牙北部，相同的进程在不同的地区以不同的方式完成，时间跨度从8世纪后期一直到10世纪。克罗地亚的转折点大概出现在9世纪，而丹麦的转折则发生在10世纪后期到11世纪。和往常一样，我们对于上述情况还是不能完全确定，因为我们的档案资料最早只能追溯到11世纪后期，但至少我们可以确定，贵族对土地的绝对拥有（以及大量仍然拥有土地的农民阶层）在那时肯定已经存在了。在“欧洲边缘地区”的其他地方，相似的变化出现得较晚，已经不在本书所述的时代之内。当然，这些地区最后还是全都出现了这类变化。在上述所有地区，贵族大规模拥有土地的进程都缺乏翔实的文献记录，我们也永远无法准确了解这个进程的前因后果（及其对农民阶层的直接影响）。但是，所有地区的变化结果都是清晰的：一群强大的精英出现了，他们第一次拥有了对那些直接从属于他们的农民的强制权利。它们拥有的权利并不比6世纪墨洛温时期法兰克和伦巴第意大利的贵族所拥有的更多，那时的贵族就已经是地主了。在英格兰，领主们的权力直到公元900年时才达到了罗马-日耳曼诸王国时期的正常水平，丹麦[3]的领主更是到1000—1050年才达到这一水平。但是，不管怎样，农民拥有的土地都在不断减少。我们之前已经讲过，英格兰在11世纪时已经几乎没有拥有土地的农民了，他们丧失土地的程度比欧洲其他地方的农民都要彻底。

在加洛林王朝的故地上，有关贵族和教会积聚土地过程的文献记载只比欧洲其他地区略多一点。确实，这些史料之中有一个方面是非常清晰的，那就是农民捐献土地给教会的情况，因为这些捐献记录得到了系统性的保存。在8世纪到9世纪初的意大利北部和中部，以及德意志中部和南部，有大量此类文献存留下来。10世纪的勃艮第、加泰罗尼亚和莱昂亦是如此。这些文献中记录的捐赠者有很多是贵族或者准贵族，这些男人和女人拥有足够的土地财富，可以在不降低生活标准、不牺牲政治权力的前提下慷慨捐地，以获得宗教上的好处。但是，在很多记录中，捐献者明显是自己耕作的农民，有些人捐了一部分土地，有些人则捐了全部。这些农民慷慨捐献土地的目的是什么呢？当然是为了让自己离天堂更近一些（在绝大多数捐献记录中，这层关系十分清晰。记录中一般会说捐献土地是“为了灵魂”，或者是为了得到神职人员的祈祷。在意大利，有些记录中还会写，捐献土地将“在天堂得到百倍的回馈”）。[4]但是，农民这一行为背后的社会及政治背景比较复杂。有时，捐献对象是所谓的“中立机构”，例如刚刚建立的地方教堂，那只是一个离捐献者较近、较方便的宗教场所，里面有能够为捐献者代祷的神父，有时，捐献对象是宗教声望较高的修道院，那些地方的祈祷可能会更有效力（克吕尼就是10世纪早期的此类修道院之一）。有些农民只捐献自己土地中的一小部分，有些无儿无女的夫妇则可能会捐献全部或近乎全部的地产。在那样的情况下，他们捐出所有土地，仅仅是为了得到宗教上的好处。接受捐赠的机构也可能掌握着很大的地方权力，这可能是因为它与大贵族家族或主教有关系，也可能只是因为它从信徒那里接收大量土地后，靠积累的财富获得了权力。克吕尼在整个10世纪的发展历程就是一例。在这种情况下，一个人凭借慷慨捐献土地而与接受土地的机构搭上关系后，也是有可能获得政治上的好处的，具体来说就是得到庇护，在中世纪早期和中期都是如此。最后，最富有、最有权力的机构就成了强大的领主，对邻居们享有领主强制权。在那之后，农民们再向他们捐献土地就肯定不是只有好处没有坏处了，而且捐献行为很可能在一定程度上是被迫的。

并不是所有逐渐壮大的教堂和修道院都发展到了这个程度。在欧洲的很多村庄都出现了一个清晰可辨的趋势，那就是当宗教机构发展成地方强权并因此变得不那么“中立”之后，来自信徒们的捐献就渐渐枯竭了。例如，9世纪时，德国和意大利的许多地方都有这种现象：第一拨捐献高潮之后，捐献数量大大减少。但是，农民社群也可能误判形势，在相当长的一段时间里继续捐献土地，导致地方权力的天平彻底倒向修道院那一边。就像这样，到850年时，德意志中部的富尔达修道院、洛尔施修道院，以及意大利中部的法尔法修道院都在当地建立起了统治地位，900年时布列塔尼东部的雷东修道院，1000年时的克吕尼修道院也达到了同样的地位。这些修道院此后都成了重要的政治势力，其崛起之路上的牺牲品往往是最初赋予它们力量的那些捐献者的后代。

但是，教会和世俗贵族们也使用更为直接的方式来获取土地，那就是使用强力。当然，这种方式不太像是会被司法文件记录在案的，但我们确实在法庭记录里发现了一些零星的迹象。900年，米兰的法院里来了11位邻近小镇库萨戈的农民，他们希望证明自己拥有完全的自由，而不是从属于米兰伯爵。[5]米兰伯爵是这些农民的一部分土地的主人，他认为这些农民只拥有一半自由（aldii）。农民们则反驳，他们自己也是拥有土地的人，只有自由民才能享有土地所有权，照此推理，这些农民就应该是自由民。但是，反过来说，如果他们输掉官司，那他们就不仅会失去自由，还会失去土地。这场官司的结果很不寻常，最终获胜的是农民。在其他类似的案件中，农民们输掉了官司，但这至少表明他们往往坚信自己的主张是合乎正义的。事实上，查理曼和虔诚者路易都曾立法禁止征收穷人的土地。[6] 查理曼在 811 年时提到，有穷人向他告状，说他们的土地正在被主教、修道院院长和伯爵们瓜分。而且，如果那些大人物没能得到土地，他们就会找各种理由陷害土地的拥有者，例如让他们无休无止地参加军事远征（只有自由民能参加，但是以此来证明自由民的身份，代价实在太高昂了），直到他们不堪忍受并卖掉土地。但是，可以肯定的是，无论国王 / 皇帝多么同情那些穷人，那些替他在地方上主持司法的人，恰恰是那些掠夺土地的主教和伯爵。这些人几乎不可能让农民赢得官司而让自己吃亏。

总之，就像上一章所说的那样，加洛林时期，大地主的财富稳步增长，而拥有土地的农民在史料中出现的频率则越来越低。这一进程在 10 世纪得到延续，此时已经没有迹象表明国王们还会为类似的事情而烦恼。在 800 年的时候，在有档案留存下来的欧洲大部分地区，我们都可以见到活跃的自耕农群体，而到了 1000 年，这种群体的数量明显大为减少，尤其是在勃艮第和阿尔卑斯山以北的地方。法国南部和意大利也是如此，那里的自耕农群体虽然还存在，但也比之前弱小了很多。无论是经过合法还是非法的过程，独立农民这个群体都日渐萎缩。

农民有时候也会使用强力反抗[7]，但这么做是徒劳的，因为贵族军队的实力远比他们强大。农民明知如此还要反抗，足见他们的处境有多么绝望。这种抵抗多见于远离政治权力中心的山区，尤其是在一些森林和牧场地区，那里的人因为集体从事伐木或放牧活动而形成了较为强大的农民群体：我们在阿尔卑斯、亚平宁和比利牛斯等山区都可以找到这样的例子，其中最典型的就是位于亚平宁山脉中段海拔最高处的特里塔山谷地区。在779—873年这一个世纪的时间里，沃尔托诺圣文森佐修道院屡次试图占有特里塔山谷的土地并宣布那里的农民为非自由民，但每次都遭到农民们的抵抗。双方为此事9次对簿公堂。此后，农民们又坚持了一个世纪，才最终失去土地和自由。这一时期唯一的大规模农民起义是841—842年发生在萨克森的斯特林加起义，这次起义似乎波及了萨克森全境或绝大部分地区。但是，这次起义的背景比较极端，因为加洛林王朝对萨克森的征服颠覆了这里的整个农民社会和农村经济。这种情况更接近同时期的丹麦，而不是同时期的法兰克。此外，在一代人多一点的时间内，法兰克式的贵族权力就在萨克森获得了统治地位。这样一来，萨克森农民面临的就是前所未见的全方位奴役，这就是他们中有那么多人拿起武器的原因。但是，他们最后还是失败了。撇开王室的漂亮话不谈，加洛林王朝的那一个世纪对农民的自治来说是一个黑暗的时期。在那个时代的法兰克和意大利，广义上的贵族阶级统治农民的趋势第一次变得不可避免。

那些从属于他人的农民——也就是佃农——的处境在同一时期也变得更为艰难。从750年开始的一个世纪内，一种新的地产所有结构在欧洲稳步扩张，其中最为明显的是法兰克北部和德意志南部，但意大利北部也可见到。我们把这种新的结构称为“两分地产”（bipartite estates）或“庄园”（manors）。[8] 这类地产被分为两部分，一部分是“直属地”（demesne，拉丁文是 dominicum，也有其他变体），其上的所有收成都直接上交领主，另一部分就是佃农们耕种的土地，其上的收成一部分作为地租交给领主，剩下的则归佃农所有，用以维持生计。佃农中有男有女（有时，布匹会用于充当地租，而布匹几乎都是妇女纺出来的）。佃农这部分并不新鲜，真正新出现的是“直属地”那一部分，因为这些土地主要是佃农们在领主的强迫下耕种的。这些佃农必须拿出一定的时间到直属地上服劳役，以此抵充一部分地租。在有些地方，佃农服劳役的时间可以达到一周三天。直属地的面积相差甚大：法兰克北部的一些大修道院拥有相当大的直属地，佃农们的劳役负担也重；莱茵河以东的直属地面积较小，而意大利大部分地区的直属地不但小，而且还非常分散，这些地方的佃农的劳役负担也就相对较轻，可能一年只有两三周。但是，几乎所有的庄园都呈现出劳动力集中化的特点，因为关于这种现象的记载在8世纪40年代以前几乎没有在法兰克土地上出现过。此外，这种变化也明显到了足以引起国王们注意的程度。800年，查理曼来到勒芒领地境内，当地在王室土地和教会土地上耕作的农民们都来找他，希望他就他们究竟应该服多少劳役做出裁决。当时这些农民的劳役时间各不相同，有的一整周都在服劳役。查理曼颁布法令，规定如果一个佃农家庭拥有1/4块（quarter-factus，当地的一种土地面积单位）地，并且有自己的牲畜，那么他们每周服劳役的时间不应该超过1天（如果没有牲畜，就需要服役两天），而农民拥有的土地越少，需要服役的时间就越短。这听起来很大方，尽管我们不知道“1/4块地”到底有多大（例如，农民家庭可能经常会有两个以上的“1/4块地”），而需要平均摊派的做法则体现出义务劳役是新出现的事物。

直属地的耕种活动是很特殊的，因为它完全受领主控制。领主对地产的管理如此精心，劳动力如此密集，这两点都意味着土地上出产的作物是用来出售的。以前曾有一种观点认为，庄园经济是“封闭的”、自给自足的，庄园中的产出只够满足领主和佃农们自己的需求，因而不存在买卖的可能性。但是，随着商品交换的证据（尤其是公元750—800年之后）不断增多，上述观点就值得怀疑了。[9]我们会在本章稍后再列举这些证据。但是，就算不考虑这些证据，加洛林王朝的地产档案也经常提到产品的运输，有时运输距离还相当远。运输的目的地不仅是修道院中心，也包括市场和港口。总的来说，庄园系统的发展是和贸易交换活动的扩张联系在一起的。但是，这也同时意味着在庄园中工作的人受到了更重的压迫。而且，不仅仅是拥有土地的农民，就连佃农也感受到了精英地主权力不断增长带来的影响。

对于加洛林时期的庄园地产，尤其是那些修道院拥有的庄园，我们的了解程度异乎寻常地高，远高过我们对12世纪之前任何一个时期欧洲地产的内部运作形式的了解。这是因为9世纪是一个土地调查盛行的时期。相关的调查记录往往有非常丰富的细节。我们拥有的第一批调查记录中有一份来自巴黎郊区的圣日耳曼德佩修道院，记录从9世纪20年代或稍早一些的时候开始，列举了每一个佃农家庭中每一个成员的名字（家庭中女儿的信息稍显粗略）、丈夫和妻子的法律地位、份地（mansus，即佃农给自己耕种的那一份土地）的大小和种类（庄稼地、葡萄园和牧场都单独列出），以及佃农需要缴纳的地租和要服的劳役。[10]劳役的工作内容相当庞杂，包括编织、赶车、伐木、编筐、盖房和炼铁。在接下来的一个世纪中，类似的调查记录中保存至今的有20多份（最后两份重要的记录分别来自893年特里尔附近的普吕姆修道院，以及900年前后数年间布雷西亚的圣朱利亚修道院）。

圣日耳曼德佩修道院的记录中所包含的信息在后来的这些记录中通常都有，虽然记录上并不总会有农民的孩子们的名字，但有时侯会有他们的年龄（例如813—814年马赛大教堂的记录），或是在直属地工作的人所能领到的给养（例如圣朱利亚的记录），或是有关粮食产出的信息（例如800年左右阿纳普斯的记录，以及900年以后雷焦的圣托马索修道院的记录）和种植的粮食种类（例如圣朱利亚的记录，以及850年左右兰斯的圣雷米修道院的记录）。我们可以依据这样的记录进行统计，看到人口的增长（例如在马赛和圣日耳曼），注意到越来越多在法律上没有自由的男人和享有自由的女人结婚，以确保孩子可以享有自由（例如在圣日耳曼和其他地方），发现地租和劳役的规律性——规律性越高，说明庄园主的中央指挥越强大，反之则说明庄园主和佃农之间可能进行过专门的磋商，或是地方的传统仍在起作用。在很长一段时间内，这种细节的吸引力使得历史学家没能认识到这类地产实际上并非当时的典型，无论从规模还是从组织化程度来说都是如此（见前文，第9章）。这类地产不仅在地理上有局限性，而且其主人大多是宗教机构，也可能有一些属于王室。直属地这种形式可以被认为是由世俗领主创造出来的，但是他们主园的组织化程度恐怕没有这么高。这主要是因为世俗领主的地产总是被多位继承人瓜分，而且转手率也相对较高。不过，不管怎样，土地调查至少反映了9世纪的一部分现实情况，而且可能是生产力最高的一部分。修道院的档案也不是只有土地调查记录。我们还有一份关于地产管理的史料，来自822年，作者是查理曼的堂弟、科尔比修道院院长阿达拉尔德[11]；我们还有一张理想中修道院的地图，其中标出了所有作坊的位置，这张地图来自圣加伦修道院，绘制时间在825—830年。

从9世纪早期开始，出现了这么多地产文献，这可能说明它们是加洛林政治制度的一部分。的确如此。最早的一批文献中有一篇名为《简例》(*Brevium Exempla*)，写于公元800年左右。这份档案记录了包括阿纳普斯在内的5块王室直属地的调查报告，列出了那些地块上所有的器物、谷物和动物。记录里还提到了维森堡修道院所属的一个村庄，其中有类似这样的评语："你需要用同样的方式列出其他的东西，然后列出牲畜的数量。"这说明这份记录的模板来自王室政府。而且，9世纪初期的《简例》手抄本正好附在名为《农舍法令集》(*Capitulare de Villis*)的抄本后面。[12] 这部法令集的写作时间也在800年前后，事实上也是地产管理手册，其细节不如阿达拉尔德的那本丰富，但是比它完整。这本法令集的作者是一位王室官员。也就是说，9世纪初期王室政治行为的高度道德化倾向（见前文，第17章）也延伸到了地产管理方面。《农舍法令集》要求妥善记录土地调查结果（事实上，其要求的细节丰富度比土地调查记录的平均水平还高），以确保王室的地产"完全为我们的需要，而不是其他人的需要而服务"，并要求地产的管理者(iudices)负责司法工作，并确保"我们的劳动力(familia)做好自己的工作，不要把时间浪费在市集上"。加洛林王朝的法律条文都充满着对生活中的道德问题的担忧，这种担忧也融入了对庄园产出的担忧，而且从国王扩散到加洛林王朝的各大修道院，并一直贯穿王朝的始终。当然，查理曼的朝廷并没有发明直属地这种农业组织形式本身，只是发明了记录方法。领主开发庄园的目的各不相同，差异很大，但加洛林的政治制度推动了对庄园的系统化建设和控制。

10世纪时，已经很少再有人写土地调查记录了，但这绝不代表庄园也消失了。在一些地区，庄园的地理范围扩大了。赫斯特本普赖厄斯的调查记录（见前文，第19章）表明，直属地农业到900年时已经扩展到了英格兰，这表明土地的领主制和对地产的严密控制已经在这里扎下了根。在意大利，庄园系统在公元900年后确实出现了萎缩，史料中提及劳役的次数在整个10世纪期间呈直线下降之势。[13]此外，这里还先于欧洲北部出现了地租货币化的普遍趋势，直属地也越来越多地被分割成佃农的份地。但是，这依然表明地产管理是为了贸易，只是农产品的买卖现在已经不是由领主，而是由佃农来完成。意大利完成这一转变要比欧洲北部容易，因为这里的城市更大，对粮食和葡萄酒的需求也更多。在法国、德意志和英格兰，直属地农业和劳役仍作为领主-佃农关系中的正常组成部分持续到12世纪（在英格兰一直持续到14世纪）。到了那个时候，直属地和劳役已经更多地变成一种惯例，一种控制手段，而不再是提升农业产出的方法。但是，如果时机合适，它总还是能够提升农业产出，13世纪的英格兰就是如此。

与公元800年以前一样，大庄园中的佃农从社会成分上来说非常复杂。每一块地产上都有自由的农民和无自由的从属者，有的时候还有一部分“半自由”的人，他们拥有的权利介于前述两者之前。[14]在欧洲的英格兰、德意志等有以本地语言写作的传统的地区，我们还发现了更多的社会阶层，每个阶层在本地语言中都有一个对应的名字，其各自负责的劳役也略有不同。所有阶层（至少是绝大多数）都要服劳役，但直属地上的重体力活往往由非自由民承担。于是，人的法律地位和经济上的从属性联系在了一起。但是，总的趋势仍然是法律地位变得越来越不重要。我们刚才已经讲过，在圣日耳曼的村庄大小的地产上，所有劳动者都是佃农，自由民和非自由民之间的通婚十分普遍，我们可能会因此认为非自由民会逐渐消失。从某种层面上来说，让农民保持非自由状态对于领主们来说已经不再是必须的了，因为绝大多数农民已经成了佃农。我们将要讨论的其他几个变化——公共世界对自由民的排斥以及领主强制权的发展——也削弱了自由民的特权，使领主更不介意让非自由民获得自由。这样，关于非自由民的传统观念以十分缓慢的速度在西欧失去了市场。这一进程首先出现在意大利，那里到 11 世纪就几乎没有非自由的佃农了（但是在那之后相当长的一段时间里，家庭中的用人仍然是非自由的）。意大利之后是法国，德意志和英格兰的启动时间较晚，斯堪的纳维亚则要再晚一些。土地所有权方面的从属关系仍然存在。而且，从实践的角度上看，中世纪中期的“农奴”概念，也就是将土地和从属关系与领主的司法权力联系在一起的概念，与中世纪早期法律意义上的非自由民并无太大差别。事实上，表示“农奴”的正是古典罗曼语中的“奴隶”（servus）这个词。但是，此时农民在土地和经济上对领主的从属程度要远比传统上的自由或非自由状态重要得多。

在 800—1000 年间的欧洲，另外两种导致农民自治程度降低的趋势已经在前文（第 18 章和第 21 章）有所讨论，本章不再详述。我们已经看到，在加洛林的欧洲，农民被越来越多地排斥在军队之外。这种变化并没有遍及各地。英格兰和萨克森都没有出现这种情况，其中萨克森在 10 世纪时必须全民皆兵才能应付与斯拉夫人的战争。但是，在其他地区，到 1000 年甚至更早一些的时候，军人的身份已经和贵族地位联系起来了，贵族手下的门客（clienteles）也成了唯一的战斗力量。在 10 世纪的欧洲部分地区，尤其是在西法兰克，公共大会失去了原有的重要性。在意大利，公共大会持续存在到了 11 世纪后期，但在那之后就突然消失了。只有以英格兰为首的一些地方不间断地保持了公共大会的传统，以及公共大会拥有司法权力、允许所有自由男性参加的特点。这也是自由民和非自由民的划分在英格兰仍然十分重要的主要原因。实际上，公元1200年前后，英格兰人口中法律意义上的非自由民所占的比例比加洛林故地上的任何一个地区都要高。但是，在其他地方，公共世界越来越排斥农民，这也导致农民越来越严重地从属于领主。

在这种情况下，西法兰克 / 法兰西和意大利的部分地区逐渐演变出了领主强制权，这些地区的国家政府基本失去了权力，私人领主则几乎接管了一切。那些拥有领主强制权的领主甚至主张他们对自由的、拥有土地的邻居们都拥有法律权利，只要这些人——尤其是农民——居住在领主们拥有领主权的土地上面。我们在上一章中讲过的马孔地区于克赛莱的领主权就是一个例子。我们可以明确看到，在自由农民社会和经济状况的总体发展趋势中，领主强制权只是一个极端现象。这个总体趋势就是自由农民被排除出公共世界，而且其进程在加洛林时期就已经开始了。领主们甚至不需要正式的领主权，就可以对农民实行某种程度的控制，意大利中部尤其是罗马周边地区出现的“城堡化”（incastellamento）进程[15]就是一个很好的例子。在这个出现在10—11世纪的进程中，领主们把从属于自己的自由民从原有的住处迁到山顶的村庄里，这些村庄有些是新建的，而迁移过程经常是通过强力完成的。农民的土地和地租也随之被重新安排。这种现象在意大利北部尤为严重，那里领主的土地较为分散，“城堡化”进程中农民新迁入的定居点或邻近已经存在的村落，或位于不远处的山上。这些定居点是城堡的基础，象征着领主的政治权力和地位。这一点和欧洲北部的情况是一样的。但是，在亚平宁半岛中部，领主占有的整块土地往往比北方的面积更大，他们的实力也因此更强。虽然这些地区直到进入 11 世纪之后很久都还没有发展出完全的领主强制权，但那些新建城堡中的农民已经远离了公共世界。但是，在公元 1000 年及之后的几十年里，随着领主权的出现，为农民们准备的陷阱终于彻底合上了夹板。从那时起，他们就从法律意义上从属于领主了，在生活的各个方面都有不同程度的从属关系。这种情况一直持续到 12 世纪及更晚的时期，那时农民和领主双方都开始对领主权制度感到不满。农民们确立了一套与领主共同商定的权利。在说罗曼语的国家里，这种权利被称为“特许权”（franchises，即“自由权利”）。统治者——法兰西的国王和伯爵、意大利的城市——则意图再次扩大自己在公共司法事务中的职权范围。但是，那个时候的政治世界已经与我们所述时代的大不相同了。

这些趋势有不同的根源，但它们相互作用，从而放大了各自的效果。在所有这些趋势中，农民被排除在公共世界之外的后果最为严重，因为这些农民同时也在失去土地，或是像佃农那样越来越从属于领主，两者之间互为因果。理解这些背景后，我们才可以去谈农民的囚笼化进程。各个农民社会之间逐渐彼此隔离，每个群体都越来越多地从属于当地的领主，甚至在没有发展出领主强制权的时候也是如此。当然，如果领主强制权已经发展出来，那么农民的从属会更彻底。在有些地方，领主来自从当地农民社群中崛起的逐步军事化的家族，他们在成为领主之前是乡村里中等级别的土地所有者，有些甚至只是富农（见前文，第 21 章）。但是，他们的出身对农民来说并不是什么好事。这种家族对当地情况了如指掌，统治起来也就更加容易。而且，他们和自己的邻居或前邻居之间往往还有一些微妙的等级联系，也就是说，他们不仅是地主和佃农的关系，也是庇护者和被庇护者的关系。乡村和广义上的地方社群越来越多地被垂直的社会关系击穿。我们在第 9 章已经讲过，乡村本身的结构经过了更精心的设计，乡村往往规模更大，集中化程度更高。从公元 800 年左右开始，乡村往往会有一个教堂（神父是庇护关系中的另外一个焦点），而到了公元 1000 年之后，有些村庄已经拥有了城堡。[16] 我们研究这些村庄的考古记录就会发现，从 9 世纪开始，乡村中频繁出现阶层逐渐分化和权力逐渐集中的迹象。地产中心就是这样的迹象之一，其中一些中心还有城墙，例如托斯卡纳的蒙塔伦蒂（见前文，第 10 章）。有些这样的中心后来在 10—11 世纪直接发展成了要塞。城堡、塔楼和类似建筑的出现说明阶层分化已经发展到了比之前正式得多的程度。阶层分化给正经历囚笼化的农民们又加上了一道枷锁，因为它使我们在中世纪初期的史料中所能看到的那种阶层间的流动性不复存在。农民们从此更“知道自己处于什么地位”，谈判权力也不断丧失。

上述趋势都是从非常宏观的层面上归纳的，各地有不同的特殊情况。总体上来说，在那些拥有土地的农民群体仍然存在的地区（或村庄），农民们在之后的很多个世纪里都还可以保持一定的独立行动权，至少在地方层面上如此。例如，我们可以在 12 世纪或 13 世纪的意大利北部找到这样的例子，即使是在那些私人领主势力强大的地区也可以。但是，总的来说，乡村社会阶层分化的程度是在加深的，只不过在各个地区的发展速度有所不同而已。

让我们来看几个具体的例子。我们在第 9 章时讲过，布列塔尼东部雷东修道院附近的村庄在 9 世纪初期的自治程度是相当高的，有活跃的公共空间，农民也有自由做各种各样的事，包括土地交易和维持地方治安。加洛林时期零星留存下来的一些档案里有几个类似的例子。在莱茵兰地区的美因茨附近，每个村庄都有大片土地归贵族（包括修道院和王室）所有，因为这片地区是加洛林世界中几个重要的“王室领地”之一。但是，这里也有大量农民拥有自己的土地。他们自己组成公共活动群体，大体上独立于贵族体系之外。9世纪时，米兰和卢卡周边的村庄规模较小，这里的农民和大土地所有者（包括世俗和宗教两方面）之间的庇护关系更为显著，但在村庄这个级别上，居民们在行动上仍有很强的自由度：他们中的所有或大多数人在城市里都有庇护者，但他们仍然可以自己做出很多选择，因为所有强权人物的根据地都在城市里。[17] 在那些远离城市的山区，农民们可以发展出很多种不同的策略。其中一个例子是在莱茵河上游的兰克韦尔附近，这里属于阿尔卑斯山脉，山下就是康斯坦茨湖。9世纪20年代的一份档案表明，这里的居民谨慎地发展出了一种以土地为基础的庇护关系。他们的庇护者是一名地方官员——督导官（scultaizus）福尔克文（Folcwin），他可能是在加洛林王朝的公共权力向阿尔卑斯山地区扩张的过程中，从外部调入兰克韦尔的。但是，他似乎并没有从外部改造当地社会，反而被当地社会同化了。另外一个例子来自意大利亚平宁山脉中段靠亚得里亚海的一侧，即卡绍里亚修道院周围的土地。这座修道院（距特里塔山谷不远）是由路易二世皇帝在873年建立的。这片地区中有一个叫维科提亚提诺的村庄，其840—880年的档案保存到了今天。档案中提到一位家境不错的中型土地拥有者，名叫柳特普兰德之子卡罗尔（Karol son of Liutprand，约870年去世）。他和他的家族参与了相当多的地产交易，以发展在当地的社交网络，更重要的目的则是给自己的孩子备下丰厚的嫁妆。卡罗尔也跟官员和大地主打交道，而且肯定和他们之间有庇护关系——实际上，他确实靠让孩子和这些家庭通婚而获得了社会阶层上的跃升——但是他在自己的圈子里也相当活跃。仅仅数年之后，拥有王室庇护的卡绍里亚修道院就突然出现在这个政治小环境之中。它深刻地改变了当地的政治形势，就像雷东修道院改变了其周围的村庄一样（和往常的情况一样，正是因为修道院的出现，卡罗尔的档案才能随着修道院的档案一起被保存下来），但是当地社会阶层的流动性仍然存在。

这个“加洛林世界”是由公共权力和大的土地所有者构建的，却未必是由他们统治的。在下一个世纪里，这个世界走向了衰落。克吕尼修道院的档案记录了其周边一些村庄中的大量细节，其中的信息显示，到了10世纪后期，一些地方的村民已经开始采取我们上面所说的那些策略，很少再向修道院捐献土地。但是在其他一些地方，一个有着更多阶层的社会出现了。英格利姆之子阿尔鲁斯（Arleus son of Ingelelm，1002年后去世）[18]的家庭和卡罗尔的家庭类似，也是中型的土地所有者，其根据地在修道院北边的几座村庄内。10世纪下半叶，其中一座叫弗拉基的村庄中，绝大多部分土地捐给了修道院，他们希望以此发展和克吕尼的庇护关系。他们自己留下了梅尔策等其他村子。但是，阿尔鲁斯还有更为正式的社会关系：于克赛莱的若斯朗是他的“大人”（senior），也就是领主。领主强制权正在形成，除了限制那些从属于领主权的人的法律权利以外，它还将给个人之间的关系加上一层领主的元素。阿尔鲁斯的继承人设法逃过了厄运，他们最后靠军人的身份在梅尔策成了小规模的领主，也就是在贵族和农民的划分中被划到了贵族那一边。但是，他的很多邻居却没能跨过这条界线，其中很多人还曾经与阿尔鲁斯的家庭交易过土地，或充当交易的见证人。

意大利中部法尔法修道院的档案显示出了相似的模式。在“城堡化”进程中，法尔法在953—961年之间于修道院附近建造了萨利萨诺城堡[19]（设有防御设施的村庄）。到了10世纪后期的时候，当地的大多数居民似乎已经居住在城堡之内了。萨利萨诺的大部分土地从9世纪开始就已属于修道院，而档案显示，剩下的土地也在10世纪后期被修道院吞并。这些土地绝大多数是由仅存的一些拥有土地的农民捐献给修道院的（有的农民并不情愿这么做，但还是在法庭上输掉了土地）。他们捐完之后再把土地租回来，其继承人便成了修道院的佃农。但是，和其他一些地方一样，萨利萨诺也有一些农民跃升到了更高的阶层。有一位当地的土地所有者，名叫安德烈之子阿佐（Azo son of Andrea），他在961年租下了城堡本身，他的对头（也有可能是他的继承人）瓜拉福萨（Gualafossa）家族最终在11世纪成了城堡的小领主。这个家族依附于修道院，在修道院的庇护对象中颇为活跃。家族成员拥有军人地位，还控制着一个附属的城堡。法尔法修道院直到1093年才完全取得对这个附属城堡的控制权。这一地区的领主强制权直到11世纪第二个十年才开始出现，但是在这之前的一代人甚至再早得多的时候，我们就已经可以看到地方阶层分化越发明显、军人地位日益重要的趋势。

最后这两个例子所在的地区均有势力强大的修道院，因此，在某种意义上，这些地区内领主制度的强化并不令人意外。但是，在加洛林故地上的绝大部分地区，尽管领主的势力并没有那么强，但领主制度同样出现了强化的趋势。此外，我们已经强调过，欧洲还存在非贵族地主的地区已经越来越少了。820年时，巴黎附近那些依附于圣日耳曼德佩修道院的村庄还属于异类，但在150年后，这样的村庄已经比比皆是。弗拉基、梅尔策和萨利萨诺的例子向我们展示了那些拥有土地的农民逐渐被囚笼化的过程，但是，在那些完全由领主所有的村庄里，农民的束缚也在日益加深。领主权出现后，束缚更是变本加厉。

***

这些并不是9—10世纪西欧全部的社会-经济变化。总体上说，西欧的经济在这一时期稳步发展：人口和农业产量增加，手工业和贸易活动也越发繁盛。我们不能肯定地说这种发展完全是由农民囚笼化的进程驱动的，但这一进程确实使经济在各个层面上都更为复杂。我们下面就来逐一讨论各层面的情况。

从中世纪早期到14世纪初，欧洲的人口一直在增长，大约增长到原来的三倍。[20]绝大多数地区的人口数字是推测的，只有被征服后的英格兰是个例外。但是，村庄和城镇的规模以及人口都在增长，带来了明显的累计效应，而农民的人均耕地面积则大幅缩小。到12世纪时，很多地方的农民只有1/4块份地。这种人口增长似乎源自加洛林时期。例如，圣日耳曼的土地调查记录了相当多的村庄，在这里以及其他地方的调查记录中，我们可以根据儿童的数量看出村庄的人口在缓慢增长。土地调查等档案显示，农民的份地已经越来越多地出现了被分割的现象，至少是一分为二。这种趋势在当时以及后来的时期也可作为人口增长的间接证据。这种人口增长的出现原因以及具体时间目前还不太明确，但是，在本书所述时期的最后两个世纪里，缓慢的人口增长确实是一个非常重要的现象。这种增长在公元950年之后可能还有所加速。

人口增长必然意味着人们需要产出更多的食物。中世纪早期的人口数量很少，英格兰《土地调查清册》中的推算是200万人左右。即使是以当时的农业生产手段，要喂饱这些人仍然是比较容易的。在人口开始增长之后的一段时间里，人们也只需增加耕地面积并尽可能地精耕细作即可，甚至并不总是需要精耕细作。直到我们所述的时代即将结束的时候，欧洲北部才开始广泛地采用三圃轮作法，即每块地耕种两年休耕一年，而之前的普遍做法则是耕种一年休耕一年（地中海地区此时仍沿用这种耕作法）。三圃制在公元800年时就已经为人所知了（一些土地调查记录中有记载），但是这种方法直到人口压力增加之后才开始被普遍使用。[21]

土地开荒的进程也是如此。我们在第9章已经讲过，中世纪早期欧洲西部的绝大多数土地并不算是毫无人类活动痕迹的荒野。这样的荒野在德意志有一些，斯拉夫人和斯堪的纳维亚人的土地上则更多一些。而在莱茵河以西和阿尔卑斯山以南的地方，绝大多数森林无论面积多大都会被人类分割成数块，作为林场和灌木丛加以管理，或至少被当作供农民生存或王室狩猎用的资源。英格兰的情况更是如此。实际上，森林往往是农民所有的土地中的组成部分，对森林的利用（放牧、采集水果，当然还有砍柴）也是农民惯有的经济活动。如果人口压力持续增加，这部分森林就会首先被砍伐掉，然后改造成粮田。这样一来，食物虽然种类减少了，但毕竟提供了更多的卡路里。9世纪的文献中对这种小规模土地“开荒”的记载要比之前普遍得多，这可能仅仅是因为那个时代的史料比较丰富，但也确实和加洛林时期的人口增长情况吻合。无论怎样，公元950年左右之前，任何地方都还没有开始对森林和沼泽的大规模开荒行动，而在那之后，大规模开荒就经常发生了。人口压力是从加洛林时期开始缓慢增大的，但直到我们讨论的时代即将结束时才真正构成重要的影响。至于后来那个改变了欧洲，尤其是中东欧土地面貌的大开荒时代，则已经不在本书所讲述的范围之内。

还有一点值得指出，那就是农民一旦决定开荒，其开荒的速度至少在一段时期内是快于人口增长速度的。这样，农民拥有的资源，尤其是粮食资源就有所增加。这一点在农业边缘地带尤为明显，例如山区或德国大森林地区的边缘地区。这些地方有待开荒的土地更多，地主们经常以较低的地租为回报，鼓励农民开荒。这样，在本书所述时代的最后一个世纪的社会-经济变迁之中，我们至少已经找到了一个农民们有所得，而不是有所失的领域。关于这一点，有个逸闻证据。法国阿尔卑斯山边缘的多菲内省有一个叫沙拉维讷[22]的地方，考古学家们在那里一个小湖边的开荒区中发现了一个小型定居点，里面的几栋房子在被发现时是浸在水里的，因此盖房用的木材保存完好。从年轮上判断，这些房子的历史可以追溯到1003—1040年。沙拉维讷存在的时间不长，但是在几十年的时间里一度相当繁荣。考古人员在房子里发现了很多文物，包括木制的工具和碗（以及乐器）、衣服、鞋、进口的陶器，还有数量多于正常水平的铁器，包括武器和钱币。那些进口物品可能是靠卖猪换的，因为遗址中发现的动物骸骨绝大多数是猪骨。我们不能从这个例子中总结出什么普遍的规律（尽管有的人已经这么做了），但是我们应该承认，在这个遗址中发现的物品比前几个世纪的绝大多数乡村遗址中所能发现的物品都要丰富得多。遗址中有一栋房子可能是属于贵族的，但其他房子都不是。所以，我们在这里看到的可能是中世纪早期即将结束之时的耕地扩张所带来的繁荣，至少是暂时性的繁荣，持续到人口增速或领主的地租和劳役的增速再次追赶上耕地的增速为止。

手工制品的生产和交换[23]也在各地都出现了发展，并且也是从加洛林时代就开始了的。我们在第 9 章已经讲过，绝大部分地区的手工制品交换在公元 800 年前都只局限于当地。法兰克北部的情况有所不同，因为莱茵河、塞纳河等大河沿岸仍有大量商品流通，8 世纪北海沿岸的一系列港口也是如此。但是，意大利绝大部分地区的商品交换活动几乎都局限在单个城市的领地范围内，而英格兰几乎不存在乡村级别以上的交换活动。斯堪的纳维亚以及斯拉夫人和凯尔特人的土地就更是如此了，只有奢侈品例外。这类商品在北海、波罗的海以及俄罗斯各大河流沿岸流动，出售给各地的精英阶层买家，其流通的便捷程度就像在法兰克和意大利一样。所有这些交易现象在公元 800 年后都得到了进一步发展。

整个西欧经济活动最复杂的地区就是法兰克在卢瓦尔河和莱茵河之间的领土，这一点在公元 800 年以前和以后都是一样的。我们在考古遗址中发现了更多城市生活的迹象，美因茨也跻身多雷斯塔德、科隆和巴黎的行列，成为主要的手工业和商业中心。而且，到 10 世纪时，城市人口似乎已经成为一股政治势力。924 年和 958 年，梅斯和康布雷的城市居民先后起义，反抗当地的主教。其他城市也发生过类似的情况。我们还在 10 世纪发现了更多莱茵兰各城市内犹太裔商业人口的活动证据。此外还出现了一些新的较小城市中心，例如巴黎近郊圣但尼周围发展起来的要塞（burgus），布鲁日、根特、圣奥梅尔等佛兰德城镇之间也首次出现了贸易网络。多雷斯塔德在同一时期衰落，莱茵河口又出现了新的中心，取代了它的位置。这些中心中最引人注目的是蒂尔，考古发掘显示，这里在10世纪经历了大幅度的发展。文献资料同样显示出整个法兰克北部的市场发展，奥托王朝时期的大量市场特许权档案则说明这种发展在10世纪扩展到了东法兰克。考古证据还显示，铁器的生产出现了显著的发展。陶器生产永远是经济体系发展规模最清晰的指征，这一时期的陶器生产也得到了继续发展，科隆附近的巴多尔夫和平斯多尔夫陶窑成为主要的陶器生产中心，其产品传播范围很广。类似的中心还有默兹河流域的昂代讷、巴黎北部的博韦等。巴多尔夫和平斯多尔夫的陶器在里伯、海泽比等斯堪的纳维亚的贸易中心也有发现（但是，这些陶器在这些地方似乎还属于奢侈品）。我们甚至已经可以辨识出陆上的贸易路线，这些路线连接各大河流域，沿路遍布起着市场作用的村庄（vici）和要塞。我们可以通过钱币的传播来追踪这些贸易路线，勃艮第和巴黎地区的红酒可能用来交换莱茵河三角洲——后来的佛兰德——的羊毛。我们在土地调查记录中看到的那些大修道院地产上的产品也通过这个网络流通。不过，即使是在法兰克，绝大多数贸易活动也还是相对本地化的。大约80%的钱币被发现于距其铸币厂直线距离100千米以内的区域。但是，跨地区的大宗商品流通量已经足以给人商业活动频繁的印象。这种趋势从那时开始再未中断，佛兰德的布制品在公元1000年之后开始大量流通，而香槟地区则从下一个世纪开始举办大型集贸会。这些情况标志着贸易活动的复杂性进入了一个新的阶段，但它在9—10世纪就已经打下了牢固的基础。

这些贸易活动的迹象在各地都能找到，只不过规模可能较小。在英格兰，大规模的生产和内部交换始于10世纪，同时也出现了一些城市发展，尤其是在约克。在德国南部，多瑙河畔的雷根斯堡到10世纪时已明显成为一个活跃的城市和商业中心，其市区范围扩展到了罗马时期的城墙以外，商人们的财富多到可以购买土地。在林茨附近多瑙河畔的拉菲尔施泰滕[24]，公元905年左右的一份税费记录显示，摩拉维亚人、波希米亚人甚至罗斯人都在利用多瑙河与巴伐利亚人做生意。不过，记录中所记载的货品大多是盐，这些来自萨尔斯堡地区的盐早在铁器时代之前就已在此销售了。除了盐之外，贸易量较大的还有奴隶和马匹，而大宗贸易存在的主要指征——手工制品——则难寻踪迹。因此，多瑙河作为商路的重要性还比不上莱茵河、默兹河以及塞纳河。

意大利也有一些类似的情况。在西方的拉丁世界中，意大利是最接近地中海南部和东部的伊斯兰世界的地方，而后者的贸易网络十分重要。亚平宁半岛沿岸的长途海上运输线路日趋活跃。威尼斯[25]从8世纪后期开始快速发展成为贸易枢纽，尤其是在受加洛林-斯克拉文战争驱动的与阿拉伯人的奴隶贸易中扮演着至关重要的角色。829年，威尼斯公爵朱斯蒂尼亚诺（Justinian）在他的遗嘱中提到，他的遗产包括一部分投资于海上贸易的钱，这些钱将随船队返回。这是中世纪历史上首次出现对商业资本的记载。到10世纪时，威尼斯已成为自治的海上霸主，其缔结贸易条约的对象不仅包括意大利国王，甚至还有992年时的皇帝巴西尔二世，后者是威尼斯名义上的宗主。在半岛最富庶的意大利南部地区，阿玛尔菲、萨勒诺、加埃塔和（规模最大的）那不勒斯的贸易活动同样可以与威尼斯比肩，甚至比威尼斯更倚重和阿拉伯世界的贸易。不过，国际贸易并不能完整反映出意大利内部相对凋敝的经济活动。按照西方的标准来说，意大利的内陆城市规模都很大。这些城市中都有活跃的市场，而且在10世纪都出现了显著的扩张。例如，米兰的房价大幅上涨。有些城市是大范围贸易活动的枢纽，尤其是帕维亚和克雷莫纳。不过，其他城市主要还是周边地区之间的贸易中心。意大利北方的城市与威尼斯之间还几乎没有贸易往来（少于意大利南部城市与阿玛尔菲、那不勒斯之间的贸易往来）。在波河平原和托斯卡纳北部，12世纪时那种复杂而繁盛的生产交换活动在公元1000年或早至公元950年之前还难觅踪影。对于意大利的城市网络，我们最多只能说其正处于经济腾飞的边缘，落后法兰克100—150年。

北海地区在8世纪时就出现了类似于威尼斯和阿玛尔菲的港口，包括多雷斯塔德、昆都维克、伦敦、伊普斯维奇、南安普顿、约克和里伯。[26]这个贸易网络延伸到波罗的海的比尔卡，以及公元800年左右建立的海泽比。这些港口与斯堪的纳维亚的贸易路线是和维京人南下的路线相重合的，而维京人在9世纪后期洗劫了多雷斯塔德和其他的法兰克沿海城镇，以及西法兰克的许多内陆中心，造成了相当大的损失。但是，我们在第20章已经讲过，维京人的活动和商业活动有紧密的联系。实际上，这些侵略者往往只是把抢来的东西拿到别的地方卖而已。北海的贸易活动在10世纪迅速复苏（从总体上来看，也许根本就没有衰落过）。[27]同时，遍布欧洲北部的斯堪的纳维亚人定居点大大扩展了这个贸易网络的范围。这些定居点西至都柏林、约克和鲁昂，东达旧拉多加、诺夫哥罗德和基辅。

我们不能过高估计北海的经济活动。这里的贸易特点与地中海北部的那些新兴港口类似，主要商品都是奢侈品或奴隶这种接近奢侈品的商品。但是，北海（以及爱尔兰海、波罗的海、俄罗斯诸河流）长距离贸易网络的存在对未来有着重要意义。在11—12世纪，欧洲北部主要地区内部经济的发展已经复杂到可以开始生产分工的程度，而此时北海的贸易网络已经为大宗贸易做好了准备。这个网络将英格兰的羊毛运送到佛兰德，在佛兰德制成衣料，还把法国和莱茵河的红酒、挪威和德国的木材以及挪威北部的鱼干运送到任何需要这些产品的地方。但是，这类大宗贸易在公元1000年的时候就已经是地中海伊斯兰世界的一大特点。安达卢斯、突尼斯、西西里、埃及和黎凡特等穆斯林地区彼此的距离更近，联系也更紧密，它们之间的大宗贸易早在10世纪就已开始了（见前文，第15章）。在公元1000年的时候，地中海地区大宗贸易的增长潜力确实要高于北海地区，而且地中海的贸易在下一个世纪里又得到了进一步拓展：意大利进一步加入，其他地区也是如此。相比之下，这样的贸易世界在北海地区直到中世纪中期才成形，在公元1000年的时候还难觅踪影，只有佛兰德可能是个例外。但是，北海最终赶上了地中海，而它的雏形就是中世纪早期的奢侈品贸易网络。12世纪的海上和陆上商路与8世纪、9世纪和10世纪的商路并没有太大的不同。

在这一章里，我一直在强调公元800—1000年间贸易活动的增多，但是我们不能夸大它的意义，尤其是不能过分强调长距离商路的重要性。10世纪的时候，威尼斯人、瑞典和莱茵兰人在君士坦丁堡都能找得到，但是这并不意味着意大利、瑞典/罗斯和德国这些地方与拜占庭之间有任何系统性的往来。它只能说明当时存在着一个奢侈品的贸易网络，让少数幸运的商人、一座大城市（威尼斯）和少数其他城市聚敛起了财富。10世纪时斯堪的纳维亚也存在长距离商路，从都柏林直到罗斯。有人认为这说明斯堪的纳维亚的经济活动和法兰克一样活跃，或者像埃及那样，当时埃及的商人才刚刚开始走出尼罗河谷。但是，这种判断是错误的。埃及经济的复杂程度远超其他地区，而在欧洲范围内，法兰克的经济也比斯堪的纳维亚复杂得多，后者的主要贸易港口与其内陆地区几乎没有联系。与地中海一样，在欧洲起最重要作用的还是地区内的经济活动。绝大部分商品的运输、购买和销售都是在各个经济区内部而非外部完成的（虽然时间已经过去了 1 000 年，但今天的情况仍然是这样），而经济的复杂性，也就是“发展程度”，主要还是由内部经济活动决定的。我们如果把目光集中在公元 1000 年西欧各主要地区的内部经济活动，就会发现虽然复杂的内部贸易体系正稳步向更广阔的地区拓展，例如奥托一世在东法兰克发放市场特许权，东盎格利亚出现轮制陶器，克雷莫纳的市民和主教为争夺波河渡河费的收取权而长期斗争（至少持续了 200 年，大约 850—1050 年），等等，但是，真正称得上经济活跃的地区只有法兰克北部和莱茵兰。[28] 除了卢瓦尔河—莱茵河区域以外，其他地区都需要将内部贸易发展到更高的程度，从而为地区间的大宗贸易——而不仅仅是奢侈品贸易——打下基础。在西欧，这个进程在公元 1000 年时只是即将开始而已。

所以说，在我们讨论的时代即将结束时，西欧的贸易只是有了一些萌动，但还没有到起飞的阶段。这个时期的人口增长和土地开荒也在稳步进行，但还没有到急速发展的阶段。贸易的发展与这些社会变迁是吻合的。相比之下，11—12 世纪的经济活动就要活跃得多，我们很容易因此认为公元 1000 年之前的经济活动不值一提，但这种观点也是错误的，就和那些夸大国际商路重要性的观点一样。那么，我们到底应该怎么解释 9—10 世纪的贸易活动呢？我在第 9 章说过，总的来说，公元 800 年前贸易活动的动力来自贵族的财富和购买力。精英阶层越富有，就越能维持大规模的生产和流通体系。公元800年以后，尤其是公元950年以后，不断增长的人口本身也开始促进经济往复杂方向发展。此外，即使是农民也可以通过开荒来从经济扩张中获益，至少有些时候如此。领主能向更多的人和从更多的土地上收取地租，自然也是获益方。但是，经济发展的主要动力还是来自贵族。在这个背景之下，农民的囚笼化就成了一个至关重要的因素。我们在本章前半部分描述了农民从属性不断加重的种种趋势，所有这些趋势造成的一个重要后果是，农民的生产盈余越来越多地通过地租和劳役集中到领主手里。领主们占有的产品比例在全世界范围内都在稳步提升（有时速度还很快，例如在英格兰）。贵族的购买力因而也在提升。这就是9—10世纪贸易活动扩张的原因。这种扩张还将持续数个世纪，因为直到中世纪相当晚期的时候，各地的小额贸易才发展到靠农民的购买力就能维持下去的程度。因此，农民自治权的丧失和贸易活动的复杂化其实是同一枚硬币的正反两面。历史学家往往倾向于赞美贸易的复杂化，并使用“繁荣”、“发展”或“活力”（我就用了这个词）等褒义词去形容它。但是，复杂化是有代价的，而在这个时期里，它的代价就是限制占人口80%～90%的人的自主生活和享受经济繁荣的权利，其影响是决定性的。

第 23 章

总结：欧洲历史的规律，400—1000

本书提出了一个观点：中世纪早期不仅在整体上需要在当时的语境下分析，存在于这个时期的每一个或大或小的社会也都需如此，不能做事后诸葛亮。有鉴于此，再做总结似乎已无必要，因为我在书中始终强调各地的差异。我在全书中所做的工作大多是对比，而不是归纳，其目的是尊重这些差异并指出这些差异的意义。

事后诸葛亮式的分析往往用道德批判的方式对待中世纪早期的历史，我反对这种分析，但这并不意味着我们需要认为那个时代的人“和我们一样”，更不应该对那个时代抱有什么不切实际的怀旧情结。这是因为中世纪早期显然和我写书的时代——21 世纪的西欧——截然不同。当代的一些价值观，如自由主义、世俗主义、宽容、讽刺性、对他人观点的兴趣等等，无论在我们的社会里是多么根深蒂固，在中世纪早期的时候都是压根不存在的，最多也就是刚有了一些苗头。实际上，这些价值观在过去的绝大多数社会中都是不存在的。中世纪早期的人无疑是有幽默感的，但是他们的笑点（大部分是嘲弄式的模仿或者令人不快的双关语）跟我们的完全不是一回事。[1] 他们也会讽刺，但风格往往相当粗野刻薄。那个时代的几乎所有作者——包括那些信奉《新约》或《古兰经》中平等主义思想的严守教义者在内——都认为社会的阶层分化是不可避免的，而且贵族阶层天生具有道德上的优势。这些作者自己大多来自贵族阶层。下等人对上等人的奴性，以及上等人对下等人的自觉压迫都被认为是天经地义的，甚至被认为是美德。男人也（就我们掌握的情况而言）被普遍认为天生就比女人优越。当今社会的各种恶行之中只有一样是在中世纪早期找不到的，那就是本质主义的种族主义，不过中世纪早期那种认为异族人低等且愚蠢的泛沙文主义思想填补了这个空白。我在写这本书的时候想过一个问题，那就是在古典时代晚期或中世纪早期的所有作者中，是否有人能让我在与之在见面时不感到厌恶。这样的人屈指可数：居鲁斯的狄奥多勒、大格列高利、艾因哈德，或许还有萨拉戈萨的布劳略，奥古斯丁也勉强算一个，这是因为他惊人的智慧和自我认识，而不是因为他的宽容。但是，正因为中世纪早期和我们的时代截然不同，这个时代以及其中各种不同的现实状况才显得有趣。我在本书中尽最大努力描述并展现的，正是这些有趣的地方，而不是这个时代笼统的结构性规律。如果要展示笼统的结构性规律，那么这本书就会变成一本元史学（metahistorical）著作，而当今的元史学叙述大多捏造成分很大，这么说的理由已经在本书第一章里提过了。

不过，中世纪早期的欧洲历史中确实存在趋势，最后一章的任务就是把这些趋势提炼出来并解释清楚，尽管本书中已多少提及所有这些趋势。在本书所涵盖的六个世纪的历史中，我认为有六种重要的变化（或称转折），三种在西方，两种在东方，一种在北方。我将按照时间先后顺序来分析它们。此外，我还想在本章的最后重点分析一系列基础结构，正是这些基础结构支撑起了这个时代所有的政治和社会体系。

第一个转折，也是最重要的转折，还得说是西罗马的解体。我们已经讲过，以前的历史学家喜欢用道德主义的眼光解读“古典文明的终结”，而近几十年来，人们更倾向于强调 5 世纪从始至终的连续性，尤其是在文化和宗教行为方面，政治观念上也存在一定连续性。这些连续性的确存在，因此，认为罗马文化被可怕的日耳曼蛮族清除殆尽（在天主教教会人士的庇护下，罗马和日耳曼随后发生了“融合”）的传统观点已经过时了。不过，这并不意味着 5 世纪的西方没有发生重大变化（见前文，以第 4 章为主）。罗马帝国的财政基础是土地税，而在后罗马时代的各个王国里，土地税逐渐退出了中心舞台。这个过程即使没有在 5 世纪完成，也一定是在 6 世纪就完成了。除了东哥特人的意大利的情况可能有些特殊以外，所有这些王国都没有尝试在较小的规模上复制罗马帝国的模式，阿拔斯王朝覆灭后的各个伊斯兰政权也没有做过类似的事（见第 14 章）。西方的现实情况就适合简单的政治体系，在具体的做法上，各个地区逐渐走上了不同的道路，只有政治文化的军事化是一个在拉丁欧洲普遍出现的趋向（见第 5—6 章）。地中海西部的经济统一瓦解了。贵族变得越来越地方化，通常也越来越穷，绝大多数地方的物质文化出现了简单化的现象（见第 9 章）。中世纪早期政治和文化行为中常见的“因地制宜”，正是罗马的模式和资源分崩离析（见第 8 章中的例子）的自然结果，尽管分崩离析后的各部分在很长时间内仍能维持运转。因此，我才在第 2 章和第 3 章解释了罗马帝国晚期的世界是如何运作的，从而为分析其后的世界打下必要的基础。在罗马分崩离析的情况下，这些“因地制宜”都是很有创造力的，也是很有必要的。在中世纪早期很多世纪内的政治和社会活动中，这是一个必不可少的组成部分。[2]

与西方在 5 世纪发生的转折相对应的是东方最关键的转折点，也就是 636—651 年间阿拉伯人的征服行动（见第 11—12 章）。这导致东罗马 / 拜占庭世界陷入了长达两个世纪的危机，实际上也将拜占庭永久推上了不同的政治轨道，比西方更集权，也更军事化。当然，阿拉伯哈里发国是纯粹的新鲜事物，尽管有观点认为它的结构根基和拜占庭一样接近于罗马。哈里发国的财富和 7 世纪时拜占庭的虚弱（西方诸王国就更弱了）使政治活动的中心从近千年来一直保持最重要地位的地中海地区逐渐东移，先是转移到叙利亚，公元 750 年之后又转移到伊拉克。公元 800 年左右之后，地中海的中距离贸易活动开始复苏，其中心埃及与东方的贸易几乎和与北方、西方的贸易一样多（这一点和罗马帝国时期不同，见第 15 章）。东方在 7 世纪及之后的一段时期里在政权结构方面保持了连续性，因此，其在公元 640 年之后的变化不像西方 5 世纪的变化那样彻底。但是，东方的变化更具戏剧性，可以说比本书提到的其他变化都让人更加惊恐（对胜利者和失败者而言都是如此）。哈里发欧麦尔一世和奥斯曼主导了不可逆转的政治和（最终到来的）文化巨变。在这一方面，本书所述时代中的任何人物都无法和他们相提并论——即便是查理曼都不行，盖萨里克和克洛维这样的 5 世纪的征服者就更不行了。

西方的第二个重大转折发生在文化领域：西方发展出了明确的道德化政治行为。这一变迁主要发生在 780—880 年。当然，基督教政体从罗马帝国晚期开始就有道德化的传统（见第 3 章），但那时的道德化与世俗政治计划之间还没有直接的联系。西哥特人的西班牙（见

第 6 章）可能是第一个发展出道德化政治的政体，但查理曼和他的继承者们（见第 16—17 章）首先创造出了一个以带领全体人民走向宗教救赎为目标的完整政治计划，并将这个计划覆盖到了欧洲的大部分地区。加洛林王朝让国家政权和半自治的教会建立起了更为紧密的伙伴关系，这种关系成了之后两个多世纪里西方拉丁世界的常态。直到格列高利七世（Gregory VII，1073—1085 年在位）之后，教皇们才开始尝试与国家政权再度分离，但他们只取得了部分成功——而且，在 16 世纪欧洲北部的宗教改革之后，这部分成果也再次丧失了。加洛林王朝所做的另外一件事可能更有意义，那就是它创造了这样一种理念：国王们和他们的行为应该在道德层面上接受教会人士的监督。这种监督在 9 世纪时就已让虔诚者路易和洛泰尔二世等人吃到了苦头，在后来的很长一段时间内也给欧洲的许多当权者造成了麻烦（包括从 10 世纪开始的英格兰，见第 19 章）。这一系列变化是加洛林王朝的原创，在那之前只有一些临时性的先例。西方的政治行为也正是从此开始走上一条不同的发展道路。拜占庭帝国和哈里发国在宗教方面的信心并不亚于加洛林王朝，但是我们在第 17 章末尾已经讲过，加洛林政治计划的急迫性是那两个东方大帝国无法相比的。穆斯林政治世界中的救世主义行为贯穿了整个 7 世纪，并且在 747—750 年（于北非）和 10 世纪再次出现，但这些行为更关注谁应该成为哈里发，而不是制订一个精确的计划。因此，这个转折是西方世界所独有的。

西方的第三个转折是加洛林世界的终结，但这并不是指法兰克政治体系在 7—9 世纪之间所维持的统一走向瓦解，因为即使是当时的人也不认为这个体系能持续下去。真正的变迁在于这个体系内某些部分的公共权力结构的瓦解，尤其是在公元 1000 年前后的西法兰克和

（某种程度上的）意大利（见第 18、21、22 章）。这一瓦解标志着本书的终结，并使欧洲大部分地区从 11 世纪开始呈现出了与此前极为不同的基本范式。我稍后再讨论这个变化带来的一些影响。与 5 世纪的那次转折一样，这次转折也遭到了道德主义者和其他浩劫论者的过分夸大，同时被持连续性观点的人过分质疑。我们必须认识到变化的真实情况，避免让自己陷入情绪化的状态。

东方的第二个转折与西方类似，那就是哈里发国在 10 世纪早期的崩溃（见第 14 章）。我们提过，哈里发国的国家结构比西罗马的结构更容易在地区层面上复制，而后阿拔斯时代的各个政权也确实保留了这些结构。这样，王朝瓦解对阿拉伯世界的改变可能并没有人们想象的那么大。即便如此，阿拉伯政权还是失去了政治上的统治地位，因为其分裂程度肯定还是太高了。这使得刚刚获得稳定的拜占庭帝国在 10 世纪中叶开启了为期一个世纪的军事辉煌期，并在它周边的政权中建立起了霸权（见第 13 章）。自从安达卢斯在公元 1009 年之后因内战而陷入分裂状态，巴西尔二世就成了当时欧洲最强大的统治者，而且可能也强过了地中海南部的穆斯林法蒂玛王朝。直到 11 世纪后期，拜占庭的势力才被东方的新征服者——塞尔柱突厥人——破坏，而地中海地区伊斯兰世界的统一更是要等到 16 世纪奥斯曼人的征服行动后才得以重建。从某种程度上说，奥斯曼人重建了查士丁尼的帝国，让君士坦丁堡 / 伊斯坦布尔重新成为地中海的中心，而且其保持这一状态的时间比查士丁尼时期还要长。但是，由于这两个时代之间相差了 1 000 年，这种重建最多也就是一个历史学层面的有趣现象而已。两者在宗法上的联系远远不如它们在结构上的巨大差异重要。这种差异从 7 世纪就开始出现，并于 10 世纪进一步扩大。

北方的重要变化主要发生在10世纪：在南部的法兰克和拜占庭两大帝国之间的广阔区域内，以及极北部森林中的狩猎-采集者人群中，稳定的政治和社会阶层分化稳步扩展。第一个利用这方面机会的是8世纪的盎格鲁-撒克逊国王们（见第7章和第19章），丹麦人、波兰人、波希米亚人和罗斯人在10世纪时也加了进来，但斯堪的纳维亚的其他地区以及威尔士和爱尔兰仍相对滞后（见第20章）。我认为，造成这个变化的主要原因是法兰克人和拜占庭人（以及延伸出来的英格兰人和稍后的丹麦人）的稳定和扩张野心，这使得北方各政权既以他们为榜样来学习，也为了对抗他们的威胁而完成自身的重新组织。在北方的绝大多数地方，王权的集聚和阶层的分化都是永久性的。这个事实本身证明，由西方的查理·马特、丕平三世和查理曼，以及东方的反圣像运动和马其顿王朝诸帝王在中世纪早期后半段创造的政治体系是坚固的。在西方，这种坚固性甚至在加洛林王朝解体后仍然延续了下来，因为在东法兰克，奥托家族及其继承者们在斯拉夫和斯堪的纳维亚人的土地上建立的霸权比查理曼时期有过之而无不及。从750年左右到中世纪早期结束，法兰克和拜占庭加在一起主宰了欧洲的大部分地区，其控制范围不亚于300年前的罗马帝国。它们没有罗马帝国那么强大，而且它们在东南方的敌人——阿拔斯哈里发国（在一个世纪的时间内可称世界最强国）——要比罗马帝国的敌人们强大得多。但是，它们对北方邻居们的影响力超过了罗马帝国。

这样，欧洲和地中海地区从公元400年到1000年的政治发展就可分成三个阶段，这三个阶段大体可按时间先后顺序分割开来。在第一阶段，罗马帝国统治着欧洲西部、南部，以及地中海地区，而在北方则完全没有对手。当然，这一阶段于5世纪在西方终结了，尽管查士丁尼在地中海西部地区取得了一定程度上的逆转。在东方，这一阶段一直持续到7世纪早期。第二个阶段是多极化的时代。在公元700年时，西方有3个主要政权：墨洛温的法兰克、西哥特的西班牙，以及伦巴第的意大利。三者实力相当，而且都比各自的其他邻居强大得多，与扩张中的倭马亚哈里发国和命悬一线的拜占庭帝国形成了制衡。第三个阶段则是法兰克、拜占庭和阿拔斯三足鼎立的阶段，到公元950年时又发展成法兰克和拜占庭两强对立，其中法兰克正在衰落，而拜占庭的实力则在增强。这两强在8世纪末时就是欧洲的霸主，在公元1000年或晚些时候以前促进了其北方各个政权的发展。我在前面比较过这第三个阶段中三大强国所表现出的惊人自信。它们都知道自己比前一代政权更加强大，也比中国以西的任何政权都要强大。而且它们认为，这种强大恰恰证明了自己的道德优越性，也证明继续扩张是正当的。由此带来的直接结果是，不仅加洛林人有优越感，拜占庭人和阿拉伯人也有，只不过方式有所不同。此外，这三者都给后世留下了长久的影响。但是，这并不能抹杀第二个阶段中诞生的小规模创新，例如墨洛温王朝把巴黎—莱茵河地区建设为政治活动的中心（这个创新的成果一直延续到今天），西班牙7世纪时的宗教政治，以及拜占庭的反圣像运动，等等，最重要的则是倭马亚王朝的政治和解。任何人在研究了上述史实之一（就更不用说全部史实了）之后，都不可能得出“中世纪早期在‘真正’的历史叙事之外”的结论。而且，现在也不会有人得出这样的结论了。

***

支撑上述政治体系和政治变迁的，是本书涉及的所有社会中普遍存在的结构体系。这些体系不是中世纪早期所特有的，实际上，有观点认为它们存在于资本主义出现之前的绝大多数时期。但是，要想理解这个时期，就必须认识到它们的存在。我将分三点阐述：财富的聚集、政治的制度化，以及公共文化。下面，我就来分别简述这三点。

在本书所述的时代，绝大部分财富和权力建立在土地的基础之上。一个人能够从土地中获取的东西越多，从农民那里收取的地租或税收越多，他就越富有，能操纵的资源也就越多，还能支持更多的武装人员，拥有更多的权力。剥削农民和土地价值的最可靠手段就是征税，因为从理论上说每个人都需要缴税，而不仅仅是佃农向地主缴税——因此，拜占庭和哈里发国这样的征税国家就相对强大一些，而后罗马时代西方的那些国家就相对弱小。但是，即使是在西方，尤其是在法兰克，国王们也可以通过在广阔的王室土地上收租而致富，即便是在7世纪后期他们无法从邻居那里取得财富的时候也是如此。这个逻辑也适用于每个政治体系中的贵族阶层。富裕的贵族一般会帮助统治者，因为在中世纪早期的政治环境中，绝大多数贵族和国王/皇帝走得很近。国王能赏赐的财富越多，就越能吸引精英阶层的支持者，因而也就越强大。这样，政治上的联合加倍强化了财富的聚集。唯一突出的例外是哈里发国，在那里，地方贵族相对来说和政治权力的关系不大。在相当长的一段时间里，哈里发们的财富都十分可观，因此贵族的问题还无关紧要。但是，贵族的问题最终还是成了导致阿拔斯王朝解体的因素之一。

财富和权力的联系意味着国家必须依靠剥削农民才能强大。对于农民来说，我们很难确定他们喜欢下面两种情况中的哪一种：是大多数强力统治者都能给予他们的安定（这种安定只是相对而言的：查士丁尼、查理曼和巴西尔二世在位期间，都有清晰的证据表明当时存在着地方暴力和反抗活动），还是像 10 世纪以前不列颠、斯拉夫和斯堪的纳维亚世界的那些弱小政权里的绝大多数农民一样，保持自治，并缴纳更低的地租和贡金？当强大的入侵者前来袭扰或者劫掠奴隶的时候，这种自治会让农民陷入危险。我们没有相关的信息，也就不知道农民会如何选择，实际上，中世纪早期的绝大多数农民自己也不知道。这样，哪种情况更好的问题，恐怕就要依赖个人的判断了（我想他们会更喜欢自治）。但是，富人的财富和权力确实是与对穷人的剥削，以及对农民生活的种种限制相伴而行的。就像我们刚才提到的，北方的农民所受的限制在很长时间内都相对较小。在西罗马各行省的部分故地上，或许还有拜占庭帝国的部分地区，农民们在 6—8 世纪（在拜占庭是 7—9 世纪）享有的自治程度比之前和之后都要高。中世纪早期刚开始时，国家和贵族总体来说都弱于加洛林王朝或马其顿王朝时期。更强大的势力出现后，其对本地农民的控制也越来越强。在西方，这种控制甚至在加洛林的权力崩溃后继续保持加强态势，并向北贯穿了欧洲大陆。

与财富相伴而来的是贸易。富有的贵族（以及教会和国王）有了更多可支配的财富以购买手工制品，从而使手工制品的产量得到提升，销售范围也更广，有时甚至会卖给农民。在贵族较穷、农民自治程度较高的地方，专业化生产的发展水平就相对较低。罗马帝国的生产和交换活动要比它解体后的那些西方国家复杂得多，也比 8 世纪的拜占庭复杂得多。再往后，法兰克北部的墨洛温王朝核心地区的生产和交换活动虽然不如罗马帝国复杂，但是要强于英格兰和北方的日耳曼 / 斯堪的纳维亚地区。加洛林王朝的贸易活动再次在法兰克境内扩张，但还是达不到罗马或伊斯兰世界中那些活跃经济体的水平。一方面是贵族财富和剥削农民之间的紧密联系，另一方面是经济的复杂性，这种情况在中世纪持续了很长时间。直到大规模生产随处可见、产品销售对象范围不断扩大，以至于贸易可以靠农民——而不是贵族——的需求得以维持的时候，这种现象才开始弱化。在欧洲和地中海地区，这种弱化最早开始于公元 1200 年，而在很多地区还要晚上许多，只有埃及的情况可能是例外（但是，我们对那里的研究还在进行，无法在这个问题上给出答案）。在本书所述的时代，财富集中、剥削、贸易和政治权力都是一环扣一环的，每一环都可以（在应有的谨慎态度下）作为其他环节的参考——考虑到史料的残缺不全，这种参考往往是很有用处的。

我要在这里强调的第二个因素，就是权力扎根于永久性政治模式的深度。国王拥有土地资源当然是好事，但如果他的权力仅仅建基于手下武士的忠诚——这种忠诚从来都不是白得的——那么，除非他能一直扩大自己控制的土地范围，否则土地早晚有送光的那一天，权力也会随之而去。马克 · 布洛赫认为这是公元 900 年后西方封建社会的一个永恒趋势，我们在本书中也好几次看到“土地政治”[3] 所带来的问题，其中出现时间最晚的例子发生在 10 世纪西法兰克王权崩溃的背景下（见第 18、21 章），这都是能够反映出上述规律的经典事例。统治者是怎么解决这个问题的？毕竟，除了罗马帝国覆灭后的不列颠和爱尔兰等高度个人化且规模很小的政治系统之外，中世纪早期的统治者们即使不断把自己的资源封赏出去，也确实经常能够在相当长的时间内维持一个庞大而运转得当的国家。

对于罗马和拜占庭帝国，以及绝大多数伊斯兰政治体等征税的国家来说，要做到这一点相对容易。在这些地方，税收是国家资源的主要基础，可以用来供养职业军队，而国家则大体上不需要依赖贵族的支持，国王还可以大手笔地封赏那些忠于王室的人。通常情况下，贵族会在统治者能够接受的范围内，尽可能地拉近自己和统治者的关系，只有在极端的危急情况下（例如5世纪的西方，或11世纪第二个十年时解体的安达卢斯）才会考虑自治。征税国家要完成征税工作，还需要一个复杂的官僚阶层体系，这个体系与军队的阶层体系一起，形成了一整套稳定（尽管往往不成熟）的机构体制，为那些有政治野心的人创造出了升迁路径。这种政治行为的体制化是拜占庭和哈里发国直接从罗马帝国（以及萨珊王朝）继承而来的。这两个时代的国家政治体制都足够复杂，能维持两个彼此独立的精英阶层，一个是文官阶层，另一个是军人阶层。在罗马，文官阶层地位最高，对拥有土地的贵族的吸引力最强。在罗马解体后的那些政权里，军人阶层占了统治地位。但是，无论国家处于哪种状态，其基本的结构都是相当牢固的，拜占庭帝国在阿拉伯人的征服行动后依然幸存就是明证。

在罗马帝国解体后的西方，绝大部分官僚层级体系和税收系统一起解散了，军队则成了军事贵族们的集合体。但是，精英阶层并没有彻底消失。法兰克、意大利和西哥特人的西班牙仍然有伯爵、公爵和宫廷官员，而且这些职位都是非常有利可图的（官职与土地挂钩），人们对职位的争夺也非常激烈。加洛林王朝在此基础上更进一步，在一段时间内为官员封赏“荣誉”，荣誉可以包括官职、王室土地和对修道院的控制权。几乎每个政治人物都有某种官职，或是像艾因哈德一样，与国王有非常亲近的私人关系。同样，脱离王室而自治在很长时间内都是不可想象的，只有在一些政治边缘地区例外，例如6世纪时的西班牙北部山区，以及6—8世纪时库尔[4]附近的阿尔卑斯山东部地区。我们很快就会看到，这个政治共同体中的人物还会定期地在公共大会、教会大会、军队集会以及国王的朝廷上相聚。没能参加这些聚会的人就可能会失去土地，至少是失去那些国王赐予的土地。这些聚会足够频繁，使得它们即使在法兰克和西班牙这样庞大而松散的政治体中都能像官僚体系一样重要，并起到支撑体制化政治行为的作用。我们在第5章和第16章里已经讲过，法兰克的政治人物——包括居住地离朝廷很远的人——都需要知道国王的动向。庇护和派系斗争都需要国王的支持，有时就连履行公共责任也要看国王的意思。当时的人们知道，那些对国王不忠的人即便暂时平安无事，早晚也会得到惩罚。这种认知强化了国王——或者国王年幼或被边缘化时的朝廷，例如在7世纪晚期的法兰克——的中心地位。在贵族阶层的政治考量中，恐惧心理强化了利己主义的倾向。这两方面的强化合在一起，对后罗马时代各主要国家的政治稳定起到了重要作用。这种政治逻辑最迟到10世纪时就已传到英格兰，而其中一些方面更是在8世纪就在英格兰出现了。

与此相关的，便是我想在这里强调的中世纪早期政治体系中的最后一个要素，也是从罗马时期继承最多的要素，那就是公共文化。罗马帝国对公共空间和私人空间有很明确的区分，而公共空间起着国家角力场和社会共同体的作用。当时的公私界限与今天不完全相同，公与私之间也没有严格的对立关系，但是他们对“公共”（publicus）一词的使用与我们今天的用法类似。这种公私之间的区隔在征税国家是比较容易维持的，因为税收用于公共空间，支持着公共空间的运转。拜占庭原封不动地沿袭了罗马时期的公共空间概念，而穆斯林政权虽然使用的语汇不同，但也将资金用于法律、集体祷告等同等重要的"公共"功能。[5]后罗马时期的西方各政权也保留了公共政治空间的理念。在西哥特、伦巴第、墨洛温和加洛林的政治活动中，公共空间都起着非常重要的作用。在中世纪早期的拉丁语文献中，王室财产、法庭、王室官员，以及或大或小的大会都经常被描述为"公共"的。

我们从西方的史料中得到一个明确的感觉，那就是王室权力的世界也是所有人（自由男性）的公共世界；我之所以在本书和其他地方始终用"国家"（state）这个词来描述西方的这些政治体系，正是基于这一点。公共空间的一大重要资源——税收——到7世纪时就已经萎缩了，但是从北方日耳曼部族中引入的重要政治活动——大会——则得到了进一步加强。在斯堪的纳维亚以及相当长时间内的英格兰，政治权力结构几乎完全依赖国王（或领主）与其亲密随从之间的私人关系，而其中唯一的集体元素就是大会。而在法兰克和其他罗马-日耳曼王国里，在原本完全继承自罗马的公共空间意象之中，外来的大会成了一个关键的组成部分，并且实际上拓展了公共空间，因为它至少在理论上把国王和所有的自由男性直接联系在了一起。这种现实政治同样建立于国王对不断变化的派系斗争以及私人关系的操纵上，这些因素也没有被从公共空间的概念中移除。实际上，在加洛林王朝的巅峰时期，国王和王国的整个道德教育计划——也就是对基督徒臣民们的"修正"规训运动——就可以被描述为一项（或唯一的一项）公共事务（res publica）。[6]从这个层面上说，秃头查理在起草法令时原样照搬罗马法律条文，这样的做法并不意外。罗马时期对政治系统性质的理解仍然是完全适用的。对于那些有政治野心的人物来说，这一点无疑凸显了王室政治的重要性。至于“私人”（privatus）这个词，它在这个语境下出现的时候并不是指任何一种“私人的”政治行为，而只是指那些“无权者”。因此，即便罗马公共世界的资源已经不再可用，公共权力仍是问题的本质。

这种意义上的公共世界的弱化在西方发生于10世纪，在11世纪也很突出，主要是在西法兰克的土地上。我们在前面几章中讲过，政治活动的要素发生了变化。领主强制权出现后，地方领主接管了旧有的公共权力。他们将其视为自己财产的一部分，是可以遗留给继承人或分割出去的。得到领主权的人可能从来没有见过国王，在有些地区，任何足够强大的人都可能获得伯爵头衔并传给自己的继承人。在12世纪的时候，法国和意大利各城市的国王还使用“公共”这个词，但他们必须从零开始建构公共世界，因为此时的所谓公共空间只是各种私人依附关系和共同目标的大杂烩，与罗马的公共世界之间已经没有什么相似之处。这个更加“私人化”的世界并不比加洛林王朝或之前的政治体更糟糕，因为无论在哪个世界里，贵族的行为都很恶劣：对贵族同僚是如此，对自己的（和别人的）农民也是如此。但是，两者还是有区别的：公共空间和（所谓的）私人利益之间的对立和互动关系已经不复存在。领主们在其城堡周围的村庄里所行使的地方权力不再与国王的公共法针锋相对，摆脱了非法或半非法的地位，成了新的合法权力。这种现象在法国尤其突出，某些地区在一个世纪的时间里只有领主权力，而没有其他形式的统治权力。

我们把公元1000年前后作为中世纪早期的终结点，这对欧洲的一些地区来说是合适的，对另一些地区不太合适，对拜占庭则完全不适用。在欧洲的另一端，这个时间点对安达卢斯很合适（对阿拨斯哈里发国也不错，不过这里的分界线划在950年更准确）。在斯拉夫和斯堪的纳维亚世界的大部分地区，10世纪后期也出现了一次转折，那就是稳固的国家形态的诞生。在东法兰克/德意志和英格兰，加洛林王朝的政治特征轻松存续到了公元1000年以后（实际上，这些特征在英格兰一直都没有消失），因此用公元1000年来划分时代就不是很合理。这个时间点对西法兰克/法兰西来说正合适，但是对意大利来说就早了一点（公元1080年是一个更好的选择，因为那是公共空间消失的时间。公共空间中至关重要的司法大会比较容易地存续到了这个时候）。换句话说：把时间的界限划在哪里都不完美。我选择公元1000年，只是因为我既想探讨10世纪后加洛林时期各个继起国家的不同走向，以及后阿尔弗雷德时期的英格兰，又不想涉及11世纪塞尔柱突厥人的崛起，或是“格列高利改革”的问题，以及我在第1章里抨击过的那种以道德水平提升为线索的宏大叙事。但是，以政治权力概念的根本转变为终结标志看起来还是有道理的，哪怕这种转变只发生在欧洲的少数地区。罗马帝国的遗产至少在那些地区一直延续到了公元1000年左右，在那之后就渐渐淡出了历史舞台。

附　录

致谢

许多朋友为我审读了本书中的各个章节，他们的批评和评论帮助我避免了许多错误。按照审读章节的顺序，他们是：莱斯莉·布鲁贝克、康拉德·莱泽、凯特·库珀、沃尔特·波尔、伊恩·伍德、茱莉娅·史密斯、保罗·马格达利诺、休·肯尼迪、珍妮特·尼尔森、帕特·吉尔里、保利娜·斯塔福德、温迪·戴维斯。以下各位与我探讨想法和自己的未刊著作，他们的帮助也不可或缺：特蕾莎·伯恩海默、莱斯莉·布鲁贝克、莱斯莉·多西、卡罗琳·古德森、约翰·哈尔东、盖伊·哈尔索尔、萨拉·霍尔顿、安-玛丽·爱尔维修、梅克·德·容、克里斯蒂娜·波赛尔、卡丽娜·范赖恩、佩特拉·塞佩斯特恩、马克·惠托。苏·鲍恩慷慨相助，将我的全部文稿打字录入，哈里·布格拉斯绘制了地图，艾丽西亚·科雷亚做了索引。我非常感激他们每一个人。本书未能系统性地参考2007年5月之后出版的著作。

克里斯·威克姆

伯明翰

2007年5月

注释及参考书目

缩写

Bede, *HE* Bede, *Ecclesiastical History of the English People*, ed. and trans. B. Colgrave and R. A. B. Mynors (2nd edn., Oxford, 1991)

CAH *The Cambridge Ancient History*

Cap. *MGH*, *Capitularia*, ed. A. Boretius and V. Krause, 2 vols. (Hanover, 1883–97); NS (Hanover, 1996–), one vol. to date

CDL *Codice diplomatico longobardo*, ed. L. Schiaparelli *et al.*, 5 vols. (Rome, 1929–2003)

ChLA *Chartae Latinae Antiquiores*, ed. A. Bruckner and R. Marichal (Olten-Zürich, 1954–98)

CJ *Codex Iustinianus*, ed. P. Krueger (Berlin, 1929)

CTh *The Theodosian Code*, trans. C. Pharr (Princeton, 1952)

EHB *The Economic History of Byzantium*, ed. A. E. Laiou (Washington, 2002)

EHD *English Historical Documents*, ed. D. Whitelock, 2nd edn. (London, 1979)

EME *Early Medieval Europe*

MGH *Monumenta Germaniae Historica*

NCMH *The New Cambridge Medieval History*

ODB *The Oxford Dictionary of Byzantium*, ed. A. Kazhdan, 3 vols. (Oxford, 1991)

PLRE *The Prosopography of the Later Roman Empire*, ed. J. R. Martindale *et al.*, 3 vols. (Cambridge, 1971–92)

SRM *Scriptores rerum Merovingicarum* (*MGH*)

第 1 章

关于整个中世纪早期，能够代表目前基本研究方法的英文著作在本章的正文中有所引用。如果想要初步了解文献史料或阅读基本的文献综述，剑桥出版的五卷本史集是重要的参考资料。这五卷均出版于 1995 年以后，每卷覆盖一个世纪。它们是 *CAH*, vols. 13 and 14，以及 *NCMH*, vols. 1–3。考古学方面没有能与之相提并论的史料。剑桥五卷本没有涉及阿拉伯世界，但是最近修订再版的 *Cambridge History of Islam*, vol. 1 可供参考。中世纪早期研究方面的主要英文期刊是 1992 年创办的 *EME*。http://www.fordham.edu/halsall/sbook.html 网站有非常丰富的中世纪早期史料译文，而且资料库还在稳步扩大。这些译文大多是旧版，但是作为入门读物来说是很不错的。

1 有一个不列颠和爱尔兰的比较研究非常不错：T. M. Charles-Edwards, in R. Evans (ed.), *Lordship and Learning* (Woodbridge, 2004), pp. 11–37。

2 《罗马世界的转型》是一套 12 卷本丛书，由 Brill of Leiden 出版。这套书整体上采用了比剑桥史集更为新颖的研究方法，其关注点主要是公元 800 年前的西方。

3 见 B. Ward-Perkins, *The Fall of Rome and the End of Civilization* (Oxford, 2005)，以及 A. Giardina, 'Esplosione di tardoantico', *Studi storici*, 40 (1999), pp. 157–80，参见 C. Wickham 在 *South African Journal of Medieval and Renaissance Studies* 14 (2004), pp. 1–22 上发表的概述。

4 R. Collins, *Early Medieval Europe, 300–1000* (Basingstoke, 1991, revised edition 1999); J. M. H. Smith, *Europe after Rome* (Oxford, 2005)，该书的参考文献和注释很有价值。考古研究方法，见 R. Hodges and D. Whitehouse, *Mohammed, Charlemagne and the Origins of Europe* (London, 1983)，这本书虽然出版时间很早，但现在仍是唯一重要的概论型著作。社会史方面的资料绝大部分是法语的调查记录：P. Depreux, *Les Sociétés occidentales du milieu du VIe à la fin* du *IXe siècle* (Rennes, 2002); R. Le Jan, *La Société du haut Moyen Âge* (Paris, 2003); J.-P. Devroey, *Économie rurale et société dans l'Europe franque (VIe–IXe siècles)* (Paris, 2003); idem, *Puissants et misérables* (Brussels, 2006)。

5 近期关于格雷戈里的重要研究包括：W. Goffart, *The Narrators of Barbarian History (A.D. 550–800)* (Princeton, 1988); M. Heinzelmann, *Gregory of Tours* (Cambridge, 2001); I. Wood, *Gregory of Tours* (Oxford, 1994), and *Revue belge de philology et d'histoire*, 71 (1993), pp. 253–70; K. Mitchell and I. Wood (eds.),

The World of Gregory of Tours (Leiden, 2002)。

第2章

对于罗马帝国晚期的历史，最好的短篇介绍包括 Peter Brown, *The World of Late Antiquity* (London, 1971)，以及 Averil Cameron, *The Later Roman Empire* (London, 1993) 和 *The Mediterranean World in Late Antiquity AD 395–600* (London, 1993)。细节翔实的英文研究报告包括 A. H. M. Jones, *The Later Roman Empire 284–602* (Oxford, 1964) 以及 *CAH*, vols. 13 and 14。S. Mitchell, *A History of the Later Roman Empire, AD 284–641* (Oxford, 2007) 是另一本有用的介绍类读物。关于 6 世纪东方的研究，可参考的读物有 M. Maas (ed.), *The Cambridge Companion to the Age of Justinian* (Cambridge, 2005)。关于以上所有主题，还可以读我的著作 *Framing the Early Middle Ages* (Oxford, 2005) 中对本章提到的一些问题有非常详细的讨论。其他重要的罗马晚期研究著作还有：G. Bowersock *et al*. (eds.), *Late Antiquity* (Cambridge, Mass., 1999); A. Giardina (ed.), *Società romana e impero tardoantico*, 4 vols. (Bari, 1986); A. Carandini *et al*. (eds.), *Storia di Roma*, vol. 3 (2 vols.) (Turin, 1992); A. Demandt, *Die Spätantike* (Munich, 1989)。

1 A. C. Dionisotti, 'From Ausonius' Schooldays?', *Journal of Roman Studies*, 72 (1982), pp. 83–125。酷刑，见 J. Harries, *Law and Empire in Late Antiquity* (Cambridge, 1999), pp. 122–34。更广义的暴力问题，请见 H. A. Drake (ed.), *Violence in Late Antiquity* (Aldershot, 2006)。

2 Augustine, *Confessions*, trans. H. Chadwick (Oxford, 1991), 6.8. 君士坦丁下令废止，见 Jones, *Later Roman Empire*, p. 977; A. Cameron, *Circus Factions* (Oxford, 1976), pp. 216 ff。

3 对“行巫术者”的审判，见 J. F. Matthews, *The Roman Empire of Ammianus Marcellinus* (London, 1989), pp. 209–17。

4 Synesios of Cyrene, *Correspondance*, ed. and trans. A. Garzya and D. Roques (Paris, 2000), nn. 41–2, 72, 79, 90; cf. D. Roques, *Synésios de Cyrène et la Cyrénaïque du Bas-Empire* (Paris, 1987), pp. 195–206, 366–70.

5 J. Durliat, *De la ville antique à la ville byzantine* (Rome, 1990); E. Lo Cascio, in W. V. Harris (ed.), *The Transformations of Urbs Roma in Late Antiquity* (Portsmouth, RI, 1999), pp. 163–82; A. E. Müller, 'Getreide für Konstantinopel',

Jahrbuch der österreichischen Byzantinistik, 43 (1993), pp. 1–20.

6 R. Lim, in Harris, *Transformations*, pp. 265–81, at pp. 271–5.

7 Ausonius, *Works,* vol. 1, ed. and trans. H. G. E. White (Cambridge, Mass., 1919), pp. 269–85.

8 J. H. W. G. Liebeschuetz, *The Decline of the Ancient City* (Oxford, 2001); A. Laniado, *Recherches sur les notables municipaux dans l'empire protobyzantin* (Paris, 2002); C. Rapp, *Holy Bishops in Late Antiquity* (Berkeley, 2005), pp. 274–89.

9 J. Harries, *Sidonius Apollinaris and the Fall of Rome* (Oxford, 1994).

10 Jones, *Later Roman Empire*, p. 1057. 罗马帝国的官僚体系，见 C. Kelly, *Ruling the Roman Empire* (Cambridge, Mass., 2004)，这是对罗马晚期官僚文化的最好分析，还可参见 C. Kelly and P. Heather, in *CAH*, vol. 13, pp. 138–210。

11 数字来自 M. McCormick, *Origins of the European Economy* (Cambridge, 2001), pp. 474–81，他依据的证据来自加洛林王朝或更晚的时期，但罗马晚期那些骑快马赶路的信使的速度应该差不多。Kelly, *Ruling*, pp. 115–17 中有更多的时间估算和参考书目。

12 John Lydos, *On Powers*, ed. and trans. A. C. Bandy (Philadelphia, 1983)（1.14 罗慕路斯，2.20–21, 3.57–72 卡帕多西亚的约翰）；见 M. Maas, *John Lydus and the Roman Past* (London, 1992); Kelly, *Ruling*, pp. 11–104。

13 见 refs. in *PLRE*, vol. 2, pp. 749–51; Sidonius Apollinaris, *Letters*, ed. and trans. W. B. Anderson, *Poems and Letters* (Cambridge, Mass., 1962–5), 2.13。

14 见 J. R. Matthews, *Western Aristocracies and Imperial Court AD 364–425* (Oxford, 1975), pp. 1–12。

15 *Epistulae*, 1.52, ed. O. Seeck, *MGH, Auctores Antiquissimi*, 6.1 (Berlin, 1883).

16 Sidonius, *Letters*, 1.11.5.

17 Ammianus Marcellinus, *Res Gestae*, ed. and trans. J. C. Rolfe, 3 vols. (Cambridge, Mass., 1935–9), 27.11.1.

18 *The Life of Melania the Younger*, trans. E. A. Clark (Lewiston, NY, 1982), c. 15.

19 Ammianus, *Res Gestae*, 28.4.14. 关于精英文化，见 A. Cameron in *CAH*, vol. 13, pp. 665–707。

20 P. Brown, *Religion and Society in the Age of Saint Augustine* (London, 1972), pp. 127–34.

21 阿米阿努斯通常倾向于尤利安，但对此也做了批评，见 *Res Gestae*,

22.10.7, 25.4.20 ；参见 D. Hunt in *CAH*, vol. 13, p. 67。

22 Sidonius, *Letters*, 2.9.4.

23 Palladius, *Opus Agriculturae*, ed. R. H. Rodgers (Leipzig, 1975).

24 最近较好的研究著作有：Harries, *Law and Empire*; P. Garnsey and C. Humfress, *The Evolution of the Late Antique World* (Cambridge, 2001), pp. 52–82; D. Liebs in *CAH*, vol. 14, pp. 238–59; C. Humfress, *Orthodoxy and the Courts in Late Antiquity* (Oxford, 2007)。

25 Augustine, *Confessions*, 6.8–10.

26 T. Gagos and P. van Minnen, *Settling a Dispute* (Ann Arbor, 1994), pp. 30–46.

27 Augustine, *Letters*, trans. W. Parsons and R. B. Eno, 6 vols. (Washington, 1951–89), letter 24*.

28 C. Lepelley, in *Antiquités africaines*, 25 (1989), pp. 235–62, at pp. 240–51.

29 O. Karagiorgou, in S. Kingsley and M. Decker (eds.), *Economy and Exchange in the Eastern Mediterranean during Late Antiquity* (Oxford, 2001), pp. 129–66.

30 Jones, *Later Roman Empire*, pp. 834–6.

31 详见 Wickham, *Framing*, pp. 62–80。

32 A. H. M. Jones, *The Roman Economy* (Oxford, 1974), pp. 396–418.

33 *The Oxyrhynchus Papyri*, ed. and trans. B. P. Grenfell, A. S. Hunt *et al.*, 65 vols. to date (Oxford, 1898–), vol. 16, nn. 1906–8, vol. 62, 4350–51.

34 D. Vera, 'Le forme del lavoro rurale', *Settimane di studio*, 45 (1998), pp. 293–342.

35 R. S. Bagnall and B. W. Freer, *The Demography of Roman Egypt* (Cambridge, 1994), pp. 53–7.

36 见文集 E. Lo Cascio (ed.), *Terre, proprietari e contadini dell'impero romano* (Rome, 1997)，其中有最近关于这个话题的辩论。

37 Palladius, *Opus Agriculturae*; P. Sarris, *Economy and Society in the Age of Justinian* (Cambridge, 2006).

38 G. Tate, *Les Campagnes de la Syrie du Nord du II*^{e} *au VII*^{e} *siècle*, vol. 1 (Paris, 1992).

39 *Vita Melaniae Latina*, ed. M. Rampolla del Tindaro, *Santa Melania Giuniore* (Rome, 1905), pp. 3–40, c. 21.

40 *CJ*, 11.48.21.

41 R. Bagnall, *Egypt in Late Antiquity* (Princeton, 1993), pp. 110–23, 148–53; J. Gascou and L. MacCoull, in *Travaux et mémoires*, 10 (1987), pp. 103–51. 与意

大利相比，见 *Vita Melaniae Latina*, c. 18。

42 L. S. B. MacCoull, *Dioscorus of Aphrodito* (Berkeley, 1988); J.-L. Fournet, *Hellénisme dans l'Égypte du VIe siècle* (Cairo, 1999)。埃及村庄阿富罗底，见 J. G. Keenan, in *CAH*, vol. 14, pp. 612–37。关于那场谋杀，见 P. J. Sijpesteijn (ed.), *The Aphrodite Papyri in the University of Michigan Papyrus Collection (P. Mich. XIII)* (Zutphen, 1977), nn. 660–61。

43 Augustine, *Letters*, 209 and 20*; 还可参见 S. Lancel, in C. Lepelley (ed.), *Les Lettres de saint Augustin découvertes par Johannes Divjak* (Paris, 1983), pp. 267–85。

44 最好的概论仍是 C. Panella, 'Merci e scambi nel Mediterraneo in età tardo antica', in Carandini *et al.*, *Storia di Roma*, vol. 3.2, pp. 613–97。关于衣物，见 Jones, *Later Roman Empire*, pp. 848–50，以及 S. Lauffer (ed.), *Diokletians Preisedikt* (Berlin, 1971), cc. 19–28。

45 D. M. Bailey, *Excavations at el-Ashmunein*, vol. 5 (London, 1998), pp. 118–38; *Life of St John the Almsgiver*, trans. E. Dawes and N. H. Baynes, *Three Byzantine Saints* (London, 1948), pp. 199–262, c. 10.

46 Bagnall, *Egypt*, pp. 32, 45–67.

47 Maspero (ed.), *Papyrus grecs d'époque byzantine*, vol. 3 (Cairo, 1916), n. 67283.

48 A. Wallace-Hadrill (ed.), *Patronage in Ancient Society* (London, 1989); P. Brown, *Power and Persuasion in Late Antiquity* (Madison, 1992); Kelly, *Ruling*, esp. pp. 138–85; J.-U. Krause, *Spätantike Patronatsformen im Westen des römischen Reiches* (Munich, 1987).

49 John Lydos, *On Powers*, 3.26–7.

50 H. I. Bell *et al.* (eds.), *The Abinnaios Archive* (Oxford, 1962), esp. papyri nn. 7, 10, 12, 15, 19, 21, 26–8, 32–4, 44–57.

51 Libanius, *Selected Works*, vol. 2, ed. and trans. A. F. Norman (Cambridge, Mass., 1977), *Oration* 47.

52 近年来没有出版过较好的详细论著。总体情况，见 E. Yarshater (ed.), *The Cambridge History of Iran*, vol. 3 (Cambridge, 1983)；不同观点的综述文章，见 Z. Rubin, in *CAH*, vol. 14, pp. 638–61，以及（我认为更有说服力的）J. Howard-Johnston, in A. Cameron (ed.), *The Byzantine and Early Islamic Near East*, vol. 3 (Princeton, 1995), pp. 157–226。

53 Synesios, *Correspondance*, nn. 122, 130, 132; D. J. Mattingly, *Tripolitania* (London, 1995), pp. 173–80; Y. Modéran, *Les Maures et l'Afrique romaine (IVe–*

VIIe siècle) (Rome, 2003).

54 Ammianus, *Res Gestae*, 29.6.2ff., 30.6.

55 Ammianus, *Res Gestae*, 16.12.1, 23, 26; cf. J. F. Drinkwater, *The Alamanni and Rome 213–496* (Oxford, 2007), pp. 117–26, 236–44.

56 P. Heather and J. Matthews, *The Goths in the Fourth Century* (Liverpool, 1991), pp. 102–10, 124–85.

57 不同著作的观点针锋相对。我认可的著作包括：G. Halsall, in J. F. Drinkwater and H. Elton (eds.), *Fifth-century Gaul* (Cambridge, 1992), pp. 196–207; B. Effros, *Merovingian Mortuary Archaeology and the Making of the Middle Ages* (Berkeley, 2003), pp. 100–110。

58 L. Hedeager, *Iron-Age Societies* (Oxford, 1992), pp. 45–51.

59 我推荐 C. R. Whittaker, *Frontiers of the Roman Empire* (Baltimore, 1994)。还有一本著作批判了“帝国晚期的军队比之前更加‘蛮族化’”的传统观点：H. Elton, *Warfare in Roman Europe, AD 350–425* (Oxford, 1996), pp. 134–54。

60 Ammianus, *Res Gestae*, 15.5; 关于菲尔穆斯 , 29.5.39。

61 Ammianus, *Res Gestae*, 31.2。关于哥特人的入侵，见 31 *passim* 。参照 P. J. Heather, *Goths and Romans 332–489* (Oxford, 1991), pp. 122ff., 以及 H. Wolfram, *History of the Goths* (Berkeley, 1988), pp. 117ff。

第 3 章

第 2 章列出的大部分书目对了解本章的内容同样重要。P. Garnsey and C. Humfress, *The Evolution of the Late Antique World* (Cambridge, 2001), pp. 132–215，以及 P. Brown, *Power and Persuasion in Late Antiquity* (Madison, 1992) 都是对史料的第一手解读。关于基督教，关键的参考著作有：A. Cameron, *Christianity and the Rhetoric of Empire* (Berkeley, 1991); P. Brown, *The Rise of Western Christendom* (2nd edn., Oxford, 1997); and R. Markus, *The End of Ancient Christianity* (Cambridge, 1990).

1 *Letters*, ed. and trans. W. B. Anderson, *Poems and Letters* (Cambridge, Mass., 1962–5), 4.25 (Chalon), 7.5, 8, 9 (Bourges); cf. J. Harries, *Sidonius Apollinaris and the Fall of Rome* (Oxford, 1994), pp. 179–86. 关于当时的背景，R. Van Dam, *Leadership and Community in Late Antique Gaul* (Berkeley, 1985) 是一本基础读物。关于主教的角色和权威的复杂性，最重要的著作是 C. Rapp,

Holy Bishops in Late Antiquity (Berkeley, 2005)。

2 *Correspondance*, ed. and trans. A. Garzya and D. Roques (Paris, 2000) nn. 105 (open letter), 10, 15, 16, 46, 81, 124, 154 (to Hypatia)。关于提阿非罗和区利罗，见 C. Haas, *Alexandria in Late Antiquity* (Baltimore, 1997), pp. 159–69, 295–316。关于总体情况，见 D. Roques, *Synésios de Cyrène et la Cyrénaïque du Bas-Empire* (Paris, 2000), pp. 301–16。

3 "异教"这个词并不是很准确。传统的希腊－罗马信仰没有用于称呼信徒的特定的词。但是，3 世纪时，人们已经开始使用"paganus"这个词来指代"非基督徒"（或非犹太教徒），这个词的原意是"乡村的"，到 4 世纪时已经十分常用（例如 *CTh*, 16.2.18, 公元 370 年）。"Hellene"也是一个罗马晚期用来指代"异教徒"的单词。一些现代作者喜欢用"多神论者"（polytheist）这个词，但是并非所有的异教徒都是多神论者。

4 见 G. W. Bowersock, *Hellenism in Late Antiquity* (Cambridge, 1990); F. R. Trombley, *Hellenic Religion and Christianization c.370–529*, 2 vols. (Leiden, 1993–4); G. Fowden, in *CAH*, vol. 13, pp. 538–60; Garnsey and Humfress, *Evolution of the Late Antique World*, pp. 152–60; John of Ephesos, *Ecclesiastical History*, ed. And trans. E. W. Brooks (Louvain, 1935–6), 2.44, 3.36。

5 见 S. T. Katz (ed.), *The Cambridge History of Judaism*, vol. 4 (Cambridge, 2006), pp. 67–82, 404–56, 492–518。

6 *CTh*, 16.10.10–12 (391–2), *CJ*, 1.11.10 (Justinian)。关于埃德萨，见 John of Ephesos, *Ecclesiastical History*, 3.27–8。

7 Markus, *End of Ancient Christianity*, pp. 103–6，关于节日的概述，见 pp. 97–135。

8 Gregory of Tours, *The Miracles of the Bishop St Martin*, trans. in R. Van Dam, *Saints and their Miracles in Late Antique Gaul* (Princeton, 1993), pp. 199–303, e.g. 2.24, 3.29, 4.45.

9 *Letters*, trans. W. Parsons and R. B. Eno, 6 vols. (Washington, 1951–89), *letter* 29.

10 Van Dam, *Saints and their Miracles*, pp. 41–8. 在殉道者的墓前喝酒，见 Augustine, *Letters*, 22; Augustine, *Confessions*, trans. H. Chadwick (Oxford, 1991), 6.2.2。大格列高利，见 Bede, *HE*, 1.30。关于宗教空间及其在地中海地区所处环境的总体情况，见 P. Horden and N. Purcell, *The Corrupting Sea* (Oxford, 2000), pp. 403–60。

11 见 N. Gauthier, 'La Topographie chrétienne entre idéologie et pragmatisme',

in G. P. Brogiolo and B. Ward-Perkins (eds.), *The Idea and Ideal of the Town between Late Antiquity and the Early Middle Ages* (Leiden, 1999), pp. 195–209。

12 R. Krautheimer, *Rome: Profile of a City, 312–1308* (Princeton, 1980), pp. 71, 75.

13 关于其在意大利的发展的分析，见 N. Christie, *From Constantine to Charlemagne* (Aldershot, 2006), pp. 252–9。关于死去的圣徒，见 P. Brown, *The Cult of the Saints* (Chicago, 1981)。

14 见 B. Caseau, in G. Bowersock *et al.* (eds.), *Late Antiquity* (Cambridge, Mass., 1999), pp. 406–7。

15 *Vie de Théodore de Sykéôn*, ed. and trans. A. J. Festugière (Brussels, 1970), cc. 37, 43, 91–4, 103, 114–16, 162, etc.

16 M. Foucault, *Discipline and Punish* (London, 1977). 关于基督教的日常仪式，见 P. Brown, in *CAH*, vol. 13, pp. 632–64。

17 Garnsey and Humfress, *Evolution of the Late Antique World*, pp. 207–10.

18 *Select Letters of St Jerome*, ed. and trans. F. A. Wright (Cambridge, Mass., 1963), *letter* 22 是一个很好的例子 .

19 见 A. Arjava, *Women and Law in Late Antiquity* (Oxford, 1996), pp. 177–92; G. Clark, *Women in Late Antiquity* (Oxford, 1993), pp. 21–7; A. Giardina, in *CAH*, vol. 14, pp. 392–8。

20 D. Goodblatt, in Katz, *Cambridge History of Judaism*, vol. 4, pp. 416–23.

21 见 Rapp, *Holy Bishops*, pp. 172–207。

22 关于主教的内容，见 W. H. C. Frend, *The Donatist Church* (Oxford, 1952), p. 167; P. Brown, *Religion and Society in the Age of Saint Augustine* (London, 1972), pp. 237–331。

23 Brown, *Religion and Society*, pp. 183–226; B. R. Rees, *Pelagius*, 2nd edn. (London, 1998).

24 R. Gryson, *Les Origines du célibat ecclésiastique du premier au septième siècle* (Gembloux, 1970).

25 H. Chadwick, in *CAH*, vol. 13, pp. 561–600; P. Allen, in *CAH*, vol. 14, pp. 811–34 都提供了有用的叙述。关于此问题的历史学著作卷帙浩繁，我发现有一本新近出版的神学概论相当深刻、有价值：F. M. Young, *From Nicaea to Chalcedon* (London, 1983). 关于阿里乌派，可以看最近出版的 D. M. Gwynn, *The Eusebians* (Oxford, 2007)。

26 J. H. W. G. Liebeschuetz, *Barbarians and Bishops* (Oxford, 1990), pp. 157–89.

27 D. D. Bundy, 'Jacob Baradaeus', *Le Muséon*, 91 (1978), pp. 45–86; L. Van Rompay, in M. Maas (ed.), *The Cambridge Companion to the Age of Justinian* (Cambridge, 2005), pp. 239–66.

28 Haas, *Alexandria*, pp. 258–330; Frend, *Donatist Church*, pp. 172–7（但是究竟什么是“围剿者”则颇有争议：B. D. Shaw, in A. H. Merrills (ed.), *Vandals, Romans and Berbers* (Aldershot, 2004), pp. 227–58); T. E. Gregory, *Vox Populi* (Columbus, Ohio, 1979).

29 Evagrios, *The Ecclesiastical History of Evagrius Scholasticus*, trans. M. Whitby (Liverpool, 2000), 2.5; Cyril of Scythopolis, *Life of Euthymios*, in *Lives of the Monks of Palestine*, trans. R. M. Price (Kalamazoo, Mich., 1991), pp. 1–83, cc. 27–30.

30 有重大影响力的著作是 P. Brown, *Society and the Holy in Late Antiquity*, (London, 1982), pp. 103–52, updated in *CAH*, vol. 14, pp. 780–810。关于隐士和圣徒，两次会议文献集中收录了大量最新的参考书目，见 J. Howard-Johnston and P. Hayward (eds.), *The Cult of Saints in Late Antiquity and the Early Middle Ages* (Oxford, 1999)，以及 *Journal of Early Christian Studies*, 6 (1998), pp. 343–671。

31 *Life of Daniel the Stylite*, trans. E. Dawes and N. H. Baynes, *Three Byzantine Saints* (London, 1948), pp. 7–71, c. 62; Theodoret of Cyrrhus, *A History of the Monks of Syria*, trans. R. M. Price (Kalamazoo, Mich., 1985), 26.22. See for Theodoret, T. Urbainczyk, *Theodoret of Cyrrhus* (Ann Arbor, 2002), esp. pp. 115–47.

32 Barsanouphios and John, *Correspondance*, ed. and trans. F. Neyt *et al.*, 3 vols. (Paris, 1997–2002), nn. 636, 671, 777, 775, 776, 669, 841.

33 *CAH*, vol. 14, p. 806.

34 Jerome, *Letters*, 45.

35 总体情况见 D. J. Chitty, *The Desert a City* (Oxford, 1966); P. Rousseau, *Ascetics, Authority and the Church in the Age of Jerome and Cassian* (Oxford, 1978); C. Leyser, *Authority and Asceticism from Augustine to Gregory the Great* (Oxford, 2000)。

36 *The Rule of St Benedict*, ed. and trans. J. McCann (London, 1952).

37 H. Kennedy, 'From *polis* to *madina*', *Past and Present*, 106 (1985), pp. 3–27.

38 Ammianus Marcellinus, *Res Gestae*, ed. and trans. J. C. Rolfe, 3 vols. (Cambridge, Mass., 1935–9), 16.10.4–13; S. G. MacCormack, *Art and Ceremony in Late*

Antiquity (Berkeley, 1981), pp. 33–61; M. McCormick, *Eternal Victory* (Cambridge, 1986), pp. 189–230 有君士坦丁七世及其后的记录。

39 Gregory of Tours, *Life of the Fathers*, trans. E. James (Liverpool, 1985), 4.2。君士坦丁堡被围，见下文，第 11 章。

40 见 Van Dam, *Saints and their Miracles*, pp. 116–49。

41 A. Cameron, *Circus Factions* (Oxford, 1976), pp. 225–96.

42 *The Chronicle of Pseudo-Joshua the Stylite*, trans. F. R. Trombley and J. W. Watt (Liverpool, 2000), c. 31.

43 *Letters*, 2.13.4 (quote), 1.11 (Majorian).

44 Ammianus, *Res Gestae*, 23.6.80.

45 J. Harries, *Law and Empire in Late Antiquity* (Cambridge, 1999), pp. 82–4, 184–7.

46 *Life of Daniel the Stylite*, cc. 70–84.

47 Priskos, fragment 11.2, ed. and trans. in R. C. Blockley, *The Fragmentary Classicizing Historians of the Later Roman Empire*, vol. 2 (Liverpool, 1983), pp. 247–9, 257.

48 S. Ellis, *Roman Housing* (London, 2000), esp. pp. 166–83; B. Polci, in L. Lavan and W. Bowden (eds.), *Theory and Practice in Late Antique Archaeology* (Leiden, 2003), pp. 79–89; K. Cooper, 'Closely Watched Households', *Past and Present*, 197 (2007), pp. 3–33.

49 *Confessions*, 9.9; *Letters*, 262 (to Ecdicia); B. Shaw, 'The Family in Late Antiquity', *Past and Present*, 115 (1987), pp. 3–51. 另见 G. Nathan, *The Family in Late Antiquity* (London, 2000)。关于东方对家庭暴力的态度，见 L. Dossey, 'Wife-beating in Late Antiquity', *Past and Present*, 199 (2008), pp.3–40。

50 J. Beaucamp, *Le Statut de la femme à Byzance (4e–7e siècle)*, 2 vols. (Paris, 1990–92), vol. 2, pp. 139–58, 127–9.

51 Augustine, *Confessions*, 9.9; *Querolus*, ed. and trans. C. Jacquemard-le Saos (Paris, 1994), c. 67.

52 *Confessions*, 2.3, 5.8.

53 *Corpus Inscriptionum Latinarum*, 6.1 (Berlin, 1876), n. 1779, with partial trans. and comment in K. Cooper, *The Virgin and the Bride* (Cambridge, Mass., 1996), pp. 97–103.

54 Arjava, *Women and Law*; Beaucamp, *Le Statut*, vol. 1.

55 Augustine, *Confessions*, 3.4.

56 *Greek Papyri in the British Museum*, ed. F. G. Kenyon and H. I. Bell, 5 vols. (London, 1893–1917), vol. 5, n. 1660.

57 M. Dzielska, *Hypatia of Alexandria* (Cambridge, Mass., 1995).

58 Beaucamp, *Le Statut*, vol. 2, pp. 227–47; R. Bagnall, *Egypt in Late Antiquity* (Princeton, 1993), pp. 92–9, 130–33.

59 Beaucamp, *Le Statut*, vol. 1, pp. 206–8; V. Neri, *I marginali nell'Occidente tardoantico* (Bari, 1998), pp. 233–50. 我们在这里的问题是，关于她女演员生涯的记载只有一份孤证，即 Prokopios, *Secret History*, ed. and trans. H. B. Dewing (Cambridge, Mass., 1935), c. 9，而且其中充满语气强烈的谴责之词，见 L. Brubaker, 'Sex, Lies and Textuality', in eadem and J. M. H. Smith (eds.), *Gender in the Early Medieval World* (Cambridge, 2004), pp. 83–101。我们不敢保证里面的话有哪一句是事实。

60 见 E. A. Clark, *Ascetic Piety and Women's Faith* (Lewiston, NY, 1986), esp. pp. 175–208。

61 见 J. M. H. Smith, 'Did Women have a Transformation of the Roman World?', *Gender and History*, 12.3 (2000), pp. 22–41。

62 见 Clark, *Women*, pp. 56–62, 119–26。

63 Brown, *Power and Persuasion*, pp. 35–61.

64 见 R. Mathisen, *Roman Aristocrats in Barbarian Gaul* (Austin, Tex., 1993), pp. 50–51。

65 Ammianus, *Res Gestae*, 30.8; Sidonius: *Letters*, 1.11, esp. 11.12.

第 4 章

关于这一时期的最完整的总体记述仍然是 E. Stein, *Histoire du Bas-Empire*, 2 vols. (Paris, 1949–59)；关于西方的最新（且非常不同的）分析叙述式著作是 P. Heather, *The Fall of the Roman Empire* (London, 2005)，以及 G. Halsall, *Barbarian Migrations and the Roman West*, 376–568 (Cambridge, 2007)，这两本书探讨了物质文化。*CAH*, vol. 14；M. Maas (ed.), *The Cambridge Companion to the Age of Justinian* (Cambridge 2005)；以及 A. Cameron, *The Mediterranean World in Late Antiquity AD 365–600* (London, 1993) 是经典的概述，H. Wolfram, *The Roman Empire and its Germanic Peoples* (Berkeley, 1997) 也是。关于"蛮族"进入罗马世界，Brill 出版的 Transformation of the Roman World 系列现在是很重要的入门读物，这套丛书包括 W. Pohl (ed.), *Kingdoms of the Empire*

(Leiden, 1997)，以及 H.-W. Goetz et al. (eds.), *Regna and Gentes* (Leiden, 2003)。B.Ward-Perkins, *The Fall of Rome and the End of Civilization* (Oxford, 2005) 是对过度的“延续论”的有力反驳。对于本章所讨论的话题，学者们的观点彼此相左，经常出现激烈冲突，这种情况看起来还会持续一段时间。

1 Victor ofVita, *History of the Vandal Persecution*, trans. J. Moorhead (Liverpool, 1992), 2.38–40, 3.2–14 (quotes from 3.3.3, 7); for 411, *Actes de la Conférence de Carthage en 411*, ed. S. Lancel, 3 vols. (Paris, 1972–5), *CTh*, 16.5.52, for 412, Huneric's model.

2 总体情况见 C. Courtois, *Les Vandales et l'Afrique* (Paris, 1955)，以及收录范围甚广的会议文章集 *L'Antiquité tardive*, vols. 10 and 11 (2002–3); Possidius, *Life of Augustine*, trans. R. J. Deferrari, in *Early Christian Biographies* (Washington, 1952), pp. 73–131, cc. 28–30; Prokopios, *Wars*, ed. and trans. H. B. Dewing (Cambridge, Mass., 1914–28), 4.6.5–9。关于这一时期的阿非利加，见 A. H. Merrills (ed.), *Vandals, Romans and Berbers* (Aldershot, 2004)。

3 Durliat, *De la ville antique à la ville byzantine* (Rome, 1990), pp. 92–123.

4 B. Croke, 'A.D. 476: The Manufacture of a Turning Point', *Chiron*, 13 (1983), pp. 81–119.

5 见 J. R. Matthews, *Western Aristocracies and Imperial Court AD 364–425* (Oxford, 1975); H. Wolfram, *History of the Goths* (Berkeley, 1988), pp. 139–75; P. J. Heather, *Goths and Romans 332–489* (Oxford, 1991), pp. 193–224。

6 见 J. H. W. G. Liebeschuetz, *Barbarians and Bishops* (Oxford, 1990). Eudoxia, Pulcheria: K. G. Holum, *Theodosian Empresses* (Berkeley, 1982); L. James, *Empresses and Power in Early Byzantium* (Leicester, 2001), pp. 59–82。关于狄奥多西二世统治的整体情况，见 F. Millar, *A Greek Roman Empire* (Berkeley, 2006)。

7 关于 5 世纪的西班牙，J. Arce, *Bárbaros y romanos en Hispania, 400–507 A.D.* (Madrid, 2005) 是一本基础读物。

8 关于这个引发争论的主题，最好的综述性读物是 J. C. Sánchez León, *Los Bagaudae* (Jaén, 1996).。

9 *Seven Books of History against the Pagans*, trans. R. J. Deferrari (Washington, 1964), 7.41; Augustine: see R. A. Markus, *Saeculum* (Cambridge, 1970), pp. 45–71, 147–53.

10 见 J. Matthews, in J. Harries and I. Wood (eds.), *The Theodosian Code* (London,

1993), pp. 19–44。

11 J. M. O'Flynn, *Generalissimos of the Western Roman Empire* (Edmonton, 1983), pp. 74–103，持负面态度的是 J. R. Moss, in *Historia*, 22 (1973), pp. 711–31。

12 见 *Novels of Valentinian*, n. 15, in *CTh*, pp. 529–30。

13 *On the Governance of God*, trans. J. F. O'Sullivan, in *The Writings of Salvian, the Presbyter* (Washington, 1947), pp. 25–232；参照 Priskos, fragment 11.2, in Blockley, pp. 267–73，还可参见 Orosius, *History*, 7.41.7。

14 关于他们（以及 5 世纪政治的总体情况）的基础读物是 P. Heather, 'The Huns and the End of the Roman Empire in Western Europe', *English Historical Review*, 110 (1995), pp. 4–41。

15 Sidonius Apollinaris, *Poems and Letters*, ed. and trans. W. B. Anderson (Cambridge, Mass., 1962–5), *poem* 7, lines 392–602.

16 见 P. MacGeorge, *Late Roman Warlords* (Oxford, 2002)。

17 J.-O. Tjäder, *Die nichtliterarischen lateinischen Papyri Italiens aus der Zeit 445–700* (Lund, 1955–82), nn. 10–11 (for 489).

18 很多历史学家都有著述，其中的经典是 A. Momigliano, 'La caduta senza rumore di un impero nel 476 D.C.', *Annali della Scuola Normale Superiore di Pisa*, 3rd ser., 3.2 (1973), pp. 397–418。

19 Wolfram, *History of the Goths*, pp. 181–222.

20 J. Harries, *Sidonius Apollinaris and the Fall of Rome* (Oxford, 1994), pp. 222–38; quote: Sidonius, *Letters*, 8.2.2.

21 见 J. F. Drinkwater and H. Elton (eds.), *Fifth-century Gaul* (Cambridge, 1992); MacGeorge, *Warlords*, pp. 71–164; E. James, *The Franks* (Oxford, 1988), pp. 58–91。

22 P. Van Ossel and P. Ouzoulias, in *Journal of Roman Archaeology*, 13 (2000), pp. 133–60; Sidonius, *Letters*, 4.17; *Vita Genovefae*, ed. B. Krusch, *MGH*, *SRM*, vol. 3 (Hanover, 1896), pp. 215–38, cc. 35–8.

23 Eugippius, *Life of Severinus*, trans. L. Bieler (Washington, 1965).

24 A. D. Lee, in *CAH*, vol. 14, pp. 49–62，关于狄奥多里克，见 Heather, *Goths and Romans*, pp. 240–308。

25 J. Moorhead, *Theoderic in Italy* (Oxford, 1992); P. Heather, in *EME*, 4 (1995), pp. 145–73，关于公元 500 年的访问，见 *Anonymus Valesianus*, ed. And trans. in Ammianus, *Res Gestae*, vol. 3, pp. 548–57，卡西奥多罗斯的《信

札》的部分译文见于 S. J. B. Barnish (Liverpool, 1992)，总体概述则见于 T. Hodgkin, *The Letters of Cassiodorus* (London, 1886)。

26 *History*, 7.43.2–8.

27 J. Harries, in Drinkwater and Elton, *Fifth-century Gaul*, pp. 298–308; *PLRE*, vol. 2, pp. 157–8, 995–6, 1162–3, 1168; R. Mathisen, *Roman Aristocrats in Barbarian Gaul* (Austin, Tex., 1993).

28 *The Chronicle of Hydatius and the Consularia Constantinopolitana*, ed. and trans. R. W. Burgess (Oxford, 1993), pp. 70–122。在维塔的维克托的著作 *History of the Vandal Persecution* 之中，1.37 和 3.62 是仅有的两个提到罗马人的章节。

29 J. N. D. Kelly, *Jerome* (London, 1975).

30 有很多概述性的著作，其中有一本可能是最好的，而且肯定是最新的，那就是 A. Cameron, in *CAH*, vol. 14, pp. 65–85。关于这一时期的社会环境变化，见 *Christianity and the Rhetoric of Empire* (Berkeley, 1991), pp. 190–221。关于查士丁尼的世界（但是涉及查士丁尼本人的内容不多），见 Maas, *Age of Justinian*。

31 *On Buildings*, ed. and trans. H. B. Dewing (Cambridge, Mass., 1940). 关于建筑修建年份的重新推算，见 G. Brands, *Resafa VI* (Mainz, 2002), pp. 224–35。

32 见 A. Cameron, *Procopius and the Sixth Century* (Berkeley, 1985), pp. 49–83; L. Brubaker, 'Sex, Lies and Textuality', in eadem and J. M. H. Smith (eds.), *Gender in the Early Medieval World* (Cambridge, 2004), pp. 83–101。

33 M. Whitby, *The Emperor Maurice and his Historian* (Oxford, 1988), esp. pp. 3–27; M. Whittow, *The Making of Orthodox Byzantium, 600–1025* (Basingstoke, 1996), pp. 38–68.

34 A. Piganiol, *L'Empire chrétien (325–395)* (Paris, 1947), p. 422.

35 S. Krautschick, 'Zwei Aspekte des Jahres 476', *Historia*, 35 (1986), pp. 344–71, at pp. 344–55. 他与奥多亚塞之间的关系有助于解释那个时代的一个重要问题，但这个解读的根据却仅仅是一份文本中的一个逗号和一个“和”（and）字的位置，而且我们也不确定它是否比传统的解读更好：R. C. Blockley, *The Fragmentary Classicizing Historians of the Later Roman Empire*, vol. 2 (Liverpool, 1983), pp. 372–3.

36 P. Amory, *People and Identity in Ostrogothic Italy, 489–554* (Cambridge, 1997), pp. 277–91.

37 A. Demandt, in E. K. Chrysos and A. Schwarcz (eds.), *Das Reich und die*

Barbaren (Vienna, 1985), pp. 75–86.

38 见 James, *Empresses and Power*。

39 L. Brubaker, 'Memories of Helena', in L. James (ed.), *Women, Men and Eunuchs* (London, 1997), pp. 52–75; *PLRE*, vol. 2, pp. 635–6; R. Harrison, *A Temple for Byzantium* (Austin, Tex., 1989).

40 总体情况见 Amory，*People*，但我不是完全同意其中的观点。关于奥多亚塞的经历，见 *PLRE*, vol. 2, pp. 791–3。

41 导论可见 H. Wolfram and W. Pohl (eds.), *Typen der Ethnogenese*, 2 vols. (Vienna, 1990); P. J. Geary, 'Ethnic Identity as a Situational Construct in the Early Middle Ages', *Mitteilungen des anthropologischen Gesellschaft in Wien*, 113 (1983), pp. 15–26; W. Pohl, in A. Gillett (ed.), *On Barbarian Identity* (Turnhout, 2002), pp. 221–39。关于参考书目、反思，以及在这个问题上的激烈争论，见最新的著作 Halsall, *Barbarian Migrations*。T. F. X. Noble (ed.), *From Roman Provinces to Medieval Kingdoms* (London,2006) 中收录了很多关键文章。

42 Fredegar, *Chronica*, ed. B. Krusch, *MGH*, *SRM*, vol. 2 (Hanover, 1888), pp. 18–168, 2.4–6, 3.9: see A. C. Murray, in idem (ed.), *After Rome's Fall* (Toronto, 1998), pp. 121–52.

43 Amory, *People*, pp. 102–8, 247–56 是关于哥特人的交流的。M. Banniard, *Viva voce* (Paris, 1992), pp. 253–86 是关于法兰克的（不过他最关心的是拉丁语和原型罗曼语之间的关系）。

44 见 B. Effros, *Creating Community with Food and Drink in Merovingian Gaul* (Basingstoke, 2002), pp. 61–7。

45 总体情况见 P. S. Barnwell and M. Mostert (eds.), *Political Assemblies in the Earlier Middle Ages* (Turnhout, 2003)。关于大会，见 W. Davies and P. Fouracre (eds.), *The Settlement of Disputes in Early Medieval Europe* (Cambridge, 1986)。

46 Sidonius, *Letters*, 1.2.

47 C. Wickham, *Framing the Early Middle Ages* (Oxford, 2005), pp. 80–93 是相关争论的综述，最新的著作有 W. Goffart, *Barbarian Tides* (Philadelphia, 2006), pp. 119–56， 以 及 M. Innes, in *Transactions of the Royal Historical Society*, 6th ser., 16 (2006), pp. 39–74。

48 G. Halsall, *Warfare and Society in the Barbarian West, 450–900* (London, 2003), pp. 111–15.

49 Wickham, *Framing*, pp. 720–59, 794–805; Halsall, *Barbarian Migrations*, pp. 320–70.

50 Sidonius, *Poems*, 7, lines 251–94; Apollinaris and Arcadius: Gregory of Tours, *Histories*, trans. L. Thorpe as *The History of the Franks* (Harmondsworth, 1974), 2.37, 3.9, 12, 18; Cyprian: Cassiodorus, *Variae*, 8.21–2.

51 Mathisen, *Roman Aristocrats*, pp. 89–104; R. Van Dam, *Leadership and Community in Late Antique Gaul* (Berkeley, 1985), pp. 157–229; M. Heinzelmann, *Gregory of Tours* (Cambridge, 2001), pp. 7–28 有关于格雷戈里家族的内容。

52 W. Pohl, 'Telling the Difference', in idem and H. Reimitz (eds.), *Strategies of Distinction* (Leiden, 1998), pp. 17–69, at pp. 40–51; M. Harlow, 'Clothes Maketh the Man', in Brubaker and Smith, *Gender*, pp. 44–69.

53 见 J. M. H. Smith, *Europe after Rome* (Oxford, 2005), pp. 253–92。

54 见 Heather, 'Huns', pp. 37–9。

第 5 章

在研究墨洛温时期的所有语言的著作中，最好的一本是 Ian Wood, *The Merovingian Kingdoms 450–751* (Harlow, 1994)。简短一些的介绍中较好的有 S. Lebecq, *Les Origines franques V^e–IXe siècle* (Paris, 1990)，以及 P. Geary, *Before France and Germany* (Oxford, 1988)。E. James, *The Franks* (Oxford, 1988) 包括更多考古学的内容，但只讲到公元 600 年左右为止。不过，他的 *The Origins of France* (London, 1982) 一直讲到了公元 1000 年。I. Wood (ed.), *Franks and Alamanni in the Merovingian Period* (Woodbridge, 1998) 收录了一些令人兴奋的文章。J. M. Wallace-Hadrill, *The Long-haired Kings* (London, 1962) 是较早的著作中的一本基础参考文献。重要的社会史著作有 G. Halsall, *Settlement and Social Organization* (Cambridge, 1995) 以及 R. Le Jan, *Famille et pouvoir dans le monde franc (VIIe–Xe siècle)* (Paris, 1995). R. Van Dam and P. Fouracre, in *NCMH*, vol. 1, pp. 193–231, 371–96 中有节奏明快的综述。

1 Gregory of Tours, *Histories*, trans. L. Thorpe as *The History of the Franks* (Harmondsworth, 1974), 6.4, 9.9, 12, cf. 5.3.

2 Venantius Fortunatus, *Poems*, 5.3, ed. F. Leo, *MGH*, *Auctores Antiquissimi*, vol. 4.1 (Berlin, 1881), partial trans. (not including this poem), J. George, *Venantius Fortunatus: Personal and Political Poems* (Liverpool, 1995).

3 R. Samson, 'The Merovingian Nobleman's Home: Castle or Villa?', *Journal*

of Medieval History, 13 (1987), pp. 287–315.

4 Avitus of Vienne, *Letters and Selected Prose*, trans. D. Shanzer and I. Wood (Liverpool, 2002), *Letters*, 46, with commentary, pp. 362–9.

5 J. Barbier, 'Le Système palatial franc', *Bibliothèque de l'École des Chartes*, 148 (1990), pp. 245–99.

6 见 A. C. Murray, in idem (ed.), *After Rome's Fall* (Toronto, 1998), pp. 136–7。

7 见 R. Collins, 'Theodebert I, "rex magnus Francorum"', in P. Wormald (ed.), *Ideal and Reality in Frankish and Anglo-Saxon Society* (Oxford, 1983), pp. 7–33。阿加提阿斯，见 *The Histories*, trans. J. D. Frendo (Berlin, 1975), 1.4; Gregory of Tours, *Histories*, 3.25, 34, 36。

8 一些主教信件的译文见 A. C. Murray, *From Roman to Merovingian Gaul* (Peterborough, Ont., 2000), pp. 260–68。关于贝宁蒂乌斯·福图内特斯，见 *Poems*, *passim*。

9 Gregory of Tours, *Histories*, 5.18, 44, 8.2–6, 9.20; cf. 6.46 有希尔佩里克的讣告。

10 总体情况见 J. L. Nelson, *Politics and Ritual in Early Medieval Europe* (London, 1986), pp. 1–48。关于王后间的仇恨，见 Gregory of Tours, *Histories*, 10.27。

11 Fredegar, *Chronica*, 4.89。弗里德加的第四本书及后续经过编辑和翻译，见 J. M. Wallace-Hadrill, *The Fourth Book of the Chronicle of Fredegar* (London, 1960)。

12 对此类史料的重要分析，见 P. Fouracre, 'Merovingian History and Merovingian Hagiography', *Past and Present*, 127 (1990), pp. 3–38。

13 I. Wood, in L. Brubaker and J. M. H. Smith (eds), *Gender in the Early Medieval World* (Cambridge, 2004), pp. 234–56 显示出在公元 687 年之后，这个家族的女性先祖的重要性高于男性先祖。

14 见 Wood, *Merovingian Kingdoms*, pp. 227–38, 262–6; P. Fouracre, *The Age of Charles Martel* (Harlow, 2000), pp. 48–54。相反的观点见 T. Kölzer, in M. Becher and J. Jarnut (eds.), *Der Dynastiewechsel von 751* (Münster, 2004), pp. 33–60。

15 Fredegar, *Chronica*, 4.54; Grimoald and Bodilo: *Liber Historiae Francorum*, partially trans. in P. Fouracre and R. Gerberding, *Late Merovingian France* (Manchester, 1996), pp. 87–96, cc. 43, 45.

16 现代的分析有多种观点，我大体上赞同 R. Gerberding, *The Rise of the Carolingians and the Liber Historiae Francorum* (Oxford, 1987), pp. 47–66,

但是也可参见 M. Becher, in J. Jarnut *et al*. (eds.), *Karl Martell in seiner Zeit* (Sigmaringen, 1994), pp. 119–47。

17 *Passio Prima Leudegarii*, trans. in Fouracre and Gerberding, *Late Merovingian France*, pp. 215–53, c. 19.

18 Fredegar, *Chronica*, 4.48, 68–77; Radulf: 4.87。阿基坦，见 M. Rouche, *L'Aquitaine des Wisigoths aux Arabes, 418–781* (Paris, 1979), pp. 90–129。

19 见 Fouracre, *Charles Martel*。

20 见 W. Goffart, *Rome's Fall and After* (London, 1989), pp. 213–31; C. Wickham, *Framing the Early Middle Ages* (Oxford, 2005), pp. 102–15。

21 见 M. F. Hendy, 'From Public to Private', *Viator*, 19 (1988), pp. 29–78, at pp. 62–8。

22 参见 Fredegar, *Chronica*, 4.38, 42, 60, 67, 75, 85; *Liber Historiae Francorum*, cc. 45, 48, 52–3。

23 见 I. Wood, in R. McKitterick (ed.), *The Uses of Literacy in Early Medieval Europe* (Cambridge, 1990), pp. 63–81。税收记录，见 *ChLA*, vol. 18, n. 659, vol. 47, nn. 1404–5。

24 *Marculfi Formulae*, ed. K. Zeumer, *MGH*, *Formulae Merovingici et Karolini Aevi* (Hanover, 1886), pp. 36–106, 1.6–8, 11, 12, 20, 26–9, 40; *ChLA*, vol. 13, nn. 550, 565; J. Havet, 'Questions mérovingiennes, V', *Bibliothèque de l'École des Chartes*, 51 (1890), pp. 5–62, at pp. 47–50; Desiderius of Cahors, *Letters*, ed. W. Arndt, *MGH*, *Epistolae*, vol. 3 (Berlin, 1892), pp. 193–214, *letter* 2.17.

25 见 P. S. Barnwell, *Kings, Courtiers and Imperium* (London, 1997), pp. 23–40。

26 *Passio Praeiecti*, trans. in Fouracre and Gerberding, *Late Merovingian France*, pp. 271–300, cc. 23–7.

27 见 P. S. Barnwell, in idem and M. Mostert (eds.), *Political Assemblies in the Earlier Middle Ages* (Turnhout, 2003), pp. 11–28。萨克森人，见 Gregory of Tours, *Histories*, 4.14。6 世纪的参与情况见 ibid., 3.14, cf. H. Grahn-Hoek, *Die fränkische Oberschicht im 6. Jahrhundert* (Sigmaringen, 1976); Ebroin: *Passio Prima Leudegarii*, c. 5。

28 见 P. Fouracre, in W. Davies and P. Fouracre (eds.), *The Settlement of Disputes in Early Medieval Europe* (Cambridge, 1986), pp. 23–43。

29 见 *The Laws of the Salian Franks*, trans. K. F. Drew (Philadelphia, 1991), prologue, 57; H. Nehlsen, in P. Classen (ed.), *Recht und Schrift im Mittelalter* (Sigmaringen, 1977), pp. 449–502, at pp. 461–83。后期的法律见 *Cap*., vol. 1,

pp. 1–23。

30 Gregory of Tours, *Histories*, 6.73; Fredegar, *Chronica*, 4.58. 关于克洛塔尔和会议，见 M. de Jong, in S. Airlie *et al*. (eds.), *Staat im frühen Mittelalter* (Vienna, 2006), pp. 125–7。

31 见 Wickham, *Framing*, pp. 168–203。

32 见 P. Geary, *Aristocracy in Provence* (Stuttgart, 1985)。关于贵族身份，见 F. Irsigler, in T. Reuter (ed.), *The Medieval Nobility* (Amsterdam, 1978), pp. 105–36。

33 见 Le Jan, *Famille et pouvoir*, pp. 387–92。

34 见 Venantius Fortunatus, *Poems*, 7.16; *Vita Eligii*, trans. J. A. McNamara, http://www.fordham.edu/halsall/basis/eligius.html, 1.10–11。

35 Gregory of Tours, *Histories*, 5.48; *Vita Eligii*, 1.1; *Passio Praeiecti*, c. 1。总体情况见 P. Fouracre, in *Bulletin of the Institute of Historical Research*, 57 (1984), pp. 1–14。关于主教和军队，见 F. Prinz, *Klerus und Krieg im früheren Mittelalter* (Stuttgart, 1971), pp. 46–72。

36 见 Wood, *Merovingian Kingdoms*, pp. 181–202; Balthild: *Vita Balthildis*, trans. in Fouracre and Gerberding, *Late Merovingian France*, pp. 118–32, c. 9。

37 E. Ewig, *Spätantikes und fränkisches Gallien* (Munich, 1976–9), vol. 2, pp. 211–19.

38 I. Wood, in Wormald (ed.), *Ideal and Reality*, pp. 34–57; Gregory: *Histories*, 5.49.

39 *Vita Arnulfi*, ed. B. Krusch, *MGH*, *SRM*, vol. 2 (Hanover, 1888), pp. 432–46, c. 16; Leudegar: *Passio Prima Leudegarii*, cc. 21–4.

40 *Letters*, 1.5, 9–11 (nostalgia), 1.2, 6, 8, 2.9 (patronage), 2.12, 15 (royal movements), 1.13, 15, 2.5, 21 (local politics). 更多内容见 B. Rosenwein, *Emotional Communities in the Early Middle Ages* (Ithaca, NY, 2006), pp. 130–55; *Vita Desiderii*, ed. B. Krusch, *MGH*, *SRM*, vol. 4 (Hanover, 1902), pp. 563–602, cc. 1–8, 12–13 (career), 16, 17, 31 (building), 29, 30, 34 (huge wealth)。Eligius: J. Lafaurie, 'Eligius Monetarius', *Revue numismatique*, 6th ser., 19 (1977), pp. 111–51; M. F. Hendy, 'From Public to Private', pp. 65–8.

第 6 章

关于西哥特人的西班牙，细节最丰富的英语著作是 E. A. Thompson, *The Goths in Spain* (Oxford, 1969)，但其方法论和研究手段已经过时；L. A. García

Moreno, *Historia de España visigoda* (Madrid, 1989) 也有缺陷。比上述两本好得多的著作有 D. Claude, Adel, *Kirche und Königtum im Westgotenreich* (Sigmaringen, 1971)，以及 R. Collins, *Early Medieval Spain* (London, 1983)，后一本一直叙述到公元 1000 年，现在已经过全面更新，而且细节同样丰富。R. Collins 的 *Visigothic Spain 409–711* (Oxford, 2004) 是目前来说最佳的入门读物。篇幅较短、较新的概述有 G. Ripoll and I. Velázquez, *La Hispania visigoda* (Madrid, 1995)。

关于意大利，见 C. Wickham, *Early Medieval Italy* (London, 1981), P. Cammarosano, Nobili e re (Bari, 1998), C. La Rocca (ed.), *Italy in the Early Middle Ages* (Oxford, 2002)。上述著作均叙述到公元 1000 年，还有 G. Tabacco, *The Struggle for Power in Medieval Italy* (Cambridge, 1989), 叙述到公元 1350 年。N. Christie, *The Lombards* (Oxford, 1995)，以及 P. Delogu, 'Il regno longobardo', in G. Galasso (ed.), *Storia d'Italia*, vol. 1 (Turin, 1980), pp. 3–216，包括伦巴第地区。重要的反思，可参见 P. Cammarosano and S. Gasparri (eds.), *Langobardia* (Udine, 1990), W. Pohl and P. Erhart (eds.), *Die Langobarden* (Vienna, 2005)，以及 P. Delogu (ed.), *The Langobards* (Woodbridge, 2009)。T. S. Brown, *Gentlemen and Officers* (Rome, 1984) 是一本研究拜占庭意大利的杰作，E. Zanini, *Le Italie bizantine* (Bari, 1998) 则为其补充了考古方面的内容。以考古学为基础的调查报告，入门读物是 N. Christie, *From Constantine to Charlemagne* (Aldershot, 2006)。关于罗马的著作有很多，可参见 J. Richards, *The Popes and the Papacy in the Early Middle Ages* (London, 1979，以及 T. F. X. Noble, *The Republic of St Peter* (Philadelphia, 1984)。

1 见 J. Vives (ed.), *Concilios visigóticos e hispano-romanos* (Barcelona, 1963), XII Toledo cc. 1, 2, cf. VI Toledo c. 17, IV Toledo c. 75。关于涂油礼，见 Julian of Toledo, *Historia Wambae*, ed. W. Levison, *MGH*, *SRM*, vol. 5 (Hanover, 1910), pp. 500–535, cc. 2–4, trans. J. M. Pizarro, *The Story of Wamba* (Washington, 2005), pp. 179–84。

2 L. C. Juan Tovar and J. F. Blanco García, 'Cerámica comun tardorromana', *Archivo español de arqueología*, 70 (1997), pp. 171–219. 英语研究可参见 P. Reynolds, in K. Bowes and M. Kulikowski (eds.), *Hispania in Late Antiquity* (Leiden, 2005), pp. 403–10，这本书已成为关于罗马晚期西班牙的重要历史著作。

3 John of Biclar, *Chronicle*, trans. K. B. Wolf, *Conquerors and Chroniclers of Early Medieval Spain* (Liverpool, 1990), pp. 61–80, cc. 36, 27, 61, 32, 20, 以及 Braulio, *Life of Aemilian*, trans. A. T. Fear, *Lives of the Visigothic Fathers* (Liverpool, 1997), pp. 15–43, cc. 18, 22, 24, 33。关于公元 600 年前的西班牙，见 M. Kulikowski, *Late Roman Spain and its Cities* (Baltimore, 2004), pp. 151–309。

4 *Lives of the Fathers of Mérida*, trans. Fear, *Lives*, pp. 45–105, 4.2.15–18, 5.3. 关于教堂，见 P. Mateos Cruz, ‘Augusta Emerita’, in G. Ripoll and J. M. Gurt (eds.), *Sedes regiae (ann. 400–800)* (Barcelona, 2000), pp. 491–520, at pp. 506–16。

5 研究著作可参见 S. Castellanos and I. Martín Viso, in *EME*, 13 (2005), pp. 1–42。

6 Cassidorus, *Variae*, ed. T. Mommsen, *MGH*, *Auctores Antiquissimi*, 12 (Berlin, 1894), 5. 39; Vives, *Concilios*, p. 54.

7 R. Collins, ‘Merida and Toledo: 550–585’, in E. James (ed.), *Visigothic Spain* (Oxford, 1980), pp. 189–219.

8 I. Velázquez and G. Ripoll, in Ripoll and Gurt, *Sedes regiae*, pp. 521–78.

9 *Chronica*, ed. and trans. J.-M. Wallace-Hadrill, *The Fourth Book of the Chronicle of Fredegar* (London 1960), 4.82.

10 见 R. Stocking, *Bishops, Councils and Consensus in the Visigothic Kingdom, 589–633* (Ann Arbor, 2000)。

11 关于辛达斯文托，见 Fredegar, *Chronica*, 4.82; *Leges Visigothorum*, ed. K. Zeumer, *MGH*, *Leges*, vol. 1 (Hanover, 1902), 2.1.8; XIII Toledo c. 1; and Claude, *Adel*, pp. 115–33。关于犹金，见 *Auctores Antiquissimi*, vol. 14, ed. F. Vollmer (Berlin, 1905), pp. 250–51。

12 厄维哥和埃吉卡，见 *Leges Visigothorum*, 6.5.12–14, 9.2.8–9; XV Toledo。法律，见 P. D. King, *Law and Society in the Visigothic Kingdom* (Cambridge, 1972)。在领土权问题上，我支持 I. Velázquez, in P. Heather (ed.), *The Visigoths* (Woodbridge, 1999), pp. 225–59，以及 Collins, *Early Medieval Spain*, pp. 27–30, 123–5。

13 见 M. McCormick, *Eternal Victory* (Cambridge, 1986), pp. 297–327; J. Herrin, *The Formation of Christendom* (Princeton, 1987), pp. 227–49 展示出了西哥特人对东方的模糊态度。

14 见 King, *Law and Society*, pp. 130–45。

15 见 P. C. Díaz, in Heather, *The Visigoths*, pp. 321–56, at pp. 335–48; A. Isla Frez, ‘El “officium palatinum” visigodo’, *Hispania*, 62 (2002), pp. 823–47; Claude,

Adel, pp. 198–210。

16 XII Toledo, *Tomus*, in Vives, *Concilios; Leges Visigothorum*, 9.1.21.

17 C. Wickham, *Framing the Early Middle Ages* (Oxford, 2005), pp. 656–65, 741–58.

18 I. Velázquez Soriano (ed.), *Documentos de época visigoda escritos en pizarra (siglos VI–VIII)* (Turnhout, 2000); n. 75 有关于托莱多的内容。

19 D. Pérez Sánchez, *El ejército en la sociedad visigoda* (Salamanca, 1989), pp. 146–74.

20 Barbero and M. Vigil, *La formación del feudalismo en la Península Ibérica* (Barcelona, 1978), pp. 53–104, 126 ff. 这是一本非常重要的书。

21 最重要的是J. Fontaine, *Isidore de Séville et la culture classique dans l'Espagne wisigothique*, 2nd edn. (Paris, 1983)；Collins, *Early Medieval Spain*, pp. 59–87 是很好的文化研究。布劳略的信件译文，见 C. W. Barlow, *Iberian Fathers*, vol. 2 (Washington, 1969), pp. 15–112。

22 我支持 R. Collins, *The Arab Conquest of Spain, 710–97* (Oxford, 1989), pp. 7–22; Claude, *Adel*, pp. 204–10。

23 E. Manzano Moreno, *Conquistadores, emires y califas* (Barcelona, 2006), pp. 34–53.

24 F. Marazzi, in R. Hodges and W. Bowden (eds.), *The Sixth Century* (Leiden, 1998), pp. 119–59, at pp. 152–9.

25 Brown, *Gentlemen*, pp. 39–108.

26 P. Skinner, *Women in Medieval Italian Society 500–1200* (London, 2001), pp. 56–8.

27 见 Paul the Deacon, *History of the Langobards*, trans. W. D. Foulke (Philadelphia, 1907), 4.1–40；参照 McCormick, *Eternal Victory*, pp. 287–96。关于 7 世纪的总体情况，见 P. Delogu, in idem, *The Langobards*。

28 S. Fanning, 'Lombard Arianism Reconsidered', *Speculum*, 56 (1981), pp. 241–58.

29 trans. K. F. Drew, *The Lombard Laws* (Philadelphia, 1973), pp. 39–130。关于伦巴第人对过去的看法，见 W. Pohl, in Y. Hen and M. Innes (eds.), *The Uses of the Past in the Early Middle Ages* (Cambridge, 2000), pp. 9–28。

30 trans. Drew, *The Lombard Laws*, pp. 144–214，引文在 cc. 136, 135, 6。关于 8 世纪的政治和国家，见 P. Delogu, in *NCMH*, vol. 2, pp. 290–303。

31 S. Gasparri, in *Rivista storica italiana*, 98 (1986), pp. 664–726; pp. 681–3 有关

于遗嘱的内容。

32 *CDL*, vol. 2, n. 255, vol. 3, nn. 6, 12, 13, vol. 1, nn. 19, 20; S. Gasparri, in Cammarosano and Gasparri, *Langobardia*, pp. 237–305, at pp. 241–54.

33 N. Everett, *Literacy in Lombard Italy, c. 568–774* (Cambridge, 2003), pp. 163–96，以及 *CDL*, vol. 4.2, nn. 39, 45 关于贝内文托的内容。

34 Paul, *History*, 5.36–41，关于总体情况，见 D. Harrison, *The Early State and the Towns* (Lund, 1993)。

35 C. Wickham, in A. C. Murray (ed.), *After Rome's Fall* (Toronto, 1998), pp. 153–70; Cammarosano, *Nobili*, pp. 74–83; G. Tabacco, 'La connessione fra potere e possesso nel regno franco e nel regno longobardo', *Settimane di studio*, 20 (1972), pp. 133–68.

36 W. Pohl, in idem (ed.), *Kingdoms of the Empire* (Leiden, 1997), pp. 75–133, at pp. 112–31.

37 Wickham, *Framing*, pp. 644–56; Christie, *From Constantine to Charlemagne*, pp. 183–280，这是目前最全面的英语著作。R. Meneghini and R. Santangeli Valenzani, *Roma nell'alto medioevo* (Rome, 2004)，这是关于对罗马这座意大利最大城市的考古研究的基础著作。

38 P. Arthur, *Naples* (London, 2002), pp. 16–20; 威尼斯 : M. Pavan and G. Arnaldi, in L. C. Ruggini *et al.* (eds.), *Storia di Venezia*, vol. 1 (Rome, 1992), pp. 432–51; 伊斯特里亚 : C. Manaresi (ed.), *I placiti del regnum Italiae*, vol. 1 (Rome, 1955), n. 17.

39 *The Book of Pontiffs*, trans. R. Davis (Liverpool, 1989), p. 85.

40 Noble, *Republic*, pp. 212–55; P. Toubert, '*Scrinium* et *palatium*', *Settimane di studio*, 48 (2001), pp. 57–117.

第 7 章

关于本章所述内容的英语历史学著作汗牛充栋，原因显而易见。威尔士是相对来说研究最少的地区，W. Davies, *Wales in the Early Middle Ages* (Leicester, 1982) 是一本基础著作。关于英格兰，可参见 F. M. Stenton, *Anglo-Saxon England*, 3rd edn. (Oxford, 1971) 和 J. Campbell (ed.), *The Anglo-Saxons* (Oxford, 1982)。前者是一部经典著作，后者则是近期的综述类著作中（相对）最好的一部。基础著作还包括 S. Bassett (ed.), *The Origins of Anglo-Saxon Kingdoms* (Leicester, 1989)，以及 B. Yorke, *Kings and Kingdoms of Early Anglo-Saxon England* (London, 1990)。关于早期盎格鲁 – 撒克逊的考古研究，见 C.

J. Arnold, *An Archaeology of the Early Anglo-Saxon Kingdoms*, 2nd edn. (London, 1997)。

关于爱尔兰，F. J. Byrne, *Irish Kings and High-kings* (London, 1973)；N. Edwards, *The Archaeology of Early Medieval Ireland* (London, 1999)，以及 T. M. Charles-Edwards, *Early Christian Ireland* (Cambridge, 2000) 是几本关键的参考书。短一些的综述可参见 G. Mac Niocaill, *Ireland before the Vikings* (Dublin, 1972) 以及 D.ÓCróinin, *Early Medieval Ireland, 400–1200* (London, 1995)。D. ÓCróinin (ed.), *A New History of Ireland*, vol. 1 (Dublin, 2005) 是一本被期待了几十年的著作，其中包括有价值的论文和范围很广的参考书目，但是对政治结构的论述比较简略。关于教会，除了 Charles-Edwards 的著作外，还可参见 K. Hughes, *The Church in Early Irish Society* (London, 1966) 以及 L. Bitel, *Isle of the Saints* (Ithaca, NY, 1990)。

关于苏格兰，M. O. Anderson, *Kings and Kingship in Early Scotland*, 2nd edn. (Edinburgh, 1980) 是一本基础著作，A. A. M. Duncan, *Scotland: The Making of the Kingdom* (Edinburgh, 1975) 叙述到 1286 年，A. P. Smyth, *Warlords and Holy Men* (London, 1984) 是一本观点独特、论述有力的著作。这一时期爱尔兰和苏格兰历史的编修仍在不断变化，对于一些基本问题的解读还存在明显分歧。T. M. Charles-Edwards (ed.), *After Rome* (Oxford, 2003) 是唯一一部试图把四个地区的历史编修结合到一起的著作。W. Davies, 'Celtic Kingships in the Early Middle Ages', in A. J. Duggan (ed.), *Kings and Kingship in Medieval Europe* (London, 1993), pp. 101–24，以及 *NCMH*, vol. 1, pp. 232–62 则联系起了四个地区中的三个。

1 R. Fawtier (ed.), *La Vie de Saint Samson* (Paris, 1912), pp. 92–155.

2 A. S. Esmonde-Cleary, *The Ending of Roman Britain* (London, 1989). 关于哈德良长城和郊外的情况，见 P. Dark, *The Environment of Britain in the First Millennium AD* (London, 2000), pp. 140–56。

3 D. Dumville, in G. Ausenda (ed.), *After Empire* (Woodbridge, 1995), pp. 177–216, 以及 C. A. Snyder, *An Age of Tyrants* (Stroud, 1998) 是众多相关著作中最好的。吉尔达斯的书有翻译，见 M. Winterbottom, *Gildas: The Ruin of Britain and Other Documents* (Chichester, 1978)。

4 见 T. M. Charles-Edwards and P. Sims-Williams, in R. Bromwich *et al.* (eds.),

Arthur of the Welsh (Cardiff, 1991), pp. 15–71。

5 见 W. Davies, *An Early Welsh Microcosm* (London, 1978), pp. 65–107; eadem, 'Land and Power in Early Medieval Wales', *Past and Present*, 81 (1978), pp. 3–23。

6 E. Campbell, in K. R. Dark (ed.), *External Contacts and the Economy of Late Roman and Post-Roman Britain* (Woodbridge, 1996), pp. 83–96; J. Wooding, *Communication and Commerce along the Western Sealanes,* ad *400–800* (Oxford, 1996), pp. 41–54.

7 Bede, *HE*, 2.20, 3.1.

8 *Marwnad Cynddylan*, trans. and commentary in J. Rowland, *Early Welsh Saga Poetry* (Cambridge, 1990), pp. 120–41, 174–8 (see also Davies, *Wales*, pp. 99–102); *Y Gododdin*, trans. K. Jackson, *The Gododdin* (Edinburgh, 1969), pp. 141–2 and 118 for quotes.

9 见 I. Henderson, *The Picts* (London, 1967)，以及 Anderson, *Kings*, pp. 119–31, 165–204。上述两书持常见的观点，而在很多方面都与之相对的是 Smyth, *Warlords*, pp. 57–83；D. Broun, 'Pictish Kings 761–839', in S. M. Foster (ed.), *The St Andrews Sarcophagus* (Dublin, 1998), pp. 71–83; B. T. Hudson, *The Kings of Celtic Scotland* (Westport, Conn., 1994), pp. 8–33。上述人士的观点我并非都赞成。即使在皮克特人的母系社会问题上，也存在针锋相对的观点，总体情况见 A. Woolf, 'Pictish Matriliny Reconsidered', *Innes Review*, 49 (1998), pp. 147–67，还有 *Scottish Historical Review*, 85 (2006), pp. 182–201, 其中讨论了佛尔垂的地点问题。

10 见 S. Bassett, in idem, *The Origins*, pp. 3–27; C. Scull, in *Anglo-Saxon Studies in Archaeology and History*, 6 (1993), pp. 65–82; J. Blair, *Anglo-Saxon Oxfordshire* (Stroud, 1994), pp. 29–32; H. Hamerow, in *NCMH*, vol. 1, pp. 263–88。关于沼泽区，可参见 W. Davies and H. Vierck, 'The Contexts of Tribal Hidage', *Frühmittelalterliche Studien*, 8 (1974), pp. 223–93。贡品清单的所属年代目前仍有争议。

11 Arnold, *An Archaeology*, esp. pp. 33–100; H. Hamerow, *Early Medieval Settlements* (Oxford, 2002), pp. 46–51, 93–9; C. Hills, *Origins of the English* (London, 2003).

12 B. Hope-Taylor, *Yeavering* (London, 1977).

13 N. P. Brooks, in Bassett, *The Origins*, pp. 159–70; S. Bassett, in *Anglo-Saxon Studies in Archaeology and History*, 11 (2000), pp. 107–18.

14 《贝奥武甫》有众多译本。S. Heaney, *Beowulf* (London, 1999) 是诗歌体的

经典。但是我使用的是 S. A. J. Bradley, *Anglo-Saxon Poetry* (London, 1982), pp. 408–94。菲利克斯，见 *Life of St Guthlac*, ed. and trans. B. Colgrave, *Felix's Life of Saint Guthlac* (Cambridge, 1956), here cc. 16–18。《盎格鲁－撒克逊编年史》有一个不错的译本，收录于 *EHD*, vol. 1, 2nd edn. (London, 1979), pp. 146–261, pp. 175–6, 180。S. D. White, in *Viator*, 20 (1989), pp. 1–18 则是迄今为止对 786 年韦塞克斯所做出的最好分析。

15 *Letter to Ecgbert*, trans. *EHD*, vol. 1, pp. 799–810.

16 关于港口，最近的研究中，最好的是 C. Scull, in J. Hines (ed.), *The Anglo-Saxons* (Woodbridge, 1997), pp. 269–310; D. Hill and R. Cowie (eds.), *Wics* (Sheffield, 2001)。这个领域的经典著作是 R. Hodges, *Dark Age Economics* (London, 1982)。

17 *The Wanderer*, trans. *EHD*, vol. 1, pp. 870–71; Felix, *Life of St Guthlac*, cc. 40, 42.

18 R. Faith, *The English Peasantry and the Growth of Lordship* (Leicester, 1997).

19 见 B. Yorke, *The Conversion of Britain, 600–800* (Harlow, 2006); J. Blair, *The Church in Anglo-Saxon Society* (Oxford, 2005), pp. 8–181; H. Mayr-Harting, *The Coming of Christianity to Anglo-Saxon England*, 3rd edn. (London, 1991); J. Campbell, *Essays in Anglo-Saxon History* (London, 1986), pp. 1–84; P. Wormald, 'Bede, "Beowulf" and the Conversion of the Anglo-Saxon Aristocracy', in R. T. Farrell (ed.), *Bede and Anglo-Saxon England* (Oxford, 1978), pp. 32–95。

20 C. Cubitt, *Anglo-Saxon Church Councils, c.650–c.850* (Leicester, 1995). Bede's imagery: P. Wormald, in idem (ed.), *Ideal and Reality in Frankish and Anglo-Saxon Society* (Oxford, 1983), pp. 99–129; N. Brooks, *Bede and the English* (Jarrow, 1999).

21 P. Wormald, *Legal Culture in the Early Medieval West* (London, 1999), pp. 179–99.

22 Yorke, *Kings*, pp. 31–2, 51; H. P. R. Finberg, *The Early Charters of the West Midlands*, 2nd edn. (Leicester, 1972), pp. 177–80.

23 N. Brooks, *Communities and Warfare, 700–1400* (London, 2000), pp. 32–47.

24 P. Squatriti, in *Past and Present*, 176 (2002), pp. 11–65.

25 P. Grierson and M. Blackburn, *Medieval European Coinage*, vol. 1 (Cambridge, 1986), pp. 158, 277–82; J. Story, *Carolingian Connections* (Aldershot, 2003), pp. 190–5. Councils: Cubitt, *Church Councils*.

26 N. P. Brooks, *The Early History of the Church of Canterbury* (Leicester, 1984), pp. 111–27.

27 P. Wormald, in Campbell, *The Anglo-Saxons*, pp. 114–16.

28 J. M. Wallace-Hadrill, *Early Germanic Kingship in England and on the Continent* (Oxford, 1971), pp. 98–123; Story, *Carolingian Connections*, pp. 169–211.

29 见 F. Kelly, *A Guide to Early Irish Law* (Dublin, 1988), pp. 29–33（整本书是研究法律小册子的最佳著作）; T. M. Charles-Edwards, *Early Irish and Welsh Kinship* (Oxford, 1993), pp. 337–63; '*Críth Gablach* and the Law of Status', *Peritia*, 5 (1986), pp. 53–73; N. Patterson, *Cattle-lords and Clansmen*, 2nd edn. (Notre Dame, Ind., 1994), pp. 150–78。

30 D. ÓCorrá in, 'Nationality and Kingship in Pre-Norman Ireland', in T. W. Moody (ed.), *Nationality and the Pursuit of National Independence* (Belfast, 1978), pp. 1–35, esp. pp. 9–10.

31 *Críth Gablach*, trans. E. O. MacNeill, in *Proceedings of the Royal Irish Academy*, 36 C (1921–4), pp. 281–306；引文来自 p. 304，译文有过修改。

32 Byrne, *Irish Kings*, p. 23（pp. 15–35 是关于仪式的总体情况）。

33 见 Charles-Edwards, *Early Christian Ireland*, pp. 441–68。

34 Byrne, *Irish Kings*, pp. 87–114.

35 Byrne, *Irish Kings*, pp. 202–29; Charles-Edwards, *Early Christian Ireland*, pp. 594–8.

36 见 Charles-Edwards, *Early Christian Ireland*, pp. 241–81, 416–29; M. Herbert, *Iona, Kells and Derry* (Oxford, 1988), esp. pp. 53–6。科伦巴（科伦·基尔）是爱尔兰世界里最有代表性的圣徒生平的主角，该生平最新的译文是 R. Sharpe, *Adomnán of Iona: Life of St Columba* (Harmondsworth, 1995). 经典的译文版本收录于 Hughes, *Church in Early Irish Society*。

37 关于皮克特人的争论，见本章尾注 9。关于达尔里阿达，见 J. Bannerman, *Studies in the History of Dalriada* (Edinburgh, 1974); Anderson, *Kings*, pp. 145–65, 179 ff.; R. Sharpe, 'The Thriving of Dalriada', in S. Taylor (ed.), *Kings, Clerics and Chronicles in Scotland, 500–1297* (Dublin, 2000), pp. 47–61。

38 见 Anderson, *Kings*, pp. 196–200; Hudson, *Kings*, pp. 36–47; P. Wormald, in B. Crawford (ed.), *Scotland in Dark Age Britain* (St Andrews, 1996), pp. 131–60。

第 8 章

关于本章整体情况的重要综述性著作是 P. Brown, *The Rise of Western Christendom*

(2nd edn., Oxford 1997)，以及 J. M. H. Smith, *Europe after Rome* (Oxford, 2005)，这是目前为止最好的文化史综述。还可参见 B. Rosenwein, *Emotional Communities in the Early Middle Ages* (Ithaca, NY, 2006)。关于基督教和传统文化的接触，V. I. J. Flint, *The Rise of Magic in Early Medieval Europe* (Oxford, 1993) 是必看读物；关于东方和西方，必看读物是 J. Herrin, *The Formation of Christendom* (Princeton, 1987)。J. M.Wallace-Hadrill, *The Frankish Church* (Oxford, 1983) 是一本有价值的综述。R. McKitterick (ed.), *The Early Middle Ages* (Oxford, 2001) 论述了社会和文化史。关于社会史的总体情况，最好的研究著作是法语的 P. Depreux, *Les Sociétés occidentales du milieu du VIe à la fin du IXe siècle* (Rennes, 2002) 以及 R. Le Jan, *La Société du haut Moyen* Âge (Paris, 2003)。上述所有著作均包括加洛林时代。关于性别，见本章尾注 65。

1 ed. and trans. C. M. Aherne, *Valerio of Bierzo* (Washington, 1949).

2 *De Correctione Rusticorum* is trans. C. W. Barlow, *Iberian fathers*, vol. 1 (Washington, 1969), pp. 71–85.

3 I. Velázquez Soriano (ed.), *Documentos de época visigoda escritos en pizarra (siglos VI–VIII)* (Turnhout, 2000), n. 104.

4 Flint, *Rise of Magic*, pp. 110–15, 187–90. Gregory: *The Miracles of the Bishop St Martin*, trans. R. Van Dam, *Saints and their Miracles in Late Antique Gaul* (Princeton, 1993), pp. 200–303, 1.34 (cf. 1.11 and Gregory of Tours, *Histories*, trans. L. Thorpe as *The History of the Franks* (Harmondsworth 1974), 5.37 是关于布拉加的马丁的内容。值得注意的是，布拉加的马丁的著作 *De Correctione* 在 7 世纪初时已流传到高卢，所以格雷戈里在世时有可能看过这本书。见 Y. Hen, in E. Cohen and M. B. de Jong (eds.), *Medieval Transformations* (Leiden, 2001), pp. 35–49。

5 见 R. A. Markus, *Gregory the Great and his World* (Cambridge, 1997), pp. 206–9，更总体的情况见 pp. 163–87。

6 Gregory the Great, *Letters*, 1.41, trans. J. R. C. Martyn, *The Letters of Gregory the Great* (Toronto, 2004); Gregory of Tours, *Histories*（托莱多会议的情况见 9.15，晚餐争论的情况见 5.43, 6.40）。

7 I Braga, c. 8, in J. Vives (ed.), *Concilios visigóticos e hispano-romanos* (Barcelona, 1963).

8 总体情况见 R. McKitterick (ed.), *The Uses of Literacy in Early Medieval Europe* (Cambridge, 1990)。

9 见 M. Bonnet, *Le Latin de Grégoire de Tours* (Paris, 1890), pp. 48–76。

10 Bede, *Lives of the Abbots of Wearmouth and Jarrow*, trans. J. F. Webb, *The Age of Bede* (Harmondsworth, 1983), pp. 185–208, cc. 4, 6, 9. 关于辩论，见 Bede, *Letter to Plegwin*, 以及 *The Reckoning of Time*, trans. F. Wallis (Liverpool, 1999), pp. 405–15。

11 见 P. Llewellyn, in *Journal of Ecclesiastical History*, 25 (1974), pp. 363–80。

12 *Sancti Columbani Opera*, ed. and trans. G. S. M. Walker (Dublin, 1957), *letter* 5.

13 Brown, *Rise of Western Christendom*, ch. 13.

14 Boniface, *The Letters of Saint Boniface*, trans. E. Emerton (New York, 1940), *letter* 72.

15 Ratchis, law 13, trans. K. F. Drew, *The Lombard Laws* (Philadelphia, 1973), p. 224, cf. W. Pohl, and *et al.* (eds.), *The Transformation of Frontiers* (Leiden, 2001), pp. 117–41.

16 *Royal Frankish Annals*, trans. B. W. Scholz, *Carolingian Chronicles* (Ann Arbor, 1970), pp. 48–9. 关于异教的总体情况，见 J. Palmer, in *EME*, 15 (2007), pp. 402–25。

17 Bede, *The Reckoning of Time*, pp. 53–4.

18 *Vita Eligii*, trans. J. A. McNamara, http://www.fordham.edu/halsall/basis/eligius.html, 2.16, 20.

19 Boniface, *Letters*, 40–41.

20 格雷戈里，见 *Histories*, 6.6, 8.15–16 (ascetics), 9.6, cf. 10.25。更多关于南方（来路不正的神迹制造者）的情况，见 5.21, 8.34 (Winnoch), with *Life of the Fathers*, trans. E. James (Liverpool, 1985), 2.2 (dead saints)。关于主教和朝圣，见 R. Van Dam, *Leadership and Community in Late Antique Gaul* (Berkeley, 1985), pp. 179–201, 230–76; idem, *Saints and their Miracles*, pp. 50–81。

21 Markus, *Gregory the Great*, pp. 17–31.

22 见 *Dialogues*, trans. O. J. Zimmerman (Washington, 1959)。

23 *Life of St Patrick*, trans. A. B. E. Hood, *St Patrick* (Chichester, 1978), pp. 81–98, cc. 17, 18, 24, 26, 29.

24 见 *Two Lives of Saint Cuthbert*, ed. and trans. B. Colgrave (Cambridge, 1940)。

25 Boniface, *Letters*, 47.

26 Bede, *Life of Cuthbert* (in *Two Lives*, pp. 143–307), c. 3; cf. P. Brown, *The Cult of the Saints* (Chicago, 1981), pp. 119–27.

27 Van Dam, *Saints and their Miracles*.

28 *Vita Balthildis*, trans. in P. Fouracre and R. Gerberding, *Late Merovingian France* (Manchester, 1996), pp. 118–32, c. 9; cf. Fredegar, *Chronica*, ed. and trans. J. M. Wallace-Hadrill, *The Fourth Book of the Chronicle of Fredegar* (London, 1960), 4.54, and Van Dam, *Saints and their Miracles*, pp. 22–7.

29 Gregory, *Histories*, 1.48.

30 见 Flint, *Rise of Magic*，其分析令人印象深刻。

31 Rothari 376, Liutprand 84–5, trans. Drew, *The Lombard Laws*: *Laws of the Salian Franks*, trans. K. F. Drew (Philadelphia, 1991), c. 19.

32 Van Dam, *Saints and their Miracles*, pp. 191–2 (plague); Gregory of Tours, *Histories*, 7.44, 5.14。关于《圣经》占卜法，见 Flint, *Rise of Magic*, pp. 220–6, 273–86。

33 ed. and trans. O. Cockayne, *Leechdoms, Wortcunning and Starcraft of Early England*, 3 vols. (London 1864–6); see K. L. Jolly, *Popular Religion in Late Saxon England* (Chapel Hill, NC, 1996).

34 Gregory of Tours, *Histories*, 5.6 (but cf. 5.35); *Miracles of the Bishop St Martin*, 2.1; Flint, *Rise of Magic*,（p. 150 是关于凯撒利乌斯的内容）; *Lives of the Fathers of Mérida*, trans. A. T. Fear, *Lives of the Visigothic Fathers* (Liverpool, 1997), 4.1–2.

35 关于卢卡，见 M. Giusti and P. Guidi (eds.), *Rationes decimarum Italiae nei secoli XIII e XIV. Tuscia*, vol. 2 (Rome, 1942), pp. 255–85。关于法兰克，见 Le Jan, *La Société*, pp. 61–3; for England, J. Blair, *The Church in Anglo-Saxon Society* (Oxford, 2005), pp. 79–134, 368–504。关于西方乡村教堂的比较研究，见 *The Proprietary Church in the Medieval West* (Oxford, 2006), pp. 33–108。

36 Boniface, *Letters*, 51, 92.

37 Agnellus, *The Book of Pontiffs of the Church of Ravenna*, trans. D. Mauskopf Deliyannis (Washington, 2004), pp. 248–53.

38 Venantius Fortunatus, *Vita Germani*, *MGH*, *SRM*, vol. 7 (Hanover, 1920), pp. 372–418, cc. 10, 30–1, 61, 66–7; *Vita Eligii*, *MGH*, *SRM*, vol. 4 (Hanover, 1902), pp. 663–741, 1.31, 2.15, 66, 80（本章尾注 18 所列的网站中也有相关内容）; *Vita Amandi*, *MGH*, *SRM*, vol. 5 (Hanover, 1920) pp. 428–49, c. 14; Arbeo, *Vita Corbiniani*, *MGH*, *SRM*, vol. 6 (Hanover, 1913), pp. 560–93, cc. 10–13, all ed. by B. Krusch and W. Levison.

39 总体情况见 W. Klingshirn, in *Journal of Roman Studies*, 77 (1985), pp. 183–203。

40 *Lives of the Fathers of Mérida*, 4.7–9, 5.8.19, cf. Sisebut, *Life of Desiderius*,

trans. Fear, *Lives*, pp. 1–14, c. 11.（梅里达的文本部分收录于 Sisebut's *Life*, 所以句法也较为相似。）

41 *Passio Praeiecti*, trans. in Fouracre and Gerberding, *Late Merovingian France*, cc. 24, 29–31; *Vita Boniti*, ed. Krusch, *MGH, SRM*, vol. 6, pp. 119–39.

42 F. Prinz, *Klerus und Krieg im früheren Mittelalter* (Stuttgart, 1971), pp. 46–72. Savaric and Hainmar: P. Fouracre, *The Age of Charles Martel* (Harlow, 2000), pp. 90, 92.

43 E. Ewig, *Trier im Merowingerreich* (Trier, 1954), pp. 133–43.Walprand: *CDL*, vol. 1, n. 114.

44 M. Herbert, *Iona, Kells and Derry* (Oxford, 1988), pp. 36–67; Bede, *HE*, 4.23; *Vita Geretrudis*, trans. in Fouracre and Gerberding, *Late Merovingian France*, pp. 319–29, c. 1. 关于修道院扩张的总体情况，见 M. Dunn, *The Emergence of Monasticism* (Oxford, 2000), pp. 107–208；相关的圣徒传记，见 A.-M. Helvétius, *Le Saint et le moine* (Paris, in press)。关于整个欧洲对修道院的控制的复杂情况，有一篇重要的比较分析，即 Wood, *Proprietary Church*, pp. 109–244。注意，此处和稍后的“修道院”都包括女子修道院，以及男女都有的双重修道院，后者由女修道院长领导，在这一时期十分常见。

45 Bede, *Letter to Ecgbert*, trans. *EHD*, vol. 1, pp. 799–810, cc. 11–14 (cf. P. Sims-Williams, *Religion and Literature in Western England, 600–800* (Cambridge, 1990), pp. 126–9, and Blair, *Church*, pp. 100–108); *Regula Monastica Communis*, trans. C .W. Barlow, *Iberian Fathers*, vol. 2 (Washington, 1969), pp. 176–206, cc. 1, 2.

46 D. Herlihy, 'Church Property on the European Continent, 701–1200', *Speculum*, 36 (1961), pp. 81–105。关于交换馈赠，见 M. de Jong, *In Samuel's Image* (Leiden, 1996), pp. 267–77。关于各国向教会捐赠土地的问题，入门书是 F. Bougard *et al*. (eds.), *Sauver son Âme et se perpétuer* (Rome, 2005)。

47 见 C. La Rocca, in L. Paroli (ed.), *L'Italia centro-settentrionale in età longobarda* (Florence, 1997), pp. 31–54。关于异教和竞争，G. Halsall, *Early Medieval Cemeteries* (Glasgow, 1995), pp. 61–8 是简明的通览。

48 *Vita Balthildis*, c. 12.

49 Bede, *HE*, 3.18; *Beowulf*, trans. S. A. J. Bradley, *Anglo-Saxon Poetry* (London, 1982), pp. 408–94, lines 1707–23.

50 J. Jarnut, *Herrschaft und Ethnogenese im Frühmittelalter* (Münster, 2002), pp. 375–408; *Cap.*, vol. 1, nn. 23 c.17, 49 c.1, 140 c.7, 141 c.22.

51 *Vita Eligii*, 1. 11–12.

52 Depreux, *Les Sociétés occidentales*, pp. 124–5. Drink: Y. Hen, *Culture and Religion in Merovingian Gaul, AD 481–751* (Leiden, 1995), pp. 234–49.

53 G. A. Beckmann, 'Aus den letzten Jahrzehnten des Vulgärlateins in Frankreich', *Zeitschrift für romanische Philologie*, 79 (1963), pp. 305–34.

54 《麦克达索之猪》的译文，见 J. Gantz, *Early Irish Myths and Sagas* (Harmondsworth, 1981), pp. 179–87。

55 Sulpicius Severus, *Vita Martini*, trans. in T. F. X. Noble and T. Head (eds.), *Soldiers of Christ* (State College, Pa., 1995), pp. 3–29, c. 20; *Vita Eucherii*, ed. Levison, *MGH, SRM*, vol. 7, pp. 46–53, c. 8.

56 Stephanus, *Vita Wilfridi*, ed. and trans. B. Colgrave, *The Life of Bishop Wilfrid by Eddius Stephanus* (Cambridge, 1927), c. 2; *Beowulf*, line 358; Bede, *HE*, 3.5.

57 *Beowulf*, lines 607–41; see M. J. Enright, *Lady with the Mead Cup* (Dublin, 1996), pp. 2–37 and *passim*; cf. Theodelinda in Paul the Deacon, *History of the Langobards*, trans. W. D. Foulke (Philadelphia, 1907), 3.30.

58 Paul the Deacon, *History*, 6.24; for military tactics, G. Halsall, *Warfare and Society in the Barbarian West, 450–900* (London, 2003), pp. 194–204.

59 关于恩地政治，见 I. Wood, in W. Davies and P. Fouracre (eds.), *Property and Power in the Early Middle Ages* (Cambridge, 1995), pp. 31–52。

60 见 R. Le Jan, *Famille et pouvoir dans le monde franc VIIe – Xe siècle* (Paris, 1995), pp. 159–262, 381–427; Smith, *Europe after Rome*, pp. 83–114。

61 见 T. M. Charles-Edwards, *Early Irish and Welsh Kinship* (Oxford, 1993), pp. 49–61, 422 ff.; Italy: Liutprand 13, trans. Drew, *The Lombard Laws*。

62 Liutprand 199; Gregory of Tours, *Histories*, 10.27, 7.47, 9.19. 关于这一时期的世仇观念，有一篇重要的批评文章，即 Halsall, in idem (ed.), *Violence and Society in the Early Medieval West* (Woodbridge, 1998), pp. 1–45，虽然我对"世仇"的定义和他有所不同，但我赞同他的分析。关于法兰克的世仇，见 J. M. Wallace-Hadrill, *The Long-haired Kings* (London, 1962), pp. 121–47; P. Fouracre, in Halsall (ed.), *Violence*, pp. 60–75; P. Depreux, in D. Barthélemy *et al.* (eds.), *La Vengeance, 400–1200* (Rome, 2006), pp. 65–85。

63 *Vita Landiberti*, ed. Krusch, *MGH, SRM*, vol. 6, pp. 353–84, cc.11–17.

64 Depreux, *Les Sociétés occidentales*, pp. 149–84; Le Jan, *La Société*, pp. 133–55; Bede, *HE*, 4.22.

65 关于性别的总体情况，大体上可以通过女性史的视角来看，但不能完全用这个角度，见 S. F. Wemple, *Women in Frankish Society* (Philadelphia, 1981); P. Skinner, *Women in Medieval Italian Society 500–1200* (London, 2001); L. M. Bitel, *Women in Early Medieval Europe 400–1100* (Cambridge, 2002); L. Brubaker and J. M. H. Smith (eds.), *Gender in the Early Medieval World* (Cambridge, 2004); Smith, *Europe after Rome*, pp. 115–47; J. L. Nelson, *The Frankish World, 750–900* (London, 1996), pp. 183–221（简短但犀利）; Le Jan, *La Société*, pp. 211–32; H.-W. Goetz, *Frauen im frühen Mittelalter* (Cologne, 1995); S. Lebecq et al. (eds.), *Femmes et pouvoirs des femmes à Byzance et en Occident* (Lille, 1999)。关于王后，见 P. Stafford, Queens, *Concubines and Dowagers* (London, 1983); J. L. Nelson, *Politics and Ritual in Early Medieval Europe* (London, 1986), pp. 1–48 for Merovingians; Gregory, *Histories*, 5.18,39, 6.4。

66 *ChLA*, vol. 14, n. 592; J. Guérout, 'Le Testament de Sainte Fare', *Revue d'histoire ecclésiastique*, 60 (1965), pp. 761–821.

67 见 R. Le Jan, in M. de Jong and F. Theuws (eds.), *Topographies of Power in the Early Middle Ages* (Leiden, 2001), pp. 243–69。关于女子和双重修道院，见 S. Foot, *Veiled Women*, vol. 1 (Aldershot, 2000), pp. 49–56。

68 见 Fouracre, *Charles Martel*, pp. 43–65; I. Wood, in Brubaker and Smith, *Gender*, pp. 234–56。

69 见 H. Leyser, *Medieval Women* (London, 1995), pp. 19–39。

70 John of Biclar, *Chronicle*, trans. K. B. Wolf, *Conquerors and Chroniclers of Early Medieval Spain* (Liverpool, 1990), cc. 55, 90; Paul the Deacon, *History*, 2.28–9, 3.30–4.41; *CDL*, vol. 4.2, nn. 39–42 (Scauniperga); Gregory the Great, *Letters*, 1.11, 3.1–2, 9.85, 10.6–7 (Clementina); Skinner, *Women*, pp. 54–9.

71 *CDL*, vol. 2, n. 163, vol. 5, n. 50. 关于塔内尔迪斯，见 C. La Rocca, in *Mélanges de l'École française de Rome: Moyen Âge*, 111 (1999), pp. 933–50。关于寡妇的总体情况，见 J. L. Nelson, in Davies and Fouracre, *Property and Power*, pp. 82–113。

72 L. Feller, *Les Abruzzes médiévales* (Rome, 1998), pp. 468–82. 关于嫁妆的总体情况，见 F. Bougard *et al.* (eds.), *Dots et douaires dans le haut Moyen Âge* (Rome, 2002)。

73 Liutprand 120, 141, trans. Drew, *The Lombard Laws*; see Skinner, *Women*, pp. 35 ff; R. Balzaretti in Halsall, *Violence*, pp. 175–92，更多总体情况见 W. Pohl and P. Erhart (eds.), *Die Langobarden* (Vienna, 2005), pp. 361–82。

74 见 T. M. Charles-Edwards, in R. Evans (ed.), *Lordship and Learning*

(Woodbridge, 2004), pp. 11–37, at pp. 24–9。关于族群的整体情况，见 Smith, *Europe after Rome*, pp. 257–67 and *passim*。

75 见 Y. Hen and M. Innes, *The Uses of the Past in the Early Middle Ages* (Cambridge, 2000)。

76 trans. Wolf, *Conquerors*, pp. 82–3.

77 见 the *Einsiedeln Itinerary*, ed. in R. Valentini and G. Zucchetti, *Codice topografico della città di Roma*, vol. 2 (Rome, 1942), pp. 176–207。

78 Smith, *Europe after Rome*, p. 285.

79 M. Innes, in Hen and Innes, *Uses of the Past*, pp. 227–49; R. McKitterick, *History and Memory in the Carolingian World* (Cambridge, 2004), pp. 196–210; *Perceptions of the Past in the Early Middle Ages* (Notre Dame, Ind., 2006), pp. 35–61, 其中对加洛林王朝对罗马及其建筑的态度做了细致的描述。

第 9 章

关于这一时期的农民社会，见 P. Depreux, *Les Sociétés occidentales du milieu du VIe à la fin du IXe siècle* (Rennes, 2002); R. Le Jan, *La Société du haut Moyen Âge* (Paris, 2003); J.-P. Devroey, *Puissants et misérables* (Brussels, 2006)，以及早期经典著作 A. Dopsch, *Economic and Social Foundations of European Civilization* (London, 1937)。关于经济，见 J.-P. Devroey, *Économie rurale et société dans l'Europe franque (VIe–IXe siècles)* (Paris, 2003); M. McCormick, *Origins of the European Economy* (Cambridge, 2001); S. Loseby and S. Lebecq, in *NCMH*, vol. 1, pp. 605–59; R. Hodges and D. Whitehouse, *Mohammed, Charlemagne and the Origins of Europe* (London, 1983); R. Hodges and W. Bowden (eds.), *The Sixth Century* (Leiden, 1998); I. L. Hansen and C. Wickham (eds.), *The Long Eighth Century* (Leiden, 2000)。这里的经典是 G. Duby, *The Early Growth of the European Economy* (London, 1974)。本章将比其他各章更多地直接呈现我在 *Framing the Early Middle Ages* (Oxford, 2005) 中提出的论点，那本书里列出了更多的参考书目。但是，我在这里会尽可能地挑选不同的例子以证明本章中的观点。

1 所有档案已经整理齐全，而且很多人以各种不同的立场对文本和坎皮奥内的社会做出了评论，见 S. Gasparri and C. La Rocca (eds.), *Carte di famiglia* (Rome, 2005)，安斯特鲁达的文本在注解 1，其他提到的文本则分别在注解 3、4、2（我不认为安斯特鲁达最初是半自由的，这个假说见 L. Feller, ibid., p. 203）。在一个问题上，安斯特鲁达没有得到半自由民的待遇，因为根据法令和法兰克的其他证据，自由女性和非自由男性结婚后，他们的所有小孩都拥有自由民的身份：见 A. Rio, in *Past and Present*, 193 (2006), pp. 16–23，意大利可能在这方面的限制更多一些。

2 见 Wickham, *Framing*, pp. 168–232, 314–64。

3 见 K. L. R. Pearson, *Conflicting Loyalties in Early Medieval Bavaria* (Aldershot, 1999), pp. 84–100。

4 M. Innes, *State and Society in the Early Middle Ages* (Cambridge, 2000), pp. 51–68.

5 帕莱索，见 *Das Polyptichon von St.-Germain-des-Prés*, ed. D. Hägermann (Cologne, 1993), Section 2。土地档案记载的乡村社会，见 E. Power, *Medieval People*, 10th edn. (London, 1963), pp. 18–38。

6 古尔斯多夫，见 *Traditiones Wizenburgenses*, ed. K. Glöckner and A. Doll (Darmstadt, 1979), nn. 6, 7, 12, 15, 38, 43, 46, 78, 81, 92, 104, 114, 124, 128, 132, 142, 145, 150, 186。西吉巴尔德和公爵们，见 H. J. Hummer, *Politics and Power in Early Medieval Europe* (Cambridge, 2005), pp. 46–63, 111–13。莱茵兰村庄社会的总体情况，见 F. Schwind, in H. Jankuhn *et al.* (eds.), *Das Dorf der Eisenzeit und des frühen Mittelalters* (Göttingen, 1977), pp. 444–93。农民社会的整体情况，见 Wickham, *Framing*, pp. 383–588。

7 见 W. Davies, *Small Worlds* (London, 1988); pp. 153–4, 196 有关于阿瑙的内容。

8 见 E. Zadora-Rio, in E. Mornet (ed.), *Campagnes médiévales* (Paris, 1993), pp. 145–53。另一种视角在 J. Chapelot and R. Fossier, *The Village and House in the Middle Ages* (London, 1985), pp. 71, 129; C. Lewis *et al.*, *Village, Hamlet and Field* (Macclesfield, 1997), pp. 191, 198–201。

9 监管自由民与非自由民之间的界限，见 P. Bonnassie, *From Slavery to Feudalism in Southwestern Europe* (Cambridge, 1991), pp. 19–25。跨越界限通婚，见 H.-W. Goetz, *Frauen im frühen Mittelalter* (Cologne, 1995), pp. 263–7。关于非自由民，见 W. Davies, in M. L. Bush (ed.), *Serfdom and Slavery* (Harlow, 1996), pp. 225–46。

10 D. Herlihy, *Opera Muliebria* (New York, 1990).

11 总体情况见 Goetz, *Frauen*; P. Skinner, *Women in Medieval Italian Society 500–1200* (London, 2001), pp. 44–9。

12 总体情况见 G. Halsall, *Warfare and Society in the Barbarian West, 450–900* (London, 2003), esp. pp. 119–33, and p. 93 是关于查理曼的内容。关于英格兰，见 R. P. Abels, *Lordship and Military Obligation in Anglo-Saxon England* (Berkeley, 1988), pp. 35–6。

13 Gregory of Tours, *Histories*, trans. L. Thorpe as *The History of the Franks* (Harmondsworth, 1974), 5.48.

14 C. Wickham, *Land and Power* (London, 1994), pp. 155–99.

15 H. Hamerow, *Early Medieval Settlements* (Oxford, 2002)，这是关于欧洲北部的情况。关于欧洲南部，现在最好的综述是 G. P. Brogiolo and A. Chavarría Arnau, *Aristocrazie e campagne nell'Occidente da Costantino a Carlo Magno* (Florence, 2005)。

16 L. Feller, *Les Abruzzes médiévales* (Rome, 1998), pp. 540–46; J. Jarrett, in *EME*, 12 (2003), pp. 241–8.

17 见 T. Williamson, *The Origins of Norfolk* (Manchester, 1993), pp. 57–8。

18 首先要看收录于 L. K. Little (ed.), *Plague and the End of Antiquity* (Cambridge, 2007) 的文章，这些文章够权威，但是在我看来对腺鼠疫的严重影响有些过于笃定，与之不同的观点可看 J. Durliat in *Hommes et richesses dans l'empire byzantin*, vol. 1 (Paris, 1989), pp. 107–19。

19 见 Wickham, *Framing*, pp. 693–759, 794–824。

20 C. J. Arnold, *An Archaeology of the Early Anglo-Saxon Kingdoms*, 2nd edn. (London, 1997), pp. 92–3, 135–46.

21 J. Wooding, *Communication and Commerce across the Western Sealanes, AD 400–800* (Oxford, 1996).

22 G. Ripoll López, *Toréutica de la Bética (siglos VI y VII d.c.)* (Barcelona, 1998); M. Ricci, in L. Paroli (ed.), *L'Italia centro-settentrionale in età longobarda* (Florence, 1997), pp. 239–73.

23 例见 L. Saguì, in *Archeologia medievale*, 29 (2002), pp. 7–42。

24 S. T. Loseby, in Hansen and Wickham, *The Long Eighth Century*, pp. 167–93.

25 *MGH*, *Epistolae*, vol. 3, pp. 129 (Reims), 214 (Cahors); Gregory of Tours, *Histories*, 3.34 (Verdun); *ChLA*, vol. 14, n. 586 (Saint-Denis). 关于上述所有情况，见 D. Claude, in K. Düwel *et al.* (eds.), *Untersuchungen zu Handel und Verkehr der vor- und frühgeschichtlichen Zeit in Mittel- und Nordeuropa* (Göttingen, 1985), vol. 3, pp. 9–99.。

26 Gregory, *Histories*, 6.32; H. Hellenkemper *et al.*, in *Kölner Jahrbuch*, 34 (2001),

pp. 621–944; cf. Wickham, *Framing*, pp. 677–81.

27 对皮朗的评论见 A. Riising, in *Classica et Medievalia*, 13 (1952), pp. 37–130。考古学的新进展见 Hodges and Whitehouse, *Mohammed*。对地中海西部贸易史的重写（以档案为依据），见 D. Claude, in Düwel, *Untersuchungen*, vol. 2。

28 McCormick, *Origins*, pp. 708–16.

29 Gregory the Great, *Letters*, 4.43; Gregory of Tours, *Histories*, 6.5, 17, 10.26; Fredegar, *Chronica*, ed. and trans. J. M. Wallace-Hadrill, *The Fourth Book of the Chronicle of Fredegar* (London, 1960), 4.48, 68, 74–5 (Samo); *Lives of the Fathers of Mérida*, trans. A. T. Fear, *Lives of the Visigothic Fathers* (Liverpool, 1997), 4.3; G. Dagron and V. Déroche, in *Travaux et mémoires*, 11 (1991), pp. 17–273; *MGH, Diplomata Karolinorum*, vol. 1, ed. E. Mühlbacher (Berlin, 1906), n. 46. 总体情况见 Claude, in Düwel, *Untersuchungen*, vol. 3, pp. 62–83; S. Lebecq, in Hansen and Wickham, *The Long Eighth Century*, pp. 121–48。

30 *Miracula S. Goaris*, ed. O. Holder-Egger, in *MGH, Scriptores*, vol. 15.1 (Hanover, 1887), pp. 363–72, cc. 20, 26, cf. 28; see e.g. McCormick, *Origins*, pp. 657–60.

31 McCormick, *Origins*, pp. 129–34, 502–8.

32 R. Balzaretti, in N. Christie and S. Loseby (eds.), *Towns in Transition* (Aldershot, 1996), pp. 213–34，另见本章尾注 43。

33 关于货币的基本研究，见 P. Grierson and M. Blackburn, *The Early Middle Ages* (Cambridge, 1986), updated by M. Blackburn in *NCMH*, vol. 1, pp. 660–74 and vol. 2, pp. 538–59。关于当时的制度背景，见 M. F. Hendy, 'From Public to Private', *Viator*, 19 (1988), pp. 29–78。意大利的情况，见 A. Rovelli, in Hansen and Wickham, *The Long Eighth Century*, pp. 193–223。

34 *Cap.*, vol. 1, p. 74, trans. P. D. King, *Charlemagne* (Kendal, 1987), p. 225.

35 D. M. Metcalf, *Thrymsas and Sceattas in the Ashmolean Museum Oxford*, vol. 3 (London, 1994).

36 Cassiodorus, *Variae*, trans. S. J. B. Barnish (Liverpool, 1992), 1.45, pp. 20–23; *Royal Frankish Annals*, trans. B. W. Scholz, *Carolingian Chronicles* (Ann Arbor, 1970), s.a. 757, among others.

37 P. Grierson, *Dark Age Numismatics* (London, 1979), study II; Duby, *Early Growth*, pp. 48–57. 更多内容见 Le Jan, *La Société*, pp. 258–67; Devroey, *Économie rurale*, pp. 175–93。关键的资料更新，见 F. Curta, in *Speculum*,

81 (2006), pp. 671–99。关于西方的拜占庭器物，见 A. Harris, *Byzantium, Britain and the West* (Stroud, 2003)。

38 Gregory of Tours, *Histories*, 5.18.

39 Ine, law 25, trans. *EHD*, vol. 1, p. 401; Liutprand 79, trans. Drew, *The Lombard Laws*.

40 Wickham, *Framing*, pp. 280–301.

41 R. Hodges, *Dark Age Economics* (London, 1982); U. Näsman, in Hansen and Wickham, *The Long Eighth Century*, pp. 35–68; 另见第 7 章尾注 16。

42 trans. *EHD*, vol. 1, pp. 848–9.

43 见 S. Gelichi *et al.*, in *Archeologia medievale*, 33 (2006), pp. 19–48。

第 10 章

本章得到了 Leslie Brubaker 的很多建议和启发，尤其是她即将出版的著作 *Looking at Byzantium*，我看过这本书的草稿。关于建筑展示的政治效果，有价值的启示来自 M. de Jong and F. Theuws (eds.), *Topographies of Power in the Early Middle Ages* (Leiden, 2001)。关于本时期的建筑有三本经典的研究著作，包括 R. Krautheimer and S. Ćurčić, *Early Christian and Byzantine Architecture*, 4th edn. (Harmondsworth, 1986); R. Ettinghausen and O. Grabar, *The Art and Architecture of Islam, 650–1250* (Harmondsworth, 1987); K. J. Conant, *Carolingian and Romanesque Architecture*, 2nd edn (Harmondsworth, 1966)。此外，还需要看更多包括最新研究进展的著作。当然，还有很多关注范围较小的论著，包括对单个建筑的论述，我们在下面会提及一部分这样的著作。

1 见 R. J. Mainstone, *Hagia Sophia* (New York, 1988)。关于同时期的描述，见 Prokopios, *On Buildings*, ed. and trans. H. B. Dewing (Cambridge, Mass., 1940), 1.1; Paul the Silentiary, *Description of the Holy Wisdom*, partially trans. in C. Mango, *The Art of the Byzantine Empire, 312–1453* (Englewood Cliffs, NJ, 1972), pp. 80–96。后一本书有完整的意大利语译文，见 M. L. Fobelli, *Un tempio per Giustiniano* (Rome, 2005)。

2 首先参见 F. B. Flood, *The Great Mosque of Damascus* (Leiden, 2001)。关于背景，见 O. Grabar, *The Formation of Islamic Art* (New Haven, 1973), esp. pp. 104–38; Ettinghausen and Grabar, *Art and Architecture*, pp. 37–45。

3 见 H. Kennedy, *Past and Present*, 106 (1985), pp. 3–27。

4 B. Hope-Taylor, *Yeavering* (London, 1977); C. Scull, in *Medieval Archaeology*, 35 (1991), pp. 51–63; J. Blair, *The Church in Anglo-Saxon Society* (Oxford, 2005), pp. 54–7.

5 trans. S. A. J. Bradley, *Anglo-Saxon Poetry* (London, 1982), p. 402.

6 见 C. J. Goodson, 'Revival and Reality', *Acta ad Archaeologiam et Artium Historiam Pertinentia*, 15 (2005), pp. 61–92，这是对 1942 年的一篇文章所做的回应，这篇文章是 R. Krautheimer, published in *Studies in Early Christian, Medieval and Renaissance Art* (New York, 1969), pp. 203–56（此文至今仍很重要）。另见 J. J. Emerick, in *Mededelingen van het Nederlands Instituut te Rome*, 59 (2000), pp. 129–59; C. J. Goodson, *Pope Paschal I and the Churches of Rome* (Cambridge, in press)。对马赛克的完整分析见 R. Wisskirchen, *Das Mosaikprogramm von S. Prassede in Rom* (Münster, 1990)。关于 9 世纪的罗马，更多信息见 T. F. X. Noble, *The Republic of St Peter* (Philadelphia, 1984), pp. 299–324，以及经典著作 R. Krautheimer, *Rome: Profile of a City, 312–1308* (Princeton, 1980)，还有地质学评论 R. Coates-Stephens, in *Papers of the British School at Rome*, 54 (1996), pp. 239–59, and 55 (1997), pp. 177–232。Noble 的观点很有说服力，他在'Topography, Celebration and Power', in de Jong and Theuws (eds.), *Topographies of Power*, pp. 45–91 中提出，教皇在公元 750 年之后的一个世纪时间内建造的建筑使罗马在历史上第一次成为肉眼可见的"教皇城"。

7 trans. R. Davis, *The Lives of the Ninth-century Popes* (Liverpool, 1995), pp. 1–30 (Paschal), 9–13 (S. Prassede).

8 见 A. Freeman, in *Speculum*, 32 (1957), pp. 699–701, and 40 (1965), pp. 280–82; eadem and P. Meyvaert, in *Gesta*, 40 (2001), pp. 125–39; L. Brubaker, in *Dumbarton Oaks Papers*, 58 (2004), pp. 177–82。

9 法语资料见 A. Renoux (ed.), *Palais royaux et princiers du Moyen Âge* (Le Mans, 1996)。关于位于现代德国境内的宫殿，有一本简明的英语研究著作，即 G. P. Fehring, *The Archaeology of Medieval Germany* (London, 1991), pp. 126–35。有价值的规划方案见 C. Stiegemann and M. Wemhoff (eds.), *799: Kunst und Kultur der Karolingerzeit* (Mainz, 1999), pp. 130–96。重要的评论见 Samson, in M. Locock (ed.), *Meaningful Architecture* (Aldershot, 1994), pp. 99–131。

10 *Beowulf*, trans. Bradley, *Anglo-Saxon Poetry*, lines 69, 331–98; *Marwnad Cynddylan*, trans. J. Rowland, *Early Welsh Poetry* (Cambridge, 1990), pp. 484–5; *Culhwch and Olwen*, trans. G. and T. Jones, *The Mabinogion* (London, 1949),

pp. 95–136.

11 R. C. Blockley, *The Fragmentary Classicising Historians of the Later Roman Empire* (Liverpool, 1983), vol. 2, pp. 265–93 (quotes from pp. 265 and 285); cf. W. Pohl, in de Jong and Theuws (eds.), *Topographies of Power*, pp. 439–66.

12 C. Rauch, *Die Ausgrabungen in der Königspfalz Ingelheim 1909–1914*, ed. H. J. Jacobi (Mainz, 1976); W. Sage, in *Francia*, 4 (1976), pp. 141–60. 关于绘画等，见 Ermold, *In Honorem Hludovici Pii*, partially trans. P. Godman, *Poetry of the Carolingian Renaissance* (London, 1985), pp. 251–5。

13 trans. L. Thorpe, *Two Lives of Charlemagne* (London, 1969), 2.6 (Byzantines), 1.30 (windows); cf. S. Airlie, 'The Palace of Memory', in S. Rees Jones *et al.* (eds.), *Courts and Regions in Medieval Europe* (York, 2000), pp. 1–19, at p. 5.

14 *Antapodosis*, 6.5, in *The Complete Works of Liudprand of Cremona*, trans. P. Squatriti (Washington, 2007), pp. 197–8.

15 公元 800 年前的总体情况，见 C. Wickham, *Framing the Early Middle Ages* (Oxford, 2005), pp. 442–518。

16 H. C. Butler, *Syria*, vol. 2B (Leiden, 1920), pp. 113–33; G. Tchalenko, *Villages antiques de la Syrie du Nord*, 3 vols. (Paris, 1953–8); G. Tate, *Les Campagnes de la Syrie du Nord du IIe au VIIe siècle*, vol. 1 (Paris, 1992); G. Charpentier, 'Les Bains de Sergilla', *Syria*, 71 (1994), pp. 113–42.

17 H. Hamerow, *Early Medieval Settlements* (Oxford, 2002); É. Peytremann, *Archéologie de l'habitat rural dans le nord de la France du IVe au XIIe siècle* (Saint-Germain-en-Laye, 2003).

18 英文的简短综述，见 S. Hvass, in K. Randsborg (ed.), *The Birth of Europe* (Rome, 1989), pp. 91–9。

19 英文著作，见 F. Damminger, in I. Wood (ed.), *Franks and Alamanni in the Merovingian Period* (Woodbridge, 1998), pp. 60–64。

20 关于英格兰的情况，见 Blair, *Church*, esp. pp. 383–425。

21 见 F. Cantini, *Il castello di Montarrenti* (Florence, 2003)；托斯卡纳其他地方情况的汇总，见 M. Valenti, *L'insediamento altomedievale nelle campagne toscane* (Florence, 2004)；关于意大利的其他地方，见 R. Francovich and R. Hodges, *Villa to Village* (London, 2003)。关于村庄内部空间出现阶层分化的总体背景，见 L. Feller, *Paysans et seigneurs au Moyen Âge, VIIIe–XVe siècles* (Paris, 2007), pp. 76–81。

第 11 章

关于拜占庭历史的英文著作很多，最好的单卷本入门书是 M. Whittow, *The Making of Orthodox Byzantium, 600–1025* (Basingstoke, 1996)，关于本时期最好的专题研究是 J. F. Haldon, *Byzantium in the Seventh Century*, 2nd edn. (Cambridge, 1997)， 以 及 L. Brubaker and J. F. Haldon, *Byzantium in the Iconoclast Era (ca.680–ca.850)* (Cambridge, 2009)。我感谢那些让我看他们著作打字稿的作者。C. Mango, *Byzantium: The Empire of New Rome* (London, 1980)、A. Cameron, *The Byzantines* (Oxford, 2006)，以及 J. Herrin, *Byzantium* (Princeton, 2008) 都是很有见地的著作。J. Herrin, *The Formation of Christendom* (Princeton, 1987) 对教会研究而言十分重要。*ODB* 是非常宝贵的参考书。

1 A. Cameron and J. Herrin (eds.), *Constantinople in the Early Eighth Century* (Leiden, 1984). 引文依次出自第 1、28、61、65、75 章。

2 见 M. Whitby, *The Emperor Maurice and his Historian* (Oxford, 1988)。

3 W. Pohl, *Die Awaren* (Munich, 1988).

4 W. E. Kaegi, *Byzantine Military Unrest 471–843* (Amsterdam, 1981)。关于军队的意识形态，见 J. F. Haldon, in *Klio*, 68 (1986), pp. 139–90。关于世袭继承及合法性，见 G. Dagron, *Emperor and Priest* (Cambridge, 2003), pp. 13–45, 54–83。

5 见 D. M. Olster, *The Politics of Usurpation in the Seventh Century* (Amsterdam, 1993)，这是一本非常令人愉悦的书。

6 见 W. E. Kaegi, *Heraclius* (Cambridge, 2003), 另一本令人愉悦的书。

7 Giorgio di Pisidia, *Poemi*, vol. 1, ed. and trans. A. Pertusi (Ettal, 1959), p. 109.

8 M. F. Hendy, *Studies in the Byzantine Monetary Economy, c. 300–1450* (Cambridge, 1985), pp. 619–67 (quote from p. 620).

9 H. Ahrweiler, *Byzance et la mer* (Paris, 1966), pp. 17–92.

10 见 G. Dagron and V. Déroche, 'Juifs et Chrétiens dans l'Orient du VIIe siècle', *Travaux et mémoires*, 11 (1991), pp. 17–273, esp. pp. 38–43; R. G. Hoyland, *Seeing Islam as Others Saw It* (Princeton, 1997), pp. 257–316; an important example, pseudo-Methodios, is partially trans. By S. P. Brock, in A. Palmer, *The Seventh Century in the West-Syrian Chronicles* (Liverpool, 1993), pp. 230–42。关于这一时期著作的浓重宗教色彩，见 A. Cameron, J. Haldon, G. J. Reinink, in A. Cameron and L. I. Conrad (eds.), *The Byzantine and Early*

Islamic Near East, vol. 1 (Princeton, 1992), pp. 81–187。

11 见 Haldon, *Byzantium in the Seventh Century*, pp. 208–32; idem, in *Dumbarton Oaks Papers*, 47 (1993), pp. 1–67, idem, *Warfare, State and Society in the Byzantine world 565–1204* (London, 1999), pp. 71–12。

12 C. Wickham, *Framing the Early Middle Ages* (Oxford, 2005), pp. 233–9 简要列出了相关文献。

13 *The Miracles of St Artemios*, ed. and trans. V. S. Crisafulli and J. W. Nesbitt (Leiden, 1997), esp. cc. 7, 10, 17, 18, 26, 27, 29, 32, 44, and pp. 19–21.

14 *ODB*, vol. 3, p. 1684.

15 Haldon, *Byzantium in the Seventh Century*, pp. 180–207;W. Brandes, *Finanzverwaltung in Krisenzeiten* (Frankfurt, 2002), pp. 116–238.

16 M. McCormick, *Eternal Victory* (Cambridge, 1986), pp. 131–230; L. Brubaker, in M. de Jong and F. Theuws (eds.), *Topographies of Power in the Early Middle Ages* (Leiden, 2001), pp. 31–43; Dagron, *Emperor and Priest*, pp. 103–14.

17 见 *The Chronicle of Theophanes*, trans. C. Mango and R. Scott (Oxford, 1997), p. 605。

18 P. Magdalino, *Constantinople médiévale* (Paris, 1996), pp. 48–50.

19 Dagron, *Emperor and Priest*, pp. 158–91.

20 Brubaker and Haldon, *Byzantium in the Iconoclast Era*, ch. 1.

21 关于 681 年的事件，见 *Chronicle of Theophanes*, pp. 491–2（时间误作 669 年）。

22 *A Manual of Roman Law*, trans. E. H. Freshfield (Cambridge, 1926); quote from p. 67.

23 *Chronicle of Theophanes*, pp. 608, 611; J. F. Haldon, *Byzantine Praetorians* (Bonn, 1984), pp. 228–56.

24 反圣像运动的总体情况，见 Brubaker and Haldon, *Byzantium in the Iconoclast Era*（第 1 章是公元 720 年前的情况），还可参见 *Byzantium in the Iconoclast era (ca.680–850): The Sources* (Aldershot, 2001)。关于早期的圣像，我同意 Brubaker, ‘Icons before Iconoclasm?’, *Settimane di studio*, 45 (1998), pp. 1215–54，与经典观点不同的是 E. Kitzinger, ‘The Cult of Images in the Age before Iconoclasm’, *Dumbarton Oaks Papers*, 8 (1954), pp. 85–150。关于公元 626 年的情况，见 B. V. Pentcheva, in *Byzantine and Modern Greek Studies*, 26 (2002), pp. 2–41。关于其他研究，见这些著作中的参考书目即可。但是，A. Bryer and J. Herrin (eds.), *Iconoclasm* (Birmingham, 1977) 是

一本在当时的知识框架内很有价值的研究，P. Brown, ‘A Dark-age Crisis’, *English Historical Review*, 88 (1973), pp. 1–34 是一本精彩的重新解读。大格列高利的话的出处和背景，见 H. L. Kessler, in *Studies in the History of Art*, 16 (1985), pp. 75–91。

25 Nikephoros, *Antirrhēsis*, trans. M.-J. Mondzain-Baudinet, Nicéphore, *Discours contre les Iconoclastes* (Paris, 1989); p. 325 中有士坦丁的引文索引。

26 D. J. Sahas, *Icon and Logos* (Toronto, 1986), 1986), a translation of the acts of Second Nicaea, p. 75.

27 *La Vie d'Étienne le Jeune par Étienne le diacre*, ed. and trans. M.-F. Auzépy (Aldershot, 1997), cc. 69 (death), 28 (flight).

28 除了总体上的研究外，还可参见 L. James, *Empresses and Power in Early Byzantium* (Leicester, 2001), esp. pp. 54–6, 68–72, 89–92, 112–14, 125–7。关于她以及她的继承者的统治，有一本细节丰富的著作，但是在第一手史料方面不是特别突出，这本书是 W. Treadgold, *The Byzantine Revival 780–842* (Stanford, Calif., 1988)。

29 Treadgold, *Byzantine Revival*, pp. 127–95; *Chronicle of Theophanes*, pp. 655 (802), 667–9 (vexations).

30 J. V. A. Fine, *The Early Medieval Balkans* (Ann Arbor, 1983), pp. 66–105 以及 F. Curta, *Southeastern Europe in the Middle Ages, 500–1250* (Cambridge, 2006), pp. 70–110, 147–65 都是最近出版的叙事体著作。经典作品 D. Obolensky, *The Byzantine Commonwealth* (London, 1971) 对这一时期的描述不那么详细。如果对 10 世纪的斯拉夫语言有兴趣，可以参见 Constantine Porphyrogenitus, *De Administrando Imperio*, ed. and trans. G. Moravcsik and R. J. H. Jenkins (Washington, 1967), cc. 31, 32, 34, 36。

31 *Chronicle of Theophanes*, pp. 679–80, 684–5.

32 Nikephoros, *Antirrhēsis*, 3.73 (Nicéphore, *Discours*, pp. 281–3).

33 见 M. Kaplan, in idem (ed.), *Monastères, images, pouvoirs et société à Byzance* (Paris, 2006), pp. 183–205。

34 Treadgold, *Byzantine Revival*, pp. 311, 447，好几份史料都记载了这一事件。

35 见 P. Squatriti, in *Past and Present*, 176 (2002), pp. 11–65。

36 J. Herrin, *Women in Purple* (London, 2001), p. 213.

37 Nikephoros, *Antirrhēsis*, 1.20, 30, 43, 2.18 (Nicéphore, *Discours*, pp. 87, 110, 135, 178). Ignatios: *The Correspondence of Ignatios the Deacon*, ed. and trans. C. Mango (Washington, 1997), *letter* 21 是关于毕达哥拉斯的内容，pp.

239–41 是来自《圣经》内容之外的引文。关于所有这些人物的综述，见 P. Lemerle, *Byzantine Humanism* (Canberra, 1986), pp. 137–204. 关于伊格纳西奥斯的经历，见 *Correspondence of Ignatios*, pp. 3–24; 本章引用的信件是 30（尼基弗鲁斯）、46（流放地点）、39（贫穷）、38（迷失）。

38 Brubaker and Haldon, *Byzantium in the Iconoclast Era*, ch. 5.

39 Peter Brown, 'A Dark-age Crisis'; p. 8 for quote.

40 Brubaker and Haldon, *Byzantium in the Iconoclast Era: The Sources,* pp. 30–36; R. Schick, *The Christian Communities of Palestine from Byzantine to Islamic Rule* (Princeton, 1995), pp. 180–219.

第 12 章

关于阿拉伯历史中的一些问题，整体框架性的著作是 R. S. Humphreys, *Islamic History*, revised edn. (Princeton, 1991)。关于公元 750 年之前的历史叙事，见 H. Kennedy, *The Prophet and the Age of the Caliphates* (London, 1986); G. R. Hawting, *The First Dynasty of Islam* (Carbondale, Ill., 1987); P. Crone, *Slaves on Horses* (Cambridge, 1980) 干脆、简明，但是需要一些知识储备才能读懂；M. A. Shaban, *Islamic History: A New Interpretation*, vol. 1 (Cambridge, 1971) 成书时间较早，问题也较多；老的经典是 J. Wellhausen, *The Arab Kingdom and its Fall* (Calcutta, 1927)。重要的研究工具书是 *Encyclopaedia of Islam*, 2nd edn. (Leiden, 1954–2001)。

1 文本包括 *The Armenian History Attributed to Sebeos*, trans. R. W. Thomson *et al.* (Liverpool, 1999), vol. 1, p. 154; *The History of al-Tabari*, trans. E. Yar-Shater *et al.*, 39 vols. (Albany, NY, 1985–2000), vol. 15, pp. 145–252。关于事件的重建和它们的问题，见 R. S. Humphreys, in F. M. Clover and R. S. Humphreys (eds.), *Tradition and Innovation in Late Antiquity* (Madison, 1989), pp. 271–90（更关键）; M. Hinds, *Studies in Early Islamic History* (Princeton, 1996), pp. 29–55。关于一些背景，见 Humphreys, *Islamic History*, pp. 98–103; E. L. Petersen, *'Alī and Mu'āwiya in Early Arabic Tradition* (Copenhagen, 1964); P. Crone, *Medieval Islamic Political Thought* (Edinburgh, 2004), pp. 17–32. For Sayf, E. Landau-Tasseron, in *Der Islam*, 67 (1990), pp. 6–26; P. Crone, in *Journal of the Royal Asiatic Society*, 3 ser., 6 (1996), pp. 237–40。

2 较好的短篇入门著作是 M. A. Cook, *Muhammad* (Oxford, 1983)。

3 Ibn Ishaq, *The Life of Muhammad*, trans. A. Guillaume (London, 1955), pp. 231–3; 见 Humphreys, *Islamic History*, pp. 92–8.

4 《古兰经》, trans. A. J. Arberry, *The Koran Interpreted* (London, 1955)，还有很多译文版本可供参考。关于成书时间，见 J. Wansbrough, *Quranic Studies* (Oxford, 1977), pp. 43–52; P. Crone, in *Jerusalem Studies in Arabic and Islam*, 18 (1994), pp. 1–37; Donner, *Narratives*, pp. 35–63。关于圆顶清真寺的铭文，见 Hoyland, *Seeing Islam*, pp. 696–9 (cf. 545–59, 591–8)。

5 A. Grohmann, *From the World of Arabic Papyri* (Cairo, 1952), pp. 113–15.

6 见 P. Crone and M. Hinds, *God's Caliph* (Cambridge, 1986), pp. 4–23（同时期作品中第一次提到哈里发的时候，哈里发指的是阿卜杜勒·马利克）。

7 关于征服行动，见 F. M. Donner, *The Early Islamic Conquests* (Princeton, 1981)，这本书的史料来源比他后来的著作 *Narratives* 更可靠。基础性的阿拉伯语文本是 al-Baladhuri, *The Origins of the Islamic State*, trans. P. K. Hitti and F. C. Murgotten (New York, 1916–24)。

8 见 H. Kennedy, *The Armies of the Caliphs* (London, 2001), pp. 59–78。

9 关于阿拉伯的土地所有制度，有很多著作，如 Donner, *Conquests*, pp. 239–50; Kennedy, *Armies*, pp. 81–5; K. Morimoto, 'Land Tenure in Egypt during the Early Islamic Period', *Orient*, 11 (1975), pp. 109–53。大量的个人土地受让的例子并不影响主流的规律。

10 关于毛拉的角色有很多争论，我支持 P. Crone 的观点，即对他们的政治重要性评价较低，如 *Slaves on Horses*, pp. 49–57。

11 见 R. W. Bulliet, *Conversion to Islam in the Medieval Period* (Cambridge, Mass., 1979)。

12 见 C. Wickham, *Framing the Early Middle Ages* (Oxford, 2005), pp. 133–44, 251–5, 419–28。关于早期的阿拉伯化，现在可以参见 P. M. Sijpesteijn, *Shaping a Muslim State* (Oxford, in press)，还可参见 *Proceedings of the British Academy*, 136 (2007), pp. 183–200 是关于行政连续性的内容。

13 关于叙利亚，见 P. Canivet and J. P. Rey-Coquais (eds.), *La Syrie de Byzance à l'Islam, VIIe–VIIIe siècles* (Damascus, 1992) 中的几篇文章；J. B. Segal, *Edessa* (Oxford, 1970), pp. 202–3。关于莎草纸，见 C. J. Kraemer (ed.), *Excavations at Nessana*, vol. 3 (Princeton, 1958), nn. 55–88, 92–3 (the *dīwān* text); A. Grohmann (ed.), *Arabic Papyri from Hirbet el-Mird* (Louvain, 1963)。关于考古学发现的连续性和偶见的变化，见 A. Walmsley, *Early Islamic Syria* (London, 2007); J. Magness, *The Archaeology of the Early Islamic Settlement in*

Palestine (Winona Lake, Ind., 2003)。关于加济拉和伊拉克的阿拉伯人，本章未涉及的内容可以看几本关键的著作：C. F. Robinson, *Empire and Élites after the Muslim Conquest* (Cambridge, 2000), and M. G. Morony, *Iraq after the Muslim Conquest* (Princeton, 1984)。关于伊朗，没有好的著作。

14 Kraemer (ed.), *Excavations at Nessana*, vol. 3, n. 75.

15 K. Morimoto, *The Fiscal Administration of Egypt in the Early Islamic Period* (Dohosha, 1981), pp. 145–72.

16 不彻底的文化隔离，见 T. Sizgorich, in *Past and Present*, 85 (2004), pp. 9–42。关于鲁萨法，见 E. K. Fowden, *The Barbarian Plain* (Berkeley, 1999), esp. pp. 60–100, 130–91。

17 Hoyland, *Seeing Islam*, esp. pp. 270–76. Sinai: Kraemer (ed.), *Excavations at Nessana*, vol. 3, nn. 72–3; R. Schick, *The Christian Communities of Palestine from Byzantine to Islamic Rule* (Princeton, 1995), pp. 410–12.

18 见 R. S. Humphreys, *Mu'awiya ibn Abi Sufyan* (Oxford, 2006)。

19 见本章介绍中提到的叙事型著作，以及 C. F. Robinson, *'Abd al-Malik* (Oxford, 2005)，这是关于阿卜杜勒·马利克的基础著作。

20 见 M. Brett, in *The Cambridge History of Africa*, vol. 2 (Cambridge, 1978), pp. 490–555。

21 首先参见 P. Crone, 'Were the Qays and Yemen of the Umayyad Period Political Parties?', *Der Islam*, 71 (1994), pp. 1–57。

22 见 W. al-Qādī in Cameron and Conrad, *Byzantine and Early Islamic Near East*, vol. 1, pp. 215–75。关于阿卜杜勒·马利克和伊斯兰化，见 F. M. Donner, 'The Formation of the Islamic State', *Journal of the American Oriental Society*, 106 (1986), pp. 283–96; Robinson, *'Abd al Malik*; Crone and Hinds, *God's Caliph*, pp. 24–57。

23 R. Ettinghausen and O. Grabar, *The Art and Architecture of Islam: 650–1250* (Harmondsworth, 1987), pp. 28–71.

24 关于人体形象，见 Qur'an, esp. 5.92, 6.74。参照 O. Grabar, *The Formation of Islamic Art* (New Haven, 1973), pp. 75–103。

25 文本见 trans. Crone and Hinds, *God's Caliph*, pp. 115–28 (pp. 124, 123 for quotes)。

26 G. Fowden, *Empire to Commonwealth* (Princeton, 1993), pp. 143–9，进一步可参见 *Qusayr 'Amra* (Berkeley, 2004)。

27 关于赛义德，见 S. Bashear, *Arabs and Others in Early Islam* (Princeton,

1997), p. 36，整本书研究了阿拉伯人的民族观念。关于派系的非部族性质，见 Crone, ‘Were the Qays’ 以及早一些的 Donner, *Conquests*, pp. 251–63。

28 *Divan de Férazdak*, trans. R. Boucher (Paris, 1870)，引文来自 n. 21, p. 94 and n. 8, p. 32。总体情况见 *Encyclopaedia of Islam*, vol. 2, pp. 788–9; S. K. Jayyusi, in A. F. L. Beeston *et al.* (eds.), *Arabic Literature to the End of the Umayyad Period* (Cambridge, 1983), pp. 401–12; Crone and Hinds, *God's Caliph*, pp. 30–40。

29 见 K. Y. Blankinship, *The End of the Jihād State* (Albany, NY, 1994) 中的政治叙事，这本书的天启色彩很重。关于希沙姆缺钱的问题，见 Kennedy, *Armies*, pp. 74–6。

30 Crone, ‘Were the Qays’, p. 41.

31 阿拔斯起义的相关史书众多，包括 Wellhausen, *Arab Kingdom*, pp. 456–566; M. A. Shaban, *The 'Abbā sid Revolution* (Cambridge, 1970); M. Sharon, *Black Banners from the East* (Jerusalem, 1983); J. Lassner, in Clover and Humphreys, *Tradition and Innovation*, pp. 247–70。有见解的文本研究，见 Humphreys, *Islamic History*, pp. 104–27。

第 13 章

关于 9—10 世纪的历史，没有一本可以解决所有问题的著作。M. Whittow, *The Making of Orthodox Byzantium, 600–1025* (Basingstoke, 1996)，仍是一本不错的研究著作。还可参见 J. Shepard in *NCMH*, vol. 3, pp. 553–604。还有一些关于拜占庭总体情况的综述也对这一时期给予了有价值的关注，这些著作包括 J. F. Haldon, *Byzantium: A History* (Stroud, 2000); P. Magdalino, ‘The Medieval Empire (780–1204)’, in C. A. Mango (ed.), *The Oxford History of Byzantium* (Oxford, 2002), pp. 169–208。还有年代较早的（有些地方已过时）经典：G. Ostrogorsky, *History of the Byzantine State* (Oxford, 1956)。关于几位皇帝（利奥七世、尼基弗鲁斯二世、巴西尔二世），近期有一些不错的英语分析：见下文。但是，无论哪种语言，都没有一本著作将这个时期本身作为一个整体来讨论。关于保加利亚，见本章尾注 14。

1 Constantin VII Porphyrogénète, *Le Livre des cérémonies*, ed. and trans. A. Vogt, 2 vols. (Paris, 1967; 在这个现代的版本中，只有半本书得到了编辑), esp. 1.1. 9, 46；前言中的引语，见 pp. 1–2。有一篇简略但很有说服力的文章，其

中以严格的标准列出了一份可以认为是君士坦丁作品的书单，我对这个书单是接受的。这篇文章是 I. Ševčenko, in J. Shepard and S. Franklin (eds.), *Byzantine Diplomacy* (Aldershot, 1992), pp. 167–95.

2 见 A. Cameron, in D. Cannadine and S. Price (eds.), *Rituals of Royalty* (London, 1987), pp. 106–36; M. McCormick, in *Jahrbuch der österreichischen Byzantinistik*, 35 (1985), pp. 1–20; idem, *Eternal Victory* (Cambridge, 1986), pp. 150–230; G. Dagron, *Emperor and Priest* (Cambridge, 2003), pp. 204–19; R. Morris, in C. Cubitt (ed.), *Court Culture in the Early Middle Ages* (Turnhout, 2003), pp. 235–54。

3 *The Complete Works of Liudprand of Cremona*, trans. P. Squatriti (Washington, 2007), pp. 244–7, *Embassy*, cc. 9–13.

4 关于佛提乌和阿里萨斯，见 P. Lemerle, *Byzantine Humanism* (Canberra, 1986), pp. 205–308 (pp. 234–5 是严守教义者对佛提乌的批评); N. G. Wilson, *Scholars of Byzantium* (London, 1983), pp. 89–135。关于《群书摘要》，见 N. G. Wilson, *Photius: The Bibliotheca* (London, 1994)，这是不完整的译本。

5 Constantine Porphyrogenitus, *De Administrando Imperio*, ed. and trans. G. Moravcsik and R. J. H. Jenkins (Washington, 1967); *Le Traité sur la guérilla de l'empereur Nicéphore Phocas (963–969)*, ed. and trans. G. Dagron and H. Mihăescu (Paris, 1986); E. McGeer, *Sowing the Dragon's Teeth* (Washington, 1995), pp. 12–59.

6 P. Magdalino, 'In Search of the Byzantine Courtier', in H. Maguire (ed.), *Byzantine Court Culture from 829 to 1204* (Washington, 1997), pp. 141–65; idem, *L'Orthodoxie des astrologues* (Paris, 2006), pp. 70–82; G. Kolias, *Léon Choerosphaktès* (Athens, 1939), pp. 76–90, cf. 35–40.

7 *Letters*, ed. and trans. R. J. H. Jenkins and L. G. Westerink (Washington, 1973), *letters* 5–11, 14–31; Théodore Daphnopatès: *Correspondance*, ed. and trans. J. Darrouzès and L. G. Westerink (Paris, 1978), *letters* 5–7 (致西美昂), 14 (致罗曼努斯); Leo of Synnada: *The Correspondence of Leo, Metropolitan of Synada and Syncellus*, ed. and trans. M. P. Vinson (Washington, 1985), *letter* 31 (遗嘱).

8 *De Administrando*, c. 13.

9 见 M. T. Fögen, in L. Brubaker (ed.), *Byzantium in the Ninth Century: Dead or Alive?* (Aldershot, 1998), pp. 11–22。关于罗马传统的复兴，见 P. Magdalino, 'The Distance of the Past in Early Medieval Byzantium (VII–X centuries)', *Settimane di studio*, 46 (1999), pp. 115–46。

10 见 Dagron, *Emperor and Priest*, pp. 106–9。

11 C. Geertz, *Negara* (Princeton, 1980).

12 Liutprand, *Antapodosis*, 6.5, 10, in *Complete Works*, pp. 197–202.

13 Constantin, *Livre des cérémonies*, 1.37.

14 总体情况见 J. Shepard, in *NCMH*, vol. 3, pp. 567–85; D. Obolensky, *The Byzantine Commonwealth* (London, 1971), pp. 114–204; J. V. A. Fine, *The Early Medieval Balkans* (Ann Arbor, 1983), pp. 94–201; P. Stephenson, *Byzantium's Balkan Frontier* (Cambridge, 2000), pp. 18–79; F. Curta, *Southeastern Europe in the Middle Ages, 500–1250* (Cambridge, 2006), pp. 119–24, 147–79, 213–47。

15 F. Dvornik, *The Photian Schism* (Cambridge, 1948)，读时要注意分辨。

16 Théodore Daphnopatès, *Correspondance*, *letter* 5.

17 *Le Traité contre les Bogomiles de Cosmas le Prêtre*, trans. H.-C. Puech and A. Vaillant (Paris, 1945); p. 86 是关于社会态度的内容。

18 书单见 A. Dain, 'Les Stratégistes byzantins', *Travaux et mémoires*, 2 (1967), pp. 317–92。关于利奥的总体情况，见 S. Tougher, *The Reign of Leo VI (886–912)* (Leiden, 1997)。

19 Théodore Daphnopatès, *Correspondance*, *letter* 6; Constantine, *De Administrando*, c. 50.

20 见 Whittow, *The Making*, pp. 317–53。

21 见 R. Morris, in *Byzantine and Modern Greek Studies*, 12 (1988), pp. 83–115; and in P. Magdalino (ed.), *New Constantines* (Aldershot, 1994), pp. 199–214 是对他的死的反应。

22 Liutprand, *Embassy*, c. 55, in *Complete Works*, p. 273.

23 *ODB*, vol. 3, pp. 1544–5; C. Holmes, *Basil II and the Governance of Empire (976–1025)* (Oxford, 2005), pp. 349–52, 384, 409–11, 523–4.

24 J. F. Vannier, *Familles byzantines: les Argyroi* (Paris, 1975), pp. 36–42。关于罗曼努斯的文化，见 Michael Psellos, *Chronographia*, trans. E. R. A. Sewter as *Fourteen Byzantine Rulers* (London, 1966), pp. 63–4。

25 见 W. G. Brokkaar, 'Basil Lacapenos', in W. F. Bakker *et al.* (eds.), *Studia Byzantina et Neohellenica Neerlandica* (Leiden, 1972), pp. 199–234。

26 见 Holmes, *Basil II*。还可参见这里的一些文章：P. Magdalino (ed.), *Byzantium in the Year 1000* (Leiden, 2003)。引语以及关于他挖隧道的传言来自 Psellos, *Chronographia*, trans. Sewter, pp. 45–6。

27 见 J. F. Haldon, *Warfare, State and Society in the Byzantine World 565–1204*

(London 1999), pp. 84–5, 123–32, 217–23。

28 见 *ODB*, vol. 1, pp. 165, 655, vol. 2, pp. 1156, 1203, vol. 3, pp. 1666, 1911，有快速导读和参考书目。关于贵族阶层的形成，见 E. Patlagean and A. P. Kazhdan, in M. Angold (ed.), *The Byzantine Aristocracy, IX to XIII Centuries* (Oxford, 1984), pp. 23–57; M. Kaplan, *Les Hommes et la terre à Byzance du VIe au XIe siècle* (Paris, 1992), pp. 328 ff; J.-C. Cheynet, *The Byzantine Aristocracy and its Military Function* (Aldershot, 2006), studies I–V。

29 *Taktika*, 2.22–5, in *Patrologia Graeca*, vol. 107, ed. J.-P. Migne (Paris, 1863), col. 688; E. McGeer, *The Land Legislation of the Macedonian Emperors* (Toronto, 2000), Novel O, Prologue 3, 4.

30 M. F. Hendy, *Studies in the Byzantine Monetary Economy, c. 300–1450* (Cambridge, 1985), pp. 100–108; J.-C. Cheynet, *Pouvoir et contestations à Byzance (963–1210)* (Paris, 1990), pp. 207–48; *Digenis Akritis*, ed. and trans. E. Jeffreys (Cambridge, 1998).

31 J.-C. Cheynet, 'Les Phocas', in Dagron and Mihăescu, *Le Traité sur la guérilla*, pp. 289–315.

32 Holmes, *Basil II*, pp. 463–8 (p. 466 n. for the lions quote)；关于 1022 年，见 pp. 515–22，以及 Cheynet, *Pouvoir et contestations*, pp. 36–7。

33 Kaplan, *Les Hommes*, pp. 333–4.

34 McGeer, *Land Legislation*, 这是完整译本，引用的法律条文来自 Novels C, 1.2 (2.1 关于饥荒); E, 3.3; O, Prologue 4, 7.1–2。关于"权贵"的定义，见 Novels B, 2.2; C, 1.2; D, 3.1。关于这些文本的研究非常多，其中 R. Morris, 'The Powerful and the Poor in Tenth-century Byzantium', *Past and Present*, 73 (1976), pp. 3–27 and Kaplan, *Les Hommes*, pp. 406–44 是最出色的。

35 McGeer, *Land Legislation*, Novel K, 1.1.

36 关于贵族和农民的土地所有问题，总体情况见 A. Harvey, *Economic Expansion in the Byzantine Empire, 900–1200* (Cambridge, 1989), pp. 67–79。关于《底比斯地籍》，见 N. Svoronos, in *Bulletin de correspondance hellénique*, 83 (1959), pp. 1–145 (pp. 11–19 是文本)。阿托斯档案，见 *Archives de l'Athos*, vol. 5, *Actes de Lavra, I*, ed. P. Lemerle *et al.* (Paris, 1970), n. 6; vol. 6, *Actes du Prôtaton*, ed. D. Papachryssanthou (Paris, 1975), nn. 1, 4–6; vol. 14, *Actes d'Iviron, I*, ed. J. Lefort *et al.* (Paris, 1985), nn. 1, 4–5, 9（参照对尼基弗鲁斯和巴西尔法律的比较研究，见 McGeer, *Land Legislation*, Novels J and O, 3）。耶里索斯有一位主教，但也有一个拥有土地的农民

阶层（Kaplan, *Les Hommes*, pp. 226–9），它可以被称为一座“农村地区的城镇”。尼基弗鲁斯虽然曾立法反对土地兼并，但他仍然在本时期的修道院扩张过程中起了重要的支持作用，见 R. Morris, *Monks and Laymen in Byzantium, 843–1118* (Cambridge, 1995), pp. 166–99。关于意大利南部，见 J.-M. Martin, *La Pouille du VIe au XIIe siècle* (Rome, 1993), pp. 293–301。我在此感谢 Mark Whittow 的相关论述。

37 关于司法，见 R. Morris, in W. Davies and P. Fouracre (eds.), *The Settlement of Disputes in Early Medieval Europe* (Cambridge 1986), pp. 125–47。档案案例，除了本章尾注 36 中所引用的以外，还有 *Actes du Prôtaton*, nn. 2, 7; *Archives de l'Athos*, vol. 2: *Actes de Vatopédi, I*, ed. J. Bompaire *et al.* (Paris, 2001), nn. 1, 2 主要是关于修道院之间的矛盾。

第 14 章

关于阿拔斯王朝及之后的历史，英语著作中最好的综合指南是 H. Kennedy, *The Prophet and the Age of the Caliphates* (London, 1986)，该书探讨这一时期的章节是最精彩的。关于 10 世纪的情况，这本书是除 M. A. Shaban, *Islamic History: A New Interpretation*, vol. 2 (Cambridge, 1976) 外唯一的概览著作，M. A. Shaban 那本书的问题比较大。（更着眼于各地的研究，见本章尾注 28—32。）关于公元 908 年以前的时期，Kennedy 的其他三本著作也值得一提，即 *The Early Abbasid Caliphate* (London, 1981)、*The Armies of the Caliphs* (London, 2001)，以及 *The Court of the Caliphs* (London, 2004)，这是引人入胜的通俗历史著作，主要基于阿拔斯王朝的叙事，这应该是最好的起点。关于阿拔斯王朝整体，涉及范围最广的综合研究是 D. Sourdel, *L'État impérial des califes abbassides* (Paris, 1999)。关于该时期的文化，经典通览是 G. E. von Grunebaum, *Medieval Islam*, 2nd edn. (Chicago, 1953); M. J. L. Young *et al.* (eds.), *Religion, Learning and Science in the 'Abbasid Period* (Cambridge, 1990) 以及 J. Ashtiany *et al.* (eds.), *'Abbasid belles-lettres* (Cambridge, 1990)，这三本书详细讨论了每一种文学体裁。P. Crone, *Medieval Islamic Political Thought* (Edinburgh, 2004) 和 C. F. Robinson, *Islamic Historiography* (Cambridge, 2003) 涉及范围都很广。基本的原始资料 *The History of al-Tabari* 翻译后有 39 卷，编者是 E. Yar-Shater (Albany, NY, 1985–2000)；27 卷以后是 750—915 年的情况。大部分研究该时期的学者（包括上面提到的一些学者）倾向于相信 al-Tabari 和其他作者所说的一切，T. El-Hibr 在重要著作 *Reinterpreting Islamic Historiography*

(Cambridge, 1999) 中有效批判了这种情况。

1 Ibn Hauqal, *Configuration de la terre*, vol.1, trans. J. H. Kramers and G. Wiet (Beirut and Paris, 1964), pp. 117–30, quotes from pp. 123, 127.

2 *Configuration*, vol. 1, pp. 144, 111, 178, 97–8.

3 对巴格达规模的估算全都建立在并不理想的数据上，见 J.-C. Garcin (ed.), *Grandes villes méditerranéennes du monde musulman médiéval* (Rome, 2000), pp. 92–3；也可参见 P. Guichard, ibid., p. 269。考虑到帝国晚期的罗马和君士坦丁堡人口都超过 50 万，而 11 世纪的福斯塔特 / 开罗也很可能有 25 万人［A. Raymond, *Cairo* (Cambridge, Mass., 2000), p. 62；与之相对的是 Garcin, *Grandes villes*, p. 207 中较为谨慎的估算］，我对巴格达人口的估计比很多人都要高。

4 首先参见 D. Sourdel, *Le Vizirat ʻabbāside de 749 à 936*, vol. 1 (Damascus, 1959)；pp. 78–90 是关于阿布·阿尤布的内容。

5 Sourdel, *Le Vizirat*, pp. 127–81; H. Kennedy, in C. Melville (ed.), *Persian and Islamic Studies in Honour of P. W. Avery*, vol. 1 (Cambridge, 1990), pp. 89–98.

6 El-Hibri, *Reinterpreting Islamic Historiography*, pp. 31–53.

7 Kennedy, *Early Abbasid Caliphate*, pp. 125–7.

8 al-Tabari, *History*, vol. 32, pp. 60–62; cf. Crone, *Medieval Islamic Political Thought*, pp. 89–94.

9 K. Morimoto, *The Fiscal Administration of Egypt in the Early Islamic Period* (Dohosha, 1981), pp. 156–72.

10 Kennedy, *Armies*, pp. 108–11.

11 *The Fihrist of al-Nadīm*, trans. B. Dodge, 2 vols. (New York, 1970); vol. 1, p. 214 是关于瓦基迪的内容。还可参见 Robinson, *Islamic Historiography*, pp. 3–8。

12 见 M. J. L. Young, in idem, *Religion, Learning and Science*, pp. 169–77; R. S. Humphreys, *Islamic History*, revised edn. (Princeton, 1991), pp. 187–99; R. P. Mottahadeh, *Loyalty and Leadership in an Early Islamic Society* (Princeton, 1980), pp. 135–50。

13 J. Schacht, *An Introduction to Islamic Law* (Oxford, 1964), pp. 28–75.

14 简介见 von Grunebaum, *Medieval Islam*, pp. 250–57; R. Allen, *An Introduction to Arabic Literature* (Cambridge, 2000), pp. 139–57; Ashtiany, *ʻAbbasid belles-lettres*, pp. 16–30, 89–95。

15 *The Laṭā'if al-maʻārif of Thaʻālibī*, trans. C. E. Bosworth (Edinburgh, 1968), pp.

45, 48, 73, 82, 86, 113.

16 *The Table-talk of a Mesopotamian Judge*, trans. D. S. Margoliouth, vol. 1 (London, 1921); vols. 8 and 2 (Hyderabad, 1929–32).

17 al-Tanukhi, *Table-talk*, 8.12–15, with al-Tabari, *History*, vol. 33, pp. 28–35 (cf. Sourdel, *Le Vizirat*, pp. 246–53); 关于贪污，见 al-Tanukhi, 8.6,11 等。关于退休人员，见 ibid., 8.12。

18 al-Tanukhi, *Table-talk*, 8.4; al-Tabari, *History*, vol. 34, pp. 65–72 (cf. Sourdel, *Le Vizirat*, pp. 254–69).

19 N. Abbott, *Two Queens of Baghdad* (Chicago, 1946); Kennedy, *The Court*, pp. 163–89；对史料考证的分析，见 El-Hibri, *Reinterpreting Islamic Historiography*, pp. 42–4；总体情况见 J. Bray, in L. Brubaker and J. M. H. Smith (eds.), *Gender in the Early Medieval World* (Cambridge, 2004), pp. 121–46。

20 Bray, in Brubaker and Smith, *Gender*, pp. 143–6; N. M. El Cheikh, ibid., pp. 147–61.

21 al-Tabari, *History*, vol. 32, pp. 232–57; El-Hibri, *Reinterpreting Islamic Historiography*, pp. 108–11; M. Cooperson, *Classical Arabic Biography* (Cambridge, 2000), pp. 24–69. Science, caliphal authority and the mih.na: D. Gutas, *Greek Thought, Arabic Culture* (London, 1998), esp. pp. 75–104（这里澄清了一个事实，即马蒙不是翻译运动的发起者）。更为总体的情况，见 Sourdel, *L'État impérial*, pp. 100–12; Crone, *Medieval Islamic Political Thought*, pp. 130–33; P. Crone and M. Hinds, *God's Caliph* (Cambridge, 1986), pp. 80–99；参照 Ibn al-Muqaffa', *'conseilleur' du caliphe*, trans. C. Pellat (Paris, 1976), esp. cc. 8, 10, 13–17, 36, 55。

22 见 C. F. Robinson (ed.), *A Medieval Islamic City Reconsidered* (Oxford, 2001); M. S. Gordon, *The Breaking of a Thousand Swords* (Albany, NY, 2001) and Kennedy, *Armies*, pp. 118–47 是关于突厥军队的内容。

23 *History*, vol. 33, pp. 180–200.

24 al-Tabari, *History*, vol. 33, pp. 214–15。关于突厥人的危险，见 Kennedy, *Armies*, pp. 196–8，持更悲观论调的是 P. Crone, *Slaves on Horses* (Cambridge, 1980), pp. 74–85.

25 Gordon, *The Breaking*, pp. 89–140; D. Waines, 'The Third Century Internal Crisis of the 'Abbasids', *Journal of the Economic and Social History of the Orient*, 25 (1977), pp. 282–306，在我看来天启色彩太重了。

26 关于870—908年及之后的情况，Kennedy, *The Prophet*, pp. 175–99做了很好的叙述。关于辛吉，见A. Popovic, *The Revolt of African Slaves in Iraq in the 3rd/9th Century* (Princeton, 1999)。

27 Kennedy, *The Prophet*, pp. 200–308 (250–66 and 285–308 for Kurds and bedouins); Crone, *Slaves on Horses*, pp. 82–9; Mottahadeh, *Loyalty and Leadership*, pp. 40–116, 175–90.

28 Mottahadeh, *Loyalty and Leadership*, pp. 120–32, 150–57; R. P. Mottahadeh and R. W. Bulliet, in D. S. Richards (ed.), *Islamic Civilization 950–1150* (Oxford, 1973), pp. 33–45, 71–91; W. Madelung, in R. N. Frye (ed.), *The Cambridge History of Iran*, vol. 4 (Cambridge, 1975), pp. 198–239。结构性的综述，见C. Wickham, *Land and Power* (London, 1994), pp. 56–62。关于政府官员和地方精英的总体情况，见年代较早的著作H. Kennedy, in *Bulletin of the School of Oriental and African Studies*, 44 (1981), pp. 26–38。关于什叶派，见Crone, *Slaves on Horses*, p. 86；还可参见新作T. Bernheimer, ‘A Social History of the ‘Alid Family from the Eighth to the Eleventh Century’, University of Oxford, D.Phil. thesis, 2006, esp. pp. 136–66。

29 Mottahadeh, *Loyalty and Leadership*, p. 124; Kennedy, *The Prophet*, pp. 274–5.

30 Kennedy, *The Prophet*, pp. 313–45; C. F. Petry (ed.), *The Cambridge History of Egypt*, vol. 1 (Cambridge, 1998), pp. 111–74; P. E. Walker, *Exploring an Islamic Empire* (London, 2002)，尤其是看其中援引的史料；Y. Lev, *State and Society in Fatimid Egypt* (Leiden, 1991); Crone, *Medieval Islamic Political Thought*, pp. 197–218是关于伊斯玛仪派的内容。但是，关于早期情况的基本导读，现在要参考的是M. Brett, *The Rise of the Fatimids* (Leiden, 2001)。

31 见档案G. Khan (ed.), *Arabic Legal and Administrative Documents in the Cambridge Genizah Collections* (Cambridge, 1993), esp. nn. 104–5, 115, 132, 137, 140–59。

32 新出版的基础性结构分析是E. Manzano Moreno, *Conquistadores, emires y califas* (Barcelona, 2006)，其中含有完整的历史和考古学参考书目。英语著作中，含有最新研究成果的短篇研究有H. Kennedy, *Muslim Spain and Portugal* (London, 1996)，聚焦于政治史；T. F. Glick, *Islamic and Christian Spain in the Early Middle Ages* (Princeton, 1979)，聚焦于社会史，还有他的*From Muslim Fortress to Christian Castle* (Manchester, 1995)，聚焦于考古。关于公元8世纪的历史，还可参见P. Chalmeta, *Invasión e islamización* (Madrid, 1994)；广阔的边疆地区，见E. Manzano Moreno, *La frontera de*

al-Andalus en época de los Omeyas (Madrid, 1991)。老的经典是 E. Lévi-Provençal, *Histoire de l'Espagne musulmane*, 3 vols. (Leiden and Paris, 1950–53)，其中含有迄今为止最为详细的政治史叙述。近期较为重要的西班牙语论文经翻译后收录于 M. Marín (ed.), *The Formation of al-Andalus*, vol. 1 (Aldershot, 1998); vol. 2, ed. M. I. Fierro and J. Samsó(Aldershot, 1998)，聚焦于思想史。

33 关于 8 世纪西班牙的经济，见 C. Wickham, *Framing the Early Middle Ages* (Oxford, 2005), pp. 656–65, 741–59；关于城市，还可参见 S. Gutiérrez Lloret, in Marín, *Formation*, vol. 1, pp. 217–47。

34 Manzano, *Conquistadores*, pp. 93–113；较早版本的英语译文见 Marín, *Formation*, vol. 1, pp. 85–114。

35 *Conquerors and Chroniclers of Early Medieval Spain*, trans. K. B. Wolf (Liverpool, 1990), pp. 111–58, cc. 59, 62, 82, 91.

36 Manzano, *La frontera*.

37 P. Guichard, *Structures sociales 'orientales' et 'occidentales' dans l'Espagne musulmane* (Paris, 1977) 是一部经典的分析著作。

38 见 Lévi-Provençal, *Histoire*, vol. 1, pp. 193–278。

39 见 A. Carmona Gonzá lez, in Marín, *Formation*, vol. 1, pp. 205–16。

40 Manzano, *Conquistadores*, pp. 307–8.

41 R. W. Bulliet, *Conversion to Islam in the Medieval Period* (Cambridge, Mass., 1979), pp. 114–27；他的数字被其他人修正过，有人增加，有人减少，但仍然是一个重要的参考数据。最详尽的研究是 A. Christys, *Christians in al-Andalus (711–1000)* (Richmond, 2002); pp. 52–79 是关于"科尔多瓦殉教者"相对来说重要性较低的论述；还可参见 K. B. Wolf, *Christian Martyrs in Muslim Spain* (Cambridge, 1988) and J. A. Coope, *The Martyrs of Cordoba* (Lincoln, Nebr., 1995)。

42 见以下争论：一方是 M. Acién Almansa, in *Entre el feudalismo y el Islam*, 2nd edn. (Jaén, 1997) and M. I. Fierro, in Marín, *Formation*, vol. 1, pp. 291–328; Manzano, *Conquistadores*, pp. 341–59；另一方是 V. Salvatierra Cuenca, *La crisis del emirate omeya en el alto Guadalquivir* (Jaén, 2001)。

43 见 M. Fierro, *'Abd al-Rahman III* (Oxford, 2005); Lévi-Provençal, *Histoire*, vols. 2 and 3，该书仍是基础读物。

44 A. Vallejo Triano, *Madinat al-Zahra* (Seville, 2004)。关于仪式，见 *Vita Iohannis Gorzensis*, in *MGH*, *Scriptores*, vol. 4 (Hanover, 1841), pp. 337–77, cc.

118–36; M. Barceló, in Marín, *Formation*, vol. 1, pp. 425–55。关于科尔多瓦的详细描述，见 Ibn Hauqal, *Configuration*, vol. 1, pp. 110–12。

45 见 Manzano, *Conquistadores*, pp. 448–51; for *al-mulk*, M. Barceló, in A. Malpica Cuello (ed.), *La cerámica altomedieval en el sur de al-Andalus* (Granada, 1993), pp. 293–9。

46 西班牙语译文见 J. Ribera, *Colección de obras arábigas de historia y geografía, que pública la Real Academia de Historia*, vol. 2 (Madrid, 1926), pp. 1–101。英语著作中的相关评论和大量引文，见 Christys, *Christians*, pp. 158–83；还可参见 M. I. Fierro, in *Al-Qanṭara*, 10 (1989), pp. 485–512。

47 Kennedy, *Muslim Spain*, pp. 122–44，分析简明细致；还可参见 P. C. Scales, *The Fall of the Caliphate of Córdoba* (Leiden, 1994) and D. Wasserstein, *The Rise and Fall of the Party-kings* (Princeton, 1985)。

48 Lévi-Provençal, *Histoire*, vol. 3, pp. 47–53; Manzano, *Conquistadores*, pp. 425–44.

第 15 章

拜占庭经济的总体研究收录于三卷本的合集 *EHB* 中。关于这一时期整体情况的最好著作是编者 A. E. Laiou 自己的综述文章 'Exchange and Trade, Seventh-Twelfth Centuries', *EHB*, vol. 2, pp. 697–770， 以 及 Laiou and C. Morrisson, *The Byzantine Economy* (Cambridge, 2007) 的前半本。关于早期的情况，见 F. Haldon, *Byzantium in the Seventh Century*, 2nd edn. (Cambridge, 1997), pp. 92–172，以及 L. Brubaker and J. F. Haldon, *Byzantium in the Iconoclast Era ca.680–ca.850* (Cambridge, 2008), ch. 7。关于后期的情况，见 A. Harvey, *Economic Expansion in the Byzantine Empire, 900–1200* (Cambridge, 1989)。关于财政系统的经济层面，关键的著作是 M. F. Hendy, *Studies in the Byzantine Monetary Economy, c.300–1450* (Cambridge 1985)。关于乡村社会，见 M. Kaplan, *Les Hommes et la terre à Byzance du VIe au XIe siècle* (Paris, 1992)。

关于伊斯兰世界的经济情况，并没有质量上能够接近上述著作的书。E. Ashtor, *A Social and Economic History of the Near East in the Middle Ages* (London, 1976) 是唯一有竞争力且重要的文本，但其内容已经过时，有道德化倾向，且包含了一些缺乏说服力的结构性假设。关于公元 800 年前的情况，我推荐我自己写的 *Framing the Early Middle Ages* (Oxford, 2005)，其中包括一些专题研究的参考书目。公元 800 年之后的情况，我们将在叙述过程中推荐相应的地方研究（其中一些非常重要）。

1 由 E. H. Freshfield 翻译的《总督书》英译本（1938）收录于 *To eparchikon biblion, the Book of the Eparch, le livre du préfet* (London, 1970), pp. 223–70。还可参见 Laiou, ‘Exchange’, pp. 718–36, G. Dagron, in *EHB*, vol. 2, pp. 405–61 以及 Hendy, *Studies*, pp. 561–9。

2 人口数字是推测出来的，但是与 P. Magdalino, *Constantinople médiévale* (Paris, 1996) 的详细分析相吻合。

3 *The Complete Works of Liutprand of Cremona*, trans. P. Squatriti (Washington, 2007), pp. 271–3, *Embassy*, cc. 53–5.

4 O. R. Constable, *Trade and Traders in Muslim Spain* (Cambridge, 1994), pp. 112–37.

5 埃及的国家与经济，见 S. D. Goitein, *A Mediterranean Society,* 6 vols. (Berkeley, 1967–93), vol. 1, pp. 217–21, 267–72；关于谷物，见 Y. Lev, *State and Society in Fatimid Egypt* (Leiden, 1991), pp. 162–78。

6 T. Wilfong, *Women of Jeme* (Ann Arbor, 2002); Wickham, *Framing*, pp. 419–28.

7 简介见关于基尼扎的经典研究 Goitein, *Mediterranean Society*, vol. 1, pp. 1–23。

8 前文提到的概述的后续内容，见 Wickham, *Framing*, pp. 124–9, 460–64, 626–35, 780–94。

9 *Vie de Théodore de Sykéôn*, ed. and trans. A.-J. estugière (Brussels, 1970); W. Ashburner (ed. and trans.), ‘The Farmer’s Law’, *Journal of Hellenic Studies*, 30 (1910), pp. 85–108; 32 (1912), pp. 68–95.

10 见最近的批评性著作 M. Whittow, in L. Lavan (ed.), *Recent Research in Late-antique Urbanism* (Portsmouth, RI, 2001), pp. 137–53。

11 J. S. Crawford, *The Byzantine Shops at Sardis* (Cambridge, Mass., 1990); C. Foss, ‘Late Antique and Byzantine Ankara’, *Dumbarton Oaks Papers*, 31 (1977), pp. 29–87; E. Zanini and E. Giorgi, in *Annuario della Scuola archeologica italiana di Atene*, 80 (2002), pp. 212–32.

12 G. D. R. Sanders, in *EHB*, vol. 2, pp. 647–54.

13 Harvey, *Economic Expansion*, pp. 207–24, C. Foss, *Byzantine and Turkish Sardis* (Cambridge, Mass., 1980), pp. 66–76; P. Arthur, ‘Hierapolis tra Bisanzio e i Turchi’, in D. De Bernardi Ferrero, *Saggi in onore di Paolo Verzone* (Rome, 2002), pp. 219–20.

14 *Nomos rodiōn nautikos: The Rhodian Sea-law*, ed. and trans. W. Ashburner (Oxford, 1909).

15 Sanders, in *EHB*, vol. 2, p. 649.

16 J. Čimbuleva, in *Nessèbre*, vol. 2 (Sofia, 1980), pp. 202–15; P. Armstrong, in W. Cavanagh *et al.*, *The Laconia Survey*, vol. 1 (London, 2002), pp. 353–5; eadem, 'Byzantine Thebes', *Annual of the British School at Athens*, 88 (1993), pp. 304–6; T. Totev, 'L'Atelier de céramique peinte du monastère royal de Preslav', *Cahiers archéologiques*, 35 (1987), pp. 65–80; C. H. Morgan, *Excavations at Corinth XI* (Cambridge, Mass., 1942), pp. 14, 36–53, 72–5; N. Günsenin, in *Eupsychia*, vol. 1 (Paris, 1998), pp. 281–7; F. M. Hocker, in S. Kingsley (ed.), *Barbarian Seas: Late Rome to Islam* (London, 2004), pp. 61–3 是关于沉船的内容。

17 *Book of the Eparch*, c. 9; Laiou, 'Exchange', p. 726; Laiou and Morrisson, *The Byzantine Economy*, p. 77，pp. 70–89 是关于这次经济复兴的总体情况。

18 Kaplan, *Les Hommes*, pp. 333–4.

19 E. McGeer, *The Land Legislation of the Macedonian Emperors* (Toronto, 2000), Novel O, 7.

20 Harvey, *Economic Expansion*, passim; Laiou and Morrisson, *The Byzantine Economy*, pp. 90–115.

21 Goitein, *Mediterranean Society*, vol. 1, pp. 44–6; D. Jacoby, in *Thesaurismata*, 30 (2000), pp. 25–77.

22 公元 800 年前，见 A. Walmsley, *Early Islamic Syria* (London, 2007)。

23 M. Piccirillo, *The Mosaics of Jordan* ('Amman, 1992), pp. 49–256. 关于农村定居点的总体情况，见 J. Magness, *The Archaeology of the Early Islamic Settlement in Palestine* (Winona Lake, Ind., 2003)。

24 Y. Tsafrir and G. Foerster, in *Dumbarton Oaks Papers*, 51 (1997), pp. 85–146.

25 *The Seventh Century in the West-Syrian Chronicles*, trans. A. Palmer (Liverpool, 1993), pp. 202–4.

26 经典著作是 H. Kennedy, 'From polis to madina', *Past and Present*, 106 (1985), pp. 3–27。关于伊朗，见 R. W. Bulliet, *The Patricians of Nishapur* (Cambridge, Mass., 1972)。

27 阿拔斯王朝早期的叙利亚–巴勒斯坦贸易 : A. Walmsley in I. L. Hansen and C. Wickham (eds.), *The Long Eighth Century* (Leiden, 2000), pp. 265–343; A. Northedge and A. Walmsley, in E. Villeneuve and P. Watson (eds.), *La*

Céramique byzantine et proto-islamique en Syrie-Jordanie (Beirut, 2001), pp. 207–14, 305–13。

28 R. McC. Adams, *Land behind Baghdad* (Chicago, 1965), esp. pp. 69–106, 115 (97–8 是关于遗址年代的内容)。批评性著作，见 M. Morony, in G. R. D. King and A. Cameron (eds.), *The Byzantine and Early Islamic Near East*, vol. 2 (Princeton, 1994), pp. 221–9。

29 K. Bartl, *Frühislamische Besiedlung im Balīh-tal/Nordsyrien* (Berlin, 1994).

30 M. 'Abdul Jabbār, in M. G. Morony (ed.), *Manufacturing and Labour* (Aldershot, 2003), pp. 235–51；还可参见 Ashtor, *Social and Economic History*, pp. 87–90, 97–9, 109–14, 143–58 是关于以巴格达为中心的经济网络的内容。关于阿拉伯时期农业多元化的总体情况，见 A. M. Watson, *Agricultural Innovation in the Early Islamic World* (Cambridge, 1983)。

31 R. Hodges and D. Whitehouse, *Mohammed, Charlemagne and the Origins of Europe* (London, 1983), pp. 133–49; M. Tampoe, *Maritime Trade between China and the West* (Oxford, 1989); K. M. Chaudhuri, *Trade and Civilization in the Indian Ocean* (Cambridge, 1985); Buzurg, *The Book of the Wonders of India, Mainland, Sea and Islands*, trans. G. S. P. Freeman-Grenville (London, 1981). p. 362.

32 关于公元 800 年以前的埃及，见 Wickham, *Framing*, pp. 133–44, 609–12, 759–69。关于罗马时期埃及的城市人口比例，见 R. S. Bagnall and B. W. Freer, *The Demography of Roman Egypt* (Cambridge, 1994), pp. 53–6。

33 K. Morimoto, in *Orient*, 11 (1975), pp. 109–53; G. Frantz-Murphy, *Arabic Agricultural Leases and Tax Receipts from Egypt 148–427 A. H./ 765–1035 AD*. (Vienna, 2001) 在税收—农业问题上的论述非常关键；还可参见 Goitein, *Mediterranean Society*, vol. 1, pp. 117–18 是关于 11 世纪地产问题的内容。

34 Y. Rāġib, *Marchands d'étoffes du Fayyoum au IIIe/IXe siècle*, 4 vols. so far (Cairo, 1982–96)；关于古斯，1.3, 8, 10, 2.14；关于亚历山大和坦尼斯，见 3.33。

35 Y. Lev, 'Tinnīs', in M. Barrucand (ed.), *L'Égypte fatimide, son art et son histoire* (Paris, 1999), pp. 83–96; G. Frantz-Murphy, in *Journal of the Economic and Social History of the Orient*, 24 (1981), pp. 274–97; Ibn Hauqal, *Configuration de la terre*, vol. 1, trans. J. H. Kramers and G. Wiet (Beirut and Paris, 1964) p. 150 是关于伊拉克商品销售的内容。

36 Goitein, *Mediterranean Society*, vol. 1, pp. 153–6, 209–17, and *passim*.

37 N. A. Stillman, in *Journal of the Economic and Social History of the Orient*, 16

(1973), pp. 15–88（他的儿子们在 1008 年时已经成年——见 p. 17——所以他当时可能有 40 岁左右）; M. Gil, ibid., 46 (2003), pp. 273–319; Goitein, *Mediterranean Society*, vol. 6, p. 56 列出了多个关于他的参考文献；S. D. Goitein, *Letters of Medieval Jewish Traders* (Princeton, 1973), nn. 1 (Samhun), 13, 14, 70。

38 Constable, *Trade and Traders*, pp. 169–208; cf. 79–92 是关于商人的内容。

39 M. McCormick, *Origins of the European Economy* (Cambridge, 2001), pp. 502–8。小规模船运网络，见 P. Horden and N. Purcell, *The Corrupting Sea* (Oxford, 2000), pp. 123–72。

40 McCormick, *Origins*, pp. 238–40 (St Mark), 523–31, 733–77.

41 McCormick, *Origins*, pp. 511–15, 627–30; B. M. Kreutz, *Before the Normans* (Philadelphia, 1991), pp. 75–93.

42 McCormick, *Origins*, pp. 955–6, 599 (cf. 674–8).

43 Laiou, 'Exchange', pp. 725–8; D. Jacoby, in *Thesaurismata*, 30 (2000), pp. 25–77; Goitein, *Mediterranean Society*, vol. 1, p. 46.

44 Constable, *Trade and Traders*, pp. 18–19; Goitein, *Mediterranean Society*, vol. 1, pp. 61, 64, 210, etc.

45 G. Berti and L. Tongiorgi, *I bacini ceramici medievali delle chiese di Pisa* (Rome, 1981), pp. 162–75；关于突尼斯的经济繁荣，总体情况见 G. Vanacker, in *Annales ESC*, 28 (1973), pp. 659–80。

46 见 J. L. Abu-Lughod, *Before European Hegemony* (New York, 1989), pp. 213–47，其他章节是关于地中海贸易圈的总体情况。

第 16 章

研究加洛林王朝的著作很多，多于对西罗马覆灭后中世纪早期历史上任何其他主题的研究。在由一名作者完成的研究中，最好的一本仍是 R. McKitterick, *The Frankish Kingdoms under the Carolingians, 751–987* (Harlow, 1983)；也力争完整的重要文章集是 *NCMH*, vol. 2 以及 R. Le Jan (ed.), *La Royauté et les élites dans l'Europe carolingienne* (Lille, 1998)，其中很大一部分内容是英语。读者可能已经想到了，法语和德语——尤其是后者——的参考书目也非常有价值。上述著作对这两种语言的著作都有相当多的引用。有很多关于查理曼个人的历史著作，最新（且最好）的是 J. Story (ed.), *Charlemagne* (Manchester, 2005) 以及 R. McKitterick, *Charlemagne* (Cambridge

2008)。关于虔诚者路易的著作相对较少，但是可参见 P. Godman and R. Collins (eds.), *Charlemagne's Heir* (Oxford, 1990)，这是一本很重要的文献集。关于他的儿子查理，首先参考 J. L. Nelson, *Charles the Bald* (Harlow, 1992)。关于加洛林文化，见下一章。其他的关键参考书有 J. L. Nelson 的文集 *Politics and Ritual in Early Medieval Europe* (London, 1986), *The Frankish World, 750–900* (London, 1996)，以及 *Courts, Elites and the Workings of Power in the Early Medieval World* (Aldershot, 2007); M. Innes, *State and Society in the Early Middle Ages* (Cambridge, 2000)。关于加洛林政治文化，有一本很有新意的重新解读：P. E. Dutton, *The Politics of Dreaming in the Carolingian Empire* (Lincoln, Nebr., 1994)。很多重要的史料都有译本，尤其是 P. D. King, *Charlemagne* (Kendal, 1987) 和 P. E. Dutton, *Carolingian Civilization* (Peterborough, Ont., 1993)。这些近期成果大体上取代了之前的同类英文著作，但仍可以参考 H. Fichtenau, *The Carolingian Empire* (Oxford, 1963); F. L. Ganshof, *Frankish Institutions under Charlemagne* (Providence, RI, 1968)，以及 D. Bullough, *The Age of Charlemagne* (London, 1965)。

1 trans. King, *Charlemagne*, pp. 309–10.

2 M. Becher, 'Neue Überlieferungen zum Geburtsdatum Karls des Grossen', *Francia*, 19 (1992), pp. 37–60.

3 Einhard, *Life of Charlemagne*, trans. P. E. Dutton, *Charlemagne's Courtier* (Peterborough, Ont., 1998), cc. 18, 22–4, 29.

4 P. Fouracre, *The Age of Charles Martel* (Harlow, 2000).

5 *Royal Frankish Annals*, trans. B. W. Scholz, *Carolingian Chronicles* (Ann Arbor, 1970), s.a. 751 (with modifications); R. McKitterick, *History and Memory in the Carolingian World* (Cambridge, 2004), pp. 133–55; P. E. Dutton, *Charlemagne's Mustache* (New York, 2004), pp. 3–42 是关于发型的内容。

6 M. A. Claussen, *The Reform of the Frankish Church* (Cambridge, 2004), pp. 24–57; J. M. Wallace-Hadrill, *The Frankish Church* (Oxford, 1983), pp. 162–80；关于什一税，见 *Cap.*, vol. 1, n. 17。

7 见 S. Airlie, in *Transactions of the Royal Historical Society*, 6 ser, 9 (1999), pp. 93–119。关于死亡 / 入狱，见 J. Busch, in *Historische Zeitschrift*, 263 (1996), pp. 561–88。关于刺瞎，见 G. Bührer-Thierry, in B. H. Rosenwein (ed.), *Anger's Past* (Ithaca, NY, 1998), pp. 75–91

8 见 K. L. R. Pearson, *Conflicting Loyalties in Early Medieval Bavaria* (Aldershot,

1999); W. Brown, *Unjust Seizure* (Ithaca, NY, 2001)。

9 *Life of Charlemagne*, c. 13.

10 T. Reuter, *Medieval Polities and Modern Mentalities*, ed. J. L. Nelson (Cambridge, 2006), pp. 251–67.

11 S. Wood, *The Proprietary Church in the Medieval West* (Oxford, 2006), pp. 247–69.

12 M. Garrison, 'The Franks as the New Israel?', in Y. Hen and M. Innes (eds.), *The Uses of the Past in the Early Middle Ages* (Cambridge, 2000), pp. 114–61 对之前的观点做了细致的比较。关于犹太人，见 B. S. Bachrach, *Early Medieval Jewish Policy in Western Europe* (Minneapolis, 1977), pp. 66–131。

13 *Life of Charlemagne*, c. 16.

14 J. L. Nelson, in M. de Jong and F. Theuws (eds.), *Topographies of Power in the Early Middle Ages* (Leiden, 2001), pp. 217–41.

15 常见的说法是"加洛林复兴"，但是"修正"和含义更宽的"改革"都比"复兴"更为准确，因为加洛林时期并没有什么"重生"的东西，尤其是古典时期的传统，因为两者间有几乎毫无中断的联系。《教育通令》以及关于教育的书信译本见 King, *Charlemagne*, pp. 209–20, 232–3。

16 见 D. A. Bullough, *Alcuin* (Leiden, 2004)。

17 *Handbook for William*, trans. C. Neel (Lincoln, Nebr., 1999).

18 Thegan, *Life of Louis*, c. 19, trans. Dutton, *Carolingian Civilization*, pp. 141–55; cf. M. Innes, in G. Halsall (ed.), *Humour, History and Politics in Late Antiquity and the Early Middle Ages* (Cambridge, 2002), pp. 131–56.

19 P. Fouracre, 'Carolingian Justice', *Settimane di studio*, 42 (1995), pp. 771–803; R. Le Jan, 'Justice royale et pratiques sociales dans le royaume franc au IXe siècle', *Settimane di studio*, 44 (1997), pp. 47–85。关于法律著作，见 R. McKitterick, *The Carolingians and the Written Word* (Cambridge, 1989), pp. 23–75; P. Wormald, *The Making of English Law*, vol. 1 (Oxford, 1999), pp. 30–70。

20 *Cap.*, vol. 1, nn. 183, 39。安日西苏的著作后来被重新编辑，见 G. Schmitz, *Collectio Capitularium Ansegisi, MGH, Cap.*, ns vol. 1。关于 803 年的文本，还可参见 H. Mordek, *Bibliotheca Capitularium Regum Francorum Manuscripta* (Munich, 1995), pp. 1083–4。

21 Hincmar, *On the Organization of the Palace*, trans. Dutton, *Carolingian Civilization*, pp. 485–99; Nithard, *Histories*, 2.9, trans. Scholz, *Carolingian*

Chronicles. 关于尼塔尔，见 Nelson, *Politics and Ritual*, pp. 195–237。关于大会礼仪和公共传播仪式的运作机制，见 C. Pössel, 'Symbolic Communication and the Negotiation of Power at Carolingian Regnal Assemblies, 814–840', University of Cambridge, Ph.D. thesis, 2003。

22 Ganshof, *Frankish Institutions*, pp. 77–83; F. Bougard, *La Justice dans le royaume d'Italie* (Rome, 1995), pp. 140–58.

23 *Cap.*, vol. 1, n. 23, c. 18; n. 25; n. 33, c. 2; banned oaths: n. 20, c. 16; n. 44, cc. 9, 10 (trans. King, *Charlemagne*, pp. 221, 223 in part, 234, 204, 249)。见 M. Becher, *Eid und Herrschaft* (Sigmaringen, 1993), esp. pp. 78–87。不过，对于 *Cap.* n. 25，我更偏向于认为其年代是 792—793 年。关于 785—786 年的起义，见 R. McKitterick, *Perceptions of the Past in the Early Middle Ages* (Notre Dame, Ind., 2006), pp. 63–89。

24 关于政府的总体情况，见 K. F. Werner, 'Missus-marchio-comes', in W. Paravicini and K. F. Werner (eds.), *Histoire comparée de l'administration (IVe–XVIIIe siècles)* (Munich, 1980), pp. 191–239; J. L. Nelson, in *NCMH*, vol. 2, pp. 383–430；还可参考 R. McKitterick (ed.), *Carolingian Culture* (Cambridge, 1994), pp. 52–87; eadem, *Frankish World*, pp. 1–36; M. Innes, in Story, *Charlemagne*, pp. 71–89。关于法庭，主要见 S. Airlie, 'The Palace of Memory', in S. Rees Jones *et al.* (eds.), *Courts and Regions in Medieval Europe* (York, 2000), pp. 1–19。

25 见 Reuter, *Medieval Polities*, pp. 239–43。关于军需供给及其与礼物的关系，主要见 *Cap.*, vol. 1, n. 75 (trans. King, *Charlemagne*, p. 260)。

26 G. Tellenbach, *Königtum und Stamme in der Werdezeit des Deutschen Reiches* (Weimar, 1939), pp. 42–55；进一步可参见 K. F. Werner, 'Important Noble Families in the Kingdom of Charlemagne', in T. Reuter (ed.), *The Medieval Nobility* (Amsterdam, 1978), pp. 137–202。基本的英文介绍见 S. Airlie, in *NCMH*, vol. 2, pp. 431–50 以及 Story, *Charlemagne*, pp. 90–102，另见 R. Le Jan, *Famille et pouvoir dans le monde franc (VIIe–Xe siècle)* (Paris, 1995), esp. pp. 401–13。关于贵族对国家的义务，更多内容见 S. Airlie, in idem *et al.* (eds.), *Staat im frühen Mittelalter* (Vienna, 2006), pp. 93–111。

27 E. Hlawitschka, 'Waren die Kaiser Wido und Lambert Nachkommen Karls des Grossen?', *Quellen und Forschungen*, 49 (1969), pp. 366–86; Innes, *State and Society*, pp. 125, 211–15, 235–6; Le Jan, *Famille et pouvoir*, pp. 95–6, 250–51, 422, 441; Nithard, *Histories*, 1.5.

28 Werner, 'Missus-marchio', pp. 228–30; S. Reynolds, *Fiefs and Vassals* (Oxford, 1994), pp. 84–105.

29 Werner, 'Missus-marchio'；关于书面报告，见 Nelson, *Frankish World*, pp. 14–34; Rižana: C. Manaresi (ed.), *I placiti del 'Regnum Italiae'*, vol. 1 (Rome, 1955), n. 17。

30 *MGH*, *Epistolae*, vol. 5, ed. K. Hampe and E. Dümmler (Berlin, 1899), pp. 277–8; Einhard, *Letters* (trans. and renumbered, Dutton, *Charlemagne's Courtier*, pp. 131–65), nn. 20–21; *The Letters of Lupus of Ferrières*, trans. G.W. Regenos (The Hague, 1966), *letter* 41; *Cap.*, vol. 2, n. 261; cf. Hincmar, *On the Organization*, c. 36.

32 主要见 Lupus of Ferrières, *Letters*, 17, 118, 123（再看 Ch. 5 关于卡奥尔的德西德里乌斯的内容）。

32 McKitterick, *Carolingians and the Written Word*, pp. 211–70.

33 Theodulf, *Contra Iudices*, partially trans. P. Godman, *Poetry of the Carolingian Renaissance* (London, 1985), pp. 162–5; Manaresi, *I placiti*, vol. 1, n. 25; Paschasius Radbert, *Epitaph of Arsenius*, 1.26, trans. in A. Cabaniss, *Charlemagne's Cousins* (Syracuse, NY, 1967)。但是，瓦拉的故事只是个用来说教的传说，真实性无从谈起。关于阿哥巴德，见 *MGH*, *Epistolae*, vol. 5, p. 202; 见 P. Depreux, 'Le Comte Matfrid d'Orléans', *Bibliothèque de l'École des Chartes*, 152 (1994), pp. 331–74。

34 Wallace-Hadrill, *Frankish Church*, p. 299.

35 C. Wickham, *Framing the Early Middle Ages* (Oxford, 2005), pp. 578–83.

36 首先参考 Innes, *State and Society*, pp. 180–225，但这部分主要是关于法兰克核心地区的情况。

37 Nelson, *Frankish World*, pp. 237–42.

38 K. F. Werner, in Godman and Collins, *Charlemagne's Heir*, pp. 3–123；最重要的著作是 P. Depreux, *Prosopographie de l'entourage de Louis le Pieux (781–840)* (Sigmaringen, 1997)。

39 M. de Jong, 'Power and Humility in Carolingian Society', *EME*, 1 (1992), pp. 29–52；关于狄奥多西，见 Astronomer, *Life of Louis*, c. 35, trans. A. Cabaniss, *Son of Charlemagne* (Syracuse, NY, 1961)。

40 见他的 *Letters*, nn. 34, 40–45, 52–4, 26–8; cf. Dutton, *Charlemagne's Courtier*, p. 8, for Walahfrid。

41 *Histories*，1.3 是关于 829 年的内容，4.6 是关于丰特努瓦战役吓坏了豪强们的内容。关于洛泰尔的观点，见 E. Screen, in *EME*, 12 (2003), pp. 25–51。

42 C. R. Brühl, *Deutschland-Frankreich* (Cologne, 1990), esp. pp. 287–302.

43 首先参见 E. J. Goldberg, *Struggle for Empire* (Cambridge, 2006)，还有 T. Reuter, *Germany in the Early Middle Ages c. 800–1056* (Harlow, 1991), pp. 70–111。关于萨克森，见 *Annals of Fulda*, trans. T. Reuter (Manchester, 1992), s.a. 852。

44 P. Delogu, in *Bullettino dell'Istituto storico italiano per il medio evo*, 80 (1968), pp. 137–89; F. Bougard, in Le Jan, *La Royauté et les élites*, pp. 249–67.

45 S. Coupland, 'From Poachers to Gamekeepers', *EME*, 7 (1998), pp. 85–114.

46 E. Joranson, *The Danegeld in France* (Rock Island, Ill., 1924).

47 Nelson, *Charles the Bald*, pp. 170–96, 239–52.

48 关于查理和豪强们，见 Nelson, *Charles the Bald*, pp. 166–7, 183, 209–10, 221–2, 231–4, 240–43。关于厄德和查理，见 *Annals of Saint-Bertin*, trans. J. L. Nelson (Manchester, 1991), s.aa. 866, 868。关于哥特亚的伯纳德，见 ibid., s.a. 878。关于博索，见 C. B. Bouchard, *'Those of my Blood'* (Philadelphia, 2001), pp. 74–97。

49 Airlie, 'Palace of Memory', pp. 13–16. Ponthion: *Annals of Saint-Bertin*, s.a. 876（见 Ch. 17 及以下）. Pîtres: *Cap.*, vol. 2, 11, n. 273；参照 Nelson, *Politics and Ritual*, pp. 91–116; *Frankish World*, pp. 93–8。

50 *Annals of Fulda*, s.a. 888。关于博索，除了本章尾注 47 中列出的 Bouchard 的著作外，还有 S. MacLean, in *EME*, 10 (2001), pp. 21–48; Airlie and Staab, in Le Jan, *La Royauté et les élites*, pp. 138–43, 365–82。

51 关于博韦的丕平（也可能是桑利的丕平），见 K. F. Werner, in *Die Welt als Geschichte*, 20 (1960), pp. 87–119, at p. 93.

52 S. MacLean, *Kingship and Politics in the Late Ninth Century* (Cambridge, 2003).

53 Reuter, *Germany*, pp. 75–7. Nithard: *Histories*, 2.2–4, 7, 9, 3.2, 4.4. Matfrid: Thegan, *Life of Louis*, c. 55. 861: *Annals of Fulda*, s.a. 861. 值得注意的是，查理曼和虔诚者路易都预计到，在他们把国土分给自己的几个儿子之后，采邑（但不是地产）就将被地区化：*Cap.*, vol. 1, n. 45, c. 9; n. 136, c. 9 (trans. King, *Charlemagne*, p. 253, and Dutton, *Carolingian Civilization*, p. 178).

54 见 C. La Rocca and L. Provero, 'The Dead and their Gifts', in F. Theuws and J. L. Nelson (eds.), *Rituals of Power* (Leiden, 2000), pp. 225–80。

55 *Annals of Fulda*, s.a. 858; E. Krüger, *Der Ursprung des Welfenhauses und seine*

Verzweigung in Süddeutschland (Wolfenbüttel, 1899), pp. 68–129，读时需格外谨慎。

56 见 Le Jan, *Famille et pouvoir*, pp. 255–6, 442。

57 *Annals of Fulda*, s.a. 884；见 C. R. Bowlus, *Franks, Moravians and Magyars* (Philadelphia, 1995), pp. 208–16。

第 17 章

关于本章所述主题的总体研究，见第 16 章，尤其是 *NCMH*, vol. 2；进一步阅读可参见 R. McKitterick (ed.), *Carolingian Culture* (Cambridge, 1994)，以及 P. Wormald (ed.), *Lay Intellectuals in the Carolingian World* (Cambridge, 2007)。McKitterick 的专题研究，尤其是 *The Carolingians and the Written Word* (Cambridge, 1989) 以及 *History and Memory in the Carolingian World* (Cambridge, 2004), 还有 J. M. Wallace-Hadrill, *The Frankish Church* (Oxford, 1983) 也都是重要的入门书。年代较早的则有 W. Ullmann, *The Carolingian Renaissance and the Idea of Kingship* (London, 1969)。

1 关于故事的全过程，见 Einhard, *Translation and Miracles of Saints Marcellinus and Peter*, trans. P. E. Dutton, *Charlemagne's Courtier* (Peterborough, Ont., 1998), pp. 69–130, esp. books 1 and 2（2.1 是关于艾因哈德和伊尔杜安的内容，4.7 是关于格沃德的内容）。关于宫廷主管的角色，见 Hincmar, *On the Organization of the Palace*, trans. P. E. Dutton, *Carolingian Civilization* (Peterborough, Ont., 1993), cc. 19–20。关于窗子，见 Notker, *Deeds of Charlemagne*, trans. L. Thorpe, *Two Lives of Charlemagne* (London, 1969), pp. 93–172, 1.30。关于遗骨窃贼，见 P. J. Geary, *Furta Sacra* (Princeton, 1978), pp. 40–59。关于整个故事，最近且最好的英文著作是 J. M. H. Smith, in K. Mills and A. Grafton (eds.), *Conversion in Late Antiquity and the Early Middle Ages* (Rochester, NY, 2003), pp. 189–223。

2 Hincmar, *On the Organization*, cc. 12–28.

3 Paschasius Radbert, *Life of Adalard*, trans. A. Cabaniss, *Charlemagne's Cousins* (Syracuse, NY, 1967), c. 27.

4 *Deeds of Charlemagne*, 1.11 (etiquette), 1.34 (never at court)。关于礼仪，还可参见：J. L. Nelson and M. Innes, in C. Cubitt (ed.), *Court Culture in the Early Middle Ages* (Turnhout, 2003), pp. 39–76.

5 Hincmar, *On the Organization*, c. 18; Notker, *Deeds of Charlemagne*, 1.4; Einhard, *Letters*, trans. Dutton, *Charlemagne's Courtier*, e.g. nn. 9, 32, 49, appendix B，最重要的还是看第 16 章。

6 关于道德中心，主要见 M. de Jong, '*Sacrum palatium et ecclesia*', *Annales HSS*, 58 (2003), pp. 1243–69。关于主教和国王，见 Astronomer, *Life of Louis*, trans. A. Cabaniss, *Son of Charlemagne* (Syracuse, NY, 1961), c. 19（c. 37 是关于 823 年的危险征兆的内容）。关于 805 年的饥荒，见 *Cap.*, vol 1, n. 124 (trans. P. D. King, *Charlemagne* (Kendal, 1987), pp. 245–7)。

7 见 J. M. Wallace-Hadrill, *Early Medieval History* (Oxford, 1975), pp. 181–200 是关于劝诫文章的内容，还可参考 R. Meens, *EME*, 7 (1998), pp. 345–57。

8 *The Letters of Lupus of Ferrières*, trans. G. W. Regenos (The Hague, 1966), *letter* 3.

9 对王后的指控，主要见 G. Bührer-Thierry, 'La Reine adultère', *Cahiers de civilisation médiévale*, 35 (1992), pp. 299–312；关于尤迪丝，见 E. Ward, in W. J. Sheils and D. Woods (eds.), *Women in the Church* (Oxford, 1990), pp. 15–25，以及 Paschasius Radbert, *Epitaph of Arsenius*, trans. Cabaniss, *Charlemagne's Cousins*, 2.7–9；关于欧塔，见 T. Reuter, *Medieval Polities and Modern Mentalities*, ed. J. L. Nelson (Cambridge, 2006), pp. 217–30。

10 *Translation*, 1.13, 14, 2.3, 4, 6（狩猎）, 11.

11 *Annals of Saint-Bertin*, trans. J. L. Nelson (Manchester, 1991), s.a. 835; Astronomer, *Life of Louis*, cc. 46, 52; See J. Jarnut, 'Die frühmittelalterliche Jagd', *Settimane di studio*, 31 (1985), pp. 765–98, and J. L. Nelson, *The Frankish World 750–90* (London, 1996), pp. 120–24.

12 Paschasius, *Life of Adalard*, c. 51; *Cap.*, vol. 2, n. 197, c. 1;M. de Jong, 'What was *Public* about Public Penance?', *Settimane di studio*, 44 (1997), pp. 863–902 (esp. pp. 887–93).

13 主要见 P. Buc, *The Dangers of Ritual* (Princeton, 2001), pp. 51–87 及其他章节。

14 *Annals of Saint-Bertin*, s.a. 876; 对比 *Annals of Fulda*, trans. T. Reuter (Manchester, 1992), s.a. 876。

15 Thegan, *Life of Louis*, trans. Dutton, *Carolingian Civilization*, pp. 141–55, cc. 20, 44, 50, 56; *Annals of Fulda*, s.a. 887 (I).

16 主要见 J. J. Contreni, in *NCMH*, vol 2, pp. 709–47; P. Riché, *Écoles et enseignement dans le haut Moyen Âge* (Paris, 1989), 尤其是 pp. 49–118。

17 Lupus of Ferrières, *Letters*, 124。关于埃弗拉德，见 McKitterick, *Carolingians*

and the Written Word, pp. 245–8。

18 关于文本，主要参见 *Cap.*, vol. 2, n. 185; *MGH, Concilia*, vol. 2, ed. A. Werminghoff (Hanover, 1906), n. 50; Paschasius, *Epitaph of Arsenius*, 2.1.2–3; Einhard, *Translation*, 3.13 (*capitula* of Gabriel), 14 (Wiggo)。关于整个事件的过程，见 P. E. Dutton, *The Politics of Dreaming in the Carolingian Empire* (Lincoln, Nebr., 1994), pp. 92–101; M. de Jong, in S. Airlie *et al.* (eds.), *Staat im frühen Mittelalter* (Vienna, 2006), pp. 129–31, and D. Ganz, in P. Godman and R. Collins (eds.), *Charlemagne's Heir* (Oxford, 1990), pp. 545–6。

19 Paschasius, *Epitaph of Arsenius*, 2.18; *Cap.*, vol. 2, nn. 197–8; *Annals of Saint-Bertin*, s.a. 835; Dutton, *The Politics of Dreaming*, p. 103 ；还可参见 C. Pössel, 'Symbolic Communication and the Negotiation of Power at Carolingian Regnal Assemblies, 814–840', University of Cambridge, Ph.D. thesis, 2003, pp. 129–232 是关于对 830—834 年事件的不同立场的记述。

20 Einhard, *Life of Charlemagne*, c. 25; Thegan, *Life of Louis*, c. 19（查理曼和路易据说都会说一些希腊语，这是十分罕见的）；Paschasius, *Epitaph of Arsenius*, 1.1.2。

21 R. Wright, *Late Latin and Early Romance in Spain and Carolingian France* (Liverpool, 1992), pp. 103–35。关于贵族的拉丁文水平未受影响，见 M. Richter, *The Formation of the Medieval West* (Dublin, 1994)，尤其是 pp. 69–77。

22 关于卢普斯和多达，见 Lupus of Ferrières, *Letters*, 7; Dhuoda, *Handbook for William*, trans. C. Neel (Lincoln, Nebr., 1999)。关于多达，见最新的 J. L. Nelson, 'Dhuoda', in Wormald, *Lay Intellectuals*。总体情况见 McKitterick, *Carolingians and the Written Word*, pp. 211–70。

23 关于传道，见 R. McKitterick, *The Frankish Church and the Carolingian Reforms, 789–895* (London, 1977), pp. 80–114。关于《圣经》，见 C. Edwards, 'German Vernacular Literature', in McKitterick, *Carolingian Culture*, pp. 141–70; H. J. Hummer, *Politics and Power in Early Medieval Europe* (Cambridge, 2005), pp. 130–54 表明了这项工程的复杂性。

24 Agobard of Lyon, *On Hail and Thunder*, partially trans. Dutton, *Carolingian Civilization*, pp. 189–91（c. 16 是关于灰尘的内容），还可参见 Paschasius, *Epitaph of Arsenius*, 2.1.4, 也许还可以看 *Cap.*, vol. 1, n. 54, c. 4。

25 见 A. Petrucci and C. Romeo, *'Scriptores in urbibus'* (Bologna, 1992)，尤其是 pp. 57–76, 109–26 ；值得注意的是，意大利的世俗职业人员阶层（办事员、商人等）也已经有了读写能力。

26 McKitterick, *Frankish Church*, pp. 45–79; C. van Rhijn, *Shepherds of the Lord* (Turnhout, 2007), pp. 82–112, 171–212; cf. S. Wood, *The Proprietary Church in the Medieval West* (Oxford, 2006), pp. 519–34, 659–62.

27 M. de Jong, in Y. Hen and M. Innes (eds.), *The Uses of the Past in the Early Middle Ages* (Cambridge, 2000), pp. 191–226.

28 D. Ganz, in *NCMH*, vol. 2, pp. 786–808; Lupus of Ferrières, *Letters*, 1, 5, 8, 21, 53, 69, 87, 95, 100 (quote), 101, 108; B. Bischoff, *Latin Palaeography* (Cambridge, 1990), pp. 106–18.

29 嗣子说和反圣像，见 D. Ganz, in *NCMH*, vol. 2, pp. 762–6, 773–7; A. Freeman, 'Carolingian Orthodoxy and the Fate of the Libri Carolini', *Viator*, 16 (1985), pp. 65–108；都灵的克劳迪乌斯的文摘，见 Dutton, *Carolingian Civilization*, pp. 247–51。

30 *Annals of Saint-Bertin*, s.a. 839; see F. Riess, 'From Aachen to Al-Andalus', *EME*, 13 (2005), pp. 131–57.

31 见 A. Cabaniss, *Amalarius of Metz* (Amsterdam, 1954); Wallace-Hadrill, *Frankish Church*, pp. 326–9。

32 见 Wallace-Hadrill, *Frankish Church*, pp. 362–9, and D. Ganz, 'The Debate on predestination', in M. Gibson and J. Nelson (eds.), *Charles the Bald* (Oxford, 1981), pp. 353–73。

33 *Royal Frankish Annals*, trans. B. W. Scholz, *Carolingian Chronicles* (Ann Arbor, 1970), s.a. 823。关于罗马的政治，总体情况见 T. F. X. Noble, *The Republic of St Peter* (Philadelphia, 1984，该书涉及公元 825 年以前的情况；R. Davis, *The Lives of the Ninth-century Popes* (Liverpool, 1995); T. F. X. Noble, in *NCMH*, vol. 2, pp. 563–86。

34 见 Davis, *The Lives*, pp. 189–203，这是近来最好的英语论述。

35 目前最好的记述是 S. Airlie, 'Private Bodies and the Body Politic in the Divorce Case of Lothar II', *Past and Present*, 161 (1998), pp. 3–38。

36 *Annals of Saint-Bertin*, s.aa. 864 (quote), 865.

37 *Annals of Saint-Bertin*, s.a. 869; J. L. Nelson, *Charles the Bald* (Harlow, 1992), pp. 229, 235–8.

第 18 章

关于加洛林时期的著作浩如烟海，但大多止于 10 世纪，只有德语著作除外。

关于后加洛林时代（不带政治色彩）的整体情况叙述，包含最新研究成果的著作只有一本，即 J. Fried, *Die Formierung Europas 840–1046* (Munich, 1991). *NCMH*, vol. 3 提供了关于政治和宗教思想史的最好的英文综述集 ; *Settimane di studio*, 38 (1991) 也聚焦于 10 世纪的研究。关于单个继起国家历史的基础英文记述是 T. Reuter, *Germany in the Early Middle Ages c. 800–1056* (Harlow, 1991) 中的相关章节，他的 *Medieval Polities and Modern Mentalities*, ed. J. L. Nelson (Cambridge, 2006) 中也有几篇关键的文章，此外还有 C. Wickham, *Early Medieval Italy* (London, 1981); G. Tabacco, *The Struggle for Power in Medieval Italy* (Cambridge, 1989); J. Dunbabin, *France in the Making, 843–1180* (Oxford, 1985)。我们会在后面陆续提到其他语言中的类似记述。H. Fichtenau, *Living in the Century* (Chicago, 1991) 是这一时期政治史整体研究中的最佳入门读物；G. Althoff, *Family, Friends and Followers* (Cambridge, 2004) 是对社会—政治结构的重要导读。

1 总体情况见 P. Riché, *Gerbert d'Aurillac* (Paris, 1987)，这一记述对他多少有些拔高。关于他到 983 年为止的职业经历，见 Richer of Reims, *Historiae*, 3.43–65, ed. and trans. R. Latouche, *Richer: histoire de France (888–995)* (Paris, 1930–37)。他的书信集译文是 H. P. Lattin, *The Letters of Gerbert with his Papal Privileges as Sylvester II* (New York, 1961)，但是，关于年代问题，要看通用的 *MGH* 和 *Die Briefsammlung Gerberts von Reims*, ed. F. Weigle (Berlin, 1966) ——两本书给出的年代表有所不同，但是都提到了对方的年代表。

2 *Letters*, 14–16, 32–3, 47, 50, 92, 98, 132, 138, 142, 156, 175, trans. Lattin.

3 *Letters*, 230–31, trans. Lattin. Thietmar's *Chronicon* is trans. D. A. Warner, *Ottonian Germany* (Manchester, 2001); 6.100 for Gerbert.

4 Thietmar, *Chronicon*, 2.45.

5 关于史学家，除了前文已经提过的之外，关于弗洛多尔德，见 *The Annals of Flodoard of Reims 919–966*, trans. S. Fanning and B. S. Bachrach (Peterborough, Ont., 2004)；关于柳特普兰德，见 *The Complete Works of Liudprand of Cremona*, trans. P. Squatriti (Washington, 2007)；关于维杜金德，见 Widukind, *Res Gestae*（没有英文译本），另见 *Widukindi Monachi Corbeiensis: Rerum Gestarum Saxonicarum Libri Tres*, ed. P. Hirsch and H.-E. Lohmann, *MGH* (Hanover, 1935)。

6 关于“法国和德国当时已经存在”的观点，正面驳斥见 C. R. Brühl, *Deutschland-Frankreich* (Cologne, 1990)，尤其是 pp. 83–153, 205–33 关于

10 世纪的地区称谓的内容；引文见 Flodoard, *Annals*, s.aa. 920, 921, etc.; Widukind, *Res Gestae*, 1.27, etc., 3.17; Thietmar, *Chronicon*, 1.19。

7 关于东法兰克，重要的著作包括 *NCMH*, vol. 3; Reuter, *Germany*；以及 K. Leyser 的三本书：*Rule and Conflict in an Early Medieval Society* (London, 1979), *Medieval Germany and its Neighbours 900–1250* (London, 1982), and *Communications and Power in Medieval Europe: The Carolingian and Ottonian Centuries* (London, 1994)；后两本都是文章合集。关于庞大的德语参考书系，最近的重要研究包括 H. Keller and G. Althoff, *Die Zeit der späten Karolinger und die Ottonen, 888–1024* (Stuttgart, 2008); and J. Fried, *Die Ursprünge Deutschlands bis 1024* (Berlin, 1994)。

8 见 M. Becher, *Rex, Dux und Gens* (Husum, 1996), pp. 25–194。关于大多数公国的不错分析文章，见 *NCMH*, vol. 3, pp. 267–327。

9 见 J. Fried, in M. Borgolte (ed.), *Mittelalterforschung nach der Wende 1989* (Munich, 1995), pp. 267–318; P. Buc, 'Noch einmal 918–919' (in English), in G. Althoff (ed.), *Zeichen-Rituale-Werke* (Münster, 2004), pp. 151–78。

10 G. Althoff, *Amicitiae und Pacta* (Hanover, 1992), pp. 21–36.

11 Widukind, *Res Gestae*, 2.1–2.

12 Flodoard, *Annals*, s.a. 948.

13 Thietmar, *Chronicon*, 4.50–54, 5.3.

14 Widukind, *Res Gestae*, 3.6.

15 总体情况见 K. Leyser, 'Ottonian Government', *Medieval Germany*, pp. 69–101。关于当时的国王和贵族，见 Leyser, *Rule and Conflict*, pp. 9–47; M. Innes, *State and Society in the Early Middle Ages* (Cambridge, 2000), pp. 225–41。

16 见 I. Blanchard, *Mining, Metallurgy and Minting in the Middle Ages*, vol. 1 (Stuttgart, 2001), pp. 529–38。

17 *MGH*, *Constitutiones*, vol. 1, ed. L. Weiland (Hanover, 1893), n. 436.

18 见 G. Althoff in *NCMH*, vol. 3, pp. 278–88; Leyser, *Medieval Germany*, pp. 14–42。

19 重要的作品有 G. Sergi, in *NCMH*, vol. 3, pp. 346–71; Wickham, *Early Medieval Italy*（这本书对意大利王国解体的时间判定得过早）; Tabacco, *Struggle*; F. Bougard, *La Justice dans le royaume d'Italie* (Rome, 1995); L. Provero, *L'Italia dei poteri locali* (Rome, 1998); G. Sergi, *I confini del potere* (Turin, 1995); P. Cammarosano, *Nobili e re* (Bari, 1998), pp. 218–321。Sergi 和 Provero 引用了更多当地的研究成果，这些研究是意大利史书的核心部分。

20 S. Collavini, *'Honorabilis domus et spetiosissimus comitatus'* (Pisa, 1998), pp.

21–108.

21 基础读物是 P. Delogu, 'Vescovi, conti e sovrani nella crisi del regno italico', *Annali della Scuola speciale per archivisti e bibliotecari*, 8 (1968), pp. 3–72; B. Rosenwein, 'The Family Politics of Berengar I, King of Italy (888–924)', *Speculum*, 71 (1996), pp. 247–89。歌颂诗篇是 *Gesta Berengarii Imperatoris*, ed. P. von Winterfeld, *MGH, Poetae*, vol. 4.1 (Berlin, 1899), pp. 354–401；这本书强调了贝伦加尔在 915 年加冕皇帝的事件。

22 见 P. Buc, *The Dangers of Ritual* (Princeton, 2001), pp. 15–50。

23 见 G. Althoff, *Otto III* (State College, Pa, 2003)。

24 见 G. A. Loud, in *NCMH*, vol. 3, pp. 624–45; P. Skinner, *Family Power in Southern Italy* (Cambridge, 1995); B. M. Kreutz, *Before the Normans* (Philadelphia, 1991); J.-M. Martin, in *Structures féodales et féodalisme dans l'Occident méditerranéen (X^{e}–XIIIe siècles)* (Rome, 1980), pp. 553–86; H. Taviani-Carozzi, *La Principauté lombarde de Salerne (IXe–XIe siècle)* (Rome, 1991)。

25 主要见 P. Toubert, *Les Structures du Latium médiéval* (Rome, 1973), pp. 960–1024。

26 见 C. B. Bouchard in *NCMH*, vol. 3, pp. 328–45。值得注意的是，勃艮第公国和勃艮第王国不一样，前者更靠近北边，在西法兰克境内。

27 关于西法兰克，重要的作品包括 *NCMH*, vol. 3; Dunbabin, *France*; J.-P. Poly and É. Bournazel, *The Feudal Transformation, 900–1200* (NewYork, 1991); K. F. Werner, *Les Origines avant l'an Mil* (Paris, 1984), pp. 487–561；对这一时期的优雅辩护，见 G. Koziol, 'Is Robert I in Hell?', *EME*, 14 (2006), pp. 233–67；还有老的经典 J. Dhondt, *Études sur la naissance des principautés territoriales en France (IXe–Xe siècle)* (Bruges, 1948)。

28 *Annals*, s.a. 920.

29 Flodoard, *Annals*, s.aa. 923, 925.

30 路易和于格的对抗，见 Flodoard, *Annals*, s.aa. 945, 946, 948, 950。奥托一世和布伦，见同前，s.aa. 954, 958–60, 962；还可参照 Brühl, *Deutschland-Frankreich*, pp. 479–92。洛泰尔：见 G. Koziol, *Begging Pardon and Favor* (Ithaca, NY, 1992), pp. 113–21。

31 相关著作很多，包括 Y. Sassier, *Hugues Capet* (Paris, 1987); C. Carozzi, in *Le Moyen Âge*, 82 (1976), pp. 453–76。热尔贝的话见 *Letters*, 55, trans. Lattin。

32 见 Dhondt, *Naissance*; D. Bates and M. Zimmermann, in *NCMH*, vol. 3, pp.

398–455，其中列出了大量地区专题研究型参考书目。关于诺曼底，一本重要的英文著作是 D. Bates, *Normandy before 1066* (London, 1982)；还可参见 E. Searle, *Predatory Kinship and the Creation of Norman Power, 840–1066* (Berkeley, 1988)；关于曼恩，有一本非常有见地的著作：Maine, R. E. Barton, *Lordship in the County of Maine, c. 890–1160* (Woodbridge, 2004)。

33 见 T. Head and R. Landes (eds.), *The Peace of God* (Ithaca, NY, 1992)，尤其是 A. Debord 和 R. Landes 的文章，pp. 135–64, 184–218; J. Martindale, *Status, Authority and Regional Power* (Aldershot, 1997), studies VI（和平会议）, VII–VIII（吕西尼昂的于格）; B. S. Bachrach, in *Journal of Medieval History*, 5 (1979), pp. 11–21。

34 M. Mostert, *The Political Theology of Abbo of Fleury* (Hilversum, 1987), e.g. p. 137.

35 关于文学活动，见 C. Leonardi, in *NCMH*, vol. 3, pp. 186–211。关于赫罗斯维塔，见 P. Dronke, *Women Writers of the Middle Ages* (Cambridge, 1984), pp. 55–83。

36 Liutprand, *Concerning King Otto*, c. 11, in *Complete Works*, pp. 228–9。还可参见 Flodoard, *Annals*, s.a. 948 和 Richer, *Historiae*, 3.85，两本书都讲到了仪式或外交场合所使用的拉丁语的翻译。

37 Trans. in B. H. Hill, *Medieval Monarchy in Action* (London, 1972), pp. 118–37.

38 Gerbert, *Letters*, 146, trans. Lattin.

39 Liutprand, *Antapodosis*, 5.33, in *Complete Works*, p. 194; Thietmar, *Chronicon*, 4.38 是关于阿尔讷堡的内容。关于阿尔讷堡和麦森的讨论，见 Leyser, 'Ottonian Government', p. 84。

40 综述见 T. Reuter, in P. Linehan and J. L. Nelson (eds.), *The Medieval World* (London, 2001), pp. 432–50; Richer, *Historiae*, 4.11; Widukind, *Res Gestae*, 2.10, 3.16, 32, 41, 70。关于法国的司法大会，G. Duby, *Hommes et structures du moyen Âge* (Paris, 1973), pp. 7–60 是经典的研究范式；近期关于法国司法问题的辩论（尤其是 W. C. Brown and P. Górecki, eds., *Conflict in Medieval Europe*, Aldershot, 2003）并不影响前作中的观点。

41 见 G. Althoff, *Spielregeln der Politik im Mittelalter* (Darmstadt, 1997), esp. pp. 21–56, 157–84, 229–57. Althoff, *Family, Friends and Followers*, pp. 136–59 用英语给出了简要的研究范式。还可参见 Leyser, *Communications*, pp. 189–213; Fichtenau, *Living*, esp. pp. 30–77, 403–16。

42 Flodoard, *Annals*, s.a. 948; *MGH*, *Constitutiones*, vol. 1, n. 1; Flodoard, *Annals*,

s.a. 924; Rodulf Glaber, *Historiae*, ed. and trans. J. France (Oxford, 1989), 1.5. 关于上述所有以及后续情况，见 Koziol, *Begging Pardon and Favor*，这是基础的分析。

43 Liutprand, *Antapodosis*, 3.41, in *Complete Works*, p. 131; Richer, *Historiae*, 2.4.

44 Widukind, *Res Gestae*, 2.6。关于路易二世，还可参见 *Cap.*, vol. 2, n. 218, c. 9。

45 Dudo, *History of the Normans*, trans. E. Christiansen (Woodbridge, 1998), 2.29; Thietmar, *Chronicon*, 2.28, 5.3–7。关于书面呈现的总体情况，见 Buc, *Dangers of Ritual*。

46 总体情况见 Head and Landes, *Peace of God*。

47 Gerbert, *Letters*, 244, trans. Lattin; Flodoard, *Annals*, s.aa. 947–9。还可参见这篇论述清晰的短篇研究：G. Tellenbach, *The Church in Western Europe from the Tenth to the Early Twelfth Century* (Cambridge, 1993), pp. 65–74。

48 P. Stafford, *Queens, Concubines and Dowagers* (London, 1983), pp. 149–52 and *passim*; R. Le Jan, *Famille et pouvoir dans le monde franc (VIIe–Xe siècle)* (Paris, 1995), pp. 372–9，该书强调寡妇获得权力的一个原因是核心家族团体越来越重要。关于玛蒂尔达，见 Thietmar, *Chronicon*, 4.41。关于柳特普兰德，见 P. Buc, 'Italian Hussies and German Matrons', *Frühmittelalterliche Studien*, 29 (1995), pp. 207–25。

49 P. J. Geary, *Phantoms of Remembrance* (Princeton, 1994), esp. pp. 134–57; C. Wickham, *Land and Power* (London, 1994), pp. 275–93; Rodulf Glaber, *Historiae*, 1.5, 7, 9.

50 A. G. Remensnyder, *Remembering Kings Past* (Ithaca,NY, 1995), pp. 116–211 ; 总体情况还可参见 T. N. Bisson, in *Speculum*, 65 (1990), pp. 281–308。

第 19 章

关于 9—10 世纪的英格兰，最好的综述是 P. Wormald and E. John in J. Campbell (ed.), *The Anglo-Saxons* (Oxford, 1982), pp. 132–206; S. Keynes in *NCMH*, vol. 2, pp. 37–42, and vol. 3, pp. 456–84; 以及（关于公元 900 年后时期的关键文本）P. Stafford, *Unification and Conquest* (London, 1989)。P. Stafford 的 'King and Kin, Lord and Community' 和 *Gender, Family and the Legitimation of Power* (Aldershot, 2006), study VIII 是对本时期英格兰社会的重要分析，和本章的观点接近。老的经典还是 F. M. Stenton, *Anglo-Saxon England*, 3rd edn. (Oxford, 1971)。基础性的参考书目导览是 S. Keynes, *Anglo-Saxon History: A*

Select Bibliography (Cambridge，定期更新并再版)，比现版本稍早一些的版本可在这里找到：<http//www.trin.cam.uk/sdk13/asindex> 关于政府，最新的研究是 A. Williams, *Kingship and Government in Pre-Conquest England, c.500–1066* (Basingstoke, 1999)；关于教会，新的经典是 J. Blair, *The Church in Anglo-Saxon Society* (Oxford, 2005)。

1 编辑并翻译过的文本见 A. J. Robertson, *Anglo-Saxon Charters* (Cambridge, 1939), n. 66；最完整的评论收录于 P. Wormald, 'Giving God and King their Due', *Settimane di studio*, 44 (1997), pp. 549–90。法律见 3 Edgar, cc. 2, 5.2, trans. *EHD*, vol. 1, pp. 432–3。关于法庭案件的入门读物是 P. Wormald, in W. Davies and P. Fouracre (eds.), *The Settlement of Disputes in Early Medieval Europe* (Cambridge, 1986), pp. 149–68。

2 关于肯特，见 S. Keynes, in *EME*, 2 (1993), pp. 111–31。关于麦西亚，见 M. A. S. Blackburn and D. N. Dumville (eds.), *Kings, Currency and Alliances* (Woodbridge, 1998), pp. 1–45。关于公元 9 世纪的其他王国的情况，前面列出的综述中已经有最好的记述。

3 关于他们的冲击和影响范围，基础读物是 N. P. Brooks, 'England in the Ninth Century: The Crucible of Defeat', 现在收录于他的 *Communities and Warfare, 700–1400* (London, 2000), pp. 48–68。关于斯堪的纳维亚人的背景情况，见 P. Wormald, in R. T. Farrell (ed.), *The Vikings* (Chichester, 1982), pp. 128–53；还可参见 p. 465 的注释。

4 见 S. Keynes and M. Lapidge, *Alfred the Great* (Harmondsworth, 1983)，其中包括了绝大多数阿尔弗雷德文本的译文；R. Abels, *Alfred the Great* (London, 1998) 是最好的传记；T. Reuter (ed.), *Alfred the Great* (Aldershot, 2003)；P. Wormald, 'Alfred (848/9–899)', in *Oxford Dictionary of National Biography* (Oxford, 2004) 可在下列网址读到：<http://www.oxforddnb.com/view/article/183>。

5 见 Asser, c. 87， 以及 *Anglo-Saxon Chronicle*, s.a. 900, trans. in Keynes and Lapidge, *Alfred*, pp. 99, 120。

6 主要见 S. Keynes, in N. J. Higham and D. H. Hill (eds.), *Edward the Elder 899–924* (London, 2001), pp. 40–66。

7 M. Wood, *In Search of the Dark Ages* (London, 1981), pp. 126–50; D. N. Dumville, *Wessex and England from Alfred to Edgar* (Woodbridge, 1992), pp. 141–71。关于他的称号，见 W. de G. Birch (ed.), *Cartularium Saxonicum*

(London, 1885–93), e.g. nn. 677, 730, 746。

8 见 P. Stafford, *Queens, Concubines and Dowagers* (London, 1983), pp. 124–34, 148–51。关于贵族，重要的分析包括 C. R. Hart, *The Danelaw* (London, 1992), pp. 569–604; A. Williams, '*Princeps Merciorum Gentis*', *Anglo-Saxon England*, 10 (1982), pp. 143–72; B. Yorke, in eadem (ed.), *Bishop Æthelwold* (Woodbridge, 1988), pp. 65–88; Stafford, *Unification*, pp. 150–79; R. Fleming, *Kings and Lords in Conquest England* (Cambridge, 1991), pp. 22–39; Stafford, 'King and Kin', pp. 1–12 强调了地区内的紧张关系，以及贵族做决策时所面临的困难。

9 关于上述每一个人都有近期的学术讨论：N. Ramsey (ed.), *St Dunstan* (Woodbridge, 1992); Yorke, *Bishop Æthelwold*; N. P. Brooks; C. R. E. Cubitt (eds.), *St Oswald of Worcester* (London, 1996)。这些都可见于 C. R. E. Cubitt in 'The Tenth-century Benedictine Reform in England', *EME*, 6 (1997), pp. 77–94，该文是关于这一主题最好的综述。

10 S. Keynes, *The Diplomas of King Æthelred 'the Unready', 978–1016* (Cambridge, 1980), pp. 154–231; A. Williams, *Æthelred the Unready* (London, 2003).

11 见 R. H. C. Davis, 'Alfred the Great: Propaganda and Truth', *History*, 66 (1971), pp. 169–82。福尔克和阿瑟尔对疾病的记述，见 trans. in Keynes and Lapidge, *Alfred*, pp. 182–6, 88–90, 101 (Asser, cc. 74, 91)；还可参见 P. Kershaw, in *EME*, 10 (2001), pp. 201–24; J. Campbell, *The Anglo-Saxon State* (London, 2000), pp. 129–55。关于政治理念，示例见 J. M. Wallace-Hadrill, *Early Germanic Kingship in England and on the Continent* (Oxford, 1971), pp. 140–51; Abels, *Alfred*, pp. 246–57; J. L. Nelson, in A. J. Duggan (ed.), *Kings and Kingship in Medieval Europe* (London, 1993), pp. 125–58; Wormald, 'Alfred'。

12 cc. 17, 27.3, trans. in Keynes and Lapidge, *Alfred*, pp. 132–4.

13 见 P. Wormald, *The Making of English Law*, vol. 1 (Oxford, 1999), pp. 417–27。

14 Alfred, *Laws*, 1, cf. Intro. 49.9, trans. in Keynes and Lapidge, *Alfred*, pp. 164–5; J. Campbell, *Essays in Anglo-Saxon History* (London, 1986), p. 162; P. Wormald, in Campbell, *The Anglo-Saxons*, p. 155.

15 关于阿尔弗雷德的政府，尤其要看 N. P. Brooks, in Reuter, *Alfred*, pp. 153–73。

16 Campbell, *Essays*, pp. 155–70，深入的论述还可参见他的 *Anglo-Saxon State*, pp. 1–30。这两本书有力论述了 10 世纪英格兰的国家实力。关于 10 世纪

之前的麦西亚防御设施，见 S. Bassett, in *EME*, 15 (2007), pp. 53–85。

17 见 Wormald, *Making*, vol. 1, pp. 277–330 ；关于埃塞尔雷德在 1009 年颁布的第七部法典，见 *EHD*, vol. 1, pp. 447–8。

18 *The Annals of Flodoard of Reims, 919–966*, trans. S. Fanning and B. S. Bachrach (Peterborough, Ont., 2004), s.aa. 936, 939. 887–8: Keynes and Lapidge, *Alfred*, p. 98 (Asser, c. 85); *EHD*, vol. 1, p. 199.

19 关于埃塞尔沃德和欧洲大陆，见 P. Wormald, in Yorke, *Bishop Æthelwold*, pp. 13–42。关于伍尔夫斯坦，见 M. Townend (ed.), *Wulfstan, Archbishop of York* (Turnhout, 2004); Wormald, *Making*, vol. 1, pp. 330–66。

20 Wormald, *Making*, vol. 1, p. 344, cf. 425–6。关于自信，同前，pp. 444–5。

21 S. Keynes, 'Royal Government and the Written Word in Late Anglo-Saxon England', in R. McKitterick (ed.), *The Uses of Literacy in Early Medieval Europe* (Cambridge, 1990), pp. 226–57.

22 *Anglo-Saxon Chronicle*, s.aa. 969, 986, 1041 (*EHD*, vol. 1, pp. 227–33, 260, cf. 284).

23 见 M. K. Lawson, in *English Historical Review*, 99 (1984), pp. 721–38 以及后续辩论 J. Gillingham, in 104 (1989), pp. 373–406, and 105 (1990), pp. 939–61。

24 "维京人的冲击"这个话题引起了一场旷日持久的辩论，始于 P. Sawyer, *The Age of the Vikings* (London, 1962)，该书第一次试图将这种冲击最小化。他对维京军队规模的低估现在已经不为学界接受［Brooks, 'England in the Ninth Century'; G. Halsall, *Warfare and Society in the Barbarian West, 450–900* (London, 2003), pp. 120, 123］；但是最近更多、更详细的历史学和考古学研究倾向于认为这种冲击是比较小的：D. M. Hadley, *The Northern Danelaw* (Leicester, 2000), pp. 298–341 及 *The Vikings in England* (Manchester, 2006); J. D. Richards, *Viking Age England* (Stroud, 2000), pp. 49–77。对于盎格鲁–斯堪的纳维亚研究来说，这后两本书是新的起点。

25 见 D. G. Scragg (ed.), *The Battle of Maldon, A.D. 991* (Oxford, 1991)，这本书里有这篇诗作的文本，还可参见 J. Cooper (ed.), *The Battle of Maldon* (London, 1993)。对比阅读 *Anglo-Saxon Chronicle*, s.a. 1010 (*EHD*, vol. 1, p. 243)。关于布莱特诺斯，还可看 Hart, *Danelaw*, pp. 131–5。

26 D. Hill, *An Atlas of Anglo-Saxon England* (Oxford, 1981), pp. 101–4（书里有很多非常有价值的地图）; P. A. Clarke, *The English Nobility under Edward the Confessor* (Oxford, 1994), pp. 13–60, 147–50。

27 Robertson, *Anglo-Saxon Charters*, n. 110。关于赫斯特本档案以及后面几页

涉及的内容，尤其可以参见 R. Faith, *The English Peasantry and the Growth of Lordship* (Leicester, 1997), pp. 1–177 ；补充阅读可参见 J. Blair, *Anglo-Saxon Oxfordshire* (Stroud, 1994), pp. 77–9; Hadley, *Northern Danelaw*; C. Wickham, *Framing the Early Middle Ages* (Oxford, 2005), pp. 314–26, 347–51。经典著作是 F. W. Maitland, *Domesday Book and Beyond* (Cambridge, 1897)。关于 *Rectitudines*，译文见 *EHD*, vol. 2, pp. 875–9，见 P. D. A. Harvey, in *English Historical Review*, 108 (1993), pp. 1–22。

28 见 A. Wareham and V. King, in Brooks and Cubitt, *Oswald*, pp. 46–63, 100–116。

29 C. Lewis *et al.*, *Village, Hamlet and Field* (Macclesfield, 1997).

30 Richards, *Viking Age England*, pp. 78–108, 139–77 给出了一个不错的综述。补充阅读可看以档案为基础、对羊毛等产品的讨论：P. H. Sawyer, 'The Wealth of England in the Eleventh Century', *Transactions of the Royal Historical Society*, 5 ser., 15 (1965), pp. 145–64, at pp. 161–3。

31 G. E. Cadman, 'Raunds 1977–1983', *Medieval Archaeology*, 27 (1983), pp. 107–22。关于戈托，见 G. Beresford, *Goltho* (London, 1987)。关于教堂，见 Blair, *Church*, pp. 368–425。

32 Hadley, *Northern Danelaw*, pp. 165–211; Faith, *English Peasantry*, pp. 121–5.

33 Fleming, *Kings and Lords*。关于 11 世纪王室控制土地的战略，即赏出大量与官职挂钩且可收回的土地，见 S. Baxter and J. Blair, in *Anglo-Norman Studies*, 28 (2006), pp. 19–46。

34 军事参与，见 R. P. Abels, *Lordship and Military Obligation in Anglo-Saxon England* (Berkeley, 1988)。百人邑大会，见'1 Edgar'，从 10 世纪 40 年代到 50 年代，trans. in *EHD*, vol. 1, p. 430。

第 20 章

没有一本综述性的著作能将本章涉及的社会全部包括进去，我会为每一个广义上的文化区域单独列出更通用、更具体的参考书目。关于公元 1000 年前的斯堪的纳维亚历史，基础的英文入门读物是 K. Helle (ed.), *The Cambridge History of Scandinavia*, vol. 1 (Cambridge, 2003)，以及 B. and P. Sawyer, *Medieval Scandinavia* (Minneapolis, 1993)；两本书的叙述都持续到公元 1500 年。还可参见 P. Sawyer, *Kings and Vikings* (London, 1982)。有价值的文章，见 J. Jesch (ed.), *The Scandinavians from the Vendel Period to the Tenth Century* (Woodbridge,

2002)。

关于维京人，英语的参考书太多，无法列举，这里只能推荐一些最重要的研究。G. Jones, *A History of the Vikings* (Oxford, 1968) 是一本传统的文献研究；P. Sawyer, *The Age of the Vikings* (London, 1962) 是经典的问题分析，影响了后来的所有研究；最近的作品集包括 J. Graham-Campbell (ed.), *Cultural Atlas of the Viking World* (Abingdon, 1994) 以及 P. Sawyer (ed.), *The Oxford Illustrated History of the Vikings* (Oxford, 1997)。

1 Rimbert, *Life* of Anskar, trans. C. H. Robinson，在以下网址可读：http://www.fordham.edu/halsall/basis/anscar.html；cc. 26–8 是关于瑞典人的内容（引语、我的翻译，从 c. 26 开始）；还可参见 I. Wood, *The Missionary Life* (London, 2001), pp. 123–41。

2 Snorri Sturlason, *Heimskringla*, trans. S. Laing and P. Foote (London, 1961), 4.32.

3 首先参考 P. O. Nielsen *et al*. (eds.), *The Archaeology of Gudme and Lundeborg* (Copenhagen, 1994)。关于公元 700 年前的丹麦，还可参见 L. Hedeager, *Iron-age Societies* (Oxford, 1992)，以及 *Anglo-Saxon Studies in Archaeology and History*, 10 (1999) 中的几篇文章，还有 U. Näsman, in R. Hodges and W. Bowden (eds.), *The Sixth Century* (Leiden, 1998), pp. 255–78。

4 见 K. Randsborg, *The Viking Age in Denmark* (London, 1980); E. Roesdahl, *Viking Age Denmark* (London, 1982); U. Näsman, in I. L. Hansen and C. Wickham (eds.), *The Long Eighth Century* (Leiden, 2000), pp. 35–68; P. Sawyer, 'Kings and Royal Power', in P. Mortensen and B. Rasmussen (eds.), *Fra stamme til stat i Danmark*, vol. 2 (Højbjerg, 1991), pp. 282–8。公元 900 年后的历史，见前面提到的综述类著作。

5 关于哈拉尔德之前的挪威，见 B. Myhre, 'Chieftains' Graves and Chiefdom Territories in South Norway in the Migration Period', *Studien zur Sachsenforschung*, 6 (1987), pp. 169–87。关于哈拉尔德之后的时代，见前面提过的综述类著作。

6 关于冰岛，见 J. Byock, *Viking Age Iceland* (London, 2001)，尤其是 pp. 63–141。关于大会政治，见 Sawyer and Sawyer, *Medieval Scandinavia*, pp. 80–99。关于挪威的法律，见 L. M. Larson, *The Earliest Norwegian Laws* (New York, 1935)。

7 R. M. Karras, *Slavery and Society in Medieval Scandinavia* (New Haven, 1988).

8 Trans. C. Larrington, *The Poetic Edda* (Oxford, 1996), pp. 14–38；引语来自

stanzas 1, 25, 38, 58, 90。

9 见 P. Wormald, in R. T. Farrell (ed.), *The Vikings* (Chichester, 1982), pp. 141–8; S. Coupland, *EME*, 7 (1998), pp. 85–114。

10 *Age of the Vikings*, p. 194.

11 尤其见 A. B. Smyth, *Scandinavian Kings in the British Isles, 850–880* (Oxford, 1977)。

12 Snorri, *Heimskringla*, 10.2–6, 79–92.

在东欧地区广泛开展的考古活动的帮助下，关于早期斯克拉文人或斯拉夫人的英文研究著作越来越多。目前最好的几本是 F. Curta, *Southeastern Europe in the Middle Ages, 500–1250* (Cambridge, 2006)，以及他的前作 *The Making of the Slavs* (Cambridge, 2001)，两本书都聚焦于东南欧。关注范围更广的是 P. M. Barford, *The Early Slavs* (London, 2001)。关于早期罗斯的历史，有一本非常出色的分析著作，即 S. Franklin and J. Shepard, *The Emergence of Rus 750–1200* (London, 1996)。我对上述四本书非常倚赖。捷克和波兰学者所写的短篇著作有 M. Gojda, *The Ancient Slavs* (Edinburgh, 1991) 还有 P. Urbańczyk (ed.), *Origins of Central Europe* (Warsaw, 1997)。还有几部重要的论述，包括 F. Curta (ed.), *East Central and Eastern Europe in the Early Middle Ages* (Ann Arbor, 2005)，这本书中列出了海量的英文参考书目。关于日耳曼人的民族学辩论（见前文，第 4 章）中的每一派观点，在这些作品中均有体现。关于 10 世纪的优秀分析有 T. S. Noonan, J. Strzelczyk, K. Bakay（关于匈牙利）以及 J. Shepard, in *NCMH*, vol. 3, pp. 487–552, 567–85；关于这一时期，还可参见年代较早、较为传统但仍然很有意思的研究著作 F. Dvornik, *The Making of Central and Eastern Europe* (London, 1949)，其中不包括考古学的内容。L. Leciejewicz, *Gli Slavi occidentali* (Spoleto, 1991) 是一本关于西方各地区的系统性综述。

13 和我观点最接近的是 Curta, *The Making*。

14 尤其见 Barford, *The Early Slavs*, pp. 47–88, 113–23, 131–3; Curta, *The Making*, pp. 247–310; Gojda, *The Ancient Slavs*, pp. 16–43, 78–94; Z. Kobyliński, in Urbańczyk, *Origins*, pp. 97–114; Barford, in Curta, *East Central and Eastern Europe*, pp. 66–70。

15 *Life of Charlemagne*, trans. P. E. Dutton, *Charlemagne's Courtier* (Peterborough, Ont., 1998), pp. 15–39, c. 15.

16 Constantine Porphyrogenitus, *De Administrando Imperio*, ed. and trans. G.

Moravcsik and R. J. H. Jenkins (Washington, 1967), c. 30（cf. cc. 29, 32, 34 关于祖帕尼埃人）。

17 *Les Plus Anciens Recueils des miracles de Saint Démétrius*, vol. 1, ed. and trans. P. Lemerle (Paris, 1979), pp. 169–74.

18 M. McCormick, *Origins of the European Economy* (Cambridge, 2001), pp. 733–77（pp. 737–8 是关于 sclavus 和奴隶的内容）。

19 首先见 W. Pohl, *Die Awaren* (Munich, 1988)。

20 见 K. Bakay, in *NCMH*, vol. 3, pp. 536–52; A. Bartha, *Hungarian Society in the Ninth and Tenth Centuries* (Budapest, 1975)。

21 Franklin and Shepard, *The Emergence*, pp. 3–180; T. S. Noonan, in *NCMH*, vol. 3, pp. 487–513; Barford, *The Early Slavs*, pp. 232–49。关于罗斯人占领基辅的时间，我认同 Franklin 和 Shepard 的观点。

22 *The Russian Primary Chronicle: Laurentian Text*, trans. S. H. Cross and O. P. Sherbowitz-Wetzor (Cambridge, Mass., 1973), pp. 91, 78–87。文本可追溯至 12 世纪第二个十年，但可能含有来自 11 世纪 60 年代的材料：见 A. Rukavishnikov, *EME*, 12 (2003), pp. 53–74。

23 尤其见 S. Franklin, *Writing, Society and Culture in Early Rus, c. 950–1300* (Cambridge, 2002), pp. 36–40, 83–100, 110–15（关于古诺尔斯语的残余）, 123–4。

24 Franklin and Shepard, *The Emergence*, pp. 170–80; Barford, *The Early Slavs*, pp. 246–7; compare P. Squatriti, in *Past and Present*, 176 (2002), pp. 11–65.

25 尤其见 Barford, *The Early Slavs*, pp. 108–11；F. Graus *et al.*, *Das grossmährische Reich* (Prague, 1966)，有德文和法文版本；Curta, *Southeastern Europe*, pp. 124–34；J. Poulík, 'Mikulčice', in R. Bruce-Mitford (ed.), *Recent Archaeological Excavations in Europe* (London 1975), pp. 1–31。

26 见 I. Bóba, *Moravia's History Reconsidered* (The Hague, 1971)；C. R. Bowlus, *Franks, Moravians and Magyars* (Philadelphia, 1995)，特别是 pp. 5–18。

27 英文著作见 Curta, *Southeastern Europe*, pp. 134–47, 191–201; N. Budak, in *Hortus Artium Medievalium, 3* (1997), pp. 15–22; 还有 M. Ančić and N. JakŠić 的文字，收录于 G. P. Brogiolo and P. Delogu (eds.), *L'Adriatico dalla tarda Antichità all'età carolingia* (Florence, 2005), pp. 213–43，其中引用了其他意大利语和克罗地亚语的作品。

28 关于波希米亚和波兰，见 J. Strzelczyk, in *NCMH*, vol. 3, pp. 516–35; Barford,

The Early Slavs, pp. 251–67; P. Manteuffel, *The Formation of the Polish State* (Detroit, 1982); and P. Barford, P. Urbańczyk and A. Buko, in Curta, *East Central and Eastern Europe*, pp. 77–84, 139–51, 162–78。

29 J. M. H. Smith, *Province and Empire* (Cambridge, 1992).

30 Thietmar, Chronicon, trans. D. A.Warner, *Ottonian Germany*, (Manchester, 2001), 3.17–19, 4.13, 6.22–5 (25 是关于大会的内容), 7.64.

对威尔士讨论最全面的是 Wendy Davies 的两本书：*Wales in the Early Middle Ages* (Leicester, 1982) 以及 *Patterns of Power in Early Wales* (Oxford, 1990)。与之相关的还有 Rees Davies 关于公元 1063 年之后的历史时期的重要综述 *Conquest, Coexistence and Change* (Oxford, 1987)，以及 K. L. Maund, *Ireland, Wales, and England in the Eleventh Century* (Woodbridge, 1991)。关于苏格兰，见 A. A. M. Duncan, *Scotland: The Making of the Kingdom* (Edinburgh, 1975) 以及 A. P. Smyth, *Warlords and Holy Men* (London, 1984)。关于斯堪的纳维亚地区，见 B. E. Crawford, *Scandinavian Scotland* (Leicester, 1987)。另一种观点见 B. T. Hudson, *The Kings of Celtic Scotland* (Westport, Conn., 1994)。

关于这一历史时期，近期那些细节丰富的著作中缺少新的综述型作品，但一系列篇幅较短的研究给出了迄今为止最清晰的综述，尤其是 T. O. Clancy and B. E. Crawford, in R. A. Houston and W. W. J. Knox (eds.), *The New Penguin History of Scotland* (London, 2001), pp. 56–81; S. M. Foster, *Picts, Gaels and Scots* (London, 2004), pp. 104–14; K. Forsyth, in J. Wormald (ed.), *Scotland: A History* (Oxford, 2005), pp. 21–34; and D. Broun, *Scottish Independence and the Idea of Britain* (Edinburgh, 2007), pp. 71–97。现在还可以参考 A. Woolf, *From Pictland to Alba, 789–1070* (Edinburgh, 2007)。在上述三个地区中，爱尔兰是最缺乏综述类作品的一个。我们在第 7 章提过的著作或是只叙述到 800—850 年，或是关于 9—10 世纪的章节较弱，后一点在 D. ÓCróinín (ed.), *A New History of Ireland*, vol. 1 (Dublin, 2005) 中体现得尤其明显，这本书忽略了布莱恩 · 博茹！ D. Ó Corráin 的 *Ireland before the Normans* (Dublin, 1972) 虽然篇幅不长，但可能是最好的导览型著作。还可参考 N. Patterson, *Cattle-lords and Clansmen* (Notre Dame, Ind., 1994)。

31 见 *Armes Prydein*, ed. and trans. I. Williams and R. Bromwich (Dublin, 1972)；引语来自 lines 125–6。

32 见 D. E. Thornton, in *Welsh History Review*, 18 (1996–7), pp. 567–91。

33 e.g. W. Davies, 'Adding Insult to Injury', in eadem and P. Fouracre (eds.), *Property and Power in the Early Middle Ages* (Cambridge, 1995), pp. 137–64, at pp. 161–2.

34 Davies, *Patterns of Power*, pp. 56–60.

35 D. Ó Corráin, 'Nationality and Kingship in Pre-Norman Ireland', in T. W. Moody (ed.), *Nationality and the Pursuit of National Independence* (Belfast, 1978), pp. 1–35, at pp. 9–11.

36 例子见 F. J. Byrne, *Irish Kings and High-kings* (London, 1973), pp. 180–81; Ó Corráin, *Ireland*, pp. 10, 30–31。

37 见 S. Duffy (ed.), *Medieval Dublin*, vol. 1 (Dublin, 2000), 以及 P. F. Wallace, in Ó Cróinín, *New History*, vol. 1, pp. 815–41。

38 见 Byrne, *Irish Kings*, pp. 211–29.

39 见 Byrne, *Irish Kings*, pp. 256–66。关于维京人的冲击，更多内容见 B. Jaski, in *Peritia*, 9 (1995), pp. 310–51。引语见 *The Annals of Ulster*, ed. And trans. S. Mac Airt and G. Mac Niocaill, vol. 1 (Dublin, 1983), s. aa. 845, 851 and 862。

40 见 J.V. Kelleher, in E. Rynne (ed.), *North Munster Studies* (Limerick, 1967)，pp. 230–41 是关于早期的达尔·凯斯的内容；Ó Corráin, Ireland, pp. 120–31；最重要的是新近出版的 M. Ní Mhaonaigh, *Brian Boru* (Stroud, 2007)。

41 利默里克和都柏林的财富，见 *Cogadh Gaedhel re Gallaibh: The War of the Gaedhil with the Gaill*, ed. and trans. J. H. Todd (London, 1867), pp. 79–81, 113–15；布莱恩的统治，见 ibid., pp. 137–41。

关于 711—1000 年的基督教西班牙，迄今为止最好的综述类作品是 A. Isla Frez, *La alta edad media* (Madrid, 2002)。近期比较重要的一部社会发展综述是 J. A. García de Cortá zar, 'La formación de la sociedad feudal en el cuadrante noroccidental de la Península Ibérica en los siglos VIII a XIII', *Initium*, 4 (1999), pp. 57–121。在英文著作中，基础的短篇导览是 R. Collins, in his *Early Medieval Spain* (London, 1983), pp. 225–68，修订版收录于 *NCMH*, vol. 2, pp. 272–89 and vol. 3, pp. 670–91，还可参考他的 *The Arab Conquest of Spain* (Oxford, 1989)，上述著作均聚焦在政治史方面。P. Linehan, *History and the Historians of Medieval Spain* (Oxford, 1993), pp. 73–171 是令人兴奋的著作，内容关于阿斯图里亚斯-莱昂的合法化形象的变迁。W. Davies, *Acts of Giving* (Oxford, 2007) 是关于 10 世纪乡村社会的入门读物。关于这一段西班牙语社会史上颇为活跃的时期，相关英文著作可参见 S. Castellanos and I. Martín Viso,

'The Local Articulation of Central Power in the North of the Iberian Peninsula (500–1000)', *EME*, 13 (2005), pp. 1–42。上述作品都引用了较多的参考书目，这些参考书使用的几乎都是西班牙语或加泰罗尼亚语。

42 J. D. Dodds, *Architecture and Ideology in Early Medieval Spain* (State College, Pa., 1990), pp. 27–46。关于阿斯图里亚斯–莱昂王室意识形态的总体情况，以及其与过去的西哥特时期的密切联系，见 T. Deswarte, *De la destruction à la restauration* (Turnhout, 2003)。

43 R. Collins, in W. Davies and P. Fouracre, *The Settlement of Disputes in Early Medieval Europe* (Cambridge, 1986), pp. 85–104.

44 见 e.g. Isla, *La alta edad media*, pp. 143–51；关于卡斯提尔的伯爵们，见 I. Álvarez Borge, *Poder y relaciones sociales en la Castilla de la edad media* (Valladolid, 1996), pp. 73–108，其中包括较早时期的参考书目。

45 见 J. J. Larrea, *La Navarre du IV*^{e} *au XII*^{e} *siècle* (Brussels, 1998), pp. 213–26, cf. pp. 111–60

46 C. Sánchez-Albornoz, *Despoblación y repoblación del valle del Duero* (Buenos Aires, 1966).

47 Castellanos and Martín, 'Local Articulation'; I. Martín Viso, *Poblamiento y estructuras sociales en el Norte de la Península Ibérica (siglos VI–XIII)* (Salamanca, 2000); J. Escalona Monge, *Sociedad y territorio en la alta edad media castellana* (Oxford, 2002)。为后世这些作者的阐释奠定基础的最核心著作是 A. Barbero and M. Vigil, *La formación del feudalismo en la Península Ibérica* (Barcelona, 1978)。

48 G. Martínez Díez, *Fueros locales en el territorio de la provincia de Burgos* (Burgos, 1982), n. 1; J. M. Font Rius, *Cartas de población* (Barcelona, 1969), n. 9 (cf. Luke 22: 26).

49 M. del C. Pallares Méndez, *Ilduara, una aristócrata del siglo X* (A Coruña, 1998).

50 尤其见 R. Pastor, *Resistencias y luchas campesinas en la época de crecimiento y consolidación de la formación feudal* (Madrid, 1980)。我们可以在加泰罗尼亚 11 世纪的内战背景下，研究加泰罗尼亚从农民自治到贵族领主权建立的激烈转变。这是西法兰克土地上"封建革命"的最典型例子之一，但是因发生在比利牛斯山以南而更显重要。英文著作见 P. Bonnassie, *From Slavery to Feudalism in South-western Europe* (Cambridge, 1991), pp. 104–31,

149–69, 243–58。

51 讨论最充分的是 I. Álvarez Borge, *Comunidades locales y transformaciones sociales en la Alta Edad Media* (Logroño, 1999)。

第 21 章

关于这一时期的贵族，最好的单卷本分析是 R Le Jan, *Famille et pouvoir dans le monde franc (VIIe–Xe siècle)* (Paris, 1995)，该书主要研究对象是法兰克。文章集的英译本 ed. T. Reuter, *The Medieval Nobility* (Amsterdam, 1978) 仍然很重要，此外还有 G. Duby, *The Chivalrous Society* (London, 1977)，以及 C. B. Bouchard, '*Those of my Blood*' (Philadelphia, 2001)，也都是文章集。关于公元 900 年以前的情况，先读 S. Airlie, in *NCMH* vol. 2, pp. 431–50；公元 900 以后的情况，见 H. Fichtenau, *Living in the Tenth Century* (Chicago, 1991), pp. 30–156，以及 G. Althoff, *Family, Friends and Followers* (Cambridge, 2004)。关于本时期的社会和文化，见 J. M. H. Smith, *Europe after Rome* (Oxford, 2005)；还有终止于公元 900 年之前的 P. Depreux, *Les Sociétés occidentales du milieu du VIe à la fin du IXe siecle* (Rennes, 2002)，还有 R. Le Jan, *La Société du haut Moyen Âge* (Paris, 2003)。关于本时期的最后阶段，见 P. Bonnassie and P. Toubert (eds.), *Hommes et sociétés dans l'Europe de l'An Mil* (Toulouse, 2004)，这是一本重要的研究文章的合集。

1 Widukind, *Res Gestae*, in *Widukindi Monachi Corbeiensis: Rerum Gestarum Saxonicarum Libri Tres*, ed. P. Hirsch and H.-E. Lohmann, *MGH* (Hanover, 1935), 3.69。可参见评论：K. Leyser, *Communications and Power in Medieval Europe: The Carolingian and Ottonian Centuries* (London, 1994), pp. 191–2。

2 Odo of Cluny, *Vita Geraldi*, trans. in G. Sitwell, *St Odo of Cluny* (London, 1958), pp. 89–180；引语来自 1.7–9, 11, 13–14, 16–20, 22–3, 30, 33。还可参见 S. Airlie, in *Journal of Ecclesiastical history*, 43 (1992), pp. 372–95。

3 J. Dhondt, *Études sur la naissance des principautés territoriales en France (IXe–Xe siècle* (Bruges, 1948), pp. 177–217; C. Bouchard, '*Those of my Blood*', pp. 59–73, 181–91; C. Lauranson-Rosaz, in R. Le Jan (ed.), *La Royauté et les élites dans l'Europe carolingienne* (Lille, 1998), pp. 417–36; J. L. Nelson, *Charles the Bald* (Harlow, 1992), pp. 139–40, 211–12, 232–3, 255。以上著作都给出了一部分记述。

4 Thietmar, *Chronicon*, trans. D. A. Warner, *Ottonian Germany* (Manchester, 2001), 1.10, 2.21, 4.17, 39–42, 52, 6.15, 43–4, 48–50, 84–6, 90, 7.4–7。评论：Warner's introduction, pp. 49–52, and K. Leyser, *Rule and Conflict in an Early Medieval Society* (London, 1979), pp. 32–45。

5 意大利语的参考文献很多，其中包括 V. Fumagalli, *Le origini di una grande dinastia feudale* (Tübingen, 1971); G. Sergi, *I confini del potere* (Turin, 1995), pp. 230–41; R. Rinaldi, *Tra le carte di famiglia* (Bologna, 2003); *Studi matildici*, 4 vols. (Modena, 1964–97)。

6 G. Duby, *La Société aux XIe et XIIe siècles dans la région mâconnaise*, 2nd edn. (Paris, 1971), pp. 127, 137–45, 336–9; C. B. Bouchard, *Sword, Miter and Cloister* (Ithaca, NY, 1987), pp. 160–68, 300–307.

7 G. Tabacco, 'L'allodialità del potere nel medioevo', *Studi medievali*, 11 (1970), pp. 565–615.

8 见 E. J. Goldberg, in *Speculum*, 70 (1995), pp. 467–501。

9 目前最好的导论是 J.-P. Devroey, *Économie rurale et société dans l'Europe franque (VIe–IXe siècles)* (Paris, 2003), pp. 267–96。

10 S. Wood, *The Proprietary Church in the Medieval West* (Oxford, 2006), pp. 339–412, 601–27。关于丰特博纳，见 P. Cammarosano, *La famiglia dei Berardenghi* (Spoleto, 1974), pp. 71–84。

11 G. Fournier, *Le Château dans la France médiévale* (Paris, 1978), pp. 35–79, 100–114; G. P. Fehring, *The Archaeology of Medieval Germany* (London, 1991), pp. 95–118; R. Francovich, 'Changing Structures of Settlements', in C. La Rocca (ed.), *Italy in the Early Middle Ages* (Oxford, 2002), pp. 150–67; A. A. Settia, *Castelli e villaggi nell'Italia padana* (Naples, 1984), pp. 41–246。关于皮特雷斯，见 *Cap.*, vol. 2, n. 273, appendix, c. 1。关于杰拉尔、奥多，见 *Vita Geraldi*, 1.36, 38–9, 2.5, 3.1, 4.10。

12 可参见 J. P. Poly and E. Bournazel, *The Feudal Transformation, 900–1200* (New York, 1991), pp. 25–39; C. Wickham, *The Mountains and the City* (Oxford, 1988), pp. xx–xxiii, 105–8, 307–35; C. Violante and G. Dilcher (eds.), *Strutture e trasformazioni della signoria rurale nei secoli X–XIII* (Bologna, 1996)。

13 见 S. Reynolds, *Fiefs and Vassals* (Oxford, 1994), pp. 17–34, 84–105, 124–33，观点简明而且有说服力。

14 公元1000年前的情况，见 J. L. Nelson, *The Frankish World 750–900* (London, 1996), pp. 75–87; D. Barthélemy, *La Mutation de l'an mil a-t-elle eu lieu?* (Paris,

1997), pp. 174–296; Duby, *Chivalrous Society*, pp. 162–8。

15 H. Loyn, in *English Historical Review*, 70 (1955), pp. 529–49; N. P. Brooks, *Communities and Warfare, 700–1400* (London, 2000), pp. 138–61；关于 5 海得，见 *EHD*, vol. 1, n. 51a。

16 Reynolds, *Fiefs and Vassals*, pp. 199–207.

17 H. E. J. Cowdrey, *Popes, Monks and Crusaders* (London, 1984), study IV.

18 Le Jan, *Famille et pouvoir*, pp. 32–4, 59–76, 99–153, etc.; H.-W. Goetz, *Vorstellungsgeschichte* (Bochum, 2007), pp. 173–205; J. Martindale, in *Past and Present*, 75 (1977), pp. 5–45.

19 G. Duby, *The Three Orders* (Chicago, 1980), pp. 13–119。关于军事和非军事的界限，可参见 H. Keller, *Adelsherrschaft und städtische Gesellschaft in Oberitalien (9.–12. Jahrhundert)* (Tübingen, 1979), pp. 342–79; Wickham, *Mountains*, pp. 285–92。

20 英文著作（提到了法文参考书目）见 T. N. Bisson, D. Barthélemy, S. D. White, T. Reuter and C. Wickham, in *Past and Present*, 142 (1994), pp. 6–42; 152 (1996), pp. 196–223; 155 (1997), pp. 177–225。R. E. Barton, *Lordship in the County of Maine, c. 890–1160* (Woodbridge, 2004) 是一本优秀的地方研究，其中包括英文著作中对“封建革命”理论的最经得起推敲的批评（尤其是 pp. 112–45），他的观点仍然给 11 世纪早期的政治变量和政治合法性留下了相当大的变化空间。

21 Keller, *Adelsherrschaft*, pp. 251–302; C. Wickham, in A. Spicciani and C. Violante (eds.), *Sant' Anselmo vescovo di Lucca (1073–1086)* (Rome, 1992), pp. 391–422.

22 M. Bloch, *Feudal Society* (London, 1961), p. 446 (translation slightly modified).

23 较好的导论是 J. Dunbabin, *France in the Making, 843–1180* (Oxford, 1985), pp. 184–90, 199–213。

24 Thegan, *Life of Louis*, trans. P. E. Dutton, *Carolingian Civilization* (Peterborough, Ont.,1993), pp.141–55, c.44; Thietmar, *Chronicon*,3.5; Richer, *Historiae*, ed. and trans. R. Latouche, *Richer: Histoire de France (888–995)* (Paris, 1930–37), 1.15.

25 Odo, *Vita Geraldi*, 1.4.

26 Fichtenau, *Living*, pp. 50–64; Thietmar, *Chronicon*, 1.5.

27 总体情况见 Le Jan, *Famille et pouvoir*（pp. 44–5 是关于康斯坦丁的内容），以及本章注释开头提到的其他著作。

28 Regino of Prüm, *Chronicon*, ed. F. Kurze, *MGH* (Hanover, 1890), s.aa. 902, 903, 906; Widukind, *Res Gestae*, 1.22; Liutprand, *Antapodosis*, 2.6, in *The Complete Works of Liudprand of Cremona*, trans. P. Squatriti (Washington, 2007), pp. 77–9. Megingaud: Regino, *Chronicon*, s.aa. 892, 896; cf. M. Innes, *State and Society in the Early Middle Ages* (Cambridge, 2000), pp. 225–8.

29 Thietmar, *Chronicon*, 6.43–4.

30 *Cap.*, vol. 1, n. 20, c. 22, n. 33, c. 32, trans. P. D. King, *Charlemagne* (Kendal, 1987), pp. 205, 240–41.

31 关于戈尔泽，见 J. Nightingale, *Monasteries and Patrons in the Gorze Reform* (Oxford, 2001), pp. 15–16, 59–105。关于庇护，见 Wood, *Proprietary Church*, pp. 812–50。

32 B. Rosenwein, *Rhinoceros Bound* (Philadelphia, 1982); eadem, *To Be the Neighbor of St Peter* (Ithaca, NY, 1989); G. Tellenbach, *The Church in Western Europe from the Tenth to the Early Twelfth Century* (Cambridge, 1993), pp. 111–21; J. Wollasch, in *NCMH*, vol. 3, pp. 174–80; G. Constable, in *Settimane di studio*, 38 (1991), pp. 391–448.

第 22 章

没有任何一本书能够包含本章讨论的所有主题。G. Duby 的两本经典研究著作 *The Early Growth of the European Economy* (London, 1974) 和 *Rural Economy and Country Life in the Medieval West* (London, 1968) 是英文著作中最接近全面综述的作品。关于 9 世纪，A. Verhulst, *The Carolingian Economy* (Cambridge, 2002) 是基础读物。*NCMH*, vols. 2 and 3. 的社会经济章节中还有一些导论。在法语著作中，J.-P. Devroey 最近出版的两本书 *Économie rurale et société dans l'Europe franque (VIe–IXe siècles)* (Paris, 2003) 和 *Puissants et misérables* (Brussels, 2006)，以及 R. Fossier, *Enfance de l'Europe, X^e^–XIIe siècles* (Paris, 1982) 加在一起，为我们提供了重要而翔实的地区性记述，但这两位作者的叙述中存在很大差异（在有差异的地方，我都支持 Devroey）。Fossier 用英语复述了他的观点，见 *NCMH*, vol. 3, pp. 27–63. M. McCormick, *Origins of the European Economy* (Cambridge, 2001)，这是一本信息量很大的分析著作，除贸易和通信外，还涉及了很多其他问题。

1 *Annals of Saint-Bertin*, trans. J. L. Nelson (Manchester, 1991), s.a. 859。见 J.

L. Nelson, *Charles the Bald* (Harlow, 1992), p. 194；以及 S. Epperlein, *Herrschaft und Volk im Karolingischen Imperium* (Berlin, 1969), pp. 42–50。

2 Fossier, *Enfance*, p. 288 及后面的内容。关于农民阶层，有一本不错的综述：R. Le Jan, *La Société du haut Moyen Âge* (Paris, 2003), pp. 186–206。

3 可参见 B. P. McGuire, 'Property and Politics at Esrum Abbey', *Medieval Scandinavia*, 6 (1973), pp. 122–50。

4 可参见 C. Wickham, *The Mountains and the City* (Oxford, 1988), pp. 54–5, 190–97, 210–15, 266–8。关于动机，见 B. Rosenwein, *To Be the Neighbor of St Peter* (Ithaca, NY, 1989) 的各个章节。

5 *I placiti del 'Regnum Italiae'*, ed. C. Manaresi (Rome, 1955–60), vol. 1, nn. 110, 112. 可进一步参见 J. L. Nelson, in W. Davies and P. Fouracre (eds.), *The Settlement of Disputes in Early Medieval Europe* (Cambridge, 1986), pp. 45–64 中讨论的一些案例。

6 *Cap.*, vol. 1, n. 44, c. 15, n. 73, cc. 2–3 (quote), etc. (trans. P. King, *Charlemagne* (Kendal, 1987), pp. 250, 264) – see E. Müller-Mertens, *Karl der Grosse, Ludwig der Fromme und die Freien* (Berlin, 1963), pp. 100–101 for a list.

7 总体情况见 C. Wickham, *Framing the Early Middle Ages* (Oxford, 2005), pp. 570–88（p. 583 是关于特里塔的内容）。

8 Duby, Verhulst 和 Devroey 各自在之前提过的著作里探讨了主园问题，并列出了（非常详尽的）参考书目。关于这一现象的强化，还可见 Wickham, *Framing*, pp. 287–301. Le Mans: *Cap.*, vol. 1, n. 31。

9 进一步参考 P. Toubert, *L'Europe dans sa première croissance* (Paris, 2004), pp. 27–115, 145–217; J.-P. Devroey, *Études sur le grand domaine carolingien* (Aldershot, 1993), esp. study XIV。

10 *Das Polyptichon von St-Germain-des-Prés*, ed. D. Hägermann (Cologne, 1993) 是最新的版本。

11 L. Levillain, 'Les Statuts d' Adalhard' , *Le Moyen Âge*, 4 (1900), pp. 333–86; St. Gallen: W. Horn and E. Born, *The Plan of St Gall* (Berkeley, 1979).

12 *Cap.*, vol. 1, nn. 128, 32（引语出自 cc. 1, 54; trans. H. R. Loyn and J. Percival, *The Reign of Charlemagne* (London, 1975), pp. 98–105, 64–73, 略有改写）。

13 庄园在意大利的衰落，见 Toubert, *L'Europe*, pp. 170–78; B. Andreolli and M. Montanari, *L'azienda curtense in Italia* (Bologna, 1983), pp. 201–13。在其他地方没有衰落，可参见 Duby, *Rural Economy*, pp. 197–212。

14 可参见 Duby, *Rural Economy*, pp. 186–96; W. Davies, in M. L. Bush (ed.),

Serfdom and Slavery (Harlow, 1996), pp. 225–46。关于意大利，见 F. Panero, *Servi e rustici* (Vercelli, 1990), pp. 37–55。关于公元 1000 年后法国农奴制的复杂性，见 P. Fouracre, in *Transactions of the Royal Historical Society*, 6th ser., 15 (2005), pp. 29–49。

15 P. Toubert, *Les Structures du Latium médiéval* (Rome, 1973), pp. 315–68, 450–93。关于北方，见 A. A. Settia, *Castelli e villaggi nell'Italia padana* (Naples, 1984)。"城堡化"这个话题引起了很大争论，有过几次重要的学术会议，其中一次会议的内容刊于 *Archeologia medievale*, 16 (1989)。

16 J. Chapelot and R. Fossier, *The Village and House in the Middle Ages* (London, 1985), pp. 129–50.

17 C. Wickham, in *NCMH*, vol. 2, pp. 510–37; M. Innes, *State and Society in the Early Middle Ages* (Cambridge, 2000), chh. 4, 5. Rankweil: K. Bullimore, 'Folcwin of Rankweil', *EME*, 13 (2005), pp. 43–77. Karol: L. Feller *et al.*, *La Fortune de Karol* (Rome, 2005).

18 Rosenwein, *To Be the Neighbor*, pp. 69–74, 226–8; S. E. Halton, 'The Church and Communities: Cluny and its Local Patrons', University of Birmingham Ph.D. thesis, 2005, pp. 238–61.

19 C. Wickham, *Il problema dell'incastellamento nell'Italia centrale* (Florence, 1985), pp. 62–4；这本书的观点在 A. Sennis, 'Cenni storici', *Archeologia medievale*, 19 (1992), pp. 456–61 中得到了延展和修正。

20 M. Zerner-Chardavoine, 'Enfants et jeunes au IXe siècle', *Provence historique*, 31 (1981), pp. 355–81 是关于马赛的内容；更偏综述的著作，见 Devroey, *Économie rurale*, pp. 65–75; Fossier, *Enfance*, pp. 88–107。

21 Verhulst, *Carolingian Economy*, pp. 61–4, Duby, *Rural Economy*, pp. 88–122, Devroey, *Économie rurale*, pp. 108–29, Fossier, *Enfance*, pp. 152–87, 654–6。与后来的作者相比，Duby 和 Fossier 对加洛林时期经济水平的估计更低，近期出版的历史著作中多数向上大幅调整了对加洛林时期粮食产出、铁器数量和磨坊密度的估算数字。

22 M. Colardelle and E. Verdel, *Les Habitats du lac de Paladru (Isère) et leur environnement* (Paris, 1993).

23 首先见 O. Bruand, *Voyageurs et marchandises aux temps carolingiens* (Brussels, 2002)。关于城镇，见 P. Johanek, in *NCMH*, vol. 3, pp. 64–94, A. Verhulst, *The Rise of Cities in North-west Europe* (Cambridge, 1999), pp. 44–100；以及 H. Sarfatij, 'Tiel in Succession to Dorestad', in idem *et al.* (eds.), *In Discussion*

with the Past (Zwolle, 1999), pp. 267–78。

24 *Cap.*, vol. 2, n. 253 (note McCormick, *Origins*, p. 556 n. for caution about the Rus).

25 McCormick, *Origins*, pp. 254–60, 523–31, 761–77；公元 829 年遗嘱的部分译文见 R. S. Lopez and I. W. Raymond, *Medieval Trade in the Mediterranean World* (New York, 1955), pp. 39–41。

26 B. Kreutz, *Before the Normans* (Philadelphia, 1991), esp. pp. 75–93; P. Skinner, *Family Power in Southern Italy* (Cambridge, 1995), pp. 247–81.

27 可参见 H. Clarke and B. Ambrosiani, *Towns in the Viking Age*, 2nd edn. (Leicester, 1995)。

28 见 G. Tabacco, *The Struggle for Power in Medieval Italy* (Cambridge, 1989), pp. 323–31 这篇简短的研究。

第 23 章

1 见 G. Halsall (ed.), *Humour, History and Politics in Late Antiquity and the Early Middle Ages* (Cambridge, 2002)。

2 关于 5 世纪的转折，我在 *Framing the Early Middle Ages* (Oxford, 2005), esp. pp. 825–31 中论述了其前因后果。

3 总体情况见 M. Bloch, *Feudal Society* (London, 1961)。

4 R. Kaiser, *Churrätien im frühen Mittelalter* (Basel, 1998).

5 关于穆斯林对公共空间的观念，可参见 P. Crone, *Medieval Islamic Political Thought* (Edinburgh, 2004), pp. 286–314, 393–8。“公共空间 / 领域”（public sphere）这个术语的使用来自 Jürgen Habermas, 至少来自其英文译本，不过他对这个术语的用法和我有很大的不同。

6 可参见 M. de Jong, in *Settimane di studio*, 44 (1997), pp. 893–902 以及 M. Innes, *State and Society in the Early Middle Ages* (Cambridge, 2000), pp. 254–63，不过 Innes 得出的结论和我相当不同。